서울지하철노동조합 30년사 1987–2017

해방역에 닿을 때까지

서울지하철노동조합 30년사 1987-2017

해방역에 닿을 때까지

초판 1쇄 발행 2017년 8월 12일
기획 서울지하철노동조합 30년사 편찬위원회
글쓴이 정경원, 전누리
펴낸이 양규헌

펴낸곳 한내 http://hannae.org

주소 서울특별시 마포구 신촌로14안길 17 2층
전화 02-2038-2101 팩스 02-2038-2107
등록 2009년 3월 23일(제318-2009-000042호)

제작·관리 정경원
표지 디자인 김선태_토가디자인
본문 디자인 정육남
인쇄·제본 디자인 단비

이 도서는 서울지하철노동조합이 발주한 프로젝트의 결과물로 만들어졌습니다.

ISBN 979-11-85009-16-2 93330
값 35,000원

*이 도서의 국립중앙도서관 출판예정도서목록(CIP)은 서지정보유통지원시스템 홈페이지 (http://seoji.nl.go.kr)와 국가자료공동목록시스템(http://www.nl.go.kr/kolisnet)에서 이용하실 수 있습니다. (CIP제어번호: CIP2017018143)

서울지하철노동조합 30년사

1987 – 2017

기획 _ 서울지하철노동조합 30년사 편찬위원회

저자 _ 정경원·전누리

해방역에 닿을 때까지

한내

지난 30년을 성찰하며 새로운 전진의 길을 열어갑시다

1987년 8월 12일, 서울지하철노동조합을 창립한 지 올해로 삼십 돌을 맞이했습니다.

돌이켜보면, 서울지하철노동조합의 역사는 조합원의 피와 땀으로 아로새긴 거룩한 발자취였습니다. 나아가 한국 민주노조 운동의 성장과 발전을 이끈 기관차 역할을 했다고 해도 과언이 아닙니다. 독재권력의 군홧발에 짓밟히며 거침없이 노동조합의 깃발을 올렸고, 모진 탄압과 시련 속에서도 당당하게 민주노조를 지켜 왔습니다. 비인간적 억압, 반사회적 구조조정에 맞서 분연히 떨쳐 일어나 투쟁해 왔습니다. 때론 쟁취의 기쁨에 한껏 들뜨기도 했고, 때론 좌절의 눈물을 훔치며 침묵에 빠지기도 했습니다. 그렇게 강산이 세 번이나 바뀌고, 한세대가 지나는 30주년을 맞이하니 감회가 깊을 수밖에 없습니다.

파란곡절의 서울지하철노조 삼십년은, 단결하고 투쟁하는 노동자의 힘이 '현장을 바꾸고, 세상을 바꾼다'는 진리를 일깨워 주었습니다. 그 역사적 진리를 입증하고 또 성찰하기 위해 30년사 정리 작업을 시작하였습니다.

그러나 삼십년 역사의 장중한 무게만큼 첫 백서 편찬 작업은 호락호락한 일이 아니었습니다. 부침을 거듭해온 세월이었던 까닭에 사료를 정리하는 작업만 1년 가까운 시간이 걸렸습니다.

벅찬 작업을 성실히 수행해준 노동자역사 한내가 없었다면 백서 편찬 사업은 난망했을 것입니다. 지면을 빌어 집필자인 정경원 실장님과 노동자역사 한내 동지들께 심심한 감사의 뜻을 전합니다.

아울러 장시간 구술과 인터뷰에 응해주신 전직 위원장님, 꼼꼼한 감수를 맡아주신 임성규, 박정규, 양해근 동지, 그리고 기꺼이 귀한 시간 내주시고 생생한 증언을 들려주신 조합원 동지들 모두에게 감사 인사를 드립니다.

서울시 지하철이 22년만에 통합되는 격변과 전환을 맞이했습니다. 양 공사 노동조합 통합이라는 전인미답의 길도 우리 앞에 가로놓여 있습니다. 조합원 동지들의 힘으로 지난 30년 역사를 만들어 왔듯, 앞으로 써내려 갈 새로운 역사도 조합원 동지들의 발걸음으로 만들어 질 것입니다. 지하철 노동자의 도전과 희망이 살아 있는 한 새 역사를 향한 질주는 멈추지 않을 것입니다.

그런 점에서 「서울지하철노조 30년사」는 지난 세월을 돌아보는 소중한 기록이자 서울지하철노조가 나아가야할 미래를 응시하는 나침반이 될 것이라 믿습니다.

끝으로 30년사 백서의 주인공으로, 서울지하철노조를 지켜주신 조합원 모두에게 다시한번 감사의 말씀을 드리며 이 책을 바칩니다.

2017년 8월

서울지하철노동조합 위원장 최 병 윤

■ 서문

1987년 그해 여름, 태양보다 뜨겁고 태풍보다 강력한 노동자대투쟁이 벌어졌다. 노동자가 당당한 발걸음을 시작한 해에 서울지하철 노동자들도 노동조합을 만들었다. 서울지하철노조가 창립 30주년을 맞아 '노동조합이 있는 삶과 노동'에 대한 기록을 남기겠다고 했다. 노동자역사 한내가 2016년 1월부터 서울지하철노조의 자료를 정리하고 목록화 전산화하는 작업을 시작해 9개월 만에 마무리하였고 곧이어 30년사 작업을 시작했다. 자료전산화는 30년사를 위한 기본 작업이기도 하고 지하철노조의 역사를 오래 남기고 활용할 수 있도록 하는 작업이기에 의미 있는 일이었다. 이후 전산화된 자료를 모아 기초자료집을 엮었다. 자료집은 연표와 조직, 지하철노보 모음, 노동조합소식 모음 3권, 속보와 선전물 모음 3권, 잡지 기사 모음, 일간지와 인터넷 기사 모음, 구술자료 모음 총 11권으로 구성되었다.

이 책은 주객관적 상황에 따라 서울지하철노조 30년을 4개의 변곡점으로 나눠 서술했다. 1부는 노동조합 설립과 직제개편 투쟁의 시기이고 2부는 노동조합의 기틀을 잡고 전지협 파업, 노동법개정투쟁을 통해 연대를 확장했던 시기다. 3부는 신자유주의 구조조정에 맞서 자본과 정권에 대한 투쟁을 전개하고 노사협조주의 세력에 맞서 민주노조 사수 투쟁을 전개한 시기이며 4부는 다시 재건한 민주노조를 기반으로 연대를 복원하고 통합에 따른 논의를 진행한 시기다.

정경원의 책임아래 초기부터 8대 집행부까지는 정경원이, 9대부터 19대 집행부 초기까지를 전누리가, 이후 보궐집행부와 마무리를 정경원이 집필했다. 노동조합에서 발간한 사업보고서를 기반으로 뼈대를 세우고 노보와 소식지로 살을 붙였다. 당시 느꼈던 기쁨과 분노가 문체에서 전달된다면 조합원들이 기고한 글에 표현된 감정이 그랬기 때문이다. 덧붙여 영상자료를 보면서 생생함을 더하기 위해 노력했다. 자료가 말해주지 않는 많은 부분은 구술로 보충했다. 구술을 통해 사실을 복원하는 것뿐 아니라 때로는 흥분된 목소리로 저항을 회피하지 않았던 자신을 뿌듯해하는 것, 때로는 울컥하거나 한숨짓거나 침묵으로 성찰하는 모습 모두가 30년사 작업에 기반이 되었다. 아쉬운 점은 노사협조주의 세력에 대항해 민주노조의 기풍을 유지하기 위해 활동했던 자료와 사진들이 남아있지 않아 그 치열함을 좀 더 세밀하게 담아낼 수 없었던 점이다. 그럼에도 민주노조를 재건할 조건이 생겼을 때 빠르게 조직을 복구할 수 있었던 것은 희망을 놓지 않고 끊임없이 싸워온 활동가들의 힘이 있었기 때문임을 확인할 수 있었다.

서울지하철노조 30년사에 바라는 상은 다양할 것이다. 주관 개입 우려를 불식하면서 다양한 요구를 다 담기는 역부족임을 인정할 수밖에 없다. 다만 이 책은 비판보다는 성찰의 계기를 주는 것, 투쟁의 성패보다는 저항의 필연성을 드러내는 것에 무게를 두며 정리했음을 밝힌다.

집필자와 끊임없이 논의하고 점검하며 글을 다듬어가는 수고를 마다하지 않고, 1차 자료마다 기록된 사실이 차이가 있는 경우 당시 조합원을 통해 일일이 확인해준 편찬위원들, 시간을 내서 초안을 검토하고 경험을 보태고 의견을 개진해준 많은 동지들께 감사드린다. 시간과 지면 그리고 기록의 부재로 30년 역사를 만든 모든 조합원의 이름을 일일이 호명하지 못한 것은 아쉬운 점이다. 서울지하철노조 조합원들이 이 책을 읽고 그 행간을 채워주기를 바라는 마음이다.

2017년 8월 정 경 원

■ 차례

1부

서울지하철노동조합 설립과 민주노조 사수 투쟁

1 서울지하철공사 설립과 지하철 노동자

1) 공사 설립과 노동자 신분 변화

서울로 서울로

일제강점기 당시의 서울은 사대문 안과 용산까지였는데, 해방 후인 1949년 마포·수색·왕십리의 편입과 1963년의 행정구역 개편으로 인해 서울시의 면적은 두 배 이상 확장되었다. 인구도 급증하여, 1955년 157만 명이었던 서울시의 인구는 1963년에 들어서 300만 명을 넘었고, 이후에는 5년 단위로 100만 명씩 증가했다. 서울시는 인구를 500만 명까지 늘릴 계획을 하고 있었고, 이것은 정부의 경제개발정책과 밀접한 관련이 있었다. 박정희 정권은 경제개발 추진 과정에서 재벌에게 갖은 특혜를 주었는데, 그중 하나가 값싼 노동력을 확보해주는 것이었다. 서울시에 제대로 된 공장을 짓기 위해서는 양질의 노동력이 유입될 필요가 있었다.

하지만 인구의 증가는 정부의 예상보다 급격해서, 자고 일어나면 옆집이 생길 정도였다. 또한, 박정희 정권의 농촌정책은 농민의 실질소득을 낮추는 결과를 불러왔고, 통일벼 개발로 인한 농업 생산성의 향상에 따라 농촌에는 노동력에 대한 수요가 줄면서 사람들은 서울, 울산, 포항으로 일자리를 찾아 몰려들었다. 이에 박정희 정권은 1968년 산아제한, 대학 정원제, 공장 총량제 등의 수도권 인구집중을 방지하는 정책을 내놓기에 이르렀다. 그렇지만 수도권의 인구는 1975년까지 폭발적으로 늘어나게 되었는데, 이는 정권의 통제가 미치지 않는 곳이 생겨날 위험성을 내포한다는 점에서 지배계급에는 위협적인 현상이었다.

결국, 서울시는 주택문제와 교통문제를 동시에 해결하기 위해, 도시 정비와 지하철 건설을 계획했다. 해방 이후 서울시의 면적은 점차 넓어졌지만, 1960년대까지만 해도 중심부를 제외한 외곽은 전부 논밭이었기 때문에, 이를 거주지로 개발하여 인구를 분산시키고 시 외곽의 노동력을 시 중심부로 옮기기 위한 대책이 필요했다. 따라서 이때 서울시는 지하철을 핵심적인 교통수단으로 고려하게 되었다.

건설하면 나라가 망한다던 서울지하철

서울시가 지하철 건설계획을 본격적으로 논의하기 시작한 것은 1965년이었다. 서울시는 '서울시정 10개년 계획'을 수립하여 "향후 10년 이내에 4개 노선, 총 51.5km의 지하철을 건설할 예정이며 그중 14.88km를 1차로 건설하겠다."고 발표했다. 1966년 발표한 '서울시 도시기본계획'에는 지하철 건설계획도 포함되었다.

서울시는 1970년 3월 '서울특별시 지하철 건설본부 설치 조례'를 제정 공포하고, 6월 9일 '서울특별시 지하철 건설본부'를 발족했으며, 1971년 3월 1호선 건설계획을 확정했다. 2호선 건설계획은 1호선이 개통되던 해에 '3핵 도시 구상'을 취지로 당시 서울의 외곽 지역이었던 강남과 도심, 영등포·구로·성수 등의 공단지역을 지하철로 연결하는 순환 노선을 만드는 것이었다. 또한, 3·4호선은 환상 형태인 2호선의 기능 극대화와 대중교통 수단의 체계적 개편을 위해 도심 중심축에서 방사 형태로 더해지는 노선이었다. 3·4호선은 여러 공정 지연 사유로 인해 3단계에 걸쳐 개통하게 되었고, 제2기·제3기 지하철에서는 일부 구간의 노선을 연장하기도 했다.

하지만 지하철 건설을 결정하기까지의 과정이 순탄하지는 않았다. 한국의 기술 수준으로 지하철을 놓을 수 있을 것인가, 막대한 건설자금을 어떻게 마련할 것인가 등이 문제였다. 당시 부총리가 “각하, 서울에 지하철을 건설하면 나라가 망합니다.”라고 반대했다는 것은 유명한 일화다. 사회간접자본을 대규모로 투자하게 되면 인구가 너무 늘고, 한국경제의 허약한 기반 때문에 지하철에 먼저 투자할 수 없다는 이유였다. 그런데도 교통문제를 더 내버려 둘 수 없었던 차에, 일본과의 차관교섭이 성공하여 재원을 확보하게 되었다. 그 결과 1971년 4월 12일 시청 앞 광장에서 서울지하철 1호선 기공식을 했고, 1974년 8월 15일 9.54km에 달하는 서울지하철 1호선이 개통되었다.[01] 1974년 개통

서울지하철 건설의 첫 삽을 뜬 날(1971.4.12. 사진_서울메트로)

당시, 1호선은 서울역–시청–종각–종로3가–종로5가–동대문–신설동–제기동–청량리를 운행했다. 2호선 기공식은 1978년 3월 9일 열려 총 5회에 걸쳐 개통했는데, 1단계인 신설동역–종합운동장역 구간은 1980년 10월 31일 개통

01) 개통 축하 행사는 모두 취소되었다. 그 전날 광복절 행사에서 육영수 여사가 총에 맞아 생사의 기로에 있었기 때문이다. 신문 1면 머리기사를 장식할 것으로 예상되었던 기사는 7면(사회면)으로 밀려났다. 서울지하철 건설 관련 이야기는 손정목, 『한국도시 60년의 이야기2』, 한울, 2003; 『서울 도시계획 이야기3』 한울(2005) 참조

서울지하철 1호선 개통일(1974.8.15. 사진_국가기록원)

되어 신설동역에서 1호선 환승이 가능해짐으로써 당시 부도심인 잠실지구가 도심에 직접 연결되었다. 뒤이어 1982년 12월 교대역까지의 구간과 1983년 9월 을지로입구역-성수역 구간, 12월 교대역-서울대입구역 구간을 개통했다. 1984년 5월 22일에는 서울대입구역-시청역 구간을 개통했으며, 9월 들어 2호선 순환선을 완전히 개통했다. 3호선은 1단계로 지축차량기지-양재동 구간을 개통했는데 이 가운데 구파발역-독립문역 구간은 1985년 7월 12일, 시내 잔여 구간인 독립문역-양재역 구간은 10월 18일 개통했다. 1985년 4월 20일에는 4호선의 1단계 구간인 상계역-한성대입구역을 개통했고, 한성대입구역-사당역 구간을 같은 해 10월 18일에 개통했다. 이렇게 제1기 지하철이 완성된 것이다.

서울지하철공사

1981년 8월 30일 서울시는 서울지하철공사를 설립한다.[02] 당시 2호선 건설은 서울시 지하철건설본부가 담당하고 있었고 서울시 지하철건설본부 산하의 차량 공작소와 승무 관리소 등을 통합하여 구성한 지하철운영사업소는 1·2호선의 운영 담당이었다. 서울시는 이렇게 세 개의 조직으로 운영하는 것이 비효율적이라고 판단해, 1983년 6월 23일 지하철 관련 조직을 서울지하철공사로 통합하는 계획을 확정했다. 사실상 공사가 운영사업소를 흡수합병하게 된 것이다.

서울지하철공사 설립으로 인해 지하철 노동자들의 신분은 지방공무원에서 공사의 직원으로 바뀌었다. 통폐합을 결정한 지 15일 만에 통합추진 계획을 마련한 서울시의 졸속 안에 따라 임금, 직제 등 개편이 이뤄진 이때의 급작스러운 변화들은 이후 투쟁의 불씨가 되기도 했다.

우선 임금 부문에서는 공무원에서 공사로 전환된 노동자들의 숫자는 2,500여 명이었고, 공사로 전환 시 통신공사 전매공사·도시개발공사 등의 다른 기관은 30% 정도의 임금인상 효과가 있었지만, 유독 지하철에서는 구 일반직이 30% 정도 임금인상 효과가 있었던 것에 비해, 구기능직은 7~13%의 임금 인상 효과밖에 없었다.

타 공사처럼 직제를 개편해야 했음에도 불구하고 그대로 기능직으로 내버려 둠으로써, 차별을 고착화하는 결과를 낳게 된 것이다. 일반직은 1급에서 6급까지 직급체계를 만들고 기능직은 일반직 4급 수준이 최상급이 되도록 하여, 이에 따라 1·2등급은 4급 수준, 3·4등급은 5급 수준, 5·6등급은 6급 수준으로 하향 조정되었다. 그뿐만 아니라 최상급에 도달하는 소요연수도 일반직은 4년 6월인 데 반해 기능직은 무려 11년 6월이 걸리게 되었고, 불평등한

02) 앞서 1980년 2월 5일 서울지하철건설주식회사를 설립하였으나 재정 문제로 1981년 8월 31일 해산되었다.

TO로 기능직은 실질적으로 승진할 수 없어졌다. 노동조합이 만들어지고 이에 대한 불만이 터져 나오자, 공사는 "공사 직원이 된 것은 대단한 신분 상승이며 명예로운 것"이라고[03] 강조했고 차별을 명예로 받아들이라는 공사의 태도에 조합원들은 분노할 수밖에 없었다.

또한, 당시 지하철 노동자 중에는 야간학교에 다니며 이직을 준비하거나, 공무원 시험을 준비하는 이들이 많았다. 공무원 체제에서는 이들에 대한 배려가 자연스럽게 이루어졌으나, 24시간 맞교대가 된 이후로는 그것이 불가능해졌다. 게다가 중요한 것은 조합원들 사이에 군사적 현장통제에 대한 불만이 켜켜이 쌓여가고 있었다는 점이다.

공사 조직과 인력의 변천

제1기 지하철 네 개 노선 건설에 투입된 금액은 총 2조 3,926억 원이었는데, 이 중 국고 보조액은 649억 원(2.7%)에 불과했다. 2호선의 경우, 국고 보조금을 포함한 서울시 자체 자금은 3,280억 원이었는데 이는 총 건설비용의 37.4% 수준이었다. 나머지는 지하철공채 발행, 은행 대출을 통해 충당했다.

지하철 개통에 따라 인력을 확충하게 되었는데, 1호선 개통 시에는 공무원 채용뿐 아니라, 철도청의 협조를 받아 철도 전문 인력을 수용하기도 했다. 지하철은 수도권 근무만 하고 밤에는 기차를 타지 않았기 때문에, 철도 승무원 등 각 분야에서 지인을 통해 낙하산 인사를 하거나 돈을 주고라도 들어올 정도로 인기가 많았다. 결과적으로 1982~1984년 사이의 2호선 개통으로 지하철 인력은 1,200여 명이 증가하고, 3·4호선 개통에 이르러 6,000여 명에 달하게 된다.

서울지하철공사는 1987년에 조직개편을 단행하여 정원 60명을 감축한

03) 노동조합 소식 1988.6.9. 직제개편 이행을 위한 2차 단체교섭 중 공사측 발언

6,806명에 1원 6실 12부 42과(23현업, 102역)로 공사의 구조를 조정했다. 1988년 3월 8일에는 기관사, 차장, 정비원 등 370명의 전문 인력을 증원했으며, 노동조합 설립 이후 노사 관련 업무를 담당하는 노사복지과를 노사부로 확대하고 종합사령실을 신설했다.

또한, 1989년 3.16파업의 결과 그해 10월에 근무 형태가 '2조1교대 근무제'에서 '4조3교대 근무제'로 바뀌고 노동조합이 교육거부 투쟁을 벌임에 따라 1,066명이 증원되었다. 이로써 정원은 8,388명이 되었고 이후 청원경찰 인력의 정원 포함 또는 차량 증차와 역 신설 등으로 충원 요인이 발생하여, 전체 정원은 1990년 8,894명, 1991년 11월 9,461명으로 늘었다. 1993년 6월에는 3호선 연장선 개통에 맞춘 수서 차량기지와 수서 차량사무소 개설 때문에 정원이 1만 585명으로 증가했다.[04)]

2) 지하철은 '군대'다

군사정권의 낙하산 일자리 창출

서울지하철공사는 사장을 중심으로 현장을 억압하고 통제하고 있었다. 사장 김재명은 5.18 광주민중항쟁 당시 육군 작전참모부장(육군 소장)으로 전역과 함께 1981년 9월 1일 서울지하철공사 사장으로 임명되었다.[05)] 당시 군 출

---

04) 손정목 앞의 책들, 서울메트로, 『서울메트로 30년사: 시민의 발 시민의 길』 서울시는 막대한 부채를 지며 지하철을 건설했기 때문에 더이상 노선을 늘릴 수 없었다. 그러다 86아시안게임, 88올림픽을 치르면서 교통정체는 불편을 넘어 경제적 손실을 초래한다는 계산을 하게 되면서 중앙정부의 태도가 변하고, 1987년 대통령 선거에 입후보한 후보들은 주택문제와 더불어 교통문제 해결책인 지하철망 확충을 공약하였다. 이러한 변화는 6월항쟁과 노동자대투쟁이 영향을 미쳤다. 투쟁으로 권리를 쟁취한 경험이 있는 노동자민중은 정치권력에게 위협적 존재였고 이들의 요구가 임금인상을 넘어 주택, 교통문제로까지 번지면 걷잡을 수 없음을 감지한 정치권의 대처였다. 서울지하철에 대한 국고 지원은 1990년 12월에 결정되었다. 서울지하철 건설비 총액의 30% 이상, 부산·대구·인천 등의 경우 60% 이상을 국고에서 지원하게 된 것이다. 그럼에도 1기 지하철은 초기 재정적자를 계속 안고 운영될 수밖에 없었다.

05) 초대 서울지하철공사 사장을 지낸 김재명은 전두환이 군 인맥을 챙긴 낙하산 인사 중 하나였다. 예비역 육군 소장 출

신 인사들이 퇴임 후 공기업 임원으로 자리를 잡는 것은 관례였다. 전두환 정권에서는 24명, 노태우 정권에서는 18명이 공기업 기관장에 올랐다. 노동조합을 만들 당시 서울지하철공사의 조직과 인원 구성을 보면 육군 소장 출신 김재명 사장을 정점으로 임원급 7명 중 5명이 군 장성 출신이고(두 명은 서울시 출신) 17개 부 가운데 11개 부의 장이 영관급 장교(중령이나 대령) 출신이었다. 과장급도 56명 가운데 18명, 계장급의 30% 이상이 군 출신 특채자였다. 더욱이 이사, 부장 등 요직에 앉아있던 군 출신들은 김재명 사장의 사단장 시절 작전참모, 헌병참모, 통신참모, 본부중대장, 부관 등과 특검단장 시절 검열관 등이었다. 심지어 본사 타자원은 여군 하사·중사 출신이었다. 그뿐만 아니라 김 사장의 처조카, 손아래 동서, 동서의 동생 등 친인척까지 공사의 요직을 차지하고 있었다. 김재명은 본사나 현업에 다니면서 자기 눈에 거슬리는 공사 간부나 직원을 가릴 것 없이 군대식으로 욕지거리하면서 주먹을 휘둘렀다. 사장이 이렇다 보니 대다수를 차지하고 있는 군 출신 회사 간부들의 행동은 더 거칠었다.[06] 어쩌면 이들에게 군대식 명령과 지시로 공사를 운영하는 것은 자연스러운 것이었을지 모른다.

김재명은 "노조의 '노' 자만 꺼내면 아가리를 찢어버리겠다."고 공식적으로 이야기했다. 온 사회가 민주화의 물결을 이루던 6월 항쟁 이후에도 그의 태도는 변하지 않았다.

신인 그가 육사 후배인 전두환 전 대통령의 비호 아래 전횡을 일삼고 지하철 건설로 막대한 이권을 챙겼다는 풍설이 파다했다. 그는 전 대통령 재임기간 7년 내내 공사 사장을 지내며, 서울지하철 2, 3, 4호선 대부분을 건설했다.

06) 오선근, 「노동조합의 직제개편 투쟁」, 서울지하철노조 역무지부, 『새벽을 여는 곳』, 1997년 12월호

현장의 군사문화

■ 차렷! 열중쉬어~ 차렷! 경례! 안! 전!

역에는 출근하면 어김없이 역장의 훈시가 시작되고 이어 부역장은 공문이 왔다며 몇십 장의 공문을 글자 한 자 빠뜨리지 않고 일일이 읽었다. 역무원들의 귀에 들어오는 내용은 없는데도 30분 만에 조회가 끝나면 재수가 좋은 날이라고 했다. 여름에는 에어컨도 없는 곳, 겨울엔 석유 난로 냄새 때문에 머리가 지끈거리는 곳에서 한 시간 넘게 지루한 연설을 들어야 했다. 머리가 길다며 머리카락을 들춰 보이고 구두에 광 안 난다, 바지 주름 안 잡혔다, 자세가 불량하다며 역무원들을 달달 볶는 것은 일상이었다. "바지 주름과 표 파는 일이 도대체 뭔 상관이란 건데?" 그래도 역무원들은 말 한마디 하지 못하고 지냈다.

조회는 기술 분야에서도 했다. 분소장(지금의 관리소장)이 소집하면 일렬횡대 부동자세로 조회를 시작하고, 본사에서 과장이 내려와 잘못한 것이 있으면 직원들 앞에서 분소장의 정강이를 발로 차거나 뺨을 때리기도 했다.

차량사업소에서는 금요일이면 국기 하강식을 했고, 토요일에는 책상 서랍을 모두 열고 책상 옆에 서서 책상 검사를 받았다. 머리카락이 귀 뒤를 덮으면 이발기를 대고 밀기도 했다. 그렇게 걸리면 정해진 구역에서 풀을 뽑아야 하고 뽑은 풀을 들고 허락을 받아야 퇴근할 수 있었다.

승무소에서는 차를 타기 40분 전 출근하여 출근점호를 받으면 될 일을 1다이아부터 5다이아까지 집단으로 나오게 하여 열 명씩 세워놓고 차트 교육을 하며 안전수칙을 외우도록 했다. 승무소장의 질문에 답하기 위해 앞사람 등에 안전수칙 적은 것을 붙여 놓는 편법을 쓰기도 했는데 주로 신입 그룹들이 앞줄, 선배 그룹들이 뒷줄에 섰으니 정강이를 차이지 않으려면 신입 그룹들은 안전수칙을 달달 외우는 수밖에 없었다.

■ 도둑 취급

역무에는 '사금함 제도'가 있어 출근할 때 주머니에 있는 돈과 소지품을 담고 적어놓았다가 퇴근할 때 찾아갈 수 있었다. 가끔 주머니를 뒤지기도 하는데 그때 동전이라도 나오면 도둑으로 몰리기도 했다.

초기 서울지하철의 요금체계는 '거리 비례제'였고[07] 승차권은 에드몬슨식으로 종별·도착역 등의 표시 사항을 용지에 인쇄하여 제작해놓은 승차권이었다.[08] 1980년대 초까지 매표원이 목적지별로 진열된 승차권을 승객의 요청에 따라 판매하고, 근무 교대할 때 승차권 매수를 확인하여 인수인계하는 방식이었다. 표를 팔다 보면 안 보고도 귀신같이 건넬 수 있을 정도로 숙달되지만, 인간이 하는 일이라 돈이 모자라는 경우가 종종 있었는데 이때는 역무원이 모자란 금액을 물어야 했다.

■ 밥상 차별

서울지하철 식당의 식사는 소위 '군대식 짬밥'으로 질이 형편없이 낮은 것도 불만이었지만, 무엇보다도 노동자들에게는 밥상 차별이 더 서러운 일이었다. 간부들이 먹는 식탁은 중국식의 원탁으로 이루어져 있었고 거기에 밥상을 차려놓으면 앉아 먹으면 되는 시스템으로 군자기지의 경우 공작창장, 교육원장, 검수부 소장, 그리고 계장급이 따로 식사했지만 노동자들은 식판을 들고 줄을 서야 했다. 게다가 밥 먹으러 갈 때 몇 명씩 모여 줄 서서 식당으로 이동하며 때로는 구호를 붙이도록 했다.

마땅한 휴식처도 없어 역무원들은 화장실 변기에 앉아 물통에 기대어 쉬는 것 정도가 휴식이었는데 그것도 운이 좋아야 몰래 쉴 수 있었다.

---

07) 기본구간 요금은 30원/8km를 적용하고, 추가되는 매 1km 당 3원씩의 초과 운임을 부과하는 방식이었다.

08) 일반용과 할인용으로 구분되었다. 정기권의 경우는 통근용과 통학용으로 나뉘었다. 이밖에 왕복권, 회수권, 단체권 등의 승차권이 있었다. 1986년 아시안게임에 맞춰 역무자동화가 되어 마그네틱 방식으로 바뀌었다.

■ 지하철 계급장

기능직과 일반직의 차별은 일상에 굳어져 있었다. 출근부의 경우 기능직 20년 차보다 일반직 신입의 이름이 앞에 적혀 있었는데, 이는 서열화를 통한 차별이었다. 그 외에도 창동 차량기지같이 외진 곳에 본사의 일반직 직원이 방문하는 경우, 운전기사가 노원역까지 차를 몰고 마중을 나가야 했다. 게다가 사장이 캠핑을 가거나 골프장에 갈 때면 비포장도로인 창동기지 앞에 먼지가 날리지 않도록 미리 물을 뿌려놓기도 했다.

지하철 노동자에게 공사에서 지급하는 작업복은 1년에 한 벌이어서 더울 때는 걷어 입어야 하고 추울 때는 껴입어야 했다. 장갑도 늘 부족해 사비로 사야 하는 실정이었다. 이보다 더 서러운 것은 작업복에 표시되는 지하철 계급장이었다. 일반직은 금배지, 금 단추를 단 옷을 입었는데 노동자들은 이를 '히틀러 복'이라고 불렀다. 본사 옷을 입었다 하면 그의 직급과 상관없이 상전 모시듯 해야 했으니 옷은 그야말로 차별의 상징이었다. 기능직 차량 노동자는 청색 계통의 작업복을 입었고 그 옷에는 군복처럼 가슴에 계급장이 달려있었다. 군대의 일병, 이병, 상병을 표시하듯 오 년 근무하면 옆으로 작대기를 두껍게 긋고 이후 일 년마다 갈매기 하나씩을 표시해, 명찰을 보면 몇 년 차 직원인지 알 수 있게 했다. 역무원과 승무원은 모자와 가슴에 단 계급장이 그 표시를 담당했다.

노동조합 생기고 집회를 할 때 역무 노동자들은 화형식과 함께 모자를 불속에 벗어던졌고 승무, 기술, 차량 노동자들은 가슴에 있던 계급장을 뜯어 불속에 던졌다. 지하철 노동자들에게는 모자와 계급장 태우던 날이 아직도 가장 생생하다.

■ 안전지도관

안전지도관은 지하철 노동자들이 피해 다녀야 할 1호 인물이었다. 괜히 업무 꼬투리라도 잡히면 귀찮아지기 때문이었다. 안전지도관은 카메라를 들고 다니며 현장 노동자를 24시간 감시하고 촬영하여 인사고과에 반영하거나 불러서 책임을 추궁했다. 안전지도관이라고 하면 이를 갈 정도였다.

■ **정액권 문제**

지하철 노동자들은 정액권 판매를 강제당했다. 보험회사 영업사원처럼 개인별 막대 그래프를 그려놓고 매달 실적이 저조한 사람과 현장 책임자는 본사로 불려가 정강이를 차이는 경우가 허다했다. 실제로 그 실적에 따라 승진 여부를 결정하기도 했다. 얼마나 시달렸으면 집을 팔아서 정액권을 산 노동자도 있었다.

3) 지하에서 일하는 노동자

임금

지하철 노동자는 주야 맞교대로 근무하며, 휴일도 없는 장시간 노동에 시달렸지만, 급여는 낮았다. 1987년 당시, 기능직 6등급 1호봉의 기본급이 132,200원이었다. 이는 한국노총이 발표한 1인 남자 최저생계비 200,684원의 60%를 약간 웃도는 금액이었다. 가족 3~4인 5등급 5호봉의 기본급이 180,100원으로 3인 가족 최저생계비 370,065원의 절반도 안 되었다.[09] 서울지하철공사가 설립된 1984년 이후 3년간 임금수준은 상대적으로 더욱 악화하여 3년 전과 비슷한 사회적 지위를 누리기 위해서는 임금이 24.6% 이상 올라

09) 한국노총의 1986.5.3. 발표 최저생계비 기준

야 했다.

제 수당은 휴일근무수당 8%, 시간외근무수당 48%, 지하철수당 15%, 승무수당 25%, 가족수당의 경우 노부모에 한해 5,000원, 중식비 700원, 학자보조금은 대학생의 경우 70%를 지급 받고 연장근로수당은 미지급되고 있었다.[10)]

열악한 노동조건

지하철 노동자는 햇볕도 안 드는 지하에서 오염된 공기를 마시면서 12시간 이상을 연속으로 일했다. 퇴근길에 햇빛을 보면 눈물이 나고 눈을 똑바로 뜰 수조차 없을 정도였다.

차량지부 노동자는 기름과 흙투성이로 전동차 밑을 기면서 수리 일을 해야 했고, 기술과 설비 노동자는 열차 운행 시간의 틈을 이용해 위험을 감수하면서 선로 보수 작업을 하고 고압선을 만지고 온갖 시설물들을 보수·점검해야 했다. 열차가 다니는 중 매일 하는 역 순회 점검 또한 위험에 그대로 노출되는 일이었다.

일을 마쳤다고 퇴근할 수 있는 것도 아니었다. 교육 있다, 작업 있다, 페인트칠 해야 한다, 열차표에 운임정정 도장을 찍어야 한다면서 사람을 붙잡아 놓으니 제시간에 퇴근한 적이 거의 없었다. 휴일도 없이 주 80시간 이상을 근무했다. 그러니 노동조합 결성 후 설문조사에서 기회만 있으면 지하철을 떠나고 싶다고 한 노동자가 70%를 넘었고 실제로 직장을 옮기기 위해 따로 공부하는 노동자들도 많았다.

'기능 동물'을 통제하는 직제

공사의 조직 및 직급체계는 군대식으로, 현장 노동자들은 조선 시대의 양반

---

10) 『현대노사』 1987.9.

상놈 식으로 계급이 나누어져 있었다. 군 출신으로 본사에서 근무하는 사원은 일반직, 현장에 근무하는 직원은 기능직과 고용직으로 분류되었다.

직종 구별 없이 모든 지하철 노동자가 가장 불만을 느끼고 있던 것이 바로 직제였다. 일반직과 기능직·고용직은 직급, 호봉, 인사승진, 임금체계가 별도로 구성되어 완전히 달랐다. 일반직은 7~8년만 근무하면 계장이 될 수 있었지만, 기능직은 20~30년 근무해야 계장이 될 수 있었으며 같은 역장, 분소장이라도 계장이 되려면 일반직으로 전환해야만 계장이라고 불렀다. 고용직은 현장에서 기능직과 차이 없이 근무하면서, 입사 경로가 다르다는 이유만으로 20~30년을 근무해도 승진할 수 없었고 직급도 없고 호봉만 인정하는 인사제도를 따르고 있었다.

입사 경로도 달랐는데 지하철 노동자의 초기 입사 경로는 서울시 지방공무원으로 채용되었다가 공사로 이전한 경우와 1983년 후반 공채제도를 통해 입사한 경우가 있다. 그 외에는 철도에서 특채하였는데 정부 차원에서 지하철 건설과 운영을 위하여 경력자 이전을 요구하면 철도청에서 선정하여 보내는 방식이었다. 서울지하철공사 직원의 대부분은 서울시 운영사업소에서 통합되어 공사로 넘어온 기능직이 주를 이뤘다. 일반직은 1985년 공채를 통해 입사하였고 고용직의 경우 서울시 지방공무원 시절의 전문 직종을 대대적으로 채용했는데, 예를 들어 모터카 운전 같은 직종에만 있던 것을 1985년에 들어서면서 1종과 2종으로 나누어 2종 행정보조 분야를 채용하는 식이었다. 이는 당시 공채 인원의 50% 씩이 기능직과 고용직으로 채용된 것이었다. 고용직은 승진체계에서 제외되는 대신 월 10만 원씩의 급여를 더 받았고,[11] 기능직 1급은 일반직 4급과 똑같은 대우를 받았다.

---

11) 직제개편으로 고용직과 기능직이 통합되면서 고용직으로 3~4년간 급여를 더 받았던 것이 기능직에게는 불만의 요소가 되기도 했다.

또한, 이러한 승진과 처우 차별의 사례들 이전에, 직제가 일반직을 앞세워 기능직과 고용직을 효율적으로 통제하는 구조라는 점이 더 핵심적인 문제였다.

노동자들이 직제개편을 통해 요구하고자 했던 것은, 직종의 단일화, 공사 전환 시 기능직의 하향 조정된 급수의 원상회복, 승진제도 모순으로 인한 장기근속자 승진적체를 바로 잡는 것, 특진제도가 남용되고 있는 상황 개선 등이었다.

여성에게 가해지는 고통

역무를 중심으로 여성 노동자도 있었는데 이들도 주야 맞교대 근무를 했다. 별도의 숙소가 없이 매표실 한쪽에 커튼을 친 후 2층 침대를 놓고 자도록 한 곳이 많았고 샤워실도 별도로 마련되지 않아 남성과 같이 써야 했기 때문에 대부분 세수만 하면서 근무했다. 속옷 차림으로 돌아다니는 남성들 때문에 밤에 화장실 가기도 쉽지 않았다. 서울시장이 시찰을 나왔다가 바로 잡을 것을 요구했을 정도로 열악한 근무조건이었다. 생리휴가, 법정휴가가 사규에 있기는 했지만, 상사의 허락이 나지 않아 제대로 쓰지 못했으며 하소연할 곳도 없었다. 무엇보다 힘든 일은 고객 부스에서 근무할 때 남성 고객들의 무시와 모욕을 참아야 하는 일이었다. 반말은 기본이요 욕설을 심하게 하는 이도 있었고 술을 먹고 들이닥치는 경우도 있었다.

근무형태 때문에 연애하는 일도 어려웠다. 그나마 근무하면서 친해지고 퇴근하면서 데이트할 수 있었기 때문에 기혼자 중 많은 이들이 사내커플이었다.

2 서울지하철노동조합 설립과 활동

1) 노동조합 설립 : 지하철은 군대가 아니다

노동에 지친 몸과 마음을 술로 달래던 지하철 노동자

일상의 차별과 통제 속에 묶여있는 노동자가 인권을 주장하기는 쉽지 않았다. 사회 전반적인 억압과 부조리가 오랫동안 구조화되어 있다 보니 작업장에서의 차별이 월급 받으며 일을 하는 과정에서 생기는 일인지, 나의 인권이 얼마나 침해되고 있는 것인지 구별하기도 쉽지 않은 일이었다. 하지만 사회가 점점 민주화로 나아가면서 지하철 노동자들은 현장에 만연한 차별적 군사문화를 타파해야 한다는 인식을 갖기 시작했다. 지친 몸을 이끌고 술을 마시며 한탄을 하거나 '지하철 사고를 내거나 승객 없을 때 혼자 다리 위로 끌고 가 폭파해버릴까, 그러면 쟁점이 될까' 하는 공상을 해보기도 했다. 노동자들에게 있던 조직은 상조회, 향우회 등이었는데 이들 친목 단체가 노동조건 해결을 위한 조직은 아니었기 때문에, 각 개인은 불만이 머리끝까지 차 있었음에도 조직적으로 해결할 길을 찾지 못하고 있었다.

1984년 전두환 정권은 광주민중을 학살하고 정권을 찬탈한 것에 끊임없이 문제 제기를 받고 있었고 이에 정통성 시비를 잠재우기 위한 사회 유화 정책을 벌이게 된다. 이러한 정치적 국면을 타고 노동자들은 노동자들을 위한 조직을 건설하고 노동조합 활동을 보장받기 위한 투쟁을 전개하기 시작했다. 1985년 대우자동차와 구로에서는 대규모 노동자 투쟁이 전개되었고 이는 신문과 뉴스를 통해 알려졌다. 1987년 봄에는 3저 호황에 따른 이익을 분배하라는 노동자들의 임금인상 요구가 곳곳에서 분출되었다. 이에 지하철 노동자들도 한탄과 체념의 술잔이 아니라 분노를 담은 술잔을 기울이기 시작했다.

6월 항쟁과 노동자대투쟁 경험

1987년은 한국 사회 계급구조에 중요한 획을 그은 해이다. 그 시작은 전두환 정권의 민중운동 세력 탄압으로부터 비롯되었다. 1986년에 있었던 여성 노동자 성고문 사건이 세상에 알려지고 남영동 대공분실에서 물고문을 받던 대학생 박종철이 '탁!' 치니 '억!'하고 죽었다는 언론보도 후 정권에 대한 투쟁이 줄을 이었다. 이에 전두환 정권은 장기집권을 위한 '4.13 호헌 조치'를 발표하

1987 노동자대투쟁

였고 한국노총같이 호헌조치를 지지하는 성명을 발표하는 곳도 있었지만, 종교인, 학생, 노동자, 교수들이 전두환의 정권연장 음모에 저항하며 나서기 시작했다.

1987년 6월 10일 MBC 뉴스데스크는 아홉시 땡 하는 소리와 함께 "전두환 대통령이 참석한 가운데 오늘 열린 제4차 민정당 전당대회에서 노태우 대표가 차기 대통령 후보로 선출되었습니다."라며 이른바 '땡전 뉴스'를 보도했다. 같은 날 민중민주 운동 세력은 "우리의 소원은 민주~ 꿈에도 소원은 민주~"를 부르며 전두환 정권 연장 음모에 맞선 투쟁을 벌였고 전국의 주요 도시는 최루탄으로 범벅이 되었다. 하루 전 국민결의대회를 위해 출정식을 하던 연세대 학생 이한열이 전투경찰이 쏜 최루탄에 맞아 쓰러졌다는 기사가 신문에 대서특필되면서 분노는 더욱 끓어올랐다. 서울 시내 빌딩에서 일하던 사무직 노동자들은 와이셔츠 팔을 걷어 올리고 거리로 나왔고 간호사들은 의료봉사 활동으로 투쟁에 연대했다. 노동자들은 낮에는 일하고 퇴근하면 거리로 쏟아져 나왔다. 장사하는 이들은 투쟁하는 학생들에게 먹을 것과 음료수를 갖다 주었다. 고등학생들은 명동성당에서 농성하는 이들에게 자신들의 도시락을 흔쾌히 전달했고 최루탄에 견디라고 치약과 랩을 사다 주었다. 시민들은 버스 안에서 손뼉을 쳤고, 가두투쟁이 시작되어 버스가 서면 내려서 같이 '호헌철폐' '독재 타도'를 외치며 투쟁에 동참했다. 서울에서만 그런 게 아니었다. 부산, 전주, 울산 전국 곳곳에서 독재정권에 대항한 투쟁이 일었다. 노동자 민중의 저항에 위기감을 느낀 지배계급은 6월 29일 노태우가 국민의 요구를 받아들이는 '6.29선언'을 하게 했다.

대통령 직선제를 쟁취했다는 기쁨으로 6월 항쟁의 불길이 수그러드는가 싶었지만, 그 불길은 노동현장에서 다시 살아났다. 노동자들은 거리에서의 경험, 사회 민주화를 외쳤던 열망의 불길을 꺼뜨리지 않고 자신이 일하는 현장의 민주화 요구로 투생의 불씨를 되살려냈다.

1987년 7월 5일, 울산의 현대엔진노동조합 결성에서 불붙기 시작한 투쟁의 불길은 울산의 현대그룹, 마산·창원의 현대, 삼성, 대우, 럭키금성, 옥포 대우조선 등 대공장 노동자들의 투쟁을 거쳐, 8월 초에는 경인 지역과 성남, 구로공단 등 전국적인 노동자 투쟁으로 번져나갔다. 거제에서 구로까지, 노동자들은 "인간적 대우", "임금인상과 노동조건의 개선", "민주노조 쟁취"를 요구하였다. 제조업 노동자들로부터 시작된 투쟁이 순식간에 운수노동자, 광산노동자, 사무직 노동자, 판매·서비스직 노동자, 기술직 노동자 파업투쟁으로 번져갔다. 일만 하던 노동자들은 공단 거리를 휩쓰는 파업 대오의 물결을 신문과 TV를 통해 보았다. 노동자들은 투쟁의 물결에 스스로 놀랐다. 투쟁을 지도할 정치조직도, 전국적인 조직도 없는 상황이었지만 파업투쟁은 또 다른 파업투쟁을 만들어내며 마치 전염병처럼 번져나갔다. 노동자대투쟁 기간 동안 3,300여 개 공장에서 전체 노동자의 1/3이 넘는 노동자가 파업투쟁을 벌였다. 그 투쟁 결과 1,300여 개의 노동조합이 새로 결성되었다.

서울지하철 노동자들도 다양한 위치에서 6월 항쟁을 맞았다. 가두투쟁이 벌어지는 역에 열차를 세우지 못하고 지시에 따라 통과하며 자괴감을 느낀 노동자도 있었다. "대학생들 돈 대주니 배불렀군. 학교 가서 공부는 안 하고 데모질이냐."며 최루가스로 범벅이 된 역에서 근무하며 욕을 했던 노동자도 있었다. 시끌시끌한 사회에 관심을 가지고 퇴근 후 지친 몸을 이끌고 삼삼오오 거리로 나가 돌을 던진 이들도 있었다. 야간학교나 방송대 다니던 노동자들은 학내 시위의 영향을 받기도 했다.

서울지하철 노동자들은 고졸 이상의 학력인 데다 국가와 시의 정책에 따라 노동조건에 영향을 받기 때문에 기본적으로 정치 문제에 관심이 많았다. 그리고 지하철 역사에 있는 신문을 쉽게 접할 수 있어 정보 접근성도 높았고, 서울과 수도권 거주자가 많아 늘 세상 돌아가는 상황에 관심이 높았다. 그들에게 울산에서 시작된 노동자들의 투쟁 소식은 빠르게 전달되었고 현장에도 파동이 일기 시작했다.

"우리는 노조 안 만드나?"

노동자대투쟁의 바람은 서울지하철에도 불어왔다. 노동조합에 대해 알지 못했던 이들도 '우리 지하철에는 노조 안 생기나' 하며 관심을 끌게 된 것이다.

1987년 봄부터 지하철에도 노동조합 결성을 도모하는 이들이 생겼다. 학생운동을 한 경력이 있는 정윤광은 창동기지 보일러실에 취업해 주변 사람들을 모아가고 있었다. 군자차량의 이청호를 중심으로 한 무리도 노동조합 설립을 고민하고 있었고, 김명희와 정연수 등 승무원을 중심으로 한 상조회 팀들 또한 공사측의 횡포에 대항할 조직을 고민하고 있었다. 한편에서는 철도에서 지하철로 자리를 옮긴 이들이 노동조합을 만들 계획을 짜고 있기도 했다.[12]

이렇게 많은 노동자가 사람을 모아가며 때를 보고 있던 차에, 깃발은 역무의 배일도가 들었다. 그는 노동조합 설립에 대한 문제의식을 느끼고 2년 전부터 개인적으로 노동관계법을 공부하고 현장의 선배들을 찾아다니기도 했다.[13] 배일도는 친한 이들 몇몇을 모아 '오목회'라는 친목모임을 하고 있었는데, 종로5가역의 45명 정도가 회원인 단체였다. 하지만 역무 현장에 기반을 가진 모임은 아니었고, 나중에는 김준용을 통해 석탑노동문제연구소의 장명국과 연이 닿았다. 노동자대투쟁으로 사회적 분위기가 무르익자 배일도는 '지금 아니면 안 되겠구나'라는 생각에 장명국을 찾아갔다. 장명국은 이청호라는 지하철

---

12) 훗날 철도 출신으로 노무관리 부서에서 일하는 이가 있어, 공사나 정부에서 조직해 들어오려고 했던 팀이었다는 이야기가 돌기도 했다.

13) 구로동맹파업이 벌어진 1985년 대우어패럴 사무장 김준용과 친인척 관계였던 배일도는 그의 재판장에 갔다가 판검사 앞에 당당한 김준용을 보고 자신을 돌아보게 되었다고 한다.

노동자가 노동조합 설립을 위해 상담하고 갔다고 알려줬고, 배일도는 이청호를 만나 노동조합 설립을 도모했다. 배일도는 일주일 연차를 쓰고 노동조합을 설립하는 일에만 매달리기 시작했다.

서울지하철노동조합 깃발을 올리다

8월 11일 몇몇 노동자들에게 모임 소식이 은밀히 전달되었다. '드디어 우리도 노조를 만드는구나.' 12일 아침 일을 마친 몇몇 노동자들이 비밀리에 전철을 타고 움직였다. 당시 노동조합 설립을 위해서는 30명 이상이 발기인으로 참여해야 하는데 정보가 새나가지 않도록 하면서 30명을 모으는 일이 쉬운 일은 아니었다. 노동조합 설립 사실이 사전에 새어나가 사측에서 유령노조 설립을 먼저 해버리는 경우, 설립신고서 제출 서류를 탈취당하는 경우, 발기인대회 참여자를 회유 협박하여 못 가게 하는 경우 등 다양한 방해 공작이 다른 노동조합들에서 일어났다는 사실이 이미 알려졌으니 더욱 신중할 수밖에 없었다.

그 날 서울역 시계탑 근처에서 서성이는 이들이 있었다. 그들은 서로 눈빛을 주고받으며 같은 식구임을 확인하고 지하철 입구만 바라보고 있었다. 8시 30분이 되자 몇몇은 그 자리를 떠 결국 10여 명이 남았다. 출근 시간이 가까워지자 노동조합 결성이 불가능하다고 생각한 이들이 일터로 간 것이었다. 남은 이들은 서울역 2층 '그릴'에 모여 이대로 주저앉을 것인지 아니면 어떤 대책을 세울 것인지 돌아가면서 이야기를 나눴다. 이미 기운이 빠진 분위기를 깨고 김학용이 나섰다. "이대로 물러나선 죽도 밥도 안 됩니다. 가서 한 사람이 두세 명씩만 데리고 오면 되니까 저녁에 다시 봅시다."

저녁이 되자 노동자들은 다시 서울역에 모였다. 그 자리에서 인원을 세지는 않았지만 30명을 훌쩍 넘어 보였다. 그들은 길을 건너 연합노련 사무실로 향했다.

그리고 8월 12일 수요일 저녁 9시. 노동자들은 용산구 동자동 전국연합노동조합연맹(연합노련)에서 서울지하철노조 설립 발기인대회를 시작했다.[14] 모인 이들의 수는 57명이었다.

발기인대회는 빠른 속도로 진행되었다. 준비했던 글을 읽고 규약을 발표해 박수로 통과하고 위원장을 선출했다. 누군가 차량의 이청호를 추천했지만, 그는 고사했고 배일도가 위원장을 맡았으면 한다고 했다. 이처럼 규약을 만들고 미리 위원장을 내정하고 상급단체를 정해 서류를 준비하고 발기인대회 장소를 확보하는 등의 치밀한 전술은 석탑노동문제연구소 활동가들의 도움으로 계획할 수 있었다.

《발기인 명단》

구본상 김광옥 김기영 김남호 김동민 김영덕 김영룡 김인덕 김정모 김진관 김학용 김홍주 배일도 변우현 서정식 성용준 안창우 양해식 유영일 윤현식 윤형석 이계재 이종목 이청호 이형진 임종두 장순태 정병렬 정상희 정용운 정화섭 채기선 최수경 표종택 한동수 홍종명 황규엽 김수용 김용식 김용진 김치재 김태욱 문영섭 박노선 박한균 서인순 성형웅 유태열 이근복 이대현 이석종 이웅근 이진배 임영남 정병인 정영재 정재성 (57명)

대회를 치렀지만 노동자들의 표정은 여전히 굳어있었다. 발기인들 중에는 노동조합 결성에 가슴 벅찬 이도 있었지만 무슨 일을 한 것인지 실감나지 않는 이, 선배들이 밥 사준다고 해서 따라온 이도 있었기에 여전히 걱정스러운 표정이었다. 긴장이 풀어지겠다 싶어 배일도와 친분이 있는 이가 운영하는 종로5가의 한 식당으로 이동했다. 문 닫을 시간이었지만 사장은 지하철 노동자들을 기쁘게 맞아주었다. 김학용이 뒤늦게 서울역으로 온 정윤광과 최종진을

14) 용산구 동자동 39-7 동양빌딩 2층에 연합노련이 있었다. 1호선 서울역에서 용산 방향으로 730미터 떨어진 곳이었다.

데리고 뒤풀이 장소로 합류했다.

발기인대회를 무사히 마쳤으니 이제 다음날 설립신고서 제출이 관건이었다. 식당에서 나와 이청호 김학용 변우현 윤현식 정윤광 최종진 등 10여 명이 배일도 집으로 가서 다음날 할 일을 정리하고 역할을 나눴다. 윤현식과 한 명은 노동조합 설립을 알리는 유인물을 인쇄하기로 하고, 이청호와 한 명은 설립신고서를 내러 가기로 했고, 배일도와 나머지는 군자기지에 들어가 설립보고대회를 준비하기로 했다. 그리고 집행부 구성을 어떻게 할 것인가에 대해서도 논의했다. 이때 정윤광이 자신의 운동경력을 밝혔고 혹시 회사에서 알면 문제 될 수 있으니 당분간 조합원 가입은 하지 않기로 했다. 다음날 아침 일찍 이청호 등은 설립신고서를 들고 관악구청으로 향했고, 윤현식은 새벽부터 을지로 인쇄소 문을 두드렸다.

한편 채기선을 비롯한 군자차량 소속 발기인은 을지로 여관방에 묵었다. 집에 가면 노동조합 설립 사실이 알려질 것을 우려해서였다. 사람들은 "설립신고서 나올 때까지는 안심할 수 없다. 다른 데 보니 설립신고서 나오기 전에 협박에 못 이겨 발기인에서 빠져서 노조 못 만든 데도 있단다. 몸조심하자."고 서로 이야기했다. 아니나 다를까 채기선이 집에 전화 했더니 벌써 경찰서, 구청 직원이 다녀갔다고 했다.

이제 본사 놈들이 우리를 깔보지 못할 거래

8월 13일 목요일. 점심시간이 다가오자 군자기지 후생관 앞에 사람들이 모였다. 발기인들이었다. 아침 출근하자마자 주위 사람들에게 노동조합 설립 소식을 알리고 점심시간에 보고대회를 하니 나오라고 이야기했다. 유인물을 받아 보고 믿기지 않아 "혹시 본사에서 만든 거 아니냐, 우리가 만든 게 맞느냐?"고 묻는 사람도 있었다. 30여 명의 발기인들은 유인물을 나눠주며 식당 주변 노동자들에게 노동조합 결성 소식을 알렸다. 이게 뭔가 싶어 주춤거리던 이들, 식당을 드나들던 이들이 호기심에 하나둘 모이기 시작했다.

점심시간까지 30분도 남지 않았는데 군자기지에서 집회를 준비하던 이들은 초조해지기 시작했다. 관악구청에서 설립신고서를 받아주지 않고 여기저기 전화를 하면서 시간을 끌고 있다는 소식이 전해졌기 때문이다. “공사에 연락을 취한 것인가.” 이청호는 급하게 기지로 전화를 걸어 상황을 알리고 대책을 논의했다. “노동부로 가자.” 서울지하철에는 지축기지가 있었기에 전국사업장으로 노동부 접수가 가능했다. 드디어 11시 50분경 노동부에 설립신고를 마치고 접수증을 받았다는 소식이 들려왔다.[15] “이제 됐다!” 후생관 앞 노동자 수는 어느새 300여 명으로 불어나 있었다.

지하철 노조 드디어 결성되다.

1987년 8월 12일

오늘 우리가 그동안 천대 받아왔고 휴식시간이 없는 작업장에서 기계의 부속품처럼 서비스업이라는 이름아래 민주적 양심을 감추게 하고 갖은 인간적인 수모를 당하면서 일해왔던 우리 근로자는 번뜩이는 감시의 눈초리와 불신의 벽을 부셔버리고 굳게 단결하여 정당한 대우를 받는 근로자가 되어야 한다는 뜨거운 마음을 모아 마침내 우리 서울 지하철공사의 노동조합을 결성하여 그장도의 첫발을 내딛게 되었읍니다. 1주에 48시간이라는 법정근로시간은 어디로 가고 90시간이 넘는 근로를 시키고도 기능직, 고용직의 기본금을 일반직의 기본금 저 밑에 두어 실질임금을 적게하는 교묘한 방법으로 신성한 노동력을 착취해 왔고 본사직원은 시원한 에어컨 속에서 근무하면서 찜통같은 지하에서 선풍기조차 제대로 없는 잠자리를 뒤척이게 하고 위험요소가 상재해있어 벌써 현장에서 죽어간 동료가 있는데도 그에 대한 보상을 제대로 하지 않고 평생 회사를 위해 일해도 밝은 앞날을 보장받지 못하는 이런 여건에서 어찌 우리의 가슴에 맺힌 한과 분노를 말로 다 할수 있겠읍니까? 우리 지하철 현장 근로자 여러분!

우리 스스로가 떨치고 일어나지 않으면 누가 우리의 정당한 도구 정당한 권리를 찾아줄수 있겠읍니까?

그것은 오직 우리들 자신만이 할수 있는 일이 아니겠읍니까?

우리 한사람 한사람의 작은 목소리를 모아 뜨거운 마음으로 굳게 뭉칠 때 우리의 권리와 권익을 찾을 수 있다고 봅니다.

이를 위한 첫걸음으로 오늘 우리는 서울 지하철 공사의 노동조합이라는 금기시 되었던 성역을 깨고 그 웅장한 첫발을 내딛게 되었읍니다.

그러나 큰힘을 발휘하기 위해서는 아직 우리의 조합은 미약한 점이 한두가지가 아니라고 봅니다. 우리 모두가 인간답게 사느냐 짐승이나 기계의 부품처럼 사느냐의 중요한 기로에서 모두가 동참하여 한몸이 될때 어떤 탄압과 고난이 닥쳐와도 우리의 권익 보장기구인 민주 노동조합이 굳건히 자리를 잡고 대시민 봉사를 하는 진정한 공익기관이 되리라고 봅니다.

지하철 근로자 동지 여러분

지금은 해봐야 안된다는 체념과 좌절로 얼룩진 지난날을 떨쳐버리고 떳떳한 남편 자랑스런 아버지 의리있는 동료로서 새출발할 때입니다. 자! 민주화의 물결이 힘차게 밀려오는 이 시점에서 우리 모두가 조합에 가입하여 힘찬 내일을 설계할 수 있는 노동조합이 되도록 합시다.

서울지하철공사 노동조합 위원장

노동조합 결성 소식을 전하는 홍보물

15) 8월 21일 설립신고서가 교부되었다.

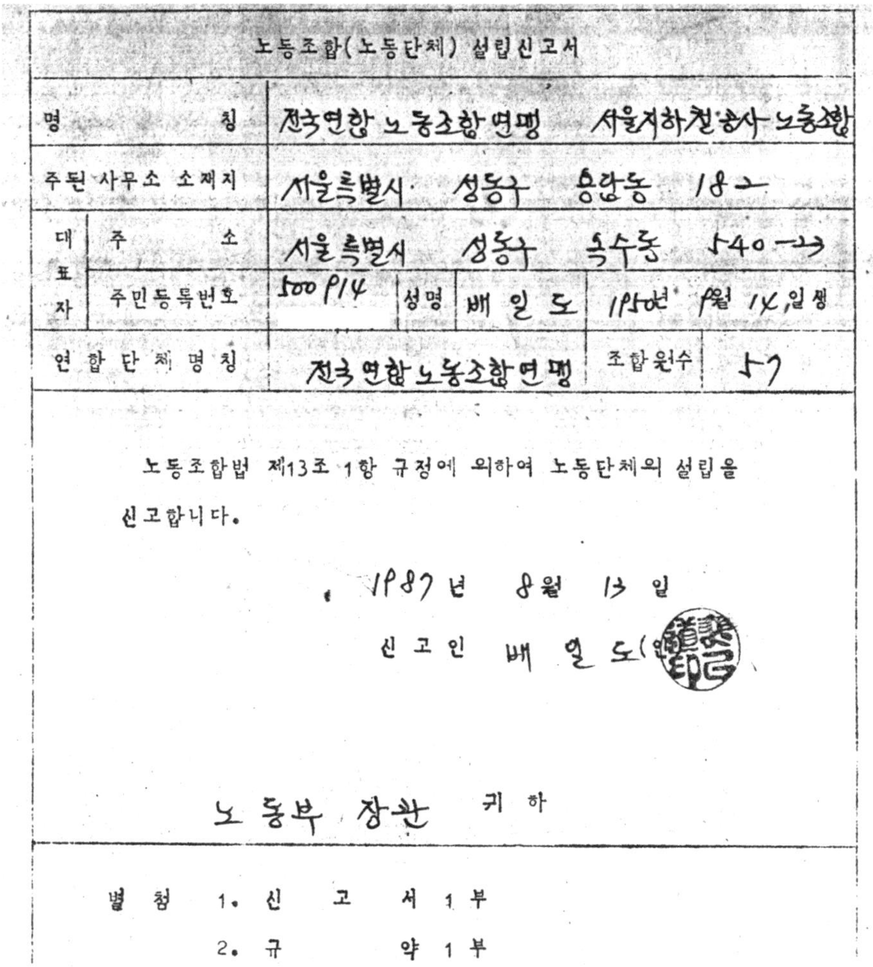

노동조합(노동단체) 설립신고서					
명칭	전국연합노동조합연맹 서울지하철공사 노동조합				
주된 사무소 소재지	서울특별시 성동구 용답동 18-2				
대표자 주소	서울특별시 성동구 옥수동 540-23				
대표자 주민등록번호	500914	성명	배일도	1950년 9월 14일생	
연합단체명칭	전국연합노동조합연맹			조합원수	57

노동조합법 제13조 1항 규정에 의하여 노동단체의 설립을 신고합니다.

1987년 8월 13일

신고인 배일도 (인)

노동부 장관 귀하

별첨 1. 신고서 1부
2. 규약 1부

서울지하철노동조합 설립신고서

"서울지하철에 노동조합이 설립되었습니다!"

"만세! 서울지하철노동조합 만세! 만세!"

김학용의 사회로 보고대회를 마친 노동자들은 소리를 지르며 군자기지를 한 바퀴 돌았다. 점심시간 30분을 이용한 노동조합 결성 1차 보고대회는 기쁨과 열기 그리고 다양한 궁금증들이 어우러진 채 마무리되었다. 그제야 운영이사를 비롯한 공사 간부들이 허겁지겁 달려와 발기인들의 소매를 잡아끌며 대

노동조합 설립 보고대회로 향하는 노동자들(1987.8.14.)

화를 하자고 요청했다. 그들은 현장 노동자들에게 처음으로 존댓말을 썼고 그렇게 뻣뻣했던 허리를 수양버들처럼 부드럽게 굽혔다. 오히려 발기인들이 어색할 지경이었다.

“이제 본사 놈들이 우리를 깔보지 못할 거래.”

군자 보고대회 이후 귀가 번쩍 뜨이는 이야기에 현장이 술렁였다. 8월 14일에도 점심시간에 지축기지에서 보고대회가 열렸는데 그새 소문이 퍼져 인근 역에서 일하는 역무, 기술, 승무 노동자 1,500여 명이 모였다. 순식간에 모이는 것 자체가 서로 충격이었고 전날과는 분위기도 달라졌다. 수백 명이 스크럼 짜고 지축기지를 돌면서 "지하철은 달린다!"를 외치고 다녔다. 보고대회를 보러 온 이들은 앞을 다투어 노동조합 가입원서를 작성했다. "이름과 주소 다 적네. 그래도 괜찮을까? 회사에 넘어가서 문제 되는 거 아니야?"하며 주저하던 이들도 이내 가입했다. "저렇게 많은 사람이 쓰는데 까짓거 우리도 씁시다."

8월 17일 점심시간, 창동기지 노동자들에게 운동장으로 모이라는 방송이 나왔다.

"왜 모이라 그러지? 왜 그러는 걸까."

일손을 놓고 운동장으로 가봤다. 당시 창동 차량기지에는 180명 정도가 일하고 있었다. 그런데 운동장에는 1,500명이 훌쩍 넘는 노동자가 모였다. 그동안 1·2차 대회에 일 때문에 못 온 노동자들이 소문을 듣고 몰려온 것이다. 운동장 단상에 한 노동자가 올라서 노동조합 가입을 선동했다. "민주노조 옹해야~ 동참하라 옹해야~" 노래 〈옹해야〉를 개사해 부른 것이다.

어슬렁거리며 구경나온 예비군 중대장을 향해 누군가 "프락치다!" "잡아라!" 하고 외치니 평소 노동자들을 괴롭혔던 중대장은 정신없이 도망쳐 화장실에 숨기도 했다. 한 차례 소동이 가라앉고 나자, 노동자들은 '우리는 기계가 아니다, 인간적 대우를 해라'고 적힌 현수막을 들고 기지 안을 한 바퀴 돌았다. 만세를 부르며 눈물을 흘린 이도 있었다.

보고대회에서 노동자들은 '늙은 노동자의 노래'를 소리 높여 불렀다. "보장하라! 기관사 4등급", "기본급 인상하라!", "직제개편", "민주노조 육성! 안전운행", "지하철은 군대가 아니다"라고 쓴 팻말을 만들어 들고 서 있었다.

배일도 위원장은 임금인상 등 처우 개선 요구에 앞서 "근로자를 감시하는 안전지도관제도와 근속년수를 표시하는 계급장의 폐지, 삥땅을 방지하기 위해 설치된 사금함 철폐하라!"고 요구했다. 노동자들에게서 우레와 같은 박수소리가 흘러나왔다. 20개 항의 요구조건을 발표한 후 배일도 위원장은 "시민들에게 불편을 주지 않도록 근무지로 빨리 돌아가자"라고 했고 사람들은 저마다 일자리를 향해 자리를 떴다.[16)]

한 달 만에 4,866명이 노동조합에 가입하다

노동조합 설립 한 달 만에 4,866명이 노동조합에 가입했다. 당시 가입 대상자가 5,300여 명이었으니 91%가 가입한 것이다.[17)] 노동조합 설립 불과 5일 만에 80% 이상의 가입원서를 수거했다. 이렇게 조직이 급속도로 확대된 데는 가입원서를 가지고 동분서주하며 가정 없는 생활을 했던 이들의 노력이 있었다. 모두가 가입하지 않으면 불이익이 생길 수 있다는 생각에 분소 조직을 임시로 구성하고 밤낮없이 뛴 것이다. 가입원서를 복사해 공급하는 일도 쉽지 않았다. 당시는 복사기가 귀하던 시절이어서 복사기가 있는 문방구를 찾아 헤매기도 했다.

역무·기술사무소, 차량사업소마다 가입원서가 쌓여 있었고 노동자들은 줄을 서서 가입원서를 썼다. 그동안 본사 일반직과 차별에 불만을 느끼고 있던 역장들이 가입원서를 모아 가져오기도 했다. 승무지부 노동자들은 불광동 모처에서 가입자를 확인하고 가입원서를 밤새 정리하기도 했다. 노동조합 가입을 따로 독려할 필요가 없을 정도로 폭발적이었다.

한편, 공사측은 고전을 면치 못했다. 김재명은 "현장은 가능하지만 본사는 안 된다."라고 못을 박았고 "지금 때가 어느 땐데 조합에 가입하려는 거냐, 조합에 가입하면 다른 부서로 보내겠다."라며 일부 부서 간부들이 노동조합에

16) 서울지하철노동조합 설립은 일간신문에 보도되었다. 『동아일보』는 "질서의식과 민주적인 자세", "한국 민주노조운동의 산표본장이다." "지하철 근로자의 의식을 짐작하고 남을 만 하였다."라고 썼다. (『동아일보』 1987.8.18. '창')

17) 조합원 수를 보면 1987년 9월에 4,866명, 10월에 5,411명, 11월 5,527명이 가입했다. 12월에는 단체협약 체결 후 역장 제외로 5,473명, 1988년에 초에는 공사측의 노동조합 탈퇴 압력으로 조금씩 줄어들다가 4월 들어 5,530명, 5월 5,713명, 6월 5,818명, 7월 5,922명이 가입했다. (서울지하철노조, 「직제개편투쟁 결과보고서-대의원대회자료」, 1988.10.31.)

가입한 조합원을 탈퇴하도록 협박하기도 했다. 명백한 부당노동행위였다.

공사의 유언비어 유포와 노무부 설치

"보고대회 장소가 동작역으로 변경됐다." "8월 14일 저녁 늦게 위원장과 사장이 아무도 몰래 밤늦게 만났다." "요구사항이 18일까지 해결 안 되면 파업에 들어간다."는 이야기들이 현장에 돌았다. 공사가 흘린 유언비어였다. 공사는 '지하철 노사업무'란 유인물을 회의 시간에 배포하기도 했다. 유언비어 수준은 8월 말경이 되어 더욱 구체화하였다. "본사에 노무과가 결성되어 서울지하철 노조가 그 산하기관으로 편재된다." "노조비를 8천 원 정도 공제한다.", "노사협의회를 구성하니 노조는 필요 없다." 등 노동조합을 향한 노골적인 공격을 했다. 철도청 출신을 노동조합에 가입하지 못하도록 막고 있다는 이야기를 퍼뜨려 철도청 출신과 공채 출신 간의 갈등을 조장하기도 했다. 하지만 철도청 출신 직원 중 조합 가입 비율은 이미 80% 이상이었다. 이러한 유언비어를 제어하기 위해 노동조합은 노조회보를 통해 노동조합의 공식 입장과 일정을 조합원들에게 알렸다.

이에 공사는 노동조합에 대응하는 기구인 노무부를 만들었다. 이전에 있던 노사복지과를 확대 재편하여, 여기에 철도청 출신으로 철도노조 경험이 있는 이들을 배치한 것이다.

2) 인간답게 대우하라!

금호동 여관

처음 열흘 동안은 배일도의 집에 모여 일정과 상황 논의를 하였으나 노동조합 사무실을 대신할 공간이 필요했다. 이에 금호동 금남시장 통에 있는 한 여관에 방을 얻었다. 발기인들뿐 아니라 노동조합 설립 소식을 듣고 궁금해하는 사람들이 삼삼오오 모였고 많을 때는 20명에 이르기도 했다.

가장 먼저 한 일은 가입원서 정리하는 일이었고 다음으로는 노동조합 조직 체계를 짜고 역할을 나누는 일이었다. 배일도는 운동 경험이 있는 정윤광에게 노동조합 조직도를 그려보라고 주문했다. 누가 역할을 맡은 것인가를 논의할 때는 "나는 발기인인데 안 시켜주냐."는 항의가 있을 정도로 열정과 의욕이 넘쳤다. 발기인 중 의지가 강한 이들이 집행부를 맡고 조직화를 위해 직종별 담당자를 두어 현장까지 연결되는 분회를 임시로 두기로 했다. 다만 현장 조직과 대의원은 이른 시일 안에 조합원들의 직접 선거를 통해 구성하기로 했다. 위원장과 부위원장 선출도 직접 해야 한다는 의견이 있기는 했으나 공사가 도발을 하려는 상황을 고려하고 초기 노동조합을 만들어가는 과정에서 어려운 역할을 자임한 위원장에 대한 신뢰를 바탕으로 발기인대회 결과를 유지하는 것으로 의견을 모았다.

가장 중요한 과제 중 하나는 모든 직종을 포괄하는 체계를 짜고 인력을 배치하는 일이었다. 발기인은 차량과 역무 직종이 모여 조직했으므로 시설, 설비, 승무 직종을 조직에 골고루 안배할 필요가 있었다. 그래서 각 직종 대표를 부위원장으로 임명하기로 하였다. 승무의 경우 김명희, 정연수가 노동조합 가입원서를 가지고 왔고 김명희가 부위원장을, 정연수가 법규부장을 맡기로 했다. 설비의 권영현, 보선의 윤종석, 본사의 맹용수가 각 직종을 대표하여 부위원장을 맡았다.

57명 발기인이 선출한 위원장이 4,800명의 조합원을 대표하고 부위원장을 임명하는 구조가 되면서 이후 '민주성'에 대한 도전을 받기도 한다. 이후 지회장과 대의원을 조합원 직선으로 선출하고 임명된 부위원장을 그대로 지부장

직을 유지하게 하면서 지회장과 지부장 간에 갈등이 생기기도 했다. 지회장은 "우리는 직선으로 당선된 대표"라는 자부심이 있었기에 지부장의 지도력이 잘 미치지 않았다. 또 하나는 직종의 지분을 통해 임명된 부서장과 배일도 위원장이 임명한 부서장 간의 갈등도 있었다. 이 갈등은 위원장이 독선적이라는 비판이 제기되면서 점점 심해졌다.

한편, 발기인을 하지 않은 이들은 노동조합 활동을 하고 싶어도 할 수 없을 정도의 분위기였다. 누군가 "노조 체계가 정부부처랑 같다고 생각하면 돼. 집행부 맡는 사람들은 말하자면 장관이고 대의원이 의회 같은 건데, 대의원이 집행부를 얼마든지 견제할 수 있는 거야."라고 말하자 '대의원'에 관심을 가지는 이가 생기기도 했다.

초대 집행부를 맡았던 이들은 노동조합의 운동성, 노동조합 간부의 역할 등을 제대로 교육받지 못한 채 일을 시작하게 되었다. 노동조합 간부를 하면 공사 간부와 대등해질 수 있다는 생각을 한 이도 있었고 양심에 따라 열정을 바쳐 일해보고 싶다고 생각한 이들도 있었다. 하지만 어떠한 경우든, 노동조합이 노동자들에게 새로운 일터를 가져다줄 것이라는 믿음과 기대를 하고 시간과 땀을 할애했다.[18]

노동조합 사무실

8월 21일 노동조합설립신고서가 교부되었다. 배일도는 천영세, 김금수 등의 조언을 받아 노동조합 사무실, 사무 집기 등을 회사에 요구하였다. 설립신고서도 나왔고 조합원 수도 늘어나 자신감이 붙었다. "무조건 밀고 들어간다.

18) 초대 상무집행위원회 명단: (임원) 위원장 배일도, 수석부위원장 김치재, 사무장 이청호 (부서부장) 총무부장 정영재, 조사부장 김태욱, 조직부장 박노선, 법규부장 정연수, 편집부장 최원석, 청년부장 김인홍, 쟁의부장 김학용, 후생복지부장 강청진, 교육부장 문영섭, 선전홍보부장 정윤광, 여성부장 정숙이, 문화부, 국제부 공석 (지부 부위원장) 역무부위원장 황규엽·김현태, 차량부위원장 김치재, 승무부위원장 김명희, 설비부위원장 권영현, 시설부위원장 윤종석, 본사부위원장 맹용수

무슨 일이 터지면 조합원들이 달려오겠지."라는 믿음을 가지고 교육원 2층, 현 노동조합 사무실로 밀고 들어갔다. 노동조합 사무실을 어디로 할 것인가를 둘러싸고 집행부 내에서 "본사로 가자."는 의견과 "조합원들이 있는 현장으로 가야 한다."라는 의견이 있었지만, 논의 끝에 현장으로 정한 것이다.

처음에는 계단 오른쪽의 반(광장 반대쪽 방향)만 쓰다가 8월 25일 공사측과 노사 상견례 자리에서 노동조합 사무실과 상근직원 확보를 요구했고, 이후 계단 오른쪽(현 사무국 쪽)을 노동조합 사무실로 쓰기 시작했다.[19] 1988년 초 상근자가 22명으로 합의되기 전에는 예닐곱 명이 출근부만 작성하고 나오거나 아예 출근하지 않으면서 노동조합 일을 했고, 배일도는 역장에게 출근하지 못한다고 통보하고 노동조합 사무실에 상주했다.

노동조합 사무실 입주 현판식(1987.9.9.)

19) 이후 계단 왼쪽 시설장비를 옮기고 노동조합으로 확장하였고 1997년 3층에 가건물을 지어 해고자사무실로 사용하며 현재의 노동조합 사무실 모양새를 갖추게 된다. 1988년 4월 15일 노사협의회 결과 조합사무실 교육원 B동 205호 전용 승인하되 B동 203호는 요청 시 회사사정에 따라 허용하는 것으로 하였다.

노동조합 사무실 현판식은 9월 9일 오후 2시 현 노동조합 사무실 앞 광장에서 열렸다. 현판식에는 발기인을 포함한 조합원, 한국노총, 연합노련, 유관기관장, 사장 및 임원 등 500여 명이 참여했다. 서울지하철노조 만세삼창으로 단출한 행사를 마무리하고 후생관 식당에서 노사가 마주 앉아 연회를 갖고 샴페인을 터뜨려 축배를 들었다. 공사의 협조로 지하철 악단과 후생관 관리원들이 행사를 도왔다.

조합비는 12월 단체협약을 체결한 이후부터 걷게 되었는데 그때까지는 맹용수가 가계수표 30장 당시 300만 원 정도를 우선 제공했고, 배일도가 빚을 얻어와 살림에 보탰다. 집기는 회사에서 제공했다. 초기 노동조합 간부들은 노동조합활동 관련 기초 교육을 자주 받았는데 콘트롤데이터 이영순, 대동공업 이석행, YH노동조합 최순영 등 노동조합 활동 경험이 풍부한 선배들이 교육하기도 했다. 노동조합기와 현판은 공사 디자인실에서 만들고 비용도 공사에서 댔다. 그 실무를 노동조합 측에서는 맹용수가, 공사측에서는 황춘자가 맡았다. 마크는 지회와 궤도를 표시하고 색은 자유와 평등을 나타내는 것이었다.

1,800여 명의 조합원이 모인 요구수렴 연합대토론회(1987.8.29.)

요구수렴 연합대토론회

노동조합 설립과 함께 술자리에서 이야기하던 불만들을 공개적이고 민주적으로 수렴하기 위해, 노동조합은 공개토론회를 개최했다. 8월 29일 열린 요구수렴 연합대토론회에는 무려 1,800여 명의 조합원이 모여 본사 7층 강당이 터져버릴 정도였다. 가을을 재촉하는 빗줄기가 세차게 쏟아졌지만, 그 빗줄기를 뚫고 모인 조합원들은 그간 거꾸로 치솟고 가슴에 엉켰던 울분을 토해냈다.

"인간이 인간을 인간답게 대우하라!" "임금 조정하라!" "불평등 규정이나 사규를 개정하라!"고 외쳤다. 노동조합을 향해 "어용노조 되지 마라!", "열심히 싸워 달라!"는 말도 했다.

이날 나온 조합원들의 요구를 모아보니 270여 가지였는데 이를 요약하면, △기본급이 통신공사나 한국전력공사 같은 타 공사보다 15~20% 가량 낮으므로 최소한 생계를 유지할 수 있도록 임금수준이 향상되어야 하고 △4개 직제를 사무직은 행정직으로 기술직은 기능직으로 이원화 체계로 개편하여 능력 있는 사람은 인정받도록 해야 하며 △근속년수에 따라 진급이 보장되어야 한다. 또한 △근로기준법 43조~47조에 의거 각종 수당을 적법하게 적용해야 하며 △회사 운영상 독립채산제를 보장할 것 등이었다.[20]

---

20) 이는 조합원 대상 설문조사에서도 드러나는데 1987년 8월 25~26일 전 직종 전 조합원 대상의 설문조사 결과 조합원들의 요구는 1) 임금인상: 기본급 인상 93.5%, 동급 간 격차조정 4.1%, 현장근로자 우대 1.2%, 호봉제한 폐지 0.8%, 기타 0.4% 2) 직제개편: 행정직·기술직 98.1%, 기타 1.4%, 무응답 0.5%, 3) 인사 및 승진: 근속년수에 의한 승진 83.4%, 특채·정실인사 철폐 12.5%, 기타 4.1%, 4) 근로조건 개선: 직장의 민주화 92.4%, 무응답 1.4%, 기타 6.2% 5) 각종 수당: 위험수당 32.0%, 근속수당 30.9%, 환경수당 28.6% 주거수당 8.4%, 무응답 0.1% / 법정미지급 수당 지급 96.5%, 기타 2.4%, 무응답 1.1% 등으로 모아졌다. 노동조합이 시급히 해결해야 할 사항은 임금인상 – 직제개편 – 인사 및 승진 – 근로조건 개선 – 각종수당(미지급, 신설, 인상) – 기타(정액권 판촉 폐지) 순이었다. 그리고 노동조합 지지도는 잘하고 있다 21.4%, 비교적 잘하고 있다 33.2%, 보통이다 29.3%, 잘 못하고 있다 7.8%, 무응답 8.1%으로 나타났다.

《1987년 지하철 노동자들의 요구사항》

1. 직장의 민주화
   안전지도관 제도 철폐하라
   근속년수표(지하철 계급장)를 없애라
   사금함제도 철폐하라
   상급자는 도덕적인 언행을 사용하라
   권위주의 사고를 불식하라

2. 인사제도
   특채(정실인사, 추천인사 등)를 없애라
   호봉제를 조정하라(20호봉에서 30호봉으로)
   근속년수에 따른 승진 보장하라
   직제를 개선하라(일반직, 기술직으로 이원화)
   역무 자동화에 의한 감소인원 증원하라
   감정에 의한 근무지 배치 시정하라

3. 근로조건
   기본급을 인상하라
   장기근속수당, 위험수당, 지하수당, 비상근무수당 신설하라
   근로기준법에 맞는 수당지급률로 인상 조정하라
   야식비 지급하라
   정시 출퇴근 실시하라
   침실 개선하라
   외출시간 조정하라
   작업복 개선하라

4. 운영상 독립채산제를 보장하라

이에 따라 노동조합의 당면 투쟁 목표는 △행정직과 기술직으로 이원화하는 직제개편 △장기근속수당, 위험·지하·당직·비상근무수당 등 각종 수당 신설 △정액권 판촉 즉시 폐지로 결정되었다.

3) 서울지하철노조의 지향과 조직

선언과 강령

선언과 강령은 노동조합의 지향과 성격을 보여준다. 서울지하철노조의 선언과 강령은 1987년 12월 22일 1차 대의원대회에서 규약개정안에 포함되어 안건으로 채택되었으나 대의원대회 유회로 다음 해 2월 26일에 확정되었다. 노동조합 설립 당시 규약에 선언과 강령을 함께 명기하기도 하지만 1987년 당시 설립된 노동조합들의 경우 노동조합의 성격을 드러내는 선언을 적었다가 자칫 설립신고서 접수에 장애가 될 수도 있다는 우려로 노조 설립 후에 정하는 경우가 있었다. 서울지하철노조도 설립 당시 서류로 규약만 제출하였다.

배일도 위원장은 한 인터뷰에서 "우리의 건전한 의사를 상달할 수 있는 노조를 통해 회사 내부의 불합리한 문제들을 개선하여 모든 직원이 보람과 긍지를 가지고 일할 수 있는 직장을 만들고 근로자의 경제적 사회적 지위 향상을 도모하여 권익 옹호에 전력을 다할 것"이라고 노동조합의 방향성에 대한 견해를 밝혔다.[21]

서울지하철노조의 선언과 강령을 통해 노동조합의 지도이념이 어떠한지 살펴보면 서울지하철노조는 이념으로 민주복지사회 건설을 내세웠다. 인간다운 노동의 조건을 확보하고 사회 제 문화를 누릴 수 있는 산업사회 풍토를 조성하는 것이 목표이며, 이러한 사회를 만들기 위해서는 단합된 힘과 투철한 용기가 필요함을 이야기했고, 노동조합 활동의 수혜는 조합원뿐 아니라 그 가족에게도 돌아가는 것임을 강조했다. 강령에서 밝힌 민주노조의 사회적 사명은 연대의 의미를 포괄한 것으로 볼 수 있고, 수도교통의 성원으로서 시민복지의 향상에 앞서야 한다는 대목은 공공성 개념이 확립되지 않은 상황이었지만 교

---

21) 『현대노사』 1987.9.

통의 공익성을 담은 것으로 볼 수 있다.

《선언》

인류 노동자의 시대적 사조에 부응하여 새로운 산업 문화의 창달과 민족 노동운동의 근간이 될 지하철공사노동조합은 새시대 노동운동의 기수로 민주 복지사회의 건설에 이바지하며 단합된 힘과 투철한 용기로 사회 모든 분야에서 근로의 가치가 공정하게 대우 받으며 조합원은 누구나 자신과 그 가족이 정치, 경제, 사회적 인간 존엄의 가치를 부여받아 실로 인간다운 근로의 조건을 확보하고 사회 제문화를 향유할 수 있는 산업사회 풍토를 조성하는 데 일로 매진할 것을 엄숙히 선언한다.

《강령》

1. 우리는 투철한 동지애와 믿음으로 단결하여 조합원의 정치, 경제, 사회적 지위향상과 복지증진을 위해 전력한다.
1. 우리는 단결된 힘으로 노사간의 실질적 평등관계를 확보하는 조합원의 인간다운 근로조건을 쟁취한다.
1. 우리는 근로복지사회의 실현과 선진 민주국가건설의 기수가 된다.
1. 우리는 노동운동의 건전한 발전을 도모하여 민주노조의 사회적 사명을 다한다.
1. 우리는 수도교통의 역군으로 시민복지의 향상과 공사 발전에 이바지한다.

서울지하철노조의 선언과 강령이 표현하는 운동의 이념은 한국노총의 '민주복지사회' '산업 민주화 실현' 이념과 궤를 같이하는 것이다. 이는 아직 운동 경험과 그 속에서 형성된 운동노선이 명확하지 않은 데에 기인하는 것이기도 하고, 한국노총 자료를 모델 삼아 선언과 강령을 작성했기 때문이기도 하다. 이후 서울지하철노조는 민주노조 사수투쟁, 자본과 정권에 맞선 투쟁을 전개해 가면서 민주노조의 위상을 확립하고 지향할 바를 새로 정립하게 된다. 이는 18대 집행부에서 개정된 선언과 강령에 반영된다.

초기 규약

서울지하철노조의 초기 규약 중 우선 대의원 선거와 지회장 선거를 앞두고 제기된 문제를 살펴보면, 선거 관련 규약은 제23조 선거관리위원회 구성 및 기능은 별도 규정에 따른다. 제44조 총회(또는 대의원대회) 소집공고는 총회(대의원대회)일로부터 15일 이전에 일시 및 회의 장소와 목적사항을 제시하여 공고하여야 한다는 조항이 있다. 그리고 선거로 구성할 조직은 제9조 동일 경영자 경영의 산하사업장에 지부를 설치할 수 있다. 단, 지부장은 위원장이 임명하고 지부장은 매년 지부 산하 조합원 중 대의원을 선출한다고 정하고 있다.

이에 노동조합은 9월 1일 선거대책실무팀을 구성하였다. 규약에 따르면 선거관리규정 제정 절차를 밟는 것으로부터 선거 준비가 시작되는데, 선거관리규정은 1988년 8월 1일에야 제정되었다. 실무팀은 규약에 맞춰 각 소속별로 대의원을 조합원의 직선으로 선출하고 대의원 선거와 동시에 역, 반, 분소별 책임자인 가칭 분회장을 직선하고, 소별 책임자인 가칭 지회장을 대의원 직접 선거 또는 각 소속 대의원에 의한 선거를 통하여 선출하기로 했다. 대의원 수는 조합원 수 50명당 1명을 기준으로 하여 총원 100명 정도로 하고 지부는 설치하지 않겠다고 했다. 지부를 설치한다 해도 현 규약에 따라 위원장이 임명해야 하므로 직접선거로 선출하려면 먼저 대의원대회에서 규약을 개정해야 한다는 것이다.

집행부는 초기 지부를 두지 않는 이유를, 철도노조처럼 전국에 흩어진 것도 아니고 1~2시간대 이내에 모여 있고 역무 차량 승무 시설 설비 본사 등 직능별 분야가 유기적으로 관련된 하나의 통일체를 이루고 있으므로 지부를 따로 설치할 필요가 없다는 데서 보았다. 다만, 직능 분야별로 부위원장을 대의원대회에서 선출하여 부위원장은 소속 직능 분야와 관련되는 제반 업무를 처리하면 된다는 취지였다.

하지만 이에 반대하는 의견도 많았다. 설립신고서 제출을 위해 만들어진 규약은 몇몇 사람들에 의해 작성되었고 한국노총 사업장 규약을 모델로 하고 있어 선거제도, 조직체계 등 손보아야 할 것이 많았고, 특히 조합원 총회를 대의원대회와는 별도로 최고 기구로 해야 한다는 주장이 제기되었다. 이때 몇몇은 대의원 선거뿐 아니라 지부장, 위원장도 새롭게 선출해야 한다는 논의를 하기도 했다. 이러한 문제 제기에 집행부는 규약이 미흡하다 해도 규약개정을 포함한 모든 활동은 규약에 따라 할 수밖에 없으며 조합원이 57명에서 5천 명으로 증가한 상황에서 전 조합원이 한 공장에 모여있는 것도 아니고 분산된 작업 여건에서는 비상사태가 발생하지 않는 한 총회를 소집하기가 사실상 불가능하므로 규약개정, 임원 및 회계감사 선출, 예산 결산의 심의와 승인 등을 포함하는 주요사항은 대의원을 선출한 후 대의원대회에서 결정해야 한다고 했다. 이에 총회(또는 대의원대회)로 되어있던 규약이 개정되어 조합원총회가 조합 최고 기구로 신설된 것은 1994년 3월 11일 개정 때였다.

그 외 규약의 주요 조항을 살펴보면[22] 제3조 (목적) 조합은 조합원의 노동조건 개선 및 생활향상, 평등원칙에 의한 자유 보장과 복리 증진을 도모함으로써 그 경제적, 사회적 지위의 향상과 민주국가 발전에 기여함을 목적으로 한다. 제7조 (가입 및 탈퇴) 조합에 가입고자 하는 자는 자유의사에 의하여 가입원서를 조합에 제출하여 조합장의 승인으로 확정하며 조합을 탈퇴코자 할 시는 탈퇴계에 그 사유를 명시, 조합에 제출하면 그 자격을 잃는다고 규정하였다. 또한, 노동조합 가입을 승인을 통해 하도록 했으니 위원장의 권한은 막강했다. 제12조 기구로는 총회(대의원대회) 운영위원회 상무집행위원회 선거관

22) 초기 규약은 자료로 남아있지 않아 1994.3.11. 개정 사항부터 확인할 수 있다. 여기서는 각종 자료에 기록된 주요 조항 중심으로 살펴본 것이다.

리위원회 회계감사위원회를 두고 있다. 중앙집행위원회, 부서위원회 등은 노동조합 운영에 중요한 기구지만 1994년 3월 11일 개정까지는 규약상의 조직이 아니었다. 제36조 의무금 규정은 조합원은 매월 임금 기본급 1%의 의무금을 내야 함을 명시하고, 의무금은 11월 단체교섭 후 일괄공제 받도록 했다. 제45조에서는 임원 조합원 징계(제명) 사유를 두고 있는데 1. 조합의 각종 지시, 명령에 불복한 조합원 2. 조직을 교란하여 조합의 명예를 훼손하는 등 반조직 행위를 한 자 3. 조합의 업무를 고의로 방해한 자 4. 의무금을 2개월 이상 내지 않은 자 5. 규약 및 제 규정을 위반한 자 등이었다.

자세히 볼 것은 조합원 범위 관련 조항인데, 제4조 (조합원) 지하철공사의 업무에 종사하는 직원을 대상으로 하고 있고 이에 따라 노동조합 당연 가입자는 현 직책에 불문하고 기능직 고용직 신분을 가진 자 전원 및 일반직 4급 이하(현업 소장 포함)로 했다. 단, 구체적 사항은 단체협약 체결 후 변경될 수 있는 것으로 했다. 초기 규약에 따르면 역장, 분소장 등도 조합원에 포함되는 것이다. 조합원 자격 관련 규약, 노사합의 내용을 보면 1987년 11월 교섭에 따라 1988년 1/4분기 노사협의회에서 논의된 조합원이 될 수 없는 자의 범위에는 본사 계장 이상에 보직된 직원, 인사·급여·후생복지·노무관리·경리·감사·안전관리·비상계획 및 예비군 업무 담당자, 현업부서 지휘·감독 직위에 있는 자–소장·역장·분소장·일반직 4급 이상 직원, 비서직·임원직·승용차운전기사 등이 포함되었다. 이에 따르면 총원 7,393명 중 제외자가 1,386명, 대상자는 6,007명에 가입비율은 81%였다. 그런데 조합원의 자격은 노동조합 규약으로 자치적으로 규정할 일이지 단체협약의 대상이 아님에도 불구하고 노사협약에서 정리하였고, 이에 1988년 1월 5일 노동부 시정명령을 받았다. 따라서 4월 1일 대의원대회에서는 1987년 11월 18일 체결한 협약의 개정을 요구했고 이를 논의한 결과 노동조합 요구안은 "유니언숍을 체결하되 다만 1, 2급 이상에 보직된 자, 총무 경리 인사 노무 담당자, 감사실 경리부 기획경영실에 근무하는 자, 임원급 승용차 운전원과 비서직 근무자, 운영 시설 설비관리과 수위 직에 근무하는 자, 청원 경찰을 조합원 범위에서 제외하는 것"으로 결정되었다. 이에 따르면 총원 7,393명 중 제외자 877명, 노동조합 가입 대상 6,516명으로 가입 비율은 88%가 되는 것이었다. 4월 15일 노사협의회 합의사항은 조합원 가입범위를 노사공동으로 유니언숍에 대한 문제를 노동부 질의회의시 결과에 따른다는 것이었다. 이후 이 문제에 대한 논의는 계속 이어지다가 결국 4대 강진도 집행부 때 마무리되었다. 1991년 11월 13일 강진도 집행부 합의사항은 1. 과장급 이상 역장 및 분소장 2. 인사·급여·후생복지·노무관리·감사·안전관리·비상계획 및 예비군 업무담당 직원과 경리담당 직원 3. 비서직·임원급 승용차 기사 4, 전산업무담당 계장 5, 청원경찰·수위직·경비직 6, 종합사령실 계장 및 운전사령과 직원 7, 기타 공사와 조합이 합의로 정하는 직원을 조합원 범위에서 제외하는 것으로 했다.

서울지하철노조 첫 선거: 초대 대의원·지회장 직선

초기 노동조합을 결성하고 늘어나는 업무를 조직적으로 수행하기 위해 분소별 대표를 선정하여 가입원서 받는 일에서부터 회계 일까지 맡겨왔고 그중에는 조합원들이 모여 대표를 직선으로 선출한 곳도 있었지만, 이는 규약에 따른 것이 아니므로 정식 대표를 선출하는 선거가 대대적으로 치러졌다.

1987년 9월 30일 서울지하철노조 사상 최초 직접선거로 초대 대의원 및 지회장을 선출했다. 대의원과 지회장 선거 경쟁률은 매우 높아 3대 1, 4대 1의 경쟁률을 보인 곳도 있었으며 때에 따라 8대 1의 경쟁률을 보인 곳도 있었다. 승무의 경우 철도 출신과 비철도 출신, 기관사와 차장으로 나눠 안배하는 방식으로 대의원 출마자를 낸 곳도 있었다.

지회장과 대의원 첫 직접선거 개표(1987.9.30.)

지회장이나 대의원 선거에서는 고용직끼리, 기능직끼리, 지역 출신끼리 식의 조직화가 이뤄지기도 했고, 박카스를 돌리며 선거운동을 하기도 했다. 대의원선거에 공사측이 개입을 하는 경우도 있었는데 운영과, 검수과 등에서 자기조직의 이익을 대변할 수 있는 후보를 내세우고 운영계장, 검수계장이 직접 나서서 노골적으로 선거운동을 했다. 이렇게 일부 바람직하지 못한 선거운동이 펼쳐진 곳이 있었지만 대체로 후보자 합동 정견 발표일을 정해 경청하는 등 조합원의 높은 호응 속에 선거가 치러졌다. 총 5,399명 중 5,014명이 투표해 투표율이 92.8%를 넘었다. 선거 결과 지회장 당선자는 22명, 미확정 5명, 대의원 당선자 93명, 미확정 9명으로 마무리되었다.

《제1대 지회장(확대간부위원회)》

역무:	역무1 김성우	역무2 이우홍	역무3 박병복	역무4 오인하
	역무5 서상대			
시설:	1신호 김연환	2신호 조용필	1전기 이장진	2전기 황현철
	1통신 임양택	2통신 신현준	A.F.C. 조동안	
설비:	1보선 김광섭	2보선 이병철	영선 이경주	설비 김선영
차량:	군·공 정용운	지·공 성기승	지·검 조상호	창동 김종래
	군자 이현래			
승무:	종로 이후식	창동 홍우철	지축 유남열	구로 김재범
	사령 김석희			

《초대 대의원》

강기원 고영현 곽노창 구유택 권기율 권대섭 김근황 김기두 김 린 김병이 김성수 김성환 김영백 김영섭 김영철 김유복 김인덕 김장동 김종만 김종순 김종식 김종환 김창선 김창수 김충례 김치덕 김홍갑 나상호 문철현 민경삼 민수철 박성숙 박재동 박찬성 박항순 박해동 박희석 배만섭 서운하 서정근 석치순 설명석 소병운 신석구 신형률 안성호 안창우 양동원 양윤모 엄기수 여인욱 오병량 유수환 유승종 유연동 유영식 유자령 유재하 유태봉 윤경하 윤병운 윤제훈 이경호 이길동 이여철 이영준 이왕우 이운용 이응태 이장호 이재용 이창원 이희동 임동헌 임종빈 전윤근 전윤식 정경식 정성용 정재성 정재원 조상호 조성주 조용필 조흥연 지관수 지철승 채기선 채성병 최낙용 최영용 최영일 최왕성 현기용 홍순영 홍종명 황대용 황장규 (총 99명)

초기 대의원들은 자부심이 대단했다. 회의 중 발언을 할 때는 "본 의원은...."라며 운을 떼기도 했고 잦은 대의원대회와 농성이 이어졌지만, 참여율이 높았다. 대의원은 회의 참석 전에 소속 조합원에게 어떤 안건을 논의하게 되는지 얘기하고 의견을 나눈 뒤 대회 후 결정사항을 설명했다. 지회장과 다른 직접적인 의견 수렴 통로 역할을 한 것이다. 하지만 노동조합이 안정화 되면서 점점 진영논리, 직능 간의 문제 등이 대의원을 통해 주목받았다. 대의원들은 안건 한 가지라도 대충 표결하지 않고 논의를 깊게 이어가는 책임성을 보였다. 뜨거운 여름 선풍기 하나로 더위와 맞서야 하는 회의장에서 부채 하나 들고 런닝셔츠 차림으로 열띤 토론을 벌이곤 했다. 각 직종의 요구들이 모두 올라오니 대의원대회는 각 요구가 집단화되는 과정이었다.

대의원과 지회장 선거로 서울지하철노조의 조직체계가 형태를 갖추게 되었다. 위원장 1명, 사무장 1명 등 각 부서, 직능별 조직으로 역무·차량·승무·시설·설비·본사를 두고 이들의 대표를 위원장이 임명하여 부위원장으로 두고 지회로는 역무에 5개, 차량에 5개, 승무 5개, 시설에 4개, 설비 7개, 본사로 조직구성이 마무리되었다. 그 외 역무에는 102개 분회, 승무 25개 분회, 설비 28개 분회, 본사 3개 분회 등 초기에 임시로 만들어진 조직이 그대로 이어지는 곳도 있어 조합원 한 명 한 명을 노동조합 주위로 모아내기 위한 촘촘한 조직이 만들어진 것이다. 운영위원회는 임시대의원대회에서 결정했고 확대간부회의는 규약에 있는 조직은 아니지만 노동조합 활동을 원활하게 하려고 집행 간부, 지회장 회의로 진행하기로 했다. 이 회의들은 이후 5대 집행부 때 노동조합 기구로 규약에 명기된다.

대의원대회를 통한 민주적 규약개정

대의원 선거를 마친 후 첫 임시대의원대회가 1987년 12월 22일에 열렸다. 임시대의원대회 주요 안건은 규약 개정, 운영위원 선출, 회계감사위원 선출이었다. 하지만 99명의 대의원 중 74명의 대의원만 참석하였고 참석 대의원 중에서도 다수가 빠져나가 깊이 있는 토론을 하지는 못했고, 규약개정 논의 과정에서 역무지부가 퇴장함에 따라 정족수 미달로 첫 대의원대회가 유회되었다.

논란이 된 규약개정안은 지부 설치 안이었다. 역무지부는 "인원 규모·역무의 특성을 고려하지 않았다, 지부 논의를 거치지 않은 채 집행부가 주도하는 것은 비민주적이다, 기지·호선 중심의 조직체계를 직능별로 바꿔 지부로 편제하는 것은 재검토되어야 한다."는 의견을 내고 집단퇴장까지 하게 되었다. 이날 대의원대회는 각 분야 대의원 중 선출된 운영위원회를 구성하여 이후 추진할 사업을 결정하게 되었다. 1988년 1월 12일 운영위원회에서 역무 윤제훈·김영백, 차량 조상호, 승무 홍순영, 설비 박해룡, 시설 강기원, 법규부장 정연수로 규약개정심의소위원회를 구성하여 지부 설치 방안에 대해 재검토하였고 이 문제는 2월 26일 대의원대회에서 규약 개정을 통해 일단락되었다. 이때도 지부장을 직접선거로 선출할 것인가, 현재처럼 임명할 것인가, 현 부위원장을 지부장으로 인정할 것인가 등의 쟁점을 두고 긴 토론과 표결을 거쳐 결국 위원장 선거 시 지부장을 직접선거로 선출하되 현 부위원장을 지부장으로 인정하는 경과규정을 두기로 하였다.

현장 조직 활동

노사협의회에 의한 전임자 22명 보장과 지회장의 정상적 조합 활동 보장, 대의원 분회장에 대한 인사는 조합과 사전에 협의한다는 노사합의는 1988년 4월 15일 합의된다. 하지만 그 전부터 지회장은 거의 전임처럼 자유롭게 활동할 수 있었는데 이는 현장 조합원의 힘이 노사협의회 합의보다 우위에 있었음을 보여주는 것이다. 조합 활동 보장 범위는 5대 집행부 때 단체협약으로 확보하게 된다.

지회장은 조합원과 직접 마주하며 노동조합과 현장을 잇는 벨트인 서울지하철노조 조직 활동의 꽃이었다. 노동조합은 지회장과 대의원을 대상으로 노동조합 활동의 기본, 정세, 현안 등의 내·외부 교육을 수시로 열었다. 노동조합 활동을 하는 간부 개인들도 곳곳에서 여는 교육에 스스로 찾아가 참여하기도 했다.

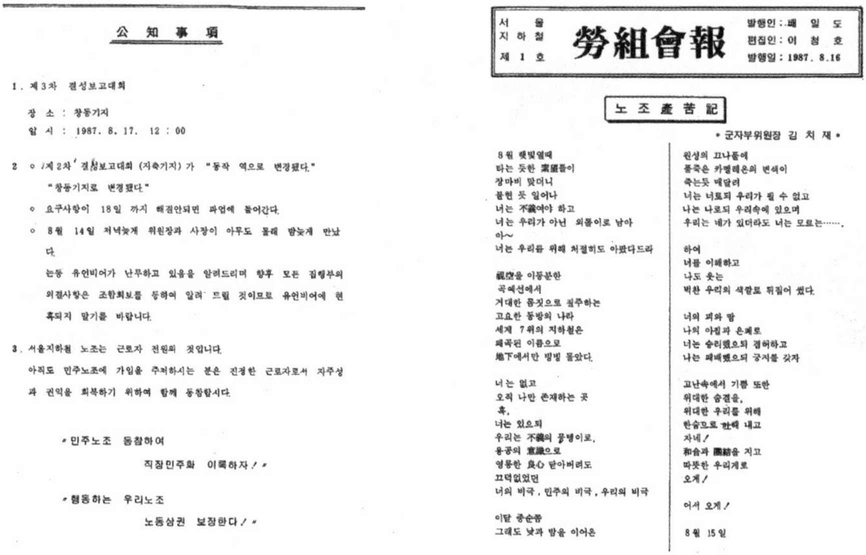

公 知 事 項

1. 제3차 결성보고대회

장 소 : 창동기지

일 시 : 1987. 8. 17. 12 : 00

2 ○ 「제2차」 결성보고대회 (지축기지) 가 "동작 역으로 변경됐다."

"창동기지로 변경됐다."

○ 요구사항이 18일 까지 해결안되면 파업에 들어간다.

○ 8월 14일 저녁늦게 위원장과 사장이 아무도 몰래 밤늦게 만났다.

는등 유언비어가 난무하고 있음을 알려드리며 향후 모든 집행부의 의결사항은 조합회보를 통하여 알려 드릴 것이므로 유언비어에 현혹되지 말기를 바랍니다.

3. 서울지하철 노조는 근로자 전원의 것입니다.

아직도 민주노조에 가입을 주저하시는 분은 진정한 근로자로서 자주성과 권익을 회복하기 위하여 함께 동참합시다.

"민주노조 동참하여

직장민주화 이룩하자!"

"행동하는 우리노조

노동삼권 보장한다!"

서울 지하철 제 1 호	勞組會報	발행인 : 배 일 도 편집인 : 이 청 호 발행일 : 1987. 8.16

노 조 産 苦 記

• 군자부위원장 김 치 재 •

8월 햇빛열때
타는 듯한 素麗들이
장마비 맞더니
불현 듯 일어나
너는 不義여야 하고
너는 우리가 아닌 외톨이로 남아
아~
너는 우리를 위해 처절히도 아팠다드라

觀空을 이등분한
곡예선에서
거대한 몸짓으로 질주하는
고요한 동방의 나라
세계 7위의 지하철은
왜곡된 이름으로
地下에서만 빙빙 돌았다.

너는 없고
오직 나만 존재하는 곳
흑,
너는 있으되
우리는 不義의 꽁생이로,
용공의 意識으로
영롱한 良心 닫아버려도
끄덕없었던
너의 비극, 민주의 비극, 우리의 비극

이달 중순쯤
그래도 낮과 밤을 이어온
원성의 끄나풀에
풀죽은 카멜레온의 변색이
죽는듯 매달려
너는 너로되 우리가 될 수 없고
나는 나로되 우리속에 있으며
우리는 네가 있더라도 너는 모르는…….

하여
너를 이해하고
나도 웃는
벅찬 우리의 색깔로 뒤집어 썼다.

너의 피와 땀
나의 아집과 은폐로
너는 승리했으되 겸허하고
나는 패배했으되 긍지를 갖자

고난속에서 기쁨 또한
위대한 숨결을,
위대한 우리를 위해
한숨으로 한데 내고
자네!
和合과 團結을 지고
따뜻한 우리게로
오게!

어서 오게!

8월 15일

노조회보 1호(1987.8.16.)

서울지하철노조 소식지는 1987년 8월 16일 처음으로 「노조회보」라는 이름으로 발간되기 시작해 6호까지 나왔고 11월 23일 「지하철노보」로 이름을 바꿔 형식적 틀을 갖추기 시작했다. 초기 편집위원은 최원석(편집부장), 정윤광(선홍부장), 문영섭(교육부장), 이성범(성수역), 김병현(제2보선소), 한용희(구로승무소), 고석민(청량리역), 김규배(제1전기소) 등이 맡았다.

지하철 한마당 같은 조합원과 함께하는 사업도 진행했고 이 과정에서 문화패들이 탄생하기도 했다.

4) 최초의 임금·단체협약

조합원 의견을 모아 첫 단체협약안 마련

집행부는 1987년 8월 29일 요구수렴 대토론회 이후 단체협약안 마련을 위

조합원 의견을 모아 첫 단체협약안 마련

한 공청회와 설명회를 다섯 차례에 걸쳐 열었다. 노동조합은 단체협약 시안을 마련하기 위해 6명으로 준비팀을 구성해 설문조사를 하고 외래 강사를 초빙해 4차례에 걸친 교육을 받으면서 단체협약안을 마련하고 이에 대해 청문회를 열어 공개적으로 토론했다.

9월 7일 교육원 대강당에서 열린 단체협약안 청문회에는 각 소속을 대표하는 300여 명이 참석해 단체협약안에 반영할 항목에 대해 발표하고 열띤 토론을 이어갔다. 논의 주제는 임금인상 요구율, 직제개편의 구체적 방법, 제 수당, 근로조건, 인사(채용, 승진), 후생복지 문제였다. 대표들은 점심도 걸러 가며 진지하고 활발하게 논의했다. 이어 단체협약안 설명회를 9월 15~16일 이어갔다. 설명회는 슬라이드 상영, 단체협약안 배포 및 설명 등을 통해 자유토론 방식으로 진행되었다. 이러한 사전 준비 과정을 거친 후 9월 17일부터 단체교섭을 시작했다. 직제개편 관련 공청회는 9월 24일에 열렸다.

조합원들의 의견을 수렴해 마련한 노동조합 안은 △임금 20% 인상(기본급

제1차 단체교섭(1987.9.17.)

10%, 수당 10%), △기능직 차별 직제개편 1988년 1월 1일 시행, △호봉(20호봉) 제한 철폐, △법정수당 지급 등이었다.

당시 임금 20% 인상 요구안은 무리한 요구가 아니었다. 1985년 이후 이른바 3저 호황으로 국민총생산이 늘고 수출이 증대함에 따라 노동자들의 임금인상 요구도 분출되기 시작했다. 한국노총도 26.6% 인상을 요구할 정도였다. 전두환 정권은 정통성 시비를 무마하기 위해서도 물가안정을 최고 목표로 두고 국정 운영을 했고 이에 임금을 7%대로 통제해왔다. 그 속에서 노동자들의 불만은 쌓여갔다. 1987년 노동자대투쟁은 부의 재분배를 주장하는 노동자들의 요구가 사회 민주화 분위기 속에서 터져 나온 것이었다. 1987년 당시 다른 노동조합들은 봄 임금인상과 대투쟁 이후의 임금인상으로, 두 번 임금을 올리는 경우가 대부분이었고 상여금과 각종 수당을 포함한 인상 폭도 20%를 넘었다.

하지만 교섭은 난항을 겪었다. 직제개편은 1988년 1월 1일부터 전면 실시하고 임금은 현 수준 이상, 기능직 1등급이 현 일반직 3급 수준으로 해야 하며,

이하 직급도 그에 상응하게 개편해야 한다는 것이 노동조합의 안이었다. 하지만 공사는 1988년 1월 1일 실시는 불가능하다고 주장했다. 임금의 경우 서울지하철노조는 1987년 임금인상 소급적용, 적어도 타결 시점부터라도 임금인상을 실현하도록 결의했고, 차선으로 1988년은 임금인상에 1987년 미인상분을 반영하기로 하였다. 하지만 공사는 1987년 소급 임금인상은 불가능하다고 주장했고, 1988년 기본급 7.5%를 포함 총 임금인상 14.6% 초과는 불가능하다고 주장했다. 이에 노동조합은 1987년 임금인상 주장과 기본급 20% 인상은 현실적 요구가 아니므로 총임금개념을 적용하여 1988년 기본급 10%를 정액인상 후 기본급 포함 20%를 정액 인상할 것으로 요구를 수정했다. 하지만 공사는 기본급 9% 총임금 16%를 제안했다. 노동조합은 기본급 10% 총액 20% 인상 및 직제개편 1988년 1월 1일부터 시행하는 안에서 더 물러설 수 없다고 판단하고 10월 14일 위원장이 단식을 시작했다.

위원장이 단식한다는 소식이 퍼지자 많은 조합원은 노동조합 사무실로 찾아왔다. "우리 위원장 죽는다. 가자!" "우리도 단식합시다! 위원장만 굶게 놔둘 수 없어요!" 하지만 위원장은 "많은 희생자를 내지 않겠다는 생각"이니 조합원들에게 "자제하기 바란다."고 했다. 16일 공사가 교섭에 응하자 위원장은 단식을 접고 교섭을 했지만 공사는 호봉 상승분 3.1%를 포함한 임금 16% 인상과 1988년 8월 이후 직제개편안을 고수하면서 결국 협상이 결렬되었다.

본사 점거 단식농성

11월 12일 집행 간부 대의원 연석회의에서 당일 밤부터 본사 7층에서 무기한 농성을 하기로 했다. 농성을 단식으로 할 것인가 보식으로 할 것인가 거수로 결정하기로 했는데, 한 표 차이로 단식농성이 결정되었다. 저녁 9시 본사 정문은 청경 300여 명으로 둘러싸여 있었고 각종 집기로 바리케이드가 처져

집행부가 본사를 점거하자 이를 지지하여 모인 조합원들(1987.11.14.)

있었다. 간부, 지회장, 대의원 118명은 이들과 몸싸움을 하고 사람, 집기로 쳐진 2중의 바리케이드를 밀어내고 본사 7층 강당에 진입하여 농성에 돌입했다. 몸싸움 과정에서 현수막 글씨를 쓰기 위해 준비해 간 스프레이를 잃어버려 하는 수 없이 매직으로 광목천에 요구사항을 써서 본사건물 바깥벽에 내걸기도 했다.

이튿날 10시 농성 소식을 들은 조합원들이 본사 정문 앞으로 몰려왔다. 천여 명이 넘는 조합원들은 그 자리에서 단체협약 쟁취·단식농성지지 결의대회를 열었다. 그때 "7층 강당으로 밀고 들어가자!" 한 조합원의 외침과 함께 본사로 진입하기 위한 몸싸움이 시작되었다. 집행부는 공사에 대한 조합원들의 분노를 감당하기 어려워 흥분을 가라앉히려고 했지만 쉽지 않았다. 위원장이 "다음날 집회를 열어 노조의 행동 방향을 공표하겠다."고 하고서야 겨우 진정

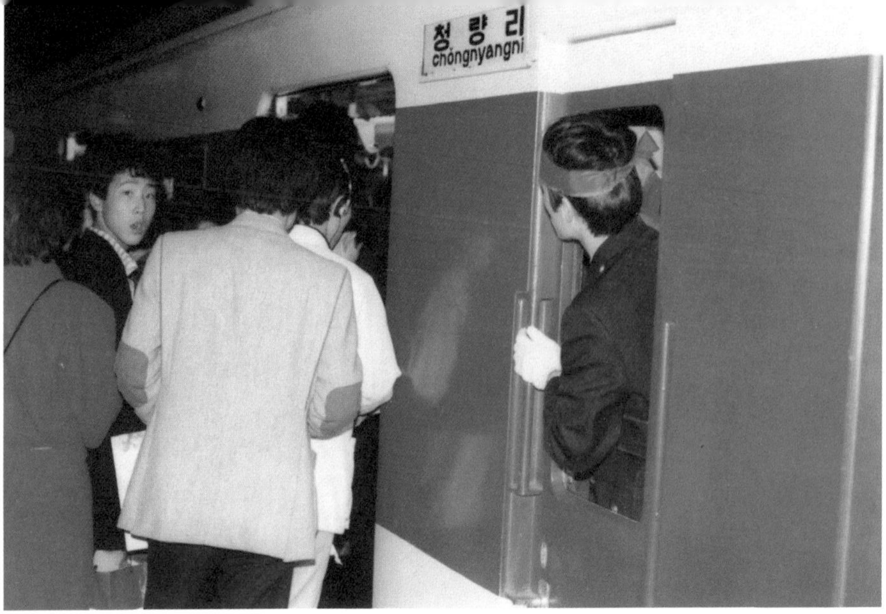

준법투쟁 돌입(1987.11.14.)

되었다. 집행부는 저녁 9시 넘어 "21일 04시 총파업, 20일까지 준법투쟁"을 결정하고 농성을 해제했다. 본사 앞에서 농성지지대회가 열리고 있을 때 군자기지와 지축기지에서도 300~400여 명이 모여 농성지지대회를 열었다. 11월 14일 조합원 총회에서 21일 총파업을 결정했다. 그리고 일터에서 머리띠 착용, 기지별 집회, 중식 거부 투쟁으로 단결력을 강화하여 18일 대규모 집회를 열기로 했다.

지하철을 선전 공간으로

역무·승무 조합원들은 모자 벗기, 머리띠 매기, 리본 달기를 했고, 차량·시설·설비 조합원들은 머리띠 매기, 리본 달기, 성토대회 등을 했다. 파업할 수밖에 없는 상황을 시민에게 알리는 글, 타 공사와 서울지하철공사의 노동조건 비교표를 만들어 역사에 개시하고 차량 출입문에 스티커를 붙였다.

당시 서울지하철노조가 시민들에게 알린 내용을 보면, "지하철 노동자들은 주당 평균 66시간이라는 고된 노동을 한다. 지하철 노동자들이 막대한 건설부채 등을 고려하여 1988년 1월부터 임금 20% 인상을 요구했지만 이는 다른 정부투자공사의 73% 수준의 요구안이다. 또 가능직의 경우 6등급부터 출발, 11년 6개월 만에 1등급 최고로 올라가도 일반 사무직의 4급 수준밖에 안 되는 푸대접을 받고 있다. 이러한 직급제를 개편해 달라는 것이다. 호봉 또한 서울지하철공사는 20호봉인데 전기통신공사는 30호봉, 전력공사는 35호봉이다. 기능직 사원의 19% 정도가 호흡기질환 등 지하 생활에 따른 직업병을 호소하고 있다."는 내용이었다. "지하철 보수 좋다"는 이야기가 고위층에게만 해당하는 말이라는 것을 안 시민들이 격려의 말을 건네 오기도 했다.

지하철 역사와 차량은 시민에게 열린 공간이다. 서울지하철노조는 이 공간을 노동조합의 이야기가 넘쳐흐르는 공간으로 만들기 위한 선전 활동에 주력했다. 대시민 홍보용 대자보 5종 천여 매씩, 표어 8종, 스티커 7천 매, 그 외 조합원 및 시민용 각종 노래, 전단, 팸플릿 등 총 16종의 선전 홍보물을 제작하여 각 역, 차량에 부착하고 사방으로 배포하였다.

한편 서울시 간부들이 수시로 나와 역을 순시했다. 공사 간부 전원이 역에 나가 머리띠를 풀라고 조합원들과 실랑이를 벌였고 시민 홍보물도 떼러 다녔다. 그러나 머리띠를 질끈 동여매고 양팔에 힘을 주어 운전대를 잡은 기관사

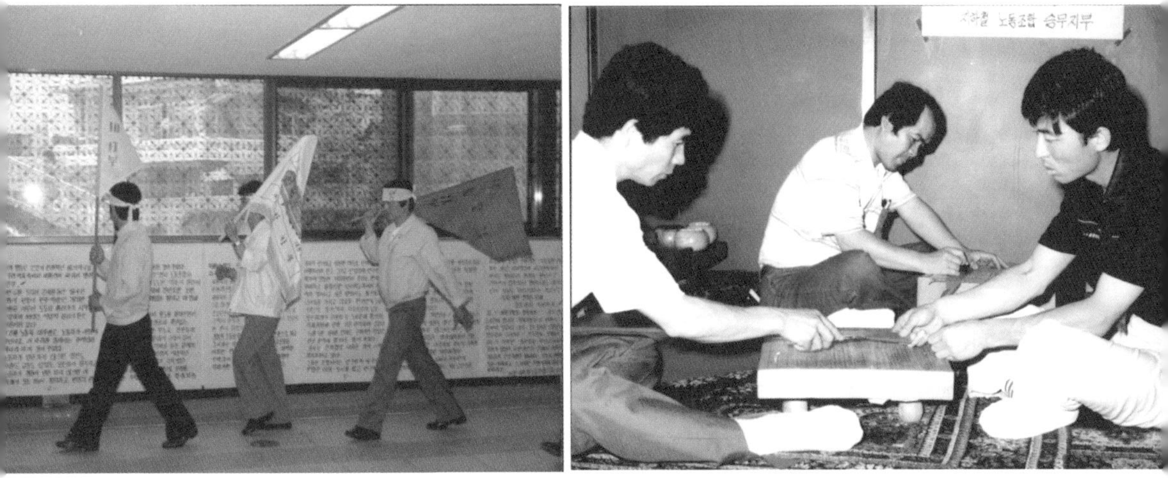

노동자들은 스스로 쟁의물품을 만들고 대자보를 붙여 지하철을 선전공간으로 활용했다.

들의 모습에 기가 눌렸다. 승객이 많은 곳에서도 머리띠를 매고 플랫폼으로 오가는 역무원의 걸음걸음에도 힘이 들어있었다. 역무원들은 모자를 벗은 채 노란 바탕에 붉은 글씨로 "건설부채 전가 말라"는 머리띠를 매고 있었다. 역에서 보수하거나 열차를 타고 이동하면서도 머리띠를 매고 가슴에 "노조탄압 중지하라"는 리본을 달고 있는 기술 조합원들은 기운이 넘쳐 보였다.

한 여성조합원은 "처음에는 시민들이 많이 보는 곳에서 머리띠를 매는 것이 조금 창피하기도 했어요. 그러나 머리띠를 매고 나니까 정말 결의가 새로워지고 모두 상호 격려하며 매니까 동료 간의 신뢰와 정도 두터워지는 것 같았어요. 시민들의 반응도 생소한 것 같았는데 하루쯤 지나니까 태도도 달라지는 것 같고. 나는 머리띠도 가장 강력한 것 임금인상 20%를 맸어요."라고 했다. 어떤 조합원은 집에서 이불 만들려고 준비해두었던 이불보를 가져와 찢어서 동지들이 사용할 어깨띠를 만들었다고 했다. 조합원들의 투쟁 열기는 18일에 열기로 한 집회를 향해 달아오르고 있었다.

단체협약 체결과 임금·직제개편 양해각서 체결

11월 17일 17시부터 18일 새벽 5시까지 교섭이 열렸다. 조합원들은 교섭장 밖에 모여 수시로 교섭 상황을 전해 들으며 집회를 이어가고 있었다. 집회는 18일로 예정되어 있었지만 조합원들은 이미 투쟁에 돌입한 것이다. 18일 을지로입구 집회와 21일 파업 예고, 실제로 그것을 진행할 만한 투지와 능력을 갖추고 있다는 사실만으로도 교섭위원들은 등 뒤에 미사일을 장전한 것 같은 든든함을 느꼈다. 투쟁 없는 협상은 무기 없는 전쟁에 지나지 않는다는 말이 교섭위원들에게 그대로 전달되는 상황이었다.

18일 새벽 2시경 교섭이 정회된 후 경영상황실 커튼으로 구분된 한쪽에서 노동조합 측 교섭위원들이 논의했다. 이들은 〈늙은 노동자의 노래〉, 〈흔들리

단체협약 쟁취 보고대회(1987.11.18.)

지 않게〉, 〈임을 위한 행진곡〉을 부르며 새로이 결의를 다졌다. 노사양측의 사력을 다한 협상이 팽팽한 대치 상태를 지속했다. 그러다가 새벽 5시 교섭위원들은 주요 협약 타결안에 가조인하였고 방송 신문기자들의 플래시 세례 속에 '임을 위한 행진곡'을 합창했다. 배일도 위원장은 "열악한 근로조건과 턱도 없이 적은 임금문제가 해결되지 않았으나 시민의 불편을 고려하여 양보했다."고 인터뷰했다.

첫 단체협약 체결을 위해 노동조합은 5차에 걸친 공청회와 설명회, 토론회를 진행했고 5차에 걸친 집회와 보고대회를 열었으며 7차에 걸친 협상 끝에 합의를 본 것이다.

첫 단체협약 및 임금·직제개편 양해각서 합의 내용을 보면 △직제개편 – 직위, 직군 조정 4월까지 연구용역 기관 시안 검토, 개정작업 후 5월까지 서울시 승인, 1988년 6월 1일 실시하기로 결정 △7개 안(직종 사무직과 기술직으로 이원화, 기능직 1등급을 당 공사 3급 수준으로 하고 그 이하는 상응하게 조정, 보수체계의 일원화, 직급에 따른 임금 격차 축소와 호봉 간 격차 확대로 경력 우대, 장기근속자 자동승진제 도입, 순환보직 실시(특별 직무 담당자), 승진 소요연수 경력계산 시 운영사업소 경력 인정)을 연구용역 시안에 포함 요구 △임금 – 9% 인상, 대학 자녀 학자금 무상지원, 가족수당, 건강관리비, 체력단련비, 월동보조비, 휴양소 설치, 건강검진 시행, 체육시설설치 운영, 장례보조비 및 장애 보상, 청원 휴가 확대, 조합비 일괄공제 등이다.

≪직제개편 양해각서 합의문≫

1. 직제관리 분야 중 직명변경은 최우선적으로 검토하여 88.1.1.부터 시행토록 한다.
2. 직제관리 분야 중 직급, 직위, 직군 조정은 용역 착수일로부터 3개월내에 용역 기관의 시안을 제출받아 조정 검토작업을 실시하여 서울시 승인을 거쳐 88. 4.부터 시행토록 한다.
3. 신분 및 평가제도 분야(승진, 순환보직, 교육, 근무평정 등)와 보수 관리분야(기본급, 호봉체계, 제수당지급 등)는 88.4.까지 용역기관의 시안을 제출받아 인사규정 및 보수규정의 검토 개정작업을 거쳐 88.5.까지 서울시 승인을 받아 88.6.1.부터 시행토록 노력한다.
4. 연구용역팀에 주는 과업지시에 조합에서 요구하는 다음 사항을 포함한다.
   가. 직종의 2원화(사무, 기술)
   나. 기능직1등급(공무원 5등급)을 당공사 3급(과장급) 수준으로 그 이하는 상응하게 조정
   다. 보수체계의 단일화
   라. 지급에 따른 임금격차를 축소하고 호봉간의 격차는 확대하여 강력우대
   마. 장기근속자 자동 승진제도 도입
   바. 순환보직 실시(특별직무 담당자)
   사. 승진 소요 연수에 대한 경력 계산 시 운영사업소 경력 인정

대규모 집회를 앞두고 투쟁결의가 최고점을 향해 달려가고 있을 때 교섭타결 소식을 들은 조합원들은 항의를 하기도 했다. 파업까지 불사한다는 조합원의 결의에 비해 합의 내용이 그리 만족스럽지 않았기 때문이다. 직제개편에 관한 확실한 보장을 받은 것도 아니고 '87임금인상을 '88임금인상으로 대체한 것, 그것도 양해각서를 체결한 것은 조합원들의 요구와는 다른 것이었다. 배일도 집행부는 조합원들의 요구와 기대, 승리할 수 있다는 자신감을 투쟁으로 이끌지 못했다. 집회 때마다 조합원들을 자제시켰던 집행부의 태도에서 볼 수 있듯이 집행부는 평화적 수단과 대화를 바탕으로 교섭을 통해 임단협을 마무리 짓겠다는 생각이었다. 18일 집회를 앞두고 전격 타결한 것도 같은 맥락이었다. 집회 장소가 을지로입구역이라는 것이 사전 노출되어 경찰에 원천봉쇄되었는데 만약 집회를 강행할 경우 발생할지 모를 불상사를 우려했다고 했다.

아쉽게 마무리되었지만 흔들리던 집행부에 강력한 지도력을 갖추게 하고 교섭팀에게 힘을 주는 것은 조합원들의 투쟁임을 확인한 첫 임단협이었다.

3 직제개편투쟁과 노동조합의 성장통

1) 개요

직제는 일반적으로 조직의 전문성을 높이고, 소통과 운영의 효율성, 통일성과 통합력을 높이기 위해 필요한 것으로 인정됐다. 그러나 그 본연의 필요성보다는 권위주의적 통치·지배·착취를 위한 제도로 악용됐고, 오늘날까지도 지배층은 여전히 본래의 취지를 무시하고 직제를 악용하고 있다. 직제가 그 구성원 특히 하위 구성원들의 불만이나 저항의 대상이 되지 않게 하려면 합리성, 형평성, 역사적 정당성을 갖추고 민주적으로 잘 운영되어야 마땅하다. 그런 점에서 설립 당시 서울지하철공사의 직제는 이미 시한폭탄이었다. 1984년 1월 1일 서울지하철공사와 서울시 지하철운영사업소가 통합하면서 만들어진 직제는 이미 합리성, 형평성, 역사적 정당성이 모자란 권위주의적이고 불량한 발상의 결과물이었고, 언젠가는 필연적으로 크게 터질 수밖에 없는 위력적인 폭발물이었다.

지하철은 다른 교통수단이 감히 따라올 수 없는 대량수송수단으로서 상대적으로 신속·정확하며 쾌적한 교통수단이다. 또한, 지하철은 범죄나 사고 확률이 높고 대기 환경 등이 열악한 도심으로부터 멀리 떨어진 곳에 대규모의 쾌적한 주거단지 조성을 가능하게 하는 이동 수단이기도 하다. 주거지에서 공장이나 일터까지 대규모의 노동력을 동시다발로 수송하기 때문에 눈에 보이지 않는 경제적 부가가치도 매우 높으며, 그 가치의 대부분은 노동자들보다 자본이 가로채 간다. 그런 지하철을 움직이게 하는 실질적 주체는 역무원, 승무원, 차량정비원, 전기·통신·신호·시설·설비·토목·보선·영선(수리)·건축·자동화기기 등 시설과 기계·설비를 점검하고 관리하는 기술직원, 소위 기능직으로 분류된 현업에 종사하는 노동자들이다. 공사의 인원 구성으로 보면 85% 이상이 기능직이었다. 대시민서비스와 수익의 시각으로만 좁혀보아도 기능직들이 사실상 일을 다 하는 셈이었다. 이른바 일반직으로 불린 본사 직원들은 현업 기능직들의 인사와 급여·복지, 각종 자재 조달 등을 위한 보조적 위치에 있었다. 하지만 권위주의와 자본이 폭력으로 지배한 한국사회의 구석구석이 그랬듯이 소수의 본사 직원이 기능직 위에 군림하였고 특히 당시 서울지하철은 군사문화까지 가세하여 현장 노동자들은 그야말로 전근대적 직제 아래 노예나 다름없이 짓눌릴대로 짓눌려 있었다.

기능직 최고 직급(1등급)—당시 최하위직급은 6등급임, 공사 이전 기능직의 직급은 10등급부터 5등급까지였는데 통합공사가 출범하면서 10→5로 6→10으로 숫자만 올려 '눈 가리고 아웅'한 것임—에 오르자면 거의 정년퇴직 무렵까지 '충성'해야만 하는데 기능직 1등급의 위치는 일반직의 4급 정도에 해당했고, 일반직은 상위 T/O도 기능직보다 비율이 훨씬 높아 승진도 빨랐다. 그 차이가 확연하여 현업 노동자들은 말할 나위 없고 본사의 일반직들도 그 모순을 잘 알고 있을 정도였다. 엄혹한 시기에 앞장선 노동조합 발기인들은 용기 있는 노동자들이었다. 하지만 노동조합은 개인의 용기보다는 지하철 현업 노동자들이 놓여있던 불평등한 조건과 시대 상황 속에서 필연적으로 설립되었다고 볼 수 있다.

직제개편투쟁은 ① 「직제개편 양해각서」(1987년 11월 18일 체결, 배일도–김재명[23]) ⇒ ② 「양해각서 이행을 위한 합의각서」(1988년 6월 17일 체결, 배

23) 김재명(1931~2006)은 서울지하철공사 사장(1981.9.~1988.6.)으로 있는 동안 각종 비리에 연루된 것으로 밝

직제개편 대시민 선전전(1988.5.31.)

일도–김재명)』⇒ ③「직제개편 합의각서 합의문」(1988년 10월 5일 체결, 김명희–김명년)』⇒ ④「1988년 10월 5일 합의각서 전면 이행 절차에 관한 협의」(1989년 3월 7일 체결 직전 청와대 압력으로 미체결, 정윤광–고건 서울시장)까지 이어지게 된다. 같은 의제를 가지고 4회에 걸쳐 노사 또는 노정이 합의하여 합의서 체결 또는 그 직전까지 이르렀다가 미체결 되고 파국으로 치달았던 과정으로만 봐도 직제 문제가 얼마나 복병이 많은 것이었는지 쉽게 짐작할 수 있을 것이다.

직제개편투쟁은 노동자들의 훌륭한 학교였다. 지하철노동자들은 1988년 6월부터 1년여의 기간 동안, 특히 3.16파업을 겪으면서 노동조합과 사용자의 관계, 노동조합운동, 노동법과 쟁의조정법 등 관련 법률, 수도권의 중심 대중교통기관으로서의 지하철 위상, 그래서 노사관계가 곧 노정관계이고 당연한

혀졌다. 결국 1988년 11월 5일 지하철 승진시험 부정사건, 공금횡령 혐의로 구속되었다.

직제개편조차도 정치투쟁으로 쟁취할 수밖에 없다는 점 등을 어렵지 않게 구체적으로 체득했다. 치밀하게 준비하고 조직해도 절대 가능하지 않을 교육 과정이었다.

그런데 간과할 수 없는 골칫거리가 하나 있었다. 이 골칫거리는 머지않은 미래에 곧 부메랑이 되어 돌아왔고 노동조합 창립 30주년을 맞이하는 2017년에도 여전히 큰 골칫거리다. 노노 갈등이 바로 그것이다. 겉으로 드러난 서울지하철노조에서의 노노 갈등 양상은 권력투쟁 → 민주와 어용의 대결 → 이른바 민주파 내부가 경쟁·갈등하는 가운데 노사협조주의 세력과의 대립 → 민주파의 경쟁·갈등이 축소되지 않은 가운데 맞이한 복수노조 시대로 이어져 왔다. 노동조합 초창기 핵심 간부들의 분열은 무엇이 다른지 그 차이가 쉽게 발견되지 않은 채 권력투쟁 양상으로 비쳤다. 하지만 직제개편 투쟁을 거치면서 '민주성'이라는 날카로운 칼날과 '도덕성'이라는 냉혹한 잣대가 권력투쟁의 숨은 본질을 파헤쳐 놓았다.

직제개편투쟁은 '대단한 노동자학교'였던 만큼 그 과정에 조합원들이 대거 참여하였고 그 속에서 많은 활동가가 양산되었으며, 이를 바탕으로 노동조합 활동이 양적으로 질적으로 대폭 확대되었다. 하지만 그 반대급부도 간과할 수 없다. 모두의 행동이 투명하게 드러나고 관찰되는 파업투쟁 속에서 특히 불법파업으로 내몰려 닥치는 대로 연행되고 구속되는 상황은 용감함을 더욱 돋보이게도 하지만, 비겁하거나 부도덕한 자들에게는 실리주의 어용세력으로 돌아서는 빌미나 계기가 되었다. 3.16파업 당시 이른바 '승무 5적'이 그 대표적인 사례일 것이다. 서울지하철노조에서 실리주의 세력은 그들 방식으로 진화하였으며, 그들이 노동조합 집행부로 활동할 때는 결국 사용자에게 끌려다니며 경제적 실리를 좇는 노사협조노선을 선택하게 된다. 이러한 측면에서 직제개편투쟁은 민주와 어용이 확연해지는 과정이기도 했다.

2) 투쟁의 서막

7인의 반발, 독선과 비민주적 요소 다잡고 기본을 세우다!

배일도 위원장은 회의를 통해 결정해야 할 일을 자주 단독으로 결정했다. 교섭 중 교섭위원들과 상의해야 할 사안을 혼자 공사와 타협하는 독선도 아무렇지 않게 자행했다. 조합원들의 들끓는 투쟁 의지까지 자제시켜왔다. 하여 마침내 반발이 일어났다. 이청호, 김명희, 정윤광, 정연수 등 7명의 집행간부들이 출근을 거부하고 용답동 은산장을 임시 거점으로 하여 따로 업무를 보면서 위원장에게 근본적인 시정을 요구했다. 위원장을 바로 잡기 위한 내부투쟁이 11월 18일 양해각서 체결 이후 시작된 것이다.

위원장은 결국 "조합원의 의욕과 욕구를 모아 앞서서 투쟁하지 못하고 머뭇거리는 인상을 주었고, 이것이 조직의 갈등을 유발했다." "(위원장의) 강력한 지도력과 추진력이 필요했던 창립 초기와 달리 비밀주의 권위주의 독자적 의사결정 등으로 조합원의 불신을 초래했고 조합 내부 조직 간의 갈등을 심화시킴으로써 지회장 대의원의 회의기구 운영이 제대로 되지 않았다."고 인정했다. 직제개편 완전 이행을 위해 할 일이 쌓여있는 상황이었기에 7명의 집행간부들은 위원장의 공개사과를 수용했다.

이어 1987년 12월 12~13일에는 새터에서 집행간부 수련회를 하고 다음과 같이 의견을 모았다.

"조합 민주화를 위해 집행부 회의를 확대 강화한다. 회의는 월·목·토요일에 정기적으로 개최하되 첫째 셋째 목요일에는 반드시 지회장과 연석회의로 한다."

"모든 회의는 공개하며 대의원으로 구성된 운영위원회를 수시로 개최하여 다수 의견에 따라 집행한다. 또한, 교육활동과 일상활동을 강화하고 외부활동을 통한 교류를 확대하며 조합활동을 조합원들에게 철저히 공개한다."

서울지하철노조 건강성과 민주적 기풍의 기초가 이때 형성되었다고 볼 수 있다.

1988년 임금협약 체결

1988년 임금협약은 1월 25일 체결되었다. 1988년 임금에 관한 양해각서 체결 당시 합의를 확인함과 동시에 단체협약에 따른 정식 협약으로 공사가 임의로 작성해 노동조합 위원장의 서명을 받는 형식으로 마무리되었다. 이 협약으로 1988년 임금은 11% 인상되고 각종 수당이 현실화 되었다. 그러나 합의된 임금 인상분이 2월이 되어도 이행되지 않았고 이에 노동조합은 협약 위반이라고 강력히 항의하여 공사는 2월 중으로 1, 2월 임금인상분을 지급하고 3월부터는 정상 지급하기도 했다.

이어 4월 15일 노사협의회 합의로 급식보조비 현실화, 입사 전 경력합산, 고용직 환직자 및 미환직자에 대한 경력 합산(본인 희망에 따라 환직 원칙), 일용직 처우 개선(정부 노임단가 적용), 근무형태 변경은 조합과 사전협의 후 시행, 사내복지기금 설치 등을 합의하였다. 조합활동 보장과 관련해서는 공사 교육에 조합원 교육을 2시간 배정하되 강사는 사내강사로 국한, 조합사무실 교육원 B205호 전용을 승인하되 B203호는 요청 시 회사 사정에 따라 허용, 전임은 22명 인정하고 보수는 원직과 동일, 지회장의 정상적 조합 활동을 보장하며 대의원·분회장에 대한 인사는 조합과 사전에 협의한다고 합의했다. 또한, 조합원 가입범위를 노사공동으로 유니언숍에 대해 노동부에 질의 회시하여 그 결과에 따르기로 했다. 여직원 산전산후휴가는 공휴일을 제외한 60일의 유급휴가와 10개월의 무급 육아휴직인정, 생후 1년 미만의 영아를 가진 여직원에 대해 1시간 조기퇴근을 인정하기로 했다. 그 외 지하철노동자들이 강하게 요구했던 정액권 판촉은 자율화하고 포상 실적 반영금지, 새마을 청소 동원시간 및 인원조정, 직원청소는 출근시간 1시간 전으로 시행 조정하고 2개조로 편성 운영, 시외거주자 제외, 직원에게 차량 화장실 등 청소를 시키지 않기로 했다. 보선분야는 안전화를 연 2회 지급하고 제복 지급 시기를 단축하여 동정복 하정복의 상의는 3년에 1착, 하의는 2년에 1착을 지급하고 상하복은 2년에 1착을 제공하기로 했다. 다만, 신규채용자 및 직종전환자에 대해 2착씩 지급하고 제복 변경 및 직위 표시는 올림픽 이후 협의하기로 했다.

이렇게 합의되기 전부터 지하철 노동자의 인권을 짓밟았던 각종 제도는 이미 사라졌다. 노동조합 설립 직후 사금함, 안전지도관 제도가 철폐되었고 일근자의 출근 시간은 종전 8시 30분이던 것이 9시로, 퇴근 시간은 토요일의 경우 3시에서 1시로 조정되었다. 그리고 1987년 10월 특별휴가 1일이 주어졌고 이후 1988년 말부터 2일의 휴가가 주어졌다. 입사 이래 처음으로 '휴가'라는 것을 받은 노동자들은 이 귀한 시간을 어찌 보내야 할지 모를 정도였다. 지하철노동자들에게 노동조합은 자신의 삶을 바꾼 '나의 조직'이었으며 이를 가능하게 한 초대위원장은 세상에 가장 멋진 사람으로 인식되었다.

이렇게 임금협약과 노사협약이 마무리됨에 따라 서울지하철노조와 조합원들의 관심은 직제개편 실현으로 집중되었다.

3) "양해각서 이행하라!"

1987년 11월 18일 단체협약과 함께 체결했던 「직제개편 양해각서 합의문」의 핵심 내용은 "기능직과 1등급(공무원 5등급)을 당 공사 3급(과장급) 수준으로 그 이하는 상응하게 조정"하고 "보수체계의 단일화"로 임금·승진 등에서 그동안 터무니없는 차별이 횡행했던 제도를 상식에 맞게 조정한다는 것이었다. 1984년 1월 1일 기구 통합 당시 첫 단추를 잘못 끼우면서 직급조정과 보수체계 단일화에 따른 보완적 개선 사안도 절대 간단치 않은 문제였다. 어쨌든 그 시행일시는 1988년 6월 1일이었다. 하지만 합의 당시 노동조합은 사용자 측이 이행책임으로부터 빠져나갈 비상구가 숨어 있는 "……1988년 5월까지 서울시 승인을 받아 1988년 6월 1일부터 시행토록 노력한다."를 크게 주목하지 않고 있었다. 그리고 결국 올 것이 왔다.

보리밥들의 반란 : 직제개편 합의 이행 촉구 투쟁

공사는 양해각서는 단체협약이 아니라는 주장과 산경연구팀의 연구가 마무리되지 않았다는 핑계로 노사합의를 무시하고 지나갔다. 노동조합은 상집·지회장·대의원 연석회의를 잇달아 열어 '쟁의 발생 신고(6월 1일), 파업여부에 관한 조합원 찬반투표(6월 14~15일), 파업돌입(6월 17일)'계획을 결의했다. 조합원들은 쟁의발생 신고를 앞둔 5월 31일 군자차량기지 앞 용답 축구장에서 직제개편 쟁취 결의대회를 열고 거리로 뛰쳐나가 시민선전전을 벌였다. 이날은 직제개편 시행을 위한 제1차 단체교섭도 시작되는 날이었다. 이렇게 조합원들의 행동과 노사 단체교섭이 시작되었는데 하필 그 무렵 사장이 본사 정례조회에서 망발을 쏟아놓았다.

"직원놈들 정신 차려야 한다! 내 주특기는 까부수는 거다!" "기능직이 어떻게 일반직과 같을 수 있는가? 너희들은 보리밥이고, 일반직은 쌀밥이야! 쌀밥은 쌀밥이고 보리밥은 보리밥이야!"

"저런 놈을 사장으로 두고 있다니. 사장을 몰아내자!" 소식을 전해 들은 조합원들은 분노가 치밀었다. '단체협약 양해각서를 체결해놓고 사장이 이를 무시하는 발언을 하다니.' 이렇게 시작된 1988년 직제개편 합의 이행 촉구 투쟁,

그것은 보리밥들의 반란이었고, 직제개편투쟁의 서막이었다.

6월 4일 노동조합은 서울시장에게 단체교섭을 신청했다. 노사 합의를 하더라도 시의 승인을 받아야 하고 공사가 권한 없다는 말을 되풀이하며 교섭을 회피하고 있으니 서울시와 직접 교섭하는 수밖에 없었다.

공사측이 제시한 안은 일반직과 기능직을 똑같이 끌어올리는 것으로 기능직의 직급 및 직위가 상향되는 듯 보이지만 임금이나 승진에 있어서 근본적인 차별이 전혀 해소되지 않는 안이었다. 이는 기존 질서를 그대로 고수하는 것으로서 1984년 1월 1일 두 기관 통폐합 당시의 차별적 직제·인사·임금 체계를 고스란히 답습하는 안이었다.

"공사는 기능직을 바보로 아는가?"

조합원들의 분노는 극에 달했고 이제 투쟁 말고는 해법이 없었다. 노동조합은 6월 1일부터 탈모, 노타이, 명찰·견장 제거, 대자보 부착, 사복 근무, 조회 시 노동가 부르기 등을 시행해 오던 것을 더 확대해 10일부터 전 조합원 머리띠 착용, 전 역사 안내문 및 노동가요 방송투쟁을 시작했다. 역사 노동가요 방송 투쟁을 접한 한 노동자는 감격을 글로 써 지하철노보에 기고했다.

"휘몰아치는 거센 바람에도, 부딪혀오는 거센 억압에도 우리는 반드시 모이었다……사랑 영원한 사랑 변치 않는 동지여 사랑 영원한 사랑 너는 나의 동지" 노래를 듣는 순간 가슴이 울렁이고 눈물이 핑 돌았다. 지난 70일간 합법성을 쟁취하기 위한 어려운 싸움 속에서 힘차게 부르던 노래를 지하철 안에서 들은 때문일까? 아니 단순히 그런 것만은 아니다. 우리 조합원이 앞서 불렀던 소위 운동가요가 이제는 전국의 노동자들이 임금인상 파업 중에, 시간 단축을 위한 투쟁 중에 수시로 불려지고 텔레비전 뉴스 시간에도 종종 들을 수 있기 때문이리라. 함께 노래를 따라 부르는데, 문득 배일도 지하철 위원장의 말이 생각난다. "작년 처음

쟁의에 들어갈 때는 조합원들이 가슴에 리본을 다는 것조차 꺼렸습니다. 그런 조합원들의 의식이 깨지기 시작한 것은 그동안의 많은 대화와 교육도 있었지만 중요한 건 노동조합으로 뭉쳐 단결하니까 불가능하다고 생각한 것들이 이루어졌기 때문입니다. 이제 지하철노조 조합원들의 단결은 사용주가 아무리 악선전을 해도 깨지지 않을 것입니다."(지하철 노보에 실린 청계피복노조 조합원의 글)

노동조합은 11일 오전 10시 30분 용답 축구장에서 직제개편 쟁취 전진대회를 열었다. 대회는 조합원 총회를 겸하는 집회로 지부별로 출정식을 가진 조합원 3,000여 명과 서울지역 노동조합 대표자들과 그 가족들로 가득 찼다. 밤새워 일한 조합원들도 지친 몸을 이끌고 집회에 왔고 여성조합원 100여 명도 참석했다. 신문, 방송사 기자들은 취재 경쟁을 벌였다. 풍물을 선두로 집회를 시작하고 노래와 구호로 분위기가 한층 고조되었다. 진민노련 의장과 1988년 2월 16일 결성된 부산지하철노조 위원장이 함께해 전 노동자의 단결을 외쳤다. 집회를 마치고 풍물을 앞세운 대열이 '악덕 구직제'를 상징하는 3m 높이의 허수아비를 불태웠다. 조합원들의 함성과 열기가 불꽃보다 높이 타올랐다.

"가자! 시청으로!"

보리밥들의 반란(1988.6.11. 직제개편 전진대회)

전진대회 후 덕수궁 대한문으로 간 조합원들(1988.6.11.)

12시 50분부터 행진이 시작되었다. 차량지부를 선두로 승무지부, 시설지부, 역무지부, 여성 조합원, 설비지부 순으로 밀고 나갔다. 경찰은 5개 중대 750명의 병력을 배치해 용답구장 정문 좌우를 돌아 모퉁이 지점서부터 봉쇄했다. 선두 차량지부가 중무장한 전경과 몸싸움을 시작해 경찰 방어벽 일부를 뚫어 한쪽이 무너지기 시작했다. 순간 최루탄 수십 발이 공중에서 옆에서 발밑에서 터졌다. 대열은 흩어졌다. 다시 지랄탄이 날고 사과탄이 터졌다. 조합원들의 얼굴에 눈물 콧물이 쏟아졌고 뿌연 연기로 앞이 보이지 않았다. 연기속으로 체포조 형사와 백골단이 달려와 여기저기서 조합원들을 붙잡아 곤봉으로 패기 시작했다. 연기 때문에 앞이 잘 보이지 않는 상황에서 개천으로 뛰어내리는 이도 있었고 뒤로 물러서다가 다치는 이도 있었다. 임신한 여성 조합원이 유산될까 봐 노심초사하기도 했다. 일단 후퇴다. 조합원들은 기지로 재집결해 전열을 가다듬고 성수역으로 가는 열차 세 대에 나눠 탔다. 그리고 승객들에게 유인물을 나눠주며 구호를 외치고 노동가를 불렀다. 두시 경 시청역은 이미 전경과 체포 경찰, 백골단으로 꽉 차 있으니 대한문 쪽 출구로 나오라는 역 구내방송이 흘러나왔다. 2시 20분 1,500여 명의 조합원이 집결했다. 대오를 전경과 백골단이 둘러싸기 시작했고 그 속에서 결의대회를 했다. "서울시는 장막 뒤에서 공사를 조종하지만 말고 전면에 나서서 조합의 직제개편 요구를 즉각 수락하라!" 결의대회는 50분 만에 정리되고 조합원들은 스스로 해산했다.

이날 서울지하철노조 조합원들은 처음으로 경찰의 집단 폭력과 최루탄을 경험했다. 다음날 확인된 부상자만도 윤제훈, 김성식, 황순길, 김동근, 이상복, 신택지, 이홍구, 이영애 등 8명이었다. 이가 부러지고 팔다리가 부러지고 최루탄 파편이 몸에 박혔으며 기절한 여성 조합원도 있었다.

6월 12일은 연세대학교에서 서노협 결성 보고대회가 열린 날이었다. 경찰은 재빠르게 움직여 집행간부를 연행하거나 자택에 연금했다. 이를 뚫고 서울지하철노조 간부와 조합원 500여 명이 대회에 참석했다. 그런데 13일 0시 30분, 대회를 마치고 뒤풀이를 한 후 귀가하는 위원장을 형사들이 달려들어 차에 태운 뒤 사라졌다. 함께 있던 청계피복노조 위원장 등이 택시를 타고 따라가보니 위원장을 동부경찰서로 연행한 것이었다. 이 소식을 들은 서노협 간부와 서울지하철노조 간부 20명이 동부서로 달려갔다. 경찰은 농성하던 집행간

집행간부 연행에 항의해 달려간 노동자들(1988.6.13. 청량리서)

부 14명을 연행해 청량리서와 성동서로 분산 수용하고 조사했다. 어느새 동부서 앞에는 60여 명의 간부, 대의원들이 농성을 벌이고 있었고 11시경 조합원 700여 명이 구의역으로 모였다. "동부서로 갑시다." "우리 위원장과 간부를 구출합시다." 그러자 경찰은 오후 1시 35분 위원장과 간부 전원을 석방했다. 위원장은 집시법 위반으로 불구속 입건되었다.

경찰 폭력, 공안당국이 개입한 간부 연행 등 지하철 노동자를 향한 정권의 탄압은 점점 거세졌다. 조합원들은 공권력이 두렵기도 했지만 두려움에 비례해 공사와 서울시를 향한 분노가 커졌고 경찰 폭력에 치를 떨었다. 조합원들은 분노의 힘을 모아 총파업으로 달려가고 있었다.

쟁의행위 찬반투표(1987.6.15.)

한편, 서울지하철공사에는 하루 600~700여 명의 식사를 담당해야 하는 고된 일을 하는 식당 조합원, 청소 노동자, 월 16만 원 정도의 저임금으로 자녀교육 및 생활비를 충당해야 하는 일용직 여성 노동자들이 있었다. 이들에게도 '직제개편' 이슈는 공감대가 형성되고 있었다. 그러나 여성조합원은 본사와 지축 · 창동 · 군자 3개 현 업소와 102개 역에 뿔뿔이 흩어져 근무하고 있어 단체행동에 어려움이 따랐다. 그러나 정숙이 여성부장을 중심으로 조직화에 매진해 뒤늦게 투쟁에 동참했음에도 단결력, 집회와 파업 참

파업 전야제에 참석한 조합원들(1988.6.16.)

여도는 남성조합원에 뒤지지 않았다. 이후 투쟁에서도 권리 쟁취를 위한 여성 조합원들의 단결력은 모범적으로 이어졌다.

직제개편 양해각서 이행을 위한 합의각서 체결과 구 일반직들의 반발

6월 15일 파업찬반투표가 7개 지부 26개 지회 198개 투표소에서 일제히 이루어졌고, 그 결과 93%(5,905명 중 5,495명)에 달하는 조합원들이 투표에 참여해 94.7%(5,203표 찬성, 276표 반대, 16표 무효)가 파업에 찬성했다.[24] 이것으로 6월 17일 새벽 4시 전면 무기한 총파업이 결정된 것이다. 개표 현장은 박수와 환호성으로 가득한 흥분의 도가니였다. 6,000여 조합원의 의지는 파업으

24) 파업여부 결정 투표 현황 (1988.6.15. 단위 %)

소속	투표율	찬성	반대	무효	소속	투표율	찬성	반대	무효
상집간부	100	100			설비	94.8	95.3	4.4	0.3
역무	90	97	2.9	0.1	시설	89.5	93.4	6.2	0.4
승무	96	97	3		본사	67.9	60.5	37.9	1.6
차량	92	96	4		교육생	100	95.4	4.6	

직제개편 양해각서 합의 이행을 요구하며 투쟁하는 노동자들(1988.6.)

로 치닫고 있었다.

파업을 결정하고 나자 16일 새벽 4시에 서울시장이 노동조합에 대담을 요청했다. 오전에 시장과 노조대표 4명이 만났고 오후에 다시 시장, 부시장, 공사사장, 노동조합 위원장과 사무장 대담이 있었으나 별다른 진전이 없었다. 시장은 승진과 가산호봉 수용의사를 밝혔지만 직급 대입기준 수용에 난색을 보이고 파업 결정을 철회할 것만 요청했다. 최종 교섭 장소는 노동조합 회의실이었다. 교섭장 벽에는 "너와 내가 선봉에서 완전직제 쟁취하자"는 현수막이 걸려있었다. 집행부는 조합원들이 파업을 위해 모인 자리에서 교섭을 진행해 압박을 가하자는 생각이었다. 오후 2시 교섭은 저녁 8시 되어 시작되었다. 본사의 일반직 5, 6급 조합원들이 농성에 돌입하여 본사의 협상 실무팀을 붙잡고 있는 바람에 늦어진 것이다. 그사이 중노위 중재가 들어왔으나 해결의 묘책은 없었다. 마지막 교섭은 다음날 새벽 6시까지 10시간 동안 이어졌다.

군자, 지축, 창동 3개 기지 102개 역사 100여 개 현업분소는 일제히 전면 비상상태에 돌입하였다. 16일 아침부터 철야 근무가 끝난 조합원들은 군자기지로 모여들기 시작했다. 성난 파도처럼 모여든 조합원들이 공작창 옥상과 조합 건물 앞뜰을 가득 메웠다.

“나 태어나 이 강산에 노동자 되어~.”

이제는 1987년과 달리 부를 수 있는 노동가요도 많았지만 “젊은 노동자들이 모여 맨날 늙은 노동자 노래만 부르냐.”고 할 정도로 〈늙은 노동자의 노래〉는 애창곡이었다. 이 노래만큼 노동자의 처지와 심정을 대변하는 곡도 없었다. 〈임을 위한 행진곡〉, 〈노동해방가〉, 〈동지가〉도 불렀다.

중간중간 교섭상황이 보고되었지만 조합원들에게는 실망스러운 것이었다. “그것도 못 들어주냐!” “파업합시다!” 분노의 함성이 교섭장까지 들릴 정도였다.

차량 공작창지회는 투쟁 기간 ‘선봉’이라고 쓴 티셔츠를 입었다. 실제 선봉 역할을 많이 하면서 집회를 거듭할수록 피로가 쌓이기도 했지만 사람들의 결의는 더욱 강해지고 있었다. 조합원들은 지회별로 토론하고 노래를 부르면서 밤을 밝히고 있었다. 잔디밭에 누워 잠을 자는 이도 있었다. 집회 중간 두 번의 휴식시간이 주어졌는데 그사이 술을 사러 밖으로 나가는 조합원들이 늘었다. 사수대가 정문을 통제해도 조합원들이 나가서 술을 사와 인근 가게의 술이 전부 동나기도 했다.

“파업! 파업!”

파업이 예정된 새벽 4시, 5천 조합원이 외치는 구호가 군자기지를 뒤흔들었다. 아침 6시, 10시간 동안 이어진 교섭이 끝났고 7시 10분 협약이 체결되었다. 위원장이 조합원들 앞에서 합의 내용을 발표하자 불만을 표하고 그대로 가버리는 조합원도 있었다. 하지만 대부분의 조합원은 박수로 동의해줬다. 당시 문제가 되었던 것은 ‘근무수당 기본급화’를 구두로 합의한 것이었다. 이는 결국 새 사장에게 부인당하면서 투쟁을 촉발하게 된다.

《양해각서 이행을 위한 합의각서》

직제개편 이전 승진소요연수 경과자에 대하여 다음 기준을 적용 승진한다.

가) 기능직은 승진 소요연수 경과자 전원을 승진시킨다.

나) 고용직은 환직 미환직을 불문하고 입사일 기준 2년 6개월 이상을 승진시킨다. 단, 미환직 고용직의 선택은 자유의사에 따른다.

다) 승진 소요연수 산정 기준일은 88.5.31.로 정한다.

2. 직급 대입 기준은 다음과 같이 편입한다.

직급		일반직	기능직	고용직	진급소요연수
1급		1급 전원			
2급		2급 전원			3년
3급	갑	3급 전원	1등급 3년이상		3년
	을	4급 전원	1등급 3년미만		
4급	갑		2등급		3년
	을	5급 전원	3등급		
5급	갑		4등급		2년6월
	을	6급 전원	5등급		
6급	갑		6등급		2년
	을			2년 6월미만 (1,2종 동일)	

3. 기능직과 고용직에 대하여 개편 직제에 의한 3호봉(33,000원)을 가산한다.

4. 기타 직제상 내용에 대하여서는 연구 용역안을 토대로 조속히 실시한다.

5. 본 합의각서에 의해 체결된 모든 사항은 88.6.1.부로 소급 실시한다.

1988. 6. 17.

서울지하철공사 사장 김재명　　　서울지하철노동조합 위원장 배일도

6월 21일 노동조합은 직제개편 이행 각서에 대한 조합원 찬반투표를 했고 찬성률이 83.7%였다. 본사 조합원의 일부는 그동안의 특권이 사라지는 데 대한 불만을 투표 불참으로 표출했고, 다른 직군에 비해 상대적으로 고용직이 많았던 역무의 경우 고용직 통합에 따른 상대적 박탈감을 반대 의사로 표출했다.

직제개편 양해각서 이행 합의각서 찬반투표 현황(1988.6.21.)

소속	조합원수	투표자수	투표율	찬성(표, %)		반대(표, %)		무효(표, %)	
총계	5,798	5,135	88.6	4,288	83.5	806	15.7	41	0.8
상집		10		10	100				
역무	2,115	1,895	89.6	1,445	76.3	425	22.4	25	1.3
승무	1,016	919	90.5	841	91.5	77	8.4	1	0.1
차량	968	833	86.1	703	84	129	15	1	1
설비	831	719	86.5	599	83.3	115	15.9	5	0.8
시설	695	581	83.6	524	90	50	8	7	2
본사	173	118	68.2	113	95	5	5		
교육생		60		53	88	5	8	2	4

하지만 공사는 올림픽을 핑계 삼아 합의각서를 이행하지 않았다. 1988년 6월 26일경 취임한 김명년 사장은 6월 17일 노사단체협약에서 구두 합의한 지하철수당기본급화를 부인하고 직제개편 단체협약의 이행을 전면 지연시켰다. 7월 급여명세표에는 지하철 근무수당의 기본급화뿐 아니라 직제개편 단체교섭에 따른 승진자 임금인상분 및 기능·고용직 출신 3호봉 가산 임금도 계산되지 않았다. 6월 17일 단체교섭을 한 후 한 달이 지난 때였고 직제개편 시행 일

직제개편 양해각서 이행 합의각서 체결(1988.6.17.)

시는 분명 6월 1일이었음에도 말이다. 직제개편 양해각서 이행 투쟁은 2대 집행부로 이어지게 되었다.

한편, 6월 16일 사당동 본사 앞에서 구 일반직 사원이 반 직제개편 농성을 시작했다. 그리고 직제개편 합의가 이뤄지자 일반직 500여 명이 단체교섭 무효를 주장하며 본사 앞마당에서 집회를 열었다. 5~6급 일반직이 농성의 주를 이루고 4급이 더러 있었고 1~3급은 뒤에서 응원했다. 공사 현판을 거꾸로 매달고 스프레이로 엑스자 표시를 해 '근조'라고 써놨고, '김재명 사장 할복하라!'는 구호를 붙이고 농성을 했다. 이들은 10일이 넘도록 근무를 거부하고 일괄사직서를 써 제출하면서 23일까지 농성을 이어갔으며 일종의 일반직 노동조합 역할을 자임하는 평사원협의회를 구성하여 공사에 교섭을 요청하기도 했다.

구 일반직 사원이 단체교섭 무효를 주장한 핵심은 노동조건 악화 측면이 아니다. 직제개편으로 인해 그들의 노동조건이 악화하는 것은 아니다. 그들이 반대한 속내는 그동안 구 기능직 위에 군림하며 특권을 휘두르던 지위를 잃게 된 것 때문이었다. '차별'을 통해 '권위'를 확인했던 지난날을 빼앗긴 것에 대한 저항이었다.

노동조합은 구 일반직들의 행위를 반조직행위로 규정하고 이에 가담한 조합원 100명을 운영위원회를 열어 제명 처리했다. 하지만 공사에서는 어떠한 처벌도 하지 않았다.

언론의 태도

수도권 교통의 중추인 서울지하철공사 노동자들의 파업에 언론이 관심을 가지는 것은 당연했다. 1987년 노동조합 결성을 보도할 때는 그나마 우호적 입장을 보였지만 투쟁과 파업을 무기로 노동자들이 단체행동을 할 때 언론은 경찰과 마찬가지로 폭력을 휘둘렀다.

6월 16일자 “지하철은 다녀야 한다”는 제하의 『동아일보』 사설은 헌법 33조에서 보장한 “근로자의 자주적 단체 행동권”에 따른 파업권을 노동자들의 단순한 이권일 뿐이라고 매도했다. 파업하는 지하철 노동자가 지하철을 이용해 하루 벌어 하루를 사는 이들을 거리로 내몰고 있으며, 직장인으로서의 모든 사람은 자연인으로서 자유와 권리의 일부를 유보할 수도 있다며 노동자의 노동기본권 행사를 죄악시한 것이다. 6월 17일자 『중앙일보』 사설은 “지하철 운용에도 문제 있다”는 제하에 “지하철 파업이 흥정거리가 되었다는 건…중략… 경위가 어떠하든 간에 불쾌하기 이를 데 없다”며 법으로 보장된 노사교섭을 흥정으로 표현했다. 6월 18자 『조선일보』는 “서울 지하철 서비스”라는 제하로 “손님들이 앉아서 기다릴 의자는 태부족인 상태이지만 역무원들이 사용하는 사무실은 대개 필요 없이 넓다”며 햇빛도 안 드는 지하에서 25시간 이상 일하는 노동자를 큰 혜택이나 누리며 일하는 것으로 매도했다. 양대 TV 방송도 가관이었다.

정점을 찍은 것은 6월 27일 『경향신문』 편집부 국장 최낙동 논설이었다. “지하철 노사 타결은 미봉책이다”라는 제목으로 지하철 일반직들의 농성 사실을 소개하며 직제개편이 기능직을 지나치게 우대한 결과 불균형이 생겼기 때문이라고 했다. 서울지하철공사의 연간 적자가 심한 상황에서 기능직을 위한 임금 추가 예산 2백억을 지급해야 하는 상황이고 이는 매일 2억 원이 조금 안 되는 빚이 늘어나는 것이라며 결국 요금 인상밖에 답이 없는 상황이라고 독자들을 ‘협박’했다. 사장은 결국 사퇴할 것을 왜 합의를 했냐면서, 노동조합이 파업하면 교통 혼잡이 있을 수도 있었겠지만 그럴 때 군 차량을 동원하는 등 불편을 조금 견디며 버텼어야 한다고 주장했다. 그래야 시민의 질타가 과도한 요구를 하는 기능직에 돌려졌을 것이라는 뜻이었다. 서울지하철노조는 언론의 편파 왜곡보도를 규탄하는 대자보를 역사에 내거는 등 기민하게 대응했다. 그리고 신문 불매운동을 벌임과 동시에 6월 30일에는 경향신문사 항의 방문을 통해 글쓴이의 공식 사과를 받아냈다.

투쟁 기간 지하철 노동자의 직제개편 요구에 관한 진실은 어디에도 실리지 않았다. 오직 『한겨레신문』만이 6월 17자 "지하철은 설 수도 있다"는 제하의 사설을 실었다. 그렇다고 『한겨레신문』이 지하철 노동조합의 입장을 적극적으로 옹호한 것도 아니었지만, 제도언론의 편파보도 속에서 충격적인 제목으로 여겨질 정도의 상황이었다.

지하철 조합원들은 직제개편 쟁취 투쟁에 관한 기사를 통해 언론의 실체를 확인할 수 있었다. 언론은 자본과 정권을 대변한다는 것, 노동자가 자신의 이야기를 언론에 제대로 싣기 위해서는 투쟁을 통해 승리하는 수밖에 없다는 것을 알게 된 것이다.

1988년 6월 투쟁 평가와 의의

조합원들은 투쟁 경험을 통해 대자보와 노동가의 반응이 좋았던 점을 더 발전시켜 시민 게시판을 전 역사에 설치하자, 평소에도 역에서 노동가를 틀자는 등의 제안을 했다. 그리고 조직발전을 위해 매월 일정을 잡아 분회장 정기회의를 하고 의식을 강화하는 교육을 하자, 지회별로 쟁의기금을 확보해 빵과 우유를 간식으로 나눠주었던 차량지부를 모범삼아 이후 투쟁을 할 때는 쟁의기금을 마련하자고 했다. 또한, 노동조합에 참여하면 특혜가 있을 것이라는 생각을 버릴 수 있도록 내부교육을 강화하자는 의견이 다수를 이뤘다. 이상의 평가들에서 볼 수 있듯이, 1988년 6월의 투쟁은 3시간의 짧은 파업이었지만 조합원들의 입장에서는 많은 경험을 쌓고 의식을 발전시킬 수 있었던 투쟁이었다. 서울지하철공사의 방해, 언론의 왜곡보도, 위원장·간부 연행, 경찰의 폭력에 맞서 노동조합 설립 이래 외쳐온 직제개편을 쟁취하기 위한 투쟁을 전개하며 지하철 노동자는 단결, 실천만이 노동자의 요구를 쟁취할 수 있는 유일한 길임을 깨달았다.

이에 한편으로는 분출하는 투쟁 요구를 계속 누르며 공사와 합의로 협약을 체결한 집행부에 대한 불만도 쌓였다. 이는 1987년 노동자대투쟁 이후 설립된 많은 노동조합들에서 나타나는 현상이기도 했는데, 1987년 노동자대투쟁 열기 속에 열망과 선의로 노동조합 간부를 맡은 이들이 책임과 희생을 요하는 지위를 감당하기 어려워 투쟁요구를 순치하려는 경우가 많았다. 반면 조합원들의 의식은 간부들의 의식을 넘어 성장했고 조금이라도 기대에 부응하지 못하면 가차 없이 집행부를 갈아치우는 현상이 나타나고 있었다. 물론 정권의 탄압이 주요 원인이었지만 90년대 초까지 '민주성' 문제가 불거져 위원장 임기를 채우지 못하는 노동조합이 많았을 정도로 지도력이 불안정했다. 서울지하철노조의 경우 정부 통제가 심한 공공부문에서 노동조합을 설립하고 목숨 걸고 위원장과 간부를 맡은 초대 집행부에 대한 신뢰가 무한에 가깝게 높아 집행부 전복현상이 나타나지는 않았지만, 불만이 누적되고 있었던 것이다. 여기에 소수의 문제 제기와 소문으로 떠돌던 주택조합 비리 문제, 집행부 도덕성 문제가 사실로 드러나면서 결국 초대 집행부는 불명예 퇴장하게 된다.

4) 주택조합 비리와 집행부 사퇴

노동자 주택문제와 서울지하철직장주택조합

저임금 노동력 확보를 위해 전두환은 물가안정 정책을 최우선으로 내세워 분양 관련 건설업자 제재를 통해 집값을 억제하고 있었다. 이어 들어선 노태우 정권은 도시 실업자를 조정하고 노동력을 공단 주변으로 이동시키기 위한

서울지하철직장주택조합 임시총회(1988)

철거재개발과 서울에서 수도권으로 인구를 이동시키는 신도시 개발정책을 추진하며 200만 호 건설, 신도시 건설 계획을 내놓는다. 노태우 정권의 주택정책은 1982년부터 해외 건설 사업이 내리막길을 걷게 되어 1987년 즈음 5분의 1로 축소된 건설자본을 국내 사업으로 끌어들임과 동시에 전셋값 대란으로 주택난에 시달리는 노동자 민중의 요구를 완충하기 위한 정책이었다. 이 시기부터 정권은 중산층의 개념을 주택 소유 여부로 보고 국민 중산층화를 위하여 주택공급 확대를 꾀했다. 빠르게 가시적으로 많은 집을 짓기 위해 주택 소비를 아파트로 집중시켰고 이를 뒷받침하기 위해 주택은행을 통해 청약저축제도를 마련하고 신규 아파트에 한해서만 대출해주는 제도를 만들었다. 한편 1987년에는 전년 대비 전셋값 상승률이 19.4%, 1988년에는 13.2%였으니 2년간 32.6%가 올랐다.[25] 전셋값 상승에 시달리던 상황에서 1987년 임금이 상

25) 1987년 하반기부터 부동산투기 열풍이 불어 노동자들의 주거난은 더 심각해졌다. 특히 대통령 선거와 국회의원 선

승하면서 노동자들에게도 아파트를 마련하고자 하는 욕망이 생겨나기 시작했다. 임금이 오르고 20년 장기근속이 가능하니 대출을 받아 갚을 수 있어 집을 마련할 가능성이 열린 것이다.

이런 상황에서 서울지하철노조도 조합원들의 주택문제에 관심을 두고 설문조사를 한 결과 조합원 70%가 무주택자로 나타났으며 좀 더 세분해 보면 기혼자 88% 중 주택 소유자는 28%이고 나머지는 72%는 무주택으로 확인되었다. 이에 집행부는 후생 · 복지사업의 목적으로 주택사업에 박차를 가해야 한다는 의견을 제시했다. 하지만 주택사업을 노동조합에서 할 경우 조직이 와해하는 상황이 올 수도 있으니 주택문제는 노동자 공동주택 등 다른 대안을 마련하자는 의견과 조합원이 원하는 것이므로 해야 한다는 의견이 맞서 결론을 내지 못했다. 위원장은 이를 2월 26일 대의원대회의 '88년 사업계획' 안건에 포함하여 "주택조합 사업을 추진하되 노조와 별도로 만들어 추진"하는 것으로 확정했다.

노동조합은 5월 21일부터 6월 20일까지 주택조합 조합원을 모집하였고 1,200명이 넘는 조합원들이 몰렸다.[26] 내 집 마련의 꿈을 노동조합을 통해 실현할 수 있다고 굳게 믿고 조합원들은 전세방을 월세로 옮기고 보증금을 빼 계약금 300만 원을 마련하기도 했고, 빚을 내기도 했다. 그러나 이 사업은 고위층 협조를 받아 시유지를 특혜 매각하려는 등 각종 부정 시비가 일면서 초대집행부 총사퇴를 불러오게 된다.

거를 거치며 각종 개발공약이 남발되어 1988년에는 27.4%, 1989년 9개월 동안 24.95% 땅값이 폭등했다. 이는 곧바로 집값 상승과 전월세 상승으로 이어져 한국노총 통계에 의하면 주거비가 1년 만에 40~44% 증가했다.

26) 서울지하철직장주택조합은 1988년 5월 25일에 설립되었다. 노동조합에서 주택조합을 집행하는 것이므로 임원은 상집간부와 주택조합 간부를 병행했다. 조합장 정영재, 부조합장, 강청진, 총무부장 김태욱·설명석, 간사 김치재, 홍보부장 김재범, 감사 성백순(단, 1명은 노조 회계감사에서 선정). 이날 총회에 참석한 인원은 155명 입금자중 76명이었다.

커지는 의혹과 집행부 총사퇴 결정

직제개편 양해각서 이행을 위한 투쟁 직후 현장에는, 5월 대의원대회에서 제기된 바 있었던 1987년 회계감사 지적사항을 포함하여 주택조합 사업 관련 노동조합 비리 의혹을 제기하는 유인물이 돌기 시작했다. 제기된 의혹 8개 항목은 △4월 30일~ 6월 24일 조합비 302만 4천 원을 유용했다. △1987년 인쇄·복사비가 과다하다. △1988년 6개월간 발행된 노보 제작비 중 120만 원을 유용했다. △총무부장이 이길동 회계 감사에게 화장실에서 10만 원을 건네줬다. △감사대상자인 총무부장이 감사 시 조합을 벗어난 이유는 회계감사를 피한 것 아닌가. △『조선일보』 지방판에 나온 교섭타결에 관한 건(교섭은 17일 아침에 타결되었는데 16일 오후 8시 발행 신문에 교섭타결 보도가 난 것, 위원장이 16일 오후 2시 서울시장과 면담한 사실을 감추고 교섭이 끝난 후 인정한 것) △명동에서 위원장이 만취한 상태로 "김명희 승무부위원장 그 자식도 5백만 원 받았으면서……"라고 한 말의 뜻은? △주택조합 4억5천만 원이 주택은행에서 인출되어 상업은행 김상빈 앞으로 입금된 것 등이다.[27] 현장은 술렁거리기 시작했고 노동조합을 믿고 주택조합에 미래를 쏟아부은 조합원들은 집행부를 불신하기 시작했다.

7월 27일 군자교육원 3층 대강당에서 조합원 120여 명 참관한 가운데 임시대의원대회가 열렸다. 오전부터 밤늦게까지 대의원들은 1988년 상반기(88.1.1.~6.30.) 회계감사 결과 문제가 드러난 점, 1987년도 회계감사 결과 10개 항 지적사항이 보완 개선되지 않은 점, 예산항목 전용은 운영위원회 결의로 가능한데 집행부 임의로 집행한 것, 연맹비를 출금해 54일 동안 입금하지 않고 있었던 공금유용, 총무부장이 3일간 회계감사를 받지 않고 이탈한 직

---

27) 유인물은 수습대책위(진상규명추진위원회) 이름으로 발행되었는데 나중에 드러난 대책위 일원은 엄재성(역무 분회장), 성기승(지축공작창대의원), 김성우·박병복·오인하·이우홍(역무지회장), 황준식(역무원), 신현준(설비지회장), 이장진(전기지회장), 윤제훈(대의원), 김종태(창동차량지회장), 장윤석(AFC) 등이다.

무유기, 경조비 차별지급, 조합 재산 관리 허술·지급증 사용 남용·지침과 달리 많은 현금 보유 등을 조합비 관련 문제를 계속해서 제기했다. 여기에 주택조합비 4억 6,000만 원을 찾아 서울시 관계자에게 3억 원을 입금한 것 등 주택조합 관련 사항에 대한 질문도 이어졌다.

일부 대의원들은 집행부 사퇴를 권하거나 탄핵까지 요구했고, 다른 일부는 그럴 것까지는 없는 일이라며 격론을 벌였다. 공금을 마음대로 쓴 것이 아니라면 통장을 보여 증명하라는 대의원들의 요구에 집행부는 결국 오후가 되어 통장을 가져왔고 이를 대의원들이 돌려가며 확인했다. 그리고 이 과정에서 입출금 내용을 칼로 지운 흔적이 발견되었다. 그런데 위원장은 처음과는 달리 돌려보면서 훼손되었다며 대의원 중에 누군가 통장에 칼을 댄 것으로 몰고 갔다. 이에 고성이 오갔고, 비리를 은폐하기 위해 통장에 손을 댄 것이라는 의견이 좌중을 압도하면서 처음에는 사퇴까지 할 일은 아니라고 생각하고 왔던 대의원, 참관 조합원들도 집행부 사퇴를 요구하기 시작했다.

집행부 총사퇴 관련 1안 지회장 이상 총사퇴, 2안 새 수습 대책위를 구성하여 진상파악 후 처리를 놓고 논의하여, 전체 참석 인원 81명 중 1안 찬성 66명, 2안 찬성 7명, 기권 8명으로 결론이 났다. 위원장이 “서노협 의장은 그쪽 사정에 따라 처리하고 다음 위원장 선출 시까지는 사표 제출을 않고 새 집행부 구성 시 물러나겠다.”고 했다. 집행부·지회장 중 사퇴를 거부하는 이에 대해 1안 사퇴를 하지 않은 사람은 즉시 불신임 처리하자, 2안 사퇴를 하지 않은 사람은 다음 집행부 구성 시에 처리하자고 의견을 물어, 1안 찬성 47명, 2안 찬성 23명으로 과반이 넘지 않아 즉시 불신임에 관한 찬반 가결을 묻기로 했다. 그때 “다음 임시집행부 구성 시까지 위원장을 유임시키고 선거일 정하자”는 긴급동의안이 제출되어 57명이 찬성해 위원장이 총선 일정을 선포함으로써 논란을 마무리했다.[28] 대의원들은 운영위원회를 비상대책기구로 공사에 통보하고 전임대책을 세우기로 하였다.

배일도 위원장은 "6월 17일 노사 간에 타결된 직제개편 합의각서의 이행이 지연되고 있는 것에 책임을 지고 더욱 강력한 집행부 구성을 위해 총사퇴"하며 8월 11일까지 재임하되 "차기 위원장에 출마하지 않겠다."고 공식 발표했다.

계속되는 내부 공방

대의원대회에서 집행부 총사퇴, 총선거 시행을 결정했지만 노동조합 내 공방은 마무리되지 않았다. 7월 28일에 노동조합 사무실 압수수색 영장이 발부되고 다음날 위원장이 수배되면서 노동조합 내부 문제를 검찰에 고발한 것에 대한 거센 비판까지 제기되어 혼란이 가중되었다. 7월 29일 서노협 신문(호외), 지하철 노보, 주택조합 설명서가 배포되어 진상규명추진위를 반조직 행위자로 몰았다. 군자공작창 발기인 일동이 '조직을 4분 5열 시킨 자들은 지하철을 떠나라!'는 유인물을 내 "인간인 이상 잘못할 수도 있는 부분만 크게 확대하여 조직을 깨려드나. 노동조합이 탄생하고 나서 우리 생활이 좋아진 것이 어디 한 둘이랴. 진추위를 조종한 이가 정윤광이다. 지하철 입사도 돈 400만 원을 주고 했고 재학시절 운동권이었단다. 자신이 선전부장으로 있는 것이 늘 못마땅하여 호시탐탐 기회를 엿보며 사조직을 육성하다가 급기야 진추위를 통해 조직을 휘어잡으려 했다. 비리 없는 배위원장은 불출마선언을 취소하고 출마하라, 떳떳하게 출마하지 않으면 의심할 것이며 무책임한 것으로 간주하겠다. 심지어 테러까지 감수하라. 조합원의 심판으로 정하겠다."며 인신공격성 유인물을 내기도 했다.

집행부는 8월 8일 노동조합 소식지를 통해 제기된 의혹에 대해 주택조합비

---

28) 현원 68명으로 2/3 가결 정족수는 54명이었다.

문제는 주택조합운영위원회 결정으로 처리한 문제이며, 노동조합비는 회계처리 과정에서 항목을 전용해 돌려쓰다보니 생긴 일이지 공금횡령 의도가 있던 것은 아니라고 했다.

8월 9일에는 '평조합원이 본 현재'라는 유인물이 배포되었는데 여기에는 비리와 세력다툼으로 노동조합을 약화시키는 배위원장, 김명희 모두 지하철을 떠나라는 주장이 실렸다.

유인물의 홍수 속에 갖은 의견들이 난무하는 가운데 한편에서는 새로운 집행부 구성을 위한 움직임이 시작되었다. 8월 2일 완전직제 실현 및 노조탄압 저지대책위원회를 발족해 투쟁을 이어가는 선거를 시작했다. 또 "간부 중심이 아닌 조합원 중심으로 다가오는 총선까지 투쟁할 조직, 조합원 중심으로 운영되는 대중조직 건설, 조합 내 민주주의 실현을 목적"으로 하는 서울지하철노동조합 조합원민주투쟁연합이 진상규명추진위원회를 발전적으로 해체하고 8월 4일 발족했다. 이들은 "앞으로 공권력과 공사에 대해서 투쟁으로 일관하고, 조합 내 모든 민주세력과 연대하며 비민주세력과는 철저히 대응, 조합원과 함께하는 후보를 선출하여 총선에 참가"하겠다고 했다.[29)]

이렇듯 내부공방이 치열한 틈을 타, 공사는 바뀐 김명년 사장을 선두로 직제개편 이행 합의를 무위로 돌리려는 움직임을 보였고 지축기지 지하수에서 카드뮴이 검출되는 일이 발생하기도 했다.[30)] 배일도 집행부는 카드뮴 문제를 제기하며 투쟁을 조직해 보려고 하였으나 조직력과 신뢰가 떨어진 상황을 극복하기는 어려웠다.

---

29) 이들이 낸 유인물에 의하면 집행부 고발은 7월 27일 김성우 개인이 했다고 한다. 고발철회를 권하는 의견에 대해 "배일도 위원장의 행태로 봐서 일련의 의혹이 절대 드러날 것 같지 않다"며 거부했다고 한다.

30) 카드뮴중독은 이따이이따이병을 일으키는 것으로 공포의 병이었다. 지축기지 설립 당시 서울시 상수도를 끌어다 사용하지 않고 6억 원의 공사비를 아끼기 위해 지하수를 공급했는데 이후 조합원들이 이유 없이 머리가 아프고 피부가 간지러우며 뼈가 쑤시는 증상이 나타났다. 결국 고상국 동지는 사망했다. 지축 조합원들은 식수와 식사 전면 거부를 결의하고 짜장, 짬뽕으로 해결하며 물을 길어 먹고 있었다.

검찰의 수사

서울지검 동부지청은 9월 20일 노동조합 사무실에서 조합비 회계장부 7권, 조합비 지출증빙서 24권, 조합비 유출금 통장 3개를 압수했다. 서울지하철노조 역무 제1-2 지회장 김성우로부터 배일도와 정영재가 노동 쟁의비 등 4,000여만 원을 1987년 9월부터 1988년 6월까지 운영위를 거치지 않고 임의로 유용했다고 고발된 건을 조사하기 위함이라고 했다. 서울지하철노조 30여 명은 20일 오후 10시 20분부터 서울지검 동부지청 정문 앞에서 자료반환을 요구하며 밤샘 농성을 시작했고, 서울지하철노조가 쟁의발생 신고를 한 지 4시간 만에 장부를 압수해간 것은 노동조합에 대한 탄압이라고 규탄했다.[31)]

이어 9월 29일 배일도 전 위원장이 구속되었다. 구속 사유는 4월 말 노동조합비 가운데 200만 원을 자신의 집 전세금으로 사용했고 6월부터 9월 초까지 주택조합비 중 2천만 원을 선거자금과 개인적 용도로 횡령했다는 것이다.

검찰이 수사를 시작한 것은 9월 15일 김태욱, 정영재가 방배동 998소재 서울시 소유 체비지 3천3백여 평(시가 45억 원)을 주택 부지로 불하받기 위해 서울시 부시장비서관 이재석에게 3억 원의 뇌물을 준 사실을 밝혀내면서였다. 그러나 체비지 매각에 실패하여 2차로 부동산브로커들과 형질변경을 통해 택지를 조성하려 했다는 혐의를 포착, 일련의 사건에 흑막이 있는 것으로 보고 회계장부를 압수, 본격적인 수사를 하겠다는 방침이었다.

주택조합이 택지조성을 위해 사들인 자연녹지는 서울 도봉구 2만여 평에 이르는 것으로 알려졌다. 브로커 이홍식으로부터 104억 원에 샀는데 브로커 이씨가 교제비 5천만 원을 받고 관계기관을 통해 형질변경해 주겠다고 약속했다가 문제가 생겼다며 발뺌하는 바람에 형질변경이 이뤄지지 않은 상태였다. 더욱이 땅 소유주가 이 땅에 빚을 지고 있어 토지구매대금으로 지급한 돈이 이

31) 노동조합은 압수 회계장부 반환을 지속적으로 요구해 1988년 12월 9일에 돌려받았다.

미 주인에게 흘러 들어갔을 가능성이 높다는 것이다. 선의의 피해를 보게 된 서울지하철공사주택조합의 조합원 1천3백여 명에 대한 피해보상 및 구제대책도 막연한 상황이었다.

검찰의 수사방향은 배 전 위원장의 조합비 유용 및 횡령, 주택조합 서울시 소유 체비지 불법매각 기도와 관련한 뇌물수수, 주택조합이 부동산전문브로커와 결탁해 자연녹지를 불법으로 형질변경하려 한 경위 등이었다. 검찰은 전두환의 형 전기환 씨가 한때 회장을 지냈으며 실질적 소유자인 것으로 알려진 세림개발이 평당 41만 원씩 모두 42억 원에 매입한 성동구 마장동 부지 1만3백여 평을 1년 3개월 만에 서울지하철주택조합에 평당 98만 원씩에 되팔아 55억 원의 폭리를 취한 경위도 조사키로 했다.

결국, 1989년 2월 24일 법원은 배일도에게 업무상 횡령죄를 적용, 징역 10개월에 2천만 원 배상 명령을 내리고, 이재석 징역 5년에 추징금 6억 6천만 원, 정영재에게 징역 3년을 선고하였다.

서울지하철노동조합 배일도 동지 석방투쟁위원회

배일도 전 위원장 공판이 있는 날이면 "배일도 위원장을 석방하라"는 현수막이 펼쳐졌고, 조합원들은 바닥까지 빼곡하게 앉아 위원장이 들어오면 구호를 외치고 격려했다. 판사가 법정 밖으로 나가라고 명하면 복도에 앉아 재판을 지켜보았다. 배일도 전 위원장에게 징역 10월이 선고되자 150여 명의 조합원은 "권력의 시녀 사법부는 각성하라" "배일도 위원장을 즉각 석방하라" 등의 구호를 외치며 법원 정문으로 몰려나가 전경들과 심한 몸싸움을 벌이기도 했다.

10월 9일 북한산에서 열린 '노동악법 개정을 위한 노동자 등반대회'에 지하철 노동자들은 배일도 석방 현수막과 머리띠, 몸벽보를 하고 참여하였고 10월 12일 군자기지에서 배 동지 석방촉구 및 노조 탄압 저지대회 열고 10월 15일에는 서노협 의장단을 비롯한 30여 개 노동조합 대표들이 참가한 가운데 구의역에서 배동지 석방투쟁대회를 열었다. 10월 18일에는 시청역 1호선 대기실에서 민가협회원 50여 명, 다른 노조 간부들 70명, 노조원 100여 명 등이 참석해 배일도 동지 석방 촉구대회를 하고 대검찰청으로 몰려가 20분간 거리시위를 하기도 했다.

이러한 투쟁을 주도한 조직은 서울지하철노동조합 배일도 동지 석방투쟁위원회(석투위)였다.[32] 이들은 정권이 배일도 위원장을 구속한 것은 서울지하철노조가 공기업노조의 성격을 어용에서 민주로 변화시키는 데 주도적 역할을 한 것 때문이며 목적은 노동조합 조직을 와해시키고 배일도 위원장을 잡아들이는 것이라고 보았다. 공권력은 6월의 직제개편 대투쟁 이후 노동조합 내에서 조직개편의 필요성이 대두되자 이에 대한 내부 불만 세력을 사주하여 일정한 정보(주택조합 통장번호 등)를 주고 이를 고소케 하여 마치 고소에 따라 수사하는 것처럼 수사의 정당성을 확보하고 구 집행간부를 일일이 심문하여 "엮어 넣기식" 수사를 통해 이미 대중운동가로 떠오른 배일도 전 위원장을 노동운동과는 전혀 상반된 '공금 횡령범 즉 파렴치범'으로 매도하여 그를 구속하고 그의 영향력을 철저히 차단, 조직을 와해, 파괴하는 데 혈안이 되어 있다며 배 위원장이 석방되는 날까지 투쟁하겠다고 했다.

석투위 구성원들은 이후 올림픽을 앞둔 파업과 3.16파업을 앞장서 주장하였고, 4대 집행부에서는 배일도와 논의하여 간부를 맡거나 대의원에 출마하여 집행부의 기반 세력으로 다시 등장한다.

32) 석투위는 1988년 10월 1일 확대간부회의에서 구성되었고 위원은 김인덕, 김광섭, 정윤광, 권혁래, 정용운, 맹용수 외 각 지회 조합원 1명으로 하였다. 이 중 맹용수가 실질적인 대표 역할을 맡았다.

5) 분열이 가속되는 가운데 태어난 2대 집행부의 직제개편투쟁

초대 집행부가 총사퇴하면서 서울지하철노조는 8월 11일 위원장, 지부장, 지회장을 뽑는 총선거를 했다. 위원장, 지부장 선거는 처음 시행하는 직접 선거였다. 위원장 선거 과반수 득표자가 없어 18일 결선투표를 한 결과 김명희 후보가 2,803표로 당선되었다. 결선에 올랐던 배일도 후보는 1,969표를 받았다. 지부는 역무1지부장 서창호 역무2지부장 주길연 승무지부장 최낙용 차량지부장 조상호 시설지부장 김광섭 설비지부장 신현준 본사지부장 맹용수가 선출되었다.[33)]

배일도 전 위원장은 대의원대회에서 불출마를 선언하였으나 서운함과 억울함, 자신을 지지했던 이들에 대한 책임감, 명예 회복을 위해 출마했다고 했다. 조합원들이 배일도를 선택하지 않은 이유는 주택조합 문제, 조직 비민주적 운영 등도 이유였지만 초대 위원장으로서 그동안 투쟁 과정에서 억눌려있던 조합원들의 울분을 풀어주지 못한 채 오히려 순화시켜왔기 때문이었다. 반면 김명희 후보는 초대 집행부의 독선적 운영에 대한 평가, 비리 없는 노동조합 운영, 직제개편 완수를 공약으로 내걸었고 후보 선거본부가 직제개편위를 구성하여 투쟁의지를 보여주었다. 또한, 노동조합 설립 전 상조회 회장으로서 조합원의 고충을 해결하기 위해 김재명 사장 집에 쳐들어가 담판을 지었던 의리파로 알려져 있었고 초대 집행부 때도 올바른 주장을 많이 하며 배일도 위원장과 각을 세운 점이 간부들에게 알려져 있었다. 선거운동원들은 운동화 바닥이 닳을 정도로 열심히 뛰면서 민주노조를 세우겠다는 각오로 선거에 임했다.

---

33) 몇몇 지회는 대표를 선출하지 못한 곳도 있었다. 2대 집행부는 수석부위원장 박명복, 부위원장 김인덕, 사무국장 김인홍, 총무부장 임성규, 조직부장 김준호, 법규부장 정연수, 교육부장 정윤광, 선전홍보부장 유제현, 조사통계부장 김연환, 쟁의지도부장 윤종석, 대외협력부장 유남열, 편집부장 박대윤, 문화체육부장 석치순, 후생복지부장 송승호, 부대사업부장 권내섭, 여성부장 정숙이로 구성되었다. 하지만 초반에는 부위원장, 부서장 임명 안 된 상태에서 파업 결정이 났고, 임성규, 김연환, 석치순 등은 연말 차량지부 단독파업 이후 집행부를 맡기 시작했다.

하지만 후보들 간에 비방이 난무한 선거였고 선거 유세에 1차 200명, 2차 30명 정도밖에 모이지 않았을 정도로 조직력이 떨어져 있었다. 이러한 상황에서 당선된 2대 집행부에게는 분열된 조직을 추스르고 직제개편 합의 완전 실현을 위해 파업을 불사해야 할 운명이 주어졌다. 집행부는 8월 22일 공사 사장과의 교섭, 23일 서울시 교통국장과의 대담에서 정부의 방침이 '3호봉 가산마저 거부하기로 한 것'임을 확인했고 이 사실이 알려지며 올림픽 이전에 직제개편이 실현되어야 한다는 열망을 하고 있던 조합원들을 분노케 했다. 이러한 상황에서 8월 24일 대의원대회가 개최되었다.

노동조합의 파업 결정과 서울시와 공사의 전방위 방해 공작

8월 24일 2대 집행부 출범식과 함께 임시대의원대회가 열렸다. 배일도 집행부가 국민의례로 회의를 시작했다면 김명희 집행부는 민중의례로 회의를 시작하면서 차별성을 드러냈다. 집행부는 직제개편 완전실현 방향을 의제로 상정했으나 구체적인 방안을 제시하지 않은 채 대의원 전체 토의로 진행하였고 토론은 정부와 공사를 성토하는 격앙된 분위기로 이어졌다. 석투위 활동을 하는 간부들과 차량지부가 가장 강력하게 파업할 것을 주장했다. 결국 현실에 대한 충분한 검토 없이 9월 4일 총파업을 결정하게 된다. 2대 집행부는 부서장 임명을 채 하지 못하고 분회장 조직도 전혀 구성되지 않은 상황, 경험 없는 간부·지부장·지회장이 다수인 상황에서 11일 만에 파업해야 하는 상황을 맞았다.

대의원대회의 파업 결정에 따라 집행부 체계를 상황반, 위원장·지부장·지회장이 현장독려반, 선전홍보반과 배포반, 후생반을 꾸리고 준비에 들어갔으며 각 지부는 탈모, 명찰·견장 제거, 사복근무, 리본착용, 머리띠 두르기, 각 역 테이프 방송 등 단계적으로 투쟁계획을 수립하였다. 위원장 이하 전 부서장은 노동조합 사무실에서 합숙하며 파업을 준비했다. 그러나 현장분위기는 6월 투쟁과 같지 않았다. 현장에 노동조합 대자보보다 공사측 대자보가 더 많이 게시되었고 역사 노동가 방송도 몇 개 역 외에는 실행되지 않았으며 사복착용이나 머리띠 착용도 통일되지 않았다.

8월 25일 서울시 부시장과의 대담에서 부시장은 승진은 준비되어 있지만 가산호봉은 연공급이기 때문에 검토가 필요하다는 말과 함께 노동조합의 파업 결정에 대해 철도청 파업처럼 무정부상태로 두지 않겠다고 엄포했다. 서울시의 이런 태도는 8월 17일 정부가 전국의 거의 전역에 해당하는 올림픽 평화구역 선포식을 하고 모든 집회와 시위에 강력히 대응하겠다고 밝힌 데서 이미 예견되었다.[34] 집행부는 통일민주당, 신민주공화당, 민주정의당, 평화민주당을 방문하여 직제개편 이행촉구 협조를 요청하며 노력하였지만 시원한 대답을 들을 수 없었고, 노사대담이 열리기는 했지만, 공사는 올림픽을 이유로 파업 취소만을 요구했다.

한편 정부와 서울시는 관제언론과 전 행정력을 동원하여 서울지하철노조 분열 와해 책동을 벌였다.[35] 노동조합에 노인회, 상인회, 동직원, 시장 번영회 등에서 하루에도 수백 통의 협박전화가 걸려와 "파업해서 이길 줄 아느냐? 파업 중단하라"며 욕설을 퍼부었다. 공사는 합의각서를 완전히 이행한 것처럼 허위내용을 적은 대자보를 현장에 붙이면서 노동조합의 대자보, 방송 등을 방해하고 조합원들에게는 노동조합 탈퇴 압력을 넣었다. 서울시는 서울지하철노조를 비방하는 보도자료를 내고 전 구청, 동사무소 행정 능력을 총동원하여

---

34) 7월 23일 여야 4당의 합의로 '올림픽의 평화를 지키기 위한 법'을 선포하고 사법적 규제내용을 갖지 않는 '올림픽 평화구역'선포로 구체화하고 일체의 집회와 시위를 금하겠다고 했다.

35) 서울시가 작성한 '지하철 파업 결의에 따른 대책'이라는 문건에 의하면 서울시와 공사는 서울지검, 서울지방노동청, 안기부, 보안사, 시경, 국방부, 문공부, 교통부(철도청) 등 관계기관과 삼청동 회의실에서 대책회의를 했다. 노동조합 간부 동향파악, 파업 시 교통대책, 언론기관을 통한 시민홍보, 법적 처벌 검토, 기고발 된 배일도 등 의법조치 등 구체적 협조사항들이 적혀있었다. 이 문건은 1988년 11월 차량지부 조합원들이 사장실 점거농성을 할 때 발견되었다.

대의원과 집행간부 집을 하루에도 서너 차례 찾아가 협박하고 과일바구니를 사 들고 다니며 회유했다. 역무원은 시민에게서 항의, 욕설, 폭력 위협까지 받기도 했다.

신문은 서울지하철노조 파업 결정에 대해 "올림픽을 볼모로 잡고" 노동조합이 파업하겠다는데 그 주된 목적이 "강성인 신 집행부가 자신의 힘을 과시하고 해석상 논란이 되는 '합의각서'의 3호봉 기본급화를 관철하기 위함"이라고 보도했다. 또한 지하철공사 직원 6등급 6호봉의 보수수준이 46만 3,720원 ~ 58만 3,980원이라면서 각 분야 최대치이며 25~26시간 연속근무를 했을 때 받는 금액을 모든 지하철노동자가 받는 것처럼 왜곡 보도했다.

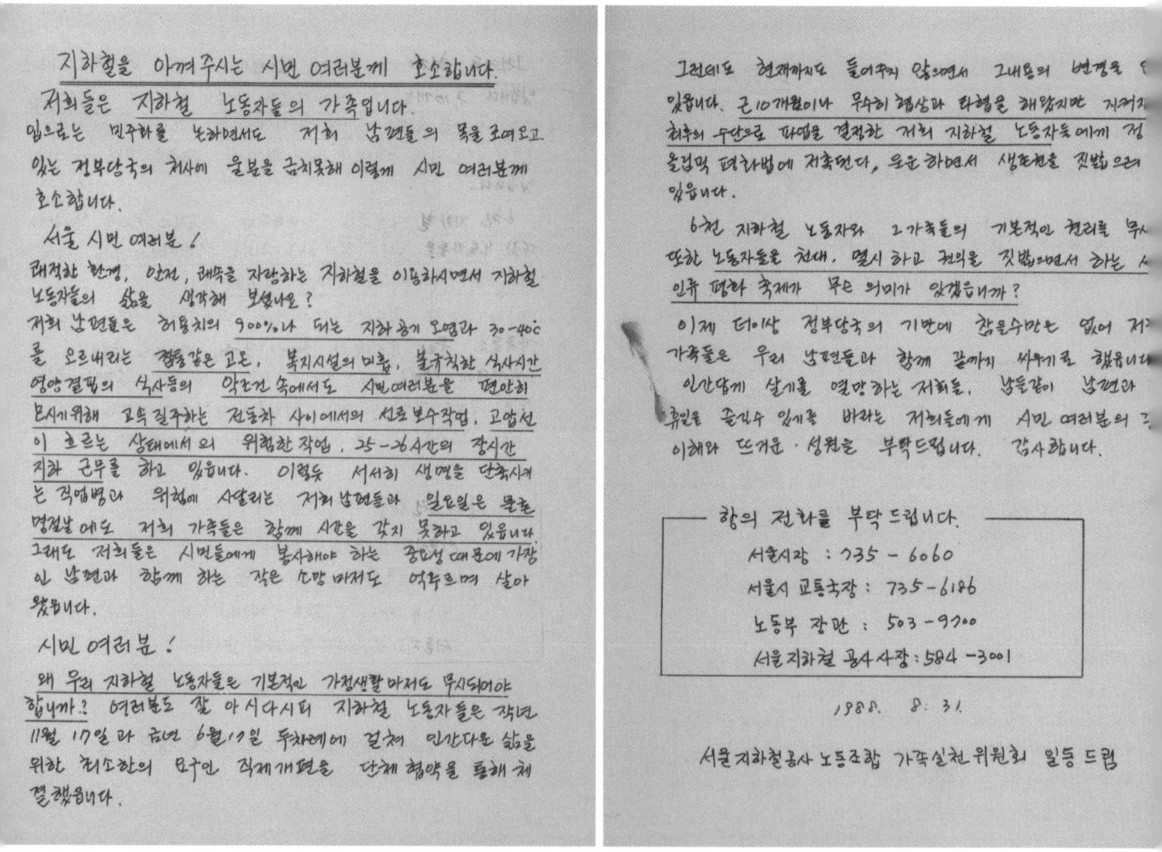

지하철 이용 시민에게 서울지하철노조 가족실천위원회가 배포한 글(1988.8.31.)

파업 유보

8월 29일 임시대의원대회에서는 쟁의 중 희생자 생계보장 등 사후대책 방법을 논의하여 구속동지를 위해 끝까지 투쟁한다, 원직의 보수를 지급하고 구속기간에 따라 위로금을 지급한다, 운영위원회 결의로 부상 및 불이익 처우에 관한 보상의 구체적 방법을 결정한다, 해고자에게는 조합의 각종 사업혜택을 준다, 이를 위해 전 조합원은 매월 특별기금을 갹출한다는 결정을 했다. 확대간부회의에서는 지난 투쟁, 철도 노동자 투쟁 경험을 바탕으로 파업농성 시 행동수칙 구체화해 집결 행동 수칙, 질서유지 수칙, 농성 파괴 시 행동수칙, 경찰 연행 시 행동수칙을 정했으며, 이 내용은 노동조합 소식지를 통해 조합원들에게 공개했다. 파업 준비가 한창인 8월 30일 집행부 조직 정비도 완료했다.[36] 현장 조직화도 계속되어 8월 29일 대의원대회에 참관한 가족들은 '서울지하철노동조합 가족실천위원회'를 발족하고 교육부장 정윤광의 부인 김혜숙을 대표로 선출했다. 다음날 을지로3가역에서 가족 20여 명이 별도 모임을 하고 자필 편지식 홍보물을 손수 제작해 역마다 돌면서 배포하였다. 31일에는 홍보 전단 수만 부를 제작해 대시민 홍보에 나섰고 서울역에서 전단을 배포하던 지하철 가족 20여 명은 전단과 대자보를 탈취하며 연행을 시도하던 사복경찰 30여 명에 맞서 당당하게 투쟁하기도 했다.

그러나 이러한 움직임과 배치되는 파업연기론이 집행부와 대의원들 사이에서 서서히 제기되기 시작했다. 29일 임시대의원대회에서 처음으로 파업을 연기하자는 의견이 제기되었는데 파업연기론은 노동조합 내부 갈등이 수습되지 않은 점, 집행부 구성 10일 만에 파업을 강행하는 것이 현실적으로 어렵다는 점, 분회와 지회부서장 단위의 하부조직이 거의 구성되지 않은 점 등이 근거

---

36) 부위원장 김인덕, 부위원장 서리 방만진, 조직부장 윤제훈, 역무2지부 4지회장 서리 이재옥, 설비지부 4지회장 서리 최종대

로 제출되었고, 이런 상태에서 파업을 강행한다면 집행부 와해뿐 아니라 노동조합 자체의 와해로 직결될 것이라는 견해였다. 대의원대회에서는 강한 반발에 부딪혀 세를 얻지는 못했지만 이 견해는 집행부 내에서 점점 강해지기 시작해 8월 31일, 9월 1일 확대간부회의에서 파업연기론이 우세해졌다.

9월 1일 오후 9시경 일부 대의원이 9월 2일 오후 7시 긴급 임시대의원대회 소집을 요구했다. 같은 날 오후 1시부터 파업 여부를 묻는 조합원 투표가 진행되었고 긴급 임시대의원대회에 앞서 조합원 전체 비례 찬성률 79.17%로 조합원들은 이미 파업을 선택한 상황이었다.

파업여부 투표 개표현황 (1988.9.2.)

구분	총원	투표자	%	찬성	%	반대	%	무효	%	기권	%
역무1	1,248	1,158	93	953	82	186	16	19	2	90	7
역무2	922	824	89	688	83	122	15	14	2	98	11
차량	1,004	876	87	817	93	55	6	4	1	128	13
시설	696	634	91	573	90	55	9	6	1	62	9
설비	830	761	92	682	90	74	10	5	1	69	8
승무	1,030	978	95	831	85	140	14	7	1	52	5
본사	171	61	36	42	69	18	30	1	2	110	64
교육생		94		86	91	8	9				
계	5,901	5,386	91	4,672	87	658	12	56	1	609	9

9월 2일 오후 7시부터 11시까지 임시대의원대회가 비공개로 개최되어 파업연기 안건을 두고 격론이 벌어졌다. 파업연기를 논의할 것이라는 이야기를 듣고 달려온 조합원들이 회의장 밖에서 회의공개를 요구하다가 자진 철수하기도 했다. 집행부는 연기에 대해 논의하더라도 조합원 총투표에서 압도적 찬성으로 파업이 결정된 만큼 연기하지 말 것을 요구했으나 대의원들은 파업 결정이 잘못된 것이므로 대의원대회가 그 결정을 변경해야 한다는 주장을 펴 격론

지하철 파업 올림픽 뒤로 연기

임시 대의원대회 '4일 강행' 철회

일부 조합원 반발, 대의원 전원사퇴 요구

서울 지하철노조의 개표위원들이 2일 오후 교육원 3층 강당에서 투표함을 열고 개표를 하고 있다.

합의각서 준수 촉구

파업 유보를 논의하고 있는 확대간부(1988.9.2.)

끝에 지부별 의견을 모은 뒤 종합하기로 했다. 역무 1·2, 승무, 설비 지부는 연기를 주장했고 시설지부는 원칙상 강행을 주장했으나 다수 의견에 따라 연기 쪽으로 수정했으며 차량지부는 끝까지 파업 강행을 주장하다가 마지막에 조직분열을 피하고자 전체 의사를 따를 수밖에 없다는 의견으로 정리하고 먼저 퇴장하였다. 이어 확대간부회의를 열어 대책을 논의하는 와중에 조합원들이 회의장 내로 몰려와 파업연기 결정에 항의하였고 이에 위원장은 확대간부회의를 마무리한 후 결정하겠다고 답했다. 그런데 이러한 상황을 기다렸다는 듯 방송에 '서울지하철노조 파업연기 확정'으로 보도되면서 분노한 조합원들의 항의가 빗발쳤다. 군자 조합원들이 노동조합 사무실로 몰려왔고 흥분한 한 조합원은 노동조합 의장용 깃대를 들고 위원장에게 달려들기까지 했다.

확대간부회의는 9월 3일 10시 30분으로 연기되고 거기서 최종 결정을 내리기로 했으나 성원 미달로 열리지 못했으며 같은 날 오후 6시 군자기지에서 조합원 총회를 개최하기로 했다. 조합 앞마당에 모인 조합원 500여 명은 다수가 파업강행을 주장했고 집행부 총사퇴를 요구하기도 했다. 위원장은 현장에서 신급 확대간부회의를 개최하고 지부별로 토론하여 의견을 결정한 후 전체 토론을 통해 방침을 정할 것을 선언했다. 지부별 토의 결과 차량·시설·설비지부가 파업 강행, 승무지부가 파업 연기, 역무 1·2지부가 파업을 올림픽 이후로 연기하자는 의견을 냈고 집행부 총사퇴는 현 상황에서 바람직하지 않다는 의견이었다. 파업 강행과 연기가 3대 3 동수인 상황에서 위원장이 올림픽 이후로 파업 연기를 결정했다. 그리고 단체교섭 신청, 쟁의 발생 신청을 하고 10월 5일을 전후로 파업에 돌입할 것을 천명하였다.

2대 집행부의 직제개편 이행을 위한 파업 결정은 집행부 구성도 채 되지 않은 상태에서 충분한 검토 없이 대의원들의 요구에 밀려 이뤄졌다는 점에서 처음부터 단추가 잘못 끼워진 것이었다. 이는 초대 집행부 사퇴, 선거 과정에서의 대립 등으로 조직이 양분된 상황에서 강력한 지도력을 행사하지 못함으로써 초래된 결과였다. 또한, 투쟁 과정의 집행부와 대의원들이 파업에 확신을 갖지 못하고 있는 측면에 대해서 누구도 재논의를 제기하지 않은 채 조합원들에게는 투쟁 강행 지침을 내리고 있었으니 그 괴리는 파업 실패를 예고한 것

제2대 집행부 간부수련회(1988.9.8.)

이나 다름없었다. 그리고 규약상 대의원대회가 총회를 갈음할 수 있기는 하지만 조합원이 투표로 결정한 파업을 대의원대회에서 번복한 것도 중대한 잘못이었다. 파업 유보 원인과 후유증은 이후 투쟁과 조직 활동에서도 해소되지 않은 채 2대 집행부의 발목을 잡았다.

10월 5일 양해각서 이행 합의

집행부는 투쟁 실패를 평가한 후 기획팀, 직제개편팀, 선전홍보팀, 쟁의지도팀으로 조직을 재편하고 10월 파업 투쟁계획을 체계적으로 마련하였다. 이어서 9월 13일 1차 단체교섭을 시작으로 9월 20일 쟁의 발생 신고를 거쳐 10월 7일로 단체교섭 합의각서 이행 파업 일자를 확정했다.

직제개편 완전쟁취 전진대회(1988.9.29.)

파업을 앞둔 4일 밤 10시부터 계속된 4차 단체교섭에서 9시간 만에 공사가 내놓은 수정안에 노동조합이 합의함으로써 5일 오전 7시 합의각서를 체결했다. 공사측이 1987년 11월 양해각서와 1988년 6월 양해각서 실행을 위한 합의를 이행하지 않자 이것을 재확인한 것이다.

그 내용을 보면 1988년에는 공사 재정을 감안, 이에 따른 인상분을 상여금에는 포함하지 않기로 했고 특수직을 제외한 모든 직급에서 승진 상한선을 폐지하고 동일하게 1급(국장 또는 차장)까지 승진할 수 있게 하는 한편 지하철 근무수당은 1989년 1월부터 기본급에 포함하기로 했다. 이와 함께 직제와 관련 6급에서 1급까지 승진은 결원 범위 안에서 종합평정 기준에 의해 무시험 승진하는 것을 원칙으로 하되 4급 갑에서 3급 을로의 승진은 시험을 치러 승진하고, 6급과 5급의 경우 승진소요연수 경과자는 을에서 갑으로 자동 승진되도록 했다. 근무형태 변경은 1989년 1월부터 시행토록 합의했다.

≪직제개편 합의각서 합의문≫

1. '개편 직제에 의한 3호봉(33,000원) 가산'인 33,000원을 기본급에 포함한다. 다만 88년의 공사의 재정을 감안하여 33,000원을 기본급에 포함시키는 데 따른 인상분은 상여수당에는 포함시키지 않는다. 이에 따라 인상되는 보수차액은 88.6.1일부터 소급하여 88.10.7일까지 지급하며, 노사 공동 노력으로 운영비를 절약하여 이에 충당한다.
2. 공사의 직무분류는 88.6.17일 합의각서에 의해 산경연구 용역안을 참조하여 작성된 별표 1,2호의 직군, 직렬, 직종이 분류표와 승진 경로표에 의해 실행한다.
3. 근무형태의 변경(8시간 근무제, 정원조정, 주휴일 및 법정휴일 등)과 보수제도 개선(기본급비의 개선, 정률수당의 정액화 등)은 88.12.30일까지 개선(안)을 작성 89.1월부터 시행토록 한다. 또한 기본급비의 개선은 지하철 근무수당이 기본급화를 포함한다.
4. 지하철 근무수당의 기본급화는 기본급비 개선에 맞추어 89년 1월부터 시행한다.
5. 공사의 인사고과 평정은 별표4를 기준하여 시행한다.
6. 조정된 직급별 직위 명칭은 별표3표와 같이 88.6.1일부터 소급 시행하고 정원 조정은 근무형태 변경과 병행 실시한다.
7. 6급(을)에서 1급까지의 승진은 결원범위 내에서 종합평정 기준에 의해 무시험 승진을 원칙으로 하되, 다만 4급(갑)에서 3급(을)로의 승진은 시험승진에 의한다. 또한, 5급(을)에서 (갑)으로 자동승진토록 하며,

6급(을)에서 (갑)으로 승진은 1년 경과 시 승진자격을 부여하고 2년이 상경과 자는 6(갑)으로 자동승진토록 한다.

8. 호봉간 격차는 89년부터 1호봉에서 20호봉까지는 11,000원, 21호봉부터 40호봉까지는 10,000원으로 하고 초임호봉은 78,000원으로 한다. 직능급표는 산경연구 용역안을 토대로 작성된 별표5호와 같이 시행한다.
9. 조합원의 가입범위는 노사공동으로 노동부에 질의하여 88.10.30일 이내에 확정한다.
10. 현업근무자의 작업환경 및 근무환경의 개선은 88.10월부터 노사공동으로 대책반을 편성하여 대책을 수립토록 한다.

그리고 이상의 내용에 대해 6월 안보다 후퇴한 것이라는 비판이 제기되었다. 내용상으로 보면 6월 17일 직제개편에서 직급체계상의 불평등을 완전 해소하지 못한 채 현 일반직과 기능직의 상대적 위치를 인정하고 수평대입 되었고 다만, 33,000원 기본급이 가산됨으로써 일부분만 원상회복되는 방식으로 합의한 것이었다. 결국 공사는 6월 17일 단체협약 시 6개로 되어 있던 신직급체계를 10개 직급체계로 바꾸자는 수정안을 관철시킴으로써 노동조합 무력화를 시도하는 데 성공했던 것이다.

직제개편 합의안에 대한 현장 설명회(1988.10.5.)

직제개편 합의안에 대한 서울시의 승인불가 방침이 있자 서울시청 항의농성을 진행하는 집행간부들(1988.10.20.)

이와 같은 내용들은 10월 5일 단체교섭 합의안 인준에 관한 조합원 총투표에서 57% 찬성으로 마무리되었다.

단체교섭 합의안 인준에 관한 조합원 투표 결과(1988.10.5.)

분야	총원	투표수	투표율	찬성	반대	무효	찬성률
총계	5926	5023	85%	2849	2101	73	57%
역무1	2197	1113	87%	664	445	4	58%
역무2		795	–	447	338	10	56%
차량	995	806	81%	182	615	9	23%
승무	1059	906	86%	650	248	8	72%
설비	773	667	86%	472	183	12	71%
시설	692	606	88%	374	223	9	62%
본사	210	26	12%	14	12	0	54%
부재자	–	104	–	66	37	1	63%

차량지부의 경우 군자검차, 군자공작창, 지축검차·공작지회에서 반대표가 압도적이었고 창동검차·공작에서는 찬성과 반대표가 비슷하게 나왔다. 집행부 출범 직후 파업을 강하게 주장하며 밀어붙였던 석투위 소속 조합원이 많은 조직에서 특히 반대 의견이 많았다. 그 외 지부는 찬성과 반대가 비슷하거나 찬성이 약간 우위였다.

6) 보복인사에 항의하는 차량지부 독자 파업

차량 조합원 995명 중 679명이 참가한 차량지부 총회가 1988년 11월 12일 본사 7층 대강당에서 개최되었다. 9월 14일 공사가 노동조합 전 사무국장 이

차량지부 조합원들의 본사 점거 파업(1988.11.19.)

청호, 쟁의지도부장 김학용, 편집부장 최원석, 지축검차소 지회장 겸 운영위원 조상호를 본사 노무부와 안전기획실로 발령을 냈다. 노동조합은 이를 보복인사로 규정하고 항의해 사장과 "일사발령 철회요청 공문을 보내면 1주일 내 철회"하기로 약속하였으나 사장이 약속을 안 지키자 인사조치된 4명은 11월 10일부터 노동조합 위원장실에서 단식농성에 돌입하였고 4인의 소속인 차량지부가 투쟁에 나선 것이다.[37] 총회 도중 사장의 해명을 직접 듣자는 제안에 노동조합 간부를 사장실에 보냈으나 사장은 없었다. 누군가 "사장을 만나러 갑시다! 기다립시다!" 외쳤고, 조합원들이 사장실로 몰려가 주저앉았으나 며칠이 지나도 사장은 나타나지 않았다. 차량지부는 '김명년 즉각 퇴진' 현수막

37) 1988년 4월 15일 노사협의회 합의에 의하면 "지회장의 정상적인 조합활동은 보장하며 대의원·분회장에 대한 인사는 조합과 사전 협의한다."고 명문화되어 있다. 이청호·최원석은 현직 분회장, 조상호는 대의원이었다.

차량지부 투쟁으로 13명이 형사고발되자 이에 항의해 단식농성하는 위원장과 지부장들(1988.11.)

을 내걸고 사장실과 비서실, 경영상황실을 점거하였다.[38] 지부의 요구는 부당 인사 철회와 관련자 처벌이었다.

농성은 차량 5개 지회 조합원이 본사로 출근하고 여섯 시 퇴근하는 사무실 무단이탈 방식의 파업이었다. 500여 차량지부 조합원과 타 지부 조합원 200여 명이 농성했고, 야간에는 조합 집행간부 54명과 차량 비번 조합원이 철야농성을 했다. 이후 지회장들과 논의하여 기지별 점거투쟁으로 전환하고 군자기지로 이동하여 농성을 진행했다. 집회 프로그램으로 백기완 통일문제연구소 소장 강연 등을 배치했다. 백기완이 온다고 하니 본사 간부들이 와서 막아섰는데 용답동 주민들까지 엄청난 인원이 강연을 들으러 와 이를 무력화시켰다. 그날 풍산금속노조 상경투쟁단이 연대 방문을 와 집회에 참여하기도 했다.

공사는 차량지부 농성이, 배일도 석방을 주장하는 차량지부가 김명희 집행부에 불만을 표하며 발생한 것처럼, 노노갈등을 유발하는 유언비어를 유포했다.[39] 11월 19일에는 차량지부장 조상호 외 지회장 5명과 최원석, 최종진, 박노선, 정윤광, 맹용수, 이청호, 김학용 등 13명을 검찰에 형사고발했다.

---

38) 차량지부는 전학제 지부장의 사퇴로 농성중 보궐선거를 해 조상호를 지부장으로 선출했다. 그런데 투표인원이 모자라 투표함을 들고 식당으로 찾아다니기도 해 창동지회 조합원으로부터 선거 절차에 문제가 있다는 항의를 받기도 했다.

39) 『특집판 주간뉴스』 1988.11.18.

이에 항의해 김명희 위원장과 지부장들이 단식농성에 들어갔고 승무지부는 차량지부를 탄압한다면 승무도 동조파업 하겠다고 입장을 발표했으며 이어 역무지부 설비지부도 동참의사를 밝히면서 투쟁이 확산 조짐을 보였다. 공사는 지부와는 교섭하지 않겠다는 입장이어서 본조가 나서 공사와 교섭을 진행했다. 11일간의 장기 투쟁 끝에 11월 22일 "이청호, 최원석, 김학용에 대해 이전 부서로 전보 발령, 차량지부 총회 관련 기소 사건을 취하하고 향후 어떠한 법적 책임을 제기하지 않으며 불이익이 가지 않도록 한다, 앞으로 단체협약에 반하는 행위를 하지 않는다."는 합의를 했다.

이 투쟁은 부당전출에 항의하여 지부가 자발적으로 투쟁하여 공사의 부당인사를 철회하고 원상회복 합의를 이끈 투쟁이었다. 한편으로는 파업을 조직하지 않은 김명희 집행부에 비판적이었던 차량지부가 본조와 협의 없이 독자적으로 농성에 돌입하여 집행부를 압박하는 성격을 갖고 있었다. 이 투쟁을 주도한 조상호는 조직력과 투쟁성을 갖춘 차량지부의 수장으로 지하철 조합원들에게 인식되었으며 조상호는 이를 바탕으로 3대 위원장 선거에 출마하게 된다.

한편, 차량지부가 본사 농성을 하는 과정에서 서울지하철노조 파괴를 위한 '청와대 대책회의' 자료를 발견했다. 8월 26일 청와대 대책회의의 내용은 "서울지검은 전임 위원장 배일도를 조속히 법에 따라 처리할 것, 파업결행 시 극렬노조 간부를 법에 따라 처리할 것, 안기부·보안사·시경은 노동조합 간부의 동향을 철저히 파악하고 노동조합 활동에 대한 정보를 수집, 파악하여 노동자 격리 및 시설을 보호할 것, 문공부와 언론기관을 통한 시민홍보를 할 것" 등이 기록되어 있었다. 올림픽을 앞둔 파업을 어떻게 파괴하였는지 그 퍼즐이 맞춰지는 순간이었다. 이러한 국가권력의 총체적 탄압은 그 이후에도 줄기차게 전개되었으며 지하철 민주노조의 뿌리를 뽑아놓으려 하였다. 그런데 왜 그처럼 서울지하철노조를 파괴하기 위해 미친 듯이 날뛰었을까. 그것은 간단하다. 대규모 사업장이자 공공부문 사업장인 서울지하철노조의 사회적 파급력이 커 그 노동조합의 성격, 노사관계의 방향에 따라 정부와 자본을 뿌리째 흔들어놓을 수도 있기 때문이었다. 서울지하철노조가 민주노조의 중심축으로 서는 것이 그들에게는 재앙이었으니 국가권력과 서울지하철노조의 대결은 향후로도 지속할 수밖에 없는 것이 당연했다.

7) 공사의 노동조합 와해 공작과 내부 분열 그리고 집행부 사퇴

구 일반직 250여 명이 본사 7층 강당에서 자신들에게도 기본급 가산을 적용하라고 요구하며 12월 16일부터 농성을 벌였다. 이들은 '구 일반직도 가산3호봉 33,000원을 지급하라'는 노동부 회답을 근거로 제시했다.[40] 노동조합 집행간부 30여 명은 서울지방노동청을 항의 방문하였고 서울지방노동청은 동부노동사무소에 공문을 보내 구 일반직 직원에게 노동조합법 제37조의 일반적 구속력 조합을 적용하여 33,000원 기본급을 가산 지급하는 것은 부당하다는 판정을 내렸다. 구 일반직은 이에 항의하며 농성을 7일 이상 벌인 것이다. 이처럼 공사는 그나마 시행하기로 한 직제개편을 끊임없이 무로 돌리려고 시도했다. 노동조합은 투쟁으로 맞서는 수밖에 없었다.

노동조합은 곧바로 '89임금협약을 체결하기 위한 준비에 들어가 8시간 노동쟁취, 미지급수당 건 등 쟁취를 위한 투쟁을 준비하기 시작했다. 이즈음 위

---

40) '서울동부지방 노동사무소, 진정사건에 따른 시정지시(1988.12.14.)'는 공사가 질의한 것에 대한 회시였다. 공사는 구 일반직을 조종해 노노 갈등을 유발하려는 의도를 드러냈다.

원장이 와병으로 입원, 업무수행을 하기 어렵다는 이유로 사표를 제출하였다. 김명희 위원장이 사표를 제출하게 된 이유는 끊임없는 조직갈등으로 인해 현안문제 해결이 어려울 정도로 조직 통제력이 떨어져 있었기 때문이다. 주택비리 문제가 터졌을 때 김명희와 그 지지세력은 비리 문제를, 차량지부와 배일도 지지세력은 탄압 문제를 중요하게 보면서 대립하였는데 선거를 치르면서 갖은 악선전과 감정이 쌓이면서 그 골이 더 증폭되었다. 김명희는 차량지부 파업을 계기로 이들을 2대 집행부에 안배하며 타협점을 찾기 위한 제안을 하기도 하였으나 실패했다. 결국 서울지하철노조는 깊은 조직 갈등의 골을 끌어안은 채 3대 위원장 선거를 치르고 1989년 투쟁을 맞이하게 된다.

8) 자본과 정권의 반격과 서울지하철노조 3대 집행부 출범

3대 집행부 출범과 과제

김명희 위원장이 사퇴함에 따라 노동조합은 1989년 1월 27일 3대 위원장 선거를 보궐선거로 시행하였다. 선거에는 총 5명의 후보가 출마하여 박병복은 1,333표, 이양학은 64표, 홍우철은 244표를 득표했다. 조상호는 차량지부에서 압도적으로 많은 표를 받았고 정윤광은 설비·승무·시설지부에서 조상호를 앞섰으며, 박병복은 역무지부에서, 홍우철은 승무지부에서 표를 많이 받았다. 지부별로 소속 후보를 지지하는 경향이 두드러졌다. 개표결과 조합원 총원 5,974명 가운데 약 89%인 5,325명이 투표에 참여하여 1차 투표에서 과반수 득표 후보자가 없어 1, 2위 득표자인 조상호(1,817표) 정윤광(1,766표) 후보가 2월 3일 결선을 치렀다. 2월 3일 2차 투표에서 정윤광 후보가 2,744표로 당선되었고, 조상호 후보는 2,414표를 받았다.

3대 위원장 결선 투표 결과

지부	조합원수	투표자	투표율	무효	정윤광	조상호
역무1	1,248	980	78.5%	25	412	543
역무2	2,167	754	82.3%	18	321	415
승무	1,063	1,020	96%	17	805	198
차량	991	935	94.3%	4	152	779
시설	691	619	89.6%	14	432	173
설비	112	689	90.8%	8	498	183
본사	315	248	78.7%	1	124	123
계	5,985	5,245	87.6%	87	2,744	2,414

정윤광은 승무·시설·설비지부의 지지를, 조상호는 역무와 차량지부 지지를 받았다. 차량의 경우 압도적으로 조상호를 지지하고 유일하게 창동차량만 정윤광과 조상호를 비슷한 비율로 지지하였는데 이후로도 이 구도는 한동안 지속한다. 표면적으로 볼 때 조합원들은 자신의 지부를 대표하는 이에게 투표하거나, 초대 집행부와 2대 집행부 사퇴 시에도 나타났던 배일도 반 배일도 전선으로 나뉘어 투표한 것으로 보인다. 하지만 이 선거에서 조합원들의 선택 기준은 누가 끓어오르는 분노를 투쟁으로 조직할 수 있는가에 있었다. 조합원들은 차량지부를 기반으로 투쟁력을 검증받은 조상호와 선거과정에서 서울대 출신이며 운동경력을 가진 인물임을 내세운 정윤광 중 후자를 선택하였다. 이 정도 인물이면 정세를 판단하고 투쟁을 조직할 수 있을 것이라는 믿음을 가지고 선택한 것이다. 특히 서울지하철노조의 선거는 지회장이 누구를 지지하느냐가 조합원들에게 큰 영향을 미치는데 서울지하철노조의 방향성에 대해 고민하기 시작한 많은 중간 간부들에게 정윤광의 이론과 실천이 영향을 미치고 있었고 민주노조 확립에 대한 확신을 심어주었다. 하지만 두 후보의 표 차이가 압도적인 것은 아니었기에 3대 집행부는 조상호 후보를 지지했던 세력을 끌어안고 투쟁을 전개해야 하는 상황에 놓이게 된다.

노동운동진영을 향한 자본과 정권의 반격과 서울지하철노조

1987년 7, 8, 9월 노동자대투쟁 이후 노동자들은 마산창원지역노동조합총연합을 시작으로 지역조직을 결성하고 단위노조의 임금인상 투쟁을 넘어 노동법 개정 투쟁으로 지역과 업종을 넘어 단결하며 전국조직 건설을 위한 논의를 시작하고 있었다. 서울지하철노조도 서울지역노동조합협의회 출범에 구심 역할을 하면서 지역 노동운동의 핵심으로, 공공부문 민주노조의 선두로 자리 잡아가고 있었다. 한편 거센 파고로 진출하는 노동에 맞서 1987년 이전의 노사관계로 되돌리려는 총자본의 공세가 서서히 시작되고 있었다. 1988년 말, 노태우 정권은 '민생치안에 관한 특별담화'를 발표하고 노동자 초토화 작전에 돌입했다. 여세를 몰아 1989년 초에는 여소야대 국회에서 통과된 노동법에 대해 거부권을 행사했다. 노태우 정권은 1월 2일 풍산금속 노동자들의 투쟁을 공권력으로 짓밟았고 모토로라 노동자들의 투쟁에는 살인방화를 저지르고 공권력을 투입했다.[41] 울산에서는 노동조합 파괴 전문가 제임스 리의 기획으로 구사대를 동원한 현대중장비노동조합 간부 교육장과 현대해고자복직실천협의회 테러(1.8테러), 수많은 경찰이 보는 대낮에 자행된 현대중공업 노동자 식칼테러(2.21식칼테러)가 발생했다.[42]

1989년은 노동운동진영에는 1987년 이전으로 돌아갈 것이냐 자본의 반격을 물리치고 앞으로 나갈 것이냐를 가늠하는 중요한 시기였으며 투쟁을 피할 수 없는 지하철 노동자들에게는 노동조합의 존폐를 가늠하는 시기였다. 서울지하철노조의 투쟁은 8시간 노동제 쟁취를 위한 투쟁이자 총자본과 총노동이

---

41) 1989년 1월 주식회사 모토로라에서 미국인 사용자들이 노동조합에 가입하면 실직시키겠다고 위협하면서 한국인 노동자들 간에 분열을 일으키고 구사대를 조직해 폭력과 방화로 노동조합을 탄압한 사건이다.

42) 현대중공업 노동자들은 해고자복직과 단체협상, 어용노조퇴진을 걸고 1988년 12월 12일 이래 총파업과 서울 계동 현대사옥 상경투쟁을 진행하고 있었다. 이에 앞서 1988년 2월에 당선된 위원장이 바로 다음날 교통사고를 당하고 직무대행이 임금협상 직권조인을 하는 사건이 발생하였다. 현대중공업 노동자들은 3월 30일 공권력이 투입되기까지 128일간 파업을 전개하였다.

대격돌하는 상황에서 노동의 최전선에서 벌어진 투쟁이었다.

9) 3.16파업

구의역 전투

2월 19일 '노동운동탄압분쇄 및 노동악법 반민주악법 철폐를 위한 전국노동자궐기대회'가 성균관대학교에서 열릴 예정이었으나 경찰의 원천봉쇄로 무산되자 혜화동에서 가두투쟁이 벌어졌다. 경찰은 이날 2,675명을 연행했는데 그 중 귀가하던 군자공작창 정용운 지회장이 성북경찰서로 연행되었다가 동부경찰서로 이첩되었다. 정용운은 1988년 12월 차량지부 총회투쟁으로 고발되었지만 노사합의로 고발을 취하하기로 했는데 공사가 이를 어기고 있었다.

이 소식이 20일 위원장 이·취임식 및 임시대의원대회를 진행하던 정윤광

노조탄압분쇄 및 합의각서 불이행 규탄 조합원 비상총회를 하고 시청역으로 이동해 집회를 연 조합원들(1989.2.21.)

위원장에게 전해졌고 위원장과 대의원들은 부위원장, 간부 인준[43] 등을 빠르게 마무리한 후 “구속 동지를 우리 힘으로 석방하러 지금 동부서로 갑시다!”라는 위원장의 구호와 함께 동부서로 달려갔다. 오후 4시 정용운 석방을 요구하는 200여 명의 대의원을 향해 무장경찰은 최루탄과 방패로 무차별 구타를 가했다. “연행한 정용운 동지를 즉각 석방하라”는 정윤광 위원장의 발언에 “저 새끼 뭐 믿고 까불지”라며 폭력을 가하더니 김유복을 포함한 13명을 연행했다. 정희일은 무장경찰의 폭력테러에 갈비뼈를 다쳤고 이준봉은 사과탄 파편이 허벅지에 박혀 병원으로 급히 후송되었다. 위원장은 저녁 8시 전조합원 비상총회를 소집했고 800여 명의 조합원이 구의역으로 집결했다. 경찰도 늘어나 구의역 사거리로 진출하려는 조합원들에게 주먹을 휘둘렀고 진퇴를 거듭하다가 뒤로 밀려 대오는 다시 구의역으로 올라왔다. “짱돌을 들어라!” 누군가 레일 아래 깔린 자갈을 집어 들어 전경을 향해 던지기 시작하자 순식간에 투석전이 벌어졌고 전경들은 방패를 들어 비처럼 쏟아져 내리는 자갈을 막으며 후퇴했다. 한참 동안의 투석전 후 동부경찰서에서 연행했던 13명의 대의원 간부들과 정용운을 바로 석방하겠다고 전해왔다.[44] “와~~” 조합원들은 승리의 기쁨을 맛보았다. “동지 여러분, 우리 시청으로 갑시다. 시청으로 가서 시장과 직접 담판을 지읍시다!” 위원장의 포효에 조합원들은 투쟁으로 답했다. 그날 구의역 주변 술집은 무용담을 나누는 지하철 노동자들의 웃음소리와 노랫소리가 밤늦도록 이어졌다.

다음날 노조탄압분쇄 및 합의각서 불이행 규탄 조합원 비상총회를 마치고 시청으로 향했다. 천여 명의 조합원이 “요구를 수락하지 않으면 모두 선로 위

---

43) 집행부는 수석부위원장 서창호, 부위원장 홍순용, 총무부장 임성규, 조직부장 김유복, 교육부장 윤재운, 법규부장 유방식, 선전홍보부장 조흥연, 쟁의지도부장 이광열, 대외협력부장 박노선, 후생복지부장 양윤모, 부대사업부장 임동현, 편집부장 엄제성, 문화체육부장 석치순, 조사통계부장 김연환, 여성부장 정숙이로 구성되었고 사무국장은 공석이었다.

44) 유치장에 있던 정용운을 정보과장이 따로 불러 “지금 밖에서 난리도 아니다. 당신 구출한다고 조합원들이 와서 돌 던지고 싸운다. 지금 풀어줄 테니 가서 그러지 말라고 얘기하라.”고 하며 풀어줬다고 한다.(정용운 구술, 2017.3.7.)

에 드러눕겠다."고 선포하고 시장 면담을 요청했다. 덕수궁 쪽 진출로는 봉쇄 당했고 시청 쪽 출입구로 쏟아지는 백골단을 뚫고 시청 앞 광장 점거농성에 들어갔다. 조합원들은 경찰이 최루탄을 퍼붓는 바람에 흩어졌다 재집결하기를 반복하다가 시청역 대기실에 모여 결의문을 채택한 후 해산했다. 이날 집행부는 비상확대간부회의를 열어 2월 27일까지 합의각서를 이행하지 않으면 28일부터 김명년 사장 퇴진투쟁을 전개하기로 하고 구체적인 계획을 수립했다.

본사 청소투쟁과 모자 화형식

2월 28일 본사 앞마당에서 열린 2차 조합원 비상총회에는 3,500여 명의 조합원이 참석했다. 총회에서는 근무형태 변경 합의각서 이행, 김명년 사장 퇴진, 배일도 전 위원장 석방을 투쟁 목표로 설정했으며 지부별 본사 점거 계획을 세웠다. 계동 현대그룹 사옥 앞에서 천막농성 중이던 현대중공업노조 20여 명의 조합원이 방문하여 힘찬 집단 춤을 추었다. 서울지하철노조는 현대중공업 구사대의 식칼테러 장면을 담은 포스터 수천 매를 102개 역사에 부착하고 모금을 하는 등 지원을 아끼지 않으며 연대하고 있었다. 결의대회 마지막엔 공사 사장과 서울시장 화형식을 거행했다. 불꽃이 타오르고 있을 때 역무지부 조합원 한 명이 모자를 벗어 공중으로 던졌는데 그 모자를 누군가 손으로 치는 바람에 불길 속으로 들어가 활활 타들어갔다. 와! 그 모습을 보던 조합원들이 다들 모자를 벗어 불길에 집어던졌고 차량, 기술, 설비 조합원들은 계급장을 떼어 던졌다. 억압과 차별의 상징이 활활 타올랐다.

이날 시설·역무1지부·본사지부를 시작으로 서울지하철노조는 본사 농성에 들어갔다. 본사 6개 층을 지부별로 나눠 4일간 번갈아가며 총회투쟁을 벌였다. 집회 진행을 위해 책걸상과 비품을 한쪽으로 옮겼고 창문과 복도 벽 곳곳에 대자보를 붙이고 스프레이로 구호를 썼다. 조합원들은 토론으로 무임승차

본사를 점거하고 농성하는 조합원들(1989.3.)

투쟁을 하면서 파업 열기를 이어가기로 했고 30여 명의 부역장이 농성현장인 본사 6층에 모여 무임승차투쟁 지지 결의를 다지기도 했다. 조합원들은 철야 업무를 마치고 총회 농성을 위해 본사로 왔고 농성장에서 다시 일터로 출근했다. 농성자를 격려하기 위한 성금과 간식이 넘쳤다. 역장들은 성금을 보내왔고, 박카스, 사발면, 귤, 우유와 빵을 마련해 보내는 이들도 있었다. 한편 현대사옥에서 투쟁하는 현대중공업 노동자들에게 농성에 참여한 조합원들이 모금하여 지원금을 보내기도 했다.

한편, 농성투쟁이 시작되는 2월 28일 서울시는 돌연 요금인상 계획을 발표했다. 노사분규로 인해 요금인상이 불가피하다는 시정당국의 논리는 억지였다. 당국의 주장은 이미 1988년 공사와 서울시가 1989년 5월 1일부로 지하철 요금인상 계획을 세운 내용을 노사분규의 상황에 덮어씌우려는 의도였다. 서울지하철공사의 만성적 부채는 건설 당시의 부조리와 전동차 고가구매 등으로 국민의 세금을 낭비한 것이 원인이므로 요금인상이 아닌, 부정축재된 자금을 환수하거나 석유기금 활용, 역세권 부근의 부동산 투기세, 통행료 등을 징

직제개편을 요구하는 지하철 노동자들

수하여 누적된 원리금 상환을 하는 것이 합리적인 해결책이었다. 그리고 공사는 근무형태 변경과 정원조정에 대한 노사양측의 구체적 합의안이 없이는 신 보수체계에 의한 보수제도 시행을 실시할 수 없다며 지하철 근무수당 기본급화, 호봉급 확대적용을 시행할 의사가 없음을 보도자료를 통해 밝혔고 노동조합 간부 29명을 고발했다. 게다가 공사는 11월 구 일반직 187명을 발령 내 구 기능직 승진소요연수에 의거 승진시켰는데 이때 노동조합은 직제개편 단체협약 위반임을 경고했고 승진결정을 취소하든지 취소할 수 없으면 구 기능직 사원에게도 똑같이 적용하여 1988년 12월 10일을 기준으로 승진 소요연수 경과자를 전원 승진시킬 것을 요구했고 1988년 12월 10일 4/4분기 노사협의회에서 노사간 합의로 시행하기로 합의했다. 그러나 공사는 합의 내용 이행을 차일피일 미루다가 3대 집행부가 들어서고 항의가 거세지자 1989년 3월 1일자로 36명을 승진시켰는데 이 중 반이 구 일반직 위주였다. 이는 지하철 노동자를 기만하는 것으로 조합원들의 분노를 더욱 증폭시켰다. 이러한 공사의 태도는 조합원들을 점점 파업으로 몰고 갔다.

언론도 서울지하철노조를 매도하는 데 팔을 걷고 나섰다. 3월 2일자 『조선일보』는 8시간 근무자인 서울시 직원과 25시간 근무자인 지하철노동자의 임금 실태를 비교하였는데 서울시 공무원보다 지하철 노동자들이 조금 나은 대우를 받는다는 글을 실었다. 지하철 노동자 중 4천여 명이 하위직으로서 평균 8호봉 이하인데 이들의 임금과 세액공제가 되지 않는 고등급 고호봉 직원의 일년 치 임금 총액을 월평균 임금으로 산출하여 내보낸 것이었다. 공사 사장과 임원들은 지하철 직원의 월평균 급여가 90만 원이라며 "우리 직원들은 이렇게 보수를 많이 받고 있다."고 전 시민에게 허위 선전을 진행했다.

4일 간의 본사 농성 마지막 날 집회를 마친 조합원들은 청소투쟁을 전개했다. "본사 사옥과 사무실 및 화장실 청소는 사장과 임원들만으로 충분히 할 수 있으므로 지하철노동자들은 사무실 집기를 옮기거나 벽화를 그리면서 각층 사무실의 정리정돈 투쟁을 벌인 것이다. 통쾌하다." 청소투쟁을 끝낸 조합원들은 역무지부 동지들과 함께 무임승차 투쟁을 벌이기 위해 시민용 전단, 무임승차안내문 등을 들고 담당구역으로 신속하게 달려갔다.

무임승차 투쟁

지하철을 이용하시는 시민여러분께 안내말씀 드리겠습니다.

금번 지하철노동조합은 노사간에 체결된 단체협약을 공사와 서울시에 성실히 이행할 것은 촉구하여 왔습니다. 그럼에도 불구하고 시정당국은 지하철 노조원들이 새로운 요구나 무리한 주장을 하는 것처럼 국민여론을 호도하며 우리의 정당성을 묵살하고 있습니다.

이에 우리는 시민여러분들의 불편을 최소화하고 편리하게 지하철을 이용하실 수 있도록 무임승차를 실시하기로 하였습니다. 적극적인 이해와 협조 바라며 지하철을 많이 이용하시기 바랍니다. 감사합니다.

서울지하철노조의 요구를 알리는 대자보와 무임승차 안내문(1989.3.)

3월 6일 새벽부터 지하철역사와 전철 안에서는 역무원과 승무원의 안내방송이 수시로 흘러나왔다. 역무원들은 전원 머리띠를 매고 역사 내에서 시민 홍보와 안내를 하고 있었다. 이미 신문과 방송을 통해 서울지하철노조가 '불법으로 역 게이트를 열고 무임승차를 강행한다'는 보도가 있었기에 많은 시민이 무임승차 투쟁에 대해 알고 있었다. 간혹 "너희가 뭔데 서울시 재산을 축내느냐"며 항의 하는 노인이 몇 있었을 뿐 대부분 시민은 홍보물을 돌리고 있는 지하철 노동자들에게 다가와 파업하는 이유에 귀 기울였고 노동조건에 관해 묻거나 물가 문제를 같이 이야기했다. 한 역사에는 빈 대자보를 몇 장 붙여놓고 '여러분의 한마디를 써주세요'라고 하니 순식간에 빽빽하게 격려의 말과 정권을 욕하는 말로 가득했다. 1987년 6월 항쟁 속에서 꿈꿨던 민주사회가 다시 예전으로 회귀하고 있는 것에 대한 분노와, 언제든 뭉쳐서 싸울 수 있다는 의지와 자신감이 지하철 노동자들의 파업을 지지하는 일로 표출된 것이다.

무임승차 투쟁은 고도의 조직력이 요구되는 투쟁이기에 노동조합은 이를 위해 치밀한 계획을 수립했다. 역무 조합원을 기본으로 하되 승무지부는 1호선 9개 역, 설비지부는 2호선 을지로입구~성수~잠실~당산역까지 36개 역, 시설지부는 3호선 23개 역 전 구간, 차량지부는 4호선 24개 역 전 구간과 2호선 지선 신설·신답역, 본사지부는 2호선 시청역에서 합정까지 담당하도록 하여 각 역에 최소 2명 이상씩 지원을 나가도록 짰다. 또한 각 호선별로(지부별) 무임승차 투쟁 지휘와 연락을 할 수 있는 상황실을 동선이 편리한 역을 선정해 꾸리고 각 지부 선봉대(정당방위대)가 지부 상황실에 상주하며 공사측의 횡포가 있을 시 즉시 투입하도록 했다.

6일 새벽 1시부터 역무와 기술지부 조합원들은 1~4호선 전 역사의 게이트와 비상구를 전면 개방했다. 그중에 관건은 1호선 9개 역이었기에 집행부에서 순회팀을 꾸려 모터카를 타고 돌면서 개방 여부를 일일이 확인했다. 새벽 4시경부터 전투경찰이 역으로 진입하기 시작했고 서울시와 산하 구청, 동사무소 공무원이 총동원되어 무임승차를 막았다. 성신여대역, 혜화역에서는 조합원들이 경찰에 연행되어 경찰차에 실리기도 했다. 상황을 파악한 지부에서는 바로 정당방위대와 지원팀을 보내 경찰을 밀어냈고, 이 모습을 본 시민들이 경찰에 항의하면서 힘을 실어주었다. 결국, 경찰은 전면 철수 의사를 밝혔다. 초기 몇몇 역은 역장들의 방해로 게이트 개방이 어려웠지만 출근 시간이 가까워져 오자 다른 지부 조합원들이 모였고 이에 힘을 얻은 역무 조합원들은 게이트를 열고 시민에게 안내 홍보를 하였다. 4호선을 맡은 차량지부는 전동차에 타 출정식을 하고 전동차 칸칸을 옮겨 다니며 승객들에게 선동을 했다. 박수가 쏟아져 나왔다. 노동조합에서는 30×30cm사이즈 시민 성금함을 500개 제작해서 개·입찰구 앞에 놓았고 시민들은 표를 사는 대신 투쟁기금을 내고 지하철을 타기도 했다.

무임승차 투쟁은 3일로 계획한 것이었는데 노태우 대통령이 서울시를 순시하고 "시민의 발인 지하철을 볼모로 노사분규를 자주 일으키는 행위, 무임승차와 같은 태업행위에 단호히 대처해야 하며 정부 관계자들이 법에 따라 적절히 대처하지 못하는 것은 직무유기"라고 서울시장을 질책했다는 보도가 나오면서 이에 분노한 조합원들이 하루 더 연장해 4일간 진행하게 되었다.

파업 찬성률 94.3%

사복형사와 국세청, 동사무소·구청 공무원들이 일반시민을 가장해 역사 대자보를 철거하고 전화를 걸어 "지하철노조에서 시끄럽게 무임승차 하면 되냐, 나는 돈 내고 타겠다."며 소리를 지르기도 했다. 하지만 조합원들은 "위장시민 색출하여 노조 탄압 분쇄하자!"는 구호를 외치고 투쟁 열기를 높여가며 파업으로 달려가고 있었다.

7~8일 파업 찬반투표에 조합원 총원 5,938명 중 5,655명이 참가해 94.3%가 찬성했다. 찬반투표 결과 개표를 지켜보던 조합원들은 결의와 기쁨의 함성을 질렀다.

파업 찬반투표 결과 94.3%로 파업 결의(1989.3.8.)

지하철 노동자들이 94.3%라는 높은 찬성률을 보이며 파업을 결의한 것은 더는 참을 수 없다는 분노와 위원장의 단호한 의지를 보았기 때문이었다. 서울시장 고건은 노사 양측에 공문을 보내 공사측 대표와 노조측 대표 각 5명씩이 회의를 하자고 했으나 성사되지는 못했다. 정윤광 위원장은 "교섭이 아닌 회의 소집은 의미가 없다, 노조는 이미 김명년 공사 사장의 퇴진을 요구했기 때문에 그는 교섭 상대가 될 수 없으며 공사의 실질적 경영권자이며 인사권자인 서울시장과 담판하는 자리라면 추후 고려해 보겠다."고 전화했다. 직제개편 합의사항은 서울시 승인 아래 예산이 책정된 것으로 약속 이행만이 남았을 뿐 더 이상의 대화나 교섭이 필요하지 않다고 분명히 못을 박은 것이다. 이처럼 위원장의 단호한 의지는 조합원들의 신뢰를 두텁게 했다.

노태우 정권과의 대결로 확전

노태우의 서울시 방문 이후 노동조합은 공사, 서울시와의 대립을 정부와의 대립으로 확대했다. 서울시장과 서울지하철노조 간의 협의 내용이 휴짓조각이 되었기 때문이다. 고건 서울시장이 입회자로서 연대 서명할 것을 약속하고 3월 6일 오후 6시부터 3월 7일 오전 7시 15분까지 13시간에 걸쳐 교섭을 진행했고 여기서 서울시와 서울지하철노조는 견해차를 좁혀가고 있었다. 그런데 교섭이 끝난 무렵 서울시장은 합의서 서명을 거부하고 교섭석상에 있지도 않았던 김명년 공사 사장과 서명하라며 책임을 회피하려 하였다. 합의서에 도장 찍고도 약속을 세 번씩이나 어긴 공사 사장과 다시 도장을 찍을 정도로 노동조합은 멍청하지 않았다. 이로써 책임 당사자인 서울시장이 확인 서명 문서화를 거부했고 총파업은 피할 수 없게 되었다.

≪서울시장이 서명을 거부한 문건: 88.10.5. 합의각서 전면 이행 절차에 관한 협의≫

88.10.5. 합의각서의 전면 이행이라는 근본 원칙에는 상호이견이 없으나 그 항목별 이행 절차와 구체적 방법에 대하여 다음과 같이 합의한다.

1. 노사협의가 필요시 3항의 이행을 위하여 노사협의를 거쳐 5월말까지 구체적 시행안을 확정하고 각 부서별 특성에 맞추어 최대한 조속히 실시한다.
2. 합의각서 4항인 지하철근무수당의 기본급화는 89년 3월 20일까지 지급하되 89년 1월부터 소급 적용한다.
3. 구 보수제도의 본봉, 직책급, 호봉급, 구 기능직, 고용직의 호봉 인상분 33,000원 및 지하철근무수당을 합친 금액을 신보수제도의 기본급으로 하고, 이 기본급에서 신보수제도의 각 직급별 해당 직능급을 뺀 금액으로 신보수제도의 연공급으로 하여 호봉을 재산정 시 연공급에 해당되는 금액이 개편 연공급표상의 상 하 양 호봉사이에 해당될 경우에는 상위 호봉으로 책정하되 호봉재산정은 89년 1월부터 소급적용한다.
4. 89.2.20-3.8.일간 본사 총회, 무임승차 등 지하철노동조합의 활동과 관련하여 고발된 집행간부 등 29명의 고발을 89년 3월 10일까지 취하하며, 이 기간중의 지하철노조의 활동에 대하여 민·형사상의 책임문제를 포함하여 신분과 재산상의 어떠한 문제도 제기하지 않는다.
5. 노조는 89.3.8. 08:00부터 무임승차를 해제하고 파업 찬반투표를 중단한다.

아울러, 노사 쌍방은 금번 사태로 인하여 시민들께 많은 염려와 불편을 끼쳐드린 데 대하여 송구스럽게 생각하며 특히 무임운행으로 인한 지하철 재정손실은 노동생산성의 양상 및 경영 개전을 통하여 보전토록 노력한다.

서울시장의 태도가 이렇게 돌변한 것은 노태우정권의 노동운동 탄압 정책에 조응했기 때문이었다. 서울지하철노조는 공공부문 노동운동에서 찾아보기 힘든 민주노조였고, 일하고 주는 대로 받는 것이 아니라 투쟁으로 쟁취하는 길을 택했으니 정권에게는 눈엣가시였다. 서울지하철노조 투쟁의 파고는 전국의 민주노조 투쟁에 지대한 영향을 미치기 때문에 정권은 모든 물리력을 동원해 탄압의 고삐를 조여 왔다. 문제 해결에 의지를 보였던 서울시장도 정권의 이러한 기조에 동조했고 든든한 뒷배를 만난 공사는 29명의 간부 고소에 이어 무임승차 투쟁에 관련된 노조간부 23명을 추가로 고소했다. 정권과 자본이 노조 와해 수단으로 지도부와 조합원을 분리하기 위해 핵심 간부들을 무차별 구속 수배하는 탄압정책을 서울지하철공사도 따른 것이다. 싸워보지도 못하고 간부가 구속되어 노조가 와해한다면 직제개편 실현이 가능하겠는가?

3월 11일 전국노동법개정 및 임금인상투쟁본부 등 주요 노동 민주단체들은 서울지하철노조의 합의각서 이행촉구 투쟁을 적극 지지하면서 공사와 정부의 여론호도 및 예상되는 탄압에 공동으로 대처해 나가기 위한 '지하철노조탄압저지 공동대책위원회'(지하철공대위)를 구성했다. 참가단체는 전국투본, 전국민족민주운동연합, 진보정치연합, 서울지역총학생회연합 등이었다. 3월 13일에는 전 조합원 2천여 명이 참석한 가운데 '노태우 고건 망언규탄 및 노조탄압 분쇄 파업투쟁 결의대회'가 열렸다. 여기서 168명 간부가 어떠한 희생도 두려워하지 않으며 총파업 투쟁을 전개하겠다는 의지로 감옥 결단식을 거행했다. 파업에 들어가는 즉시 경찰이 투입될 것임을 알았지만 서울지하철노조 간부들은 노태우 정권에 무릎 꿇지 않고 당당히 맞서겠다는 결의를 다졌다. "청와

파업 결의대회에 참여한 조합원들(1989.3.13.)

대로 갑시다!" 조합원들은 기지를 나와 청와대로 향했지만 경복궁역에서 백골단의 저지로 더 진출하지 못했다. 경복궁역은 최루탄으로 자욱해졌다.

3월 15일 서울시와 막판 협상이 진행되고 있을 때 노조사무실로 조합원들의 수백 통의 전화가 쉴 새 없이 걸려왔다. "서명했느냐?" "서명했다면 재미없다." "합의서 서명도 필요 없다. 통장에 돈이 입금되는 거 보고 일해야 한다." 협상은 서울시의 무성의로 결렬되었고 저녁 8시 군자기지에서는 총파업 전야제가 시작되었다. 조합원 4,500여 명이 모였다.

청와대 진군 투쟁을 벌이는 조합원들(1989.3.13.)

파업전야 성수역(1989.3.15.)

파업전야

지하철출정가(파업출정가)

동지들 모여서 함께 나가자 지하철 정기가 우리에게 있다.
무엇이 두려우랴 출정하여라 영원한 민주화 행진을 위해
나가 나가 시청을 향해 출정가를 힘차게 힘차게 부르세

정문 앞에는 2톤짜리 전동차 바퀴로 쌓은 바리케이드가 쳐졌고 정문은 철근으로 용접되었다. 군자기지를 둘러싸고 있는 철책에는 '고압전류 주의'라는 경고문이 나붙었고 후생관 뒤쪽에는 화염병 2천여 개가 쌓여있었다. 경찰 투입을 예상하고 군자차량 조합원들이 지게차로 전동차 바퀴를 옮겨 정문을 봉쇄한 것이다. 조합원들은 용답동 술집과 가게는 물론 택시를 타고 나가서까지 소주병을 구해와 학생들로부터 제조법을 배워 비치해두었다. 정당방위대는 군자기지 조합 옥상에서 앞마당을 향해 화염병을 던지는 연습을 하기도 했고

파업전야 집회(1989.3.15.)

투쟁결의를 모으는 정윤광 위원장

각목과 쇠파이프를 자르고 테이프를 감아 손잡이를 만들어 만반의 준비를 해뒀다. 쿵! 쿵! 쇠파이프와 각목이 바닥을 내리치는 소리, 구호소리가 3일 전부터 군자기지를 울렸다. 정문에서 조합으로 가는 길바닥에는 '태우자! 태우자! 노태우를 불태우자!'라는 스프레이로 쓴 글씨가 선명했고[45] 그 길을 정당방위대가 투쟁의 열기로 채운 것이다.

---

45) 이 운율이 훌륭한 구호는 이재용이 쓴 것인데 나중에 경찰은 조합원들에게 "글씨 쓴 놈 대라, 그럼 넌 석방시켜주겠다."고 했다.

밤바람이 찬 3월 군자기지는 정당방위대가 피워놓은 화톳불로 긴 행렬을 이뤘다. 조합 사무실 앞에는 연탄 2천 장이 쌓여있었고 앞마당에는 시퍼런 파카를 입고 쇠파이프를 하나씩 든 채 드럼통에 불을 피워 추위를 녹이는 조합원들로 빼곡했다. 그 밤에 성수 쪽에서 전경들이 마지막 차에 타고 들어온다는 첩보가 있어 차를 끌고 나가 세워놓으라는 위원장 명령에 따라 전동차를 빼 터널 교량 위에 세워둔 이도 있었다.

소리물결은 밤새 기지를 돌면서 노래로 힘을 북돋았고 새벽까지 정윤광 위원장이 있는 기지구내 운전 취급실(차량소속)을 보위했다. 승무와 차량지부 조합원들은 후생관에, 역무지부 조합원들은 교육원에, 시설과 설비지부 조합원들은 공작창에 모여 있었고, 지회별로 10명씩 조를 짜 정해진 장소를 돌며 규찰을 섰다. 학생들과 외부지지 세력은 전야제를 마친 후 군자기지를 나가도록 했다. 고용직으로 기능직보다 못한 처우를 받았던 여성 조합원이 투쟁에 많이 결합했는데 위원장은 이들도 밖으로 나가게 했다. 그리고 나머지 조합원들은 각자 정해진 구역에 있으면서 맡은 임무를 수행했다. 위원장은 지휘부를 전체 상황을 조망할 수 있는 통제탑으로 옮기고 잎징시 올라갔다.

규찰대가 막고 있음에도 추위와 두려움 때문에 술을 마신 조합원들이 많았다. 왜 두렵지 않았겠는가. 지금 나갈까 말까를 고민하면서도 함께 있는 게 더 안전하고 마음 편하다는 생각, 여태 참기만 했는데 그냥 물러설 수 없다는 생각에 조합원들은 기지를 나가지 않았다. 경찰이 투입될 것임을 알면서도 이기지 못할 것을 알면서도 '우리 투쟁을 지지하는 사람들이 그렇게나 많은데 잡혀가면 그냥 잡혀가는 거지 뭐.' 이런 배포와 자부심으로 군자기지를 지켰다. 그렇게 파업전야는 깊어갔다.

3.16파업

3월 16일 새벽 3시 30분 교육원 건물 2층 기지구내 운전 취급실에서, 정윤광 위원장을 비롯한 집행간부는 공권력의 폭력진압을 피할 수 없다고 보고 이후 노동조합 조직 유지 대책을 논의했다. 부서장들은 위원장의 피신을 건의했으나 정 위원장은 "6천 조합원을 두고 위원장이 먼저 피신하는 것은 옳지 않다. 조합원과 함께 끝까지 싸우겠다. 네 사람이 먼저 이곳을 나가라. 위원장이 조합원과 함께 있다가 잡혀가야 그 분노를 가지고 다시 싸움을 조직할 수 있다."고 했다. 자신감과 비장함이 엿보였다. 1시간에 걸친 논의 끝에 서창호 수석부위원장, 조상호 차량지부장, 맹용수 본사지부장, 조흥연 선전홍보부장이 모처로 이동하기로 했다. 조상호 차량지부장을 중심으로 제2, 제3의 집결지로 가 투쟁을 지도할 것이 위임되었다. 이들은 새벽 4시 30분 박희석의 안내를 통해 기지 밖으로 나가 배일도의 집으로 이동했다. 이들이 기지를 나서자 바로 전경버스가 하수종말처리장으로 서서히 이동하기 시작했다.

용답 축구장에 세워진 전경버스의 헤드라이트 불빛이 검은 하늘을 수놓았다. 찬 새벽바람이 목덜미를 스쳐 등줄기를 움츠리게 했다. 5시가 조금 넘어

추위와 싸우며 침탈에 대비하는 조합원들

갑자기 군자기지에 어둠이 깔리고 적막이 감돌았다. 본사 전력사령실과 종로 5가 사령실, 각 기지 변전소에 먼저 경찰이 투입되었고 이어 군자기지에도 전기가 끊긴 것이다. 바늘을 대면 터질 것 같은 팽팽한 긴장을 가르는 위원장의 목소리가 쩌렁쩌렁 울렸다.

"동지 여러분, 공격이 있을지도 모르니 경계를 강화하고 더욱 힘찬 투쟁의 노래를 부릅시다!"

> 흩어지면 죽는다 흔들려도 우린 죽는다 하나되어 우리 나선다 승리의 그날까지 지키련다 동지의 약속
> 그날이 올 때까지 그날이 올 때까지 우리의 깃발은 내릴 수 없다. 이름없이 쓰러져간 동지가 있다. 외로워 마! 서러워 마!

사방에서 노래와 구호소리가 힘차게 울렸고 그 소리에 두려움은 허공으로 사라졌다.

6시 25분. 팡! 팡! 파바방! 팍! 팍!

콩 볶는 소리가 나더니 하늘의 별같이 최루탄이 퍼지고 지랄탄이 춤을 췄다. 바로 옆에 있는 사람도 보이지 않을 정도였다. 후생관 옆 자재창고를 불도저로 밀고 완전무장한 시커먼 전투경찰과 백골단이 들어오기 시작했다. 눈물 콧물을 흘리며 정신없이 뒤로 물러서다가 눈을 떠보면 청커버에 하얀 운동화를 신고 짧은 봉을 멘 백골단이 눈앞에 나타났다.

후생관 옥상에서는 조합원들이 폐유 드럼통에 불을 붙이며 화염병을 들기 시작했고 자갈을 던지며 저항했다. 화염병에 불을 붙여도 잘 붙지 않았다. 소주병을 기울여 심지를 적셔야 불이 붙는다는 걸 몰랐던 이들이 많았고 담배를 피우는 사람도 당황하여 라이터를 찾지 못했기 때문이다. 그나마 불붙은 화염병이 날아갔지만 거의 깨지지 않았다. 화염병이 흙바닥 위로 떨어져 터질 리 없었기 때문이다. 자갈은 너무나 작아 위협적이지 않았다.

순식간에 밀려든 전투경찰이 군자기지를 짓밟았고 이를 피해 조합원들은 정신없이 뛰었다. 최루탄에 못 이겨 용답동 주택가로 담을 넘어 빠져나가고

연행되는 조합원들

기지역 쪽으로도 뛰었는데 이미 전경이 일렬로 서서 막고 있었다. 검수고 전동차 안으로 들어가 숨었지만 거기에도 최루탄이 퍼부어졌다. 전경들은 후생관에 잠자고 있던 조합원까지 다 끌어내 무릎 꿇게 한 뒤, 화염병을 세워놓고 사진을 찍었다. 조합원들은 앞사람 허리에 손을 얹고 90도로 허리를 숙인 채 굴비 엮듯 엮여 호송차로 끌려갔다.

관제탑에서 상황을 지휘하던 위원장이 백골단에 돌을 던지며 저항하는 기술지부 조합원들의 모습을 보고 함께하기 위해 내려왔다. 공작창 안에 있던 조합원들은 문을 잠그고 있으면 안전할 줄 알았는데 대형 해머로 한번 내리치니 순식간에 문이 열리고 전투경찰이 밀고 들어오자 밀리고 밀려 후문 용답역 쪽 담벼락 밑에서 대치하게 되었다. 위원장은 구호를 외치며 계속 노래를 부르게 했다. 조합원들은 전투경찰에게 잡히는 순간까지 노래를 불렀다.

"너희가 나를 잡아갈 수는 있어도 지하철노조는 영원하다!"

백골단에 포박되었으나 포효하는 위원장의 당당한 모습은 조합원들 눈과 가슴에 그대로 박혔다.

2,345명이 연행되고 200여 명이 중경상을 당하며 상황은 30분 만에 끝났다. 정권은 사전 계획을 치밀하게 하고 1만 5천명의 병력을 동원하여 6만 5천 평 군자기지를 완전히 포위하였으며 최루탄 2,000여 발을 쏘아가며 살육 작전을 감행했다. 본사와 3개 기지 및 102개 역사에 투입된 병력까지 합하면 3만 5천 명에 달했다. 일명 '필승결사작전'이었다. 호송차로 고속버스가 동원되었고 전국에서 전경들이 차출되었으며 조합원들은 서울시내 모든 경찰서로 분산 송치되었다.

그 와중에도 잡혀가지 않은 사람들이 있었는데 이후 술자리에서 전설로 회자되었다. 전동차 의자 밑에 숨어있던 사람, 통신 맨홀에 들어가 숨었다가 상황 끝난 다음 유유히 걸어나온 기술지부 조합원, 후생관 식당에서 주방장 옷으로 갈아입고 행세를 한 이, 대형 냉장고 안에 숨은 이도 있었다. 설비지부 장윤석 탈출기도 오랫동안 회자되었다. 설비2부는 용답 철교 앞을 지키고 있었는데 정문이 뚫려 백골단이 치고 들어오자 성수역 방향 변전소 쪽에서 머리띠를 매고 변전소 위로 장윤석을 내려 보내 한미약품 쪽으로 도망가도록 호위하고 나머지 조합원들은 열차 안에서 다 잡혀갔다. 장윤석은 옷을 갈아입고 한양대로 갔다가 민주당사로 들어가 투쟁을 지도했다. 장윤석이 제 2의 지도부라는 것을 알고 사수해야 한다는 일념뿐이었다. 반면, 전동차 밑에 몸을 숨겼다가 하필이면 흰색 와이셔츠가 빛을 반사하는 바람에 잡혀간 불운의 사나이도 있었다.

군자기지를 휩쓴 백골단과 전투경찰의 비도덕적인 행태는 이후 사회적 지탄의 대상이 되었다. 노조 사무실의 서류 일체에 집기를 가져갔을 뿐 아니라 침실을 뒤져 반반히 생긴 옷가지, 현금, 저금통장 등 닥치는 대로 강탈했고 사

물함 문을 부숴 옷장에 있는 돈, 담배, 소형녹음기 등 개인 물품을 털어갔다. 공중전화와 커피자판기를 부숴 동전을 꺼내고 구내매점의 담배, 라면, 현금을 모두 훔쳐갔다. 유일하게 손을 대지 않은 곳이 있었는데, 바로 '특고압실'이었다.

유치장에서

조합원을 연행하기 위한 호송차로 고속버스까지 동원되었다. 경찰은 조합원들을 서울 시내 곳곳의 경찰서에 분산시켰고 그래도 좁은 유치장 때문에 강당에 몰아넣기도 했다. 경찰들이 물어보는 질문은 많지 않았다. 이름! 노조 간부를 맡았나? 조합원이다. 위원장이 시키는 대로 했습니다. 나가면 또 할 거냐? 절대 안 할 겁니다. 간부들도 간부가 아니라고 답을 하긴 했지만 명함 때문에 혹은 경찰서에 급파된 공사 노무과 직원의 지적으로 신분이 탄로 나기도 했다. 기관사는 반성문을 쓰게 한 뒤 바로 몇 시간 후에 내보냈고 대의원 이상 간부는 다음날, 질문에 답을 하지 않은 사람은 더 오랫동안 유치장에 머물게 했다. 노조 지침대로 묵비권을 행사한 사람도 있었고 정말 몰라서 답을 안 하고 있던 사람도 있었다. 구레나룻이 난 모양새가 위원장과 닮은 한 조합원은 그동안 집회에 참여하지 않아 경찰의 질문에 답을 못하고 엉뚱한 소리를 하니 거물로 오해를 사 오래 붙잡혀 있기도 했다. 당시 위원장을 체포하는 자에게는 포상과 진급이 약속되었다. 경찰서별로 할당 인원이 있어 몇 명은 잡아놔야 한다는 이유로 잡혀 있던 조합원도 있었다.

경찰의 위협에 전혀 주눅 들지 않고 국밥 한 그릇을 뚝딱 해치우는 위원장의 모습은 함께 잡혀간 조합원들에게 강한 인상을 남겼다. 동부경찰서에서 마포경찰서로 이동하기 위해 강변도로를 지나갈 때 밖에 눈이 펄펄 내렸다. 눈이 펄펄 내리는 그때 위원장은 서울시경으로 이송되고 있었다. 조합원들이 동지가를 부르며 위원장을 보냈다.

훈방된 조합원들은 집에 들러 옷을 갈아입고 한양대와 명동성당으로 향했지만 두 군데 모두 봉쇄된 상태였다. 서로 안부를 묻던 차에 민주당사로 집결하고 있다는 소식이 전해졌다. 가장 먼저 풀려나 승무사무소에 모여 있던 승무 조합원들은 누군가 "민주당에 모였다고 하니 갑시다."라는 말에 함께 민주당사로 향했다. 17일 12시 현재 1,500여 명이 민주당을 메웠고 수용 불가능한 숫자라 평민당으로 분산 집결하기로 했다.

조합원이 파업을 이어가는데 우리가 질 수 있는가?

민주당사를 농성집결지로 정한 것은 파업지도부가 미리 계획한 일은 아니었다. 2, 3차 집결지가 봉쇄된 상황에서 누군가 야당 당사로 가자고 했고 당시 노태우 대통령 중간평가를 주장했던 민주당사로 의견이 모였다. 서노협 배기남 부장의 안내를 받은 윤제훈 등의 역무조합원을 시작으로 사람들이 하나둘 민주당사로 모이기 시작했다. 지도부들은 당사로 들어오지 못했기 때문에, 당사에 모인 조합원들은 지부별로 대표를 선정해 농성지도부를 꾸렸다. 역무지부 윤제훈·이명환, 차량지부 최종진, 승무지부 이상대·하원준, 기술지부 장윤석 등이었다. 이들은 인원 배치를 고민했다. 조합원들은 마포구 공덕동 로터리에 있던 민주당사 12층, 13층을 꽉 메우고도 공간이 부족해 옥상까지 차지할 정도였기 때문에, 여의도백화점 9층과 평민당사로 각각 흩어지기로 했다. 승무·차량지부는 통일민주당사에서, 역무·시설·설비지부는 평화민주당사에서 농성하는 것으로 했다. 17일 오후 조합원들은 하나둘씩 평민당사로 향했는데 그곳에도 700여 명이 모여 더 수용이 불가능할 정도였다. 민주당사 대강당에는 승무원들이 꽉 차고 복도에는 다른 지부 조합원들로 꽉 차 있었다.

한편, 파업 전야에 군자기지를 빠져나갔던 지도부가 합류하면서 당사 농성

민주당사에서 농성하는 조합원들

은 체계를 갖추기 시작했다. 이들은 16일 오후 6시경 라디오뉴스를 통해 군자 기지에서 후퇴한 조합원들이 민주당사에 들어가 농성 중이라는 소식을 들었다. 수배중이라 활동이 자유롭지 못했기에 민주당사 합류를 두고 격론을 벌였다. 결국, 위험을 무릅쓰고라도 민주당사에 합류하는 길만이 약화한 전력을 회생시킬 수 있다는 맹용수 본사지부장의 제안을 따르기로 하고, 이들은 17일 오후 5시 30분 민주당사에 합류했다. 조합원들은 환호하며 수석부위원장인 서창호를 노동조합 규약에 따라 위원장 직무대행으로, 이미 2월 21일 발족한 바 있는 노조탄압분쇄 및 합의각서 이행투쟁본부 본부장으로 추대했다.[46]

18일 양 당사에 조합원 1,500여 명이 모였고 노란티셔츠를 입은 조합원의 사회로 행사가 진행되었다. "~ 우리의 투쟁은 멈출 수 없다. 외로워 마! 서러

46) 투쟁본부 구성원은 본부장 서창호 위원장직무대행, 선봉대장 조상호 차량지부장, 역무2지부장 강청진. 승무지부장 하원준 지부장직무대행, 시설지부장 김선구 지부장직무대행, 설비지부장 한용석, 쟁의지도부 이광렬 쟁의부장, 문화지도부 최종진 지회장, 대외협력부 박노선 대외협력부장, 조직지도부장 장윤석 지회장, 조흥연 선전홍보부장, 총무부 김연환 조사통계부장, 후생복지부 이창복 등이었다.

워 마! 우리가 있다! 힘찬 깃발 휘날리며 나 여기 서있다.~" 감옥에 갇힌 동지들에게 들릴 정도로 목이 쉬라고 노래를 불렀다. 서울지하철노조 노래패 소리물결이 주축이 되어 서울지역 노래패 연합회를 만들던 중이라 한양대병원·서울대병원·구로지역노래패 동지들이 방문하였다. 서총련 소속 학생들의 지원방문, 김희선·심상정 등 서노협을 대표해 서울지하철노조 투쟁을 담당하는 이들도 거의 상주했다. 연극패가 지원오고 노동운동 선배들이 방문하여 교육을 진행하기도 하고 여학생들은 율동과 노래 등을 조합원들에게 가르쳐주기도 했다. 〈동지가〉, 〈파업가〉, 〈구속동지구출가〉를 가장 많이 불렀다.

농성 유지를 위해 담배와 술을 금지했는데 술을 참을 수는 있었지만, 담배를 참는 것은 큰 고통이라 흡연 가능 시간을 따로 주었다. 흡연시간에는 마치 최루탄 연기가 건물에 가득 찬 것 같았다. 끼니는 주로 김밥으로 때웠다. 한 조합원이 "매일 김밥을 주니 똥도 시꺼멓다."며 대책을 세워보라고 항의하기도 했다. 하지만 함께 농성하며 먹는 김밥은 맛이 좋았다.

민주당사에서는 분임토론을 많이 했다. 10명씩 나눠서 동그랗게 앉아 얘기를 나눴다. 주제는 왜 파업을 지속하고 있는가, 농성을 어떻게 이어갈 것인가 등이었다. 조합원 전체가 지회별로 분임토의를 거쳐 "구속 동지가 석방될 때까지 투쟁한다." "출근부 서명을 전원 거부한다." "가족까지 총동원하여 총력투쟁한다."는 공동결의문을 채택하면서 투쟁 열기는 최고조에 달했다.

가족들까지 합류하여 식사준비를 거드는 등 투쟁에 동참하였고 시민들의 격려 성금이 속속 도착했다. 한 조합원의 아내는 아이들을 데리고 당사로 찾아와 "당신 직위해제 되었대요. 애들 잘 챙기고 있을 테니 걱정하지 말아요. 시청 직원이 집으로 찾아왔는데 내가 혼내줬어요."라고 힘을 주기도 했다. "내 남편을 석방하라!"면서 동대문경찰서 앞으로 달려가 경찰서장과 싸움을 벌인 구속 동지 가족들의 이야기도 들렸다.

공사는 파업에 적극적으로 가담한 12명을 직위 해제시키고 18일에 간부 12명을 구속했지만, 아기를 등에 둘러업고 아들딸의 손을 잡고 구속동지 석방투쟁에 적극적으로 동참했던 가족들을 중심으로 3월 19일 '구속 및 수배자 가족협의회'가 구성되었다. 그날 지하철 투쟁본부 주최로 노조탄압 분쇄 결의대회가 한양대학교 노천극장에서 열렸는데 이날 대회에는 위장폐업 사업장과 외국인 기업에서 탄압받는 노조들이 참여했다. 서울지역 민주노조 위원장 120여 명은 20일 명동성당에서 무기한 단식농성에 돌입하기로 했고 전국민족민주운동연합, 전국대학생대표자협의회, 전국교사협의회, 민족예술인총연합 등도 노태우 정권 불신임운동을 전개하기로 했다. 이미 17일에 국회의원 노무현이 서울지하철노조 탄압에 항의해 의원직 사퇴서를 제출했다는 소식이 전해졌다.[47] 상황이 이렇게 되니 19일 경 관제언론도 일방적 중상모략을 더 못하게 되면서, 양비론 수준이지만 부분적으로는 진실을 보도하기 시작했다.

공사측의 대응과 분열 작전

3일 내로 지하철 운행을 정상화하겠다고 했던 공사와 공권력은 다급해졌다. 몇몇 간부만 구속하면 상황이 끝날 것이라고 보았으나 조합원들이 투쟁을 이어가자 놀랐다. 이에 공사측은 파업에 참여하는 모든 조합원을 해고한다고 협박하기 시작했고 가족들을 회유해 노모 혹은 어린 자식이 위급하다는 거짓말을 하도록 했다. 현장에는 공수부대에서 파견된 군인들이 승무원들과 함께 타 현장이탈을 막았고 역사마다 전경들이 배치되어 승무를 거부하지 못하도록 철저히 감시했다.[48]

---

47) 노무현이 국회의원을 사퇴한 이유는 "정부가 법을 지키지 않는데 국회의원이 무엇을 할 수 있는가"에 잘 나와있다. (『일요신문』 1989.3.26.)

48) 이들 파견군인 중 3.16파업 이후 인원충원 시 지하철에 입사한 이도 있다.

파업 철회를 발표하는 현장지도부(1989.3.22.)

이미 서울시는 김명년 사장을 사퇴시켜 사태를 무마하려 하고 서울지하철공사를 시 직영 공기업으로 전환한다느니, 용역확대방안을 마련하고 있다느니 하면서 투쟁전열을 와해시키기 위한 선전도 병행하고 있었다. 또한 서울시청 산하 직원, 서울시경 산하 경찰, 철도청 직원을 동원하여 근무하게 하는 부당노동행위가 자행되었고, 승무원의 경우 집은 물론 친지들의 집까지 찾아다니며 승무를 강요해 10시간 동안 교대도 없이 계속 근무했던 조합원이 병원에 입원하기도 했다. 차량은 정비도 안 된 상태로 숙련되지 못한 기관사에 의해 시속 80km 이상의 고속으로 운행되고 있었다.

공사는 서울시경까지 동원하며 막후교섭을 통해 전선을 분열시키려는 공작을 진행했고 농성자 중 일부는 "YH사건 이후 처음으로 공권력이 투입될 것 같다. 너무 오래 농성하면 안 될 것 같다."며 흔들리는 모습을 보이기도 했다.

믿었던 간부 5명이 '선운행 후 협상'이라는 저들의 논리에 동조하여 현장복귀를 선언하는 기자회견을 하고 행적을 감추는 사태가 발생했다.[49] 민주당사에서는 "전 당원은 배지를 달고 자리를 지키라"는 다급한 방송이 연달아 스피커를 타고 흘러나왔다. 두려움이 몰려왔고 조합원들이 빠져나가기 시작했다. 엘리베이터를 막고 사정을 해도 소용없었다. 당사 밖에는 "여보 집에 갑시다~"라며 우는 아내들이 점점 늘어갔다. 시민들의 여론도 반전되어 노조를 비난하기 시작했고 관제 데모가 끊이지 않았다.

3월 21일 현장복귀를 원하는 목소리가 높아졌다. "끝까지 투쟁하라는 구속동지들의 외침을 뒤로한 채 복귀할 수는 없습니다." 그러나 한번 흔들리기 시작한 조합원들의 마음을 잡기는 어려웠다. "사장은 물러갔고 합의각서 이행에 따른 임금인상분도 통장에 입금되었으니 이제 돌아가자."는 이도 있었다. "직제개편해서 잘살아 보자 그랬는데 해고를 당하면 이게 말이 됩니까?"라는 의견도 있었다. 결국 평민당사에 있던 지회장들이 모여 현장복귀에 대한 논의를 시작했다. 대오가 더 빠져나간다면 조직이 무너질 것 같아서였다. 끝까지 남을 것이냐 아니면 조직 보전을 위해 버티나 안 되면 다 같이 복귀하느냐를 두고, 논의 끝에 표결을 진행해 결국 복귀하자는 합의를 하고 민주당사로 이동했다.

우리는 투쟁을 멈춘 것이 아니다

3월 22일 민주당사 옥상에서 열린 조합원 총회에서는 복귀를 결정했다. 이상대가 "더 버티기는 어렵다. 하지만 우리끼리 결정할 수는 없다."는 의견을 모아 정윤광 위원장을 면회하였고 현장복귀를 결정한 것이다. 저녁 9시 파업

---

49) 이들은 이후 '승무5적'으로 불렸다. 승무지부는 민주당 농성장에서 자체적으로 회의를 해 새로운 지도부를 선출하였다. 역무1지부장 김성우도 사라지고 나타나지 않았다. 그는 몇 개월 후 퇴사했다.

지도부는 “서울시민의 생명과 안전을 위해 23일 04시부로 운행을 전면 재개한다.”는 성명을 발표하고 현장 복귀 지시를 내렸다. 복귀 결정은 났지만 분하고 억울해 울고불고하는 조합원이 많았다. “못 내려간다!” 복귀할 수밖에 없는 상황임을 인정하면서도 받아들이기 쉽지 않았다.

민주당사에는 수배자만 덩그러니 남았다. 조합원들이 모두 빠져나간 후 썰렁한 분위기에서 먹는 김밥은 맛도 없었고 자꾸만 목에 걸렸다.

3월 28일 오후 6시 30분 민주당사에 농성 중인 노조 지도부에게 건물 나이트클럽의 영업 방해가 된다며 전직 깡패 출신임을 자임하는 40여 명이 몰려들어 “당신들 때문에 장사 안돼 미치겠다. 당신들 파업이 옳은 것이냐? 그렇다면 공사에 가서 하라. 3월 30일까지 철수 안 하면 강제로 밀어내겠다.”며 최후통첩을 했다. 22일에도 농성장에 밀고 들어와 조합원과 가족들에게 폭언을 퍼부으며 1시간 동안 무차별 폭력을 행사한 바 있었던 그들의 만행은 3월 27일에 이어 벌써 세 번째였다. 이것은 경찰이 민주당사에 농성중인 지도부를 해산시킬 목적으로, 정당 당사에 공권력을 투입하는 무리수를 두지 않고 문제를 해결할 방법을 찾았던 것으로 추정된다. 결국, 수배자들은 30일 민주당사를 나왔고 다음날부터 강청진, 박노선, 정재웅, 이청호, 맹용수가 연이어 연행되었다. 서창호와 김연환이 먼저 농성을 시작한 왕십리 천주교회로 조상호와 최종진이 결합하여 농성을 이어갔다.

하지만 천주교회도 지하철 노동자가 기댈 곳은 아니었다. 4월 7일 밤 11시경 왕십리 천주교회 주임신부인 김승훈 신부는 “서울시장과 새로 온 한진희 사장을 만나보니 참 좋은 사람이더라. 선처하기로 했으니 인제 그만 나가달라. 오늘 이후부터는 보호해 주기 어렵다.”고 하면서 자진출두를 강요했다. 며칠 전부터 퇴거 요청을 받았던 집행간부들은 “약속을 문서로 만들어줘야지 이때까지 약속을 밥 먹듯이 어겨온 사람들인데 어떻게 믿을 수 있겠냐. 문서화

노조탄압 분쇄, 구속자 석방, 수배 해제를 요구하는 조합원들(1989.4.14.)

전에는 나갈 수 없다."고 강경하게 버텼다. 하지만 11시 50분경 왕십리 천주교회 사목회 총무를 비롯한 4명의 괴한에 의해 지도부 4명은 강제로 끌려 나왔다.

한편 현장으로 복귀한 조합원들은 3월 25일 투쟁 이후 처음 500여 명이 모여 투쟁 경과 보고대회를 열었다. 장윤석 AFC 지회장은 전날의 대의원 분회장 지회장 연석회의 결과를 보고하면서 "각 지부 지회별 조직을 재정비하여 새로운 투쟁의 전열을 가다듬어야 한다. 그리고 구속자 부상자를 위한 서명, 모금, 면회 등 따뜻한 동료애를 실천하고 살아있는 민주노조 재건을 위해 힘을 모으자. 공사와 정부가 약속을 미룬 채 무노동 무임금[50] 논리를 들이대며

50) 무노동 무임금은 1988년 봄 대우조선 파업부터 자본의 새로운 대응무기로 등장했다. 1987. 7,8,9, 노동자대투쟁 이후 노동조합운동이 파업투쟁을 주요 수단으로 정착시켜가는 흐름에 대응하여 파업의 물리적 기초를 박탈하여 파업을 봉쇄하겠다는 것이다. 이 논리는 자본가들이 노동자들의 노동(노동시간)에 대한 대가를 전부 지급하고 있다는 환상을 전제로

우리의 정당한 파업투쟁을 부정하고 협박하고 있다. 모든 협박과 회유를 뚫고 강력한 투쟁으로 노동3권이 보장되는 지하철 민주노조를 위해 끝까지 전진하자."고 했다.

그리고 왕십리 성당에서 지도부가 끌려갔다는 소식이 전해지자 바로 다음 날 성수역 대기실에 모인 천여 명의 조합원들은 "우리의 투쟁은 정치인이 대신할 수 없고 종교인도 대신할 수 없다."며 결의를 다졌다. 조합원들은 전동차에 '구속 동지 석방', '수배 동지 해제' 구호를 붙였고, 각 역에도 대자보가 나붙었다. 공사 간부들은 물론 서울시가 일당을 주고 동원한 노인들이 이를 제거하기 위해 혈안이 되었다.

≪3.16파업 직후 확인된 부상자, 구속자, 사전영장 발부자 명단≫

:: 부상자 명단

고광근, 서상대, 하종민, 김성진, 조운행, 최동일, 정희일, 홍순용, 송창섭, 정기학, 이원배, 강대암, 오창호, 김봉수, 곽정호, 황갑연, 유인국, 나갑수, 진춘식, 한영호, 이종성, 최순일, 이명규, 오진종, 김영욱, 임이수, 강명석, 주창범, 이궁재 등이 사과탄 파편이 박히거나 농성장에 최루탄이 터지자 이를 피하려고 높이 5~6미터 축대에서 뛰어내리던 중 부상, 연좌농성장에 사과탄 터뜨려 부상, 복숭아뼈가 부러지거나 척추가 내려앉고 다리가 부러지고 갈비뼈가 부러지는 등 상처를 입음.

:: 구속자 명단

정윤광 위원장, 임성규 총무부장, 김유복 조직부장, 윤재운 교육부장,
유방식 법규부장, 엄재성 편집부장, 석치순 문화체육부장,
양윤모 후생복지부장, 임동현 부대사업부장, 최낙용 승무지부장,

하고 있다. 자본가는 노동력을 사는 것이지 노동을 사는 것은 아니다. 따라서 임금은 노동력의 대가로 지불된다. 이때 노동력의 대가란 노동력의 주체인 노동자 자신이 노동력을 재생산하기 위해 먹고 살아야 하는 생계비에 해당된다. 파업을 포함한 투쟁이 일어나는 이유는 이 생계비조차 주지 않아, 30년 쓸 수 있는 노동력을 10년 만에 바닥나게 할 정도로 노동강도를 높이기 때문에 발생한다. 파업을 통한 임금인상과 노동조건 개선은 역사적으로 보더라도 노동생산성의 향상에 기여해왔다, 1987년 1988년 노동생산성은 11.7%, 11.8%나 향상되었다. (박형준, "무노동 무임금 설득력 없다",『한겨레신문』, 1989.3.29.)

이재용 차량2지회장, 김상희 차량3지회장, 임양택 제1통신지회장,
박경명 제2통신지회장, 박노선 대외협력부장, 강청진 역무2지부장,
정재웅 제1전기지회장

:: **사전영장 발부자 명단**
조홍연 선전홍보부장, 이광열 쟁의부장, 한용석 설비지부장,
맹용수 본사지부장, 조상호 차량지부장, 홍순용 부위원장,
서창호 수석부위원장, 김강 역무1지회장, 최종진 창동차량지회장,
정용운 군자지회장, 정숙이 여성부장, 김연환 조사통계부장

정숙이 180일 수배 투쟁

3.16파업으로 수배 생활을 오래 한 간부들이 있었다. 조합원들은 수배자를 지원하기 위해 매달 돈을 걷었고 인편으로 직접 전달하였다. 거리를 헤매고 다닐지언정 돈이 주머니에 꽉 차 있어 그나마 안심이 되었다고 한다.

수배 생활을 가장 오래 한 간부는 정숙이 여성부장이었다. 수배 투쟁 기간이 무려 180일이었다. 경찰은 여성부장을 찾기 위해 집 앞에 진을 치고 있었고 남편 윤제훈을 찾아와 자수를 권하도록 회유하기도 했다. 6월 29일 서울지하철 2호선 뚝섬역 역상실에서 발견된 전화 도청 장치는 수배 투쟁을 벌이고 있는 정숙이와 관련이 있던 것으로 추정된다. 한 달여 전부터 전화 수신 상태가 고르지 못하고 잡음이 섞여 이상하게 여겨 오던 중 사건 당일 일반전화가 불통하여 전화선로를 점검 확인하던 차에 역장실 내에 있는 단자함에서 역무지부의 전화 도청용으로 설치된 타이완제 파나소닉 소형 녹음기가 발견되었다. 녹음테이프는 90분짜리였으며 수화기를 들면 자동으로 녹음될 수 있도록 설치되어 있었고 실제 녹음 기록도 있었다.

여성부장은 수배 중 임신을 했는데 이를 안 경찰은 서울시 산부인과에 공문을 발송해 여성부장을 수배해 병원을 뒤지고 다녔다. 당시 지하철노동자 1명 검거에 1계급 특진과 300만 원의 현상금이 걸려 있었기 때문에 경찰들은 그

야말로 혈안이 되어 정숙이를 찾아다녔다. 이를 피해 수배 투쟁을 벌여 나가던 정숙이의 건강은 극도로 악화하였다. 다리에 마비가 오고 불면증에 시달리며 식사를 하지 못할 지경에 이른 것이다. 결국 정숙이는 9월 5일 동대문경찰서에 자진 출두했고 10월 12일 건강악화로 병보석 신청을 했으나 재판부는 병보석 대신 금보석 100만 원을 선고하였다. 정숙이는 38일의 수감생활 끝에 가족 품으로 돌아왔고 출소하여 정밀검사를 받았으나 태아의 심장 박동이 정지된 상태였다.

여성부장의 투쟁은 여기서 끝나지 않고 5년 가까이 기나긴 법정투쟁으로 이어졌다. 결국 1994년 재판부는 검찰 측이 항소한 '폭력행위' 부분에 대해서는 무죄를 선고하고 노동쟁의조정법, 업무상 배임 등에 대해 1심대로 인정하여 벌금 200만 원의 형을 확정하였다. 그녀는 선고 공판 직후 현재와 같은 악법 체제하에서는 상고가 무의미하다고 판단해 상고를 포기한다고 밝혔다. 정숙이 여성부장은 노동자를 억압하는 악업의 굴레를 벗기 위해 자진 출두를 하지 않고 수배 투쟁을 벌인 것이었다. 정숙이 여성부장의 정신은 곧 정권의 탄압에 굴할 수 없다는 지하철노동자의 의지이기도 했다.

한편, 노조는 파업에 돌입하기 전 대의원대회에서 투쟁 후 발생할 개인의 희생에 대한 보상 문제를 논의했고 이를 조직적으로 책임지기로 했다. 개인의 희생은 노동운동 차원에서도 손실이기 때문이었다. 해고자를 비롯한 희생자에 대해 온전한 보상을 하지는 못하겠지만 가계 걱정 없이 활동할 수 있도록 지원하기 위해 조합비를 조정할 것을 결의한 것이다. 이에 따라 3.16파업 이후 4월 20일 임시대의원대회에서는 조합비 인상을 통과시키게 된다. 이러한 조치는 노조 조직력이 상승하는 계기가 되었고 이후 전체 노동운동진영에 모범 사례로서 퍼졌다. 또한 서울지하철노조는 이후 5대 집행부에 들어서 이를 규정으로 만들었다.

3.16파업 평가

우선 요구의 정당성을 보면 3.16파업의 내용은 합의각서 이행, 사장 퇴진, 배일도 석방 크게 세 가지였다. 첫째, 합의각서를 이행하라는 요구는 합의각서에서 확보한 기능직과 고용직에 대한 가산호봉 33,000원이 그저 돈 몇 푼의 문제가 아니었기 때문에 주요 요구로 등장했다. 이는 공사 통폐합 시 저하된 자신의 노동력에 대한 대가를 되찾겠다는 뜻이었고 땀 흘리는 현장의 노동자를 경시하고 천대하는 사회의식과 구조에 대한 도전이었다. 그러나 이를 이행하지 않고 노조 파괴에 이용하며 시행을 유보했던 공사에 노동자들은 분노한 것이었다. 둘째, 김명년 사장 퇴진하라는 요구는 군홧발 아래, 명령 하나에 죽는 시늉까지 해야 했던 힘 없는 노동자들이 노조를 만들어 거대한 힘으로 진군하자 정권은 김재명 사장을 김명년 사장으로 교체하고 고도의 전술로 노조를 탄압하기 시작하며 전직 간부에 대한 부당인사를 자행하고 합의각서를 이 모양 저 모양으로 변조시킨 것에 대한 분노였다. 사장퇴진 운동은 노동자의 사회적 진출을 막아선 자에 대한 응분의 대가이며 공사 사장을 넘어 노동자계급의 진출을 가로막는 지배세력에 대한 분노를 표출하는 것이었다. 셋째 배일도 동지 석방하라는 요구는 배일도 위원장이 오류와 한계를 보이고 사퇴하였지만 서울지하철노조를 순치 어용화 하려다가 노조가 계속 성장하고 서노협 건설을 주도하여 전국 노동자 단결을 추진해나가자 노골적 탄압으로 방침을 전환하면서 구속되게 된 것임을 확인하고 구속 동지를 구출하지 못한다면 노동운동진영은 초토화될 것이라는 인식에서 출발했다. 같은 맥락으로 3.16파업은 연행된 간부를 구출하기 위해 달려가면서 시작된 것이기도 했다.

지하철 노동자들의 주장은, 자신의 몫을 당당히 요구하고 민주사회에 합당한 노동자의 권리를 이야기한다는 점에서 사회적 정당성을 찾을 수 있었다. 무임승차, 파업 투쟁에 보낸 시민들의 지지, 각계의 지원이 이를 증명하는 것이기도 했다.

3.16파업 이후 공식적 평가를 진행하지는 못했지만, 이해관계에 따라 몇 가지 평가 흐름을 볼 수 있다. 첫째, 검찰 공소장에는 집행간부들이 개별 이익을 위해, 현 집행부에 대한 비판세력인 차량지부 노조원들의 지지를 얻어내, 불법 강경투쟁으로 실천력을 과시하며 무모한 일을 꾸몄다고 되어 있었다. 이는 재판부 판결문의 기조도 마찬가지였다. 둘째, 직무대행 시기, 공사의 탄압이 가해지던 시기를 지나면서 나온 평가지만 내부에 있었던 평가는 위원장의 소영웅주의와 개인 출세주의 때문에 강경투쟁 일변도의 비과학적 비현실적 투쟁을 하면서 조합원만 피해를 봤다는 입장으로 조합 활동 침체의 책임을 강경투쟁 후유증으로 평가하는 태도가 있었다. 셋째, 아무리 서울지하철노조가 파괴력 있는 힘을 가지고 있더라도 지하철의 힘만으로는 무리한 일이기 때문에, 5월 노동절 투쟁 속의 전국 연대를 통해 쟁취해야 했다는 주장도 소수 있었다.[51]

그럼에도 3.16파업을 실패한 싸움이라 말할 수는 없을 것이다. 투쟁의 자발성 면에서 봤을 때, 투쟁을 지속해서 전개할 대비가 충분하지 않았다는 점에서 비판을 피할 수는 없겠지만 조합원의 힘과 의지가 실린 투쟁이었다는 점에서 3.16파업은 그 의의가 크다. 3.16파업 기획 당시 2차 투쟁을 당사 농성으로 한다는 기획이 없었음에도, 싸워야 한다는 절박함에 조합원 스스로 지혜를 모아 농성 전술로 실질적인 파업을 만들었던 것. 또한 지도부의 공백을 메울 새로운 지도부를 선출하고 복귀 후 침탈당한 조직을 밑으로부터 복구해낸 점. 이는 조합원의 열기와 분노가 살아있다면 어떠한 침탈도 이겨낼 수 있으며 노동자가 가진 힘이 얼마나 거대한 것인지를 명확하게 보여주었다.

서울지하철노조 조합원들에게 3.16파업은 처음으로 전면 파업을 벌인 경험

---

51) 최낙용은 『새벽열차』에 글을 실어 "이에 대해서도 반대 의견이 있는데 정윤광은 절대 무리한 지도자가 아니었다."고 했다. "사장과 교섭을 통해 마무리할 방법을 모색해 보기도 하고 오히려 간부들을 설득하기로 했다. 하지만 정문을 닫아놓고 후문으로 들어오라는 사장의 태도에 단호한 입장을 보이며 노동자의 대의를 어기는 일을 하지 않았다."고 적었다.

으로 각인된 투쟁이었다. 초대와 2대 집행부는 분출하는 열기를 담아내지 못한 채 허탈과 실망감을 안겨줬는데 3.16파업으로 노동자들이 해냈다는 뿌듯함을 갖게 된 것이다. 그 속에서 조합원들의 정치의식이 성장하고 본격적인 정치교육이 공공연하게 시행되고 학습그룹이 생겨났다. 파업 전 회의를 통해 정한 희생자구제기금은 모든 민주노조의 모범 사례로 전파되었다. 일부 파업 성과도 나타났는데, 직제개편이 실현되고 근무형태도 일정 변경되었다.

하지만 파업 해제 과정에서 군부독재의 폭압성 뿐만 아니라 그 교활함에 대한 투철한 인식이 부족했고 모든 일의 처리에 있어서 공개주의의 원칙을 지키지 않았다. 또한, 차량 운행이 전면 중지되지 않고, 비조합원 및 공권력의 강요에 의한 것이었지만 일부 노선이 운행된 점은 이후 완전 파업을 해낼 능력과 조직력을 키우는 방법이 강구되어야 한다는 과제를 남겼다.

10) 직무대행이냐 총선이냐

서울지하철노조의 3.16파업은 정권의 간담을 서늘하게 하였고 조합원들은 현장 복귀 후에도 질기게 투쟁하며 정권의 골칫거리가 되었다. 현대중공업 노동자들은 1988년 12월 시작한 투쟁을 계속 이어가고 있었고 전국 곳곳에서 크고 작은 노동자들의 투쟁이 끊이지 않았다. 노태우 정권은 3월 25일 문익환 목사 방북 사건을 계기로 공안정국을 조성하고 곧바로 3월 30일 1만 5천 명 공권력을 투입해 육·해·공 입체 작전으로 현대중공업 노동자들을 강제 해산시켰다.

노태우는 공안합동수사본부(공안합수부)를 구성하였고 1988년 12월 검찰총장에 임명된 김기춘을 그 핵심에 앉혀 4월 4일 '공안·노동관계부처차관회의', 4월 6일 대통령주재 '민주주의체제 전복세력에 대한 관계부처대책회의', 4월

13일 공안합수부의 '노사분규대책', 4월 15일 총리주재 '노동대책관계장관회의' 등 소위 관계기관 대책회의를 이어갔다.

정권의 탄압이 거세질수록 노동자들은 연대조직을 만들어 격렬하게 저항했다. 마창노동자들은 10차선 창원대로를 점거했고 파출소 여럿을 박살냈다. 5월 1일에는 세계노동절 100회 기념 한국노동자대회를 열고 지역별 동맹파업과 집회로 노동자 정신을 기렸다. 5월 10일 이철규 열사의 시신이 발견되고 공안합수부가 배후로 지목되면서 민중운동진영의 분노가 들끓자 정권은 임수경의 평양방문, 서경원 의원 밀입북사건으로 다시 정국을 뒤흔든다.[52] 그리고 노태우는 하반기 경기종합대책을 밝히는 대국민방송에서 국가위기는 좌경세력에 의해 빚어진 것이며 이를 척결하는 것을 당면과제로 밝혔다. 경기침체의 원인을 노동자 임금인상 탓으로 지목하고 무노동무임금, 인사경영권 쟁의대상 제외, 준법투쟁 및 파업 장소 제한 등 노동쟁의에 대한 제한 방침을 밝혔다. 노사관계에 안기부가 상시 개입할 수 있는 체계도 만들어놓았다.

탄압할수록 연대의 필요성을 절감한 노동자들은 전국조직 건설에 대한 논의를 마감하고 1990년 1월 22일 전노협을 결성하여 조직사수 투쟁을 벌이면서 정권에 맞선다. 3.16파업 이후 서울지하철노조는 대표권 시비를 딛고 정권의 탄압과 공작으로부터 민주노조 깃발을 지키기 위한 처절한 투쟁을 이어간다. 서울지하철노조는 조직 내부의 어려운 상황에도 전국적으로 벌어지는 투쟁에 동참하며 연대를 이어갔다.

제2상무집행위위원회(1989년 4월 17일~)

파업 돌입 전 3월 11일 대의원 집행간부 비상연석회의는 집행부가 구속될

52) 『전노협백서』와 인터넷 『경향신문』 2013.8.30. 참조. 공안합수부는 1999년 서울지하철노조 파업에 맞서 대통령 훈령에 의거 공안관계대책회의라는 이름으로 다시 부활하고 조폐공사노조 파업 유도 사건, 대우자동차노조 폭력 진압을 자행한다.

경우 제2집행부를 구성하기로 하고 이에 대한 전권을 위원장에게 위임할 것을 만장일치로 결의했다. 전권을 위임받은 위원장은 3월 14일 극비로 제2상무집행부를 구성하고 그 원칙과 활동내용 및 위임장을 작성하여 똑같은 서류 세 부를 만들었다. 3월 15일 이상대는 연락을 받고 노조 사무실로 급히 달려왔다. 위원장은 그에게 봉투 하나를 건넸다. "다음에 내가 지시할 때 개봉하시게." "이게 뭔가요?" 묻기는 했지만 무엇이 있을지 짐작하고 있었다. 이상대는 봉투를 옷 속 깊은 곳에 숨겨 평민당 농성장에 들어갔지만 투쟁이 길어지면서 불안감에 싸였다. 그는 옥수 승무 조태형에게 부탁해 그의 부인을 불러 속옷 안에 넣고 택시를 타고 함께 조태형의 집으로 가, 장롱 서랍 밑에 테이프를 붙여 봉투를 숨겼다. 이들은 경찰에 발각되면 노조가 끝장날지도 모르니 봉투를 사수해야 한다는 생각뿐이었다. 같은 봉투가 역무지부 박병복, 문영섭에게도 각각 전해졌다.[53]

4월 7일 서창호 수석부위원장 구속 이후 위원장으로부터 제2집행부를 구성하라는 의사가 전달되었다. 위원장이 면회 온 부인을 통해 육성을 녹음해 전달한 것이다. 이에 4월 8일 오후 2시 위원장으로부터 건네받은 봉투가 개봉되었고 다음날 오후 7시 상무집행위원으로 임명된 동지들과 지부장 직무대행들이 설비지부 사무실에서 모임을 하고 문영섭을 상무집행위원회 의장으로 하는 22명의 제2집행부를 4월 10일 출범시키기로 했다.[54] 제2집행부는 지부별 수련회를 열고 조회거부 투쟁, 붙이면 떼고 떼면 붙이는 대자보 투쟁을 벌이며 조직복원 활동을 시작했다. 조합원들은 희생자를 위한 투쟁기금을 모금했

53) 나중에 안 일이지만 이미 개봉해서 그 내용을 본 이도 있었다고 한다.

54) 제2집행부 명단: 의장 문영섭, 제1부의장 이상대, 제2부의장 장윤석, 역무1지부장 한영철, 역무2지부장 나영섭, 승무지부장 하원준, 차량지부장 강진도, 설비지부장 김근황, 시설지부장 윤종석, 총무위원 이훈, 조직위원 윤제훈, 교육위원 김학년, 선홍위원 유제현, 법규위원 박명학, 후복위원 최원석, 조사통계위원 송준엽, 문화체육위원 오창식, 편집위원 김대수, 부대사업위원 이준봉, 대외협력 조흥연

으며 지부별로 구속 부상동지 면회조를 짜 하루도 빠지지 않고 면회를 갔다. 5월 4일 임시대의원대회에서는 의무금을 기본급 1%에서 급여 총액 2%로, 직무대행 규정 4항의 지부장 중 연장자를 위원장(또는 위원장 직무대행) 지명자로 개정하고 5항을 지부장 중 연장자로 하여 신설하면서 조직안정을 위한 조처를 했다. 4월 14일 군자기지 노동조합 앞마당에서 '구속동지 석방 및 수배동지 해제 촉구대회'를 열었는데 조합원 2천여 명이 모이면서 분위기가 서서히 올라가고 있었다. 전 조합원은 붉은색, 노란빛 머리띠를 매고 정윤광 위원장의 "우리의 파업은 정당했다"라는 메시지 낭독을 들었다. 제2집행부는 공안정국 속에서 패배감과 좌절감에 흐트러진 조직대오를 추스르고 16차까지 교섭과 '근무형태변경' 작업을 진행했다. 노조대표로 인정하지 않으려는 공사에 맞서 조합원들은 제2상무집행위원회 신임 찬반투표에서 투표 87.7%, 신임 84.9%로 힘을 실어주었다.

이 시기에 수배된 간부들은 줄줄이 구속되었고 병원에 입원해 있는 홍순용 부위원장까지 끌려갔다. 4월 16일에는 서노협 단병호 의장이 서울지하철노조

구속자 석방을 요구하는 집회에 참여한 구속 동지 가족들(1989.7.3.)

투쟁과 관련되어 제3자 개입 혐의로 구속되었다. 공사는 3월 10~22일 파업에 대해 '유무계 결근 처리 통한 임금차등지급'을 했고 군자 검차소 조합원들은 이에 총회 투쟁으로 맞섰다. 본사 앞마당에서 4월 21일 열기로 한 무노동무임금 철회 및 노조탄압분쇄 결의대회를 경찰이 사당역부터 원천봉쇄해, 이 과정에서 부상자가 발생했다. 공사의 합법성 정통성 시비를 극복하고 4월 28일 단체교섭이 시작되어 5차례에 걸쳐 이어졌지만 인식의 차이만 넓힌 채 끝났다.

교섭이 결렬된 상황에서 파업사후대책을 관철하는 데 현 조직으로는 어렵다는 논의를 한 문영섭 의장은 정윤광 위원장을 면회하고 사퇴를 권하였다. 위원장은 제안을 받아들여 5월 16일 옥중 사퇴서를 제출했고 곧바로 제2집행부는 보궐선거공고를 했다. 이를 계기로 5월 24일 임시대의원대회가 열렸는데 여기서 위원장 사퇴수리 건이 논의되었지만 사퇴서가 대의원들에 의해 반려되었고 사퇴철회를 요구하기로 했다. 오히려 대의원들은 대의원대회를 거치지 않고 보궐선거 공고를 한 제2집행부를 질타했으며 위원장 사퇴 건을 제출한 의장 외 상집위원의 사퇴를 권고했다. 중차대한 조합의 현안을 두고 위원장 사퇴는 노동조합을 공전시킬 수 있다는 의견이었다. 위원장은 대의원들의 의사를 받아들여 사퇴철회 의사를 노동조합에 전달했다.

집행부를 새로 꾸리고[55] 6월 27일 교섭이 시작되었지만 공사는 노조 조직력 약화를 노리며 근무형태 변경, 임금 저하 기도를 드러냈다. 노조가 요구하는 근무형태는 3가지였지만 공사는 10가지를 제시했다. 공사가 원하는 것은 근무형태를 부서별로 각각 다르게 함으로써 부서 간 결합력을 약화해 각종 집회 및 노동조합 활동을 약화하려는 것이었다. 또한 현행 24시간 1주야교대 근무제에서 8시간으로 단축하는 동시에 1989년 임금인상분을 상쇄시키고 보수제

55) 6월 2일 운영위원회에서 신임부서부장을 인준하였다. 제1부의장 최낙용, 제2부의장 박병복, 총무부장 임동헌, 조직부장 홍순영, 선홍부장 유제현, 교육부장 김학년, 후복부장 최원석, 조통부장 강충모, 문화부장 오창식, 법규부장 연원선, 편집부장 박종우, 부대사업부장 박명학, 대외협력부장 이훈, 쟁의부장 김용진

도 개선의 의미를 소멸시켜 급여를 0으로 맞춰놓으려는 의도가 있었다. 한편으로는 상위직 일반직의 노조탈퇴 흐름을 조장하고 감사실 부상, 징계위원회 남발로 조합원들을 위축시켰고, 한편에서는 도청장치로 노동조합 활동을 감시하였다. 노동조합공사의 태도와 도청을 규탄하는 집회를 열었고 감옥에서는 구속 동지 21명 전원이 연대의 의미로 3일간 단식투쟁을 벌였다.

공권력은 워터게이트 사건을 기억하는가

—헌법18조(통신의 비밀)와 형법316조(비밀침해)에 저촉되는 형사범—

우리는 역사를 통해 "도청"이라는 범법성과 엄청난 파문을 알고 있다.

저 유명한 워터게이트 사건은 아직도 전세계인의 가슴에 통신의 자유와 비밀침해에 대한 소중한 교훈으로 생생히 살아 있다.

그러나 이러한 역사적 교훈이 무용지물화된 사건이 어찌된 셈인지 이 땅의 곳곳에는 일상적으로 일어나고 있으니 하늘을 우러러 부끄럼 없기를 갈망하는 노동자의 찢어질 듯한 가슴은 그 누가 알아 주랴.

통탄할 일이다.

그러나 통탄과 한숨만으로는 이 현실을 타파하지 못한다.

우리는 일어서야 한다.

엄청난 사건, "전화도청"

공권력은 일상적으로 헌법과 법률을 지키지 않으면서 어찌 국민들에게만 법과 질서를 지키라고 강요하는가.

이 땅에 진정한 법치가 존재한다면 공권력을 행사하는 모든 기구는 솔선수범 법을 지켜야 한다.

법은 만인에 평등한 것이며 집행하는 당사자들 또한 만인이다.

기득권 확보에 혈안이 되어 있는 세상 그것은 엄정한 법치가 이루어지지 않고 있다는 증거이다.

관권 주변에 비리가 득실거리며 기득권자의 목에 힘줄은 언제까지 계속될지 자못 궁금해 진다.

지하철 노조 역무지부 사무실에서 발견된 도청 장치는 교묘하고도 치졸하게 계획된 공권력의 공명성이며 사후 알리바이를 위해 이름까지도 밝히지 않은 시경 형사과의 도덕성을 의심하지 않을 수 없으며, 발견시 책임 회피에 대한 완벽한 공권력의 범법에 경악을 금치 않을 수 없다.

지난 6월29일 뚝섬역 역장실내의 단자함에서 발견된 도청장

도청장치 규탄대회(1989.7.6.)

한편, 7월 18일 열린 교섭은 중노위 직권중재를 5일 연기한 상태에서 진행한 것이다. 그런데 승무지부가 총회를 열어 교섭 상황을 공유하려 하자 공사는 경찰 1개 중대 병력을 요청하여 공사 앞을 봉쇄했고, 교섭위원과 지회장 대의원 등이 이에 항의해 공사 앞 인도를 점거하는 기 싸움을 시작했다. 공사가 예민하게 반응한 것처럼, 쟁점이 된 점은 승무 조합원의 근무형태 변경 요구안이었다. 노동조합은 정률수당을 개인별 통상임금액으로 산정한 후 그의

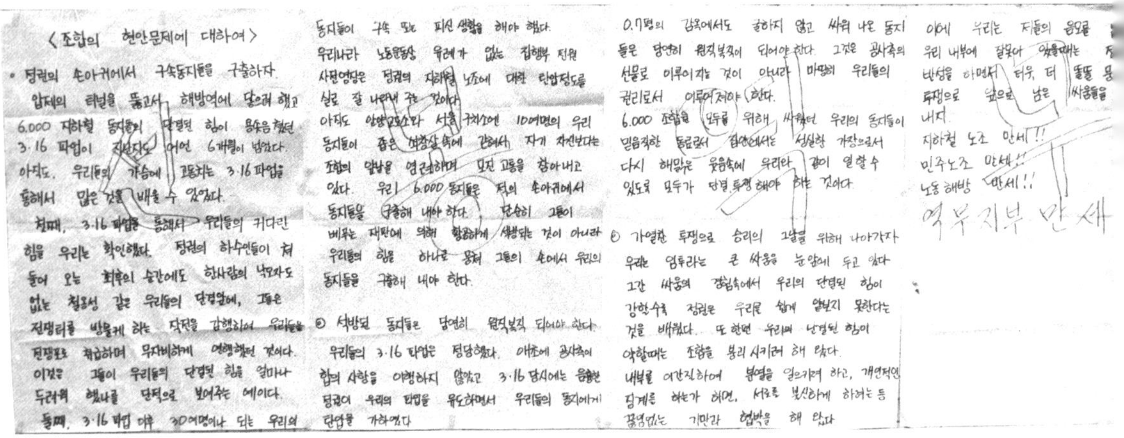

〈조합의 현안문제에 대하여〉

• 정권의 손아귀에서 구속동지들을 구출하자.

압제의 터널을 뚫고서, 해방역에 닿으려 했고 6.000 지하철 동지들의 단결된 힘이 용솟음 쳤던 3·16 파업이 지난지도 어언 6개월이 넘었다. 아직도, 우리들의 가슴에 고동치는 3·16 파업을 통해서 많은 것을 배울 수 있었다.

첫째, 3·16 파업을 통해서 우리들의 커다란 힘을 우리는 확인했다. 정권의 하수인들이 쳐들어 오는 최후의 순간에도 한사람의 낙오자도 없는 철옹성 같은 우리들의 단결앞에, 그들은 전쟁터를 방불케 하는 작전을 감행하여 우리들을 전쟁포로 취급하며 무자비하게 연행했던 것이다. 이것은 그들이 우리들의 단결된 힘을 얼마나 두려워 했나를 단적으로 보여주는 예이다.

둘째, 3·16 파업 이후 30여명이나 되는 우리의 동지들이 구속 또는 피신 생활을 해야 했다. 우리나라 노동운동상 유례가 없는 집행부 전원 사전영장은 정권의 지하철 노조에 대한 탄압정도를 실로 잘 나타내 주는 것이다.

아직도 안양교도소와 서울구치소엔 10여명의 우리 동지들이 좁은 쇠창살 속에 갇혀서 자기 자신보다는 조합의 앞날을 염려하며 모진 고통을 참아내고 있다. 우리 6.000 동지들은 적의 손아귀에서 동지들을 구출해 내야 한다. 단순히 그들이 베푸는 재판에 의해 황송하게 석방되는 것이 아니라 우리들의 힘을 하나로 뭉쳐 그들의 손에서 우리의 동지들을 구출해 내야 한다.

◎ 석방된 동지들은 당연히 원직복직 되어야 한다.

우리들의 3·16 파업은 정당했다. 애초에 공사측이 합의 사항을 이행하지 않았고 3·16 당시에는 음흉한 정권이 우리의 파업을 유도하면서 우리들의 동지에게 탄압을 가하였다

0.7평의 감옥에서도 굴하지 않고 싸워 나온 동지들은 당연히 원직복직이 되어야 한다. 그것은 공사측의 선물로 이루어지는 것이 아니라 마땅히 우리들의 권리로서 이루어져야 한다.

6.000 조합원 모두를 위해 싸웠던 우리의 동지들이 믿음직한 동료로서 집안에서는 성실한 가장으로서 다시 해맑은 웃음속에 우리와 같이 일할 수 있도록 모두가 단결 투쟁 해야 하는 것이다

◎ 가열찬 투쟁으로 승리의 그날을 위해 나아가자

우리는 임투라는 큰 싸움을 눈앞에 두고 있다 그간 싸움의 경험속에서 우리의 단결된 힘이 강할수록 정권은 우리를 쉽게 얕보지 못한다는 것을 배웠다. 또 한편 우리의 단결된 힘이 약할때는 조합을 붕괴 시키려 해 왔다. 내부를 이간질하여 분열을 일으키려 하고, 개연적인 징계를 하는가 하면, 서로를 불신하게 하려는 등 끊임없는 기만과 협박을 해 왔다

이에 우리는 저들의 음모를 우리 내부에 잘못이 있을때는 반성을 하면서 더욱, 더 똘똘 뭉 투쟁으로 앞으로 남은 싸움들을 내자.

지하철 노조 만세!!

민주노조 만세!!

노동해방 만세!!

역무지부 만세

40~50%에 상당하는 금액을 정책수당으로 하여 통상임금에 포함하고 그 일정액을 초과하는 금액은 기본급에 포함하여 정률수당을 정액화할 것을 요구했고 공사는 정률수당 중 기술자격수당, 승무수당, 자동차운전수당 정액화를 주장했다.[56] 다음날 이어 교섭을 진행하기로 하였으나 다음날 중노위는 공사안을 설명받는 등 사실상 연기된 중재를 개시했고 역무의 4조3교대, 시설설비 차량의 3조2교대 근무형태 변경안 등 잠정합의한 것을 문서로 만들기도 전에 중노위 논의로 넘겨졌다.

서창호 수석부위원장 직무대행(1989년 8월 1일 ~)

7월 24일 1심 재판으로 다수의 간부가 석방되어[57] 서창호 수석부위원장이 규약에 따라 위원장 직무대행직을 맡게 되었다.[58] 하지만 노조의 활동 방향을

---

56) 88.1.25.임금협약을 통해 정률로 합의된 바 있다. 당시 노동조합들이 정액 임금인상이나 수당 정액화를 주장한 것은 '평등'개념을 반영한 것이다.

57) 7월 24일 1심에서 정윤광, 홍순용, 조상호, 임성규, 석치순 실형 선고, 서창호 김연환 최종진 김상희 정재웅 맹용수 박노선 엄재성 최낙용 윤재운 양윤모 이재용 김유복 집행유예, 이청호 임양택 강청진 임동헌 박경명 유방식 벌금형 등이 선고되었다.

58) 집행부는 총무부장 직대 임동헌, 교육부장 윤재운, 조직부장 직대 공석, 쟁의부장 직대 김용진, 선홍부장 직대 유제현, 편집부장 박종우, 문체부장 직대 공석, 조사통계부장 김연환, 후복부장 강충모, 대외협력부장 홍순영, 부대사업부장

정립하는 과정에서 논쟁이 생겨났고, 20일 만에 사퇴하게 된다. 논쟁은 대자보를 지하철 역사에 부착해 달라는 전교조의 요구를 서울지하철노조가 내부 조직력을 이유로 거부한 것이 발단되었다. 당시 전교조 사수 문제는 노동운동뿐 아니라 민중운동의 최전선 과제였다. 서창호 직대는 서울지하철노조가 이러한 연대투쟁, 전체 운동에 복무하지 못한다면 민주노조로서의 정체성을 잃는 것이라는 비판에 직면하게 되고 결국 퇴진하게 된 것이다. 이 틈을 타 퇴진 바로 다음날인 23일 중노위는 중재재정안을 확정 통보했다. 6차에 걸친 연기 끝에 확정된 중재재정안은 공사의 안을 일방적으로 채택한 것이었다.

≪서울지하철노조 중재재정안≫

1. 1989.3.29. 자 당 위원회가 중재재정한 주문 4.의 "근무형태변경과 보수제도 개선" 시행안을 다음과 같이 확정한다.

가. 근무형태는 역무분야는 4조3교대제, 통상근무자 및 승무교번자를 제외한 기타 분야는 3조2교대제로 하되, 승무 철야근무 대상자는 운용기관사, 구내기관사, 운용계장으로 한다.

나. 정원 조정은 현 정원 7,104명을 1,066명(승무분야 187명 증원 포함) 증원한 8,170명으로 한다. 분야별 정원은 '별표1'과 같다.

다. 월 기준 근무시간은 184시간으로 한다.

라. 월 근무일수는 역무분야 18.5일, 승무교번자를 제외한 기타분야 18일, 그리고 승무교번자는 17.3다이아로 한다.

마. 월 휴일 일수는 역무분야 5일, 통상근무자 및 승무교번자를 제외한 기타분야 7일로 하되, 주휴일 및 국경일 등 유급휴일을 포함한다.

바. 3조2교대제의 연속 야간근무는 월 3회로 하되, 연속 야간근무로 인하여 발생된 휴일 이외의 휴일은 후반 'B' 근무에서 1회, 전반 'B'근무 또는 'A'근무에서 1회 실시하기로 한다.

사. 휴게시간은 역무분야 수면시간 2시간, 통상근무자 및 승무교번자를 제외한 기타분야 중식 1시간, 수면 2시간 50분, 계 3시간 50분을 인정한다.

남기상, 법규부장 엄재성이 맡았고 여성부장 직대는 공석이었다.

아. 법성수당은 실적급으로 역무분야와 통상근무자 및 승무교번자를 제외한 기타분야는 통상임금의 49%로 하고, 승무교번자는 정상으로 만근한 경우, 1주기당 월평균 통상임금의 49%를 보장하며, 통상근무자는 월 25시간 범위 내에서 업무형편에 따라 시간외 근무를 인정한다.

자. 승무교번자 평균 근무시간을 1근무당 평균 11시간 10분(현행)에서 9시간 50분으로 한다. 단축내역은 출근준비 10분, 정리 10분, 출고점검 35분(하회점검 생략), 운전시간 평균 25분을 현행 근무시간에서 각각 단축한 것으로 한다. 단, 중간대기시간은 현행과 같이 1근무당 평균 3시간으로 한다.

차. 승무수당 지급에 따른 승무횟수는 제한하지 아니한다.

카. 승무근무자는 연 1회 정밀 신체검사를 실시하되, 검진 항목은 관계법 규정에 불구하고, 노사 간 협의하여 따로 정한다.

타. 비상대기시간 중 실제대기시간은 근무시간으로 인정한다.

파. 현재 시행중인 정률수당은 1989.4.20. 기준, 지급금액으로 다음과 같이 정액화하여 1989.9.1.부터 실시한다.

1) 각 직급

1~4호봉은 5호봉 지급금액, 5~9호봉은 10호봉 지급금액, 10~14호봉은 15호봉 지급금액, 15~19호봉은 20호봉 지급금액, 20~24호봉은 25호봉 지급금액, 25~29호봉은 30호봉 지급금액, 30~34호봉은 35호봉 지급금액, 35~40호봉은 40호봉 지급금액을 기준으로 상향 조정하고, 금액의 단수처리는 500원 이하는 500원으로, 501원 이상 1,000원은 1,000원으로 한다.

2) 위 '하'항을 제외한 '가'~'파'항의 시행 시기는 1989.12.1.부터로 한다.

2. 본 중재재정의 효력은 1989. 8. 23.부터 발생한다.

안의 주요 내용에는, 여가와 승진 기회가 확대되고 야간근무 일수가 축소되기는 했으나 현 임금 보전 실패로 '89임금인상 효과가 미흡하고 직장동료 상호간 접촉의 기회가 축소되는 문제점을 가지고 있었다.

최낙용 위원장 직무대행(1989년 8월 26일 ~)

• 1989년 임금교섭

서창호 직무대행의 사퇴로 규약상 원칙에 의해 제1부의장 최낙용이 위원장 직무대행을 맡게 되었다. 9월 19일 임시대의원대회에서는 최낙용 직무대행 및 상집위를 인준하고[59] 단체교섭안을 확정했으며 향후 투쟁일정을 토의했다. 석방된 동지들이 상집위에 결합하여 파업수습대책을 교섭으로 관철하고 '89임금인상을 목표로 10월 투쟁을 조직하기로 했다.

9월 22일부터 '89임금교섭에 들어갔다. 서울지하철노조는 노동자의 삶과 생존권을 외면한 채 정부가 일방적으로 제시한 임금인상 10% 가이드라인을 받아들일 수 없었다. 당시 전국 사업장의 '89임금인상률은 18.6%였고 정부투자기관의 임금인상률은 10% 미만으로 발표되고 있었지만 실제 수당 등을 포함하면 20% 이상이었다. 노조 요구안은 기본급 정률 8.5%와 정액 3만 원 인상, 각종 수당 인상 등이었다. 그리고 구속 동지 석방 및 석방자 직위해제자 원직 복직, 무노동무임금 원칙 취소, 노조활동과 관련한 징계자 징계 취소, 휴무사용자 무계결근 처리 취소, 노조관계 서류와

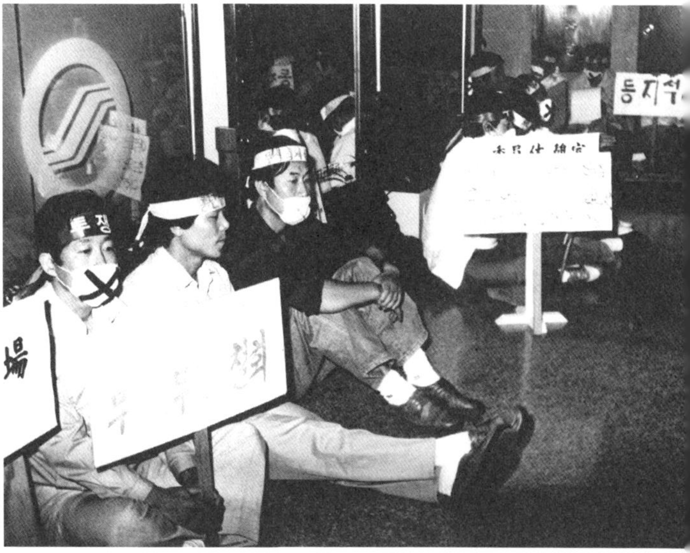

구속동지 석방과 무노동무임금 철회를 요구하며 농성하는 조합원들

59) 집행부는 부위원장 직대 최원석, 사무국장 주길연, 총무부장 임동헌, 조직부장 박노선, 선홍부장 유제현, 문체부장 정용운, 후복부장 양윤모, 교육부장 윤재운, 편집부장 엄재성, 대협부장 김유복, 조사통계부장 김연환, 법규부장 박재동, 부대사업부장 박영학, 쟁의지도부장 김용진, 여성부장 강충모, 편집차장 박종우였다.

금품 등 절취품 반환 등을 요구했다. 10월 13일 임시대의원대회에서는 모든 수단과 방법을 동원한 쟁의행위를 결의하고 쟁의방법과 시기를 집행부에 일임하기로 했다.

노조는 10월 들어 102개 역사 내 대자보 투쟁에 돌입했고 공사는 전담 경찰관 파견을 요청해 대자보 철거작업으로 맞섰다. 교섭이 열리긴 했지만 공사의 단체교섭안은 애초 공사 안보다 오히려 후퇴하면서 교섭은 교착상태를 거듭하다가 결국 결렬되었고 10월 30일 확대간부 전원은 단식농성 투쟁에 돌입했다. 조합원들의 파업찬반투표를 독려하기 위해 교섭위원 12명은 투표일까지 4일 간 단식하였고, 안양교도소에 수감 중이었던 정윤광 위원장, 홍순용 부위원장, 조상호 차량지부장, 임성규 총무부장, 석치순 문화체육부장 등 5명과 서울구치소의 이광열 쟁의부장도 10월 29일부터 동지석방, 원직복직, '89임금인상 노조요구안 수용을 요구하며 5일간 단식을 벌였다.

서울지하철노조의 요구는 공권력은 공사 사장에게 전권을 위임하고 노사문제를 자율로 해결하도록 간섭하지 말라, 3차 수정안을 수용하고 근무형태 변경에 상관없이 임금을 보전하라, 구속 동지를 석방하고 석방 동지를 전원 원

동지 석방을 요구하는 조합원들

직복직 시켜라, 노동조합 탄압을 즉각 중단하라는 것이었다. 조합원들은 쟁의 행위 찬반투표에 93.4%의 조합원이 참여해 88.2%가 찬성표를 던졌다.

쟁의행위(파업 등)를 위한 찬반투표 결과(1989.11.2.)

지부명	유권자	투표자	투표율	찬성	반대	투표자중 찬성률	무효	기권	총조합원 대비찬성률
역무1	1232	1113	90.34%	960	139	86.25%	14	119	77.92%
역무2	894	836	93.51%	712	92	85.17%	32	58	79.64%
승무	1147	1065	92.85%	916	139	86.01%	10	82	79.86%
차량	1081	1003	92.78%	913	79	91.03%	11	78	84.46%
시설	682	613	89.88%	560	47	91.35%	6	69	82.11%
설비	750	713	95.07%	661	43	92.71%	9	37	88.13%
본사	84	56	66.67%	41	15	73.21%	0	28	48.81%
(+교육생)	86	86	100.00%	77	8	89.53%	1	0	89.53%
총계	5870	5485	93.44%	4840	562	88.24%	83	385	82.45%

• 김근황 굴뚝농성

11월 1일 설비지부 대의원 김근황이 "구속동지 석방, 전원 원직복직, '89임금인상 제1차 수정안 즉각 수용"을 주장하며 노조 사무실 뒤 30미터 굴뚝 위로 올라갔다. 성동소방서는 고가 사다리차 2대, 구급차 1대, 미니버스 1대 등을 배치했고 기자들도 몰려왔다.

굴뚝농성이 사전에 계획되거나 논의된 전술은 아니었다. 김근황은 '이건 도저히 아니다. 뭐라도 해보자.'는 생각에 농성을 시작했다. 이를 두고 일부 간부들은 조합원을 조직하라는 것이 방침인데 왜 올라갔을까 의문을 가지며 돌출행동으로 바라보기도 했다. 그러나 굴뚝농성은 조합원들의 관심을 끌어 중식, 석식 투쟁이 이어졌고 조합원들은 굴뚝을 바라보며 노래를 부르고 구호를 외

구속동지 석방, 전원 원직복직 등을 요구하며 굴뚝으로 올라간 김근황 대의원(1989.11.)

치고 손을 흔들면서 지지했다. 동지들이 줄을 매달아 밥을 올려줬지만 김근황은 단식을 했고 물과 용변을 볼 수 있는 통, 비닐 가리개 정도만 받았다. 다행인 것은 굴뚝이 군자기지 보일러실과 통하고 있어 그나마 온기가 있었고 보기보다 넓어 움직일 공간이 확보되었다는 점이었다. 어찌되었든 김근황의 굴뚝 농성은 쟁의행위를 위한 찬반투표를 앞두고 조합원을 묶어내는데 중점을 둔 선도투쟁이었다. 11월 4일 최낙용 직무대행이 합의서에 서명하고 나서 김근황은 굴뚝을 내려왔다.[60]

• '89임금협약 합의와 최낙용 직무대행 사퇴

합의각서의 주요 내용은 기본급 정률 9%를 인상하여 89년 1월 1일부터 소급적용, 각종 수당을 통합하여 안전봉사수당으로 명칭 변경하고 통상임금 범위에 포함하며 전 직원에게 월 35,000원을 지급한다는 것이었다. 최 직대의 생각은 원직복직 문제는 항소심에서 공사가 최대의 노력을 기울여 사법부 선처로 형이 감해지도록 하겠다는 약속을 믿어보겠다는 것이었다. 조직 상황을 고려했다. 결국 합의각서 인준 투표에 66%의 조합원이 찬성표를 던졌지만 설

60) 공수부대 출신 조합원은 줄을 매달아 극적 장면을 연출하며 김근황을 굴뚝에서 내려오도록 했다. 1989년 2월 13일 해고자 복직을 요구하며 굴뚝농성을 벌인 강원산업 해고 노동자 중 한 명이 훗날 김근황을 비롯한 서울지하철노조 조합원들의 투쟁을 응원하러 신혼여행 중 서울지하철노조를 들렀다.

비지부는 절반을 넘지 못했고, 시설지부는 투표를 거부했다. 위험수당이 출납 조정수당으로 통폐합된 것에 반발 의사를 표한 것이다. 이렇게 조직갈등이 표출되고 있던 때에 홍순용, 석치순, 조상호가 집행유예로 석방되고(12월 7일) 임성규(12월 16일), 이광열(1990년 2월 3일)이 집행유예로 석방되었다.

1990년 1월 1일 『동아일보』에 "지하철에 함께 탄 한진희 서울지하철공사 사장과 최낙용 노조위원장 직무대행" 대담기사와 함께 환하게 웃는 사장과 노조 대표의 사진이 실렸다. 조합원들의 항의에 최낙용은 노조소식지에 장문의 사과문을 실어 노사 쌍방의 주장을 동등하게 실어주겠다는 다짐을 받고 사장과 논쟁 인터뷰를 한 것인데 신문에는 노조가 파업할 의사가 전혀 없는 것처럼, 파업을 해서는 안 된다는 사장의 주장에 동의한 것처럼 편집되어 기사가 실렸다고 해명했다. 이런 와중에 공사는 해고자 선별복직 의도를 관철하려 하였고 2월 7일에는 경찰이 둘러싼 가운데 공사는 상벌위원회를 열어 정윤광, 조상호 등 노조간부 4명을 파면하였다. 이에 항의하여 9일 3.16파업 부상자 피해보상

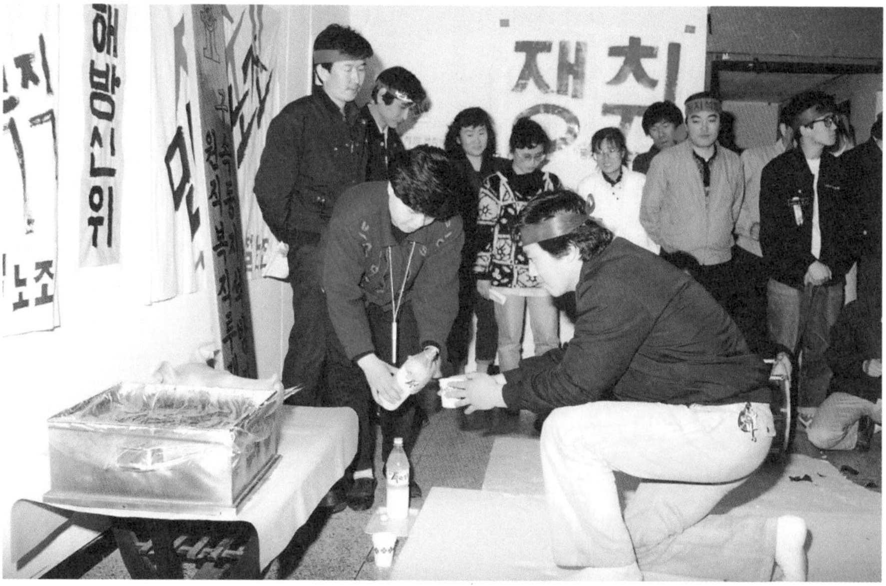

해고자들의 원직복직을 기원하며(1990.4.)

구속동지 석방과 '90임단협 쟁취를 요구하는 조합원들

완전쟁취 및 구속 석방자 징계음모 분쇄 결의대회 및 구속동지 석방 및 원직복직투쟁본부 발대식이 군자기지 공작창 건물 옥상에서 조합원 1,300여 명이 참여한 가운데 열렸다. 이에 앞서 1989년 12월 6일 확대간부회의에서 원직복직투쟁본부(원복투)를 조합 내 특별기구로 결성하기로 결정했다.

한편, 정권은 1월 22일 출범한 전노협을 깨기 위해 전노협 소속 사업장 업무조사를 했는데 공공사업장으로서 전노협의 주축이었던 서울지하철노조도 예외일 수 없었다. 2월 15일 동부지방노동사무소 직원 7명이 서울지하철노조 업무를 조사하기 위해 노조를 방문했지만 노조의 반발로 조사는 실패했다.

이렇게 전방위적 탄압이 가해지는 시기에 서울지하철노조에는 어떠한 방향으로 난국을 타개할 것인가를 둘러싼 갈등이 지속하였고, 2월 26일 확대간부회의에서 최낙용 직무대행은 사퇴의사를 발표했다. 그는 "정 위원장의 뜻과 해고 동지들의 뜻을 전달받았다. 난국을 타개하기에 구심점으로 부적격하다는 판단과 함께 해고 동지들이 다시 선봉에서 일하고 싶다는 강한 의지 표명이었다. 저의 모든 역량을 도모하여 도와주기로 결심"했다고 경과를 설명했다.

당시 서울지하철노조 대표가 사장과 함께 캠페인을 벌이고 잘 해보자고 사진을 찍고 기사가 난다는 것은 활동가들이나 조합원들에게 용납되지 않는 분위기였다. 최낙용 직대와 사무국장 등이 표방한 국정감사 중 침묵시위, 김장고추 직거래 등의 투쟁방법으로는 정권과 서울시, 공사의 무자비한 탄압을 막아내고 조직을 사수할 수 없다는 것이 3.16파업을 이끌었던 동지들의 생각이었다. 이에 몇몇 해고자들이 논의하여 최낙용을 만나 사퇴를 권했던 것이다. 하지만 확대간부회의에서 노조 공식 논의를 거치지 않았고 해고자라는 특권이 있는 것도 아닌데 그런 제안을 한 것은 절차상 맞지 않다는 질타를 받기도 했다. 어쨌든 최낙용은 조합원들에게 사퇴 경위를 공개하고 조직을 위해 단결할 것을 호소하는 글로 직무대행직을 마무리했다.

조상호 차량지부장, 위원장 직무대행(1990년 3월 9일 ~)

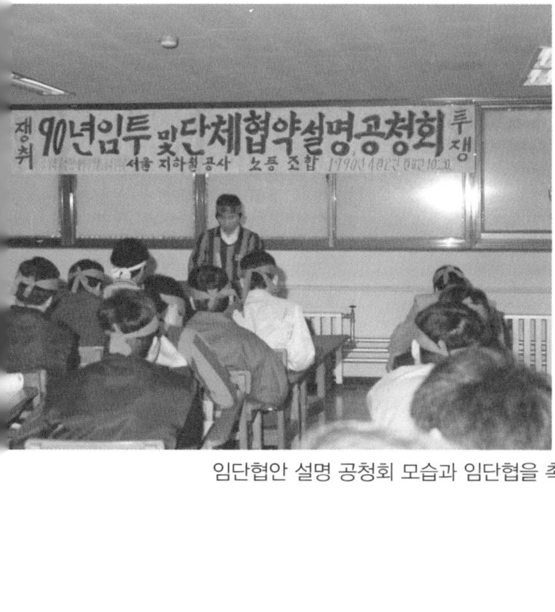

임단협안 설명 공청회 모습과 임단협을 촉구하며 농성하는 조합원들(1990.4.2.)

3월 5일 대의원대회에서 최낙용 수석부위원장이 사퇴함에 따라 홍순용 부위원장에게 직무대행직을 승계할 것인가, 공석이 되어버린 수석부위원장을 새로 선출하여 직무대행 직을 맡길 것인가 두 가지 안을 상정하여 수석부위원장을 새로 선출하기로 결정했다. 이에 따라 3월 9일 임시대의원대회에서 조상호는 수석부위원장으로 선출되어 위원장 직무대행을 맡았다. 하지만 이 대의원대회에서 인준 가결된 사무국장과 신임부서장 등 6명에 대한 조합 상집 파견근무를 공사는 부정하고 결근 처리하였다. 이미 단체협약 만료기간이 지났으나 공사는 조상호가 해고자이므로 대표로 인정할 수 없고 교섭에 응할 수 없다는 것이었다.[61]

그러던 차 4월 1일 공사는 피복지급규정을 개정하여 역무 승무 조합원에게 정모를 착용케 하겠다고 했다. 집회를 하면서 조합원들은 군사문화의 상징인 모자를 태워버렸는데 공사가 이를 다시 부활시키려 한 것이다. 그리고 수당공제를 획책하는 각종 교육거부가 확산되자 보수규정내규를 기습 개정하여 교육 중 임금공제를 합법화하려는 음모가 진행되고 있었다. 원만하게 풀릴 노사관계가 아니었다.

• 교육원 농성투쟁

충돌은 교육거부 투쟁으로 시작되었다. 1990년 4월 9일부터 5박6일간 교육이수자에게 감수성훈련 직무교육이 시행되었다. 산악훈련을 마친 5일째 저녁, 가상 장례식을 치른 것인데 교육생 24명 전원을 차례로 관속에 집어넣고 죽음의 공포로 몰아넣었다.

교육생들은 군자기지 교육원 지하 골방으로 안내되었다. 영정과 까만 휘장

61) "1989.11.17. 노동부, 노동조합법 3조 4항 해고효력을 타투고 있는 자는 사용 종속관계가 일단 단절된 것으로 근로자나 조합원이 될 수 없다는 노동조합 업무지침 공문 각 기업에 시달"되었다. 그러나 그간의 노동부 지침과 배치되는 "해고효력여부소송 근로자 노조원 자격인정"대법원 판결이 나왔다.(『동아일보』 1990.3.19.)

으로 장식된 실내는 촛불만 빛을 발하고 있었고 향냄새가 진동하였다. 교육생들은 상복으로 갈아입었다. 스님의 독경소리와 목탁소리가 녹음기를 통해 구슬프게 울려 퍼지는 가운데 두세 사람이 염을 하여 가상 사망자를 입관하고 사망자가 쓴 유서를 다음 사람이 낭독했고 나머지 사람들은 상주와 조문객 역할을 하며 곡을 하고 절을 했다.

"지난날을 반성하라. 새로운 인생으로 출발하라." 현실의 모순을 포기하고 부당한 승진인사 수당공제교육 노조탄압 등을 인간으로서는 극복할 수 없는 자신의 숙명으로 받아들이게 해 패배감과 체념을 주입하는 교육이었다. 당시 이런 자기반성훈련 교육은 지하철뿐 아니라 전국적으로 시행되었다. 명성전자는 노조간부 15명을 수련회에 끌고 가 관속에 집어넣고 못질까지 하며 노조활동 포기를 강요하기도 했다.

노조가 교육을 거부하는 이유는 교육기간 중 수당 미지급뿐 아니라 교육점수를 우선 적용, 승진인사를 단행하여 노조 내 불신과 분열, 갈등을 초래하기

공사가 지하철 노동자를 대상으로 한 감수성 교육(1990.4.13.)

때문이었다. 4월 13일 지회장 이상 조합간부는 직무대행체제 사수, 승진인사 제도 확보, 불이익 없는 교육 실시를 요구하며 무기한 철야농성에 들어갔다. 50여 명이 교육원에서 농성을 이어갔다. 교육 입소자들도 이에 동조해 입소자 전원 교육거부는 3일 동안 계속되었다. 4월 19일 임시대의원대회에서 교육원 철야농성에 대의원, 분회장 참여를 결의했다. 지난 1년 동안 공사측에 의해 징계를 당한 사람이 900여 명이었는데 여기에 더해 부당교육 철회를 주장하며 농성을 벌이던 노조간부 11명을 공사측이 경찰에 고발했다. 21일 조상호는 무기한 삭발단식투쟁에 돌입했고 비상확대간부회의(확대간부 전원)를 비상투쟁 본부로 발족하고 부당교육 저지 철야농성 투쟁을 대의원, 분회장 이상 간부참여로 확대하였다. 투쟁은 15일간 지속되었고, 4.26 임시대의원대회에서 대의원 요청으로 농성을 정리하고 조상호 직대의 단식을 풀기로 했다. 이후 강력한 투쟁을 위한 결정이었다.

• 전노협 5월 총파업과 서울지하철노조 무임승차 투쟁

서울지하철노조는 전노협의 1990년 5월 총파업에 무임승치 투쟁으로 연대했다. 공사와 서울시는 서울지하철노조의 무임승차투쟁을 저지하기 위해 102개 전 역사에 전투경찰, 사복형사, 서울시 공무원, 인근 역사의 통반장 부녀회원 등을 총동원했다. 적게는 6~7명, 혼잡한 역에는 30명씩 배치하여 저녁식사비 3천원씩을 지급했다. 그런데 대체 투입된 이들이 요금을 착복한 정황이 드러나 문제가 되었다. 첫날은 비교적 회계가 정확하였으나 갈수록 회계차이가 많이 나, 수입금의 착복으로 볼 수밖에 없는 정황들이 나타난 것이다.

시설·설비·차량·승무지부 조합원들은 담당 구간에서 무임승차투쟁에 최선을 다했다. 서울지하철노조의 무임승차투쟁은 KBS와 현대중공업 등 단위노조 파업에 공권력을 투입한 정부에 항의하는 차원이었다. 정권은 '아침이슬'

서울지하철노조 세계노동절 기념집회(1990.5.1.)

작전을 벌여 현대중공업 골리앗 투쟁을 진압했고, 서기원 사장 퇴진과 공정방송 쟁취를 요구하며 투쟁하는 KBS 노동자들을 탄압했다. 전노협은 이에 반발해, 5월 1일 전국 총파업을 결정했고 20만 조합원들이 일제히 파업에 들어갔다. 서울지하철노조는 파업에 참여할 수 없는 상황에서 무임승차 투쟁으로 함께했고 연대투쟁에 적극 결합함으로써 전체 운동에 복무하기로 한 것이다. 서울시와 공사의 방해 책동으로 완전한 성공을 이루지는 못했지만 서울지하철노조의 현안인 대표성 인정과 단체교섭 요구를 알리는 계기가 되기도 했다.

비록 대표성 문제로 현안들을 해결하지는 못했지만 조상호 직대체제는 협조적 관계 중심에서 투쟁 중심으로 노조의 활동방향을 바꾼 시기였다. 당시 활동가들 사이에는 패배적 흐름을 인정하고 조합원들이 하자는 대로 따라가는 게 맞는지, 분위기가 가라앉아 있기는 하지만 타협이 아니라 선도적인 투쟁으로 타개해야 하는 것이 맞는지에 대한 논쟁을 많이 했다. 어려운 여건 속에서도 3.16파업 정신이 무엇인지 끊임없이 고민했던 것이다.

그러나 5월 18일 노동부는 서울지하철노조의 규약 및 현 집행부 교체를 요구하는 시정명령 공문을 발송했고 5월 24일에는 업무조사 실시 공문을 발송해왔다. 결국 병원에 입원한 조상호 직무대행이 사퇴의사를 표명했고, 5월 29일 임시대의원대회에서 향후 계획을 논의하게 된다.

홍순영 수석부위원장, 위원장 직무대행(1990년 5월 29일 ~)

• 민주노조 깃발을 내릴 수 없다

5월 29일 임시대의원대회에서 홍순영 승무지부장이 새로운 수석부위원장 겸 위원장직무대행으로 선출되었다.[62] 직무대행 선출이 순조롭지는 않았다. 구속 중인 정윤광 위원장의 사퇴를 권고하고 총사퇴 총선으로 나가자는 안건이 제출되었고 조직을 위해서는 새로운 집행부를 꾸려 교섭을 하고 현안문제를 풀어야 한다는 의견과 총선을 가장 원하는 것은 공사와 정권이므로 감옥에서 고생하는 위원장을 지키는 것이 투쟁하는 것이라는 의견이 맞섰다. 논란 끝에 표결을 하여 위원장 사퇴 권고 결의안이 찬성 33, 반대 62, 무효 1표로 부결되고 직무대행 체제를 계속 유지하기로 하였다. 20여 명의 대의원이 결과에 불만을 표시하며 대회장을 나갔다. 이어 직무대행직을 부위원장이 승계하자는 안과 수석부위원장을 새로 선출하여 승계하자는 안을 두고 토론, 수석부위원장을 새로 선출하기로 했다. 추천된 단일후보인 홍순영 승무지부장을 찬성 65, 반대 5, 무효 3표로 선출하였다.

직무대행체제 유지냐 총선 실시냐의 논의가 처음 제기되었을 때는 정윤광

62) 집행부는 부위원장 홍순용, 사무국장 박병복, 법규부장 김명희, 총무부장 임동헌, 조사통계부장 박경명, 부대사업부장 김인홍, 교육부장 서정근, 후생복지부장 강충모, 문화체육부장 김학년, 대외협력부장 양윤모, 쟁의지도부장 김용진, 여성부장 송미영, 선전홍보부장 김영후, 편집부장 김선구, 조직부장 이훈이 맡았다. 이후 법규부장으로 박명학을 임명하고 김명희를 사무국장으로 임명한다.

위원장을 반대하는 세력이 주도한 논의였다면, 두 번째 논의에서는 정윤광 위원장 지지세력 내에서도 총선을 실시해 조직을 보전해야 하는 것 아니냐는 의견이 나오기 시작했다. 하지만 공사가 "정 위원장만 정리하면 모든 것을 들어줄 수 있다."는 제안을 하고 공사에 파견 상주하는 안기부 조정관이[63] 나서서 총선을 부추기는 등 공사와 정권의 음모가 드러나는 상황에서 정윤광 위원장을 포기하는 것은 민주노조 깃발을 포기하는 것이므로 막아야 한다는 활동가들의 의지가 강했다. 하지만 서울지하철노조 활동가들 내에서는 견해차 때문에 감정의 골이 깊어가고 있었다. 이것 또한 공사와 정권이 노리는 바였을 것이다.

- 버티는 것도 투쟁이다: 7주차 투쟁

새로 직무대행을 선출했지만, 공사는 계속 교섭을 거부하고 1990년도 임금인상분을 소급 지급하겠다고 했으며 조합비 일괄공제를 중단한다는 유인물을 현장에 돌렸다. 노조는 이에 대항해 7월 23일부터 1주차 조직 강화 및 조합원 홍보 중점 기간, 2주차 조합원 주체적 참여의식 고취 기간, 3주차 노동조합 창립 3주년 기념 행사 주간, 4주차 단결주간, 5주차 사장 불신임 및 대시민 중점 홍보 기간, 5주차 대시민 홍보 및 투쟁열기 고취 기간, 6주차 총력투쟁 기간으로 파업찬반투표, 머리띠 착용, 무임승차, 준법운전 등을 전개, 7주차 총파업 투쟁을 벌이겠다는 계획을 수립했다.

홍순영 직대 체제하에서의 투쟁은 버티기 위한 것이었다. 노조 조직력이 떨어져 싸울 힘은 없었지만, 조금만 버티면 정윤광 위원장이 석방되므로 그때까지 조직을 보전하자는 생각으로 마지막까지 있는 힘을 다해보자는 것이었다.

---

63) 전노협 창립과 5월 전국 총파업의 영향을 받아 1990년 하반기 대공장에 민주노조가 속속 들어섰다. 정권은 대공장을 사수하기 위한 공작을 펼치는데 집행부를 어용화하기 위한 시도, 안기부 직원을 통한 통제와 감시 등을 강화하였다. 특히 기간산업과 방위산업체는 안기부의 직접 관리 대상이었다.

투쟁을 진행하면서 현장에서는 공사와의 충돌, 징계가 남발되었다. 공사는 차량 방송을 한 종로승무소 이신용을 파면시켰고, 전동차 스티커를 제거하던 공사 간부들과 창동차량사무소·상계승무사무소 소속 조합원이 충돌하여 이 과정에서 운전석 비상문을 통해 내려가던 차량과장이 미끄러져 허리를 다치는 사고가 발생하자 이를 빌미로 창동차량지회 최종진 지회장과 김종래 분회장, 이원국 송준엽 승무대의원 등 네 명을 직위 해제했다.

공사는 8월 18일 유인물을 통해 노조의 합법성과 단체협약의 시효만료 때문에 노조비 일괄공제를 중지하기로 했다는 입장을 발표했다. 그리고 대시민 전단을 배포하자 전동차 객실까지 백골단이 침입해 간부들을 무차별적으로 폭행하고, 연행해갔으며 경찰이 역사 안까지 침입해 역무지부 조합원 총회를 원천봉쇄하기도 했다.

노동조합은 7주차 투쟁과 함께 사장 불신임 대시민 홍보를 벌이고 8월 21~22일 한진희 불신임투표를 진행했다. 한진희 사장의 죄목은 "9개월 동안 교섭의 문을 닫아걸고 있다, 1년 7개월동안 1천 명의 조합원을 징계했다, 노동강도를 강화하고 임금마저 깎아내렸다, 경영무능력자로 인센티브마저 깎아먹고 있다, 감사원 감사 결과 공사 비리에 연루되어 있다."는 것이었다.[64] 이 투표에는 조합원 85.4%가 참여하여 85.6%가 불신임에 표를 던졌고 이후 지시사항 전면 거부 투쟁을 전개하기 시작했다.

7주차 투쟁 이후 파업 찬반투표를 앞두고 노조는 또다시 난관에 봉착한다. 9월 9일부터 사흘간 수도권과 중부지방에 집중호우가 쏟아져 한강 범람 위기에 처하고 일산 둑이 무너지면서 그 일대 논밭과 가옥이 물에 잠긴 것이다. 집행부는 9월 11일 오후 6시 긴급회의를 소집해 수해 상황과 관련, 12~14일 예

64) 한진희 사장의 비리는 끊이지 않아 1992년 6월 임금타결 과정에서도 강진도 위원장과의 '1억 매수설' 의혹이 확산된다.

한진희 사장 불신임 투표 개표 모습(1990.8.21.)

정된 파업 찬반투표가 불가능하다고 판단, 무기한 연기하기로 했다. 또한 파업을 접으면서 김명희 사무국장이 이에 항의해 하차하고 석치순이 사무국장을 맡게 되었다. 자연재해로 인한 파업 찬반투표 무기한 연기는, 한편으로 조직력이 약한 상황에서 파업 찬반투표를 해야 했던 활동가들에게 '하늘과 물이 조직을 살렸다'는 안도의 숨을 쉬게 했다.

파업 찬반투표 연기 후 열린 9월 27일 임시대의원대회에서 노조의 향후 방향에 관한 토론이 다시 시작되었다. 1안은 위원장 출소까지 직무대행체제 유지하자, 2안은 위원장 출소 시까지 직대체제를 유지할 것인지 아니면 정윤광 위원장을 포함한 현 집행부 전원이 총사퇴할 것인지를 조합원 투표에 부치자는 안이었다. 격론 후 표결 결과 직무대행체제 유지안 42표, 조합원 선택안 39표로 결정되었다. 이때는 조금만 있으면 위원장이 석방될 수 있으니 버티자는

주장이 설득력을 가질 수 있었다. 하지만 직무대행체제의 조직력은 회복되지 않았다.[65]

정 위원장 출마를 앞두고 정권과 공사의 노조 와해 책동은 극에 달했다. 10월 16일 안기부에 의해 을지로입구역 김동균 분회장이 연행되어 사노맹 조직원이라고 발표되었다. 공사는 위원장 출소 이틀 앞둔 11월 20일 기본급 6% 인상 임금으로 일방 지급하였다. 대표권 시비를 걸며 16차례에 걸친 노조의 교섭 신청을 계속 거부하더니 위원장 출소를 앞두고 문제의 소지를 없애기 위해 꼼수를 부린 것이다. 이는 당시 1989년 이후 대량 구속되었던 민주노조 위원장들도 대거 출소하고 있는 상황에서 노조의 투쟁이 전국적 투쟁과 연결될 고리를 사전에 차단하고자 했던 것이다.

11) 정윤광 위원장 출소와 사퇴

11월 22일 정윤광 위원장이 안동교도소에서 출소했다. 정 위원장의 출소를 기다리며 노조를 지켜왔던 이들은 이때가 총선거를 할 적기라고 판단하였지만 위원장은 생각이 달랐다. 위원장은 현장 순회를 제일 먼저 했고 조직을 추스르고 투쟁을 결의하는 자리로 석방환영대회를 치렀다. 위원장의 출소와 동시에 그동안 잠재되거나 눌려왔던 요구들이 폭발적으로 제기되었다. 그중에 신규자 생활급 쟁취 요구가 가장 큰 문제였다. 신규자생활급쟁취대책위원회(신생대 / 대표 김철관) 구성원들은 위원장과 면담을 하면서 자신들의 요구를 알렸다.

---

65) 10월 24일 공석중인 부서부장 등을 새로 임명했다. 사무국장 석치순, 총무 임동헌, 교육 정희일, 조직 이훈, 여성 송미영, 선전홍보 김충례, 대외협력 양윤모, 조사통계 이신용, 쟁의 김용진, 편집 김선구, 문화체육 김학년, 법규 박명학 등이고 후생복지와 부대사업 담당자는 정하지 못했다.

1990년 11월 22일 석방된 정윤광 위원장을 목마 태우고 군자기지를 도는 조합원들

12월 10일 대의원대회가 열려 이 문제를 어떻게 해결할 것인가를 투고 첨예한 논란이 진행되었다. 1안은 "90년 임금 일방지급, 신규자 생활급 문제는 반드시 연내에 해결해야 한다. 현 집행부가 12월 투쟁을 전개하지 않을 시 물러나야 한다."는 것으로 역무 설명석 대의원이 안건을 발의하고 역무, 차량, 본사지부 대의원 다수가 지지하였다. 2안은 "90년 임금, 신규자 생활급 문제는 반드시 쟁취해야 한다. 투쟁의 시기와 방법은 적절하게 조정해야 한다. 현재 역무지부 집행부가 12월 20일 구성되는 등 투쟁을 위한 조직정비가 취약한 상태이고 전국노동자와의 연대투쟁 일정을 고려하여 투쟁성과를 최대화하려면 12월 전면투쟁은 시기상 무리다. 구체적 투쟁시기와 방법은 집행부에 일임하자."는 것으로 집행부가 제출한 안이고 시설·설비·승무지부 대의원 다수가 지지하였다. 격론 끝에 투표 결과 1안 42표, 2안 34표, 기권 1표로 제 1안이 통과되었다. 집행부는 대의원대회 결과를 수용하여 12월 내 전면투쟁 준비에 착

수키로 했다. 신생대 150여 명이 대의원대회 시작 무렵 생활급쟁취 요구를 적은 피켓과 대자보 등을 들고 참관했다.

신생대는 3.16파업 이후 인원증가에 따라 새로 입사한 이들 300여 명 규모로 1990년 9월 27일에 만들어졌다. 1990년 법정최저임금이[66] 165,500원인데 공사 신규 1호봉의 급여가 158,000원이었다.[67] 지하철노동자 중 10%가 최저임금도 받지 못하며 생활했다. 이는 공사가 직제개편을 하면서 '6급 을'을 신설한 데서부터 발생한 문제였다. 신규자들은 6급 을 철폐와 6급 갑으로의 상향조정, 3호봉 가산, 입사 전 경력인정 문제를 요구했고 집행부는 이들의 요구를 조합이 해결해야 할 중요한 요구로 수용하고 신생대를 조합 내 공식기구화하기로 했다. 위원장과 집행부는 신규자들에 대한 특수한 문제 및 조합과제 해결을 위해 신규자 대표들과 긴밀히 협의하기로 했다. 하지만 공사는 신규자들의 직제, 임금제도를 차별하면서 내부분열을 통한 조합의 역량 약화를 노리고 있었다.

신규자들의 요구를 받아 연내 파업을 결정한 집행부는 임원 전원, 부서부장 전원, 지부장 지회장 전원, 대의원 지부별 5명씩으로 총 93명으로 파업지도부를 구성했다. 선봉대는 대의원 전원과 신생대 전원이 결합하기로 했고 파업기금 마련, 회의 불참 간부 및 책임 불이행자 명단 공개, 신생대 대표를 포함한 교섭위원 인준, 임원과 부서장 인준 등 조직정비를 완료하였다.

노조는 대자보 투쟁을 대대적으로 시행했다. 조합원들은 모터카를 타고 역사를 돌면서 접착제를 발라 대자보를 붙였고 출고 전동차에 구호를 붙였으며 124개 전역을 돌면서 승객이 오르내리는 곳에서 피케팅을 했다. 당시 민중운동진영에서 제기하고 있던 주택문제, 세금문제를 제기한 대자보는 시민들의

66) 한국의 최저임금법은 1986년 12월 31일 제정, 공포되고 1988년 1월 1일부터 시행되었다.

67) 1990년 9월 현재 6을1호봉 급여명세표 급여총액은 309,000원, 차인지급액은 283,660원이었다.

공감을 얻기도 했다. 그러나 현장 분위기는 3.16파업 때와 같이 회복되지 않았다.

12월 20일 파업 찬반투표 개표 결과는 투표율 88.4%, 찬성률 57.3%였다.

파업 찬반투표 결과(1990.12.20.)

	역무1	역무2	승무	차량	시설	설비	본사	총계
총원	1451	1093	1322	1232	634	1043	250	7025
투표인원	1197	993	1126	1119	584	995	198	6212
찬성	850	718	381	828	365	266	155	3563
반대	263	247	697	265	197	671	41	2381
무표	84	28	48	26	22	58	2	268
기권	254	100	196	113	50	48	52	813
투표율	82.4	90.8	85.1	90.8	92.1	95.3	79.2	88.4
총원대비 찬성률	59.2	65.7	28.8	67.2	57.6	25.5	62.0	50.7
투표원대비 찬성률	71.8	72.3	33.8	74.0	62.5	26.7	78.3	57.3

파업 찬성률이 낮았고 각 지부 편차도 심했다. 파업을 반대한 조합원은 투쟁을 반대한 것이 아니라 확실한 승리를 위한 준비가 부족하니 12월 투쟁은 무리라는 의미로 반대 의사를 표했다. 12월 26일 대의원대회에서 총원 123명 중 참석 92명(사고 31명)하여 찬성 52명, 반대 36명으로 12월 파업 유보를 최종 결정하였다. 정윤광 위원장은 집행부 방침으로 현안 완전쟁취를 위한 1991년 봄 총파업투쟁을 제시하였고, 봄 투쟁 방침에 대한 조합원의 지지가 과반수에 못 미칠 때 위원장을 사퇴하겠다는 의사를 표명하였다.

파업관련 조합원 찬반투표를 앞두고 현장에는 "스타데이트"라는 이름으로 정윤광 위원장의 사생활을 들추고 비방하는[68] 유인물이 나돌았다. 또한 "지하

68) 그 내용은 400만 원 뒷돈 입사, 수억 원 아파트 소유 등이었다.

철노조는 대표권 시비로 소일하며 교섭다운 교섭 한 번 해보지 못하고 정치성만 띄었다."는 비판과 함께 한진희 사장은 가정통신문을 발송해 노동부 지침대로 적법한 노조대표부가 구성되면 공사가 무주택사원들의 내 집 마련을 위해 노조와 협의할 수 있도록 하고 주택문제 해결을 위해 온 힘을 쏟겠다는 내용을 퍼뜨렸다.

당시 조합원들의 분열을 조장하고 노조 대표를 부정하게 하여 노조를 와해시키려는 탄압 방식은 전국적으로 진행되고 있었다. 동아건설 창동 노조는 단병호 위원장을 불신임하고 회사가 요구하는 대로 새로운 집행부를 세웠지만 결국 노조가 위축되고 악화하였다. 마산의 한국스타노조, 한국중천노조도 마찬가지였다. 반면 현대중공업노조의 경우 해고자 이영현 위원장에 대한 대표권시비가 있었지만 교섭을 통해 임단협을 갱신했다. 통일, 코리아타코마, KBS노조 등도 마찬가지였다. 1987년 어용노조 하에서 조합원들이 즉석에서 뽑은 대표들이 교섭하고 임금인상을 쟁취한 데서 볼 수 있듯이 회사가 대표권을 인정해주냐 아니냐의 문제가 아니라 문제는 노조의 힘의 문제였다.

위원장은 새해 첫날부터 현장을 순회하고 단일호봉제, 주택문제, 지하철1호선 운영권 사수와 3.4호선 연장구간 및 추가건설구간 운영권 확보 문제 현안을 가지고 논의하며 봄 투쟁을 벌이겠다는 의지를 표명하였다. 그러나 1월 29~31일 12월 파업유보와 1991년 봄 투쟁에 관한 조합원 지지여부 투표에서 재적 조합원 88.2%가 투표에 참여하여 44.9%의 찬성률을 보였다. 지부별 찬성률을 보면 설비 72.5%, 승무 71.2%, 시설 47.5%, 역무 31.2%(역무1 33%, 역무2 29.4%), 차량 25.2%, 본사 6.1%로 나타났다. 12월 투쟁을 주장했던 지부는 봄 투쟁을 지지하지 않은 것으로 보아 실상 투쟁보다는 위원장의 사퇴와 총선거를 원하고 있었던 것으로 볼 수 있다. 결국 정윤광 위원장은 2월 4일 상집에서 사퇴의사를 밝혔다.

2월 10일 의정부 다락원 수련원에서 수련회를 마치고 귀가하던 정윤광 위원장 등 조합 간부 7명을 포함한 대기업노조 연대회의[69] 소속 간부 68명을 연행(이 중 서울지하철노조 조합원은 정윤광, 김선구, 양윤모, 최종진, 장영길, 홍우철, 이근원)했고 이 중 7명을 구속했다. 이들에게 적용된 혐의는 3자 개입금지 조항 위반으로 대우조선노조 파업 지원을 논의했다는 죄목이었다. 정윤광은 2월 12일 다시 구속되고 26일 대의원대회에서 위원장직을 사퇴하였다.

3.16파업을 이끌었던 3대 집행부는 직무대행체제 아래 정권의 노조 와해공작, 공사의 대표권 시비에 맞서 민주노조 깃발을 지켜왔다. 하지만 총선 시기, 오랜 탄압에 지친 조합원들의 합법적 집행부 구성에 대한 바람, 1990년 12월 대의원대회에서 현실적으로 불가능한 파업을 결정함으로써 조직력을 회복하지 못한 채 결국 집행부 전원은 총사퇴하고 총선을 치르게 되었다.

69) 1990년 전노협을 중심으로 한 노동운동진영의 투쟁에 힘입어 민주 집행부가 들어선 16개 대기업 노조 대표들이 12월 7일 대기업노동조합연대회의(연대회의)를 구성하였다. 1991년 2월 8일 대우조선노조 결사대 51명이 6개월분 식량을 갖고 골리앗으로 올라가고 연대회의 수련회는 연대방안 논의를 진행한 것이다. 대우조선은 김우중 회장이 상여금을 대폭 인상함으로써 노조의 투쟁이 6일만에 끝났다. 이후 포항제철노조 와해, 대우정밀·대우자동차노조 폭력침탈, 현대정공 노조간부 고문 등 집중 탄압을 받은 연대회의는 활동을 제대로 해보지 못한 채 사라졌다.

4 서울지하철노동조합의 변화와 연대조직 건설

1) 천만노동자의 기관차 서울지하철노조

3.16파업을 계기로 서울지하철노조는 '지하철노조답게' 태어났다. 어용과 민주의 개념이 모호하여 경계를 구분하지 못했던 이들이 민주노조 개념을 확실히 가지고 활동하기 시작했다. 자연 발생적 운동이 목적이 분명한 운동으로 발전했다. 3.16파업 경험을 통해 정치의식이 확장되고 구속 해고 경험과 감옥에서의 수련을 통해 노동자의식이 한 단계 높아졌다. 특히 감옥에서 그동안 읽은 책의 몇 배를 읽고 사색했던 이들은 목적 의식적인 활동가로 거듭났다. 그 결과 열정과 분노로 뭉쳐있었던 서울지하철노조는 협조적 노사관계와 자주적 노사관계, 실리주의 운동과 변혁적 운동으로 분화되는 시기를 맞았다.

의식적 활동가의 탄생

노동조합 간부를 넘어선 활동가의 탄생은 서울지하철노조의 운동노선을 결정하는 데 가장 중요한 요소였다. 1987년 노동자대투쟁으로 분출하는 대중투쟁을 바탕으로 분노와 선의로 노동조합 활동을 시작했다가 이들이 투쟁을 통해 정치의식을 획득함으로써 노동자 계급으로 다시 태어난 것이다.

이러한 활동가는 저절로 만들어지는 것은 아니다. 투쟁 과정에서 몸으로 체화되는 것, 학습을 통해 의식적으로 쌓이는 것들이 어우러져 탄생한다. 서울지하철노조에서 활동가를 형성하기 위한 모임으로 만들어진 것은 노동문제

연구회였다. 노동조합을 만들기 전에 있었던 작은 소모임이나 노동법을 논하던 모임과는 질적으로 다른 위상을 꾀한 모임이었다. 정윤광의 기획으로 만들어진 노동문제연구회는 각 지부와 지회 간부, 대의원 등 30명이 모여 책을 읽고 실천적 논의를 하던 학습모임이었다. 신경준이 간사를 맡으면서 학습커리큘럼을 짜고 책을 선정하였다. 『노동의 역사』, 『국가란 무엇인가』 등을 읽고 와 발제하고 돌아가며 느낀 점을 말하는 방식으로 진행하였다. 어려운 표현만 잘 이해한다면 일상에서 벌어지는 이야기라 쉽게 이해가 되는 것이었지만 "세상 살면서 모르고 있던 게 이렇게 많다니"라는 말이 절로 나올 정도로 충격적인 것이었다. 한 번 모이면 2~3시간 정도 토론하고 질문과 답하는 형식으로 진행하였는데 거의 100% 참석하는 열성을 보였고 공부를 마치고 나면 소주잔을 기울이며 못다 한 이야기를 나눴다.

신경준은 스펀지같은 흡입력을 가진 노동자들과 노동자 철학, 경제, 국가론까지 공부할 계획을 하고 있었으나 투쟁 시기를 맞아 모임은 6회 정도로 마감되었다. 구성원 중 절반은 3.16파업으로 구속되고 절반은 2, 3선 직무대행을 맡기도 했다. 이들은 파업의 선봉에서 참여하고 이후 조직 사수를 위한 활동을 하면서 모임에서 공부하는 것보다 더 많은 것을 몸으로 체화하며 성장하였다.

신경준은 서울지하철노조가 선전 홍보의 방향성을 잡고 글쓰기 전문성을 보충하기 위해 김명희 집행부 때 채용된 간사였다. 당시 간사는 월 20만 원 정도를 활동비로 받았다. 3.16파업으로 정윤광 위원장이 구속되었을 때 노동조합의 방향성을 잡는 데 한 역할을 하면서 함께하였다. 그런데 1990년 8월 30일 운영위원회에서 '본조 사무원 신경준 동지 해임 건'이 맹용수 본사지부장의 발의로 안건화 되고 이에 대한 찬반 토론이 진행되었다. 해임 주장의 근거는 사무원이 노조 선전홍보물에 지나치게 관여하여 노동조합 내 분열을 일으키고 있다는 점과 출퇴근이 불성실하다는 것 등이었다. 홍순영 직무대행은 노조홍보물은 선전홍보부장이 총책임을 지고 있으며 사무원은 그것을 도와주는 역할을 할 따름이라고 이의 제기를 했다. 격론 끝에 승무지부 운영위원들이 퇴장한 상태에서 결국 투표를 통해 재적 37명, 현원 21명 중 찬성 16명 반대 5명으로 사무원 해임안을 가결했다.

이후로도 시험을 통해 조합원이 되든, 간사로서 본조나 지부에서 활동하든 서울지하철노조에서 의식적 활동을 하기 위해 들어오는 이들이 많았다. 이후 간사라는 이름 대신 사무차장이라는 호칭을 붙였다. 노조는 실무 도움을 받기 위해 이들을 채용했지만 본인들은 노동운동에 복무하며 노조의 활동에 영향력을 미치고자 하였다.

서울지하철노조는 다른 대기업 노조와 비교해볼 때 정파 조직이 활성화되어 있지 않고 외부와 연결된 학습모임 등도 거의 없었다. 주로 노동조합이라는 공조직 중심으로 학습이나 실천이 이뤄져왔고 지금도 이런 경향은 여전하다. 노동문제연구회도 공조직 라인을 타고 만들어진 것이었다. 정파조직운동이 활발하던 때 노동계급, 사노맹, 인민노련, 노운협, 제파PD, NL, 국제사회주의자 등과 연계되어 외부 교육에 참여하기도 하고 그 조직과 관계 맺은 운동가들이 입사하여 노동조합에 가입하기도 했지만 정파활동이 두드러지게 드러나지는 않았다. 서울지하철노조의 활동가들이 3.16파업 이후 직무대행체제로 현실 속에서 정권과 자본의 탄압, 협조주의 세력의 도전에 맞선 실천을 하느라 '논쟁' 중심의 정파운동이 발을 붙일 수 없었던 점, 지하철 업무의 특성이 계통성을 기반으로 한다는 점에서 노조활동도 위원장 중심의 공조직 중심성이 워낙 강한 점 등이 이유로 보인다. 그렇다고 활동가, 간부들이 변혁지향성을 갖지 않는 것은 아니다. 서울지하철노조의 임투 자체가 정권과의 대치를 피해갈 수 없기에 정파 운동이 정치성을 불어넣기 위해 별도의 노력을 하지 않고도 대중조직을 통해 관철할 수 있는 특징을 갖고 있고 있어 그 속에서 활동가들이 단련되어 왔다. 어찌되었든 정파 운동이 대중조직을 흔들어대는 폐해가 없다는 점, 정파의 이해보다는 대중의 이해에 기반한 활동을 하는 게 전통으로 만들어졌다는 점은 서울지하철노조의 특징이라고 볼 수 있다.

서울지하철노조의 노보

"바람은 지하철에서 지하철로 가라! 그곳에서 노동운동의 새바람이 불고 있다."

서울지하철노조 선전홍보위원회 구성원을 모집하기 위한 카피다. 그 아래 "전국 노동운동의 새바람이 부는 진원지의 하나로 지하철노조를 꼽고 있다. 과장, 바람이 담긴 이야기지만"이라는 글과 함께 썼지만 당시 서울지하철노조의 위상을 생각하면 그리 민망한 표현은 아니었다.

서울지하철노조는 기관지의 중요성을 일찌감치 알고 있었다. 고졸 이상의 학력, 기본적으로 신문과 친하고 정치적 이슈에 민감한 노동자를 조직하는 데 선전, 편집은 중요한 매개였다. 또한 노조와 조합원의 소통 공간으로 민주성을 드러내는 게 기관지 역할이기도 했다. 노조는 주간『흐름』을 직무대행 시기인 1989년 3.16파업 직후부터 발행하였고 이후 이름을『어둠을 뚫고 신새벽에』로 바꿔서 발간하였다. 지부별로도 노보가 발간되기 시작했는데 가장 먼저 창간된 지부 노보는 승무지부『새벽열차』였다.

각 지부의 노보 발간, 중앙의 선전물 발간 등으로 활동을 전개한 역량들이 이후 모여 노동조합 선전편집위원회를 구성하였다. 이들은 선전학교를 통해 선전선동의 이론과 실전역량을 키워갔으며 의식적 성장을 통해 서울지하철노조 활동의 중요 부문을 담당하게 된다.

한편, 노보는 90년대 후반까지 충실하게 발간되고 읽히다가 이후 소식지 형태로 변경되고 인터넷 시대가 되면서 그 형태 변화를 겪게 된다.

• 승무지부『새벽열차』

승무지부 노보『새벽열차』는 홍순영 지부장 재임 시인 1990년 4월 12일 창간되었다. 이상대 지부장 취임 후인 8월 20일 2호가 발간되었는데 이 지부장은 간헐적으로 발간되던 승무지부의 여러 간행물을『새벽열차』,『승무속보』로 집중시켜『새벽열차』는 월 1회 매월 20일 발간으로 안착하였다. 초대 편집의장은 이경수가 맡았다.『새벽열차』는 조합원의 의견을 조합 상층부에 전달하고 지회 간 또는 지부 간 의사소통구조를 확보하고 조합원 상호 연결고리 역할을 하였다.『승무속보』는 본조와 지부 또는 공사의 행사·행위가 풍문으로 현장을 떠돈 후 뒤늦게 배포되는 노보와 소식지를 보완하기 위해 만들어진 것이므로 사안 발생 시 당일 제작 배포되었다. 속보는 지부 집행부의 의견, 결정이 구속력을 갖지만『새벽열차』는 지부 집행부와 독립성을 가지는 체계로 운영되었다.

『새벽열차』 편집팀은 각 지회 선전홍보부장으로 구성되었고 500~700부 인쇄하여 5개 승무지회와 각 지부, 본조에 배포되었다. 1회 평균 발간비는 9만 원 정도로 주로 사식비로 쓰였으며 인쇄는 본조 마스터를 이용해서 제작했다. 당시 월 지부 운영비가 19만 원인 것을 보면 큰 비중을 차지한 것이다. 재정문제 해결을 위해 광고를 싣는 방법을 고민하였으나 광고주 물색, 효과 면에서 채택하지 않았고 후원회를 만드는 방법을 선택했다. 후원회를 만들고 산행 등 모임을 하는 것 자체가 조직화이기 때문이다.

노보가 만들어지는 과정을 보면, 편집회의를 열어 지난 호를 평가한 다음, 지회별 원고제출 종류 및 분량을 점검하고 편집위원들이 각 소속 지회로 들어가 원고 청탁을 한다. 만날 때마다 집필 여부 확인하면서 원고를 받아낸다. 원고들을 모아 내용을 편성하고 원고 수정을 한다. 워드로 활자화해서 편집위원들이 돌려가면서 띄어쓰기 오타 교정 후 대지 작업에 들어간다. 대지 작업이란 교정을 끝낸 글을 지면의 구성에 맞게 활자화하여 놓은 것을 가지고 가장자리 여백을 최대한 정교하게 자를 대고 잘라낸 후 준비된 대지 위에 붙이는 작업이다. 칼이나 가위로 교정된 글의 행과 가장자리 여백을 정확히 붙여야 하는 어려움이 있기에 초보자는 몇 번씩 붙였다 떼었다 실수하기 마련이었다. 그러는 동안 삽화나 앞표지 그림, 요즘 세상, 승무만평 같은 만화도 그려진다. 편집을 시작해서 여기까지 3일 소요된다. 끝나면 인쇄소에 맡기는데 인쇄하는 데 6시간가량 걸린다. 경제적으로 여의치 않아 제본은 편집위원들이 직접 한다. 인쇄된 용지를 페이지별로 한쪽으로 순서를 구성해 접고 한쪽에서 중철기로 찍는다. 700부 제본하는 데 6명이 약 4시간가량 일해야 한다. 이렇게 만들어진 『새벽열차』를 각 승무소 관련 노동조합 사무실, 후원자에게 인편을 통하거나 일일이 우편으로 발송했다.

이경수 편집의장이 노동조합 집행부로 올라가면서 1993년 8월 2대 편집의장은 최경진이 맡았다. 처음 8쪽이었던 『새벽열차』가 3년간 37호를 내면서 50~60쪽으로 확대되었고 이즈음에는 컴퓨터를 활용해서 효율성을 높이고 남는 시간은 조사통계나 교육 쪽으로 시간을 할애했다. 『새벽열차』는 이후로도 간간이 발간되어 최근까지도 맥을 이었다.

- 기술지부 『천둥소리』

기술지부는 1990년 3월 30일 『천둥소리』라는 제호로 유인물 형태의 기관지를 두 번 발행하였고 김연환 지부장이 노보를 활성화하겠다고 약속하면서 7월 31일 제3호부터 책자로 발간하였다. 『천둥소리』는 고정란으로 주장, 노동교육, 집중분석, 조합원을 찾아서, 지부운영비 결산, 회의소식, 조합원 애경사 및 공지사항, 부서활동, 조합원 글터를 만들었고 기획란에 미지급소송 진행상황 등 특별활동을 실었으며 타 노동조합 방문과 투쟁사례를 연대란에, 소개란

노동조합이 적극 지원한 조합원들의 동아리 활동

으로 도서 소개, 함께 부르는 노래, 대외행사 소개, 수수께끼, 생활용어 등 코너를 만들었다. 전지협 파업 이후 조합비 가압류로 인해 지부 운영비가 지급되지 않아 발행 중단 위기에 처했을 때 후원회원 100명 모집을 조직하기도 했다.

• 역무지부 『새벽을 여는 곳』

역무2지부 1, 2 지회가 제작한 것이 『새벽을 여는 곳』으로 1992년 5월 10일 창간되었다. 노동상식을 전하고 조합원의 뜻을 제대로 담아내기 위하여 송찬길 지회장 때 창간하였다. 사비를 털어 인쇄비를 마련한 1, 2지회장의 노력이 있었기에 가능했다. 역무2지부 간부들이 위원장 사퇴 입장을 분명히 하자 강진도 집행부는 활동비를 지급하지 않아 역무2지부 운영비가 고갈되고 『새벽을 여는 곳』도 후원자를 모집해 운영하였다. 한편 역무지부 노보로는 1992년 5월 30일 창간된 『역무노보』가 있었는데 이후 통합하면서 『새벽을 여는 곳』으로 이어졌다.

• 차량지부 『철의기지』

차량지부 노보는 다른 지부에 비해 좀 늦게 만들어졌다. 창간준비호가 나온 것은 1995년 4월 11일이고 그해 8월에 『철의기지』라는 제호로 창간호가 발간되었다.

• 해고자복직투쟁위원회 『해방역에 닿을 때까지』

해고자복직투쟁위원회는 『해방역에 닿을 때까지』를 발간해 노동자적 관점으로 당시 정세와 투쟁을 조합원들과 소통하기 위해 노력했다.

노동자문화를 꽃피우다

1987년말 석치순, 박희석, 김학용 등은 정윤광 선홍부장의 추천으로 한국노동문화연구소(한문연)를 찾아가 일주일에 한 번씩 3개월간 노동문화를 주제로 교육을 받았다. 노동문화, 민중문화를 처음 접하면서 신선한 충격을 받은 이들은 교육받은 내용을 현장에 적용하기 위해 노력했다. 문화부의 지원으로 노래패, 풍물패, 연극반, 사진반, 꽃꽂이반 등을 조직하기로 하였다. 이들을 교육했던 한문연 소속 학생운동 출신 활동가들이 서울지하철노조 각종 문화패를 지도하게 된다. 그리고 문화부장의 열의로 노동조합 지원을 확보해 동대문역에 문화공간이 만들어졌다.

• 노래패 소리물결

석치순은 기타 실력이 수준급인 김종래 창동차량지회장과 함께 노래패를 만들기로 하고 1988년 1월 조합 소식지 광고를 내 단원을 모집하여 2월 6일 소리물결이 정식 탄생하였다. 그해 2월에 서울지하철노조 사상 처음으로 문화대동제를 개최하면서 노래를 좋아하던 몇몇 사람들이 모여 노래극을 준비하고 공연을 함께하였는데 "이대로 헤어질 수 없다"는 게 결성 계기였다. 처음

서울지하철노조 노래패 소리물결

5~6명으로 시작해 본사 여직원들이 결합하면서 점점 인원이 늘어 평균 15명 정도 모여 노래 연습을 하고 노동조합 행사나 연대집회에 참여했다. 첫 회장은 석치순이 맡았고 이후 1년마다 회장을 새로 뽑았다.

1988년에는 구로지구 파업 사업장 방문, 격려 공연을 했고 89년에는 주간 전국노동자신문 주최 '우리 노동자'에 출연하였으며 1990년 '우리 노동자2' 및 노동자가요제에 특별출연 했고, 성신여대 노래패 정기공연 '그날'과, 양심수를 위한 시와 노래의 밤(민가협 주최)에 출연하였다. 1991년에는 연세대 총학생회 민중연대 한마당, 주노신 주최 해방가요제 및 노동자 가요제, 구로지구노래패연합 총회에 특별출연하였다. 1992년에는 택시노보 기금 마련을 위한 일일호프 찬조출연, 전노협 기금마련을 위한 일일주점 찬조출연(전노협후원회 주최), 인천지역노동조합협의회 가을문화제 찬조출연 등 활발히 활동했다. 그리고 전국노동자대회 노동자 노래문선대로도 참여했다. 그리고 마침내 1992

년 11월 28일 세종대 대양홀 '자갈을 다져 레일을 맞추며'라는 제목으로 공연했다.

구성원들은 학습을 별도로 하지 않아도 연대집회를 통해 자연스럽게 노동자 의식을 형성해갔다. 일부는 운동가요 말고 다른 노래도 부르자는 요구가 있어 '직녀에게', '바위섬', '개똥벌레' 등을 연습하기도 했고 전문성이 필요하다는 요구가 있어 민중문화운동연합 임정현을 '사부'로 모시고 화음을 연습하는 등 수준을 한 단계 높이기도 했다. 이때는 문화예술운동 분야에 노동자 문화패라고 해서 실력이 없어도 된다는 생각을 버리고 문화가 부르주아 전용물이 아니라 노동자도 누릴 수 있는 것임을 보여줘야 한다는 견해가 제기되던 때였다. 더불어 일상적인 문화전달을 어떻게 해야 하는가를 고민하고 문화 역량뿐 아니라 노동조합 지도 역량까지 고민했던 시기도 있었다.

노래패는 이름을 '소리물결'로 정했는데 구성원들은 '소주물결'이라고 부르기도 했다. 이후 노래패 구성원이 노동조합 간부를 맡기도 하면서 실력보다는 운동과 어울림을 위해 가입하는 경우도 있었다. '그날이 오면'을 '거날이 오면'으로 부르는 사투리 발음, 음치·박치라는 지적을 받으면서도 연대정신을 발휘하며 열심히 활동하는 이도 있었다. 1990년 들어 학생운동 경험이 있는 입사자 중에는 본격적인 노동조합 활동에 앞서 노래패에 가입하는 이도 있었다. 아이러니하게도 노래 실력이 가장 낮았을 때가 가장 많은 이들이 노래하겠다고 모였던 전성기였다. 가장 큰 어려움은 근무형태가 다양해서 모이기 어렵다는 점이었다. 기술1지부 옥수 소리패가 활동하다가 슬며시 사라져버린 것도 이런 이유 때문이었다. 그럼에도 소리물결은 현재까지도 활동을 계속하고 있다. 회장 김학년과 강승구, 김민규, 김수정, 김종균, 임상규, 김종균 회원은 모임을 꾸준히 이어가고 있고, 이들 중에는 이소선 합창단에 참여하는 이도 있다.

• 풍물패 땅울림

서울지하철노조에는 풍물 개인기를 가지고 있던 이들이 많아 지부나 지회 단위로 풍물패를 만들어 활동하다가 1990년 11월 24일 지하철 연합풍물패를 창설하게 된다. 참여 풍물패는 차량풍물패, 옥수승무의 '지옥패', 상계승무의 '상두패', 성수승무의 '성수지구풍물패', 역무지부의 '역두레' 등이고 연합풍물패 회장은 정용운이 맡았다. 3.16민주광장에서 고사상을 차리고 40여 동지가 참여하여 출범식을 하면서 지하철 민주노조 발전과 전국노동자 연대를 위해 노력할 것을 다짐하고 외례 문화·퇴폐 문화를 척결하고 건강한 민족문화·노동자문화 정착을 위해 노력할 것을 다짐했다. 풍물패는 출범행사 후 교육원에서 있는 창동차량 최종진 지회장 결혼식에 길놀이 맡아 박수를 받았다.

풍물패는 문화패였지만 각종 집회의 상징이기도 했다. 집회를 시작할 때 길놀이로 포문을 열거나 거리로 진출하기 위해 행진할 때는 가장 앞서 풍물을 연주했다. 1988년 전국노동자대회 때는 100여 명이 풍물을 연주하며 집회 분위기를 주도했는데 이 연합풍물패에 지하철 풍물패도 빠질 수 없었다. 전문성을 기르기 위해 전문 풍물패로부터 전수를 받기도 했고, 휴가를 내 풍물을 메고 산속으로 훈련을 떠나기도 했다. 지하철 풍물패는 땅울림이라는 이름으로 1990년대 중반까지 활동했다.

서울지하철노조 풍물패

• 연극패 해오름

연극패는 1991년 7월 군자차량 조합원을 중심으로 역무, 승무 조합원과 함께 노동연극을 보급하기 위해 결성되었다. 그해 10월 노동조합 4주년 기념 행사에서 지하철 해고자 문제를 다룬 '다시 또다시'라는 창작극을 올려 참석 조합원들에게 격려와 박수를 받았다. 이 첫 작품은 군자, 창동, 지축기지를 돌면서 순회공연을 하기도 했고 점차 잊혀가는 해고동지들을 새롭게 인식하는 계기를 만들었다. 두 번째 작품은 극단 한강의 '노동자를 싣고 가는 아홉 대의 버스'로, 강남병원 문화제와 군자 창동 지축기지와 옥수 승무 교양실에서 1991년 12월부터 1992년 1월까지 공연하였다. '92임투승리를 위한 선동극으로 6월 18일 파업전야 집회에 맞춰 '서울로 간 아버지'라는 작품을 준비하였으나 막상 6월 17일 강진도 집행부의 임금타결로 조합원들 앞에 선도 뵈지 못하기도 했다. 3.16파업 5주년에 맞춰 창작극 '늙은 노동자의 노래'를 공연하기도 했지만 결국 연극패도 90년대 중반 이후 해체되었다.

• 기타

1988년 12월 당시 낙성대 역장 황영배 외 5명이 의기투합하여 지하철 내 의식개혁을 통한 올바른 가치관 확립과 확대를 목적으로 독서문학회를 만들었다. 1990년 말 회원이 230명이고 도서를 1,500권 갖추어 회원들에게 대여했다.

사진반 빛무리도 활동하면서 집회, 지하철 행사 등 촬영을 도맡아 하였고 젊은 조합원들 중심으로 록을 하는 '지철밴드'도 만들어졌다. 율동패 '두더지'도 구성되었는데 이들은 전국노동자대회 무대에 단골로 올랐다.

서울지하철노조 상징의 탄생

3.16파업 이후 서울지하철노조를 상징하는 광장, 깃발, 노래 등이 만들어졌다. 조합원들은 상징을 통해 정신을 기억하고 경험을 공유함으로써 서울지하

철노조의 정체성을 확립해갔다.

'3.16 민주광장'이라는 말은 1989년 10월 26일 집회를 공지할 때 처음으로 소식지에 등장했다. '동지석방 원직복직 '89임투 완전쟁취 제2차 대회'를 앞두고 당시 편집부는 '조합 앞마당'이라는 표현 대신 '3.16민주광장'이라는 이름을 썼다. 아이디어를 낸 박종우의 의도는 3.16파업의 정신이 민주노조를 사수하는 과정에서 여전히 이어지고 있음을 보여주고 싶어 명명하였다고 한다.

파업현장에서 부를 수많은 노래를 만든 김호철이 3.16파업 이후 지하철노동조합가를 들고 노동조합 사무실로 왔다. 제목은 〈해방역에 닿을 때까지〉였다. 지하철 노동자들의 투쟁, 그 투쟁이 자본과 정권에 맞서 어떤 의미를 가지는지, 서울지하철노조의 역할 등을 압축적으로 표현한 노래였다. 노동조합가를 가진 노동조합이 몇 되지도 않지만 지금도 현장에서 꾸준히 불리는 노동조합은 더 드물다. 〈해방역에 닿을 때까지〉는 서울지하철노조 조합원이 아니더라도 당시 투쟁 현장에서 자주 불렸으며 조합원들에 의해 지금까지도 애창되고 있다.[70)]

서울지하철노조의 마크도 이즈음 만들어졌다. 민족미술인협회 김봉준은 서울지하철노조를 상징하는 마크를 만들었고 노동조합은 이를 깃발에 새겼다.[71)] 이는 지금까지도 지하철 '민주'노조의 상징으로 자리매김하고 있고 서울지하철노조뿐 아니라 부산지하철노조도 이 마크를 함께 사용하고 있다.[72)]

---

70) 〈해방역에 닿을 때까지〉는 1989년 여름 만들어진 노동가요모음 2집 '전노협진군가'에 실렸다. 이 음반은 당시 활동하던 민중가수와 작편곡, 반주자들이 대거 결합하여 만든 것이라고 한다. 89년은 '지역업종별노동조합전국회의'를 중심으로 서울지하철 파업, 현대중공업 파업, 전교조 투쟁 등을 중심으로 연대투쟁이 활발했던 해다. 자본과 정권의 탄압도 거세 많은 구속 노동자가 생겨나기도 했다. 그 당시 상황을 반영한 신곡들이 이 음반에 실렸다. 〈구속동지구출가〉 〈노조연대가〉 〈총단결가〉는 당시 투쟁 상황을 반영한 노래고 〈전노협진군가〉 〈해방역에 닿을 때까지〉 〈참교육의 함성〉은 조직의 노래로 만들어진 것들이다. 한편 노동가요모음 1집 '총파업가'는 1987년 노동자대투쟁의 성과물을 고스란히 담은 음반으로 〈파업가〉 〈단결투쟁가〉 등 파업 현장에서 지금도 불리는 노래들을 담았다. (노동자문예교육협회, 『창조와 보급』, 1997)

71) 그 이전 서울지하철노조의 깃발에는 전진하는 지하철노동자를 상징하는 그림이 그려져 있었다. 역무지부 이성범의 그림이다. 이성범은 노동조합 집회를 위한 각종 걸개, 노보 만평 등을 도맡아 그렸다.

72) 김봉준이 서울지하철노조 마크를 만들었다는 사실은 2016년 박근혜 퇴진 촛불집회 과정에서 알려졌다. 서울지하철

해방역에 닿을 때까지

서울지하철노동조합 글
김 호 철 작곡

서울지하철노동조합

노조 깃발을 쳐다보며 "아직도 이 깃발을 쓰는군요."라며 자신이 그림을 도안했다는 이야기를 한 화가가 있었으니 그가 김봉준이었다. 서울지하철노조 깃발이 투쟁현장에 휘날리지 않았다면 묻혀버렸을 사실이다.

2) 지역과 업종을 넘어 연대 조직 건설

밑으로부터 투쟁하여 건설한 서노협

1987년 노동자대투쟁으로 형성된 민주노조들은 자본과 정권의 노동조합 탄압에 맞서 자연스럽게 연대하기 시작하였고 조직 건설의 필요성을 느껴 지역노조협의회를 구성하였다. 1987년 12월 14일 마산창원노동조합총연합(마창노련)을 시작으로 12개 지역조직이 만들어졌다.

서울지역노동조합협의회(서노협) 결성은 1987년 12월 15일, '맥스테크노동조합 투쟁승리 제1차 보고대회'에 참석한 서울지하철노조 등 15개 노동조합 위원장들이 서울지역 차원의 연대조직의 필요성을 논의하면서 시작되었다. 이어 1월 9일~10일, 이틀간에 걸쳐 경기도 남양주시 화도 소재 '새터 수련장'에서 23개 노동조합 위원장과 노동조합 간부 93명이 모여 추진위원회(참가조직은 10개 노동조합)를 구성하고 지역차원의 연대조직 건설을 다시 한 번 결의하였다. 1월 25일에는 용답동 '전주식당'에서 43개 노동조합 대표자와 간부 123명이 참석한 가운데 준비위원회를 결성했다. 서노협은 1988년 5월 29일 90개 노동조합 3만 101명의 조합원이 참여함으로써 서울지역 주요 민주노조를 모두 포괄한 조직으로 출범했다. 서노협 초대 의장은 창립 당시 서울지하철노조 위원장이었던 배일도가 선출되었다. 서노협은 12월 6일에는 98개 노동조합 3만 3,781명, 1989년 6월에는 가입 노동조합 105개에 조합원 3만 6,839명으로 확대되었다. 서노협은 노동운동 탄압에 대한 공동 투쟁을 통해 만들어졌다. 맥스테크사의 위장폐업 철회투쟁, 동아건설노조 창동지부 지원투쟁, 모토로라노조 탄압 저지투쟁 등이 그 주요한 사례다. 이 투쟁의 현장에 지하철 노동자가 있었다. 창동차량기지에서 일하는 조합원들은 동아건설노조 투쟁에 연대하여 밤이면 순찰을 함께 하였고, 맥스테크사노조 투쟁 때는

서울지역노동조합협의회 결성총회(1988.5.29.)

선전물 인쇄, 사수대 파견 등으로 함께 했다. 서노협 창립 이후에도 모토로라 노조 투쟁에 연대하기 위해 광장동으로 가 부상을 무릅쓰고 구사대와 피터지게 싸웠고, 문송면 수은중독 사건에 맞서 투쟁하였으며 구로의 슈어프로덕츠 투쟁에는 탈춤, 해방춤을 추며 지지방문을 하기도 했다. 서노협에서 서울지하철노조는 가장 큰 사업장이라 조직과 재정 면에서 큰 영향력을 행사하기도 했지만 무엇보다 연대활동에 적극 나섬으로써 든든한 구심 역할을 했던 것이다. 전노협 해산으로 서노협도 조직재편을 할 때까지 서울지하철노조는 서노협의 중심에 있었다.

평등사회 앞당기는 전노협

지역조직으로 뭉친 노동자들은 노동자의 단결을 가로막는 법제도 개선 투쟁을 전개했고 그 결실이 1988년 11월 13일 전국노동자대회 개최로 나타났다.

노동악법 철폐와 전태일열사 정신 계승 전국노동자대회(1988.11.13.)

연세대학교에 모인 5만 노동자들은 그야말로 노동자 군단을 형성했고 대회를 마치고 여의도 국회까지 행진하는 모습은 거대한 파도를 연상케 했다.[73] 1988년 전국노동지대회 후 지역과 업종 노동조합 대표들이 모여 전국조직 건설을 위한 논의를 시작했다. 지역업종별노동조합전국회의(전국회의)는 1년여 논의 끝에 전국노동조합협의회(전노협)를 창립하기로 하고 1989년 12월 17일 경희대 크라운관에서 준비위원회를 출범시켰으며 1990년 1월 22일 전노협을 창립한다. 한편으로는 전노협 창립을 위한 전국 노동자 등반대회, 전교조 사수를 위한 민중대회를 주도하면서 대중과 호흡하며 투쟁을 통해 조직을 건설해나갔다.

전노협은 14개 지역노조협의회와 2개 업종노조협의회(민주출판과 시설관

73) 우리가 잘 아는 노동해방도는 최병수가 11월 13일 여의도로 행진하는 노동자들의 모습을 형상화하여 1990년에 만든 작품이다. 그리고 전국노동자대회 무대 걸개의 실제 모델은 차량지부 선봉대 티셔츠를 입고 팔을 치켜들며 구호를 외치는 한 조합원의 모습을 형상화한 것이다. 이렇듯 노동자들의 투쟁은 당시 민중미술의 소재였다.

전국노동조합협의회 창립대회(1990.1.22.)

리)가 가입하고 전교조, 화물운송노조협의회, 전문기술노련이 참관단체로 참가했다. 전노협은 "전국 노동자의 단결의 구심"이자 한국노총의 노사협조주의를 극복하고 "자주적인 산별노조의 전국중앙조직을 건설하기 위한" 과도적 조직으로 자신의 위상을 설정했다. 전노협은 '평등사회 앞당기는 전노협'으로 명명하며 변혁지향성을 명확히 하였다.

노동자가 계급으로 단결하여 전국조직을 건설한다는 것은 자본과 정권에게 위협적인 것이었다. 이에 맞서 자본은 1989년 12월 23일 경제단체협의회(경단협)를 만들었고, 정권은 1990년 1월 22일 보수 3당 합당으로 민자당을 창당하여 '계급적 단결'을 꾀했다.

전노협은 전국회의에 결합했던 업종조직과 대중적 기반이 튼튼하지 못하고 탄압의 집중포화에 놓였던 대공장들을 포괄하지 못하였다. 하지만, 전노협은 노동운동뿐 아니라 민중운동 전체를 대표하는 조직이라 해도 과하지 않을 만큼 지도력과 투쟁력을 갖추고 정권에 맞서 투쟁했다. 전노협은 1990년 5월 1일 20만 명이 참여하는 전국 총파업을 전개하였고, 5월 9일 민자당 해체 노태우 퇴진 투쟁을 6월 항쟁 이후 최대 규모로 전개했다. 이 총파업은 한국전쟁으로 단절된 조선노동조합전국평의회(전평)의 총파업 정신을 복원한 것이었다. 전노협은 소속 사업장이 아닌 현대중공업노조와 KBS노조에 연대하기 위해 총파업을 전개함으로써 전체 노동자의 전국조직으로 우뚝 섰고, 전국의 민주노조에 그 영향력을 미쳤다. 1991년에도 안기부에 의해 죽임을 당한 한진중공업 박창수 열사 진상규명 투쟁, 대기업연대회의 파괴와 민중운동 탄압에 맞선 총파업을 전개하였다. 투쟁 과정에서 전노협 지도부와 민주노조 지도자들은 수배 구속되어 거리를 헤매거나 차가운 감옥에 갇혔지만 정권의 탄압에 당당하게 맞섰다. 전노협 탈퇴를 위해 실시한 노동부의 업무조사에 단위노조 간부들은 조사관의 따귀를 올려붙이며 저항하였다. 전노협 사수 투쟁은 조직을 사수하는 것을 넘어 자본과 정권에 정면으로 맞서는 투쟁이었다.

서울지하철노조는 대공장 노동조합으로서 전노협에 가입한 몇 안 되는 사업장이었다. 서울지하철노조 활동가들이 전국적 정치적 시야와 연대투쟁 정신을 이어온 것은 초기부터 전노협 소속 사업장으로서의 활동을 피하지 않았기 때문이었다. 각종 집회에 적극적으로 참여하는 것은 물론 자본과 노동이 맞서야 할 시기 타협하지 않고 투쟁을 진행한 것 자체가 전국 투쟁전선을 확장하는 데 기여한 것이다. 직무대행 체제 아래 어렵게 민주노조 깃발을 유지하면서도 업무조사를 거부하며 전노협 와해 공작에 맞섰고, 1990년 5월 총파업에는 무임승차 투쟁으로 함께하였다. 지하철 공간을 노동운동, 민중운동의 요구를 선전하는 공간으로 만든 것도 전국 투쟁에 복무한 것이다. 또한 노동조합 소식지를 통해 전체 노동운동 상황과 정세를 끊임없이 선전하고 서울지하철노조의 투쟁과 활동이 그 속에서 어떤 의미를 가지는지 교육했던 일상활동은 전노협을 노동자의 조직으로 사수하는 데 중요한 기반이 된 것이다. 이후 서울지하철노조는 전노협을 딛고 민주노총을 건설하는 투쟁에 또 한번 역사적 족적을 남기게 된다.

서투노협

서울시 투자기관 노동조합들은 1989년 10월 농수산물도매시장관리공사(가락시장) 노동조합 위원장 이취임식을 계기로 만나 연대하기로 한 후 시설관리공단 노동조합 위원장 이취임식, 강남병원 노조위원장 취임식 등을 계기로 만남이 이어지면서 시작되었다. 이들은 1989년 12월 서울시의 인센티브 삭감경영평가에 공동 대응하기로 하고 12월 초 5개 공사 부위원장단이 서울시 투자국장을 만나 항의하고 상집간부들이 시청을 방문, 몸싸움을 하는 등 거세게 항의하여 인센티브 확대 적용을 취소하기로 했다. 이를 계기로 좀 더 적극적인 연대를 모색하기 위해 협의회를 발족하기로 하고 준비위원회를 결성하였다. 1990년 4월 27일 서울시투자기관노동조합협의회(서투노협)를 발족했다. 서투노협에는 서울지하철노조, 강남병원노조, 농수산물 도매시장 관리공사노조, 시설관리공단노조, 도시개발공사노조가 결합했다. 결성식은 애초 강남병원 강당에서 치르려 했으나 경찰이 원천봉쇄함에 따라 서울지하철노조 사무실에서 치러졌다.

서투노협은 김문수, 이재오 등을 강사로 하는 노동교실을 개최하여 소속 사업장 간부들의 연대를 꾀했고 서울시의 정책에 대응하기 위한 공동 행보를 모색했다. 이후로도 서울지하철노조는 서투노협 핵심 노동조합으로 활동하게 된다.

5 민주노조 사수! 어용 비리 집행부 퇴진 투쟁

1) 4대 위원장 선거와 강진도 집행부 출범

3.16파업 이후 직무대행체제를 어렵게 넘긴 서울지하철노조의 총선거가 1991년 3월 20일 치러졌다. 4대 위원장 후보로는 강진도, 김명희, 김선구, 김종식, 서창호, 이우홍, 이훈, 최낙용 등 8명이 출마했다. 지부장 선거도 시설지부가 5명이 입후보하여 5:1로, 지회장은 역무2지부 2지회(3호선 남단)가 4명이 입후보하여 4:1로 각각 지부장, 지회장 중 가장 높은 경쟁률을 기록했다. 3월 22일 총선거는 조합원 총원 7,222명 중 투표총인원 6,440명, 기권 782명, 무효 136명으로 투표율 89.2%를 기록했다. 1,688표를 얻어 1위를 한 강진도 후보와 1,222표로 2위를 한 김선구 후보가 결선을 치르게 되었다.[74]

4월 1일 결선 결과 4대 위원장에 총원 7,218명 중 투표인원 6,101명, 기권 1,117명, 무효 411명으로 투표율이 84.5%인 가운데 강진도 후보가 47.3%로 당선되었다. 지부는 역무1지부장에 조성태, 역무2지부장 송관순, 시설지부장 이중호, 설비지부장 정희일, 승무지부장 홍우철, 차량지부장 김진평이 최종 당선되었다.

---

74) 4대 위원장 선거 1차 투표 결과

	강진도	김명희	김선구	김종식	서창호	이우홍	이훈	최낙용
득표수	1688	1005	1222	24	1076	314	124	851
순위	1위	4위	2위	8위(사퇴)	3위	6위	7위	5위

4대 위원장 선거 결선 투표 결과

성명	역무1	역무2	승무	차량	시설	설비	본사	총계	득표율	비고
강진도	526	509	473	844	172	153	209	2886	47.3%	당선
김선구	446	372	543	397	327	661	13	2804	46.0%	

한편, 1991년 3월 30일 결선 투표 개표에서는 승무지부 성수지회에서 일어난 선거규정 위반사항(투표마감시간인 20:00을 넘어 22:00까지 10여 명이 투표)에 대해 강진도 후보 측과 하원준지부장 후보 측의 이의신청이 들어와 중앙선관위에서 장시간의 논란 끝에 성수승무지회의 투표함 전체를 무효로 처리했다. 강진도 후보의 득표는 50%를 넘지 않아 당선 요건이 문제될 소지가 있었지만 3.16파업 이후 조직 사수를 위해 활동하는 과정에서 활동가들이 너무 지친 나머지 인정하는 것으로 했다. 강진도 집행부는 법에 따라 노동부에 대표자 변경신고서를 제출했으나 자격미달로 승인되지 않았다. 하지만 노동부는 강진도 집행부에 대해서 이에 대한 시정지시를 내리지 않았다.

김선구 후보는 '민주연합' 후보라는 타이틀을 달고 출마하면서 민주연합은 서울지하철노조의 활성화를 위하여 지부별로 8~14명씩의 간부·대의원·조합원 50여 명이 자발적으로 모여 만든 조직이라고 설명했다. 민주연합은 모임을 통해 최초 13명의 자천·타천 후보 피추천자를 놓고 비밀·무기명 투표를 거듭한 끝에 범위를 3명으로 좁혀 최종적으로 김선구를 후보로 추천하였다.[75] 공약은 1991년도 임금인상 및 단체협약 쟁취, 신규동지 생활급 완전쟁취, 주택문제 해결, 수당신설, 사내복지기금 설치, 휴양소 설치, 추가건설 지하철영업권 쟁취, 단일호봉체 추진, 노동조합의 민주적인 운영 및 조직확대, 지하철환경오염문제 전담기구 설치운영 등이었다. 강진도 후보는 '신규자생활대책협의

75) 김명희는 이러한 조직과 그 결정이 민주적이지 않다는 생각에 출마하였다고 했다.

회'를 기반으로 젊은 조합원들의 전폭적인 지지를 받으며 해고자 및 징계자 원상회복, 주택문제 해결, 신규자 생활급 쟁취, 추가건설 운영권 확보, 직급별 정원 확대, 법적 미지급수당 완전 쟁취, 후생복지 확충, 근무형태변경 미비점 보완, 단체협약 갱신 등을 공약으로 내걸었다.

결선에 오른 두 후보의 공약은 별 차이를 보이지 않지만, 강진도 후보는 해고자 및 징계자 원상회복을 제1공약으로 내걸었고 정책대안을 제시하겠다며 자료집을 배포했다. 강진도의 당선은 조합원들에게 신선함을 안겨준 선전홍보 활동, 민주파 후보의 난립, 선거운동 열의 면에서 앞선 것으로 볼 수 있다. 강진도 집행부의 출범은 당시 민주노조운동의 상황을 반영한 현상이었다. 1990년 집중포화를 받은 민주노조운동진영은 조직력 극복방안을 두고 내부논쟁을 겪고 있었는데 선진노동자를 강화하여 돌파해야 한다는 의견과 진보정당운동으로 노동조합 활동을 넘어서야 돌파 가능하다는 의견이 있었다. 여기에 한 축으로 등장한 것이 명분만 앞세운 투쟁은 그만하고 조합원들에게 실익을 주는 '합리적 정책 대안을 개발해야 한다'는 입장이었다. 서울지하철노조도 이런 흐름 속에서 강진도 집행부가 등장하게 되었는데 한국의 대립적 노사관계에서 '합리성'은 곧 노동자의 희생을 요구하는 것임이 머지않아 드러나게 된다.

4대 집행부는 '노·사 공동주택 대책위원회'를 구성하여 주택문제 해결, 잘못된 제도로 인해 절대적인 불이익 및 생계에 압박을 받는 조합원의 생활급 확보,[76] 공무원 및 타공사 수준의 실질생계비 쟁취, 해고자 및 징계자 원상회복을 과제로 놓고 사업을 시작했다. 3.16파업 이후 공권력의 무자비한 탄압으로 패배감과 무력감에 젖은 조합원들은 최근 2년간 낮은 임금인상과 무차별적 탄

76) 구체적으로는 신규직원(1988.6.1. 이후 입사자)의 생활급 쟁취, 구 고용직 2년 6월 미만자(1988.6.1. 기준)로서 6급을 환직과 생활급 쟁취, 통상근무자 생활급 쟁취 등이다.

압에 대한 분노를 4대 집행부가 해결해주리라 기대하고 있었다.

4대 집행부가 출범한 이후 서울지하철노조에는 노사협조진영과 민주진영 구도가 명확하게 형성되었다. 그동안은 정권과 자본에 대항한 투쟁 속에 내부 운동노선의 차이가 잠재되어 있었지만 직무대행 시기 총선·직대 논쟁을 겪고 치러진 선거 이후 활동가들의 운동노선은 명확해지기 시작한 것이다.

2) 강진도 집행부의 임금·단체협약

직제개편 투쟁의 성과를 무로 돌린 1991년 임금·단체협약

정권과 자본은 언론을 동원하여 물가상승 및 경제위기의 원인이 임금인상과 노사분규에 있다고 왜곡했고 임금 한 자릿수이내 억제 정책을 고수했다. 선진노동자 무차별 구속, 분규사업장에 공권력 행사 등 노동운동 말살정책이 계속되었고 공권력의 폭력성은 극에 달해 명지대 학생이 백골단의 곤봉에 맞아 죽는 사태까지 발생했다. 연초부터 청와대와 한보그룹의 로비로 서울시가 법적 근거 없이 수서지구 민간주택조합 소유 토지 3만 5,500평을 한보그룹에 특혜를 준 사건이 터져 소비자물가 폭등으로 들끓던 민심에 기름을 부었다. 전국에서 수만 명이 연일 가두투쟁을 전개했고 분신이 이어졌다. 대학교수들의 시국성명과 농성, 교도소 양심수들의 단식농성, 5월 4일 백골단 해체의 날 20만 명의 가두투쟁 등으로 투쟁의 파고가 올라가고 있었다. 5월 6일 박창수 한진중공업노조 위원장이 안양병원에서 의문사 당한 채 발견되면서 전노협은 총파업을 전개하였고 '해체 민자당, 타도 노태우' 투쟁이 전국적으로 번져나갔다. 이에 검찰은 김기설 유서대필 사건을 조작하고 박홍 서강대 총장은 죽음의 배후에 검은 세력이 있다며 떠들어댔고 김지하는 청년들에게 '죽음의 굿판

서울지하철노조 현안 해결을 위한 기자회견(1991.6.3.)

'91임투 완전 쟁취 결의대회(1991.6.4.)

당장 걷어치우라'고 충고하면서 자본과 정권의 편에 섰다. 정원식 총리가 외국어대에 갔다가 학생들로부터 달걀세례를 받자 언론을 총동원하여 운동권을 파렴치범으로 몰아세우며 정국을 잠재우려 하였다. 강경대 장례식 이후 전선은 하강하였고 노동자들이 투쟁을 이어가지만 되살아나지 않은 채 6월 20일 광역의회 선거 국면으로 급속하게 전환되었다. 노동자들은 1991년 봄 거리에서 정치의식을 성장시키며 투쟁하였지만 단위 사업장 임투는 이와 연결되지 못한 채 진행되고 있었다.

서울지하철노조의 임금인상 투쟁도 이 시기에 전개되었다. 기본급 18% 인상(정률 50% : 정액 50%)을 요구안으로 걸고 투쟁의 파고를 올려온 서울지하철노조 5천여 조합원들은 파업을 앞두고 6월 18일 건국대와 연세대로 나눠 집결했다. 그런데 투쟁을 준비하는 과정부터 집행부는 조합원들의 의심을 사고 있었다. 투쟁에 앞장서야 할 지회장 일부가 쟁의복조차 입지 않고 집회에 참여한다거나 성수동 '이화장' 여관에 방을 잡아 상황실을 차리고 논의를 하는 등 이해할 수 없는 일들이 있었다. 파업 전날도 자정이 임박하여 연세대, 건국

연세대에서 열린 파업 전야제(1991.6.19.)

대로 이동 지시가 내려져 그날 12시 지선 막차는 전무후무할 승차인원으로 꽉 찼다. 객차라기보다는 인간 압축 상자 같았다. 성수역에서 겨우 내려 건국대로 향했다. 그나마 못 내린 역무 조합원들은 걸어 걸어 건국대로 모여들었다.

그런데 19일 새벽 4시 '91임단협이 체결되었다는 소식이 전해졌다. 맹용수 본사지회장의 발표를 듣는 순간 조합원들은 들고 있던 깡통을 집어던졌다. 쇼-다~ 물러가라~ 물러가라~ 위원장이 삭발한 것은 쇼였냐? 조합원들을 분노하게 한 것은 3호봉 미수혜자에게 가산 호봉을 주도록 하여 결국 구 일반직이 혜택을 보게 된 점 때문이었다. 이는 노동조합 결성 이래 투쟁을 전개하면서 기능직과 일반직 차별을 3호봉 가산으로 보상하도록 한 것을 무로 돌린 것이었다. 또한 단체협약에 '위원장 직권 조인사항'을 신설한 것은 민주노조의 원칙을 벗어난 것이었다. 『동아일보』 기사에는 해고자 원직복직과 가족들 승차권 1매를 교환한 것처럼 기사가 났다. 조합원들은 집행부의 해명을 요구했다.

집행부는 정세와 노동조합의 역량, 조합원의 단결력을 고려한 합의라고 평가하면서 합의 내용 인준을 호소했다. 하지만 임단협 타결안 조합원 투표 결과 94.7% 투표율에 찬성률은 46.7%에 머물렀다.[77] 지부별 찬성률을 보면 역무1지부 41.3%, 역무2지부 35.8%, 차량지부 79.9%, 승무지부 28.0%, 시설지부 47.0%, 설비지부 26.3%, 본사지부 93.7%였다. 본사지부 찬성률은 당연히 높았고 신생대 기반이 높은 차량지부의 찬성률도 높게 나왔다.

찬반투표 부결로 집행부는 협약 백지화를 선언하고 대책을 마련하기 위한 확대간부회의를 열어 대책을 논의하였으나 이미 공사는 임금소급분을 지급했다. 결국 집행부는 현실적으로 수령거부와 반환투쟁이 어렵다는 결론을 내리고 조합원이 이해할 수 있는 수준으로 임원 및 부서장 교체를 서두르기로 했다. 집행부의 무책임함에 지하철 민주노조운동진영 내에 집행부 퇴진을 주장하자는 의견이 있었지만 아직 시기가 이르다는 의견이 우세해 조금 더 지켜보기로 했다.

공사의 현장활동 방해와 탄압

임단협으로 기세를 잡은 공사는 지회장의 노동조합 활동을 방해하기 시작했다. 그동안 노사합의로 인정하던 지회장의 노동조합 활동을 방해하며 근태를 문제 삼아 확대간부 12명을 징계한 것이다. 방법도 교묘했다. 지회장과 지회장 소속 중간관리자를 한군데 묶어 주의 경고하는 수법으로 양자 간 갈등을 조장한 것이다. 지회장을 드러내놓고 경고하여 노동조합 활동에는 불이익이 따를 것을 조합원들에게 학습시키고 서울지하철노조를 무력화시키겠다는 발상이었다. 이에 확대간부 전원은 1991년 9월 13일부터 18일까지 지회장의 노동조합 활동 보장과 경고 취소 및 관계자 처벌을 요구하며 공사에서 농성했

77) 총원: 7,387 투표인원: 6,996 기권: 391 무효: 210 투표율: 94.7% 찬성: 3,266 반대: 3,520 찬성률: 46.7%

다. 투쟁 5일째와 6일째 공사와 노동조합의 대담이 이루어지고 위원장과 사장의 면담 결과 지회장의 정상적 조합 활동 보장과 1988년 1/4분기 합의사항의 인정, 감사실의 조합간부 지적에 따른 잘못의 시인 등을 구두로 합의했다. 투쟁에 따른 어떠한 문제도 제기하지 않겠다는 공사측의 다짐을 받아냈으며 구두 합의된 문건은 노사협의회에서 다시 논의하기로 하고 농성을 마감했다.

두 번째 직권조인한 1992년 임금협약과 강진도 퇴진을 위한 범대위 구성

1991년 하반기 들어 제조업 사업장의 폐업이 줄을 잇기 시작해 서노협 소속 제조업 노동자 절반에 달하는 4,700여 명이 일자리를 잃었고 부산 신발공장 460여 개가 부도·폐업으로 1만4천여 명이 일자리를 잃었다. 1992년 자본의 산업구조조정으로 인력부족에서 고용불안 상태로 바뀌기 시작했다. 그런데 자본과 정권은 경제 후퇴가 노동자가 일을 안 하기 때문인 것처럼 이데올로기 공세를 펴며 '30분 일 더하기 운동'을 대대적으로 전개했고 급기야 이를 거부하며 부산의 신발공장 대봉에서 권미경이 옥상에서 투신하는 사태를 몰고 왔다.

지하철에도 '안전운행을 위한 일 더 하기 운동'으로 도입되어 마치 지하철의 각종 사고가 노동자 탓인 양 몰고 가고 있었다. 또한 1992년 들어 기업규모 간 임금격차가 확대되고 있고 대기업 노동자들은 임금을 많이 받고 있다는 논리를 내세워 임금억제를 꾀했다. 1992년 2월 20일 국무회의에서 총액임금제 시행방안을 논의, 정부 및 지방자치단체 출연 108개 기관, 시장 지배적 201개 사업장, 종업원 500명 이상 대기업 872개 사업장, 300인 이상 서비스업체 357곳(74개 금융기관, 19개 언론기관 포함)을 중점 관리대상 사업장으로 선정, 임금인상률을 5% 이내로 강력히 규제키로 했다. 이에 민주노조진영의 '92임금인상투쟁은 총액임금제 분쇄투쟁으로 진행되었다.

서울지하철노조의 '92임금인상 요구안은 기본급 69,000원 인상, 직무수당 10%(전 직원 대상), 장기근속수당(군 경력 포함, 산정기준일 74.8.15. 1호선 개통일로 재조정), 위험수당(전직원 혜택, 철도청 기준), 기술·승무수당 정률화 등이었다.

6월 8일 쟁의행위에 돌입해 사복근무 투쟁을 시작했다. 첫날 역무의 대다수 조합원이 천연색의 사복을 입었다. 그런데 다음날 느닷없이 상의를 흰색 와이셔츠, 하의를 양복바지를 입으라는 연동이 왔다. 모 역에서 운동화에 청바지와 티셔츠 차림의 조합원과 승객 사이에 실랑이가 있었다는 것이다. "도대체 싸움할 의욕이 있는 집행부인가?" 투쟁을 하면서 의심했던 것이 현실화되었다. 집행부는 파업찬성률 84.1%를 기반으로 중재재정을 거부하고 8월 19일 기자회견을 열어 파업하겠다고 하더니 파업을 이틀 앞둔 6월 17일 위원장은 사장과 단독으로 만나 임금협약을 체결하였다. 총액 5%를 수용하고 기본급을 정액 29,100원 인상하고 세탁보조비 1만원 쿠폰지급 등 복지 9개항 및 약정서 3개항에 합의하였다.

집행부는 이렇게 타결할 수밖에 없었던 이유를 '쟁의종합대책'이란 공사 협박문의 영향으로 리본 달기, 사복착용 투쟁이 전 조직적으로 실행되지 않았다며 현장 조직력을 탓했다. 또 노사 자율 타결을 위해 파업을 불사하기로 했으나 각 기지와 역, 현업소, 승무소에 공권력이 배치되어 상황이 악화하자 위원장이 결단을 내렸다고 했다. 만약 교섭이 결렬되면 중노위 중재안으로 확정되고 파업지도부 전원 구속 등 노동조합의 초토화에 대한 위기의식이 팽배해지면서 더이상의 내용을 쟁취하기는 어렵다고 판단, 불법으로 몰리는 파업으로 노동조합이 깨지는 것을 막기 위해 결단을 내리게 되었다고 했다. 하지만 조합원들 사이에서는 임금타결 이면에 강진도 위원장과 공사 한진희 사장과의 '1억 매수설' 의혹이 퍼지고 있었다.

민주진영은 협상에 반발하여 즉각 총회 소집을 요구했으나 강진도는 이를 거부했다. 이에 차량지부 조합원들은 강진도 규탄집회를 열고 집행부 총사퇴 추진위를 결성했으며 설비지부 분회장·대의원회의가 집행부 총사퇴 요구를 위한 조합원 서명운동을 결의했고 승무 역무 지부도 연이어 집행부 총사퇴 투쟁을 결의했다. 이러한 움직임이 모여 6월 29일 범대위준비위원회가 발족했다. 이 모임이 있던 옥수승무 회의실을 경찰 150여 명이 포위하고 그대로 정연경을 경찰에 넘길 것을 요구했다.[78] 이를 옥수 승무 조합원들이 막았고 그 시간 정연경은 천장 닥트를 통해 외부로 빠져나가 미리 대기하고 있던 차를 타고 유유히 빠져나가는 일도 있었다. 범대위준비위 발족을 무산시키려는 의도였던 것이다.

범대위는 7월 1일 대의원·분회장연석회의에서 집행부 총사퇴, 총선을 주장하였는데 강진도는 토론도 않고 폐회선언을 하고 퇴장했다. 이날 장영길 대의원 등 재적 대의원 148명 중 88명이 연대서명한 임시대의원대회 소집요구서를 제출하였지만 강진도는 이를 피했다. 이는 이후로도 수차례 반복되었다.

7월 3일 비가 내리는데도 300여 명의 조합원이 집결하여 후생관에 모여 강진도 퇴진을 위한 범지부대책위원회를 결성하였다. 범대위 공동의장으로는 이재용(차량). 김종식(역무). 장영길(승무) 3인이 선출되었고 상임의장으로는 이재용 의장이 호선으로 선출되었다. 범대위는 7월 8일 집행부총사퇴 총선을 요구하는 서명을 받았는데 75.4%에 달하는 6,043명의 조합원이 서명하였다. 8월 11일에도 전 조합원의 64.5%인 5,125명이 연대서명하여 위원장 불신임투표 시행을 위한 임시총회 소집을 요구하였으나 강진도는 거들떠보지도 않았다.

78) 군자검차소에서 부당인사 철회를 위한 40일간의 투쟁이 진행되었다. 강진도 집행부는 이를 집행부를 몰아내기 위한 시나리오에 의한 불순한 투쟁으로 몰아세웠고 공사는 1992년에 이재용 정연경을 파면시켰다.

강진도 집행부 총사퇴를 위한 범지부대책위원회 결성식(1992.7.1.)

한편, 강진도 집행부는 7월 14~16일 인준투표를 강행했다. 조합원 7,958명 중 6,748명이 투표에 참가하여 84.8%의 투표율을 보인 가운데 4,917명이 협약안에 반대하여 찬성률 25.5%로 부결되었다. 이 투표는 강진도 위원장의 지지기반이 있는 지부와 집행부 총사퇴를 주장하는 민주세력이 분포된 지부가 찬성률에서 현격한 차이를 보여 차량지부 군자공작지회의 찬성률은 84.0%, 차량지부 지축공작지회 찬성률은 50.5%, 본사 찬성률은 95.7%였고 나머지는 반대표가 압도적이었다.

집행부는 투표 결과를 두고 협약안과 타결 과정에 대한 지적임을 인정하면서도 총사퇴 선동자들이 규약과 조직의 규율을 벗어나 협약안 인준투표의 성격을 불신임투표인 듯 왜곡하고 선전선동 했기 때문이라는 의견을 내놨다. 그들이 협약안 설명을 위한 지부 공청회를 조직적으로 거부하고 기관지를 폐기했으며 '지하철노조가 어용'이라는 신문광고까지 게재하며[79] 조합의 명예를 훼손했다고 비판했다. 덧붙여 파업 감행을 주장하는 이들에게 임금교섭의 전권, 임투 지도의 전권을 위임하기로 한 약속을 이행하겠으니 부결에 대한 책임을 지라고 했다. 강진도는 투쟁 일변도의 전투적 민주노조는 막을 내리고 "새로운 노동운동의 지평을 열기 위하여", "임기를 채우는 전통을 세우기 위해"서 "조합원 99%가 반대를 해도 물러나지 않겠다."고 했다.

두 번에 걸친 합의각서 인준 부결로 강진도 집행부의 지도력은 회복할 수 없는 상황에 이르렀고 노동조합 민주화를 위한 투쟁이 본격화되었다. 강진도 집행부는 2기 지하철 운영권 확보 투쟁의 필요성을 제기하며 뱃머리를 돌려보려 했지만 소용없었다.

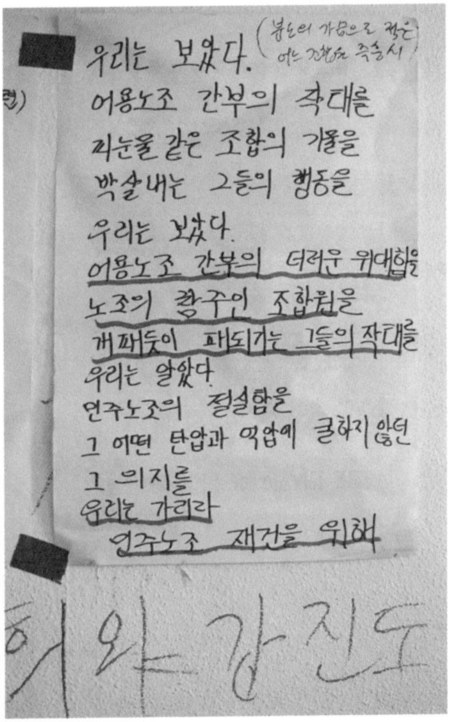

조합원 의사를 반영하지 않은 합의와 이를 규탄하는 대자보

79) 『한겨레신문』 1992.7.15.

〈부르지 못한 노래〉

'92임투는 갔습니다.
아, 아, 고대하던 우리의 임투는 29,100원에 갔습니다.
84.1%의 찬성을 저버리고 정의구현 6공안정을 향하여
너른 길을 걸어서 당당히 떨치고 갔습니다.

파업 파업 총파업의 다짐은 치욕의 패배가 되어
6월의 미풍에 날아갔습니다.
무디고 졸렬한 타협은 우리 민주노조의 염원을 돌려놓고
뒷걸음질쳐서 사라졌습니다.

우리는 무능한 위원장의 말소리에 또 속고
뿌려진 언론 공세에 멍 들었습니다.
노조도 사람의 일이라 '92임투때 미리 그리 될 것을 염려하고
경계하지 아니한 것은 아니지만
백기든 항복의 타협은 뜻밖의 일이 되고
분노한 가슴은 새로운 서글픔에 울분이 터집니다.

저 곡조를 못 이기는 파업의 노래는 우리의 분노를 휩싸고 돕니다.

때문에 노조탈퇴, 조합비 거부라는 즉흥적인 항거는
어용의 원천을 만들고 마는 것을
스스로 민주노조를 깨치는 것인 줄 아는 까닭에
걷잡을 수 없는 분노의 힘을 옮겨서

민주노조 재건에 들어 부었습니다.

우리는 4대 집행부가 그리 될 것을 염려하는 것과 같이
이번에는 새로운 민주노조 집행부와 다시 만날 것을 믿습니다.

아, 아, '92임투는 갔지마는
우리는 지하철 민주노조를 보내지 아니하였습니다.
(승무지부 상계지회 조합원 / 『새벽열차』 24호 1992.6.30.)

3) 강진도 집행부와 범대위 집행부

1992년 민주노조운동진영은 직권조인과의 전쟁을 벌여야 했다. 서울지하철노조뿐 아니라 총액임금 5% 반대 투쟁을 전개하던 금호타이어노조, 한라중공업노조, 한진중공업노조, 현대중공업노조 등에서 위원장 직권조인으로 임금협약이 체결되는 사태가 줄을 이었다. 이는 대기업노조연대회의에 퍼부은 정권의 탄압이 그 효력을 발휘하는 것이기도 했다. 부천의 경원세기·대흥기계·동양엘리베이터노조가 공동파업을 하고 창원의 세일중공업노조, 마산의 삼미특수강노조, 현대미포조선노조, MBC노조가 투쟁을 전개하였지만 노동운동진영에 만연하기 시작한 직권조인, 관료화는 이후 민주노조운동의 어려움을 예고하는 것이었다.

범대위의 노동조합 사무실 농성과 강진도 불신임 투표

범대위는 9월 2일 강진도 집행부 퇴진 촉구 조합원 총회를 마친 후 노동조

합 사무실 농성을 시작했다. 총회 후 범대위 집행부가 강진도와의 면담을 요구하며 노동조합 사무실로 올라가는 과정에 강진도 추종 세력과 몸싸움이 벌어지기도 했다. 이들은 강진도 면담을 요구하며 그 자리에 눌러앉았다. 그러자 기에 눌린 강진도는 시장과 면담이 있다며 거짓말을 하고 도망쳤다. 강진도는 차량지부, 역무1지부, 본사지부를 전전하고 일부 부서장과 여사무원만 출근하더니 급기야는 조합원들의 성화에 못 이겨 모조리 쫓겨났다. 그 와중에 전화를 정지시키고 인쇄기를 고장내고 달아났다. 노동조합 사무실에서 쫓겨난 뒤에는 차량지부를 임시 사무실로 사용하다가 본사지부 사무실로 집행부를 옮기고 사내복지기금소위 사무실을 위원장실로 사용하였다. 강진도는 회계감사를 위해 노동조합 사무실에 왔다가 물받이 홈통을 타고 도주하거나 조합원들에게 둘러싸여 항의를 받는 경우 동부경찰서에 신변 보호 요청을 해 경찰의 비호 아래 빠져나가기도 했다.

강진도 집행부는 7~8월 두 달 동안 협약 인준 반대, 집행부 총사퇴를 주장하는 지회장들의 활동비 지급을 중단했다가 회계감사의 지적으로 지급하였다. 그런데 11월부터는 강진도 집행부를 따르지 않는 간부들에게 운영비 지급을 중단하고 해고자(이재용, 정연경)의 생활급조차도 지급을 중단했다. 그리고 노동조합 사무실 농성을 이유로 21명을 업무방해, 폭력, 절도, 주거침입, 재물손괴, 명예훼손 등의 혐의로 고소하였다.

이렇게 강진도 집행부와 범대위가 평행선을 달리던 중 누군가 범대위 구성원에게 전화를 걸어 강진도 비리를 제보하겠다고 하여 동대문역 한 다방으로 만나러 나갔다. 다방에 도착하니 사람은 없고 계산대에 두툼한 서류봉투 하나가 맡겨져 있었다. 그 안에 강진도가 광고업체로부터 수뢰한 증거들이 들어있었다. 12월 10일 서울지하철노조 전직대표모임 주최로 열린 '서울지하철노조 현 사태 해결과 발전을 위한 대토론회'에서 범대위는 강진도 위원장의 수뢰혐의를 공개하였다. 범대위는 그 내용을 상세히 실은 4면 신문을 만들어 현장에 배포하였다.

노동조합의 파행상태가 6개월 내에 접어들자 조합원들 사이에는 위기감이 팽배했다. 강진도 집행부는 아집과 독선으로 버티면서 노동조합을 파멸로 이끌어 가고 있고, 공사는 강진도를 지원하면서 범대위 소속 간부들의 조합활동을 탄압하였다. 노동부는 총회 소집권자 지명을 게을리하는 등 강진도 집행부를 두둔하고 서울지하철노조의 무력화를 조장, 방조하였다. 조합원 사이에는 패배감과 무력감이 퍼지며 노조무용론이 일어났고, 조합원들이 대량으로 탈퇴하기 시작하였다. 이러한 상황에서 조합원들은 집행부와 노동부의 조치를 더이상 기대하지 않고 자신의 문제를 자체적으로 해결해야 한다는 여론이 높아졌다.

1992년 12월 15일 대의원 78명(재적 141명)이 모여 임시대의원대회를 개최하고[80] 강진도 위원장 불신임을 결의한 후 전 조합원 불신임투표를 하기로 했고, 수석부위원장 하원준과 부위원장 이명호에 대해서 불신임을 결정했다. 또한 '서울지하철노조 재건을 위한 비상대책위원회(비대위)'를 구성하고 김선구 설비지부장을 직무대행으로 임명한 후, 그 구성은 직무대행과 기존의 범대위에 위임하였다. 그 외 강진도 위원장 직무정지가처분신청과 함께 수뢰배임죄 고소 문제, 조합비 동결조치 등을 비대위에 위임하였다.

강진도는 1993년 1월 17~19일 대의원선거를 하였으나 8.1%의 조합원만 투표하고 절대다수 조합원이 선거를 거부하였다. 집행부는 투표조작 등 온갖 부정한 방법을 동원하였으나 결국 21명의 대의원 당선자를 발표할 수밖에 없

---

80) 임시대의원대회에는 재적 대의원 141명 중 78명 참석하였다. 1) 불신임투표에는 75명이 참여해 위원장 강진도-불신임;64/신임;2/무효;2/기권;7, 수석부위원장-하원준 불신임;65/신임;1/기권;9, 부위원장 이명호-불신임;65/신임;1/기권;9 2) 직무대행(규약에 따라) 선임-설비지부장 김선구, 3) 직무대행에 대한 위임사항-위원장 불신임 투표일정, 비상대책위 구성건, 조합비 동결(조합원 서명 포함), 직무정지 가처분 신청, 전임자 해제, 위원장 사법처리, 기타 조합 정상화 방안 등을 결정하였다.

었다. 이런 와중에 강진도 집행부는 조합비 1%로 인하를 주장하며 3.16파업으로 인한 희생자 보상이 문제인 것처럼 호도했고 '92임금합의를 하면서 승진문제를 해결하기 위한 전략을 쓰고 있었는데 조직분란 세력 때문에 무산되었다고 선전했다.

강진도의 유언비어 날조는 이미 힘을 발휘하지 못했다. 강진도 불신임 투표 결과 총원 7,883명 중 투표율 85.8%(6,770명), 불신임률 93.2%였다. 하지만 강진도는 이를 받아들일 수 없으며 절대 물러서지 않겠다고 하였다. 투표 이후 임시대의원대회에서는[81] 총선거 시행, 대의원 선거, 규약 규정 정비 등을 결정하고 그 일정은 비대위에 일임하고 규약개정 소위원회 구성을 만장일치로 가결했다.[82] 그리고 노동조합 운영의 전권 및 집행, 비대위가 행하고, 강진도가 시행한 대의원선거는 무효임을 만장일치로 가결하였다.

공사는 강진도 집행부의 정당성이 바닥에 떨어졌음에도 강진도 집행부가 시행하는 대의원선거를 적극적으로 지원한 반면 비대위 주최 대의원대회에는 장소협조, 근태협조를 거부하면서 의도를 노골적으로 드러냈다.

강진도 세력의 노동조합 사무실 폭력 침탈

강진도 위원장 불신임안 가결 이후 비대위는 조합비를 사수하기 위한 조처를 취했다. 예상대로 강진도는 1993년 1월 19일자로 해고자들에게 특별보상금을 지급하겠다는 공문을 발송하여 신청자 순으로 특별보상금(특별보상금은 1억원 중 지금까지 대출형식으로 기지급된 생활급을 제외한 나머지 금액이었다.)을 지급하겠으니 신청하라고 통보하였다.[83]

81) 1993.1.28. 재적 대의원 140명 중 75명

82) 규약개정 소위원회를 역무1지부-정연수 역무2지부-박명학 승무지부-박창순 차량지부-허섭 설비지부-장윤석 시설, 본사지부는 추후 선출, 지부별 1인씩의 대의원과 비대위 7인 총 14명으로 구성한다고 결정했다.

83) 해고자 중 실제수령자는 조상호와 홍순용이었다.

1월 21일 비대위는 임시대의원대회 결정에 따라 국민은행과 동남은행에 조합비 인출정지를 요청하였다. 그런데 노동조합 명의 통장은 정지할 수 있지만 개인 명의 통장은 그것이 불가능하였고 이후 1993년 3월 25일 오전 국민은행 사당동지점에 예치되어 있던 1992년 2·3월분의 조합비 1억 2,470만 원이 강진도에 의해 기습적으로 인출되었다.

비대위는 조직을 재건하기 위해 대의원선거를 하기로 했다. 73개 선거구에서 158명의 대의원을 선출하게 되어 있는 선거에 출사표를 던진 후보자 수는 애초 우려를 말끔히 씻고 65개 선거구에서 148명이 등록했다. 본사지부(정원 8석)와 차량지부 군자공작창지회(정원 5석)가 완전 미등록 선거구로 나타났고, 그밖에는 역무1지부에서 5개 선거구(5석), 역무2지부 1개 선거구(1석), 승무지부 종로승무지회 1석, 시설지부 2보선지회 1석 등이 미등록인 것으로 집계되어 전체 158석 중 21석이 입후보 등록을 하지 않았다.

이미 추는 기울었음에도 강진도 집행부와 그 지지자들의 폭력성은 극에 달하고 있었다.[84] 1993년 2월 15일 밤, 노동조합 사무실에서는 예정된 대의원선거를 차질 없이 치르기 위해 비대위 간부 6명이 늦은 시간까지 남아 투표용지 제작, 투표함 준비, 투표인 명부 점검 등에 온 정신을 쏟고 있었다. 와장창! 11시 40분경, 1층에서 갑자기 유리창 깨지는 소리가 울렸다. 순간 작업에 열중하고 있던 비대위 간부들이 거의 동시에 현관으로 뛰어나갔다. 강진도를 필두로 한 일당 11명이 계단을 달려 올라왔고, 올라오자마자 의자, 책상 등을 닥치는 대로 때려 부수고 사무실에 있는 집기들을 박살냈다. 또한 일부는 자료실에서 작업 중인 대의원선거용 투표용지와 투표인 명부, 선거관련 유인물, 노동조합

84) 2월 5일 비대위 주최 본사 항의집회에 참석했던 차량지부 군자검차지회 최명호 동지가 함께 간 동지들과 7층 본사지부 사무실에 들러 강진도 집행부에 항의하던 중 부대사업부장 설명석이 휘두른 주먹에 안면을 맞아 사랑니 뿌리 2곳이 균열을 입어 전치 4주의 수술을 받아야 하는 곤경에 처했다.

비리 어용 집행부 퇴진 투쟁

의 보관용 자료들을 갈기갈기 찢어발겼다. "비대위 간부 새끼들 좀 보자"며 폭력을 유발하였지만 비대위 간부들은 그 수에 말려들지 않고 마음껏 때려 부수도록 내버려뒀다.

유리창이 박살나고 의자가 깨진 유리창 사이로 건물 밖으로 던져지는 것을 목격하고 군자검차소에서 야근을 하던 조합원 7~8명과 입고승무원 20여 명이 달려왔다. 홍순용은 폭력에 항의하는 군자검차소 김영준 조합원에게 주먹까지 휘둘러 전치 4주의 중상을 입혔다. 파괴와 난동은 차량과 승무 야근 조합원 30여 명이 노동조합 사무실로 달려온 16일 0시 30분경에야 진정되었다. 그러는 사이 누군가 경찰에 신고해 112 순찰차가 조합 앞마당에 도착했다. 처음에는 한 대였는데 순식간에 기동버스 한 대를 비롯한 순찰차, 승용차 등 10여 대가 일시에 들이닥쳐 노동조합 건물을 에워싸고 정보과장 및 수사과정의 지휘 아래 강진도 일당과 비대위 간부 그리고 심지어는 근무 중인 조합원까지도 무차별적으로 연행하였다.

그런데 노동조합의 쟁의 때나 재빨리 출동하는 줄 알았던 경찰이 노동조합 내부 문제라고 하면서도 정보과정, 수사과장이 진두지휘를 해야 할 정도로 이 사태를 중요하게 취급했는가 하는 의문이다. 아니나 다를까. 2월 17일 이번 사태로 연행된 비대위 간부들의 인권보호를 위해 선임한 변호사 일행이 동부 경찰서장을 면담한 결과에 의하면 서장 왈 "하루 전에 정보를 입수했다. 대기하고 있다가 현장으로 바로 출동하여 잡아 왔다"고 했고, 서장 자신이 총지휘하고 정보과장, 수사과장이 현장지휘를 했으며 자기가 갔을 때는 이미 상황이 끝나 있었다고 말했다는 것이다. 경찰도 일정한 가담자였다.

조사과정에서 강진도 일당은 "조합 앞 봉고차 안에서 단식농성을 하는 정희일을 위로 방문 갔다가 비대위 간부들에 의해 끌려 올라가 다툼 끝에 빚어진 우발적인 사건"이라고 했고 경찰도 이를 수용하는 분위기였다.

출동한 경찰들에 의해 강진도 일당 9명과 함께 연행된 비대위 간부 및 조합원들은 조사과정에서 폭력 가해자와 피해자가 뒤바뀌어 조사를 받은 것은 물론 강진도 일당의 폭력 행위에 대해서는 형사상 책임이 없고 민사상 책임만 있다며 옹호하는 논리를 폈다. 또한 이 사건을 총액 5%에 반대하는 강경파(비대위)와 온건파(강진도) 간의 노노 갈등으로 몰아세우고 면회 차 경찰서를 방문한 비대위 간부 김대수, 정연경을 강진도의 밀고로 붙잡아 두기까지 했다. 경찰은 쌍방의 폭력행위로 몰아세우고 양쪽 모두 구속하거나 상호 취하할 것을 종용하였다.

사건이 발생하자 전 지부에 비상연동을 친 비대위는 비상간부회의를 개최하고 연행된 비대위 간부들과 조합원들을 구출하기 위해서라도 조합원총회를 비롯해 항의방문, 구출투쟁 등 모든 노력을 다하기로 하였다. 한편 연락을 받은 조합원들이 새벽부터 조합으로 모여 보고대회를 하고 연행간부들에 대한 구출투쟁을 결의하고 비대위 간부들이 연행된 동부서로 가 항의하였다. 이 과정에서 조합원들이 연행되었다. 다음 날, 난동현장에서 연행된 강진도 일당 9

명과 비대위 간부 4명, 조합원 11명, 면회자(비대위 간부) 2명 등 모두 26명 중 11명이 혐의가 없어 석방되었다. 그리고 강진도 일당 9명과 강진도에 의해 고소고발된 비대위 간부 6명 중 군자검차소 김영준이 전치 4주의 부상으로 고소한 홍순용과 1992년 강진도에 의해 고소된 정연경은 구속되었다.[85]

노동부의 소집권자지명과 총사퇴 총선

범대위 소속 간부들은 총회소집권자 지명 촉구 노동부 항의방문, 노동부 관계자 면담 등을 진행했지만 노동부는 부위원장 하원준을 소집권자로 하면 소집권자지명을 하겠다는 등 민주노조를 열망하는 지하철 조합원들의 요구를 무시해왔다. 1992년 대통령 선거에서 김영삼 후보 당선으로 '문민정부'를 표방한 정부가 들어서면서 이인제 노동부장관은 일정한 개혁정책을 펴기 시작했다. 노동부가 자청하여 "위원장 불신임투표를 위한 소집권자를 지명해주겠다."고 하여 서울지하철노조의 오랜 힘겨루기도 끝이 보이는 듯했다.

1993년 3월 5일 교육원 대강당에서 개최된 임시대의원대회는 전체 대의원 134명 중 118명(참석률 88%)이 참석하였다. 2.15 폭력 난동이 알려지고 노동부로부터 총회소집권자 지명이 이뤄진다는 소문이 현장에 돌아 많은 대의원이 참석한 것이다. 이날 대의원들은 규약개정안을 논의하고 5대 위원장 총선 논의를 했다. 우선 규약개정안은 △본사지부를 폐지하고 '특별지회'로 △설비, 시설지부를 '기술 1, 2 지부'로 △조합간부(선관위원) 임기를 3년에서 '2년' △

---

85) △조합사무실 난입 난동자: 강진도, 조성태(역무1지부장), 김진평(차량지부장), 변영(역무1지부 3지회장), 장무길(역무1지부 4지회장), 김철관(차량지부 총무부장, 신생대 위원장), 송현채(역무 조합원, 신생대 간부), 정화섭(차량지부 군자공작창 지회장), 강대압(차량지부 신정차량 지회장), 조상호 홍순용(해고자) 이중 조성태 강대압은 도피하였고 나머지는 동부경찰서에 연행됨. △동부경찰서 연행자 비대위 간부 및 조합원: 김선구(위원장 직무대행, 설비지부장), 최종진(비대위 조직국장, 창동차량 지회장), 김충례(승무지부 옥수지회 지회장), 서형석(승무지부 상계지회 지회장) △연행된 면회자: 김대수(비대위 대협국장, 설비지회 지회장), 정연경(군자차량 조합원, 1992년 해고자), △연행된 조합원: 김영준, 정선식, 최종균, 박종락, 이문성 외 2명(군자검차소) 한용석, 김수동, 김영호, 박성준(1전기 기지분소) 이 중 강진도에 의해 고소고발된 김선구, 최종진, 김충례, 김대수, 정연경, 김영준 등 6명을 제외한 조합원 11명은 2월 16일 아침에 석방되었고 나머지는 조사받고 나왔으며 정연경은 구속되었다. 이 난동에 의한 피해액은 840만 원이었다.

총회(대의원대회) 소집요청이 있을 시 '바로' 소집한다를 '7일 이내에' 소집한다로 △위원장이 소집 기피 시 서명대표자를 소집권자로 하여 소집할 수 있다 등이다. 그동안의 조합 활동과 강진도 집행부를 겪으면서 한국노총을 바탕으로 만든 규약의 비민주적 요소들을 없애고 민주성을 강화하고자 했다.

다음 비대위 총사퇴, 총선 돌입 논의는 3.16파업 이후 같은 대표권 시비를 불러올 우려가 있으니 "강진도가 스스로 실시하겠다는 불신임투표에 적극적으로 참여하여 강진도를 확실하게 정리"하고 "이후에 총선에 들어감으로써 대표권시비를 불식시킬 수 있지 않겠느냐"는 의견이 제기되었다. 그러나 비대위는 강진도 불신임투표 시행 건에 대하여 생각해볼 가치도 없다고 단언했다. 첫째, 강진도가 불신임당하는 결과가 다시 나온다 해도 총선 대신 하원준을 직무대행으로 내세울 것이라는 점,[86] 둘째 불신임투표에 참여하게 되면 지금까지 조합원들이 자주적으로 쟁취한 위원장 불신임, 6기 대의원 선출 등을 모두 부정하고 스스로 정당성과 명분을 상실하게 되고 셋째, 불신임투표를 위해서는 조합사무실을 인계하고 인출 정지된 조합비를 사용하도록 하여야 하는데 이것은 강진도가 기사회생할 수 있는 조건이 될 것이며, 넷째 불신임투표의 공정성을 보장할 수 없다는 것이 근거였다. 또한, 노동조합에 신물을 느낀 조합원들이 투표에 참여하지 않아 과반수 참석 미달이 되면 강진도 집행부가 불신임당하지 않았다고 선전하면서 합법성을 주장할 위험도 있었다. 따라서 총사퇴 총선은 비대위가 현 상황을 돌파하기 위해 선택할 수 있는 유일한 방법이었다. 논의 끝에 총사퇴 총선거를 하되 그 일정을 비대위에 위임하고, 비대위는 노동부의 태도를 지켜보면서 일정을 결정하기로 하였다.

6개월이 지나 새로 부임한 이인제 노동부 장관이 결재하고 3월 13일 중앙노

---

86) 현대중공업노조도 이원건 사퇴 이후 부위원장들에 대한 불신임투표를 실시했으나 어용성이 강한 부서의 부위원장이 유일하게 살아남아 직무대행체제가 유지되는 사태가 벌어져 노동조합이 몇 개월째 표류하고 있었다.

동위원회가 승인함으로써 소집권자 지명절차가 마무리되었다. 강진도는 선수를 쳐 노조위원장 불신임 투표를 실시하겠다고 나섰고 노동부는 태도를 뒤집었다. 하지만 3월 29일부터 3월 31일(3일간)까지 시행된 위원장 불신임투표는 총원 7,762명 중 1,244명만이 투표하여 투표율 16%로 무산되었다. 이것이 강진도 집행부의 마지막이었다.

한편, 비대위는 3월 22일 총선거 공고, 3월 25일 임시대의원대회, 3월 29~31일 입후보자 등록, 4월 7~9일 총선거 일정을 확정하고 선거에 돌입하였다. 비대위 일정대로 많은 후보자가 선거에 참여하자 노동부는 4월 3일 노동법 제26조 3항에 의거 임시총회 소집권자에 제2대 위원장인 김명희를 지명한다는 공문을 보내왔다. 4월 3~4일 열린 확대비상대책위원회 회의에서는 불신임투표를 위한 임시총회 소집권자 지명을 수용하고 이른 시일 내 불신임투표를 하기로 결정했다. 6일 대의원대회에는 133명 중 80명의 대의원이 참석해 노동부의 소집권자지명을 수용키로 하고 총선거를 연기하였으며 총선거 연기 일정과 방법은 강진도 불신임투표 전에 김명희 소집권자와 비대위가 논의해서 정하기로 했다.[87]

민주진영 내에서는 소집권자 지명을 받아들일 것인가 말 것인가 논쟁이 있었다. 조직의 결정 때문에 자주적으로 진행되는 일정을 합법성을 확보하기 위해 전면적으로 재조정할 것인가, 이미 불신임한 집행부에 대해 또다시 불신임 투표를 하는 것은 일관되지 못하다는 것 등을 논의하였다. 당시 활동가들에게 노동부는 사용자보다 더 자본가 편이라는 인식이 있었고, 그런 노동부에 소집권자를 요청하는 것 자체가 문제라는 인식이 있었다. 하지만 장애물을 최소화한다는 점에서 소집권자 지명을 받아들이기로 했다. 그리고 이는 1992년 6월

---

87) 총회소집위원회 명단: 김명희(구로승무, 2대 위원장), 김명섭(성수승무), 전강남(창동차량), 백승구(군자차량검차소), 이훈(총정로역), 구덕회(시청역), 박명학(종로3가역), 채강보(동대문운동장역), 강성식(설비), 장윤석(A.F.C.), 최승구(1보선), 임만택(2보선)

부터 무려 10개월간에 걸쳐 조합원들이 단결하여 투쟁해온 결과물이다. 결국 민주노조진영은 “조합원 1/3 이상의 서명을 받아 소집권자 지명을 노동부에 재신청하고 지명된 소집권자에 의해 총선거 한다.”는 방침을 결정하고 즉각적으로 서명작업에 돌입 위원장 직무대행 김선구 외 4,471명의 서명을 받아 6일 노동부에 소집권자 지명을 요청, 지명요청 하루 만에 김명희를 소집권자로 재지명받기에 이르렀다.

4월 28~30일 김명희 총회소집권자는 강진도 집행부 불신임 투표를 다시 하였고 조합원들은 더 적극적으로 참여해(87.7%) 96.5%가 불신임에 표를 던졌다. 이어 5월 8일 위원장 지부장 6명, 지회장 33명을 선출하는 5대 총선거가 공고되었다.

한편 4월 30일 강진도 집행부는 퇴진하고 강진도는 부대사업 비리 유죄 판결을 받으며 파면된다. 강진도 퇴진 투쟁 과정에서 30여 명의 조합원이 고소·고발되고 10여 명의 간부가 연행 구속되었다. 서울지하철노조의 민주노조 사수 투쟁은 이렇게 마무리되었다.

4) 조합원의 생명을 보호하기 위한 기술지부 투쟁

산업재해 문제가 사회적 관심을 받으며 떠오른 것은 1988년 15살 문송면 수은중독 사건 때문이었다. 서노협 사업장들이 이 문제를 폭로하며 투쟁했다. 그 당시 산업재해 문제를 제기하며 만들어진 단체는 노동과 건강 연구회 정도였다. 1988년 3월 26일 창립된 이 단체는 1970년대 학생중심의 소진료 활동과 노동상담에서 출발하여 1986년 구로의원 창립을 시발로 노동과 건강 문제를 중심으로 다루기 시작하다가 1987년 노동자대투쟁을 통해 산재추방을 위한 조직적 대응의 필요성을 인식하면서 1987년 10월 11일 산업보건 공동교육 훈련의 토론과정을 거쳐 설립되었다. 노동계, 보건의료인, 법률인으로 구성 100여 명 회원으로 조직이 운영되며 노동조합 간부 교육을 하곤 했다. 반면 산업재해에 늘 노출되어 있으면서도 정작 노동조합 조직에 산업재해 전담부서가 만들어지는 것은 1990년대 초를 넘어서다. 그 전에는 복지부 등에서 처리하는 정도였다. 전노협에도 1994년 2기 지도부가 들어서 산업안전보건부를 만들어 적극적으로 대응하였다. 이 시기가 되면 대공장 노동조합, 지역조직 등에 산업안보건부가 만들어지고 '산재추방의 달' 행사를 진행하면서 노동자 건강문제에 대한 인식을 확산하고 '작업중지권' 확보로 현장권력을 세우기 위한 투쟁을 진행한다.

서울지하철노조의 경우 석면, 카드뮴 등 중금속 문제가 간간이 신문에 보도되는 정도에 머물다가 1990년 들어 설비지부 중심으로 죽어나가는 동료를 보면서 산재 직업병 문제에 관심을 두기 시작하여 후생복지부에서 업무를 병행할 일이 아니라 독립 설치 필요성이 제기되었다. 1991년에는 산업재해 관련 단체협약을 쟁취하였는데 장해보상 기본급 100%, 유족보상 130일분 인상, 일시보상 134일분 인상, 장례비 30일분 인상, 업무상 재해로 사망 퇴직 시 가족 중 1인 취업 인정 등을 확보하였다. 하지만 이때까지만 해도 유족 보상에 중심을 두었으나 조합원 사망사고를 계기로 근본적인 문제 해결을 위한 대책을 만들어야 한다는 의식이 퍼지기 시작했다.

1992년 1월 13일 선로 순회 점검 도중 변병일 조합원이 신설동역에서 하선 열차 대피 중 상선에서 진입하는 열차에 치여 현장에서 사망하는 사고가 발생했다. 안전대책 없이 열차가 1~2분 간격으로 운행되는 터널 속에서 시설물 점검과 보수 작업을 해야 하는 한 사고 위험성은 늘 존재한다. 1호선 건설 공사 당시 설계 시공 잘못으로 안전대피소가 없고 노동조합이 설치를 요구하였지만 공사는 예산 부족을 이유로 미뤄오다가 결국 사고가 난 것이다. 당시까지 사망 9명, 중상 4명의 안전사고가 발생했지만 그때마다 개인의 부주의로 돌리며 안전교육만 강요하였다. 변병일 조합원 장례식은 1월 23일에 치러졌다. 사고 발생 직후 사고수습대책위를 구성하여 영안실 투쟁, 선전홍보투쟁을 전개하였다. 영안실 앞 일상집회와 선로순회를 전면 거부했다. 요구사항은 △유족보상 △열차운행 시 선로 순회방법 개선 △시설개선(대피소 등 안전장치) △책임자 처벌이었다. 그러나 유가족과 노동조합의 긴밀한 연대가 이뤄지지 않음으로써 1월 22일 유가족이 별다른 성과 없이 공사와 합의하게 되었다.

그런데 또다시 1992년 5월 4일 시설지부 1보선지회 황영수 조합원이 선로순회 중 열차에 치여 순직하였다. 노동조합은 또 한번 산업안전관리부 신설과 노사동수 산업안전보건위원회 설치운영을 촉구하였다.

이와 때를 같이해 1991년 9~10월 1차 건강진단 결과를 보면 전체 직원의 10% 정도인 801명이 감염자 또는 질병의심자로 폐결핵, 간기능장애, 고혈압, 당뇨병, 신장질환 등에 시달리는 것으로 확인되었다. 신문에서도 서울지하철 역사 내 공기의 질을 측정한 것이 다뤄졌다. 납오염치가 탁하기로 유명한 동경보다 5.95배(1991년 1월 24일 『서울신문』), 이산화탄소 기준치 2배 이상(1992년 12월 8일 『경향신문』), 부유 분진도 환경기준을 훨씬 상회(1993년 10월 8일 『동아일보』)한다는 기사가 줄을 이었다. 이런 데서 유발하는 게 지하철증후군이라고 부르는 늘 머리가 띵하고 가슴이 답답하고 코막힘 가래 재채기와 기침이 잦아지고 감기에 쉽게 걸리며 무기력증을 호소하게 되는 병이다. 그 외 사망사고 외에도 전기 화상사고, 수면 불만족으로 인한 사고도 늘 존재했다. 하지만 공사는 이런 문제를 위험수당을 통해 무마하려 했고 산재에 대한 조합원들의 인식도 높지 않았다. 임금보다 안전사고 없고 쾌적한 지하 환경을 만드는 것이 평생직장을 확보하는 일인데도 말이다.

1993년 12월 22일 성수역 신호설비 점검 중 열차사고로 우제근 성수신호분회장이 순직하면서 1신호지회에서 사후대책위원회를 구성하여 「사고조사보고서 및 요구안」을 만들어 지회 총회에서 인준을 받아 공사에 제출하면서 요구가 체계화되기 시작했다. 노동조합에서는 5대 집행부가 들어서서 산업안전보건부를 설치하고 본격적인 대응을 고민하기 시작했다.

2부

연대와 저항

1. 전지협 공동 총파업
2. 민주노조를 지켜낸 서울지하철 노동자
3. 노동법개정투쟁과 서울지하철노동조합

1 전지협 공동 총파업

1) 제5대 집행부 출범과 1993년 투쟁

조합원들의 기대를 모은 김연환 집행부

1993년 5월 25일부터 3일 동안 총선거가 치러졌다. 공윤식, 김연환, 김철관, 양윤모, 유방식, 정연수 6명의 후보가 등록했다. 5대 위원장 선거를 앞두고 선거관리위원회는 후보진영에 공통질문을 던져 조합원들이 서울지하철노조 위원장 후보들의 정책을 같은 기준으로 평가할 수 있도록 했다. 선관위 공통질문은 1) 강진도 집행부가 불신임투표 및 총선거 결과를 수용하지 않고 있는 것에 대한 견해, 2) 5대 총선거 임기를 2년으로 단축했고 본사에 한해서 규약 미비점으로 유보된 상태에 대한 견해, 3) 위원장 당선 후 노동조합을 이끌 기본적인 세 가지 원칙(집행부와 조합원의 의사가 상충할 시 방침결정, '93임단협 갱신 교섭에 임하는 입장을 포함하여)은 무엇인지 등이었다.

1번과 2번 질문에 대해서는 모든 후보가 조합원의 총의, 대의원대회의 결정을 존중하고 규약 미비사항은 보완하겠다고 답했지만 김철관 후보는 불신임투표가 공정하게 진행되지 않았고, 위원장 임기는 3년으로 해야 한다는 견해를 보였다. 다른 후보들은 집행부와 조합원 의견 상충 시 조합원 인준투표, 총회 등을 통해 최종적으로는 조합원의 의사를 따른다고 했고 김철관 후보는 집행부와 조합원이 함께 공청회를 통해 조율해야 한다고 답했다. '93임단협 관련해서는 조합원 의견 수렴, 단결의 힘으로 돌파하겠다는 의견은 공통적이었고 김철관 후보는 합의 후 신임과 연계된 투표를 하겠다고 했고, 정연수 후보는 사회여론을 통한 단체교섭에서의 우위 선점을 유독 강조했다. 노동조합 운영 기본 원리에 대해 공윤식 후보는 다수 조합원의 뜻을 존중하는 노동조합을 만들겠다고 했고, 김연환 후보는 나의 노동조합이라는 인식을 하도록 하겠으며 이를 위해 간부뿐 아니라 조합원들의 참여가 전제되어야 한다고 했다. 김철관 후보는 조합원들과 현장에서 고민하며 일하겠다, 양윤모 후보는 견해 차이를 극복하고 단결하며 임금체계 개선·지하 환경 개선·복지정책 확충·노동자의 정치적 지위 향상을 위해 노력하겠다, 정연수 후보는 조합 간부의 질적 향상을 도모하고 헌신하는 깨끗한 집행부가 되겠다고 했다.

"이러다가 정말 1차에 당선되는 거 아니야?" 공사 간부들이 한 말이다. 선거유세를 가면 공사 간부들이 김연환 후보와 선거운동원들을 공손하게 대하고 선거운동에 협조해 주는 분위기였다. 선거 결과 김연환 후보가 51.5% 과반수 표를 얻어 새 위원장에 당선되었다. 2위 정연수는 역무지부의 전폭 지지를 받아 21.5%를 획득했다. 김연환은 비리특위를 구성해 문제 있는 사람은 노사 관계없이 정리하겠다, 조합비를 투명하게 공개하겠다는 공약으로 4대 집행부와 다른 집행부를 구성하겠다는 의지를 보였다. 현장에서 만나는 조합원들은 "노사가 대등한 교섭을 하면 좋겠다." "이번에는 집행부가 안정적으로 마무리 됐으면 좋겠다."는 의견을 내놓았다. 그동안 공사와 비리 노동조합으로 인해 쌓인 피로감을 드러내는 말이었다.

선거 결과 나타난 특징은 그동안 여러 지부 간 얽히고 설킨 갈등이 거의 사라지고 힘 있는 민주노조를 열망하는 조합원들의 기대가 모였다는 점이다. 물론 지회 지부에서 활동하는 중간 간부들의 신망과 활동 여하에 따라 조합원들의 후보 지지 분포가 나타났는데 그것이 예전처럼 갈등구조를 그대로 드러내는 것은 아니었다. 다만 역무분야는 위원장 후보가 4명이었고, 이 중 현금출납

수당신설 요구 문제를 두고 표가 갈렸다. 지부장도 모두 새얼굴이 등장했다. 역무1지부장 심주식, 역무2지부장 김경도, 승무지부장 서형석, 차량지부장 최종진, 기술1지부장 정재웅, 기술2지부장 송승호였다. 강진도 집행부 퇴진투쟁을 전개하면서 의식적으로 각성하고 단련된 활동가들이 대거 지부장·지회장과 간부를 구성하면서 5대 집행부는 기대를 모았다.[88)]

확대간부 수련회(1993.6.22.~23.)

1993년 6월 17일에 열린 5대 위원장 취임 및 집행부 출범식에서 김연환 위원장은 "오늘 이 자리가 영광의 자리라면 먼저 그 영광을 8천 조합원들에게 드릴 것이며, 험난한 산을 넘기 위한 자리라면 제가 앞장서서 나아가되 모두가 함께 가야한다."고 전제하고 "부정비리 척결"과 "현장 중심의 민주적인 노조 운영"을 강조했다. 김연환 위원장은 유독 조합원들의 권리와 의무를 강조했다. 이날 행사에는 서울지하철노조 풍물패, 노래선언, 김성만, 소리물결의 공연이 이어졌다.

88) 5대 1기 집행부 명단은 사무국장 이경수, 사무차장 임성규, 총무부장 김종철, 조직1부장 장윤석, 조직2부장 고철호, 교육부장 박희석, 선홍부장 김영후, 조사통계부장 최홍락, 쟁의부장 박정규, 대협부장 이상대, 편집부장 박종우, 문체부장 채강보, 후복부장 박성열, 부사부장 김문수

부정비리 척결 특별위원회

광고비리 건으로 의혹을 사오던 강진도가 1993년 6월 11일 동부경찰서에 출두했다가 13일 구속되어 갇혔다. 광진애드가 강진도를 대상으로 '광고 손해배상청구 소송'을 제기하였는데 법원은 민사상 손해배상 책임은 없다고 판단하였지만 강진도를 사기혐의로 구속하였고 강진도 측 증인이었던 초대 수석부위원장 김치재도 위증혐의로 구속했다.[89] 그리고 11월 25일 재판에서 강진도는 사기, 위증교사죄가 모두 인정돼 징역 2년을 선고받았고 김치재는 징역 1년에 집행유예 2년이 선고됐다. 형이 확정된 강진도에 대해 공사는 파면이 아닌 퇴직 조치했다. 한편, 1993년 6월 25일 대의원대회에서는 부정비리척결특별위원회(비리특위)를 구성하고 특위 위원장에 최종진 차량지부장을 선출했다. 비리특위의 주목적은 공사 내 비리척결을 위한 것이었고 노동조합 내부적으로는 끊임없이 제기되는 강진도 집행부의 비리를 정리하고 노동조합의 위상을 세우기 위한 것이었다.

강진도 집행부는 조합비를 유용, 호원동 주택조합비리, 전동차 차내 광고비리 등 부정과 비리 혐의로 조합의 위상을 떨어뜨렸고 결국 조합원들의 심판을 받았다. 강진도가 구속되기는 했지만 광고비리 건은 빙산의 일각에 불과한 것이었다. 비리특위는 노동조합 간부가 그 직위을 악용하여 각종 비리에 연루되어 결국 노동조합의 힘을 약화한 반조합, 반노동자적 행위가 앞으로는 노동조합에 더 발붙이지 못하도록 제도적 장치를 만들기 위해 활동했다.

8월 4일 임시대의원대회에서는 강진도 집행부 때의 조합비 사용 내용을 33일간에 걸쳐 낱낱이 파헤친 회계감사 결과가 보고되었다. 그동안 숱한 소문으로 떠돌던 의혹들이 모두 사실로 밝혀졌다. 1992년 1월과 5월에 각각 발생한

---

89) 김치재는 1991년 3월 강진도를 광고회사 사장에게 소개시켜 주었고, 1991년 7월 강진도는 부대약정서를 보여주면서 지하철 내 광고 및 자판기 입찰권, 구판장 설치계약권에 대한 강진도의 권한을 김치재에게 위임하는 위임장을 써주며 광고회사 사장으로부터 돈을 받아 챙긴 것이다.

고 변병일, 황영수 보선소속 두 조합원의 순직에 따른 '순직대책비'로 710여 만 원의 조합비를 사용했는데 이 돈을 순직한 동지들의 가족을 위로하는 데 사용한 것이 아니라 영안실 부근에 여관을 잡아놓고 본조간부들과 가까운 사람들의 식사접대비 등으로 사용된 것이다. 또 노무부 직원을 폭행 사주한 혐의로 당시 구속된 하원준 수석부위원장의 '구속 대책비' 7백여 만원도 대부분 식대 및 영치금으로 사용된 것으로 밝혀졌다. 1992년 6월에 지출된 쟁의 조직비는 총 7천여 만원이었고 6월 17일 타결 이후 설명회 개최비로 지출된 금액은 영수증 철도 되어 있지 않았다. 해고자 홍순용과 조상호 1억 보상과 변호사비 지급도 규정을 위반한 지급이었다. 회계감사위원회는 유용된 조합비를 해당자에게 변상할 것을 요구했고 조합비 남용 및 유용의 폐단을 근절하기 위해 일부 불합리한 조항을 개선한다는 취지에서 회계규정 및 운영세칙을 개정할 것을 제안했다.

조합활동 강화에 주력한 1993년 입금·단체협약

집권 초기 김영삼 정부에 대한 지지율은 90%에 육박했고 경기 침체로 인해 노동자 투쟁에 대한 여론이 좋지 않은 상황에서 한국노총과 경총 대표들이 4월 1일 임금인상률 4.7~8.9% 합의를 한다. 그리고 대법원은 노동조합 대표자의 단체협약체결권(직권조인)을 인정하는 판결을 내렸다. 문민정부의 개혁성에 걸었던 기대가 노동정책에서부터 깨져나가고 있었다. 그럼에도 민주노조 진영은 금융실명제 실시, 30대 재벌 재산공개, 국제노동기구 권고 이행, 구속수배해고 노동자 원상회복 등 개혁을 요구하였다. 그러나 5월 6일 정권은 경주 아폴로산업 파업현장에 경찰을 투입 진압하면서 자신의 본색을 확실하게 드러냈다. 해고자 원직복직 약속도 지키지 않아 80여 명의 해고자가 5월 31일 마포민주당사에서 무기한 철야농성에 들어갔다. 김영삼 정권의 반노동자성을 폭로하며 현총련의 공동 임투가 시작되었지만 현총련은 7월 말 긴급조정권 발동으로 각개 격파되면서 투쟁이 마무리되었고 창원현대정공도 공권력 행사로 강제진압 당했다. 6월 1일 전국노동조합대표자회의(전노대)가 출범해 연대의 폭이 넓어졌지만 회의체의 한계를 보였고 전노협은 전노대와의 관계 설정에서 애매한 위상 때문에 이전의 지도집행력을 상실하여 임투 전선은 예년과 같지 않았다.

이런 상황에서 서울지하철노조는 6월 22~23일 이틀에 걸친 확대간부수련회를 통해 '93임단협 집행부안을 마련하고 7월 2일 대의원대회에서 교섭 요구안을 확정했다. 임금인상 요구 내용을 보면 기본급 50,000원(정률, 정액 각 50%) 인상과 안전봉사수당의 기본급화, 정보비 미수혜자를 위한 가계보조비 40,000원 신설 등이다. 또한 단협안의 주요 내용은 조합 전임자 확대, 노사 쌍방으로 인사위원회 구성, 승진소요연수 2배수 경과자 전원 자동승진, '갑' '을' 제도 폐지, 퇴직금 누진제(10년 이상 근무자는 매년 4개월 가산) 시행, 장기근속기간 확대 산정, 작업환경 개선, 재해보상 등 후생복지 분야에 중점을 두었다. 단협안은 위험수당 소급지급, 해고동지 원직복직 등 부칙을 포함하여 총 146조에 달했다.

공사와 교섭이 시작되었다. 노동조합은 교섭 장소를 공사와 노동조합이 원하는 곳을 지정해 번갈아가면서 하자고 요구했다. 노동조합이 교섭 장소 관련 요구를 한 것은 4대 집행부 때처럼 경찰들이 에워싸고 있는 상태에서 교섭을 진행할 경우 강압적인 분위기 속에서 원만한 교섭을 진행할 수 없기 때문이었다. 공사가 교섭에 성실하게 응하지 않자 7월 21일 3차 교섭에서 위원장이 교섭중단을 선언하고 다음날 확대간부회의에서 쟁의기획단 구성을 결정했다.

한 번의 집회도 최선을 다하여

집회 진행을 미리 연습하는 간부들

투쟁 구호를 적은 깃발과 현수막으로 둘러싸 분위기가 바뀐 노동조합 건물 모습

한편, 침체하고 지친 조합원들의 결의를 끌어올리는 것이 임단협 투쟁의 관건이었다. 집행부는 집회 하나를 하더라도 좀 더 확실하게, 조합원들에게 힘과 용기를 줄 수 있도록 기획하기 위해 밤새 토론하고 준비했다. 김연환 위원장은 밤새 연설문을 외웠다. 박정규 쟁의부장은 사회자로서 조합원의 관심을 집중시킬 인사말을 고민하고 집회 시나리오를 반복 학습했다. 사회를 볼 때 어떤 옷을 입어야 집중이 잘 될지 고민하면서 까만 양복도 입어보고 두루마기도 입어보다가 농민복에 붉은 머리띠를 매기로 결정했다. 투쟁구호가 적힌 오색종이를 끈으로 매달아 마치 군자벌은 무당집을 연상케 하였으며 집회 대오를 붉은 깃발을 든 지회장들이 둘러싸게 하여 분위기를 띄운다거나 지회 깃발을 들고 군자기지를 행진해 조직력을 과시하는 등 조합원들의 참여를 위해 다양한 방안을 마련했다. 지회장들은 누가 더 많이 조직하나 그래프까지 그려가면서 조합원 조직화에 열을 올렸다. 집행부 전원이 공작창 옥상과 조합 옥상을 오가며 뜨거운 햇볕을 가릴 가림막을 설치했고 지하철을 상징하는 전동차

꽃가마를 만들기도 했다.

이러한 노력이 통했던 것일까. 시간이 갈수록 집회에 참여하는 인원이 늘더니 8월 11일 '93임단협 승리 및 운영권 통합 쟁취 2차 전진대회'에는 2천여 명의 조합원이 모여 8월의 햇살보다 더 뜨거운 열기를 뿜어냈다. 김연환 위원장은 "5대 집행부는 동지들의 성원과 참여가 있는 한, 실천적 자세로 노동조합을 조합원의 것으로 확실히 만들겠다."면서 "이번 투쟁 역시 동지들이 지켜보는 가운데 확실하게 승리로 마무리 짓겠다."고 했다. 3.16민주광장에 모인 조합원은 열띤 함성과 함께 우레와 같은 박수를 보냈다. 이날 전진대회는 많은 여성조합원이 휴가를 쓰고 참여하여 총회의 열기를 높였으며 집회장 옆에 큰 솥을 걸어놓고 국수를 삶아 막걸리와 함께 내놓았다.

'93임단협 승리 및 운영권 통합 쟁취 2차 전진대회와 노동조합 창립 6주년 기념 대동문화제(1993.8.11.)

2차 전진대회에 이어 노동조합 창립 6주년을 기념하기 위한 대동문화제는 이채로운 행사로 조합원들의 흥을 한껏 돋웠다. 노래패의 열창과 풍물패의 흥겨운 가락이 이어졌고 조합원이 참여하는 도전가요 순서는 흥겨운 춤마당으로 변해 웃음이 끊이질 않았다. 특히 물풍선 던지기에서 위원장과 정재웅 기술1지부장이 한진희 사장과 강진도 얼굴로 찾아 들었고 조합원들은 야유와 함께 먹다 남은 국수와 술잔, 물통을 닥치는 대로 집어 던지며 한 사장과 강진도에 쌓였던 분노를 드러냈다. 대동제 마지막에는 강강술래로 손을 맞잡고 3.16 민주광장을 힘차게 돌며 동지애와 의지를 확인했다. 이어 교육원 대강당에서 300여 명의 조합원이 참석한 가운데 노동조합 6년사를 다룬 연극패 해오름의 '한여름 밤의 꿈'을 관람하면서 모든 행사를 마무리 지었다. 이날 행사에 참석한 조합원은 이구동성으로 "이렇게 재미있는 행사는 처음이었다."라며 집행간부들의 노고에 격려를 보냈다.

1993년 임금·단체협약 마무리

조합원들의 노동조합에 대한 기대감 상승, 간부들의 헌신적 활동으로 임단투 분위기는 올라가고 있었다. 쟁의행위 찬반투표는 90.4% 투표율에 85.1% 찬성률을 보였고 총파업 결의대회에는 2,500여 명의 조합원들이 집결하였다. 9월 16일로 파업이 선언된 가운데 교섭이 해결 실마리가 보이기 시작하여 14일 13차 교섭에서 임단협이 타결되었다.

'93단체협약의 주요 내용을 보면 △노동조건 저하금지를 단체협약에 명기했고 △지회장의 정당한 조합 활동은 업무보다 우선시 된다. △재직자 보수교육에 2시간의 조합교육을 시행하게 되고 단체협약의 유효기간은 만료 후 갱신체결 시까지 효력 유지로 과거 대표권 시비와 같은 상황 발생을 방지할 수 있는 장치가 마련되었다. 또한, 승무지부의 경우 3.16파업 이후 직권중재로 결정되

파업 결의대회(1993.9.9.)

었던 교번근무자의 노동조건이 개악되어 그동안 승무분야 최대 현안이었는데 부대약정서를 통해 17.3다이아를 되찾았다.[90] 그리고 전체 10명의 해고자 중 6명의 복직에 합의하였다. 그러나 임금협약은 승진적체 해소 및 세탁비 등의 증액지급으로 우회했지만, 총액 3%를 정면 돌파하지 못하였다.

'93임단협 합의안에 대한 조합원 인준투표에서 총 6,948명이 투표하여 3,956명이 찬성하여 56.9%로 합의안이 가결됐다. 집행부는 인준투표를 집행부 신임과 결부시켰다. 단체협약을 통해 조합 활동 보장과 해고자 복직 등 민주노조 토대를 구축하는 데 필수 부분을 쟁취했지만 조합원들의 관심이 높은 임금부문은 정부의 임금가이드라인을 돌파해내지 못함으로써 조합원의 불만과 조직력 약화를 초래했기 때문에 이에 대한 평가를 받겠다는 것이었다.

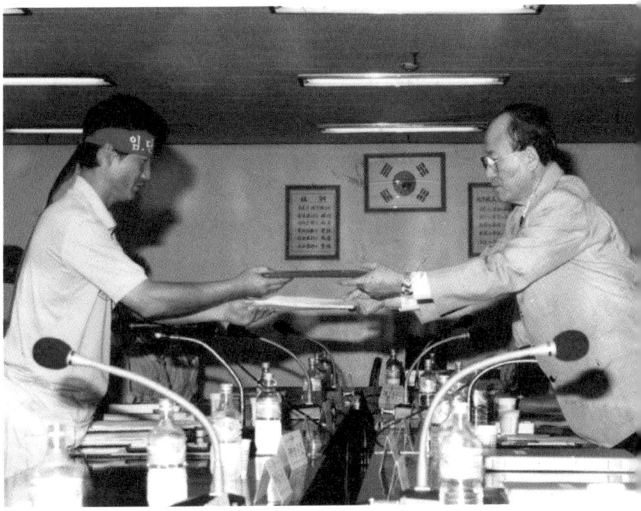

1993년 임단협 합의 타결(1993.9.14.)

90) 1989년 중재재정에는 승무 17.3다이아 출근으로 되었으나 최종 월 18.0다이아로 합의하여 승무 현장에서 불만이 많았다. 애초 공사가 17.3다이아를 중노위 안으로 제출하여 중재재정이 확정되었던 것을 노사실무협의 과정에서 현실적으로 불가능하니 재조정 해달라는 공사의 요청을 노조가 받아들인 것이다.

조합원들은 반수 넘는 찬성으로 부족하나마 집행부의 노력을 인정하고 격려했지만 역무1지부와 차량지부가 반대 의사를 명확히 하여 집행부에 채찍질을 가했다. 차량지부의 찬성률이 낮은 이유는 차량조합원 다수가 일근자, 낮은 근속년수, 교대근무자라 타 지부에 비해 임금에 대한 불만이 높았기 때문이었고 역무지부는 승진·인사 소외를 극복하지 못했다는 점 때문이었다. 위원장은 두 개 지부에서 반수 이하 찬성률을 보인 것을 책임지고 사퇴할 의사를 내비쳤지만 출범하자마자 조합 안정화를 바라는 조합원들의 바람을 저버리고 사퇴하는 것은 무책임한 것이라는 의견을 받아들여 다시 한번 투쟁을 조직하기로 하였다. 제대로 된 투쟁 한번 하지 않고 임단협을 체결했다는 비판을 받은 위원장은 1994년 파업을 염두에 둔 행보를 시작하였다.

1993년 임금·단체협약 인준투표 개표현황

지부	총원	기권	투표		무효	찬성		반대	
			투표 인원	투표율(%)		찬성 인원	찬성률(%)	반대인원	반대율(%)
역무1지부	1,441	127	1,314	912	23	470	35.8	821	62.5
역무2지부	1,150	139	1,011	87.9	22	525	51.9	464	45.9
승무지부	1,584	89	1,495	94.4	14	1,201	80.3	280	18.7
차량지부	1,688	415	1,273	75.4	15	487	38.3	771	60.6
기술1지부	1,214	53	1,161	95.6	15	833	71.7	313	27.0
기술2지부	700	41	659	94.1	11	428	64.9	220	33.4
본사지회	331	296	35	10.6	0	12	34.3	23	65.2
총계	8,108	1,160	6,948	85.7	100	3,956	56.9	2,892	41.6

지하철 운영권 분리에 맞선 투쟁

5대 집행부가 '93임단협과 함께 풀어야 할 당면과제인 2기 지하철 운영권 확보를 위한 '운영권 통합 대책위원회'가 1993년 6월 29일 결성되었다.[91] 당시 서울지하철은 서울시 수송 분담률 중 23%를 차지했고 2기와 3기 지하철이 완공되는 1999년에는 75%의 수송 분담률을 담당하게 된다. 이렇게 되면 지하철이 서울시의 교통중심축이 되므로 그 운영의 중요성은 더욱 커질 수밖에 없는 상황이었다. 이에 서울지하철노조는 2기 지하철 건설에 착공한 1989년부터 운영권 통합을 제기해왔지만 서울시는 운영권 분리 입장을 굽히지 않았다. 서울시는 분리운영을 통해 경영합리화와 생산성 향상을 꾀하겠다고 주장했지만 이는 설득력 없는 논리였다. 이는 노동조합이 8월 중순 시행한 대시민 설문조사 결과에서도 드러났다. 운영권 통합 대책위원회는 8월 중순 설문지를 작성하여 16개 순환역을 중심으로 배포하였고 조합 간부들이 전동차에 승차하여 현장 설문조사를 했다. 배포된 3만5천 매의 설문지 중 6천 매 가량이 수거되었는데 조사에 응답한 시민 중 대다수가 2기 지하철 통합운영을 바라고 있었다. 그럼에도 서울시가 2기 지하철 운영권을 분리하는 데 강한 집착을 보이는 것은 관료들의 자리안배를 위한 의도와 경영합리화를 빙자한 노무관리 강화 때문이었다.

2기 지하철 개통이 점점 다가옴에 따라 노동조합은 운영권 통합을 위한 전 조합원 서명과 자율경영체제 확립 청원서명을 진행하였다. 그리고 경실련, 녹색교통운동 등의 시민단체가 구성한 '시민을 위한 지하철 만들기 시민연대회의'와도 연대를 꾀했으며 김연환 위원장이 김영삼 대통령과의 요담 후 행정수석을 통해 지하철 운영권이 통합되어야 한다는 의견을 전달하기도 하였다.

---

91) 운영권통합대책위원은 최낙용, 임성규, 장윤석, 최홍락, 이상대, 김영후, 심주식, 송찬길, 김명섭, 김용진, 우재현, 이재근 등이다.

지하철 운영권 통합을 요구하며 투쟁하는 조합원들

서울시는 1993년 11월 15일 서울대 윤계섭 교수의 '2기 지하철 운영주체에 관한 연구결과'를 발표하면서 분리운영 방침을 언급하더니 급기야 19일 기자회견을 통해 최종적으로 분리 결정을 밝혔다. 노동조합은 즉시 반대성명서를 발표하였고 시청 항의방문투쟁, 분리운영 규탄대회 등을 진행했으나 힘을 갖지 못했다. 최후의 힘을 모아 조례제정을 막기 위한 투쟁을 계획했지만 이마저 조직되지 않았다. 1993년 12월 23일 서울시의회 교통분과 본회의에서 서울시의 요구대로 '2기 지하철 조례'가 통과되었다.

서울지하철노조가 3.16파업 이후 노동조합 사수를 위한 투쟁, 4대 강진도 집행부 퇴진투쟁에 집중하는 동안 서울시는 2기 지하철 운영권 분리를 정책으로 확정하고 이를 밀어붙였다. 이미 투쟁을 조직할 시기를 놓친 데다 뒤늦게라도 노동조합의 정책 대안을 체계적으로 만들고 함께 투쟁할 연대세력을 모아내지 못했고, '93임단협 타결 이후 조직력이 약화한 상황에서 운영권 분리를 받아들일 수밖에 없었다. 이후 서울지하철공사와 도시철도공사와의 통합, 양공사 노동조합 통합이라는 과제가 서울지하철노조에 주어졌다.

2) 노동조합 활동 기틀 마련

서울지하철노조가 자본과 정권에 타협하지 않는 민주노조로 서도록 방향성을 설정한 것이 3대 집행부였다면, 5대 집행부는 민주노조로서의 조직적 기틀과 활동 기풍을 만들었다고 볼 수 있다. 5대 집행부는 우선 책임과 규율을 세우고 민주적 절차와 사업의 원칙을 확립하기 위해 노력했으며 동시에 지부간의 갈등을 줄이고 노동조합 전체의 힘을 강화하기 위해 지부자체사업을 활성화하면서도 모든 힘을 중앙으로 집중시켰다. 또한 현장간부인 대의원과 분회장의 역할이 강화될 방안을 모색했으며 이를 단체협약 확보와 규약 규정 정비로 체계화하였다. 또한 간부들의 활동 기풍을 새롭게 정립했을 뿐 아니라 조합원들도 노동조합의 주체로서 함께 책임져야 한다는 것을 각인시켰다.

첫 대의원대회가 유회된 까닭은

1993년 6월 17일 10시 30분에 개최하기로 했던 6기 4차 임시대의원대회는 10시 50분에 유회되었다. 20분이 지나도 132명 중 64명만 와 성원이 안 되자 위원장은 개회사만 하고 "유회선언"을 했다.

'94임투 승리를 위한 임시대의원대회 및 수련회(1994.1.26.)

대회장에 모인 대의원들은 다들 당혹감에 말분이 막혀있었다. 김연환 위원장은 유회선언 후 단상에서 내려와 "간부들이나 대의원들이 우리의 현실을 너무 안이하게 보고 있는 것 같다. 해야 할 일은 태산 같은데 회의시간조차 지키지 못한다면 앞으로 무슨 일을 해나갈 수 있겠는가."라며 "과거의 잘못된 풍토와 관행을 바로 잡아가는 것이야 말로 내 임무다. 위원장 당선 후 첫 대의원대회가 유회되었을 때 나보다 더 가슴 아픈 동지가 있겠는가, 앞으로 어떤 회의나 행사든 가장 기본적인 것부터 철저히 고쳐나갈 것"이라고 했다. "과거의 관행이 하루아침에 고쳐지겠느냐"며 위원장의 유회선언에 대해 "이해는 하지만 처음부터 너무 무리한 조치"라고 비판하는 이들도 있었지만 위원장은 단호했다. 다음날 열린 확대간부회의는 52명 중 40명이 넘는 간부가 정시에 회의장에 도착, 정시에 시작되었다.

1994년 1월 26일 서당골에서 열린 간부수련회도 이전과 달랐다. 전날 토론과 술로 새벽에 잠이 들었어도 아침 기상 시간을 지켜야 했다. 박정규 쟁의부장은 일부 간부들이 아침 체조시간에 늦게 나오자 위원장을 비롯한 간부들을 흙바닥에 구르기를 시켰다. 모든 간부가 다 나올 때까지. 간부들이 철저하지 않는다면 공사와 정권을 상대할 수 없다는 것이 5대 집행부의 생각이었다.

조합원의 역할

5대 집행부는 간부들만 변화하라고 하지 않았다. 위원장의 현장 순회 시 많은 조합원이 조합원과 비조합원의 차별을 두지 않는 관계로 오히려 조합원만 손해를 보는 경향이 있다는 문제를 제기했다. 위원장은 조합원과 비조합원 간의 차별성을 반드시 두겠으며 집회 때도 지부별 참여도를 고려하여 제반 활동에 대해 배려를 하겠다는 견해를 밝혔다. 위원장은 "조합원은 요구만 하고 집행부가 따주기만을 기다리는 것이 아니라 조합원 스스로 주인이 되어 참여하

조합원이 주인이며 투쟁의 주체가 되는 노동조합

고 투쟁한 만큼 쟁취할 수 있다는 점을 알아야 한다. 참여하지 않고 무임승차하려는 의식은 이제 탈피해야 한다."며 투쟁한 조합원에게 그만큼 혜택이 돌아가야 한다는 의견을 피력했다.

간부가 변하고 조합원들도 이 집행부는 뭔가 다르다는 생각을 가지면서 활기를 회복하자 4대 집행부 당시 노동조합에 신물을 느끼고 탈퇴했던 이들이 다시 노동조합에 가입했다.

산업안전보건 사업 정착

한국이 세계 산재 1위 국가라는 오명을 벗어나지 못하고 있는 가운데 지하철 노동자의 작업환경은 날이 갈수록 열악해져갔다. 작업 중 열차 충돌 사고뿐 아니라 승무원의 시각장애, 역사의 부유분진, 터널 내 작업으로 인한 위험과 호흡기질환, 청각장애 등 생명을 담보로 하는 일에 안전장치 없이 방치되어 있었다. 조합원들은 그 심각성을 '조용한 전쟁', '죽음을 향해 달려가는 완행열차'라는 말로 표현했다.

5대 집행부는 작업환경 개선을 위해 산업안전보건위원회를 노사동수로 구성하여 제도적 장치를 마련해 나갈 계획을 추진키로 했다. 이는 1993년 9월 14일 단체협약에 근거한 것이었다. 여기에 이어 1994년 3월 11일 임시대의원대회에서 규약개정을 통해 산업안전보건부를 신설했고 초대 산업안전보건 부장은 박성열이 맡았다.

당시 전국 모든 사업장 중에 산업안전보건위원회를 설치한 사업장은 213곳에 불과했다. 또한 1990~1992년도 노동부가 근로감독한 사업장 4,808개 중에서 4,736개의 사업장이 근로기준법 위반 사업장이고 위반건수는 21,649건에 달하고 있는 것으로 나타났다. 이렇게 산업안전 문제가 방치되어 있는데도 노동부는 1993년에 정기근로감독을 않겠다고 하면서 자본가의 돈벌이를 위해서는 노동자의 생명과 안전이 침해당해도 아무런 문제가 되지 않는다는 속내를 드러냈다.

작업환경을 노사가 공동으로 정기 측정토록 법적으로 보장하고 있었으나 공사는 한 번도 객관적인 측정을 한 바 없고, 오히려 그 심각성을 감추기에 급급해 왔다. 지하철의 산업재해는 1984년부터 1993년까지 꾸준히 증가했다. 그러나 표면적인 산재 발생건수보다 현장에서는 더 많은 산재가 발생했다. 맨홀 뚜껑에 손가락이 잘리는 것 정도는 산재로 여기지도 않았던 시절도 있었다.

산업안전보건부는 산재에 대한 인식을 바꾸는 일, 산재를 예방하는 노동조건을 확보하는 일, 산재 처리 등 노동조합 일상 활동의 중요한 역할을 했다. 산업안전보건위원회는 집행부와 일정한 독립성을 가지고 운영되면서 지하철 노동자의 건강권 확보를 위한 활동을 정착시켜나갔다.

근무시간 중 조합 활동 확보

임금가이드라인을 돌파하지 못하고 임금인상 폭이 작아 임단협 합의안 찬성률이 높지 않았으나 1993년 단체협약은 조합 활동 관련 조항 확보를 통해 노동조합 안정화에 기여했다.

▣ 신단체협약 제10조(근무시간 중 조합 활동)

① 조합활동은 근무시간 외에 행하는 것을 원칙으로 한다. 다만 각호의 1에 해당하는 경우에는 공사와 사전협의를 거쳐 근무시간 중이라도 조합 활동을 할 수 있다. 이때 조합활동 참가자는 소속장에게 사전 통보하여야 한다.

노사협의회 위원이 노사협의회에 참석하였을 때

조합대의원이 정기, 임시대의원대회에 참석할 때

조합의 감사로 선임되어 조합의 회계감사를 할 때

기타 공사와 조합이 협의로 결정한 분회장회의, 수련회 기타의 행사에 참여할 때

② 공사는 전항의 단서에 의해 각종회의 및 행사에 참가한 시간은 근무한 것으로 간주하여 이로 인한 보수 및 신분상의 불이익을 주지 아니한다.

③ 제2항 단서에 의한 각종 회의 및 행사에 참여한 조합원은 회의 및 행사 종료 후 업무에 복귀하여야 한다.

④ 지회장의 정당한 조합 활동은 근무보다 우선한다.

조합 활동은 조합의 설립목적인 조합원의 경제적, 사회적, 정치적 지위 향상에 부합하는 모든 활동을 의미하므로 근무시간 중이든 시간외든 구분 없이 이루어진다. 그러나 현실적으로 모든 조합원이 근무를 전폐하고 조합 활동에 참여하는 것은 사실상 불가능하므로 일상적 시기에는 근무시간외 조합 활동을 원칙으로 하되 근무시간 중에도 조합간부는 물론 조합원의 조합 활동을 단체협약으로 보장하고 있다. 이 조항은 '93임단투 시에 조합에서 가장 중점적으로 제기한 것이다. 노동조합 활동 보장은 그동안 관례로 인정되어 오기도 했지만 명문화되지 않아 항시 공사의 현장 탄압 근거로 악용됐다. 서울지하철노

신규 임용자에 대한 노동조합 신입생 교육(1993.9.25.)

조 단체협약에서 보장하는 조합 활동은 노사협의회, 대의원대회, 회계감사 그리고 분회장 회의 등이다. 여기에 개정 단체협약에서는 수련회에 참가할 경우에도 이를 보장하도록 하였다. 그동안 지부지회에 따라서 수련회 참가가 인정되기도 했지만 단체협약으로 명문화됨으로써 평조합원의 참가가 보장되는 결과를 가져왔다.

한편 구 단체협약에서는 조합의 각종 회의와 행사에 참가한 조합원은 회의 및 행사 종료 후 1시간 이내에 복귀하게 되어 있었다. 이 조항은 '91단체협약 체결 시 추가된 독소조항으로 지회장이나 대의원의 경우에는 사실상 정상적인 조합 활동, 즉 단순하게 회의만이 아니라 조합원으로부터 의견을 수렴하는 등의 현장 활동을 불가능하게 만드는 조항이었다. 그러나 1993년 개정한 단체협약에서는 '회의 및 행사 종료 후 업무에 복귀하여야 한다'라고 규정함으로써 더욱 원활한 조합 활동을 보장받게 되었다.

무엇보다 이 조항에서 중요한 것은 ④항으로 추가된 부분이었다. 지하철 사업장은 서울 시내에 200여 곳으로 분산되어 있으므로 분산된 현업과 노동조합을 이어주는 지회장의 역할은 사람의 혈관과도 같다. 이 혈관이 막혀버리면 조합원의 의견이 노동조합으로 전달되지 못하고 또 노동조합에서 일어나는 일이 현장으로 전달되지 못하여 정상적인 조합 활동을 기대하기 어렵다. 따라서 공사는 기회만 있으면 지회장의 활동을 제약하려고 갖은 수단을 써왔다. 이에 노동조합에서는 지회장의 활동 보장에 상당한 중점을 두었고 전임인정을 요구해왔다. 비록 지회장의 완전한 전임을 인정받지는 못했으나 조합 활동이 우선한다고 명문화되었으니 특히 역무지부의 경우 지회장의 활동이 어느 정도 보장받을 수 있게 되었다.

조직 강화를 위한 규약개정

5대 집행부는 1994년 3월 11일 대의원대회에서는 규약을 전면적으로 손보았다. 그동안은 필요 때문에 부분적 규약 개정을 했다면 이때는 1987년 노동조합창립 당시부터 미비했던 규약을 시대 흐름에 맞게 전면 개정한 것이다. 1993년 임시대의원대회에서 '규약개정소위'를 구성해 논의한 초안을 가지고 1994년 1월에 있었던 수련회를 겸한 제1차 임시대의원대회에서 규약·규정 개정안을 제시하고 이후 지부별 논의를 거치고 여러 차례 규약개정소위를 통한 검토와 4차례의 대의원대회를 가진 끝에 개정된 것이다.

규약 개정안의 핵심 방향을 살펴보면 첫째, 애매한 각종 규약과 규정을 구체화하여 위원장에 의한 조합운영의 독주를 방지하도록 하였다. 둘째, 조합원의 불신임권한을 구체적으로 강화하여 집행부가 조합원의 의사에 반한 행위를 하지 못하도록 했다. 셋째, 조합운영의 신중을 기하기 위해 본조와 중앙집행위원회의 권한을 축소하는 대신 지회장 이상이 참석하는 집행위원회의 권한을 강화했다. 넷째, 조합비의 엄격한 집행을 위하여 운영위원회의 권한을 축소하고 대의원의 의결권을 강화하는 한편, 회계감사의 권한 또한 강화했다. 다섯째, 노동조합이 관행과 편의 위주로 운영되는 것을 방지하기 위해 규약 및 규정을 가능한 세분화시켰다. 여섯째, 선거로 인한 노동조합 내부의 갈등과 상호비방을 방지하기 위해 위원장, 지부장 선거의 공영화와 유인물의 엄격한 사전 검사제를 도입했다. 규약이 대의원대회를 통과하고 그에 따른 세부규정을 운영위원회에서 손봄에 따라 서울지하철노조 운영을 좀 더 안정적으로 할 수 있게 되었다.

특히 주목할 것은 강진도 집행부가 행한 비민주적 노조운영이 다시 반복되지 않도록 관련 규정을 손본 것이다. 우선 협약의 체결은 위원장이 대표로 행하고 교섭위원이 연서하도록 개정하였다. 또한 단체교섭, 노사협의회 "협약안이 참석 조합원 과반수이상의 동의를 득하지 못할 시에는 규약 및 규정에 따로 정한 경우에도 불구하고 집행위원 이상 전원이 불신임된 것으로 본다."는 규정을 신설했다.

전지협 파업이 끝난 후인 11월 22일 9차 임시대의원대회에서는 규약개정을 통해 역무1,2지부, 기술1,2지부가 각각 역무지부와 기술지부로 통합됐다. 역무1,2지부와 기술1,2지부가 자체 결의로 통합을 요청함에 따라 개정된 것인데 이는 지부 조직력을 강화하기 위한 고민의 결과였다.[92]

3월 11일 규약개정으로 부서위원회가 신설됨에 따라 대의원 모두가 각 부서위원회에 편재됐다. 대의원은 의결기구의 구성원이지만 노동조합에서 의결기구와 집행체계가 완전히 분리되기는 현실적으로 어렵고 오히려 두 가지 역할

92) 기술지부는 공사조직이 설비 기술이사로 분할되어 있어서 그에 따른 체계를 유지해왔는데 공사조직이 설비 시설이사가 기술이사로 통합되어 노동조합 조직도 통합이 요구되었다. 조직이 복잡하여 발생할 수 있는 일들은 분야별 실무회의 및 조합 전체회의를 통해 극복하기로 하였다. 이제 기술지부는 전기, 신호, 보선(철도토목, 토목), 기계보선, 건축, 통신, 전자, 설비 등 8개 분야 12개 지회(기계보선지회 1994.11.22.신설)로 편재되었다. 본사지부도 본사특별지회로 규약 개정되었다.

을 동시에 수행토록 하여 의결과 집행을 통일시키자는 판단 아래 부서위원회를 설치했다. 이에 따라 부서위원회는 조합원과 대의원 그리고 부서장으로 구성되어 관련 사안에 대해 연구 및 심의활동을 했으며 부서위원회에 불참하는 대의원은 소식지를 통해 명단을 공개하는 등 강제성을 부여했다.

지부 독자 사업으로 자리 잡으면서도 중앙으로 집중되는 구조를 만들어낸 것은 선전홍보위원회였다. 지부별 선전홍보위원회 사업으로 선전학교가 기획되고 선전학교 개최 시 예산 및 근무협조 등 중앙의 적극적인 지원으로 활성화되어 현장 활동가 양성 기관으로 자리를 잡는 계기가 되었다.

여성 권리 신장

여성위원회(여성부장 김진선)도 규약개정 후 3월 14일 회의를 열어 여성위원회 조직을 협력, 개발, 조직 등의 3개 팀으로 구분하고 총 14명의 여성위원으로 재구성하여 본격적인 가동에 들어갔다. 5대 집행부는 여성조합원의 권익과 조직화를 위한 지원을 아끼지 않았다. 그리고 1993년 단체협약에서 여성조합원의 요구를 반영하는 모성보호 조항을 획기적으로 쟁취했다. 기존에 유급휴가에 포함되어 있던 부분을 노동조합 근본취지인 인간평등, 남녀평등 사상에 따라 따로 독립하여 구체적인 안을 추가했다. 산전산후휴가가 기존 60일에서 90일로 늘어났는데 이는 국내 10여 개 사업장에 불과한 것이었다. 육아휴직은 국내 처음으로 1년 6개월로 늘어났다. 그리고 탁아소와 여직원 휴게실 설치, 유산휴가 15일에서 30일로 증가, 기혼여성의 진정부모 제사· 배우자의 형제자매가 사망한 경우에도 청원휴가 가능토록 하여 차별이 많이 줄어들었다.

3) 전지협 결성과 공동투쟁 준비

전노대는 한국노총과 경총이 1993년에 이어 1994년에도 임금 5~8.7% 인상에 합의하자 한국노총 맹비 납부 거부와 탈퇴운동을 대대적으로 벌였다. 그 결과 대우조선노조, 부산지하철노조를 비롯한 37개 노동조합이 한국노총을 탈퇴하고 135개 노동조합 맹비 납부를 거부했다. 전해투 해고자들은 5월 14일 '임금합의 분쇄', '어용노총 해체'를 외치며 한국노총 본부를 점거했다. 반한국노총 흐름은 민주노총 건설을 향한 열망으로 모이기 시작했고 이를 위한 공동투쟁과 업종조직 건설이 1994년 민주노조운동진영의 주요 활동으로 자리 잡고 있었다.

전국지하철노동조합협의회 창립

1993년 11월 8일 강한규 위원장을 중심으로 한 부산지하철노조 4대 집행부가 출범했다. 서울지하철노조 위원장과 간부들이 부산을 방문하여 과거부터 논의해 오던 전국지하철노동조합협의회(전지협) 발족을 추진하기로 하고 실

전국지하철노동조합협의회 출범식(1994.3.16.)

무팀을 구성했다.[93] 서울지하철노조는 1994년 1월 28일 7기 1차 임시대의원대회에서 전지협 결성 안건을 만장일치로 승인했다. 현대중공업, 대우조선 등 6개 노동조합으로 구성된 '조선업종노조협의회'가 1월 30일 결성식을 예정해놓고 있는 시점에서 전지협 결성이 확정된 것은 산별노조 건설투쟁의 역사적 흐름에 지하철 노동자들이 앞장서고 있음을 확인하는 사건이었다.

전지협 창립대회와 출범식은 3.16파업 5주년인 1994년 3월 16일 교육원 대강당에서 전지협 대의원과 조합원, 부산지하철노조 60여 명, 전기협 50여 명, 그리고 내외빈 등 500여 명이 참석하여 치러졌다. 출범식에 앞서 열린 전지협 창립대회는 대의원 44명 중 37명이 참석한 가운데 임시의장 강한규 부산지하철노조 위원장의 진행으로 강령과 규약을 만장일치로 채택하고 채택된 규약에 따라 임원을 선출했다. 상임의장 김연환, 공동의장 강한규, 사무처장 김명희를 선출하고 쟁의조직국장 최종진, 교육선전국장 서형석, 대외협력국장 이상대를 결정했다. 이어 전지협 사업계획과 예산안을 원안대로 통과시키고 창립대회를 마무리했다. 곧이어 열린 출범식에서 부산지하철노조 강한규 위원장은 창립선언문을 통해 "민주노동운동의 새로운 도약을 위한 중대한 전환기에 자주적이고 민주적인 산별노조 건설과 민주노총 건설에 실천적으로 앞장서기 위하여 전지협의 출범을 선언한다."고 밝혔다. 또 김연환 상임의장은 5년전 3.16파업을 회상하면서 전지협이 투쟁의 선봉에 설 것을 다짐하는 대회사를 했다. 백기완 통일문제연구소장과 김말룡 민주당의원이 축사를 끝낸 후 등단한 전국기관차협의회(전기협) 서선원 의장은 "철도노조를 반드시 민주화해

93) 산업별노조 건설 논의는 강진도 집행부가 운영권 확보, 지하철의 안전수송 확보, 부산·대구·인천·광주지하철 건설에 따른 장기 전망 필요성을 제기하며 처음 시작했다. 노동조합은 대대적인 토론회를 여는 등 활발히 움직이며 집행부의 정당성과 기반을 확보하려 하였다. 한편 1988년 투쟁 이후 철도에 민주노조를 만들기 위한 세력이 생겨나고 있을 때 이 힘을 꺾겠다는 철도노련 위원장의 구상과 내부 문제를 산별노조 건설 문제로 집중하며 풀어보고자 하는 강진도 집행부의 구상이 들어맞은 것이다. 때문에 철도노조에서는 이 안건이 실제 대의원대회에 상정되었고 기관사들이 필사적으로 막았다. 하지만 서울지하철노조에서는 위원장 퇴진을 둘러싼 내부 문제가 심각하여 이 문제는 더이상 논의조차 되지 못했다.

참관이 아닌 참가를 하겠다."는 강한 의지를 표명했으며 전지협 전체의 이름으로 채택한 결의문을 낭독하고 대회를 마쳤다.

전지협은 첫째, 운수노동자들의 권익보호, 둘째, 산별노조와 민주노총 건설, 셋째, 교통문제 해결에 적극 노력을 조직의 목표로 천명했다. 그 중에서도 특히 주목되는 것은 산별노조와 민주노총 건설이다. 전지협은 기업별 단위노조 협의체 수준이긴 하지만 그 조직적 목표를 동일업종 단일 산별노조 건설과 더 나아가 운수 노동자들의 단결의 구심체 건설로 함으로써 민주노조운동진영의 조직발전 전망 논의를 실천적으로 담보한 것이다. 따라서 전지협은 창립 그 자체로도 역사적 의의가 있는 것이었다.

≪전국지하철노동조합협의회 강령≫

1. 전지협 노동자는 주 40시간 노동과 생활임금 보장으로 인간다운 삶을 쟁취한다.
1. 전지협 노동자는 단결권, 단체교섭권, 단체행동권의 완전한 쟁취를 위해 투쟁한다.
1. 전지협 노동자는 여성차별의 철폐와 모성보호를 위해 투쟁한다.
1. 전지협 노동자는 직종, 성별, 학력 간 차별을 철폐하여 동일노동, 동일임금을 쟁취한다.
1. 전지협 노동자는 언론, 출판, 집회, 시위, 사상의 자유를 쟁취한다.
1. 전지협 노동자는 안전한 작업환경을 확보하여 산업재해와 직업병을 예방하고 민중의 건강권을 쟁취한다.
1. 전지협 노동자는 민중 중심의 교통권 확보와 교통환경 개선을 위해 투쟁한다.
1. 전지협 노동자는 정치적 지위향상과 노동자 총단결을 위해 기업별 노조체계를 극복하고 운수산별노조를 건설하기 위해 투쟁한다.
1. 전지협 노동자는 전 민중의 생활향상을 위한 고용안정, 무상교육, 주택공급, 환경보호 등 복지실현과 조세제도 개혁을 위해 투쟁한다.
1. 전지협 노동자는 민중의 자주권을 세워내고 민중 문화를 확립하기 위해 투쟁한다.

1. 전지협 노동자는 조국의 자주, 민주, 통일을 위해 투쟁한다.
1. 전지협 노동자는 전 세계 노동자와 단결하여 항구적인 평화를 위해 투쟁한다.

1994. 3. 16.

공동투쟁 준비

전지협은 1994년 투쟁을 공동으로 돌파하기 위해 만들어진 것인데, 이렇게 조직건설이 가능했던 것은 전기협, 부산지하철노조와 서울지하철노조 사업장마다 투쟁을 향한 내부 요구와 조건이 만들어졌기 때문이다.

전기협은 1988년 7.26투쟁 이후 철도노조 민주화와 변형근로 철폐를 위해 지속적인 활동과 선전을 하며 철도 노동자의 지지를 확보하고 있었다. 그러나 전기협은 어용 철도노조에 가로막혀 철도 노동자를 대표할 수 없는 한계와 공무원이라는 신분 때문에 제 역할을 할 수 없었으니 이를 돌파할 투쟁이 절실했다. 철도 노동자들의 요구는 변형근로 철폐로 모였다.

연대투쟁을 결의하는 대의원대회에서 백기완 선생의 격려 말씀을 듣는 조합원들

부산지하철노조의 경우 1988년 2월 노동조합 설립 이후 어용의 길을 걷다가 집행부 비리가 폭로되어 결국 퇴진했고 1992년 하반기부터 꾸준히 활동한 노조민주화추진위원회 세력이 결국 1993년 11월 민주집행부를 세워냈다. 민주집행부는 조합원의 신뢰와 기대를 받고 있었으나 투쟁경험이 없다는 한계가 있었다. 이러한 상황에서 부산지하철노조는 민주적 단체협약 체결, 임금가이드라인 철폐, 민주노조 탄압에 맞선 투쟁이 요구되고 있었다.

서울지하철은 1990년 이후 정부의 임금가이드라인 정책으로 인해 임금수준이 열악했고 임금이 낮다고 알려진 공무원보다 더 적은 상태였기 때문에 조합원들은 '94임투에서 임금인상을 강하게 요구하고 있었다. 게다가 임금이 더욱 낮은 계층인 1989년 12월 이후 신규입사자가 1/3이상을 차지하고 있어서 임금에 대한 불만은 더 높았고 투쟁동력도 갖춰진 상태였다. 이러한 각 조직의 상황과 함께 3대 조직이 동일업종이라는 점에서 자연스럽게 연대 움직임이 가시화되었다. 민주노조진영 전체가 산별노조와 민주노총 건설에 대한 논의를 진행하던 때였고 조선노협 결성과 함께 전지협 결성은 더욱 속도를 낼 수 있었고 '94공동투쟁이 가능했다. 전지협 파업을 준비하면서 3사 지도부는 몇 가지 원칙과 한계를 확인한 바 있다. 파업 파괴력 극대화, 희생자 최소화를 꾀하며 공동투쟁에 임하되, 내부 조건의 차이 극복, 단일한 투쟁목표와 단일한 요구안 마련 등에 한계가 있음을 인정하고 시기집중을 통한 연대파업을 하기로 했다. 3개월 이내에 내부 조건의 차이를 극복하고 단일한 대오를 만들어내는 것은 사실상 불가능하다고 판단했기 때문이다. "파업하지 않고도 스스로 조건이 수용되면 파업을 안 할 수도" 있는 것이다. 그러나 시기조정도 쉬운 것은 아니었다. 애초 전기협은 3월, 서울지하철노조는 7, 8월 투쟁을 계획하고 있다가 전기협은 전국 집회를 배치하며 투쟁시기를 늦추고 서울지하철노조는 준비기를 단축하여 투쟁시기를 당기면서 6월로 조정했다. 여기에 전노대가 전

형근로 철폐를 요구하는 전기협 결의대회(1994.4.30.)

세계노동절 기념대회에서 실질임금 쟁취와 산별노조 건설을 외친 서울지하철노조(1994.5.1.)

국 투쟁사업장들을 집중시켜 3사 투쟁을 엄호하고 전국 투쟁으로 확산시키겠다는 계획을 제출했다.

전기협은 '변형근로제 철폐투쟁'을 위한 지구별 결의대회를 열어 4월 23일 부산에서 시작해 5월 3일 용산까지 연인원 3,000명이 참석해 투쟁의지를 모으고 있었고 부산지하철노조는 6월 1일 임시대의원대회에서 쟁의발생을 결의하며 이제 투쟁만을 남겨두고 있었다. 한편으로는 공동투쟁을 통해 세 조직의 결합력을 높여갔는데 1994년 5월 1일 세계노동절 기념 영남권대회에는 부산지하철노조와 전기협 부산지부가 수도권대회에는 서울지하철노조와 전기협 서울지부가 산별노조 건설 깃발을 들고 참가했다. 이날 거리행진에는 트럭을 전동차로 치장하고 전지협 깃발과 플래카드를 앞세워 참석자는 물론 시민들의 관심을 끌면서 궤도교통 노동자들이 산별노조 건설과 민주노총 건설의 중심으로 떠오르고 있음을 과시했다. 전지협 공동투쟁 결의가 서울에 이어 부산에서도 뜨겁게 타올랐다. 6월 4일 부전역 광장에서 열린 '전지협 공동투쟁 결의대회'에는 부산기관차협의회(부기협) 소속 부산·마산·경주·대구지역 동지들

부전역 광장에서 열린 전지협 공동투쟁 결의대회(1994.6.4.)

과 부양노련 지도부, 부산지하철, 조합원 1,500여 명이 참석해 성황리에 치러졌고 뒤이어 서면태화쇼핑(현 쥬디스태화) 앞까지 만장 수십 개를 앞세워 약 40분간 행진했다. 부기협 3대 자랑이라는 풍물패 '굴렁쇠'의 힘찬 북소리로 시작한 대회는 마지막 시가행진까지 한 치의 흐트러짐도 없이 진행돼 부산지하철과 부기협 조합원들의 조직역량을 유감없이 발휘하였고 다시 한 번 연대의 의미를 확인하는 자리였다. 여기에 서울지하철노조의 중앙 및 지부간부 40여 명이 참석하여 전지협 공동투쟁의 결의를 드높였으며, 태화쇼핑앞 도로를 점거한 대오는 서울지하철노조 쟁의부장 박정규의 사회로 열기를 더했다. 이 날은 부산지하철노조에 더 특별한 의미가 있었는데 노동조합 설립 이후 첫 외부 집회이자 처음으로 거리행진을 한 날이었다.

4) 서울지하철노조의 1994년 투쟁 준비

노사협의회 승리로 1994년을 열다

노동조합의 힘을 약화하기 위해 노노갈등을 조장해왔던 공사는 노사협의회에서도 기존의 협약에 대한 이행을 거부하며 조합원과 집행부를 격리하려 했다. 이에 확대간부 58명 전원은 1994년 1월 19일 본사농성에 돌입했다.

이에 앞서 11일 차량지부 집행간부들이 본사 7층에서, 해고 복직자(이재용, 정연경)를 노동조합과 협의 없이 일방적 인사명령 처리한 것에 대한 항의와 함께 공사의 성실교섭을 촉구하며 농성에 돌입했는데 공사는 이를 빌미로 노사협의회를 거부했다. 비상확대간부회의는 차량지부 농성을 중단토록 하고 교섭을 요구했지만 공사는 이에 응하지 않았다. 이에 확대간부의 농성이 시작된 것이다.

이 소식을 접한 대의원, 분회장 등 현장간부들과 조합원들의 농성장 지지방문이 줄을 이었고 농성자들은 엄격한 규율로 결의를 보이며 대자보 부착, 지부 대의원대회 배치 등으로 공사에 노동조합의 조직력을 보여주었다. 특히 2월 4일 대의원대회에서 김연환 위원장은 농성과 관련해 세 가지 원칙을 천명했는데 "첫째, 농성은 노사협의회가 끝날 때까지 간다. 둘째, 1993년 12월 30일 공사측에서 제시한 선으로는 합의할 수 없다. 셋째, 합의할 수 없어지면 전면투쟁으로 전환한다."는 것이었다. "일단 싸움을 시작하면 아무리 작은 것이라도 반드시 승리를 쟁취해야 한다."

2월 19일 결국 공사의 교섭재개 요청으로 교섭중단 50여 일, 농성 돌입 32일 만에 노사가 마주앉게 되었다. 노동조합 측은 공사의 태도를 질타하며 기선을 제압하고 논의를 시작했다. 이날 합의된 주요 내용을 보면, 우선 해고동지 복직에 관해서는 해고기간을 제외한 전체 근무경력과 호봉·사원번호를 모

노사협의회 개최를 요구하며 벌인 본사 점거농성(1994.1.)

두 환원시켰고, 다만 해고기간에 대해서는 논의를 유보하기로 함으로써 추후 재논의할 수 있는 여지를 남겨두었다. '6을' 폐지문제는 현실적으로 제도를 개폐해야 하는 문제가 있어 우선 기존의 2년에서 1년으로 기간을 단축시킴으로써 신규자들의 숨통을 다소나마 열어놓았다. 또한, 동작역 여객사상사고로 그 중요성이 다시 확인된 사고처리반을 산업안전보건위원회 산하에 설치키로 함으로써 불의의 사고에 대비할 수 있게 됐다. '94임금인상투쟁을 앞둔 전초전은 이렇게 승리로 마무리되었다.

한편 본사 농성 프로그램은 잘 짜인 전술이었다. 빈틈없는 일과로 공사에 노동조합의 조직력을 보여주었고, 농성장에서 각종 회의, 수련회를 진행하며 결의를 다졌다. 농성프로그램을 보면 7시 기상과 함께 농성장 청소, 본사건물 주변 구보와 체조. 아침식사. 출근 조합원과 인사나누기 집회, 9시부터 오전 일과 시작은 지부별 토론으로 12시 식당 앞 집회와 점심식사, 오후 5시부터 오후 일과는 중식집회로 시작하여 오후 토론과 현장 활동, 오후 5시부터 오후 일과 정리 집회, 오후 6시 저녁식사를 하고 오후 7시부터 종합토론 평가와 잠시 짬을 내 문화시간을 가졌다. 그런 와중에도 문화시간만큼은 즐겁게 동지애를 느끼며 진행했다. 농성 중 별다른 일정이 없을 때 '돌쇠와 혼수상태'가 공연(이승재 1전기지회장을 돌쇠라고 칭함)을 했고 정재웅 지부장(멧돼지)의 '쿵쿵따리' 돌쇠의 '배신자'는 영원한 히트곡으로 남았다. 농성장에서 지하철노조 최초로 대의원 및 확대간부 수련회가 2박3일간 열렸다. 백기완 통일문제연구소장, 백순환 대우조선노조 전 위원장의 강의, 1994년 사업계획과 규약 및 규정 개정안 토론 등으로 2박3일이 휙 지나갔다. 토론 과정에서 때로는 지부 간의 이견을 노출하기도 하고 때로는 서투른 의사진행으로 어색한 상황이 나타나기도 했지만 시간이 지날수록 서로 간의 이해도가 높아졌다. 특히 대동놀이 한마당에서는 장작불이 활활 타오르는 가운데 '94임투 승리를 다짐하기도 했다. 이 열기를 몰아 1994년 2월 4일 총원 165명 중 148명이 참석한 가운데 교육원 대강당에서 열린 정기대의원대회에서는 1994년 임금인상투쟁을 결의했다.

조직결정 미이행에 대한 책임을 묻다

확대간부 농성이 진행되는 가운데 역무1지부의 심주식 지부장을 비롯해 나영섭, 조규완, 권연구, 김춘호, 정연수 등 5명의 지회장이 2월 4일 정기대의원대회 이후 본사농성투쟁의 대열에 복귀하지 않았다. 그동안 역무1지부 간부들은 조합사무실에 당직을 서기로 한 결정, 대의원 수련회 및 임시대의원대회 개최 결정 등 전체 확대간부들이 모여 수차례의 논의 끝에 결정한 사항들을 번번이 어겼다. 또한 농성투쟁에도 제대로 참여하지 않다가 아예 투쟁을 거부하고 나선 것이다.

게다가 이탈 역무간부들은 비대위를 결성하고 '횃불'을 발행해 자신들의 주장을 폈다. 그들의 조직이탈 근거는 "노사협의회에서 역무지부는 얻을 것이 없다"는 것이었다. 이에 대해 역무지부 내에서 조합원들 간의 의견도 엇갈려 역무지부 불이익과 소외의 굴레를 벗기 위한 제스처라는 긍정론과 간부 개인이 소속되어 있는 사조직의 지시에 따라 조직을 장악하기 위한 사전정지작업이며 배후의 사주에 의한 행동이라는 부정론이 있었다. 어떠한 입장이든 문제는 '94임투를 앞둔 시점에서 벌어진 일이라 역무지부 '94임투 불참설과 노동조합 탈퇴 유도설이 돌면서 현장을 술렁거리게 했다. '94임투 발대식에 조합원 8백여 명이 참석했는데 이는 '93임투 결과를 반영한 것이기도 했다. 여기에 역무지부는 50여 명이 참석했고 그중 1지부 조합원은 몇 명 되지도 않았다. 역무비대위 간부가 반집행부의 입장으로 돌아섰기 때문에 임투 조직이 안 되고 있었다.

집행부에 대한 이들의 문제제기가 용납되기 어려운 또 하나의 이유는 '93임금협약 찬반투표에서 6개 지회 중 4개 지회 찬성률이 과반수가 안 나왔던 차량지부는 이들과 다른 실천을 했다는 점이었다. 차량지부는 부족한 문제를 스스로 해결한다는 자세로 1994년 노사협의회에서 일근자(차량직원의 1/3)의 시간외근무에 대한 서울시 감사를 투쟁으로 무력화시키면서 차량일근자의 시간외수당을 시간외근무와 상관없이 지급해줄 것을 공사로부터 확약 받는 성과를 쟁취했다. 이에 반해 역무는 승진과 인사면의 역무소외를 본조 집행부에 떠넘기는 자세를 보였다.

3월 24일 노동조합 회의실에서 열린 7기 1차 운영위원회에서는 소위 '역무1지부 비대위' 관련자들을 징계위원회에 부치기로 결정했다. 운영위원들이 '조합간부 징계문제'에 대해 명확하게 태도를 정리한 것은 역무1지부 몇몇 간부들의 파행적인 행동을 직접 봐왔고 이러한 행위를 방치할 경우 노동조합의 분열은 물론 나아가 '94임투를 어렵게 할 것으로 판단했기 때문이다. 이들은 유인물을 통해 "공사와 김연환 집행부에 이제 우리는 오랜 침묵을 깨고 행동으로 보여줄 때가 왔다."라고 선언하면서 2월 4일 대의원대회에서 자신들이 제출한 안이 받아들여지지 않자 퇴장은 물론 자신들에게 동조하지 않는 7기 대의원 모두를 "거수기로서 충실한 역할을 할 수 있는 지지자들"이라고 매도하기에 이르렀다.

결국, 4월 4일 2차 운영위에서는 비대위 의장인 심주식 역무1지부장을 비롯해 비대위 부의장인 정연수 등 6명의 비대위 관련 간부들에게 '제명'이 결정됐다. 이어서 제명양정을 가지고 개인별 투표 결과 총원 32명(대상자 3인을 제외하면 29인) 중 참석 23명의 2/3인 16명을 초과한 19~20명의 '제명 찬성'이 나왔다. 제명자 명단은 심주식, 나영섭, 조규완, 권연구, 김춘호, 정연수다. 징계된 비대위 관련자들이 재심을 청구함에 따라 5월 4일 운영위원회가 열렸고 심주식 유기정권 2년, 나영섭 제명, 조규완 경고, 권연구·김춘호·정연수 유기정권 2년으로 결정(1994년 5월 4일 7기 4차 운영위원회)되었다. 이후 정연수는 다른 징계자들의 위임을 받아 '징계와 관련' 노동부에 진정했다.[94] 한편 부역장 115명이 노동조합을 집단으로 탈퇴했다. 이들은 역무1지부 간부 징계에 대한 항의성 집단행동이라고 했지만 속내는 정연수에게 동조한 행동을 한 것이다.

노동조합 지침 미이행자 징계처리는 '94임투를 앞두고 노동조합 조직력을 높이기 위한 사전작업이었다.

조합원 설문조사와 임금인상요구안

노동조합은 1994년 1월 6일 확대간부회의에서 '94임투소위원회를 결성하고 조합원 참여와 투쟁 동력 확보를 위해 조합원 설문조사 및 의식조사를 벌였다. 조사결과 조합원들은 승진과 임금에 가장 큰 불만을 가지고 있었다. 임금은 기본급 비율을 높여야 하며, 임금인상 요구액은 평균 16만 원 정도를 요구하는 것으로 나타났다. 근무하면서 가장 불만인 것은 승진기회가 거의 없다는 것, 작업환경, 임금, 후생복지 순으로 나타났다. 공사 경영에 있어 바로잡아

---

94) 김대수 설비지회장에 대한 징계도 안건으로 올라왔는데 이 건은 본인이 운영위원회에 공개 사과함에 따라 투표를 통해 징계하지 않는 것으로 결정됐다. 한편 정연수 등 5인의 노동부 진정이 받아들여졌지만 노동조합은 이를 인정하지 않고 2년 정권 결정을 유지했다.

나가야 할 가장 큰 사항에 대해서는 서울시의 통제에서 벗어난 자율경영 도입, 전문경영인 도입 순으로 나타났다. 노동조합의 필요성에 대해서는 82.2%가 필요하다고 응답했으나 이는 1990년 설문조사의 97.3%보다 낮아진 것이었다. 노사관계에 대한 조합원의 의식은 무려 74%가 '온건 합리적이어야 한다'고 응답했는데, 직급이 높을수록, 근속년수가 길수록 온건 합리성을 추구한 것으로 나타났다. 노동쟁의의 주된 원인에 대한 물음에서는 정부, 서울시의 지나친 통제(38.7%)와 공사 경영진의 노동조합에 대한 배타적인 시각(33.9%)이 주된 원인이라고 답했다. 조합원들은 물가만 안정된다면 고통 분담도 감수할 수 있다는 조합원이 고통전담이므로 받아들일 수 없다는 조합원보다 약간 많았다. 김영삼 정권의 노동정책에 대해서는 잘못하고 있다는 의견이 많았지만, 정부의 공기업에 대한 임금억제 정책이 이해할만한 수준이라면 감수하겠다(47.3%)가 투쟁을 통해 적극 대처해야 한다(39.9%)보다 높게 나타났는데, 근속년수가 길수록, 직급이 높을수록 고통분담을 감수하겠다는 태도를 보였다. 김영삼 정권은 주로 자본가(40.6%), 중산층(38.7%) 중심의 정책을 펴고 있다는 조합원이 79.4%를 차지했지만 노동자 등 기층민중 중심의 정책을 펴고 있다고 생각하는 조합원은 고작 3.5%에 불과했다.

설문조사와 공청회 결과를 반영해 임투소위원들이 만든 요구안 시안은 집행위원회 논의를 거쳐 4월 7일 임시대의원대회에서 임금요구안으로 확정되었다. 서울지하철노조의 '94임금요구안은 기본급 7만 원 인상, 제도 개선, 후생복지, 기타 사항 등 네 가지 기본 줄기로 이루어져 있고 그중에서도 기본급 비율을 높이는 것이 핵심이었다.[95)]

---

95) 당시 통계수치로만 보더라도 5년간 소비자물가가 35.6% 인상된 것에 비해 지하철 노동자들의 임금인상은 29.7%도 채 되지 않는다. 또 소비자 물가는 1994년 초 공공요금 인상부터 시작해 하늘 높은 줄 모른 채 올랐고 3월까지만 해도 정부가 약속한 1994년 물가 억제선 6%의 절반이 넘는 3.3%가 올랐다. 공무원의 임금은 1990년에 비해 4년 동안 100%가 넘게 인상됐다. 게다가 1994년 기본급 3% 인상에 직무수당(기본급 40%)이 기본급화 되고 시간외수당 외 단가가 106% 인상됐다. 공무원의 임금인상은 지극히 정당한 것이다. 문제는 지하철 노동자들에게는 고통전담이 요구되었다.

공사와 노동조합의 1994년 임금교섭

한편, 한국노총과 경총은 또다시 임금합의를 하는데, 경총은 한국노총에서 제기한 6.6~10.8% 임금인상 요구율 정도면 수용하기 어렵지 않은 것으로 판단하고 한국노총의 위상을 높여주며 합의를 이끌어내려 했다. 물론 배후에는 민주노조진영의 투쟁을 사전에 무력화시키고 임금억제를 위한 명분을 확보할 수 있다는 계산이 깔렸었다. 반면에 한국노총은 노동자들로부터 외면당하고 계속 추락하는 자신의 위상을 노·경총 합의라는 방식을 통해 높이고, 노동법이 개정돼 복수노조가 허용될 경우를 대비해 독점적 지위를 구축하고자 하는 의도가 있었다. 또한 정부는 문민정부답게 모양새를 갖추어 '사회적 합의'로 임금수준을 유지하고 공기업에 대해서는 임금가이드라인을 지킬 것을 자연스럽게 강요하겠다는 의도로 노·경총 합의를 적극적으로 추진한 것이다. 하지만 자본과 정권, 한국노총의 의도와는 달리 노·경총 합의는 맹비 납부 거부, 한국노총 탈퇴운동으로 산하조직에서 사실상 거부되었고 탈퇴한 조직들을 포괄하기 위해서도 민주노총 건설을 앞당기자는 논의와 실천을 촉발했다.

'94임투 발대식 및 복직 환영대회(1994.4.21.)

전동차 전면에 붙인 투쟁 요구 표어

소조 조직화와 투쟁전술 계획

노동조합은 4월 21일 단체교섭 시작일을 기점으로 본격적인 투쟁 채비에 들어가 중앙투쟁위원회를 구성하여 투쟁 전술을 수립 배치하고 전지협 공동투쟁 방안을 세워 집회를 배치하고 노동교실을 통해 조합원 의식화와 조직화를 시작했다. 집행부는 5월을 현장순회를 하고 보궐선거를 치르는 등 조직 활동 강화 기간으로 삼았다.

1994년 5월 25일 본사 앞마당에서 열린 임투승리결의대회에서 김연환 위원장은 "'94임투를 완전히 승리로 이끌어 당당하게 승리보고대회를 갖던가 아니면 총파업투쟁 중의 하나를 선택할 것이다."라고 단호하게 선언했다. "철도지하철 총파업으로 '94공투 승리하고 산별노조 건설하자"는 구호가 본사건물을 뒤흔드는 가운데 전기협 간부들과 서선원 의장이 나와 공동투쟁 결의를 밝혀 조합원들의 열광적인 박수를 받았으며 연대감을 높였다. 지부투쟁본부를 책임지고 있는 5인의 지부장은 지부별 조합원의 투쟁의지를 밝히면서 임투 승리를 위해서는 개인의 희생도 주저하지 않겠다고 했다.

1994 임투승리 3차 조합원 총회

위원장의 명령 없이 현장에 복귀하지 않겠다는 약속

한편 본격적인 투쟁에 대비해 파업 전술을 계획하고 현장조직인 소조를 구성하였다. 소조는 서울 시내 전역에 조합원이 흩어져 있는 단점을 보완하고 조직력과 단결력을 높이기 위해 만든 조직이다. 노동조합은 투쟁 이후에 이를 일상조직으로 발전시키고 유사시 비상체계화하고자 했다. 4조3교대 및 3조2교대 근무자는 각 조를 대표하는 1인을 조장으로 선출하고 대의원 및 분회장은 자신이 소속된 조의 소조장 또는 선임 분회장이 되도록 했고, 교번근무자는 지회별 특성에 맞게 조직하도록 했다. 대의원, 분회장, 소조장에게 노동조합과 현장을 연결하며 조합원 파악, 투쟁 시 통솔 역할을 줬다. 투쟁 기간 동안 노동가 5곡 이상 배우기, 동지와 마주치면 "승리합시다" "두 자릿수 쟁취합시다" 인사나누기도 지침으로 내려졌다.

한편 중투위는 파업전술을 계획하기 위한 팀을 구성해 가동했다. 전지협 파업에서 서울지하철노조 차량지부의 일사불란한 투쟁, 승무지부의 감쪽같은 산개투쟁은 투쟁 이후 오래 회자하는데 이러한 투쟁전술이 그냥 나온 것은 아니었다. 파업 계획을 세우면서 전술팀을 미리 꾸렸다. 여기에는 서울지하철노조 간부들뿐 아니라 학생운동조직 책임자들도 함께했다.

전술팀은 치밀한 계획을 세우고 실제 현장에 나가 시나리오대로 사전 실행을 해봤다. 역에서 거점까지 뛰면 얼마나 걸리는지, 경찰이 침탈하면 다치지 않고 퇴각할 수 있는 곳은 어디인지 다양한 경로를 점검했다. 3.16파업 경험은 활동가들을 전술가로 만들었고 조합원을 지도부 명령에 움직이는 일사분란한 군대로 만들었다. 일주일이고 열흘이고 버티면 된다는 생각에 거점 투쟁을 고민하고 경찰이 쉽게 침탈할 수 없는 대학과 명동성당을 골랐다. 암호를 정하고 지회장까지 외우도록 했다. 누구는 팔뚝에, 누구는 허벅지에 몰래 적어놓기도 했다. 기억이 잘 나지 않는 지회장은 집회 중간에 삐삐가 울리면 가로등 밑으로 가 팔뚝을 걷어 올리고 그 암호를 커닝했다.

한편 학생운동진영은 궤도노동자들의 공동투쟁이 산별노조, 민주노총 건설의 교두보가 될 수 있도록 전력을 다할 것을 결의하고 전노협 김종배 조직국장과 모임을 하며 수개월 전부터 노학연대를 준비해왔다. 전지협 투쟁 소식을 듣고 집회 유치를 위해 일부러 찾아온 총학생회장도 있었다. 이들은 궤도 노동자들이 파업에 돌입하기 전 청년 학생 결의대회를 별도로 열기도 했다.[96)]

연대투쟁 가능성을 확신한 전지협 공동투쟁 결의대회

6월 2일 종묘공원에는 형형색색 원색의 깃발이 휘날리고 힘찬 노랫소리가 울려 퍼지기 시작했다. 서울지하철노조, 전기협 조합원들이 공동투쟁 결의대회에 참여하고자 지부지회별로 대열을 이루어 집결하였다. 전지협 소속 3사의 깃발과 지도부가 입장하면서 대회가 시작되었다. 폭죽이 터지고 박수와 환호

96) 전기협 파업현장 공권력 투입에 항의하면서 노동부 타격투쟁 등을 벌이던 학생들 중 연행자가 발생하거나 청년학생 결의대회 후 거리 진출 과정에서 연행자가 발생하기도 했다. 전지협 투쟁으로 많은 학생들이 연행, 구속되었음에도 그 상황이 파악되지 않았다. 물론 권영길, 양규헌 등 노동운동지도부도 이 투쟁으로 인해 수배자가 되었고 이후 구속된다. 이 투쟁은 궤도노동자들만의 투쟁이 아니었던 것이다.

속에 등단한 김연환 상임의장은 대회사를 통해 "3.16파업 해고동지와 7.26파업 해고동지가 돌아오지 않은 이상 우리의 투쟁이 끝나지 않았다."고 전제하면서 "우리의 요구는 명확하다. 변형근로제를 철폐하고 실질임금을 보장하라는 것이다. 이렇게 소박한 요구를 저들이 거부한다면 전지협은 총투쟁으로 맞설 것"이라는 투쟁결의를 밝혔다. 전기협 서선원 의장은 한국노총과 철도노조의 반노동자적 행위를 규탄하고 향후에 강화될 정부의 왜곡선전을 정면으로 돌파할 각오를 피력하면서 "올 투쟁의 성패는 공투에 달렸다. 변형근로제 철폐와 두 자릿수 임금쟁취를 위해 노력하지만 안 되면 동시에 차를 세우자"고 주장해 참석자들의 열렬한 환호를 받았다. 서울지하철노조 노래패 '소리물결'의 공연과 대형풍선 굴리기 투쟁 상징의식이 이어지고 나서 전지협의 투쟁의지를 밝힌 결의문이 채택됐으며 강한규 부산지하철노조 위원장은 대국민 메시지를 통해 '안전운행 확보'와 '궤도교통노동자들 생존권 확보투쟁'에 대한 이해를 구했다. 초여름 햇볕이 제법 따가웠지만 참석자들은 본대회가 끝날 때까지 흐트러짐 없이 자리를 지켰고 전지협 깃발을 앞세워 명동성당까지 시민들에게 전단을 나눠주며 거리행진을 했다.

이 결의대회는 철도 노동자와 지하철 노동자에게 공동투쟁이 가능하겠다는 확신을 심어준 대회였다.

90.7%로 총파업 결의

'두 자릿수 못 따면은 시댁에서 쫓겨나유' 여성 조합원이 종이에 글을 써서 들고 있다. 노동조합 건물 벽에는 조합원들이 써 붙인 구호들이 보였다. "철마 몰고 다닌다고 철인이냐, 배고파서 못 살겠다! 3% 수용 못혀!" "내사랑 지하철아 민주노조 물결쳐라!" '94임투 승리! 노경총합의 분쇄!"

6월 16일 조합원 총회는 파업전야가 따로 없었다. 3.16민주광장을 가득 메우고 그것도 모자라 공작창 옥상으로 조합사무실 옥상으로 올라가는 조합원들로 인해 대회시작이 지연됐을 정도였고 그래도 몰려드는 조합원들의 물결은 거대한 해일이었다. 주변의 모든 조명이 꺼지고 어둠과 정적이 군자기지를 감싸는 순간 횃불이 타오르면서 투쟁영상이 상영되었다. 군자기지가 보이고, 어깨동무한 조합원의 굳은 얼굴과 선봉대가 보이고, 난무하는 최루탄이 보이고. “3% 인상 기필코 깨부수자”는 박정규 쟁의부장의 선창이 3.16민주광장을 떠나갈 듯 울림과 동시에 열광적인 환호 속에 김연환 위원장이 등단했다. 위원장은 이렇게 선언했다. “우리는 더이상 우리의 생존권을 서울시에 맡길 수 없습니다. 우리는 더이상 우리의 미래를 정부에 맡길 수 없습니다. 파업찬반투표에서 조합원 90.7%가 파업에 찬성했습니다. 따라서 이제 정부가 우리의 요구를 수용하지 않는다면 27일 새벽 4시를 기해 총파업을 단행할 것입니다.” 순간 폭죽이 하늘로 치솟아 터지며 조합원은 모두 일어나 환호성을 지르며 〈파업가〉를 힘차게 부르기 시작했다. 모든 조합원의 눈에는 결연한 투쟁의지가 폭발했다. “총파업에 들어가면 위원장의 현장복귀 명령 없이 현장에 복귀하지 않을 수 있습니까?” “총파업 시 반조직행위를 하는 자가 있다면 이를 반드시 응징할 것을 약속할 수 있습니까?” 조합원들은 분명하게 대답했다. “투쟁!”

파업 찬반투표 결과를 발표하는 전지협 공동기자회견

이날 총회에는 그동안 다소 적게 참석했던 역무지부 조합원들이 대거 참여해 투쟁열기가 전 조합원으로 퍼졌음을 확인할 수 있었고 특히 여성 조합원 100여 명이 참석해 열광적인 격려를 받았다.

결전의 시기가 다가옴에 따라 중앙부서와 각 지부투쟁본부가 비상체제에 돌입했다. 또한 지부투쟁본부도 비상대기체제에 들어가 상황을 수시로 점검하며 투쟁을 앞두고 만일의 사태에 대비했다. 역무노보『새벽을 여는 곳』의 편집위원들은 스스로 당직을 자원하고 나섰다.

한편, 서울지하철노조뿐 아니라 두 노동조합도 파업찬반투표를 실시해 90% 이상 찬성으로 파업을 결의했다. 전지협은 기자회견을 통해 "변형근로제 철폐, 실질임금 보장, 해고자복직 등의 요구가 냉각기간 만료일인 6월 23일까지 수용되지 않을 경우 3개 노동조합이 총파업에 들어갈 것"을 선언했다.

5) 전지협 총파업

노동자는 한 번 한 약속은 꼭 지킨다

6월 23일 새벽 3시 40분경 전기협 용산 농성장을 포함한 전국 20개 지부에 소방차와 메트리스 등 진압장비를 갖춘 경찰이 투입되었다. 서울 2천여 명, 전국 지부마다 1,500여 명의 경찰이 투입돼 전국에서 무려 641명의 철도노동자가 연행되었다. 전기협 농성장이 침탈되자 서선원 의장은 새벽 4시를 기해 철도 총파업을 선언하고 농성에 돌입했다.

정부는 공사전환 시 5,318명 감원을 계획하는 한편, 철도청이 제시한 6.18 철도처우개선안을[97] 받아들이지 않고 전기협이 27일 파업을 강행할 경우 파

97) 철도청이 6월 18일 발표한 '철도처우개선안'은 전기협이 요구한 변형근로 철폐, 해고자 복직과는 관계가 먼 내용들

업주동자를 해고하여 감원효과를 보겠다는 강경일변도의 진압을 경고하고 있었다. 전기협은 철도 노동자를 대표하는 조직이 아니므로 강경한 태도를 보이면서 나머지 두 조직과 분리해낼 수 있다는 게 정부 계산이었다. 기본급 3%를 지키는 선에서 나머지 조건을 어느 정도 수용해주면 서울·부산지하철노조 지도부는 파업을 강행하지 않으리라 판단했던 것이다. 실제로 공사는 임금가이드라인은 그대로 두고 비공식으로 임금을 올려주겠다는 의견을 내비치고 있었다. 하지만 정부 임금가이드라인 돌파와 "어느 한 곳이라도 경찰이 치면 나머지도 파업 들어간다."는 약속을 하고 내부 동력과 연대의식을 다져온 서울·부산지하철노조는 정부의 전기협 분리·타결 전술에 휘말리지 않았다.

그 새벽, 노동조합 사무실로 전화 한 통이 걸려왔다. 젊은 여성 목소리였다. "지금 칩니다." 당시 노동조합으로 이상한 전화가 수도 없이 걸려왔지만 이번에는 느낌이 달랐다. '시작되는구나.'

철도에 공권력이 투입되었다는 소식을 듣고 잠을 깬 김연환 위원장은 화장실로 가 걸레 세척대 수도를 틀어놓고 머리를 감았다. 2선 지도부를 맡길 석치순을 호출하고 긴급중앙투쟁위원회 회의를 소집했다. 중투위는 전기협에 공권력이 투입되었다는 것은 지하철 역시 협상을 통한 해결 가능성이 거의 없고 3% 임금가이드라인을 받지 않으면 각개격파 당하리라 판단했다. 위원장은 단호했다. "연대파업에 돌입할 것이며 이에 반대하는 지부장은 직위를 박탈할 것이다." 중투위는 조합원 비상총회를 소집하고 한축으로는 교섭을 군자기지에서 갖자고 공사에 통보했다.

23일 오후 2시 군자기지에서 마지막 교섭이 열렸다. 위원장은 교섭하다가 실무교섭을 제안하고 교섭장을 나와 조기원이 운전하는 차를 타고 기지 밖으로 나갔다. 위원장의 주머니에는 담배 여섯 갑이 두둑하게 들어 있었다. 마치

이었고 심지어 더 개악되어 전기협 조합원을 자극하였다.

총알을 장전한 것처럼.

공사는 급하게 교섭하자고 연락해왔다. 이경수 사무국장과 임성규 등이 실무교섭에 들어갔다. 공사는 파업 여부를 떠보기 위한 심산으로 사실상 총액 3%를 넘는 안을 내놓기도 했지만 다섯 번의 정회를 거치며 결국 임금 3% 가이드라인을 고수하여 저녁 8시 30분경 교섭은 결렬되었다. 교섭이 이미 결렬됐음에도 공사는 교섭이 계속되는 양 언론보도를 했다. 공사가 급하게 제안했던 교섭은 명분을 축적하기 위한 것임이 확인되었다.

한편 전노대는 전지협 공동투쟁이 파업까지 가지 않도록 교섭창구를 열기 위한 노력을 끝까지 놓지 않았다. 전노대는 전국 투쟁사업장 회의를 소집하여 투쟁을 독려하고 전지협 파업 연대를 호소하면서도 전지협이 정부와 원만히 해결하기 위한 통로를 모색하였다. 전노대는 22일 전기협 서선원 의장과 노동부장관의 만남을 주선했는데 전기협이 서의장의 신변보장을 이유로 농성장으로 장관이 올 것을 요구하면서 성사되지 않았다.[98] 이후 뉴스에서는 노동부장관이 발표한 "전기협의 정부 노력을 배척한 불법파업 책동은 반사회적 행동으로 국민의 손가락질을 받을 것"이라는 담화문이 보도되었다. 그리고 다음날 철도 지하철 파업에 연대투쟁을 선언했던 전노대가 평화적 해결을 선언했다는 보도, 22일에는 전노대가 다시 강경입장으로 돌아섰다는 보도가 나오면서 정부와 언론에 이용당하는 형국이 되었다. 하지만 김연환 위원장의 파업 결정 기준은 교섭 여부가 아니라 해결되기 전에 어느 한 사업장이라도 침탈을 당하면 파업에 들어간다는 것에 있었기에 대화를 시도하자는 갖은 제안을 거절하였다.

---

98) 당시 전노대 내에는 민주노총 건설 경로를 두고 입장이 갈렸다. 하나는 김영삼 정권은 과거 군부독재정권과 다를 바 없이 반노동자정책을 펴고 있으므로 강력 투쟁을 통해 자주적으로 조직을 건설해야 한다는 것이었고, 다른 하나는 김영삼 정권이 보수 반동세력에 포위되어 있어 강력한 투쟁을 전개할 경우 수구세력의 저항과 반발 때문에 향후 노동법 개정이 불가능하고 합법적 조직 건설이 요원해지니 개혁성을 가진 세력이 운신의 폭을 발휘할 수 있도록 유연성을 가져야 한다는 입장이었다.

지하철 노동자들은 아침 새벽 출근길에 전기협 농성장 침탈 소식을 들었다. 파업이구나. 조합원들은 비상총회 소집에 따라 저녁 6시 30분 3.16민주광장으로 모였다. 전기협 총파업 돌입 유인물이 뿌려졌다. 중앙투쟁위원회 교육문화국장이 교섭상황을 설명했다. "공사는 임금가이드라인 3%를 계속 고수했고 기본급 제외 수당을 먼저 해결하고 기본급 교섭을 하자고 제기하고 있습니다. 노동조합의 요구인 기본급 14.5% 인상 요구안과 차이가 큽니다." 대오 중간에서 누군가 외쳤다. "임금 교섭 하지 맙시다. 그냥 파업 들어갑시다!"

사회자가 부산지하철노조가 오후 6시에 현재 파업을 결의했다는 소식을 전하자 박수가 터져나왔다. 와~ 부산지하철의 파업 결의 소식을 들은 조합원들은 한층 더 김영삼 정부에 대한 분노를 쏟아냈다. "개새끼~ 씹새끼~ 김영삼 새끼~ 총파업으로 타도하자." 파업에 대한 뜨거운 열망이 광장을 달구고 있었다. "9천 동지 열 받았다! 김영삼은 각오하라!"

양윤모 부위원장이 조합원들에게 물었다. "동지 여러분 파업 들어가야 하지 않겠습니까?" "파업! 파업! 파업!" 파업 하지 말자는 말을 하면 맞아 죽을 분위기였다. "교섭을 최대한 했으나 안이 나오지 않아 실무교섭을 했지만 이마저 실패했습니다. 결국 파업에 들어갈 수밖에 없습니다. 내일 새벽 4시부터 지하철노조는 파업에 돌입할 것입니다."

위원장 명령 없이 현장복귀 거부한다! 파업! 파업! 총파업! 파업가가 울려퍼지고 라이터 불빛이 3.16민주광장을 수놓았다.

지도부는 3.16파업을 참고로 조합원들을 여러 거점으로 분산시켜 만일의 사태에 대비했다. 저녁 9시 30분 옥수승무와 2전기 조합원 300명은 중앙상황실이 설치된 민주당사에, 역무지부 1,000여 명은 건국대학교에, 승무지부 500여 명은 영등포 산업선교회에, 차량지부와 기술2지부 2,300여 명은 고려대학교에, 기술1지부 1천여 명은 명동성당에 진입했다.

차량지부 번개투쟁

2호선 열차가 움직였다. 전동차 안에는 각종 선전물이 붙어있었다. 어디로 가는지 모른 채 소조장의 신호에 따라 신설동에서 열차를 갈아탔다. "조합원 동지들 감사합니다. 자, 내려서 정당방위대 통제에 따르기 바랍니다." 제기동역에 열차가 서자 내려! 뛰어! 두 마디만 울렸다. 순식간에 지하철 역사를 빠져나와 주택가 골목을 뛰었다. 다다다닷! 어둠 속에 발소리만 들렸다. 거리 횡단보도에서 사수대와 학생들이 차를 막아섰고 자동차들은 경적을 울려댔다. 고려대 정경대 후문으로 들어가 학생회관 앞에 모였다. 차량지부 2,300여 명, 기술2지부 700여 명. 차량지부장 최종진이 결사항전하자는 결의를 밝히고 고

고려대와 경희대에서 투쟁한 조합원들

대 학생들에게 감사하다는 인사를 했다. 학생들은 구호로 답했다. “강철같은 노학연대 6월투쟁 승리하자!” “강고한 노학연대 김영삼 박살내자!”

24일 자정 고려대학교 학생회관에서 총파업 돌입 집회를 하면서 위원장의 파업 명령을 기다렸다. 새벽 4시 총파업이 선언되었다. 침탈이 없다면 고려대에서 파업 집회를 이어가지만 침탈 시에는 제2거점으로 이동한다는 집행부 방침이 발표되었다.

밥은 구내식당에서 먹었는데 식사비는 조합원 모금으로 해결했다. 깃발을 따라 지회별로 이동해 밥을 먹었다. 강의실마다 책상과 바닥에 누워 휴식을 취하거나 바깥에 나와 군데군데 모여 이야기를 나누는 모습이 안정적으로 보였다. 상황실에서는 간부들 예닐곱 명이 모여 회의를 하고 있었고 실내에서 조합원들이 줄줄이 둘러앉아 도시락을 먹기도 했다.

24일 저녁 경찰 투입이 예상되니 제2거점으로 이동하라는 중앙의 지침이 있었다. 중투위는 차량 대오를 끝까지 사수하고 경찰 침탈 시 대오를 재빨리 이동시켜 공권력을 무력화시키는 전술을 구사하기에 고려대는 부적합하다고 판단했다. 또한 한진희 사장이 고려대 총장을 만난다는 이야기를 접하고 병력 투입 가능성을 예상했다. 정문으로 경찰이 진입을 시작한다는 소식이 전해지자 2천 대오는 바로 이동을 시작했다. 침탈이다! 뛰어! 잡히지 않으려면 무조건 뛰어! 해가 뉘엿뉘엿하던 시간 소조장을 따라 뒤도 안 돌아보고 뛰었다. 젊은 기자들이 서울지하철노조의 고령 조합원을 따라잡지 못할 정도로 빠른 속도였다. 마흔살이 넘은 선배도 90kg이 넘는 거구도 빠르게 직진만 했다. 쇠파이프 든 학생들이 횡단보도마다 배치되어 차량을 막아줬다. 고려대에서 경희대를 직진으로 가면 3km정도 거리였지만 조합원들은 한두 시간을 뛴 것으로 여겨질 만큼 시간이 더디 갔다. 2천 대오가 25분 만에 주파했다는 사실도 알지 못했다. 손에 꼽힐 몇 명을 빼고 차량지부 모든 조합원이 경희대로 무사히 들어갔고 경희대 학생회관에서 저녁밥을 먹었다. "완전히 게릴라 부대다." 군대 제대 후 처음 하는 야간행군에 발에는 물집이 잡혔지만 한 번도 경험하지 못한 환희로 자꾸만 심장이 찌릿했다.

대규모 대오가 움직이며 밥을 먹는 일이 수월하지는 않았다. 노동조합은 파업 돌입 전 김밥을 준비하였지만 총무 담당과 지부별 거점과의 소통에 혼선이 생겨 신당동 김밥집들은 김밥을 말아보지도 못했다. 그럼에도 조합원들은 현장에서 해결책을 마련해 학생식당을 이용하며 끼니를 해결하고 있었다.

한편 25일 송승호 기술2지부장이 조직을 이끌고 대오를 이탈했다. 이유는 기술지부를 배제하고 차량지부 위주로 모든 일정이 돌아간다는 것이었다.

25일 밤 최도은의 노래로 야간집회를 시작했고 부위원장이 승무지부 산개 소식과 역무지부 건국대 집결 후 명동성당 진입 투쟁 상황을 보고했다. 조합원들은 어깨를 걸고 '누가 나에게 이 길을 가라 하지 않았네~' 노래를 불렀다. 여학생들의 율동에 맞춰 조합원 모두가 일어나 〈바위처럼〉 율동을 배우고 해방춤을 추기도 했다. 이후 차량지부 지도부는 회의하고 있었고 조합원들은 강당에서 쉬고 있었다. 밖에는 비바람이 심하게 몰아치고 있었다. 26일 새벽 4시 50분 전경이 정문을 포위하고 작전 태세를 갖추자 학생들이 바리케이드에 불을 붙였다. 불타는 바리케이드를 전경이 치우고 페퍼포그를 앞세워 교내로 밀고 들어왔다. 학생들이 화염병을 들고 정문에서 경찰 진입을 막는 동안 조합원들은 임업시험장으로 퇴각하여 산중에서 약 2천 명이 1시간 동안 행군해 동덕여대로 안전하게 철수했다. 지도부는 회의하느라 상황을 몰라 퇴각명령을 내리지 못했지만 침탈에 대비하고 있던 조합원들이 경찰의 이동을 보자마자 재빠르게 이동을 시작했다.

이 와중에도 사수대는 지도부를 지키기 위한 임무를 수행했다. 다섯 명이 한 조로 움직이며 지회장을 보호했고 주요 수배자 허섭, 박희석 등은 침탈 전

미리 학교 밖으로 나가도록 하였다. 만약 경찰이 들어온다면 동덕여대로 이동하기로 한 것은 현장 지도부들이었다. 경찰이 연달아 두 학교를 치지는 못할 것이라는 생각도 있었다. 하지만 지하철 노동자들에게 농락당한 공권력은 새벽 6시 경희대에 이어 동덕여대를 곧바로 치고 들어왔고 조합원들은 흩어져 개운사로 모였다. 이미 인원은 400여 명으로 줄었다. 현장지도부는 산개하여 소조별로 움직이기로 하였고 일부는 지회끼리 멀리 포천까지 이동했다. 동덕여대에서 다음 장소로 이동하는 과정에서 62명의 조합원과 23명의 학생이 폭력경찰에 연행됐다. 28일 차량지부는 명동성당으로 집결하였다.

2전기지회와 옥수승무지회의 여의도 민주당사 투쟁

교섭이 결렬되기 직전 제2전기지회와 옥수승무지회 조합원들은 지도부와 함께 민주당사로 들어갔다. 중투위는 그동안 집회 참여도가 가장 높았던 지회 두 군데를 선정해 중앙지도부를 보위하기로 한 것이다. 23일 낮 마지막 본교섭을 하고 정회한 상태에서 몇몇 조합원이 먼저 민주당사로 이동했고 저녁부터 2전기 조합원과 옥수승무 조합원이 속속 집결했다. 긴장감이 감돌면서도 승리에 대한 확신으로 서로를 보는 눈빛은 빛이 났고 새로 들어오는 동지들과는 뜨겁게 손잡고 서로를 격려했다. 이들은 민주당사 강당에서 2박3일을 보냈다. 인원이 많지 않고 안정된 공간이라 엄격한 규율을 지켜가며 토론과 집회 등 알찬 프로그램을 진행할 수 있었다. 총파업 돌입일 아침은 컵라면으로 때웠지만 이후 큰 솥을 갖다 놓고 요리를 해먹거나 배달음식을 시켜먹기도 했다.

26일 아침은 전날과는 다른 분위기였다. 25일 한진희 사장이 경희대와 민주당을 방문한 후 경희대에 새벽부터 경찰이 투입되었다더니 민주당사 주변에도 경찰의 수가 늘었고 집행부의 행보도 다급해졌다. 민주당사에 있던 조합원들에게 산개투쟁 명령이 내려졌다. 조합원들은 운동화 끈을 조여 매고 소조별로 밖으로 나섰다. 몇 시간 뒤 "민주당사에 있던 지하철 노조원 약 300여 명 경찰력 투입하기 전 자진해산"이라는 보도가 나왔다. 기자들이 '자진해산'을 바라며 쓴 기사였다.

한편 김연환 위원장은 이틀 후 민주당사로 들어왔는데 위원장이 여의도 민주당사에 있다는 이야기가 퍼지자 침탈 위험이 있어 26일 중앙지도부도 민주당사를 나와 분산, 마포 민주당사로 들어가 농성을 이어갔다.

승무지부 안개투쟁

영등포산업선교회에 집결해 있던 승무지부도 중앙지도부의 지시에 따라 소조별로 산개투쟁에 돌입했다. 3.16파업 경험을 볼 때 경찰에 연행됐다가 풀려나는 경우 타 지부와는 달리 강제로 승무를 강요당하므로 연행 자체를 방지하기 위해 산개했다. 흩어져 있으면서도 승무지부 조합원들은 "현재로선 기관사 복귀자가 거의 없어 정상운행은 여전히 힘들겠다."는 보도가 나오자 옆 사람을 끌어안았다.

6월 28일 새벽 1시 옥수승무 조합원들이 머물고 있던 일영유원지 일영산장에 전경 2개 중대와 사복형사 20여 명이 들이닥쳤다. 약 40여 명의 조합원 중 피신한 조합원을 빼고 19명이 경찰에 잡혔다. 침탈하면서 부상자 5명이 발생했는데 경찰은 이들을 병원으로 보내달라는 요구도 무시한 채 신분확인을 요구하고 복귀각서를 쓰라고 했다. 조합원들은 경찰에 맞서 당신들에게 복귀각서를 써줄 이유가 없다고 거부하며 완강히 버텼다. 조합원 중 한 명이 한겨레신문사에 전화를 걸어 "지금 지하철 노조원들이 경찰에 의해 강제 구금되어 있다, 경찰이 부상자들의 치료를 거부하고 있다."고 알리고 또한 당직변호사실에 전화를 걸어 변호사를 보내 달라고 요구하자 경찰들은 당황하는 표정이 역력했다. 사실 당직변호사에 연락했을 때 전화를 받는 사람이 없어 통화를 못 했으나 마치 상대가 있는 것처럼 꾸몄다. 경찰은 자기들의 행위가 언론에 보도되는 것을 두려워해서인지 부상자들을 의정부의료원에 보내 치료를 받게 했고 치료비도 지급했다. 사복경찰과 실랑이를 벌이던 때 월드컵 축구경기가 시작되어 경찰들도 같이 앉아 경기를 보다가 새벽 3시 30분경 결국 자진 철수했다.

승무지부는 소조별로 산개해 있다가 28일 조계사로 진입한다. 그리고 다음 날 총회를 위해 명동성당으로 이동했다.

역무지부 기술1지부 명동성당 사수투쟁

23일 밤, 기술1지부(설비)는 군자에서 바로 명동으로, 역무지부는 건국대에서 24일 명동성당으로 이동했다. 역무지부는 명동성당 입구 계단의 우측에 천막을 쳤고 좌측에는 기술지부가 자리 잡았다. 그해 낮에는 유난히 덥고 밤엔 비 오는 날이 많았다. 비바람 몰아쳐 천막 지지대가 쓰러져 머리를 다친 조합원도 있었고 화장실 사용 문제로 성당측과 마찰이 있기도 했다. 파업 기간 월드컵이 열렸는데 시합 있는 날이면 성당을 나가 다방에서 경기를 보고 들어오는 조합원도 있었다. 정태춘이 방문해 공연하고 문화단체 회원들이 줄이어 지원을 나왔다. 조합원 장기자랑도 많이 했는데 말없이 구석에 앉아있던 역무지부 김대훈이 나와 히트곡을 부르며 명동성당의 명물로 떠오른다. "나는 차표 파는 역무원~ 압제의 터널 속에서 멈출 수는 없다~ 천만노동자 기관차 되어 달려라 지하철 노조여~" 윤제훈은 마이크를 자주 잡았고 이명환은 언론 인터뷰를 많이 했다. 평소 200~300명 규모로 인원이 적어 보여도 밥 먹을 때 되면 700~800명이 모이는 것을 보면서 조직력을 확인하기도 했다. AFC 정순복 등 분회장들이 남대문시장을 모조리 돌면서 미처 썰지도 못한 김밥을 사 왔고

명동성당에서 농성하는 조합원들

아이스크림, 과일도 사 왔다. 김밥이 담긴 상자를 옮기며 아침 식사하라고 소리치는 역무 한 지회장의 목소리는 갈라지다 못해 아예 낮게 깔렸다. 김밥을 먹다 부추가닥이 죽 뽑혀 나오는데 "김밥투쟁! 불면투쟁! 명동성당 사수하자!" 기술지부의 누군가 구호를 외친다. 모두 먹다 말고 구호를 따라하며 치뻗는 주먹에 힘이 들어가 있다.

활기차게 돌아가던 명동성당에도 위기가 왔다. 역무의 경우 역무1지부장이 농성장을 이탈하고 직무대행도 사라져 조직이 무너진 상태로 대의원이 명동성당 투쟁을 이끌었다. 파업지도부는 29일 기술2지부장과 역무1지부장을 징계하였다.[99)]

저녁만 되면 공권력 행사를 우려하여 수녀·신부님들이 횃불 들고 왔다 갔다 하면서 대오를 보호했다. 26일에는 명동성당에 공권력 투입설이 돌아 중투본이 현장지도부를 밖으로 분산시켰다. 김밥 조달 차량 트렁크에 타고 역무지부장 김경도와 기술지부장이 성당을 나가고 지회장들만 있었다. 그러다가 28일에는 지회장 이상 다 밖으로 나가라는 명령이 있었다. 쟁의부장 박정규, AFC 임석규 지회장만 남았다. 그날 밤에는 2~3백 명이 농성장을 사수하며 꼬박 밤을 새웠다. 조금만 소리가 나거나 분위기가 이상하면 누워있다가도 벌떡 일어나 앉았다. 불안해하면서도 자리를 지키고자 했고 동료와 함께 있고자 했다. 새벽에 날이 밝았을 때 안도의 숨이 길게 나왔다. '아~ 무사히 넘겼구나. 명동성당을 또 하룻밤 지켜냈구나, 경찰투입을 피해 나갔던 지부·지회장들도 다시 들어왔다.

이어지는 투쟁: 명동성당으로 조계사로

경희대에 경찰이 투입된 26일 기독교회관도 침탈되어 전기협 농성 조합원 272명이 연행되었다. 하지만 이것으로 투쟁을 잠재우지는 못했다. 27일 오후 3시부터 서울지하철노조 간부 10여 명이 마포 민주당 중앙당사 2층 상임고문실에서 농성에 돌입했으며, 전기협 서선원 의장을 비롯한 전기협 300여 명은 조계사에 들어가 제2철도파업투쟁을 선언하고 28일 새벽 0시 30분부터 농성에 돌입했다. 또 지도부 지침에 따라 복귀각서를 쓰고 승무를 거부하던 철도

99) 25일 대오를 이탈한 기술2지부장 송승호는 28일 지부차원에서 복귀 연동을 하였다. 또한 역무1지부는 투쟁 돌입 전 지부장 심주식의 사퇴로 이훈이 직무대행을 맡고 있었는데 대오를 이탈한 것이다.

기관사들이 27일 지부별로 비상총회를 하고 현장에서 재이탈하기로 결의했다. 이로써 전기협 투쟁은 끊이지 않고 계속될 것임을 증명한 것이다.

이날 서울지하철 김연환 위원장은 위원장 지침 3호를 통해 "9천 조합원 여러분, 눈물겹도록 고맙습니다. 조합원 여러분이 함께 투쟁하는 한 저는 목숨을 걸고 승리를 쟁취할 것을 약속드립니다."는 메시지를 발표하고 "승무지부(안개작전)-집결시간 29일 19시로 48시간 연장, 차량지부(번개작전)-별도지침 내려갈 때까지 소조별로 대기, 명동성당(역무1,2 기술1,2)사수, 위원장 복귀명령 없이 현장복귀 불가" 등의 행동지침을 발표하였다.

마포 민주당을 농성장으로 삼은 지도부는 29일 공사에 교섭을 신청했으나 공사는 이를 거부했다. 서울지하철노조는 6월 30일 오후 6시, 명동성당에서 조합원 비상총회를 열기로 하고 이제까지 산개해 있던 조합원들이 이날 오후부터 명동성당으로 총집결하였다.

현장복귀

6월 28일 역무지부 조합원의 현장복귀가 눈에 띄게 높아졌다. 내일이면 해고라는 불안감 때문이었다. 파업 6일 차 김연환 위원장은 명동성당으로 들어와, 새까맣게 탄 얼굴로 성당 들머리부터 빼곡히 앉아있는 조합원들의 눈빛을 보았다. 위원장은 정부와 공사가 열차를 무책임하게 운행하고 있어 대형사고가 우려되고, 김수환 추기경을 비롯해 종교계의 제의도 있어 조합원에게 현장복귀 명령을 내리기로 했다. 특히 시간이 지나면서 회유와 압박으로 가슴앓이하는 조합원들을 보며 현장복귀 시기가 조금 늦었다고 생각했다.

6월 30일 저녁 7시 명동성당에서 개최된 조합원 비상총회에 천여 명이 모였다. 김연환 위원장은 담담한 표정으로 일주일 간의 파업투쟁을 마무리 짓고 새로운 투쟁을 위해 "9천 지하철 조합원의 대표로서 7월 1일부로 현장에 복귀할 것을 명령"했다. 김연환 위원장은 "일주일간 파업투쟁에 함께 한 동지들이 자랑스럽다"며 감사를 표했다.

눈시울이 붉어지는 조합원이 곳곳에서 눈에 띄었다. 파업에 대한 후회 때문이 아니라 김영삼 정권에 대한 분노 때문이었다. 왜곡보도를 일삼아온 관제언론에 대한 불신감은 극에 달해 취재 중인 기자들에게 야유가 쏟아졌으며 한때 감정이 격앙된 몇몇 조합원은 기자들과 설전을 벌이기도 했다.

"정말 후회 없이 싸웠다"는 말처럼 자랑스러움을 안고 조합원이 현장에 복귀함에 따라 총파업투쟁은 일단락됐다. 그러나 투쟁이 모두 끝난 것은 아니었다. 사전구속영장이 신청된 18명의 간부를 중심으로 한 지도부는 명동성당에서 정권과 공사의 무자비한 탄압에 맞서 투쟁을 계속 이어갔다.

파업을 대하는 정권과 보수언론의 태도

궤도노동자들이 파업에 들어가면 보수언론에서 단골로 등장하는 논평이 "시민의 발을 볼모로" 한 파업이라는 표현이다. 1994년에도 다르지 않았지만 여기에 극적인 요소까지 더해진 보도로 노동자의 분통을 터뜨렸다. 가능하면 많은 언론을 통해 파업의 정당성을 알려가도 모자를 판에 오죽했으면 명동성당에서는 보수언론 기자 출입을 금지하기까지 했을까.

철도청이 6월 18일 '철도 현업직원 처우개선 대책'이라는 것을 발표했는데 전기협이 가장 핵심적으로 주장해온 변형근로제와 해고자 복직은 외면한 채 지엽적인 내용만 짜깁기해놓고 '개선'이라 이름을 붙인 것이었다. 그런데 뉴스는 철도청장 육성까지 내보내며 해고자복직 외에는 대부분의 요구를 수용했다고 연일 방송을 내보냈다. 또한 6월 20일 내무·법무·노동·교통 등 4개 부처 장관 명의로 담화문을 발표하여 '불순책동' 등의 원색적 용어를 사용하면서 전지협 노동자들을 일방적으로 매도한 것을 그대로 방송했다. 어디에도 노동자가 왜 싸우는지에 대한 보도는 없었다.

MBC뉴스데스크는 연일 뉴스 첫머리에 파업 관련 소식을 다뤘는데 교통대란을 예고하고 시민 불안을 일으키는 논평과 장면으로 도배했다. "44년 전 한강대교가 끊긴 6월, 철도 지하철 파업이 예고되고"라고 운을 떼며 노동자 파업을 6.25전쟁 시기에 비교하며 불안감을 조성했다. 편집 기술을 무한 발휘하여 전기협 농성장 침탈이 있던 날에는 뉴스 첫머리에 화난 시민들의 목소리만 따서 편집했다. SBS 8시 뉴스는 '대학이 농성장인가'라는 제목으로 노동조합 부위원장 인터뷰를 하여 굳자기지 "침탈에 대비해 빠져나온 것은 부상자 인명피해를 우려해서"라고 편집해 내보내면서 "한마디로 자신들이 있는 곳에 피해를 줄이기 위해서 파업 장소를 다른 데로 옮긴 것이다. 연구와 강의가 이뤄져야 할 대학이 노조원의 농성장으로 변했다."라고 말했다. 서울지하철노조 파업을 깨기 위해서는 별의별 것을 동원하여 파업 탓으로 돌렸는데 정점을 찍은 것은 6월 24일 MBC뉴스데스크였다. 엄기영은 "볼리비아와의 축구 한판승"과 지하철 파업을 연계하고 "6.25 44주년 하루 전 승강구에서 전철을 기다리다 지친 한 노인은 피난길이 생각난다고 말한다."라고 말하며 드라마 한 장면같이 느린 화면으로 선로를 비추었다.

공사의 복귀율 조작 내용을 그대로 내보낸 것은 물론이고 수출 대타격, 경제적 손실을 초래했다고 보도했다. 현대중공업이 공권력 행사 없이 노사자율 타결한 것에 큰 의미를 부여하는가 하면 정부가 대학교, 기독교회관, 명동성당, 조계사와 금호타이어, 한진중공업 등에 공권력을 투입하는 것은 선의의 근로자와 학생을 보호하기 위해 헌법과 법률을 동원하겠다는 의지라고 했다. 이러한 문민정부의 정면돌파 의지는 국민의 인내와 지지를 받기 때문이라고 하면서 정부의 공권력 남용을 옹호했다.

전지협 총파업 평가

전기협 농성장에 경찰이 투입된 후 지회장들은 조합원들에게 파업 돌입에 대해 어떻게 생각하는지 물어보았다. 조합원들의 답은 명확했다. "싸울 때 같이 싸워야 한다. 철도 박살난 다음 해봐야 소용없다. 정부를 상대하는 일이다."

전지협 파업은 서울지하철노조 조합원들의 선택이었다. 전지협 파업의 의의는 첫째, '철도, 지하철의 전국적 연대파업'이라는 역사적 의미를 가졌다. 6개월여 기간 동안 교육 선전을 하고 투쟁 시기를 조절하고 공동 집회를 잡아가며 조합원들에게 연대파업을 각인시켜왔기에 투쟁에 돌입할 수 있었다. 노동자는 약속하면 지킨다는 것을 보여준 의미 있는 투쟁이었다. 둘째, 전지협 파업은 궤도노동자들만의 투쟁이 아니라 투쟁을 통해 산별노조 민주노총 건설을 이루겠다는 노동운동진영이 함께했던 투쟁이었고 학생운동진영이 대거 참여한 노학연대 투쟁이었다. 전지협 파업은 산별노조를 지향하는 공공부문 노동자 조직을 만드는 데 디딤돌이 되었으며, 민주노총 건설을 앞당기는 역할을 했다. 또한 이 투쟁에 결합했던 학생들이 이후 노동운동에 몸담는 활동가로 거듭나는 계기가 되기도 했다. 셋째, 1989년 3.16파업에 비해 1994년에는 지도부가 목적의식을 가지고 체계적으로 투쟁을 조직했고 밑에서의 자발적 참여와 지도부의 목적의식을 가진 조직화 두 가지가 적절하게 조화된 파업이었다. 3개 조직 위원장의 리더십과 3개 조직 조합원들의 역동성이 어우러진 파업이었다.

파업의 성과를 보면, 첫째, 현상적으로 볼 때 3% 임금억제선이 깨지지 않았지만 정부가 1995년에 또 3%를 강요하기는 어렵게 만들었다. 정부의 '무쟁의 원년'의 허구성을 여지없이 깨버렸고 동시에 김영삼 정부의 폭력성을 모든 노동자에게 인식시켰다. 둘째, "승패를 떠나 안 했으면 다 죽었을 파업"이라는 표현이 적절하다 할만큼 이 파업은 피할 수 없었는데 노동조합은 투쟁을 피하지 않음으로써 민주노조를 강화하는 계기를 만들었다. 무쟁의원년 선포, 3% 임금가이드라인이라는 정부 정책을 그대로 받아들이지 않겠다고 한 이상 공사와의 교섭은 실효성이 없는 형식일 뿐이었고 투쟁은 정부와의 전면전으로 발전했다. 이러한 상황에서 서울지하철노조가 파업 없이 교섭으로 정리했다면 노동조합은 조직적 어려움에 봉착했을 것이다. 노동조합은 싸움을 피하지 않았고 그 과정에서 민주세력과 노사협조세력의 차이를 확연하게 드러났다. 강진도 집행부 퇴진을 둘러싼 대립에서는 노동조합 운영을 둘러싸고 민주세력과 비리세력의 차이가 드러났다면 이 투쟁을 통해서는 정권과 공사에 맞선 민주세력과 노사협조세력의 차이가 드러났다. 이로써 조합원들은 민주노조를 판단하는 명확한 기준을 갖게 되었다. 셋째, 투쟁 과정에서 새로운 활동가들이 대거 탄생했고 이들이 노동조합의 중추세력으로 등장하기 시작했다. 넷째, 삐삐를 통신수단으로 활용하고 다양한 투쟁전술을 시도함으로써 이를 이후 투쟁뿐 아니라 민주노조진영에 확산시켰다.

전술 면에서는 한계와 오류도 있었는데 우선 6월 27일로 예정하고 준비하던 파업이 앞당겨지면서 세세한 부분까지 준비하지 못한 것들이 있어 진행과정에서 혼선을 겪기도 했다. 다행인 것은 조합원들은 소조구성 훈련, 교육, 연행 시 지침 등 교육을 이미 완료한 상대였기에 파업이 이어질 수 있었다. 둘째, 3.16파업을 경험한지라 지도부 보위를 위해 위원장이 투쟁 현장에 있지 않았고 침탈 위험이 있으면 지부장 지회장까지 도피시켰는데 이는 현장 지도력의 공백을 가져오고 조합원들의 사기를 떨어뜨렸다. 노동조합 간부들이 한 발 물러서면 조합원들은 열 발 물러선다. 어려운 상황을 지도부가 같이 극복하지 않았다면 어떠한 지침을 내려도 잘 먹히지 않는다. 위원장이 농성장 외부 비공개 장소에 있으므로 인해 대중을 현장에서 힘 있게 지도할 수 없었을 뿐 아니라 조합원의 심리변화와 정서를 정확히 파악하지 못해 적시에 적절한 결정을 내리지 못하였다. 이런 이유로 교섭요청시기, 복귀시기를 놓치고 이미 조직력이 훼손된 29일에 교섭을 요청하고 다음날 복귀를 선언하게 되는 오류를 낳았다. 또한, 3.16파업 이후 공사는 파업에 대해 철저한 준비를 해놓고 있었으나 노동조합은 이를 대비하지 못하여 파업이 열차운행에 타격을 주지 못한 것도 이후 극복해야할 과제로 남았다.

한편 전지협공대위는 외곽에서 적극적인 지원을 담당해왔으나 막판에 조직 논의 없이 서울지하철노조의 무조건 복귀를 권하는 원로성명서가 발표되는 것을 통제하지 못했다. 전노대는 6월 27일 전국공동총파업을 선언하였음에도 그 내용을 담보하지 못한 채 금호타이어노조, 한진중공업노조, 대우기전노조 등의 파업이 전국 투쟁으로 묶이지 못하고 개별화되는 결과를 낳았다. 이는 전노대가 민주노총 건설에 중심을 두면서 김영삼 정권과의 대치에 수세적 자세를 취하여 나타난 문제이기도 했다.

6) 명동성당 농성과 현장투쟁

이어지는 농성과 재파업 결의

7월 1일 조합원들은 지부 지회별로 모여 결의대회를 하고 현장으로 들어갔다. 명동성당에서는 6월 30일 사전영장 발부자 18명 등 22명이 농성을 시작했다.[100)]

정부와 공사는 이미 간부 18명을 수배하고 41명을 고소 고발한 것도 부족해 현장에 복귀한 지 하루도 지나지 않아 320명을 파면 또는 해임하고 2,800여 명을 각종 징계에 처하겠다고 했다. 말 그대로 대학살이 시작된 것이다.

7월 4일 명동성당 농성지도부는 4월 1일 복직한 석치순을 부위원장으로 내정하고 2선 집행부 직무대행체제로 조직 재정비를 시작했다. 조합원들은 복귀 후 현장탄압을 이겨내며 장대비가 내리는 날에도 1,500여 명이 모여 '구속수배 철회와 징계음모 분쇄를 위한 조합원 총회'를 개최하는 등 농성지도부와 2선 집행부에 힘을 실어주고 있었다. 공사의 탄압에 대한 분노와 민주노조 사수라는 절박함이 드러난 집회였다. 농성지도부는 7일 기자회견에서 공사의 징계가 계속된다면 재파업을 불사하겠다고 선언하였고 2선 지도부는 임시대의원대회 안건으로 이를 상정했다. 2선 집행부에게 주어진 과제는 공사의 대량징계, 노동조합 말살에 맞서 파업으로 인한 문제점을 최소화시키는 것, 즉 대량징계 철회와 조합비 가압류 해제였다. 이를 위해서는 재파업을 배치할 수밖에 없다는 데 인식을 같이했지만 남북정상회담을 앞둔 7월 8일 김일성 주석 사망으로 국내 정세에 긴장감이 감돌고 조직 재정비가 미흡하여 재파업 결의를 유보하였다. 핵심 간부들이 구속영장이 발부되거나 고소고발로 활동이 자

---

100) 김연환, 양윤모, 임성규, 김경도, 서형석, 최종진, 장윤석, 이상대, 김명한, 박정규, 김대훈, 허섭, 김용진, 조태형, 오선근 등 사전영장 발부자는 18명이었다, 여기에 최경진, 백승구, 김정용, 유재욱이 함께했다. 농성지도부 체계는 상황실–임성규·장윤석·김대훈, 선전 대변인–김명한, 대외창구–양윤모·이상대, 각 지부–조직활동 추진 강화로 꾸렸다.

위원장의 해고자 복직 요구 단식농성과 조합원들의 결의대회

유롭지 못해 조직 재정비가 쉽지 않았다.

공사는 민주노조의 싹을 자르겠다는 심산으로 선진조합원을 대량징계하고 7월 12일 임시대의원대회에서 인준된 석치순 직무대행과 부서장을 인정하지 않고 대리 집행부로 대했다. 7월 18일 노동조합을 상대로 "파업기간에 운수수입이 40억4천만 원이 손실됐다."며 손해배상청구 소송을 내기로 하고 사전절차로 조합소유의 예금계좌와 조합간부의 퇴직금 및 부동산 등에 대한 가압류 조치를 서울민사지법에 제출했다. 손해배상청구는 1~2년 전부터 등장한 신종 탄압수법으로 쟁의기간에 민형사상 책임이 없음을 명시한 노동법을 무시하고 민법을 적용해 노동조합을 탄압하는 데 사용되었다. 공사는 "지회장의 정당한 조합 활동은 근무보다 우선한다."는 단체협약 10조 4항을 무시하고 근태관리를 철저히 하라는 지시를 현장에 내려 보냈다. 공사의 이러한 탄압은 결국 19

일 임시대의원대회에서 재파업을 포함한 총력투쟁을 결의하게 했다. 투쟁 시기와 방법을 위임받은 집행부는 투쟁일정과 전술을 배치했지만 현장 조직화는 쉽지 않았다. 정국은 김일성 주석 사망과 분향소 설치 파동, 서강대학교 박홍 총장의 주사파 발언을[101] 계기로 빠르게 얼어붙고 있었다. 박홍 총장은 "나는 국가기간산업에 노조가 있는 것도 반대하는 사람이다."[102]라는 주장까지 했다. 당시 상황을 '민주화를 위한 교수협의회'는 "서강대 박홍 총장이 앞장을 서고 보수언론이 대대적인 분위기를 잡아 주고, 안기부·검찰·경찰 등 공안세력이 총지휘하며 청와대가 배후조종하는 입체적인 매카시즘 선풍은 민주화와 통일로 나아가는 역사의 흐름을 거꾸로 돌려놓고 있으며 전 국민을 흑백논리의 집단적 광기로 몰아가고 있다."고 비판하였다.

정세는 서울지하철노조가 파업 이후 수습을 하는 데 더 어려운 조건으로 작용했다. 명동성당측은 전기를 끊고 화장실을 폐쇄하고 신도를 동원해 농성지도부의 퇴거를 강요했다. 농성지도부는 양해를 구하기도 하고 협의를 해보기도 했지만 퇴거 강요는 날로 심해졌다. 낮에는 지독한 더위와의 전쟁, 저녁에는 모기와의 전쟁을 벌이고, 잠을 설치면서 농성을 이어갔다. 눈을 비비며 새벽 5시 반 명동성당 한 구석 화장실로 가서 일회용 칫솔과 몇 번은 빨고 빨았을 색이 바랜 손수건을 들고 한번밖에 쓸 수 없는 치약을 나눠 쓰던 동지애로 버텼다.

재파업을 앞두고 공사가 2선 지도부의 전임을 인정하고 정식 대화를 하겠다고 응해왔다. 이를 두고 격론을 벌이다가 8월 15일 이전 전면적인 재파업에 돌

101) 당시 농민과 대학생 등은 우루과이라운드 비준에 반대하며 시위를 벌였고 야당까지 가세하면서 우루과이라운드 통과가 불투명해 보였다. 그때 예수회 박홍 신부가 7월 18일 "우루과이라운드 반대 시위 배후에 주사파가 있고 주사파 배후는 김정일이다."라는 발언을 했고 이후 공안정국이 조성되면서 투쟁은 주춤했다. 박홍 신부는 주사파 배후 이야기를 고해성사를 통해 들었다고 했고 천주교 정의구현전국연합은 '고해성사 비밀 누설 혐의'로 박홍 신부를 서울대교구에 고발했다. 당시 서울대교구 사무처장이었던 염수정 추기경은 사건 조사를 담당했고 박홍 총장에 대해 무혐의 처리했다. 그해 12월 국회에서 WTO 비준안이 통과되었다.

102) 『동아일보』 1994.8.19.

전지협 파업 대량징계 철회와 노동운동탄압 분쇄 요구 전노대 결의대회(1994.7.9.)

입키로 한 결정을 유보했다. 공사가 징계와 고소고발, 손해배상청구 등에 대한 어떠한 답도 하지 않은 상황에서 교섭전술을 전격 선택한 것은 내부 비판에 직면할 수 있는 상황이었지만 2선 집행부는 정세와 내부 조직력 등 한계를 인정하고 노동조합의 파국을 막아 보겠다는 결단을 내릴 수밖에 없었다. 그러나 힘의 우위에 있던 공사는 교섭을 일방적으로 연기하며 노동조합을 우롱했고 직무대행을 비롯한 집행간부들이 본사 철야농성, 3.16민주광장 텐트농성, 다시 재파업 선언을 하면서 투쟁했지만 공사의 기만은 계속되었다. 심지어 상위직 조합원 일부를 승진을 미끼로 매수해 노동조합의 시한부파업 결정에 반대하는 성명서(승무자주협의회) 명의를 만들어 언론에 배포케 하였다.

한편, 김영삼 정권은 9월 1일 저녁 6시경 경찰을 투입해 조계사를 침탈했다. 150여 명의 경찰이 파업 종료 후 62일 동안 농성투쟁을 전개하고 있던 서선원 의장을 비롯해 6명의 전기협 간부와 서울지하철노조 이경수 사무국장과 전지협 김명희 사무처장을 연행했다. 대학생불교학생연합 회원과 개혁회의 소속 스님들은 종로경찰서 앞에서 농성투쟁을 전개하였고 철도·지하철문제 해결을 위해 활동해오던 삼종단(불교–개혁회의, 기독교–한국인권협의회, 천주교–정의평화구현사제단)대책회의는 기자회견을 했다.

명동성당 농성 정리

9월 12일 오전 명동성당, 수배된 16명 중 14명이 농성투쟁을 하는 곳에서 석치순 위원장 직무대행은 기자회견을 했다. 재파업을 12일 11시를 기해 철회하고 75일간 계속된 농성투쟁도 정리한다는 내용이었다. 이어서 '구속수배 해제와 대량징계 분쇄를 위한 조합원총회'가 500여 명의 조합원이 참석한 가운데 개최됐다.

재파업 철회까지 많은 논란이 있었다. 2선 집행부가 공사와 정권의 탄압을 정면 돌파할 강력한 투쟁의지가 부족하다는 비판과 한편으로는 어쩔 수 없는 한계를 인정한다는 의견이 대두되었다. 2선 집행부가 상상을 초월할 정도로 큰 파업 후유증과 농성지도부와 현장지도부 간의 인식 차이 등을 극복하기에는 역부족했다. 결국 2개월에 걸친 수습을 위한 재투쟁은 어느 것 하나 성과를 거두지 못한 채 과제만을 남겼다.

김연환 위원장은 고별사를 통해 "그동안 도움을 준 모든 동지에게 감사한다. 투쟁을 승리로 끝내지 못해 죄송하다"며 아쉬움을 나타냈고, "노사관계는 논리의 관계가 아니며 힘의 관계라는 점에서 조합원들이 노동조합에 힘을 모아 밀어주어야 한다."며 당부를 잊지 않았다. 이어서 농성투쟁을 계속해온 간부들이 돌아가며 조합원들에게 감사의 인사와 더불어 굴하지 않고 힘차게 투쟁할 것을 약속했다. 한 사람 한 사람 간부들의 발언이 끝날 때마다 조합원들은 힘찬 박수로 동지들을 위로했다.

참석한 조합원들이 두 줄로 늘어서고 지하철노동조합가를 힘차게 부르는 가운데 농성자들은 명동성당측에서 마련한 버스에 올라 종로경찰서로 향했다. 가족들은 말없이 얼굴만 바라보다가 등을 돌렸다. 어깨가 파르르 떨리는 이도 있었다. 한편 임성규 정책실장과 김경도 역무1지부장은 건강상태가 여의치 않아 치료를 받고 난 후에 출두하였다.

명동성당 농성 75일 동안 서울지하철공사 이사 딸 결혼식이 있어 그 앞에서 피케팅을 하기도 했다. 양윤모 부위원장은 부친상을 당했는데 장례식에도 참석할 수 없어 영정조문을 하자 김일성 조문이라고 경찰들이 들이닥쳤고, 허섭 창동차량지회장은 쌍둥이 아들을 낳은 아내의 손을 잡아주지도 못했다. 임성규 정책실장은 디스크로 고통을 겪으면서도 병원에 가서 치료받지 못했다. 징계대상자 가족들로 구성된 지하철가족협의회(지가협)는 본사와 서울시 항의 방문 투쟁을 이어갔고 음식을 장만해 명동성당을 방문하며 농성자들을 격려했다. 명동성당측이 화장실을 폐쇄하고 전기를 끊어 농성자들과 극단적 대립까지 가기도 했다. 어찌 보면 감옥보다 더 답답하고 견디기 힘든 공간에서 75일을 버틴 것은 파업지도부가 굳건해야 현장 조합원들이 탄압을 온몸으로 막아낼 수 있다는 결의 때문이었을 것이다. 그들은 명동성당에 고립되어 있던 것이 아니라 민주노조를 사수하기 위해 현장을 지킨 조합원들 속에 있었다.

전지협 파업관련 징계자 현황[103)]

■ 파면-27명

김연환(기술), 양윤모(역무), 이경수(승무), 김종철(기술), 장윤석(기술), 박희석(차량), 박정규(역무), 김영후(역무), 김종식(역무), 박근호(기술), 채강보(역무), 이상대(승무), 김명환(차량), 박성열(차량), 임성규(승무), 김경도(역무), 서형석(승무), 최종진(차량), 정재웅(기술), 구덕회(역무), 김명희(승무), 송찬길(역무), 장영길(승무), 조태형(승무), 김선구(기술), 김학년(승무), 정연경(차량)

103) 철도는 30명이 구속되고 56명이 해고되었고, 부산지하철은 10명이 구속되고 13명이 해고되었다.

■ 해임-9명
박덕남(역무), 나상필(역무), 박창순(승무), 명준영(승무), 김병학(승무), 배상조(차량), 이근원(기술), 강송구(기술), 김선우(승무)
■ 직권면직-2명
김대훈(역무), 이철수(역무)
■ 직위해제-6명
오선근(기술), 허　섭(차량), 김용진(차량), 유재욱(차량), 김명섭(승무), 최경진(역무)
#정직(27명), 감봉(13명), 주의경고(2,632명)

7) 서울지하철노조의 해고자들과 지해투 구성

지하철해직자원직복직투쟁위원회 결성

3.16파업 후 해고자들은 원직복직투쟁위원회를 구성하여 노동조합 건물 2층에 사무실을 두고 해고자복직 활동을 시작했다. 임성규, 이광열, 석치순이 상근하며 기술지부 간사의 도움을 받아 기관지 『해방역에 닿을 때까지』를 발간하여 현장에 배포하며 조합원들에게 해고자들의 활동 소식을 전했다. 1993년 3월 12일 서울지하철노조 해고자는 10명이었다. 초대 위원장 배일도는 집시법 위반으로, 정윤광·홍순용·조상호·임성규·석치순·이광열은 3.16파업으로 해고되었다. 이신용은 1990년 11월 23일 7주차 투쟁 과정에서 대표권시비 관련 부당성을 시민들에게 알리는 차량방송투쟁을 전개하다가 해고되었다. 이재용·정연경은 1992년 6월 8일 부당전배 항의투쟁을 벌였다고 해고되었다. 정연경은 군자차량에서 선도적으로 강진도의 어용성을 폭로하고 조합원이 반강진도 대열에 서게 하는 역할을 하였는데 갑자기 지축차량으로 발령이 나 보복성 인사발령이라고 이재용과 항의하다가 함께 파면된 것이다. 강진도는 이들

에 대해 조합 활동 관련 해고자가 아니므로 생계비를 지급할 수 없다고 했다.

전지협 파업으로 징계·해고자가 대거 발생하면서 '지하철해직자원직복직투쟁위원회(지해투)'라는 이름으로 활동을 시작했다. 지해투는 김선구 전 비대위 위원장을 대표로 선출하고 지부별로 차량지부 노문희, 승무지부 장영길, 역무지부 이철수, 기술지부 이진수를 대표로 뽑았으며 '전진하는 유월'이라는 자체 유인물을 발행하며 본격적인 투쟁에 나섰다. 지해투는 현장활동을 하며 반조직행위자와 악질적인 중간관리자 응징투쟁을 벌였는데, 승무의 대표적인 악질소장으로 악명을 떨치고 있는 종로승무소장 김홍관을 찾아가 강력한 규탄투쟁을 전개했다. 8월 26, 27일에는 노동조합이 싸스퀴치에서 투쟁기금 마련을 위한 일일주점을 열었는데 이 행사를 준비하고 진행하는 데 지해투 동지들이 앞장섰다. 일일주점에는 전국의 수많은 노동단체, 각계 민주인사들 약 4천여 명이 다녀갔다. 서울지하철노조는 수익금 중 1천만 원을 철도해고자들의 활동비로 지원했다. 이 외에도 공사의 조합비 가압류로 인해 해고자의 생계비 지원과 조합사업 기금 마련을 위해 7월 12일부터 시작된 성금모금이 40여 일 만에 3억 6,000만 원가량(조합원의 88.6% 참여)이 접수되었다.

전지협 파업 해고자들은 각 지부에서 신망받는 활동가들이어서 노동조합 입장에서는 큰 타격이기도 했지만 한편으로는 노동조합과 지부에서 상주하며 일할 활동가가 늘어난 것이기도 했다. 서울지하철노조 해고자들은 노동조합이 생계를 책임져주니 생계 걱정 없이 조직 활동을 벌일 수 있었고, 다른 사업장과 달리 현장권력이 강해 현장 출입을 마음대로 할 수 있어 조직 활동에 복무하는 데 전혀 문제가 없었다. 언젠가 복직될 것이라는 생각을 가졌기에 본사 관리자들도 만나면 90도로 인사를 할 정도였다. 이렇게 우호적인 것은 공기업이라는 조건과 그동안 노동조합이 주장했던 내용이 공사 간부들에게도 득이 되었던 점 때문이었을 것이다. 노사협조주의 집행부가 들어섰을 때는 해고자 때문에 조합비 수백억 원이 들어간다는 등 협박이 가해지기도 했지만 크게 문제되지 않았다. 강진도 집행부 때는 자신의 어용성을 희석하기 위해 해고자를 승진시키기까지 했고, 훗날 배일도·정연수 집행부 때는 현장에서 조합원들이 해고자들의 활동을 원하는 형국이었다.

해고자들은 철도노조 민주화 지원, 한국통신노조 민주화 지원, 발전노조 선거 지원, 가스노조 파업 지원 등 공공부문 노동조합의 민주화와 투쟁을 지원하는 일에 앞장섰다. 서노협, 공공연맹 등에서 상근활동을 하기도 했고 이후 상급단체 직선 임원으로 출마하여 운동에 복무하는 이도 있었다.

투쟁으로 민주노총 건설에 앞장선 서울지하철노조 해고자들

1992년 10월 전국구속수배해고노동자원상회복투쟁위원회(전해투)가 결성되었다. 자본과 정권은 노동운동의 진군을 막기 위해 선진노동자를 해고시켜

해고자 복직을 요구하며 명동성당에서 농성하는 전해투와 서울지하철노조 해고자들

현장에서 분리하였지만 오히려 해고노동자는 의식성과 투쟁성을 갖춘 활동가로 거듭나며 노동운동의 선봉에 섰다.[104] 서울지하철노조는 3.16파업 이후 해고자가 발생하였지만 대표권시비와 강진도 집행부 퇴진투쟁 등 민주노조 사수투쟁을 전개하느라 전해투 활동에 적극 결합하지 못하였다. 전지협 파업 해고자들은 연대투쟁을 몸소 체험하고 조직했던 당사자로서 해고자 문제도 전국 차원에서 해결해야 한다는 인식 아래 전해투 활동에 적극 결합하기 시작하였다.

김영삼 정권은 '세계화' 정책기조를 물리적으로 관철하고자 파업사업장에 대규모 경찰병력을 투입했고 주요 인물들을 구속했다. 정권의 탄압에 맞서 민주노조운동진영은 민주노총준비위원회로 조직형식을 강화하였다. 전해투는 민주노총 결성과 관련해 '투쟁으로 조직 건설'이라는 기조를 관철시키기 위한 자체 활동을 강화하고 해고자조직을 민주노총 특위로 편성한다는 조직방침을 정하고 사업을 전개하였다. 1994년 12월 16일 열린 전해투 총회에서 해고자들은 장영길 서울지하철노조 해복투 의장을 전해투 의장으로 선출했다. 이 시기는 서울지하철노조뿐 아니라 지역의료보험노조 등 공공부문 사업장의 해고자가 늘어가고 있던 때였다. 1995년 4월 18일 전해투는 해고자복직을 요구하며 노동부장관 면담을 위해 과천 정부청사에 갔는데 전투경찰이 해고자들을 곤봉과 방패로 두들겨 패는 사건이 발생했다. 이때 집단폭행을 당해 눈 위쪽이 10cm가량 찢어지고 심한 구토증과 뇌진탕 증세를 보인 이도 있었고, 연행과정에서 팔이 부러진 이도 있었으며 장영길 의장은 곤봉으로 머리를 맞아 실신하였다. 해고노동자 8명이 병원으로 긴급 후송되고 32명의 해고자들이 강제연행 되었다. 19일 오전에는 부상자가 있는 사당의원에 3개 중대 200여 명의

104) 1995년 국정감사 노동부 제출자료에 의하면 노동조합 활동을 이유로 한 해고자 수가 1989년 2653명, 1990년 904명, 1991년 733명, 1992년 362명, 1993년 95명, 1994년 252명이었다. (전노협백서발간위원회, 『전노협백서 9권』, 책동무 논장, 2003)

경찰병력을 투입하여 최루탄을 뿌리며 난입하여 입원, 치료중인 해고자를 긴급구속영장으로 연행했다. 전해투는 긴급대표자회의를 열고 명동성당 대표자 철야단식농성투쟁을 결의하고 24일부터 5월 1일 노동절까지 해고노동자 10명이 단식에 들어갔다. 이 탄압으로 인해 총 11명이 구속되었고 장영길은 수배되었다. 이후 장영길은 수배를 피해 민주당사에 농성장을 차리고 한국통신노조 파업 침탈과 폭력경찰 침탈 만행을 규탄해오다가 경찰이 농성장에 난입으로 연행되어 구속되었다. 이후로도 전해투는 1995년 어용노총 해체를 요구하는 한국노총 점거 투쟁을 벌이며 민주노총 건설을 위해 선두에서 투쟁했다.

철도노조 민주화 지원

전지협 파업 이후 전기협이 해체될 정도로 혹독한 탄압을 받았지만 기관사뿐 아니라 다른 직종의 민주화운동이 발전하면서 1995년 2월 25일 철도노조 민주화추진위원회가 결성되었다. 1995년 선거에서 민주파 당선이 늘어나면서 '조합비 인상 거부투쟁'을 주도하여 조합원들의 지지를 받지만 철도노조에

전지협 활동은 궤도 노동조합의 단결과 철도노조 민주화에 기여했다. 전지협 기관지 창간 준비회의와 조직강화특위 수련회 모습

의해 지도부들이 제명당하고 투쟁은 성공하지 못했다. 1998년 선거에서 민주파가 약진하고 1999년 서울전동차지부에서 현장투쟁이 벌어지는 등 분위기가 변하기 시작했다. 이즈음 "대의원을 조합원이 직접 선출해야 한다."는 대법원의 판결이 내려지고 이를 거부하고 간선제를 유지하려는 철도노조에 반발하여 '전면적 직선제 쟁취를 위한 공동투쟁본부(공투본)'가 결성된다. 수많은 투쟁을 통해 2000년 직선제를 쟁취하고 2001년 5월 선거에서 민주파 후보 위원장이 압도적 지지로 당선된다.

전지협 파업 이후로도 서울지하철노조는 철도노조 활동가들이 노동조합 민주화를 위해 투쟁할 수 있도록 물심양면 지원을 아끼지 않으며 철도노조 민주화의 길에 함께 했다. 1998년에는 철도민주화 실현을 위해 재정 지원을 넘어 철도활동가들과 함께하는 현장 중심의 적극적인 지원과 연대투쟁을 위해 철도노조 민주화 지원을 위한 지하철 현장지원단(준)(철노지원단)을 꾸리게 된다. 철노지원단은 세 차례의 준비모임을 갖고 현장차원에서 적극적 지원, 연대의 모범을 창출할 것과 철도노조 및 타 궤도노조 민주화를 항시적으로 지원하는 전망을 가질 것을 위상으로 하고 1998년 3월 18일 철도노민추 방문, 3월 21일 '철도민주화와 지하철활동가의 역할'이라는 강좌를 개최하기도 했다.

8) 공공부문노동조합대표자회의 결성과 민주노총 출범

1994년 11월 4일 공공부문 120여 개 노동조합 대표자 200여 명이 '공공부문노동조합대표자회의(공노대)' 결성식과 수련회를 가졌다. 공노대에는 서울지하철노조를 비롯 통신, 사회보장, 공기업, 연구기관의 모든 부문 총 130여개 노동조합 18만 명의 노동자들이 참여했다.

임시의장으로 선출된 전교조 이부영 부위원장의 사회로 공노대 운영회칙 인준 및 운영위원·집행위원 선출이 이루어졌으며, 파업투쟁을 통해 임투를 승리로 이끈 조폐공사노조 문화패의 축하공연이 이어졌다. 공동대표로 선출된 석치순 위원장 직무대행은 대회사를 통해 공기업 노동자들이 그동안 국가경제발전에 지대한 공로를 끼쳤음에도 공기업 노동자라는 이유로 더 많은 억압과 희생을 강요당해왔음을 지적하며 "비록 뒤늦은 감은 있지만 강고한 연대가 필요하다"는 점을 역설했다. 특히 석치순 직무대행은 향후 공노대가 △불합리한 임금가이드라인을 철폐하고 자율경영을 확보하며 △공공부문 노동조합의 노동3권을 제약하는 노동악법을 철폐하며 △사회의 총체적 위기를 초래한 정부의 공공정책을 바로 잡으며 △진보단체와 연대하여 노동자의 사회적 지위 향상을 위해 투쟁할 것임을 천명했다.

출범을 축하하는 문화대동제를 끝으로 오후 10시가 넘어서야 출범식을 마친 공노대 참가자들은 뒤풀이 자리를 마련해 공공부문 노동자의 사회적 지위 향상과 사회적 역할을 다하려는 방안을 폭넓게 논의하면서 연대감을 다졌다.

공노대는 같은 산업의 연대조직이 아니라는 점에서 연맹이나 산별노조와

공공부문 노동조합 단결의 구심, 공공부문노동조합대표자회의

민주노총 창립 전국노동자대회에 운수산별 건설 현수막과 깃발을 들고 행진하는 서울지하철노조(1995.11.12.)

는 다르며 크게 보아 정부라는 공동의 사용자를 대상으로 하는 공동투쟁체라는 위상을 가진다. 공노대는 전노대 산하 조직은 물론 한국노총 산하 조직 그리고 독자적인 활동을 하는 노동조합들을 포괄하고 있다. 물론 대산별 '공익노련'으로 발전 가능성을 주장하는 견해도 있었지만 출발 당시 조직의 성격은 정부의 임금가이드라인 철폐와 노사자율교섭을 확보하기 위해 투쟁하는 연대조직이었다.

공노대가 출범하게 된 것은 그동안 정부의 임금억제정책으로 인해 희생양이 되어왔던 공기업노조들이 연대의 필요성을 절감해오다가 전지협 총파업투쟁을 계기로 연대조직 결성을 적극적으로 추진하게 된 것이다. 또한 한국통신노조의 민주화, 조폐공사노조의 파업투쟁 등이 공노대 결성에 가속도를 붙인 것이다. 그리고 그 힘은 민주노총 건설까지 이어졌다. 노·경총 임금합의 반대투쟁으로 탈퇴한 조직들을 묶어내고 공공부문 노동자들의 진출을 기반으로 민주노조진영은 1994년 11월 전국노동자대회(경희대)에서 민주노총준비위원회 결성을 선포하였고 1년간의 활동을 거쳐 마침내 1995년 11월 11일 민조노총을 창립했다.

2 민주노조를 지켜낸 서울지하철 노동자

1) 서울지하철노조 최초로 임기를 다한 6대 집행부

1994년 12월 30일 열린 8기 1차 임시대의원대회에서 총 146명 중 101명의 대의원이 참석해 만장일치로 조기총선을 결의함에 따라 1월 20일 집행부 총선을 실시했다. 지부장 4명 지회장 42명을 선출하는 선거에서 위원장에는 단독입후보한 석치순 후보가 92.2%라는 지지를 받아 당선되었으며, 역무지부 윤제훈, 승무지부 김명기, 차량지부 이재용, 기술지부 김근황 등도 역시 높은 지지율로 당선되었다. 또 42개 선거구 중 사퇴하거나 출마하지 않은 곳을 제외한 37개 선거구에서 37명의 지회장이 모두 당선되었으며, 8기 대의원 보궐선거에서도 1명을 제외하고 당선자가 나왔다.

서울지하철노조 민주노조진영 대부분의 활동가가 해고자 신분이었고 노사협조진영은 후보를 내지 않은 상황에서 파업 사후 수습을 책임져왔던 석치순이 다시 일을 마무리하고 조직을 추스르겠다는 결심을 한 것이었다.[105)]

1995년 2월 10일 군자기지 교육원 대강당에서 정기대의원대회가 열려 6대 집행부 임원 및 실장, 부서장을 인준했다. 인준과정에서 개별인준과 일괄인준 방법에 약간의 논점이 있었으나 "어려운 시기에 막중한 책임을 지고 일하는 만큼 힘을 실어줄 필요가 있다"는 역무지부 한 대의원의 제안에 따라 뜻을 갈

105) 6대 단독 후보에 대해 "밀실에서 경선도 없이 정한 후보"를 내세워 다른 조합원의 "출마를 봉쇄한 것"이라는 비판도 있었다.(구제삼, "다양성이 인정되는 노조가 되어야.", 『천둥소리』, 1995.3.24.)

손해배상청구 소송 철회를 요구하는 대의원들

이 하기로 하고 절대다수의 찬성을 얻어 일괄인준으로 임원 및 실장, 부서장을 승인하였다.[106] 이어 '운영위원 선출'과 '중앙 선거관리위원 선출' 중앙과 지부에서 추천된 '전지협 대의원 선출'이 만장일치로 결정되었다.

1995년은 자본의 세계진출을 위한 김영삼 정권의 세계화 정책이 예고되는 때였다. 이미 1994년 12월 16일 WTO비준동의안과 그 이행에 관한 특별법

노동운동 탄압 분쇄와 1995임단투 승리를 위한 공노대 결의대(1995.5.27.)

106) 집행부는 수석부위원장 홍순영, 부위원장 권혁래, 사무국장 오선근, 정책실장 박창순, 편집실장 심병섭, 조직부장 한정남, 법규부장 이강일, 교육부장 김경주, 조통부장 조병학, 대협부장 김우진, 편집1부장 장경태, 편집2부장 김창훈, 문체부장 문종호, 산안부장 박광준, 여성부장 이은주로 구성되었다. 2차년도에는 사무국장을 김충례가 맡는다.

이 국회 본회의를 통과했고 노동부장관은 화해와 협력을 바탕으로 한 노사관계를 강조하며 노동자의 희생을 주문하고 나섰다. 이러한 상황에서 서울지하철노조 6대 집행부는 40여 명에 달하는 해고자, 51억 손해배상청구 소송과 조합비 가압류라는 가혹한 현실을 해결해야 할 과제로 안고 출발했다. 집행부는 살림을 살기 위해 노동조합 산하에 '재정사업특별위원회'를 설치하여 고갈되어가는 노동조합 재정을 확보하고 해고자들의 생계비를 지원했다. 재정특위는 해고자들이 운영 주체가 되어 주로 타 사업장을 상대로 쟁의용품을 비롯해 다양한 기획 상품을 제작, 판매하고 우리농수산물 판매운동도 벌였다.

6대 집행부는 전 조합원에게 조끼를 지급하여 결속력을 다지는 등 대량해고와 손배가압류라는 악조건을 극복하며 서울지하철노조 설립 후 처음으로 임기를 다한 집행부였다.

한편 지하철노조 최초로 노동자 정치세력화를 위해 1996년 2월 민주노총 대의원대회에서 결정된 4.11 총선 정치방침에 따라 김명희 전 위원장을 총선 후보로 내세우기도 했다. 김명희 후보는 민주노총 후보로 출마해 4.3%의 지지를 받았다. 하지만 지하철노동자들의 노동조건과 노사관계가 정치와 밀접한 관계를 맺는 것에 비하면 조합원들의 정치의식이 높은 편은 아니었기에 해고자나 간부들의 참여를 넘어 조합원들이 함께하지는 못했다.

2) 제2직제개편 투쟁

전지협 파업 이후 조직 복원에 힘쓰고 있는 틈을 비집고 공사는 조직개편, 근무형태 변경을 시도하며 현장을 압박했다. 하지만 지하철노동자들은 이에 맞선 대안마련, 현장 투쟁을 전개하면서 조직을 복원해가기 시작했다. 조직력이 약할 때 현장을 장악하겠다는 공사의 시도는 상황이 어려울수록 민주노조를 사수하겠다는 조합원들의 의지에 맞닥뜨렸다.

제2직제개편추진위원회 구성과 운영

지하철 노동자의 근무형태는 24시간 맞교대 근무에서 노동조합 설립 후 1987년부터 1989년까지의 투쟁을 통해 역무는 4조3교대, 기술·차량은 3조2교대, 승무는 휴무 확보를 통해 기본 근무시간이 주 44시간, 1개월 184시간으로 대폭 줄어들었다. 그런데 서울시는 인력 낭비요소가 많다며 4조3교대를 3조2교대를 바꾸려는 시도를 멈추지 않았다. 2기 지하철 운영권 통합 논의가 시작되었을 때도 그랬고 노동조합 조직력이 떨어질 때도 그랬다.

서울지하철공사는 1995년 1/4분기 노사협의회에서 또다시 근무형태 변경 카드를 꺼내들었고 현장에서는 4조3교대를 포기하는 대신 임금이나 승진 같은 이익을 얻어야 하는 거 아니냐는 의견이 있기도 했지만 노동조합은 어떠한 일이 있어도 근무형태와 직제개악을 막아내겠다는 의지를 표명하고 더 나아가 무직급 단일호봉제, 주40시간 노동제를 적극적으로 제기하기로 했다.

공사는 '조직연구개발팀'을 구성해 일방적으로 조직개편을 시도했다. 공사 직제개편 골자는 본사의 처실제도를 대체하는 현업본부장제, 호선별 사업 본부장제와 능력급제 도입, 신인사제도 도입 등이었다. 공사는 △역무 전 역사 무인매표소 설치 추진 발표(95.2.13), △역무 근무환경 변경· 설비와 AFC용역추진 지정 휴무제(3조2교대) 폐지 제기(95.3.) △철도토목 지축·창동분소 폐지와 3조2교대 휴무 폐지(95.3)등을 계획하고 직제개편 공청회 실시로 이사회 의결을 거쳐 서울시 승인을 받겠다는 계획이었다. 이 계획 중 무인매표소는 추진되었고 나머지는 잠정중단 혹은 잠정철회 되었으며 공청회는 무산되었다. 노동조합이 현장 투쟁으로 공사의 계획을 무산시킨 것이다.

공사의 직제개편안 공청회 저지 투쟁

한편, 노동조합은 1996년 초 제2직제개편추진위원회(직추위)를 구성, 운영하였고 현장 조직력과 투쟁력을 바탕으로 대응하였다. 직추위는 서울지하철공사의 기존직제 및 공사가 재편하려고 하는 직제의 방향과 내용을 노동자 입장에서 조사, 분석, 연구하여 문제점을 도출하고 공사의 설립목적인 "도시교통의 발전과 시민복지증진에 기여"하고 서울지하철노조의 목표인 "인간존엄의 가치를 부여 인간다운 노동의 조건을 확보"를 동시에 달성할 수 있는 직제개편안을 마련하기 위해 활동하였다. 서울지하철노조의 제2직제개편안은 무직급 단일호봉제를 중심으로 한 인사 승진, 기본급이 호봉급이 되는 단일호봉 임금체계, 주40시간 노동의 4조3교대 근무제도, 노동조합이 인사·경영에 참여하고 공사 자율경영이 보장되는 토대 마련과 작업장 민주화, 조합원의 상향식 평가와 투표 등을 내용으로 삼고 있다. 자본과 정권이 추진하는 신인사제도 신경영전략에 대한 전면적 총체적 대응책이었다.

직제개편 관련 노동조합, 공사(안) 비교

구분	공사(안) 및 신인사제도, 신경영전략	노동조합(안) 중요사항
인사	– 개인이기주의 – 상호 경쟁을 통한 반노동자적 이윤추구(경영합리화)가 목표 – 인사고과제도 강화(승급승진 시 성과급 적용) – 자동승진제 폐지, 능력주의 승진제도 운영	– 노동자 단결력, 조직력 강화시키는 것이 목표 – 노동자 상호간 경쟁시키는 승진문제 근본해결–무직급 단일호봉제 – 상호평가제, 상향식평가제 도입 – 직책자 선정 시 투표방식 도입
임금	– 연공급 최대한 줄이고 능력중심 임금체계 – 신인사제도의 핵심인 능력급, 성과급제로 유도, 총인건비를 줄이면서 상호경쟁 및 차별화	– 무직급 단일호봉제 채택 – 노동자 생계비에 근거한 연공급 임금체계 – 기본급=연공급에 따른 호봉급
조직체계(기구)	– 부서별, 소속별, 팀별 최대한 경쟁시키면서 현장통제, 감시를 강화할 수 있는 구조 – 소사장제, 팀제도, 현업본부제, 호선별사업본부	– 현장 노동자들이 참여하여 민주적으로 운영될 수 있는 조직구조 체계로 기구개편(현장노동자 중심) – 노동자가 인사 경영에 참여할 수 있는 구조
근무형태	– 인원축소, 용역, 노동시간 늘이기로 노동강도 강화 – 4조3교대 –〉3조2교대 – 3조2교대 –〉 월2회 지정휴무 폐지 – 승무교번 –〉 다이아 개악으로 실동시간 늘리기	– 노동시간 단축 – 주40시간 노동의 4조3교대 – 자동화 등의 인원문제를 노동시간 단축으로 해결

오선근, 「노조 직제개편투쟁」, 서울지하철노조 1997.4. 노보

노동조합은 공사의 조직개편, 근무형태개악, 용역화 추진, 인원축소 등에 대해 1996, 1997년 2년간의 단체교섭에서 제2직제개편요구안 중심으로 사용자 측의 논리를 무력화해나가는 투쟁을 전개했다.

기지보선분소 폐쇄 저지 기술지부 투쟁

공사의 조직개편 음모는 기술 조직 통폐합으로 드러나기 시작했다. 1995년 3월 20일 공사는 2보선 사무소 소속 기지 보선분소(창동기지, 지축기지)를 폐쇄한다는 공문을 현장에 발송, 22일 기지보선분소 폐쇄를 일방 시행한 뒤 기지보선분소 근무자를 기계보선으로 통합하겠다는 방침을 통보했다. 이에 기술지부는 지부집행회의 결정으로 작업 거부에 돌입했으며 22일부터 기술지부 집행간부와 2보선 조합원들이 본사 농성에 돌입했다. 22일 저녁 근무부터 1,2 보선이 작업 거부에 들어갔으며, 23일 기계보선이 작업 거부에 합류하고, 27일 기술지부 비상총회 및 전 지회 작업 거부를 돌입하기로 했다. 기술지부의 본사농성 돌입 후 노동조합은 ① 기지보선분소 폐쇄에 관한 시행 중지 공문을 즉각 보낼 것 ② 조합과 합의 없이 시행하지 말 것 ③ 위의 협의 이전에는 지축·창동기지 보선분소의 연락과 조직을 현재 수준으로 계속 유지할 것 ③ 노동조합과 관계부서는 조속한 시일 내에 협의를 시행할 것을 요구하였다. 조합원들의 거센 반발과 노동조합의 강력한 요구에 밀린 기술이사가 요구를 수용하고 합의각서를 체결하겠다고 했으나 사장이 이를 거부하는 바람에 기술지부 집행간부의 농성은 계속되었다.

한편, 용역문제가 현안으로 떠오른 차량지부도 대의원·분회장 연석회의를 개최하여 27일 기술지부 총회에 결합하기로 했다. 이와 함께 근무형태 변경에 맞선 역무지부의 투쟁도 시작되었다. 이렇게 투쟁이 확산하면서 기술지부는 노사합의로 요구를 쟁취했다. 그 내용은 △직제규정 시행내규 개정과 관련된 사항 중 지축기지, 창동기지 보선분소 폐지 건은 노동조합과 협의가 끝날 때까지 일방적으로 시행하지 않는다. △위 협의 이전에는 지축기지, 창동기지 인력과 조직은 현재 수준을 계속 유지한다. △노동조합과 관계부서는 조속한 시일 내에 협의를 시행한다. △본건의 협의를 위한 노사분과협의회 위원은 노사동수로 구성하며 각각 5인 이내로 한다는 것이었다.

근무형태 변경에 맞선 역무지부 투쟁

공사는 조직개편이나 근무형태 변경을 하는 과정에서 지부별 차별화를 통해 지부 간 갈등을 유발하고 노동조합의 조직력을 약화하겠다는 계획이었다. 3월 22일 공사는 역무지부에 공문을 보내 근무형태 변경은 노동조합과 사전 합의가 필요하다고 밝혔고, 차량지부 역시 용역문제를 노사 합의로 실시하기로 노사분과협의회에서 구두합의가 되었다. 그런데 유독 기술지부에 대해서는 불법행위 운운하며 신분상 불이익이 있을 것이라는 등 협박을 했다. 하지만 이런 의도를 간파한 역무지부는 근무형태 개악을 저지하기 위해 3월 23일 본사 앞마당에서 조합원 총회를 개최하였고 윤제훈 역무지부장의 단식농성을 시작으로 지회장, 대의원, 역무지부 조합원들이 투쟁에 동참하면서 결국 공사의 근무형태 개악 음모를 저지하는 데 성공하였다. 노사합의 내용을 보면 △4조3교대 근무형태를 변경코자 할 때는 노동조합과 사전 합의한다. △도시철도공사의 이직은 사전 총원계획을 수립하여 업무에 지장이 없는 범위 내에서 역무지부와 협의하여 시행한다. △직무분석에 의한 부족인원은 분과협의회에서 분석 토의하여 역간 인력조정 및 인력충원이 반영되도록 적극적으로 노력한다. △상위직급 T/O확대는 조직정비(안) 작업 시 최대한 반영되도록 한다는 것이었다.

한편 역무지부 근무형태 변경 문제는 여성 조합원에게도 중요한 문제로 주목받는다. 서울지하철공사에 여성들의 입사가 늘면서 1994년부터 역무교대인력이 부족하기 시작했는데 운수처가 주도하여 여직원의 근무형태를 4조3교대로 시행한다, 시차제를 시행한다는 등 근거없는 소문을 퍼뜨리며 술렁이게 했다. 1996년 3월 5일 역무지부에서 여직원 근무형태 변경에 대한 공청회가 140

여 명의[107] 여직원과 역무지부 집행간부들이 참여한 가운데 열렸다. 공청회는 여직원 근무형태에 대한 합리적인 안을 마련키 위해 역무지부와 여성부가 주최한 것이다. 공청회는 "현실 상황에서는 4조3교대를 받아들여야 한다", "일근을 전제로 입사했기 때문에 근무형태 변경은 있을 수 없다"는 입장으로 크게 나뉘었다. 하지만 시차제 반대, 향후 여직원 채용 제한 반대, 남직원 근무조건을 약화하는 형태 반대, 여직원 독자직렬화 반대에 대해서 공감하고 일근 고수를 주장하는 직원이 불이익을 당하지 않도록 신청자에 한하여 4조3교대 실시를 동의하자는 의견으로 모였다.

3) 조직 사수라는 한마음으로 진행한 1995년 임금·단체협약

서울지하철노조의 '95임단협 요구안은 기본급 87,000원 인상(정률 60%, 정액 40%) 총액 281,834원이었고 주요 단체협약 요구는 해고자 복직, 노동조합 활동 보장, 인사경영 참여, 노동조건 후생복지 개선, 고용보장 조항 신설 강화 등이었다. 3월 29일부터 교섭이 시작되었지만 공사는 노동조합의 모든 요구를 거부했다.

노동조합은 쟁의행위 찬반투표에서 91.1% 투표율에 77% 찬성으로 쟁의발생결의를 하고 6월 9일 3.16민주광장에서 3,500명의 조합원이 모인 가운데 총회를 열었다. 조합원들은 '95임단협투쟁의 목적은 '실질임금 쟁취', '51억 손해배상 취하', '해고자 원직복직'임을 다시 한번 강조하며 6월 22일 파업 결의를 다졌다.

107) 당시 역무 현업에만 295명의 여직원이 있었다.

하지만 6월 20일 교섭이 전면 중단된 후 노동조합은 객관적 상황에 대한 심도 있는 논의를 통해 쟁의발생신고를 철회하고 6월 27일 지자체 선거 이후로 모든 일정을 연기했다. 그 이유는 첫째, 관선시장 아래서 자율교섭권을 갖지 못한 공사측과의 교섭자체가 무의미하다는 것, 둘째, 강원룡 목사와 김성수 대주교 등 각계 원로 19인이 "후보자가 선거 후로 연기해 달라며 선거 후 충분한 대화로 문제를 해결하겠다는 약속을 했으니 이를 받아들였으면 좋겠다."는 제안을 했고 셋째, 파업으로 인해 선거에 부정적인 영향을 주어서는 안 되겠다는 것이었다. 선거 이후 지하철 노사와 조순 당선자의 간담회가 열리며 논의가 시작되는가 했지만 6월 29일 삼풍백화점 붕괴 참사가 발생함으로써 모든 일정이 연기될 수밖에 없었다. 7월 중순, 이해찬 부시장은 "지하철의 안정된 노사관계 정립을 위해서는 현안문제 해결이 시급하다며 이를 전향적으로 검토해 보겠다."며 문제해결 의지를 드러냈다. 그러자 7월 12일 경총 산하 30개 그룹의 노무관리 담당자들은 "지하철의 해고자는 명백한 불법파업으로 발

1995년 임단투 승리와 손해배상청구 소송 철회를 위한 집행간부 농성(1995.7.)

생한 것으로 이들의 복직은 결국 민간기업의 노사관계에 악영향을 미친다."고 발표하였다. 공사는 노골적으로 "서울시가 나설 일이 아니다", "공사 안을 무조건 수용하라"고 요구했다. 자본과 정권은 1996년 총선을 앞두고 야당의 국정능력을 무능화하기 위한 언론플레이를 대대적으로 폈던 것이다. 그러자 서울시는 지하철 문제 해결에서 한 발 물러섰다.

이에 항의하여 7월 18일 집행부는 본사농성에 돌입했고 서울시 항의방문도 진행했다. 8월 1일부터 기술·역무·차량지부의 규정준수, 사복, 리본패용투쟁이 시작되었고 4일부터는 승무지부 안전운행투쟁이 예정되어 있었다. 규정준수운행을 하루 앞둔 8월 3일, 공사는 교섭을 요청해왔다. 공사는 임금 5갑16호봉 일근자 기준 13만원(총액 8.2%), 조합비 가압류 50% 해제, 해고자 복직, 손해배상청구 소송 취하 등의 부칙조항은 추후 논의, 미합의 단체협약안은 실무소위 통해 논의 등 수정안을 제시하였다. 노동조합은 토론 끝에 공사의 안을 받기로 하여 다음날 협약을 체결했다. 8월 11일 '95임단협이 조합원 인준투표 결과 77.8%의 찬성표로 최종 마무리되었다.

1995년 임금·단체협약 체결에 대한 조합원 인준투표 개표현황

지부	총원	기권	투표		무효	찬성		반대	비고
			투표인원	투표율(%)		찬성인원	찬성률(%)		
역무지부	2,425	256	2,169	89.4	46	1,625	74.9	498	
승무지부	1,731	154	1,577	91.1	17	1,351	85.7	207	
기술지부	2,061	281	1,780	86.4	31	1,359	76.3	390	
차량지부	2,277	502	1,775	78.0	25	1,341	75.5	409	
본사특별지회	191	163	28	14.7	0	26	92.9	2	
총계	8,685	1,356	7,329	84.4	119	5,702	77.8	1,508	

협약 내용이나 체결 과정에 만족스럽지 않았지만 서울지하철노조 조합원들은 '조직을 사수해야 한다'는 마음 하나로 임단협 인준투표에 임했다. 날로 더해가는 가압류의 무게를 조합원 성금과 채권으로 버티고 있었고 파업 후유증이 극심한 상황에서도 많은 조합원들이 서울대 노동절 집회, 서초동 법원에 서울지하철노조 깃발을 꽂은 교대역 집회에서부터 시청 항의방문, 종묘공원 집회에 참여하며 노동조합에 힘을 실어주었다. 그리고 인준투표로 다시 한번

해고자 원직복직과 손해배상청구 소송 철회를 요구하는 서울지하철 조합원들(1995.9.)

집행부에 힘을 주며 어려운 상황을 해쳐나가자는 결의를 보여준 것이다. 그리고 8월 10일 대의원대회에서 조합비 사용방안 논의를 하였는데 대의원들은 조합비 차용금액을 우선 갚을 것인가, 해고자 임금을 먼저 지급할 것인가를 놓고 논의한 결과 해고자 급여 우선 지급을 결정했다. 서울지하철노조는 희망을 안고 있는 조직이었다.

그러나 이후 해고자의 교섭위원 자격문제를 시비로 공사는 노사협의회를 거부했고 노동조합은 위원장의 15일 간의 단식투쟁과 한 달여의 농성투쟁으로 돌파하려 하였으나 실패하였다. 12월 8일 '95임단협 후속조치를 위한 노사협의회가 개최되었으나 손해배상청구 소송 철회와 해고자 복직 등은 또다시 1996년 과제로 넘긴 채 위험수당 지급범위를 전체 조합원으로 확대하는 선에서 마무리되었다.

4) 서울지하철노조 1996년 임금협약 쟁취투쟁과 노동법개정투쟁 준비

공공5사 투쟁으로 해고자복직 성과를 낸 1996년 임금협약

서울지하철노조의 1996년 투쟁 목표도 역시 해고자복직과 손해배상 철회였다. '96임금인상 요구안은 1) 기본급 87,000원 인상, 기술·승무수당 정률화 등과 제도개선 및 복리후생 확대이며, 2) 해고자 복직과 전지협 파업 사후 대책 해결 안은 해고자 35명 복직, 51억 손해배상 청구소송 취하, 행정소송 취하, 무노동무임금 철회, 징계자 원상회복이었다. 그리고 3) 제2의 직제개편 추진으로 인사·승진, 임금, 조직체계(기구), 근무제도의 개편원칙을 '96교섭 시 노사합의 후 직제개편추진 실무위원회를 노사동수(10 이내)로 구성하고 1996년

1996년 임투 승리 현장간부 소조장 결의대회

1996년 임투 완전승리 4차 조합원총회

1996년 임투 승리 5차 조합원총회

하반기에 시행을 위한 준비 작업을 완료하여 1997년 1월 1일부터 실시한다는 것이었다. 이 중 승무수당 정률화는 1995년 임단협 쟁취투쟁 때도 대의원대회에서 제기되었으나 파업 다음 해 조직 복구에 힘써야 할 시기에 이를 요구하는 것은 무리라는 의견에 동의하면서 1996년 임금요구안에 1순위로 넣기로 합의된 것이었다.

1996년 1차 단체교섭이 4월 3일 시작되었지만 5월 22일 결렬되었다. 5월 28일 임시대의원대회 쟁의발생 결의를 시작으로 차량지부에서는 노동조합 활동을 방해한 중간간부를 응징하기 위한 지부 총회를 1,300여 명이 모여 진행했고, 역무지부에서도 노동조합이 부착한 대시민 대자보를 제거한 합정역장 응징을 위한 농성투쟁을 벌였다. 이러한 지부 투쟁의 열기를 모아 노동조합 차원에서 6월 3일부터 전 조합원 리본패용투쟁이, 4일부터는 열차 전면표어투쟁이 전개되었다.

한편, 서울지하철노조는 내부 조직력 약화와 침체한 임투 분위기를 끌어올리겠다는 계획을 세우고 한국통신노조[108], 부산지하철노조, 조폐공사노조, 전

108) 한국통신은 노동조합 민주화 이후 1995년 임단투를 전개하면서 민주노조 진영과 김영삼 정권의 대결 최전선에 섰

국의보노조 등 공노대 핵심투쟁 사업장을 중심으로 공동의 목표를 내걸고 투쟁을 준비하고 있었다. 공노대 5개 사업장 노동조합은 해고자 복직 요구, 정부의 통제에 맞선 투쟁을 계획하고 있었고 민주노총은 이러한 공공부문 노동조합의 투쟁을 모아 금속 노동자들의 투쟁을 연결하여 6월 말 총파업을 진행하겠다는 계획을 수립하고 있었다.

1996년 1월 11일, 12일 첫 번째 간부수련회를 시작으로 공동투쟁 기획회의를 지속하면서 3월 23일 공노대 조합원결의대회, 5월 18일 간부결의대회를 진행했다. 5월 18일 간부결의대회에서는 △해고동지 원직복직 △실질임금 확보 △전임자 축소 △고용안정 쟁취 △교사·공무원 단결권 보장 △공익사업장 직권중재 철폐를 공동투쟁의 6대 목표로 발표하였다. 더불어 이 목표를 모든 사업장의 주요 투쟁 목표로 공유하기로 하는 한편 공공부문을 겨냥하고 있는 정부의 탄압이 계속되는 한 끊임없이 투쟁한다는 원칙을 세웠다.

5월 27일 1만여 명의 노동자·학생이 참여한 대학로 '노동운동탄압분쇄와 임단투 승리 결의대회', 6월 2일 공노대 조합원총회에 이르기까지 공동투쟁은 성공적으로 진행되었다. 더 나아가 6월 초 OECD 및 ILO 총회에 공노대 대표단 파견, 6월 4일 공동쟁의발생신고, 6월 11~13일 공동쟁의행위 찬반투표, 6월 20일 공동총파업 돌입 선포 등을 통해 애초 예상했던 것 이상의 수준으로 공동투쟁을 전개해 나갔다. 그리고 6월 10일부터는 투쟁이 승리할 때까지 공공부문 해고자 농성투쟁을 전개하였다. 6월 19일 총파업에 돌입할 태세를 갖춘 상황에서 공노대 대표와 정부의 교섭이 진행되어 해고자문제 해결 가능성이 열렸고 동시에 열린 각 사업장 교섭에서도 해고자문제 등 타결 조짐이 보

다. 김영삼은 한국통신노조를 '국가전복세력'으로 지목하며 집중 탄압하였고 결국 한국통신노조는 파업 돌입도 못하고 95년 투쟁을 마무리하였다. 한편 1995년 4월 2일 보라매공원에서 열린 한국통신노조의 임단투 승리를 위한 전진대회에는 4만여 명이 모였는데 여기서 서울지하철노조는 노동조합 재정의 어려움을 알리면서 20분간 모금운동을 전개했다. 모금액은 1,530여만 원이었다.

공노대 조합원 총회(1996.6.2.)

공공부문 노동자 집회 후 행진하는 서울지하철 조합

이기 시작해 서울지하철을 시작으로 속속 타결되었다.

공공5사 투쟁은 파업–직권중재–불법파업–공권력 행사로 이어지는 노정간의 전면전의 고리를 끊어내면서 파업 없이 요구를 쟁취한 투쟁이었다. 이렇게 해고자 복직을 쟁취하고 승리할 수 있었던 것은 5사의 투쟁동력과 파업의 파급력이 가장 주요한 요인이었지만, 5월에 출범한 노사관계개혁위원회에 민주노총을 끌어들여야 하는 정부의 필요도 한 요인이었다. 어찌되었든 이 투쟁을 계기로 공공부문 노동조합 조직화의 필요성이 광범위하게 퍼지기 시작했고 산별노조, 공공연대 등 조직 논의가 촉발되었다. 그리고 이 투쟁을 계기로 전체 민주노조운동진영에는 노사관계개혁위원회 국면이 시작되었다.

서울지하철노조는 18일 차량지부 작업거부 투쟁, 승무지부 규정운행 투쟁 돌입으로 분위기를 끌어올린 후 19일 차량지부 동대문운동장, 역무지부 왕십리, 승무지부 성수, 기술지부 옥수역에서 지부별 총회를 하고 군자기지로 모였다. 조합원들은 야간 조합원 비상총회를 마친 후 명동성당에 집결하였고 한 축으로 노동조합은 교섭을 이어갔다. 공공5사 투쟁의 힘을 바탕으로 진행한

파업을 앞두고 진행된 지부별 총회(1996.6.19.)

교섭은 노동조합 측에 유리했고 그 결과 파업 없이 타결할 수 있었다. 20일 새벽 5시 20분 임금 총액 8%, 사내복지기금 1997년 20억 출연, 가압류해제, 전지협 파업관련 해고자 15명 복직 등에 합의했다.[109)]

합의 내용을 보면 대의원대회에서 결정한 요구를 일정정도 쟁취했다고 볼 수 있다. 그럼에도 수당 정률화는 아쉬움으로 남았는데, 이는 공공부문 대표적 노동악법인 직권중재 때문에 강제로 제정된 것이기 때문에 '96임금협약에서 부분적이기는 하지만 수당 정률화를 회복한 것은 당연하였다. 다만 임금 가이드라인을 돌파하지 못하는 한계 때문에 '8% 내에서 수당을 결정해야'하는 부담을 노조가 안게 되었고 이로 인해 수당 수혜자의 격차 또는 수혜자와 미수혜자간의 격차로 인해 지부간 갈등이 일정 정도 존재할 수밖에 없게 되었다. 기술·승무수당 정률화에 대한 분란이 시작되었다고 볼 수 있다.

투쟁 전술과 관련해서는 분산기조인지 집중기조인지 불분명한 채 너무 많은 인원을 명동성당에 집결시키고 프로그램도 준비되지 않았던 파업전술, 위원장과 현장 조합원의 괴리와 전달체계 미비 등 전지협 파업의 문제점이 그대로 드러났다는 비판이 제기되었다.

6월 26~28일 몇 월 며칠 인준투표 결과 전체 9,479명의 조합원 중 8,308명

109) 1996년 7월 31일 김선구 명준영 김선우 이철수. 9월 30일 장윤석 채강보 박정규 김영후 박근호 박성열 구덕회 송찬길 조태형 강송구 김대훈 등 15명이 복직했다.

(87.6%)이 투표에 참여하고 5,713명(68.8%)이 찬성하였다. 하지만 임금가이드라인 8%를 돌파하지 못한 아쉬움이 인준투표에서 드러났고 승무지부 수당문제가 투표 결과 지부 지회 간 편차로 드러났다. 최저 찬성률(32.4%, 1전기지회)과 최고 찬성률(89.1%, 수서승무지회) 간의 편차는 무려 56.7%였다. 차량지부의 경우 3개 지회가 50% 이하의 찬성률을 보인 반면 나머지 6개 지회가 60% 이상의 찬성률을 보여 지부 내에서도 편차가 나타났다.

'96임금협약 체결에 관한 조합원 인준투표 결과

지부	총원	기권	투표		무효	찬성		반대
			투표인원	투표율(%)		찬성인원	찬성률(%)	반대인원
역무지부	2,685	183	2,502	93.2	51	1,746	69.8	705
승무지부	1,795	160	1,635	91.1	18	1,357	83	260
기술지부	2,253	155	2,099	93.2	23	1,345	64.1	731
차량지부	2,445	587	1,858	76	23	1,148	61.8	687
총계	9,479	1,171	8,38	87.6	117	5,713	68.8	2,478

이는 합의 마무리 과정에서 나타난 지부 간 갈등 때문이었다. 승무지부 수당 정률화는 대의원대회 결정사항으로 임금요구안에 포함되었는데 교섭 과정에서 공사가 제시한 안을 받을 경우 지부 간 분란이 생길 수 있다는 의견이 제시되면서 내부에 격론이 붙었다. 논의 끝에 요율조정이 적절하게 마무리되긴 하였으나 갈등의 불씨는 여전히 존재했고, 현장 조합원들은 승무수당 부활을 차별로 인식하였고 이를 간부들이 설득하지 못하면서 투표 찬성률 편차로 나타났다.

그럼에도 불구하고 1996년 임금협약은 해고자 복직을 통해 노조 조직력을 강화할 수 있는 기반을 마련하게 되었다. 또한, 공공5사 투쟁은 정부를 상대로 노동자들의 강력한 투쟁전선을 구축하였고 노동법개정투쟁을 앞둔 상황에서 민주노총의 입지를 높이는 계기임과 동시에 서울지하철노조에는 조합원들이 연대투쟁에 대한 부정적 시각을 일정 해소하는 계기가 되었다.

노사관계개혁위원회와 서울지하철노조의 노동법개정투쟁 준비

1996년 4월 24일 김영삼 정부는 “힘의 논리에 의존하는 투쟁과 분배우선의 노동운동에는 미래가 없다”면서 “생산과 복지의 공동체”를 위한 신노사관계 구상을 발표했다. 신노사관계 원칙으로 △공동선(共同善)의 극대화 △참여와 협력 △노사자율과 책임 △교육중시와 인간 존중 △제도와 의식의 세계화를 제시했다. 이에 따라 5월 9일 공익 10명, 학계 10명, 노동계 5명(민주노총 2명), 재계 5명 등 총 30명으로 구성된 노사관계개혁위원회(노개위)가 발족되었다. 노개위는 8월 말까지 노동법 개정안을 확정하고 9월 정기국회에 상정 통과시켜 노사개혁을 위한 법제도적 절차를 마무리 하겠다고 했다.

민주노총은 노개위 참여와 투쟁을 병행하기로 하고 양경규 전문노련 위원장과 백순환 금속연맹 부위원장을 노개위 참가자로 정했다. 그리고 7월 19일부터 21일까지 횡성 현대성우리조트에서 단위노조 대표자수련회를 하고 노동법 개정 요구안과 투쟁 계획을 논의하였다. 민주노총은 노동법개정투쟁 및 이를 통한 조직의 확대 강화를 하반기 주요 사업으로 설정하고 이후 노개위 및 국회 일정에 맞춰 대응해 가면서 11월 노동자대회까지 총력투쟁을 펼치기로 하고, 정리해고제, 근로자파견법 등 노동관계법 개악의도에 대해서는 파업까지 고려한 강력한 투쟁을 전개하기로 했다. 이후 7월 30일 민주노총 산별연맹, 지역본부, 그룹조직 대표 등 중앙위원 60여 명이 참석한 가운데 민주노총 노동법 개정안을 확정하였다. 확정된 개정안은 복수노조금지 조항, 제3자 개입금지 조항, 공익사업 직권중재 조항 등을 삭제하고 공무원·교사의 노동3권 쟁취를 골자로 한 집단적 노사관계법 개정안과 중요한 문제로 주목받고 있는 정리해고, 변형근로제, 근로자파견제를 단호히 지지하고 주40시간제, 영세 사업장 근로기준법 및 산재보험법 적용, 정리해고제한 조항 신설 등을 내용으로 하는 개별적 근로관계법 관철 등을 주요하게 다루었다. 하지만 시간이 갈수록 노개위 참여에 대한 문제제기가 내부에서 심해졌고 9월 9일 투본 대표자회의에서 공익위원들이 마련한 노동법개정요강을 검토하면서 이 문제가 공식 논의된다. 이 회의에서 "노개위 일정에 끌려다니면서 정작 현장투쟁 조직화는 미비하다. 노개위 철수"하고 투쟁 준비를 하자는 입장이 제기되었다. 하지만 "철수에도 국민적 명분이 필요하니 소위가 끝날 때까지 최선을 다하고 다수결로 결정하려 할 때 철수하자."는 의견으로 정리된다. 하지만 민주노총은 10월 1일 9차 회의 때부터 불참했다. 민주노총은 현장투쟁을 전개하면서 10월 10일 임시대의원대회에서 "노동법개정투쟁 과정에서 진전된 안이 제출될 경우 이에 따른 방침은 위원장을 중심으로 대표자들에게 위임한다."고 결의했다.

민주노총의 반발이 거세지고 현장투쟁이 활발해지자 노개위는 수정안을 민주노총에 비공식적으로 제기하였고 민주노총 임원과 산별노조 대표자들은 10월 13일 이를 두고 14시간 동안 회의를 했다. 그리고 "노동조합의 자주적 단결권 관련 조항들이 조건 없이 수용될 경우 노동시간 단축과 병행된 변형근로시간제와 1989년 대법원 판례 수준의 정리해고제 도입은 수용 가능하다."는 입장을 정리, 14일 노개위 전체회의에서 전달한다. 10월 15일 조간신문에는 "민주노총 정리해고제 수용"이라는 톱기사가 일제히 보도되었고 현장에서는 "민주노총 합법화를 위해 정리해고를 수용하느냐"는 항의가 빗발쳤다.

노개위는 11월 9일까지 남은 쟁점에 대해 노사 대타협을 위하여 민주노총이 복귀할 때까지 논의를 유보하겠다고 했다. 민주노총 중앙위는 11월 1일 찬성 50표, 반대 23표로 노개위 복귀를 결정하였다. "노개위 불참선언 이후 노동법 개정 과정에서 주도권을 상실하고 법안이 개악되는 상황을 막지 못하면서 대

노동법개정을 위한 현장간부 수련회 및 실천단 발대식(1996.9.17)

외적 명분과 대내적 실시 모두를 잃었다."는 것이 복귀 주장 근거였다.

노개위 11월 7일 14차 전원회의에서 공익위원안을 중심으로 노동관계법개정요강이 확정됐다. 그리고 김영삼 정권은 12월 3일 개악 노동법안을 발표했다. 7월 2일 정부는 "올 가을 노동법개정 때 정리해고제, 근로자파견제, 변형근로시간제 등의 도입을 추진하겠다."고 발표한 데서도 드러나듯이 출발 당시부터 정권의 정리해고를 비롯한 노동법 개악 입장은 정해져 있었던 것이다. 노·경총합의가 실패하면서 민주노총의 실체를 인정하지 않고서는 노사관계의 변화를 꾀할 수 없음을 확인한 정권은 노개위에 민주노총을 포함시킨 상태에서 자신의 구상을 실현하려 했던 것이다. 이는 민주노조운동이 성장한 결과이기도 하고 한편으로는 민주노총을 노사관계개혁의 하위파트너로 만들고자 한 것임이 드러난 것이었다.

한편 민주노총은 8월 초 노동법개정투쟁본부 체제로 전환하고 현장 조직화에 집중했다. 노개투 완전 승리를 위한 전국 교육·선전·문화 담당자 수련회, 10월 초 전국적 농성투쟁, 10월 10일부터 30일까지 단위노조 총회·대의원대회·교육시간 활용해 총력투쟁 결의대회, 11월 10일 전국노동자대회 10만 명이 참여하여 민주노총 조합원의 절반이 넘는 338개 노조, 26만 8,444명이 쟁의발생을 결의했다.[110]

서울지하철노조는 노동법개정투쟁을 조직하면서 최초로 자체 강사진 훈련을 진행했고 이들이 현장 순회를 하며 전 조합원 교육을 두 차례 진행했다. 당시 서울지하철공사가 4조3교대 개악과 20일 출근제 등 노골적으로 직제개악을 제기하는 것이 노동법개악 국면에 편승하려는 음모임을 안 조합원들은 노개투의 중요성을 새삼 확인하고 투쟁의지를 모아갔다.

110) 당시 민주노총은 929개 노조 조합원 49만 6,000명이었다.

3 노동법개정투쟁과 서울지하철노동조합

1) 7대 집행부 출범

서울지하철노조는 10월 18일 임시대의원대회에서 노동법개정투쟁이 본격화된 시기에 총선거를 할 경우 투쟁 흐름을 끊는 결과를 가져온다고 보고 투쟁이 시작되기 전, 조직 강화를 위한 선거를 하기로 결정했다. 위원장 후보로는 김선구, 조성태, 김철관, 정연수 4명이 등록하였고, 4개 지부장 43개 지회장에 총 30명이 입후보 등록을 마쳤다. 6대 집행부 선거가 전지협 파업 이후 어려운 상황 때문에 위원장이 단독 입후보하는 등 각급 집행간부들이 대부분 단독출마로 자리 메우기도 어려웠던 데 비하면 7대 총선 경선출마 현상은 노조가 상당히 안정되어가고 있음을 나타낸다고 볼 수 있다. 한편으로는 경제위기 상황에서 노동조합의 방향성을 어떻게 설정할 것인가, 정권의 노사관계개혁에 어떤 태도를 보일 것인가를 두고 민주진영과 노사협조진영의 차이가 잠재해 있다가 선거를 통해 드러난 것이기도 하다.

10월 30일부터 11월 1일까지 치러진 17대 집행부 총선거에서 총투표율 88.1%에 김선구 후보 49.3%, 정연수 27.2%로 1, 2위를 차지했지만 과반수 득표자가 없어, 11월 6~8일 결선투표에서 김선구 후보가 55.3% 득표로 당선되었다. 지부장으로는 역무지부 나상필, 승무지부 김명섭, 기술지부 장윤석, 차량지부 허섭이 당선되었다.

7대 위원장 선거 결선투표 결과

	총원	기권	투표인원	투표율	무효	후보자별투표(득표율)		기타
						김선구	정연수	
역무지부	2,601	418	2,183	83.9	35	514	1,654	+10
승무지부	1,784	155	1,629	91.3	32	1,462	135	
기술지부	2,197	333	1,864	84.8	30	1,253	583	+1
차량지부	2,423	388	2,035	84.0	45	1,100	890	
본사지회	295	82	213	72.2	3	54	156	
총계	9,300	1,376	7,924	85.2	145	4,383 (55.3%)	3,418 (43.1%)	+11

7대 위원장 선거에서 정연수의 지지는 높았다. 5대 위원장 선거 때 출마해서 역무지부만의 지지를 받아 21.5% 획득하여 2위를 했던 것에 비하면 괄목할 성장이다.[111] 정연수는 '94전지협 파업을 앞두고 반조직행위로 징계를 당하기도 했던 인물로 당시 투쟁과 노조운동 방향성에 대한 이견을 갖고 있던 세력을 대표하는 인물이다. 물론 역무지부 조합원들은 역무지부의 소외를 극복하겠다는 공약을 전폭 지지한 것으로 볼 수 있지만 정연수를 중심으로 한 세력이 이미 서울지하철노조의 한 흐름으로 자리잡아가고 있음을 보여준 선거였다.

이러한 흐름의 확산은 서울지하철노조만의 현상은 아니었다. 1990년대 중반 이후 자본은 전투적 노동운동진영을 가차 없이 침탈하며 한 축으로는 노동현장 장악력을 강화하기 위한 기업문화운동을 전방위적으로 펼쳤다. 대우그룹에서 출발한 신경영전략, 기업문화전략은 민간 대기업을 휩쓸어 생산성 이데올로기, 효율성 이데올로기를 공고히 하며 노동조합을 무력화하고 노사협조주의를 확산시켰다. 그리고 서서히 공공부문에도 마력을 뻗치기 시작해 서

111) 승무지부에서 정연수 득표가 특히 저조한 것은 승무에서 순환보직이 이루어지지 않고 있을 때 홀로 예비군중대로 전직한 것이 조합원들에게 거부반응을 불러온 측면도 있었다.

울지하철의 조직개편, 공공부문 사업장 민영화 시도로 나타나고 있었다. 그 최종 목적지는 노동력 이용의 유연화를 통한 생산성 향상을 향하고 있었고 정권은 이를 노동법개정을 통해 제도화하려 하였다. 이렇게 자본과 정권의 노동통제전략이 노동자의 삶과 의식에 깊이 파고 들어오고 있던 때 서울지하철노조 선거에서도 '정책중심노조'를 앞세우며 '노사공유비전 창출'을 제기하는 후보가 약진한 것은 우연의 일치로 볼 수 없다. 선거결과는 민주진영이 추대한 김선구 후보의 당선이었지만 노사협조진영을 대표하는 정연수의 세력화는 이후 서울지하철노조의 변화를 예고하는 것이었다.

노동법개정투쟁을 당면 과제로 출발한 7대 집행부는 조직을 정비하고[112] 중앙부서장 수련회를 열어 노동법개정투쟁 실행계획과 1997년 사업계획을 수립했다.

2) 노동법 개악 반대 총파업

노동관계법 날치기 통과

1996년 11월 19일 민주노총은 산하 노조 가운데 쟁의발생을 결의한 338개 노조를 대표해서 쟁의발생신고서를 냈다. 19·20일 양일에 걸쳐 광화문 정부중앙청사에서 '노동악법 철폐 및 개악저지 촉구대회'를 잇따라 개최해 정부의 재벌편향적인 노동법 개정안을 규탄했다. 이에 대해 노동부는 "노동법 개정은 입법행위이므로 노동쟁의 대상이 될 수 없다."면서 민주노총이 일괄 접수한

112) 집행부는 수석부위원장 이원국, 사무국장 금찬원, 정책실장 박창순, 교육선전실장 김학년, 총무부장 박근호, 조직부장 박종화, 법규부장 장승완, 정책부장 조병학, 대협부장 김태균, 조통부장 김재영, 교육부장 김경주, 선홍부장 안치문, 편집부장 한성규, 쟁의지도부장 김기실, 문체부장 이기택, 복지부장 최경진, 산안부장 이근원, 여성부장 김진선이 맡았다. 2차년도에는 부위원장 김강, 사무국장 이재용, 정책실장 김충례, 교선실장 정연경, 조직부장 김영준, 대협부장 허철행, 교육부장 박종화, 편집부장 허연희, 쟁의지도부장 김선휘·강승구, 산안부장 박중환으로 바뀌었다. _

쟁의발생 신고서를 반려했다.

12월 3일 이수성 국무총리는 담화문을 통해 노동관계법안의 주요 내용을 발표했다. 그중 정리해고제를 살펴보면, 경영상 이유에 의한 고용조정 인정, 계속되는 경영악화, 생산성 향상을 위한 조직·작업형태 변경, 기술혁신에 따른 산업의 구조적 변화, 업종의 전환 등 긴박한 경영상의 필요, 해고를 피하기 위한 노력, 합리적이고 공정한 대상자 선정, 근로자 대표와의 성실한 협의, 60일 전 통보, 2년 내 근로자 채용 시 우선 고용 등의 조건만 충족되면 노동자를 해고할 수 있도록 하는 것이었다.

이러한 법 개정이 남의 얘기가 아니라는 것이 부산지하철에서 드러났다. 인원감축을 목적으로 차량, 기술의 용역도입과 역사관리의 광역화, 1인 단독승무를 골자로 하는 부산교통공단의 직제개악 의도가 드러났고 이에 부산지하철노조는 쟁의행위 찬반투표에서 투표율 78.9%, 찬성률 82.5%로 총파업을 결의했다. 이와 함께 진행된 노동법개정투쟁 승리를 위한 쟁의행위 찬반투표에서 투표율 78.9%, 찬성률 84.8%로 총파업을 결의했다.

서울지하철노조도 12월 9일 노동법개정투쟁 쟁의행위 찬반투표에서 56.8%의 투표율, 81.1%의 찬성률로 총파업을 결의하였다.

노개투 총파업 찬반투표 결과(1996.12.9.)

지부	총원	기권	투표인원	투표율	무효	찬성		반대
						찬성	찬성률	반대
역무지부	2622	296	2236	88.7	35	1818	78.2	473
승무지부	1795	219	1576	87.8	12	1339	85.0	225
기술지부	2230	460	2032	91.1	24	1553	76.4	455
차량지부	2442	401	2041	83.6	10	1769	86.7	262
본사특별지회	310	122	188	60.6	0	143	76.1	44
총계	9399	1236	8163	86.8	81	6622	81.1	1459

12월 13일 4시간 총파업을 앞둔 바로 전날 민주노총은 임원 산별대표자회의에서 총파업을 유보하고 16~18일 국회 본회의 기간 중 정부여당이 날치기 통과하려는 기도를 보일 때 즉각 총파업에 돌입하기로 했다.[113] 민주노총은 "정부여당이 노동법 개정안의 국회 강행통과방침을 공식적으로 철회하지는 않았으나 야3당의 공식적 반대와 환경노동위 야3당의 상임위 상정 저지 입장 표명에 따라 상임위에서 본회의 상정이 불가능하므로 국민편의, 경제상황 등을 종합적으로 고려하여 예정된 13일 시한부 총파업 유보를 결정"한 것이다. 이에 서울지하철노조는 12월 13일 새벽 1시 30분에 노동법개정투쟁 승리를 위한 현장간부 결의대회를 진행했다. 275명의 현장간부들이 모여 교육원 강당이 꽉 차, 노개투의 중요성을 어떻게 인식하고 있는지 느낄 수 있었다.

한편, 서울지하철노조는 민주노총 노개투 총파업을 앞두고 지하철역사에 노동법개정 포스터를 게시했다. 그런데 114개 역에 붙어있던 시민 대자보를 경찰들이 다 제거해 버렸다. 국회 상임위 본회의 상정이 불가능하리라 판단한 민주노총 지도부의 생각과 달리 자본과 정권은 노동법 개정안을 통과시키기 위한 음모를 착착 진행하고 있었다.

12월 26일 새벽, 신한국당 국회의원 154명은 서울 시내 여러 호텔에 묵고 있다가 영등포에 집결, 관광버스에 나눠 타고 재빠르게 국회 본회의장에 숨어들었다. 국민회의와 자민련 국회의원들은 날치기에 대비해 오전 9시부터 국회에 모여 실력 저지에 나서기로 결의하였지만 신한국당이 더 빨랐다. 6시, 사흘간 행적이 묘연했던 신한국당 오세응 부의장이 의장석에 올라 노동관계법과 안기부법[114] 등 11개 법안을 일괄 상정해 무기명 기립 투표로 통과시켰다.[115] 7

113) 민주노총은 12월 6일 중앙위 회의에서 노동법 개악안 강행통과 방침이 철회되지 않을 경우 12월 13일 4시간 총파업, 16일부터 무기한 총파업에 들어가기로 결정하고 조합원 1인당 1만원의 기금을 결의한 바 있다.

114) 개악 법안에 따르면 안기부는 국가보안법상 고무 찬양과 불고지죄에 대한 수사권을 되찾게 되는 것이었다. 김영삼 정부는 94년과 95년 두 차례에 거쳐 안기부법을 개정해 안기부의 수사권을 축소했는데, 한총련 사태와 국내에 상당수 고정 간첩이 암약하고 있다는 간첩 깐수의 폭로를 계기로 이를 다시 되돌리려 하였다.

115) 김예찬, 『날치기 국회史』, 루아크. 2016. 166~167쪽 참조

분 만에 끝났다. 심지어 이날 신한국당이 상정하고 통과시킨 노동관계법은 국회에 제출되었던 기존 정부 안보다도 더욱 '개악'된 것이었다. 정부 안에서 거론되지 않았던 기업의 양도·합병·인수를 해고 요건으로 추가해 재계의 편을 들어줬을 뿐 아니라, 노동계의 뜻을 반영해 상급단체 복수노조 허용을 구체화했던 것을 3년 유예하는 것으로 바꿔버렸다. 완벽한 '노동법 개악'이었다. 정권은 형식적 민주주의 절차를 무시하면서 자본의 이익을 관철하고자 한 것이다.

민주노총 총파업과 서울지하철노조 파업

민주노총은 즉각 총파업을 선언하고 명동성당 농성을 시작했다. 가장 먼저 총파업에 돌입해 사업장을 박차고 나온 것은 기아자동차 노동자들이었다. 이어 현총련이 총파업에 돌입했다. 서울지하철노조도 12월 27일 노동법 날치기 통과 응징 조합원 비상총회를 3,500여 명이 모인 가운데 열었다. 그날 민주노총 산하 170여 개 노동조합 21만 명의 노동자들이 총파업을 벌였고 한국노총도 총파업투쟁에 함께 했다. 지하철노동자들은 27일 밤 명동성당으로 가 성모동산에 천막을 치고 농성을 시작했고 28일 새벽 4시를 기해 파업을 선포했다. 조합원들은 천막 속에서 오직 체온만으로 추위를 견뎠다. 28일부터는 석유난

노동법개정투쟁 소식 제11호 1996.12.26(목)

28일 04:00 총파업 돌입 결정

노동법 6분만에 날치기로 통과, 무효로 규정

노동법 개악안 새벽 날치기 통과

변형근로, 정리해고 등 노동악법과 함께 안기부법도 강화시켜

노동법 안기부법 날치기 통과에 항의하는 총파업(1996.12.26.)

로가 비치되었고 29일에는 자동차연맹, 병원노련, 의보, 민주금속연맹, 현총련, 청년학생, 제 민주단체 등이 명동성당으로 집결했다. 성당은 물론 명동거리 전체가 날치기 통과된 노동악법 무효화와 김영삼 정권 퇴진하라는 2만여 노동자들의 함성으로 물결쳤다. 명동은 수천 명의 지하철 조합원 동지들이 외치는 구호와 노랫소리로 떠나갈 듯했다.

12월 29일 서울 종묘공원에서 노동악법, 안기부법 날치기 통과 규탄과 김영삼 정권 퇴진결의대회가 수도권 조합원과 시민 15,000여 명이 참여한 가운데 열렸다. 경찰은 대회를 마치고 명동성당까지 평화행진을 하려는 참가자들에게 거리로 진출했다는 이유로 지랄탄과 최루탄을 무차별 난사하였다. 이 과정에서 노동자들은 자연스럽게 종로통 도로를 점거하고 경찰이 막아설 때마다 집회를 열면서 명동성당으로 집결하였다. 이날 연행된 서울지하철노조 조합원은 26명으로 종로서 18명, 중부서 8명, 용산서 4명이 각각 수용되었다. 서울지하철노조 깃발은 가장 앞에서 나부꼈다.

12월 29일 오후 11시 50분 김선구 위원장은 지하철 조합원의 현장복귀 명령을 내렸다. 이는 민주노총 지침에 따른 것으로 연말연시 지하철을 이용하는 시민의 교통편의와 29일 있었던 선바위역에서의 열차 운행중단 사태와 같은

바뀌어도 노개투 의지를 모으는 조합원 총회(1997.1.4.)

명동성당에서 농성한 지하철 조합원들(1996.12.29.)

사고로 인한 대량 인명사고를 미리 방지한다는 지도부의 의지였다. 그리고 민주노총은 2단계 투쟁으로 1월 3일 자동차, 금속 등 대공장, 제조업을 중심으로 총파업투쟁에 돌입하고 공공부문은 1월 7일 총파업투쟁을 전개한다는 방침이었기에 이를 조직하기 위해 현장 복귀를 한 것이다.

민주노총의 3단계 총파업과 서울지하철노조 2차 파업

1월 7일, KBS·MBC·EBS·CBS 등 방송4사, 병원노련 30개 노동조합, 지역의료보험 30개 노동조합 등 공공부문 노동조합의 파업 참여로 민주노총 소속 189개 노동조합 22만 명이 총파업에 참여하였다.

현장에서는 총회로(1997.1.9.) 거리에서는 가열찬 투쟁으로(1997.1.15.) 노동법개정을 외치는 조합원들

연말연시를 잘 버티면 투쟁동력이 줄어들 것이라는 정권의 계산은 빗나갔다. 1월의 거리는 더 치열했고 노동자들의 대응은 더 치밀해졌다. 지하철 조합원들은 거의 매일 거리 투쟁에 나서 눈 밑에 치약을 바르고 마스크 안에 휴지, 다시 그 위에 손수건을 감싸 최루탄으로부터 자신을 방어하며 차도를 점거하고 시내를 거침없이 달렸다. 의쌰! 의쌰! 대신 김영삼! 개새끼! 김영삼! 개새

끼!를 외치며 서울지하철노조 깃발을 앞세워 달렸다. 전투경찰과 대치하여 최루탄 한 방 먹으면 화가 나 보도블록을 깨 던졌고 빠바바방! 페퍼포그가 등장하면 잠시 불가에 모여 헉헉대다가 다시 투석전 지형을 만들었다. "1선 정열! 2선 대기! 1선 앞으로~ 와~ 와~" 1선이 돌을 던지고 빠져나오기 전에 "2선 앞으로~ 3선 대기" 가투 열기가 높아졌다. 지랄탄이 터져도 바람을 등지고 싸울 수 있는 위치를 선점하면서 승기를 잡았다. "그날이 올 때까지~ 그날이 올 때까지~ 우리의 투쟁은 멈출 수 없다~" 1월의 거리에서 연방 페퍼포그가 터져도 그 소리보다 노동자의 함성과 노랫소리가 훨씬 더 컸다.

1997년 1월 8일, 민주노총은 기자회견문을 통해 15일부터 지하철, 통신, 화물노련, 조폐공사, 신문사 등 현재 미파업 중인 나머지 공공부문 사업장을 모두 포함해 제조업과 사무전문기술직, 공공부문에 걸친 민주노총의 전 조직력을 동원한 강도 높은 총파업투쟁에 들어간다고 밝혔다. 서울지하철노조는 10시부터 제9차 투본회의를 진행하던 중, 민주노총의 긴급 지침에 따라 총파업투쟁을 결의했다. 또한 노동악법 철폐를 위한 투쟁 일정 및 방안을 토의하고 지부별로 특성에 맞게 투쟁을 배치하고 실행하기로 했다. 그리고 민주노총 3단계 투쟁지침에 따라 1월 15·16일 2차 총파업을 전개했다.

서울지하철노조의 2차 파업은 3개 기지 거점 투쟁으로 진행되었다. 1997년 1월 14일 "지하철 동지들은 지금 들어오는 열차에 모두 탑승하십시오."라는 방송과 함께 지하철을 타고 역무지부 조합원들이 도착한 곳은 창동기지였다. 후생관 바닥에 깔개가 미리 준비되어 있었다. 새벽 4시 파업출정식이 진행되었다. "지금 군자기지 1,200명, 지축기지 1,500명 그리고 여기 창동기지에 2,000여 조합원이 모여 날치기 노동법 안기부법 원천 무효화를 위한 2단계 총파업투쟁에 돌입함을 선포합니다!" 놀란 것은 역무지부 조합원들이었다. "역무지부가 미쳤어!" "입사해서 이렇게 많은 역무원은 처음 보네! 이 사람들 다

지하철 역사가 좁을 정도로 많은 조합원이 모인 2차 총파업 집회(1997.1.14.)

역무원 맞아?"

1차 파업 돌입 시 명동성당 역무지부 천막 안은 썰렁했다. "역무지부는 복귀율이 90%가 넘었대." 국민의 85%가 잘못한 일이라는 날치기 노동법 무효화를 위한 싸움인데도 역무지부 파업 참가율은 형편없었다. 이유는 전지협 파업 전부터 투쟁에 참여하지 않아 징계를 받은 간부들이 있어 조직력이 약화하였는데 그 이후에도 제대로 수습되지 않고 지부 내부 문제를 일으켜 역무지부의 조직력이 바닥인 상태였다. 그러나 1차 노개투 파업 이후 지부 활동가들이 반성하고 연말연시를 반납한 채 조직화에 집중하여 많은 역무 조합원들이 3단계 총파업에 결합하였다. 역무지부의 조직력은 이후 계속 회복 상승하여 1999년 고용안정 쟁취 투쟁에서도 빛을 발한다.

민주노총의 수요파업과 서울지하철노조 4개 지부 현장 투쟁

김영삼 정권은 노동자들의 투쟁이 전국적 총파업으로 진행되고 국민 대다수가 노동자 투쟁을 지지하자 여론에 밀려 여야 영수회담을 개최하였고, 국회에서 노동법을 재논의하자며 후퇴하기 시작했다. 또한 민주노총 지도부에게 발부된 사전구속영장의 집행을 유예했다.[116] 이에 민주노총은 3단계 총파업을 1997년 1월 20일부로 종료하며 '매주 수요일 총파업-주말 대규모 집회'로 투쟁기조를 변경했다. 1월 22일 수요일 민주노총 수요총파업의 지침대로 135개 노동조합 14만 명의 조합원이 파업투쟁에 돌입했다.

한편, 김영삼 정권이 민주노총 지도부 사전구속영장 집행을 유예하는 상황임에도 공사와 서울시는 위원장과 4개 지부장을 고소·고발하고 5명의 조합원을 직위해제했다. 또한 다수의 조합원에게 상식 이하의 무계결근처리를 강행하고 위협했다. 이러한 서울시와 공사의 탄압에 분노한 조합원들의 투쟁은 승무지부의 사복투쟁을 기점으로 다른 지부 투쟁으로 퍼지기 시작했다. 승무지

민주노총 한국노총 소속 모든 노동자가 한 목소리로 외친 노동법개정(1997.1.26.)

116) 서울지하철노조 5명, 병노련 3개 노동조합 19명, 민주노총 18명, 금속연맹 27개 노동조합 168명, 화학노협 3개 노동조합 11명, 자동차연맹 35명, 의보노조 3명, 현총련 9개 노동조합 151명, 전문노련 2명, 전교조 1명, 기타(학생, 단체) 15명, 전체 428명

부는 1월 24일부터 사복투쟁에 돌입했고, 29일부터 준법운행과 날인거부투쟁을 전개하기로 했다. 차량지부는 28일, 본사 앞마당에서 총회를 개최하고 29일부터 규정검수에 돌입하기로 하였다. 역무지부와 기술지부는 29일부터 각각 사복투쟁과 규정점검을 하기로 결정했다. 조합원들은 △위원장과 4개 지부장의 고소고발 철회 △무계결근 처리와 무노동무임금 적용 철회 △성수승무 이상현·김봉학·김정경, 옥수승무 조태형· 김창조의 직위해제 철회를 요구했다. 이에 놀란 공사는 29일 4개 지부 공동투쟁을 앞둔 시점에서 5명의 직위해제 된 조합원을 원직복직시켰고 1월 13~14일의 무계결근처리 철회는 물론 14~18일 야간의 무결처리 방침을 철회했다. 1만 조합원들의 단결투쟁이 승리한 것이다.

그런데 민주노총의 파업 유보 후 공사는 2월 11일 "노조의 불법파업에 따른 주의, 경고처분 통지"라는 공문을 통해 인사규정 제45조에 의거 견책 감봉 등으로 징계조치를 할 것이나 이번에 한하여 주의·경고 조치하니 성실히 근무하라며 조합원 3,743명을 징계했다. 처분일은 2월 10일로 주의 2,812명과 경고 931명이었다. 1월 16일 24시 현장복귀명령으로 2차 파업이 정리되었는데, 16일 오후 5시에서 자정에 복귀한 조합원 2,812명은 주의를, 1월 17일 자정에서 오전 9시 사이에 복귀한 조합원 931명은 경고를 받은 것이다.

민주노총의 수요파업 유보와 거리에서 국회로 간 노동법개정

민주노총은 1월 28일 11차 중앙위원회를 개최하여 한보사태를 계기로 권력·재벌의 부정비리를 척결하기 위한 강력한 투쟁방침을 결의했다. 우선 변화된 국면을 적극적으로 활용하고 강도 높은 4단계 총파업투쟁을 조직하기로 했으며, 두 번째로 수요파업을 잠정유보하고 집회 및 선전에 주력하며 4단계 총파업을 준비하기로 했다. 또한 한보사태를 계기로 비리재벌과 부패권력을 집중적으로 공격하기로 했으며 단위노조에 대한 탄압을 총력으로 저지하기로 결의했다. 2월 12일 열린 민주노총 중앙위원회 회의에서는 4단계 총파업투쟁의 세부 계획과 1997년 정세전망 및 사업계획 등을 논의했다. 10시간이 넘는 열띤 토론 끝에 "국회에서 재논의가 시작되기도 전에 파업을 진행하는 것은 대외명분을 찾기 어렵다."며 18일로 예정되었던 4단계 총파업을 연기하고 "임시국회에서의 노동관계법 처리시한인 24~28일 사이에 총파업을 단행하며, 그 시일의 결정은 민주노총 위원장에게 일임한다."고 결정하였다. 또한, 17일부터 단위노조는 언제라도 총파업에 돌입할 수 있도록 철야농성을 하며 비상대기 하도록 결정했고, 국회에서 민주노총이 받아들일 수 없는 안이 처리될 시 앞당겨 파업에 돌입한다는 원칙을 확인했다.

2월 19일부터 리본착용투쟁에 돌입했던 서울지하철노조 조합원들은 20일 2,000여 명이 참석한 가운데 '노동악법 완전철폐와 총파업투쟁 결의를 위한 조합원 비상총회'를 가졌고 25일부터 사복투쟁에 돌입하며 투쟁 수위를 높였다. 2월 21일 옥수승무 교양실에서 기술지부 현장간부 결의대회가 100여 명의 간부가 참석한 가운데 열렸다. 역무지부도 24일 지부 회의실에서 70여 명의 간부들이 참석한 가운데 현장간부결의대회를 열고 민주노총 4단계 총파업, 지하철 3사 총파업을 위원장 투쟁지침이 내려지면 즉각적으로 돌입할 수 있도록 만반의 준비를 하기로 결의했다. 또한 24일부터 지회장 이상 4개 지부 전체 집행간부들이 철야농성에 돌입하며 이후 언제라도 총파업을 단행할 수 있도록 비상대기에 들어갔다. 민주노총은 2월 28일까지 4단계 총파업투쟁을 전개했고, 서울지하철노조도 28일 종로3가역에서 2,000여 명의 조합원이 참석한 가운데 비상조합원총회를 개최하고 민주노총 집회에 참석했다.

한편, 민주노총의 총파업투쟁이 유연한 전술로 전환되면서 노동법개정 논의는 명동성당과 거리에서 여야 국회 논의로 옮겨갔다. 노동과 정권의 대립

이 여야 힘겨루기로 바뀐 것이다. 2월 17일 임시국회가 소집되었다. 한보사태로 인해 노동법개정에 대한 여론의 집중도는 이미 떨어진 상황이었다. 국민회의와 자민련은 노동자들의 요구내용과는 거리가 먼 야당합의안을 확정 발표했다. 3월 11일 국회 본회의에서 212명의 의원이 참석하여 민주당 의원 7명의 반대를 제외한 대다수의 찬성으로 날치기 통과시켰던 4개 법안을 폐지하고, 4개 개정안을 통과시켰다.

개정안에는 노동자의 생각이 반영되지 않았다. 직권중재, 전임자 임금, 파업기간에 임금, 변형근로, 대체근로, 쟁의행위 제한, 단체협약 유효기간, 교사단결권 등 노동계의 핵심 요구조항은커녕 공익안조차 지켜지지 않았고, 쟁점사항으로 남거나 거의 날치기 안대로 합의된 것이다. 총파업을 전개할 때에도 보수야당은 눈치 보기에 급급하더니 총파업이 전 국민이 지지하는 성공적 투쟁으로 전개되자 그들은 노동계의 성과를 가로채려 했을 뿐이었다.

≪재개정 노동법 주요 내용≫[117)]

기존 근로기준법, 노동조합법, 노동쟁의조정법, 노동위원회법, 노사협의회법 중 노동조합법과 노동쟁의조정법을 '노동조합 및 노동관계조정법'으로 통합하고 노사협의회법을 '근로자참여 및 협력증진에 관한 법'으로 명칭을 변경

1) 악법조항의 개정

① 자주적 단결권의 강화: 상급단체 복수노조금지조항의 즉각 철폐, 기업별 단위노조 복수노조금지조항 2002.1.1부터 폐지, 제3자개입금지조항의 철폐(단체교섭, 쟁의행위에 대해서는 신고), 직권중재 대상사업장의 일부 축소

② 정치활동금지조항 철폐: 노동조합의 정치활동금지조항을 삭제하는 대신 '주로 정치활을 목적으로 하는 노조는 불인정한다'는 선언적 조항을 둠.

117) 민주노총(1997), 『개정 노동관계법』

③ 행정관청과 노동법에 의한 노조활동규제완화: 총회소집공고기간을 15일에서 7일로 단축, 노동부의 총회소집권자지명을 15일 이내의 의무사항으로 개정, 행정관청(시·도·군·구)의 노동조합 관할권 폐지, 노동부의 노조규약에 대한 변경명령권의 요건 강화, 노조형태변경 결의에 의한 산별노조결성 가능, 임원겸직조항 철폐, 조합비 상한선 철폐, 휴면노조 해산요건의 완화, 노동쟁의발생신고 및 알선절차 폐지

④ 노동위원회제도의 개선: 노동위원에 대한 노동조합의 추천권·선출권 신설, 공익위원에 대한 기피신청권 신설

⑤ 근기법상의 개정: 근기법상 연소자연령을 13세에서 15세로 상향조정, 구제명령이행 위반 시 벌칙 조항 강화, 단시간근로자의 보호조항 신설

2) 노동법 개악

① 근로조건의 악화: 89년 대법원 판례수준으로 정리해고의 법제화(1999.1.1 시행), 변형근로시간제의 도입(2주단위 48시간한도, 1개월단위 56시간한도), 임금협약 유효기간을 최장 2년까지 연장, 퇴직금 중간청산제 도입, 휴업수당의 하향조정, 감시단속적 근로자의 승인절차 완화

② 노동조합의 자주적인 활동제약: 신규노조 전임자임금지급 금지(부당노동행위), 기존노조 전임자임금 지급 5년 후부터 금지, 해고자의 조합원 자격 인정기간을 중노위결정 시로 단축, 단체협약체결에 대한 노조의 총회인준권 제한, 단협기간 만료 후 단체협약의 일방 해지권 신설, 노동위원회의 단체협약의 해석권 신설, 소수파노조의 노사협의회 근로자위원 임명권 박탈

③ 쟁의권의 심각한 제한: 교섭결렬선언 요건의 강화, 피켓팅의 제한, 사업장 내 쟁의행위의 제한, 쟁의기간중 대체근로 범위의 확대, 쟁의기간 중 임금지급거부에 대한 쟁의권 박탈, 비노조파업의 금지, 긴급조정시 쟁의행위 금지기간의 연장

3) 개정요구안이 관철되지 않고 남아있는 주요 악법조항

- 공무원·교사의 단결권금지조항 유지, 철도·통신·병원에 대한 직권중재제도 유지, 연합단체의 형태를 산업별 조직으로만 국한하는 조항 유지, 노조설립신고증제도 유지, 노조업무조사권 유지, 규약·결의·처분과 단체협약에 대한 변경명령권 유지, 쟁의행위 대상을 이른바 '이익분쟁'에 국한하는 조항 유지, 공익위원 중 노동관계업무종사자의 자격기준이 완화 안

됨, 중앙노동위원회위원장의 위상이 노동부장관 산하로 변동없음, 5인 미만 사업장에 대한 근기법적용이 여전히 안 되고 있음.

노동법개정투쟁 평가

하루 파업에 참가한 노동조합 531개, 40만 4,054명, 누적 노동조합 수 3,422개, 누적조합원수 3,878, 211명, 1일 평균 163개 노동조합, 18만4,498명, 대규모 집회 30일간 150만 명(하루 평균 5만명), 대국민 선전물 390만부.

「노개투 총파업 보고서」에 민주노총 위원장이 적은 것처럼 "1년 내내 계속된 노동법개정투쟁은 마침내 건국 후 최초의 전국 총파업 투쟁"이었으며 "세계 노동계를 뒤흔든 정치총파업은 너무 장대하고 위대한 투쟁"이었다. 노동자들은 업종과 지역을 뛰어넘어 노동법 개정으로 하나 되어 투쟁했고 그 속에서 민주노총을 내셔널센터로 확고하게 자리 잡게 했다. 노동자는 투쟁의 포문을 열어 각계각층의 지지와 투쟁을 이끌어내면서 계급적 진출을 확인하였다. 그 투쟁의 선두에 선 서울지하철노조는 민주노총의 지침을 충실히 이행하고 공사의 현장침탈에 대응하여 투쟁하며 조직력을 강화하였다. 조합원들은 노동법개정이라는 법 제도 개선에 앞장서 싸웠다는 자부심을 갖게 되었고 이 과정에서 노동운동에 대한 활동가들의 시야와 경험이 확대되었다.

하지만 노동자의 요구를 반영한 노동법 개정을 이루지는 못했다. 노동법개정 투쟁의 주도권을 쥐고 있던 민주노총은 노동자들의 투쟁력과 결의보다는 국민 여론에 중심을 두며 전술을 운용함으로써 보수야당을 거리의 투쟁으로 강제해내지 못한 채 여야 국회 논의로 노동법개정투쟁의 주도권을 빼앗겼다. 김영삼 정권이 초기 90%까지 치솟았던 지지율의 하락을 감수하고 '날치기' 무리수를 두면서까지 노동관계법을 개정하려고 한 이유는 단순히 정치권력의 연장을 위해서가 아니라 신자유주의 정책이 시작되고 있다는 의미였다. 민주노총을 비롯한 노동운동진영은 이를 간파하고 치열하게 대응하지 못했다. 그 결과 바로 1년 뒤 그 실체가 드러나기 시작했고 노동자 민중에게 신자유주의 구조조정 앞에 놓이게 되었다.

한편 민주노총은 노동법개정투쟁의 성과를 이어가고 투쟁의 한계를 극복하기 위한 방안으로 산별노조 건설과 정치세력화를 이후 과제로 제시하였다. 1997년 9월 5일 민주노총은 유림회관에서 임시대의원대회를 개최하고 권영길 위원장을 국민후보로 추대할 것을 결의하였다. 9월 7일 63빌딩 국제회의장에서 국민후보 추대와 국민승리21(가칭) 준비위원회 발족식이 열려 권영길은 대통령 선거에 국민후보로 추대되었다. 민주노총은 위원장 직무대행 체제로 전환한 상태에서 IMF 사태와 이어지는 노사정합의 사태를 맞게 된다.

3) 개악 노동법과 1997년 임금·단체협약

'97임단투를 앞두고 실시한 조합원 설문조사 결과 임단투에서 최우선적으로 쟁취할 항목으로 꼽힌 것은 실질임금 쟁취, 원직복직과 손해배상청구 소송 취하, 인사승진 제도 개선 순이었다. 이를 반영해 4월 17일 임시대의원대회에서 단체협약 요구안을 확정지었고 21일 속개 회의에서 임금인상 요구안을 확정했다. 임금인상 요구액을 기본급 10% 인상{6호갑 16호봉 기준으로 64,220원 정률(호봉급) 7 : 정액(직급) 3)} 가계보조비 3만 원 기본급화, 장기근속수당을 공무원 수준으로 인상할 것을 요구하기로 했다. 더불어 임금구조 개선을 위해 노사동수 7인씩으로 임금구조개선 실무소위를 구성해 1997년에는 기본급 비율을 높여 기본급이 차지하는 비율이 50% 이상이 될 수 있도록 임금구조 개선을 추진하기로 했다. 해고자 19명의 원직복직 및 51억 손해배상청구 소송 철

10기 대의원 수련회(1997.4.)

회, 승진적체 해소를 위해 4갑까지 자동승진제도 도입, 사내복지기금 확충, 노동시간 주40시간으로 단축, 자율경영확보 등을 단체협약 요구안으로 확정했다.

4월 23일부터 시작된 교섭은 78일 동안 밀고 당기는 가운데 진행됐고, 공사측은 예년에는 생각지도 못할 공세적인 자세로 단체협약 개악안을 들고 나왔다. 공사는 조합원 범위 관련 "승무사무소 과장 및 지도기관사, 부역장(주임 포함) 및 부분소장, 현업에서 근태 등 인사관리를 담당하는 직원"을 제외시킬 것을 요구했다. 재개정된 노동관계법을 근거로 들이밀며 "지회장의 정당한 조합 활동은 근무보다 우선한다"는 조항 삭제를 요구하고 노동조합 전임자를 25명에서 11명으로 축소할 것과 전임자 임금을 통상근무(일근자)에 준하는 보수를 지급한다는 안을 내놓았다. 1년에 한 번씩 매년 체결하던 임금협약을 2년에 한 번 할 것을 요구하였고 4조3교대를 3조2교대로, 3조2교대로 변경된 역무나 기존의 3조2교대제에서는 지정휴일 2일을 없애고 승무는 19일 근무교번제로 변경하자는 안을 내놓았다. 월 단위로 한주에 56시간까지 1일에 12시간까지 근무를 시킬 수 있도록 하자고 요구했다. 공사 안은 임금저하는 물론 노동강도의 강화를 불러오는 것이었다. 여기에 경영개선수당을 지급한다면서 조합원들에게 미끼를 던졌다. 한축으로 자본과 정권은 한보사태 등 자본의 위기를 보수언론을 통해 퍼뜨리며 노동자들과 국민들을 협박하기 시작했고, 임금동결을 받아들이면서 고용안정을 택하는 사업장에 대한 보도로 신문지상을 뒤덮었다.

노동조합은 5월 21일 조합원총회를 기점으로 임단투에 대한 조합원들의 관심이 집중되고 5월 31일 공노대 결의대회, 6월 20일 시청역 총회투쟁 등을 치르며 민주노총 투쟁의 중심으로 부상하고 있었다. 6월 23일 교육원 대강당에서 열린 임시대의원대회에서 참석 대의원들은 만장일치로 쟁의발생을 결의하고 쟁의계획 및 전술에 관한 사항 일체를 위원장에게 위임하고, 민철노련을 포함한 상급단체에 '97임단협 교섭권 및 체결에 관한 사항을 위임할 수 있도록 결의했다. 대의원들은 조합원들의 참여를 높이고 이후 공사측에서 탄압의 일환으로 들고 나올 손배소송을 저지할 수 있는 효과적인 방법으로 "총파업투쟁 동참 및 민사상 연대책임 서명"을 결의했다.[118] 그리고 조합원 1인당 1만원 투쟁기금 차용을 결의했다. 그리고 6월 30일 현장간부 결의대회에 551명이 참석해 파업을 비롯한 모든 투쟁일정에 차질이 없도록 현장을 조직하고 적극 결합할 것을 결의했다.

서울지하철 노동자의 생존권 사수와 파업 승리를 위한 공동대책위 기자회견(1997.7.8.)

7월 3일 쟁의행위 찬반투표는 찬성률 76.1%로 가결되었고 8일 군자기지

118) 한진중공업에서는 총파업에 돌입하기 전 조합원 전체가 참여하는 연대서명투쟁을 벌였고 파업이 끝난 후 손해배상 청구를 할 예정이었던 공사측은 결국 전체 조합원을 상대로 손해배상 책임을 묻지 못했다.

1997년 임단투 쟁의행위 찬반투표

임단투 승리를 결의하는 조합원 총회(1997.6.20.)

군자기지에서 열린 조합원 총회(199

에 모인 조합원들은 4천 명이 넘었다. 교섭이 열리는 동안 조합원들은 문화프로그램을 진행하고 있었다. 지철밴드 공연을 시작으로 노찾사, 율동패 공연, 역무 울림쇠 공연, 박종화 공연 등이 이어졌고 집회장 양쪽에 액정비전이 설치되어 멀리 있는 조합원들도 볼 수 있도록 하였다. 집회 분위기는 매우 뜨거웠다. 옥상에 올라가 있는 조합원들도 모두 구호를 외쳤다. 지철밴드 연주 박자가 빨라지고 높아질수록 조합원들의 열기도 높아졌다. 밤 11시 30분 승무지부와 역무지부는 성수역으로 이동하여 1,300여 명이 대기실에서 농성을 시작했다. 앰프를 설치하고 질서유지대가 양쪽 출구에 서서 조합원들을 통제하고 조합원들은 김밥을 야식으로 먹었다. 조합원들은 노개투 총파업 영상을 시청하며 역사 구석구석에 신문지를 깔고 눕기도 하고 한쪽 구석에서는 소주 한 잔 마시기도 하면서 교섭소식에 귀를 기울이고 있었다. 더운 공기가 실내를 꽉 채운 데다 빽빽한 인원, 물마저 충분하지 못하니 더 짜증스러웠지만 조합원들은 서로 편의를 봐주며 잘 참고 있었다. 그런데 파업 돌입 시간이 지나도 어떠한 지침이 없어 웅성거리기 시작했다. 5시 5분 경 상황이 전달되었다. 총액 5%, 5갑 16호봉 기준 총액 97,840원, 기본급 74,080원에 합의하고 사내 복지기금 30억, 승진 적체 승진 소요연수 4배수 경과자 중 인원 5% 지급금에 준하는 대우수당으로 지급한다고 합의했단다. 해고자 복직과 손해배상철회 문제는 7월 10일 현장간부연석회의에서 발표한다고 했다.[119] 9일 새벽 5시 30분 3.16민주광장 대오도, 성수역 승무지부와 역무지부도 해산했다. 한숨과 질타가 이어졌다.

한편 9일 잠정 합의할 당시 해고자 10명을 복직시키기로 별도합의하였으나 이후 임시노사협의회에서 공사가 이를 번복하고 6명만 복직시키겠다고 해 이에 항의하여 지도부가 철야농성에 돌입하였고 결국 7월 16일 임시노사협의회에서 10명의 복직을 합의하였다.[120]

7월 24일 '97임단협 합의안에 대한 조합원 인준투표 개표 결과 투표대상인 9,551명 중 8,003명(투표율 83.8%)이 투표해 찬성 4,797명(찬성률 59.94%), 반대 3,086명(반대율 38.6%)으로 '97임단협 합의안이 통과되었다. 지부별로 보면 역무지부가 67.2%, 승무지부 44%, 기술지부 70%, 차량지부 52.5%, 본사특별지회 64.6%의 찬성률을 보여 조직별로 심한 편차를 보인다. 승무지부는 승무수당요율 하향조정에 대한 불만을 나타냈다.

1997년 임금·단체협약 합의안 조합원 인준투표 결과

지부	총원	기권	투표인원	투표율	무효	찬성		반대	
						찬성	찬성률	반대	반대율
역무지부	2664	334	2330	87.4%	28	1567	67.2%	735	31.5%
승무지부	1803	222	1581	87.7%	34	695	44%	852	53.9%

119) 비슷한 시간, 부산지하철노조는 해고자 복직문제는 15일 다시 협의하고 임금인상은 서울지하철 타결 수준 이상을 보장한다는 내용으로 잠정합의하였다.

120) 전지협 파업 당시 해고되었던 양윤모(부위원장), 이상대(대협부장), 김명한(선홍부장), 김용진(지축검수지회장)을 1997년 9월 1일부로, 이경수(사무국장), 오선근(2전기지회장)를 1997년 11월 1일부로, 김경도(역무지부장), 최종진(차량지부장), 서형석(승무지부장), 정재웅(기술지부장)을 1998년 1월 1일부로 원직에 복직시키기로 합의하였다.

기술지부	2330	173	2058	92.2%	40	1441	70%	577	28.0%
차량지부	2543	718	1825	71.8%	18	959	52.5%	848	46.5%
본사특별지회	310	101	209	67.4%	0	135	64.4%	74	35.4%
총계	9551	1548	8003	83.8%	120	4794	59.94%	3086	38.6%

민주노총의 노동법개정 총파업 종료 후 대부분 사업장은 개별적으로 자본의 탄압을 맞아 고군분투하고 있었고 조직정비가 제대로 되지 않은 상태에서 상반기 임단협 쟁취투쟁에 돌입하게 되었다. 자본은 '임금동결'을 요구하며 안 그러면 '고용안정'이 위험하다고 협박하였고 아울러 무쟁의선언, 노사평화선언을 강요하였다. 금속연맹과 자동차연맹의 많은 사업장이 이를 받아들이며 상반기 투쟁을 정리하고 있었고 민주노총은 '국민과 함께하는 노동운동' 노선을 내세우고 정치세력화에서는 국민후보운동을 설정하고 있었다. 산하 연맹들은 '97상반기 산별노조 건설을 지향하면서 교섭권위임 전술이 광범위하게 진행되었지만 사실상 대각선교섭, 단위사업장 협상 지원 수준을 넘는 리더십이 발휘되지 못했다.

이러한 상황에 더해 서울지하철노조는 내부 동력을 확보하지 못한 채 임단협 투쟁을 시작했다. 준비과정에서 지부별 요구안을 단일하게 모아내지 못한 결과 참여 동력 저하와 상호 불신을 안고 투쟁을 시작할 수밖에 없었다. 요구안을 만들 때 임금격차의 문제가 쟁점이 되었으나 노동조합의 기조와 기준을 세우지 못한 채 '상대적으로 더 많이 받고 있기 때문에 조정되어야 한다'는 논리를 기준으로 조절하면서 지부간 불만요소를 이미 내포하고 있었던 것이다. 이로 인해 힘있는 교섭력을 확보하는데 어려움이 있었다.[121]

한편 도시철도공사는 '97임금협상에서 편법을 이용해 1998년 1월 1일부

121) 결국 열차승무수당 비율이 1년만에 하향조정 되면서 승무지부 지도부는 총사퇴 하고 보궐선거를 치렀다.

터 7.93%의 임금인상을 합의하였다. 실질적인 사용자인 서울시가 동종업종인 1,2기 지하철에 대해 임금인상이 격차가 발생하도록 함으로써 서울지하철노조를 약화하려 한 것이다. 노동조합은 손해배상청구 철회 문제, 도시철도공사와의 임금격차 문제, 680명 승진 문제를 다룰 노사협의회를 요구하였고 9월 11일부터 시작된 노사협의회는 전례 없이 장시간 지속하여 10월 22일 마무리되었다. 이 노사합의로 장기근속자 우선 승진이라는 조합의 대원칙이 부분적으로나마 관철되었고, 장기근속수당이 공무원 수준으로 상향조정 되었다. 그런데 680명 승진인사에서 공사측은 구직제 시 특혜 승진자와 특과보직이라 불리는 특정 관리부서에 편중하여 고질적 차별승진을 재현하였다. 더욱이 노사합의에 의한 30% 장기근속자순 승진대상자 중 일부를 누락시켜 노사 간 신의성실의 관계도 농락했다. 누락자 중 확인된 일부를 보면 전지협 파업으로 직위해제와 해고를 당한 후 중앙노동위 판정으로 원직복직하여 징계가 원안무효된 조합원들도 탈락시켰다. 남녀고용평등법을 위반하면서 육아기간도 징계기간과 같이 처리하였다. 편파적 승진에 일부 노동조합 간부와 인척을 본인도 모르게 끼워 넣고 "고생한 것 생각해서 넣어 주었다"고 퍼뜨리며 이간질 등 분열책동을 벌였다.

4) 노사정위원회 합의와 민주노총 총파업 무산 그리고 서울지하철노조

IMF 구제금융과 서울지하철노조

1997년 1월부터 국내 30대 기업 중 한보를 시작으로 삼미, 대농, 진로, 기아, 한라 등 7개 그룹이 줄줄이 도산하고 상반기만 7,200여 개 부도 기업이 발생하는 초유의 사태가 벌어졌다. 급기야 11월 21일 금융, 외환위기를 감당하기 어렵게 된 정부는 IMF에 구제금융을 요청했고 11월 23일 입국한 IMF 심사단은 한국정부와 빠른 속도로 합의를 거듭해 12월 3일 구제금융 55억 달러 지원 및 자금지원 조건에 합의를 보았다. IMF는 자금지원 조건으로 경상수지 적자개선을 위한 강도 높은 초긴축정책 이외에 금융개혁, 무역과 자본 자유화, 재벌개혁 등의 구조조정까지 함께 관철했다. 경제위기의 원인은 한국 재벌의 구조적인 문제, 독점자본의 정부 관료와의 결탁에 있었다. 문어발식 확장과 과잉투자, 30대 그룹의 자기자본 비율이 20% 수준밖에 안 되는 상황에서 차입경영이 고정화된 구조적 문제였다. 그리고 재벌총수의 독단적인 경영과 경영자의 경영능력의 부족이 결국 국내 총자본의 위기관리능력 상실을 가져왔다.

그런데 자본과 정권은 자본의 경제위기를 노동자의 고용 위기로 전화시키려 하였다. 노동시장 유연화 요구에 부응해 이미 종합금융회사에 영업정지처분이 내려졌고 기업의 구조조정이 시작되었다. 근로자파견법 제정과 정리해고 2년 유예 폐지를 위한 개정 요구가 제기되었고 5년간 임금상승률 3%내로 억제하려는 움직임은 노동자의 생존권 문제와 직결되었다. 경제난국을 극복하기 위해서는 재벌들의 구조조정이 선행되어야 함에도 자본과 정권은 대량감원과 임금저하로 일방적으로 노동자에게 고통을 전가하였다. 기업의 구조조정, 공기업 민영화로 공공부문의 대량감원이 예상되는 가운데 서울지하철에서도 감원에 대한 불안감이 고조되었다. 이러한 상황에서 제15대 대통령에 국민회의 김대중 후보가 당선됐다. 김대중 후보는 DJP 연합을 기반으로 당선된 대통령으로 태생적으로 노동자민중의 기대에 부응할 수 없는 대통령이었다.

한편 전지협 파업 이후 공사의 손해배상청구는 노동조합에 대한 주요 탄압수단으로 이용되어왔다. 노동조합은 손해배상 철회를 위해 끊임없이 투쟁해왔고 그간의 임단협과 노사협의회에서 수차례 요구한 끝에 1997년 임단협 체결 시 사장은 "손해배상청구 소송 취하는 '97임단협이 무분규로 타결되면 감옥에 가는 한이 있더라도 해결하겠다."는 약속을 했다. 그러나 공사는 약속을 뒤집고 노동조합의 계속된 손해배상청구 소송 취하 요구를 거부하였고 새로 파견된 손장호 사장도 손해배상문제 해결의지를 보이지 않았다. 2월 3일 손해배상청구 소송 결심선고를 앞둔 상황에서 집행부는 객관적으로 파업할 정세가 아니라는 내부 비판에도 불구하고 파업을 결정할 수밖에 없었다. 노동조합은 2월 12일 파업을 예정하고 있었고 공사는 법원에 손해배상청구 소송 선고 연기를 요청하였다.

노사정합의 철회 총파업과 서울지하철의 손해배상 철회

김대중 당선자는 한국노총과 민주노총에 'IMF 극복을 위한 노사정협의회' 구성을 제안하였다. 민주노총은 정부가 1998년 초부터 정리해고제 즉각 실시, 근로자파견제 법제화 방침을 밝힘에 따라 이에 총파업으로 맞서겠다는 입장이었으나 국민여론과 노동계가 협의기구에 참여하지 않을 경우 일방적인 법제화를 시도하겠다는 정부의 강경태도로 참여방침을 결정하게 된다. 이로써 1998년 1월 15일 제1기 노사정위원회(위원장 한광옥)가 출범하였다.

노사정위원회는 공동합의문을 발표하면서 10개조의 의제와 부당노동행위와 불법해고 근절, 손해배상청구 소송 취하 등 선행조치에 대한 합의를 하였다. 이어 한광옥 위원장은 "서울지하철 사용자 측의 손해배상 청구소송 취하를 김대중 당선자에게 건의하겠다."고 말했다. 그러나 선행 조치가 이행되지 않은 상황에서 국민회의와 정부는 2월 4일 국무회의에 정리해고 관련 법안을 상정하였다. 그리고 구성된 지 20일 만인 2월 6일 새벽 '경제위기 극복을 위한 사회협약'이 잠정 합의되었다. 그 내용은 10개 대항목, 90개의 합의사항으로

민주노총 서울본부에 쓰여진 노사정 사회적합의 및 지도부 규탄 글씨들

구성되어 있으며 노사관계와 실업대책 등 전통적인 노동정책 분야뿐만 아니라, 재벌정책, 사회보장정책, 거시 경제정책 분야와 외환위기 원인 규명을 위한 경제청문회 개최, 부패방지법 제정, 정부조직 개편, 행정규제 완화, 사교육비 절감 등 광범위한 분야에 걸친 것이었다.[122)]

만도기계노조는 노사정합의에 반발해 전국 7개 지부가 6일 오후 부분파업을 벌였고 한라중공업노조 60여 명이 2월 8일 민주노총 사무실에서 노사정 재협상과 민주노총 지도부 총사퇴를 요구하며 농성에 들어갔다. 서울지하철노조도 2월 7일 현장간부연석회의에서 민주노총 김영대 사무총장으로부터 노사정 협의 경과보고를 듣고 노사정합의 부결을 요구하며 총파업에 나설 것을 촉구하였고 9일 유림회관에서 열린 민주노총 중앙위원회와 대의원대회에 집

122) 노사정 합의사항 중 즉시 입법화된 것은 정리해고제와 근로자파견제 도입 등 노동에 불리한 내용뿐이었으며, 공무원 및 교원의 노동기본권 보장, 사회보장제도 확충 등은 추후로 미뤄졌다.

행간부와 현장간부들이 참관하여 집회와 유인물 배포로 노사정 합의를 부결하고 비대위를 구성하여 총파업투쟁을 조직할 것을 건의했다. 서울지하철노조는 밑으로부터 노사정 합의를 반대함으로써 노동자가 살아있음을 보여주고 민주노총의 명분도 살릴 수 있다고 보았다. 그리고 한축으로는 서울지하철노조 손해배상을 철회할 수 있다는 판단을 하고 있었다. 노사정합의안 부결로 타격을 가할 대상은 민주노총 지도부가 아니라 바로 정권이었다.

대의원대회 전날까지 산별연맹 지도부들은 노사정 합의를 돌이킬 수 없는 대세로 받아들이는 경향이 많았으나 한라중공업, 만도기계 등 현장노동자들의 분노와 투쟁요구에 분위기는 반전되었다. 2월 9일 민주노총 대의원대회에서 '노사정사회협약 승인에 관한 건'은 격렬한 찬반토론 끝에 출석 272명 중 184명 반대로 부결되고 배석범 위원장 직무대행을 비롯한 임원진이 사퇴를 받아들일 수밖에 없었던 것이다. 이후 대책에 대해 밤새워 토론한 끝에 다음 날 새벽 4시 단병호 금속연맹 위원장을 위원장으로 한 비상대책위원회가 구성되었다. 이후 투쟁은 정리해고 법제화 반대투쟁과 노사정재협상 요구로 정하였고 법제화 강행 시 총파업에 돌입할 것을 결의하였다. 총파업의 시기와 방법은 비상대책위에 위임하기로 하였다. 비상대책위는 2월 11일부터 총파업 시행을 하고 13일 총파업에 돌입하기로 하였다. 서울지하철노조가 2월 12일로 파업을 예정하고 있었기 때문에 그 일정에 맞춰 민주노총은 총파업 일정을 잡은 것이다. 그런데 2월 11일 서울지하철노조는 "지하철공사는 노조 집행부에 대한 51억 원 손해배상을 취하하고 서울지하철노조는 파업을 철회하라."는 서울시의회의 중재안을 수용하여 12일로 예정했던 파업을 철회하였다. 민주노총 비대위는 12일 오전 10시부터 회의를 열어 총파업 실시를 두고 격론을 벌이다가 투쟁동력의 부재를 이유로 들며 "노사가 공멸할 것이라는 국민의 우려와 걱정을 받아들여 파업을 철회한다."는 결정을 했다. 당시 민주노총의 파업 동력은 서울지하철노조가 유일한 상황이었다. 노사정 합의와 총파업 철회로 민주노총은 정체성 위기에 직면했다.[123]

한편 2월 14일 정리해고제, 근로자파견법 등이 국회에서 강행 처리되었다. 그 내용은 노사정 잠정합의안보다 후퇴한 것으로 실업자 노동조합 가입 허용이 삭제되고 파견법 적용대상이 확대, 공무원직장협의회 처리가 유보되었다.

서울지하철노조는 손해배상 철회의 조건으로 공사가 압박한 근무형태변경 제안, 노사화합선언을 거부하고 조건 없는 손해배상 철회를 관철했다. 그 결과 서울지하철노조 활동을 몇 년간 제약했던 손해배상청구 소송은 완전 철회되었지만 지하철노조가 파업을 철회함으로써 민주노총 투쟁력을 약화했다는 평가를 받게 되었다.

5) 민주노총 연대파업과 1998년 임금·단체협약

1998년 민주노총의 고용안정 투쟁

노사정합의 대가로 노동자가 치러야 할 고통은 참혹한 것이었다. 동양엘리베이터, 지역의료보험조합 등 민간이나 공공사업장이나 금속사업장이나 금융사업장이나 가릴 것 없이 임금삭감과 인원감축의 칼날이 노동자의 목을 겨누었다. 희망퇴직, 대기발령, 인수합병 시 고용승계거부 등 다양한 방법으로 정리해고가 이뤄졌다. 부당노동행위 상담 건수가 폭발적으로 증가하였다.

산업별 조직들은 조직통합과 산별노조 건설을 통해 자본과 정권의 공세에

123) 총파업이 예정되었던 2월 13일 낮 12시 30분경 대우조선노조 최대림 조합원은 "정리해고, 근로자파견제를 반대하며 민주노총은 노동자를 노예시장으로 내몰고 있는 정권과 자본에 대항하여 결사항전의 의지를 갖고 총투쟁을 전개할 것"을 호소하는 유서를 남기고 건조중인 선체 내에서 분신 투신하여 운명하였다. 그리고 2월 9일 민주노총 대의원대회 때 과로로 인한 뇌출혈로 쓰러진 최명아 민주노총 조직1부장은 결국 2월 24일 운명하였다.

맞서고 민주노총의 정체성 위기를 극복하고자 하였다. 전국금속산업노동조합연맹(금속산업연맹)이 1998년 2월 15일 민주금속연맹, 자동차연맹, 현총련의 통합으로 창립되었고, 전국병원노동조합연맹은 2월 27일 산별노조인 전국보건의료산업노동조합(보건의료노조)을 건설하였다. 한국통신, 전국의보, 조폐공사 등 공공부문 노동조합도 4월 19일 전국공공노동조합연맹(공공연맹)을 출범시킨다.

이런 상황에 민주노총 2기 지도부로 이갑용 위원장, 고영주 사무총장이 선출되었고 이갑용 위원장은 4월 1일 "노사정합의안은 민주노총 대의원대회에서 부결되었으므로 무효"라고 주장하고 대등한 관계에서의 재협상이 보장되지 않는 한 노사정위원회에 참여하지 않을 것이며 고용안정과 부당노동행위 척결을 위한 투쟁을 벌여나가겠다는 의지를 표명하였다.[124)]

현장에서는 대한중석노조, 고려산업개발 노동자들의 투쟁, 삼미특수강 노동자들의 1년 넘게 이어온 투쟁, 기아자동차노조, 민주택시연맹 등 고용 보장을 요구하는 노동자들의 투쟁이 줄을 이었다. 민주노총은 이러한 투쟁을 모아 5월 1일 노동절기념대회에서 5월말 6월초 총파업을 포함한 총력투쟁을 결의하였다. 총파업 배수진을 친 민주노총은 5월 26일 노정협상을 이끌어내지만 별다른 진척이 없어 협상중단을 선언하고 금속연맹과 공익노련을[125)] 주력으로 27일 오후 1시부터 다음날까지 시한부 파업을 벌였다.

공익노련은 김대중 정권의 공공부문 구조조정 저지를 위해 파업을 조직했

124) 민주노총은 부당노동행위 악질 사업장을 선정하였는데 여기에 청구성심병원노동조합이 포함되었다. 청구성심병원노조는 임금체불과 상습적 폭행, 노조탈퇴공작을 벌이는 병원 측에 맞서 투쟁하다가 병원에서 쫓겨나 연맹사무실에 농성장을 마련하고 1주일 동안 매일 병원 앞 집회, 시민선전전, 노사정위원회 앞 집회투쟁, 조합원 교육과 농성투쟁을 전개하고 완전 승리를 거두고 현장에 복귀하게 됐다. 이러한 투쟁의 과정에 지축정비지회는 내 일처럼 결합하며 강력한 연대투쟁을 전개하였다. 지축정비지회와 청구성심병원노동조합과 그간의 연대투쟁의 성과를 모아 8월 19일 오후 7시에 지축정비지회 사무실에서 자매결연식을 가졌다. 이정미 청구성심병원 지부장과 지축정비지회 최병윤 지회장은 일상적 연대투쟁의 중요성을 강조하였다.

125) 공익노련은 전문노련이 명칭변경한 조직이다.

다. 1997년 12월 18일 대통령 선거 직후 인수위원회는 신정부의 '100대 국정과제'를 선정하였는데 여기에 공기업 민영화를 포함한 공공부문에 대한 구조조정을 주요 과제로 포함했다. 김대중 정권은 출범과 동시에 기획예산위원회(위원장 진념)를 신설하고 공공부문 구조조정 추진계획을 확정하였다. 정부의 공공부문 구조조정 추진 내용을 보면 1) 공기업 및 정부출연·위탁기관 인력감축 2) 공기업과 정부출연·위탁기관의 민영화·민간위탁 3) 통폐합, 자회사 정리, 아웃소싱 4) 임금·복지후생제도의 축소 등이다. 반면 서울지하철, 도시철도공사와 같이 별도 운영됨으로써 각종 문제점이 드러났던 곳은 오히려 통합에서 배제됨으로써 경영혁신의 의미를 퇴색시켰다. 기획예산위는 552개 정부산하기관 중 출연기관을 우선 구조조정하고 그 밖의 산하기관은 6월까지 구조조정을 완료할 것을 확정하였다. 지하철을 비롯한 247개 지방공기업도 비슷한 순서를 밟아간다는 게 기획위의 방침이었다. 정부는 공기업 구조조정을 통해 40%의 조직과 12만 명을 감축하겠다는 원칙을 이미 정했다. 그러나 정부는 공공부문 구조조정 시기를 조절하여 실행함으로써 공공부문 노동조합의 투쟁을 분산시키는 효과를 노렸다.[126)]

5월말 비록 시한부 파업이었지만 민주노총은 정리해고 문제를 대중투쟁으로 제기하면서 지도력을 복원해가고 있었다. 그런데 김대중 대통령의 미국 방문을 앞두고 돌연 민주노총은 노사정위원회 참여를 결정한다. 금속연맹이 노사정위원회 참여 전제조건으로 주장해왔던 정리해고제와 근로자파견제 철폐 입장에서 재논의 입장으로 바뀌었고, 이어 6월 5일 민주노총 중앙위원회도 "현대자동차, 삼미특수강, 퇴출기업 등 현안 해결과 부당노동행위 척결, 1기 합의사항 준수 등을 논의하기 위해" 노사정위원회 참여를 결정하였다. "정리해고제와 근로자파견제를 유지하는 대신 2기 노사정위원회에서 남용방지

126) 공공연맹, 『공공부문 구조조정 1년과 노동자들의 투쟁』, 1999

방안을 논의하자"는 정부의 수정안을 받아들이기로 한 것이다. 이어 6월 10일 임시대의원대회에서 찬성 163명, 반대 28명으로 노사정위원회 참여를 결정하고 예정되었던 2차 총파업을 철회하였다.

6월말 공공 금융부문의 요구에 따라 노사정위원회에 '공공부문 구조조정특별위원회', '금융산업 발전대책위원회'를 설치하여 논의를 시작하였다. 하지만 노사정위원회가 진행되는 상황에서도 56개 기업의 퇴출과 5개 은행의 강제퇴출 그리고 현대자동차 정리해고 신고 등 정부의 구조조정과 정리해고는 이어졌고, 100여 명의 민주노총 사업장 간부에 대한 구속·수배 등 대대적인 탄압이 이어졌다. 급기야 진념 기획예산위원장은 7월 3일 포항제철, 한국중공업, 한국종합화학, 한국종합기술금융, 국정교과서 5개 공기업과 이들 자회사 21개의 매각절차에 들어간다고 발표하였다. 이어 서울지하철공사, 도시개발공사, 시설관리공단 등 247개 지방공기업 민영화와 통폐합 등 전면적인 구조조정에 들어갈 것을 예고하였고 이 가운데 누적부채로 경영이 악화되고 있는 지하철에 대한 수술을 미뤄서는 안 된다고 정부는 신임 고건 시장에게 압력을 가하였다.

이에 민주노총과 한국노총은 7월 10일 노사정위원회 불참 기자회견을 하고 12일 여의도 둔치에서 '생존권사수 전국노동자 총력투쟁 결의대회'를 열었다. 민주노총은 이 자리에서 7월 15일 총파업을 결의하였다. 7월 14일 금속연맹의 파업을 시작으로 15~16일에는 출범 3개월밖에 되지 않은 공공연맹이 한국통신노조, 전국의보노조, 조폐공사노조 등을 중심으로 거점투쟁을 진행하였다. 이때도 정부는 주로 정부투자기관을 중심으로 한 구조조정안을 발표함으로써 공공부문 전체의 투쟁전선을 형성을 방해하였다. 민주노총은 7월 23일 3차 총파업을 진행하기로 결의하였다.

그런데 7월 22일 노사정위원장과 민주노총, 한국노총은 10개 요구사항 중 8

개 항목에 대해 잠정합의하고 23일 민주노총 임원·산별대표자회의는 당일 예정되었던 총파업을 일단 유보하고 노사정위원회에 참여하기로 하였다. 하지만 노사정위원회 공공부문특별위원회가 7월 29일 열려 논의하는 동안 주택공사 48%, 한국통신 16.2% 등 19개 공기업에서 21.3%인 3만 450명의 인원을 구조조정 하겠다는 공기업 2차 경영혁신방안이 언론에서 보도되고 있었다. 36일간 정리해고에 맞서 전면 파업을 해온 현대자동차노조가 정리해고를 수용하는 잠정합의를 하면서 정리해고 저지 투쟁 전선은 무너지기 시작했다. 현대자동차라는 막강 조직력을 넘어선 정권은 이제 막힘없이 정리해고 칼날을 휘둘렀다. 조폐공사노조의 파업에 본사와 옥천·부여·경산조폐창 폐쇄조치를 하고, 9월 3일 아침 6시 18일째 전면 파업을 벌이던 만도기계 7개 사업장에 1만 7천여 명의 경찰을 투입해 1,847명을 연행하였다. 정리해고 투쟁 전선은 급격히 무너졌다.

기획예산위원회는 12월 29일 705개 공공기관의 퇴직금누진제 폐지 방안을 국무회의에 보고하고 관련기관에 통보하였다. 1999년 공공부문 예산에서 인건비가 4.5% 삭감되면서 공공부문 정리해고도 코앞에 닥치고 있었다. 공공부문의 투쟁은 정부로 하여금 형식적으로나마 노사정위원회에서의 논의를 이끌어냈고 7월 총파업 이후 공공부문 전체 구조조정 방향, 개별 단위노조의 구조조정 문제를 포함한 각종 현안사항을 노사정위원회 공공특위에서 다루게 되었다. 이 특위는 30차례의 회의를 열었지만, 결과적으로 기획예산위원회의 들러리 역할에 머물고 말았다. 이에 따라 제30차 회의에서 지방공기업법 문제를 검토한 이후 완전히 휴면상태에 빠지게 되었으며, 1999년 2월 24일 민주노총 대의원대회에서 노사정위원회를 탈퇴를 만장일치로 결의함으로써 완전히 결렬되었다.[127]

---

127) 공공연맹, 『공공부문 구조조정 1년과 노동자들의 투쟁』, 1999

민주노총은 노사정위원회를 둘러싸고 갈팡질팡하면서 '양치기 지도부'로 불렸고 지도력의 위기를 맞고 있었다. 그 사이 정권은 금융, 민간기업의 정리해고 관철에서 승리를 거두었다. 노동자들은 1998년 한 해를 힘겹게 보냈다. 정권은 1999년에는 구조조정을 공고히 하기 위해 공공부문 전반으로 칼날을 돌렸다. 공공부문 노동자들에게 더 힘겨운 한 해가 예고되었다.

조직 갈등을 유발한 서울지하철노조의 1998년 임금인상투쟁

1998년 임금인상투쟁 설문조사 결과 대다수 조합원은 임금보다는 고용안정 확보에 무게를 두고 투쟁해야 한다고 응답했다. 이에 임투소위는 기본급 7%~9%(4~5만 원) 인상요구안을 마련하고 그 외 고용안정, 경영참가, 해고자복직 및 조합원활동·일반징계관련 기록삭제와 징계자 원상회복, 제도개선, 고용안정특별협약 체결 등을 요구안으로 정했고 순환보직과 관련한 요구안은 추후 정하기로 했다. 실질임금이 저하되었음에도 정세에 밀려 임금인상 요구

본사 앞마당에서 열린 임투 전진대회(1998.5.12.)

가 후퇴한 상황이었다.

5월 12일 교섭을 시작하여 5월 25일까지 4차례 교섭을 했지만, 공사의 견해 변화가 없어 결렬되었다. 고용안정 및 '98임투 승리를 위한 쟁의행위 찬반투표 결과 총원 9,738명 중 9,119명이 투표에 참여하고 6,576명이 찬성해 찬성률 72.11%로 쟁의행위가 가결되었다.

서울지하철노조는 민주노총의 고용안정 투쟁에 적극적으로 결합하면서 임단협 현안을 함께 풀어가기 위해 투쟁했다. 그런데 6월 5일 마지막 야간 조합원총회를 앞두고 민주노총이 노사정위 참여를 결정하며 그동안 민주노총과 함께 진행해온 투쟁일정과 목표에 혼란이 발생했다. 하지만 노동조합은 11일에 파업에 들어갈 것을 천명하였고 전 조합원을 군자 차량기지에 집중토록 하여 전야제를 진행했다. 공사는 이미 노동조합 임원 10명에게 사전구속영장을 발부한 상태였다. 서울지하철노조는 고건 시장 당선자가 위원장과 약속한[128] 고용안정, 임금문제, 해고자복직 등을 이행할 것을 요구하며 파업을 강행하기로 했다. 새벽 4시를 기해 파업이 시작되자 공사가 노동조합에 교섭을 요청해왔다. 공사는 도시철도공사와의 임금격차 해소를 위해 점진적으로 노력한다는 것과 함께 해고자 12명 가운데 7명을 복직시키겠다고 했다. 공사가 제시한 복직대상자 명단에는 그동안 공사가 거부해왔던 김명희가 포함되어 있었고 배일도 전 위원장도 있었다.[129] 10시간 동안 이어진 파업과 교섭은 마무리되었다.

임금은 동결 수준이었으나 조합원들은 그나마 '임금이 동결된 것도 다행'이

---

128) 고건 당선자는 김선구 위원장과 만나 첫째, 고용안정 관련하여 서울지하철공사가 경영합리화나 구조조정 또는 운영권통폐합 등의 조치가 있을 때는 절대로 일방적으로 추진하지 않고 노동조합과 최대한 협의해서 시행하겠다고 약속했다. 둘째, 노동조합이 도시철도와의 임금격차해소를 요구하면 그동안 공사와 서울시는 근무형태변경과 임금삭감 중 양자택일을 요구하였는데 고건 당선자는 사내복지기금 30억, 퇴직금 중간정산 기금 1백억 조성과 임금격차를 인정하고 향후 임금인상을 약속했다. 셋째, 해고자 복직을 전향적으로 풀 것을 약속했다.

129) 이 합의로 9월 30일 김명희, 배일도, 임성규, 김종철, 장영길, 박희석, 김종식이 복직되었다.

라는 입장을 보였고, 집행부 또한 현실적 조건을 수용하였다. 당시 사회경제적 조건과 다른 노동조합들의 투쟁 상황이 서울지하철노조의 투쟁 분위기를 위축시키는 데 영향을 미쳤다.

6월 24일 합의사항 인준투표 결과 57.4% 찬성으로 합의안이 통과되었다. 승무지부의 찬성률이 높았던 반면 역무지부 찬성률은 현저히 낮았다. 승무지부의 경우 어려운 상황에 동결 정도면 선방한 것이며, 승무지부 현안을 내세운 투쟁을 전개한 데 후한 점수를 줬다. 그리고 파업을 한 집행부에 대해 인준을 해주던 그동안의 관례와 승무지부 해고자 3인이 복직된 것도 영향을 미쳤다. 이런 까닭에 '승무지부를 위한 협약'이었다는 불평이 있기도 했다. 반면 역무지부 찬성률이 낮았던 이유는 순환보직 문제에 대한 불만과 함께 역무지부 지도부가 중앙지도부의 지도력에 대한 불만을 공식적으로 드러냈기 때문이었다.

'98임금협약 인준투표

지부	총원	기권	투표인원	투표율	무효	찬성		반대	
						찬성	찬성률	반대	반대율
역무지부	2774	244	2530	91.2	87	899	35.5	1544	61.0
승무지부	1805	218	1587	87.9	14	1345	84.8	228	14.4
기술지부	2216	178	2038	92.0	35	1153	56.6	854	41.9
차량지부	2624	594	2030	77.4	29	1267	62.4	734	36.2
본사특별지회	344	127	217	63.1	4	157	72.4	56	25.8
총계	9763	1361	8402	86.1	169	4821	57.4	3416	40.7

1998년 임금인상투쟁은 순환보직 문제를 둘러싼 승무지부와 역무지부의 견해 차이, 이에 대한 중앙지도부의 지도력 부재와 역무지부의 문제제기 등이 결부되면서 강한 조직력을 바탕으로 추진되기 어려운 상황이었다.

우선 승무지부 문제를 보면, 운수처 소속에서 운전처로 온 차장직종이 다시 운수처로 옮기는 보직순환이 1989년부터 막히면서 이른바 순환보직 문제가 매년 해당지부 간 현안으로 등장하고 갈등을 유발하고 있었다. 특히 1997년 말 680명 승진 건으로 차장직종이 운수사무직에서 운전직으로 변경되면서 9년 동안 운수처로 복귀하기를 기다리던 당사자들은 절망하게 되었고, 승무지부는 해당 조합원을 구제하는 일이 우선사업이 되었다. 반대로 운수처 소속 직원 입장에서는 다른 소속에서 근무하여 작업조건과 진급경로의 차이가 누적되어 온 직원을 운수처 소속으로 받아들이는 데 강한 거부감이 있었다. 사실상 전면적인 직제개편을 하지 않는 한 이 문제를 해결할 방법은 없었다. 순환보직 문제는 공사가 풀어야 할 문제임에도 노동조합 문제로 던져지면서 지부 간의 반목이 확대 재생산되는 파행을 겪었다. 역무지부는 강제 전출된 18명에 대해서 조건 없이 받아들이겠다는 입장이었다. 반면 승무지부는 승무가 적성에 맞지 않는 100여 명의 조합원이 자신은 원하지 않는 직종에서 일하도록 노동조합이 강제하고 있는 것은 부당하므로 보직순환을 시행해야 한다는 의견이었다. 승무지부는 순환보직 문제 해결을 '98임투의 전제로 규정하고 "순환보직에 대한 조합 단일안이 확정될 때까지 향후 조합의 공식일정 참여를 유보한다."는 결정을 했다. 그리고 노동조합 공식회의와 교섭 불참을 강행하였다. 승무지부 집행부 총사퇴가 거론되는 등 혼란이 가중되는 상황에서 현장간부연석회의는 '지부집행부의 사퇴불가 권고'를 했고 지부집행부는 이를 수용하되 임금투쟁 복귀를 결정했다. 1997년 3/4분기 노사합의로 순환보직 문제 해결의 실마리가 마련되었음에도 역무, 승무가 합의하라는 것이 문제를 불러온 것이다. 승무지부와 역무지부는 중앙이 책임을 회피하고 지부에 문제를 떠넘기고 있다고 생각했다.

한편, 역무지부는 파업 대기 중 군자기지에서 대오를 빼 뚝섬역으로 이동하였는데 그 이유는 "직권중재를 받든지 역무의 3조2교대를 전제로 2기 도시철도와의 임금격차를 해소하라는 공사의 개악안에 중앙지도부가 무기력하게 대응한 데 대해 문제를 제기한 것"이라고 했다. 역무지부는 중앙지도부가 교섭에 수세적으로 대응하고 있어 고용안정에 관한 어떠한 조항도 쟁취하기 어렵다는 판단을 하고 투쟁 수위를 높여 상징적 저항을 해야 한다는 판단으로 대오를 이동했다고 했다.

노동조합 창립 10년, 다가오는 구조조정의 그림자

7대 집행부는 전지협 파업으로 인한 손배가압류, 해고자 문제 해결과 내부 조직력 강화를 목적으로 활동한 집행부였다. 조직이 일정하게 안정되면서 노동조합 교육사업에 대한 사업을 전개해 노동아카데미 강좌를 운영하기도 했다. 이 노동아카데미는 이후 신영복 선생을 중심으로 하는 성공회대 노동대학을 기획하는 계기가 되었다.

또한 8대 총선거를 치르고 난 후 7대 집행부는 노동조합 창립 10주년 행사로 노동조합 활동을 마무리한다. 10주년 행사는 직제개편 3.16파업, 전지협

노조 창립 10주년 기념행사(1997.10.)

연대파업 이후 탄압으로 훼손되었던 조직이 일정하게 회복되고 있음을 보여주는 것이기도 했고, 지나온 10년을 통해 앞으로 닥칠 구조조정에 맞설 결의를 다지는 행사이기도 했다.

이 행사는 여성강좌, 10주년 평가토론회, 대동제, 소리물결 공연으로 진행되었다. 11월 13일 공사 7층 대강당에서 열린 '여성의 지위와 역할'에 관한 강좌는 공사발족 이후 처음으로 열린 것으로 여성조합원들의 높은 관심 속에 진행되었다. 15일 종로성당 대강당에서 시작된 평가토론회는 지나온 10년을 평가하고 향후 10년을 조망하는 자리답게 무려 5시간에 가까운 장시간 토론이 이어졌다. 정윤광 3대 위원장의 주발제와 노동이론정책연구소 박성인 사무처장의 보조발제가 있고 난 뒤 시민단체와 노동단체 등에서 나온 토론자들의 주제발표가 이어졌다. 토론자들은 서울지하철노조가 민주노조운동의 견인차로 지난 10년간 많은 역할을 하였으며 향후 산별노조 건설과 노동자정치세력화에 앞장서 나가줄 것을 당부하였다. 한편, 토론자들은 민주노조운동과 서울지하철노조가 전반적으로 정체상태에 봉착해 있음을 지적하면서 현장조직을 강화하는 방안에 대한 고민이 필요하다는 점을 공통으로 제기하였다. 17일 저녁 3.16민주광장에서는 10주년 기념식 및 문화대동제가 이어졌다. 대동문화제는 조합원 가족들의 장기자랑과 지부별 장기자랑이 인기였다. 특히 지부별 장기자랑에서 노동조합 10년사를 연극으로 꾸며 무대에 올린 역무지부가 많은 박수를 받아 우승을 차지했다. 역무지부는 '똥테'두른 모자를 구해와 쓰고 억압과 차별의 상징을 철폐하고 투쟁해온 노동자의 모습을 연극으로 담아냈다. 이날 대동제에는 가극단 금강, 노래를 찾는 사람들, 소리물결 등의 공연도 함께 이어졌다. 그리고 11월 18일 고려대 인촌기념관에서 열린 소리물결의 네 번째 정기공연에서 소리물결은 그동안 갈고 닦은 실력으로 현장 노동자들이 함께 부를 수 있는 노래를 들려주었다. 10년 투쟁과 활동에 대한 격려이자 힘든 현실에 대한 위안이었다.

노동조합 창립 이래 10년간 서울지하철노조는 쉼 없이 달려왔다. 땀과 눈물, 열정과 기쁨, 희망과 고통이 어우러진 시간이었다. 그런데 마냥 기뻐할 수 없는 상황이었다. IMF사태로 노동자들은 직장을 잃었고 가정에서도 자리를 잃은 가장들이 서울역에, 지하철 역사에 넘쳐났다. 역으로 출근하며 이들의 모습을 지켜보아야 하는 지하철 노동자들은 내 일이 될지도 모른다는 위기감을 느끼게 되었다. 부산지하철노조의 투쟁을 접하면서 남의 일이 아니라는 것을 이미 알고 있었다.[130] 현장에는 구조조정으로 부부사원이 먼저 잘린다, 위장이혼을 한 커플이 있다는 소문이 돌았다. 실제로 결혼을 한 사내커플이 혼인신고를 하지 않은 경우가 발생하였으니 그 위기감이 어느 정도인지 알 수 있었다. 노동조합 창립 10주년, 지하철 노동자들은 또다시 구조조정에 맞선 투쟁을 준비해야 했다.

6) 공공부문 노동자들의 조직건설과 서울지하철노조

공공부문 3개 연맹 결성과 상황

공공 5사 투쟁 이후 공공부문 노동조합의 조직 전망에 대한 논의가 본격적으로 시작된다. 그 경로를 두고 기존 업종별 연맹을 튼튼히 하고 확장하여 조직을 만들자는 입장과 즉각적으로 공공부문 총연합을 만들자는 의견이 갈렸다. 논의가 진척되지 않고 있는 상황에서 1997년 12월 19일 한국노총을 탈퇴

130) 부산교통공단이 일방적으로 직제개악안을 공포하고 1인 승무, 차량기술 용역도입을 추진하자 부산지하철노조는 1998년 7월 3일 파업을 단행하고 선로점거, 상경투쟁, 시민선전 전개, 가톨릭센터 농성 등 시민과 가족이 참여하는 투쟁을 전개하였다. 직권면직 기간인 7일째가 되자 휴가원을 제출하면서 장장 12일간 파업대오를 유지하였다. 부산 가톨릭센터에서 농성에 들어갔던 조합원들 중 210명이 상경하여 서울지하철노조 군자기지를 거점으로 서울에서 투쟁을 벌인 바 있다.

민철연맹 출범식(1997.6.13.)

하거나 당장 연맹 건설이 필요한 조직들을 중심으로 전국공공노동조합연맹(준)을 출범시킨다. 그리고 4개월간 준비기간을 거쳐 1998년 4월 19일 정동이벤트홀에서 전국공공노동조합연맹(공공연맹)을 정식으로 출범하였다. 공공연맹의 참가단체는 한국통신, 전국의보, 조폐공사, 한국공항공단, 고속철도공단, 산업단지공단, 신공항건설공단, 농수산물공단 노동조합으로 총 조합원수는 58,099명이다. 공공연맹의 건설은 그간 지속적인 노동조합 조직율의 저하, 고용감축에 따라 조직 확대의 한계에 봉착했던 민주노총에 조직적으로 가입함으로써 조직 확대는 물론이고 제조업의 금속산업연맹과 함께 민주노총을 강화하는 핵심적인 역할을 하게 되었다. 공공연맹은 창립대의원대회를 개최하여 위원장으로 한국통신노조 김호선 위원장을 선출하고 공공부문 고용안정과 일방적 구조조정 저지를 위한 특별결의문과 공공부문 산별노조 건설을 위한 특별결의문을 채택하였다.

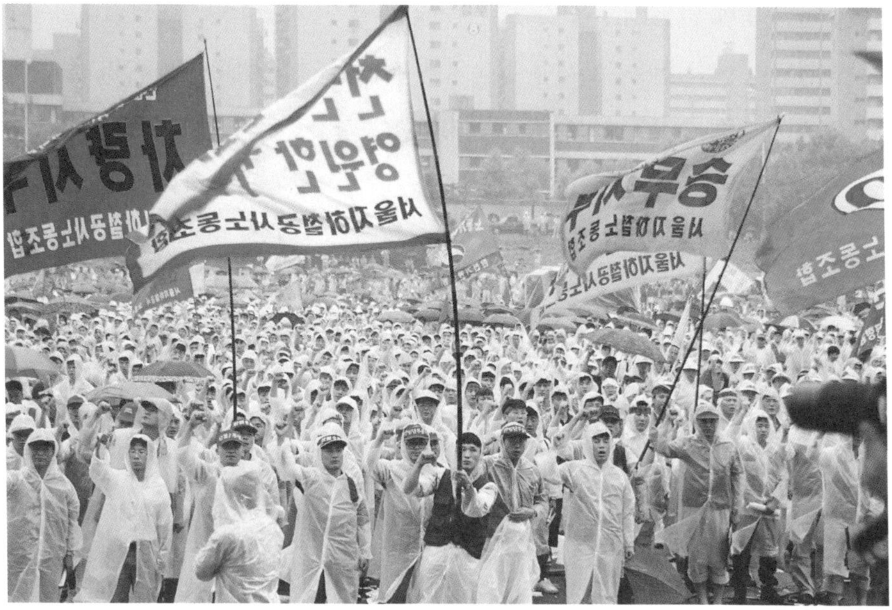

공노대 주최 공공부문 노동조합 조합원 총회(1997.7.6.)

한편 1997년 6월 7일 전지협은 전국민주철도·지하철노동조합연맹(민철노련)으로 명칭을 변경하고 서울지하철노조뿐 아니라 노민추 조직까지를 포괄하는 조직으로 활동을 시작했다. 민철노련은 출발하면서 바로 공공부문 노동조합의 산별노조를 어떠한 경로로 구성할 것인가를 둘러싼 조직발전 논의를 시작하게 된다. 민철노련은 운수산별을 지향하며 운수노동자학교를 열고 1997년 5월 출범한 민주버스와 민주택시연맹을 합류시키며 산별 문제를 논의해가기 시작했다. 민철노련은 업종소산별을 조직하고 운수통합연맹으로 확장한 다음 공공대산별로 이행하자는 방침을 수립했다. 그러나 추동력이 붙지 않았다. 버스와 택시는 민간 사업장이고 궤도는 공공사업장이어서 나타나는 차이, 한국노총 자동차노련에서 탈퇴한 민주버스의 조직력 등 여러 문제로 조직발전 전망은 난항을 겪고 있었다.

그러던 중 공공연맹준비위가 결성되자 민철노련도 연맹 조직발전 논의를 다시 할 수밖에 없는 상황을 맞았다. 12월 29일 민철노련 임시대의원대회에서는 민철노련 해산 건을 두고 밤새 논의를 거듭한 결과 투표인원 49명 중 찬성 10명, 반대 38명, 기권 1명으로 부결되었다. 그리고 기타 안건으로 '민철노련은 공공연맹(준)의 사업에 참여한다.'를 상정해 찬성 17명, 반대 25명으로 부결되었다. 민철노련은 아무것도 결정하지 못하는 상태를 한동안 이어갔고 한편에서 공공부문 3개 연맹의 대통합 논의는 속도를 내고 있었다.

공공부문 3개 연맹의 대통합 논의

1998년 들어 민철노련은 조직발전 전망에 관한 입장이 변화한다. 그 이유는 운수산별 추진이 탄력을 받지 못하고 있어 이를 통해 공공대산별로 발전하기 어렵다는 현실적 판단과 운수라는 동일성을 넘어서 공공성이라는 정체성을 조직발전의 지향으로 삼자는 판단을 한 것으로 보인다.

1998년 3월 23~24일 민철연맹 중앙위원들은 수련회에서 "민철노련은 공공운수서비스부문 노동조직의 대통합을 위하여 모든 민주노동진영의 해당 조직들에게 (가칭)공공운수서비스연맹 건설을 제안하고 대통합을 위하여 적극 노력한다."고 정하고 그 방법은 민철노련과 공동사업을 추진하고 있는 운추위를 포함한 공익노련[131], 공공연맹(준), 언론노련, 병원노련 등 다수의 이름으로 대통합을 제안한다는 것이었다. 원칙은 민철노련 강화에 주력하며 궤도부문 단일노조 건설을 통한 운수산별노조 건설을 적극 추진하면서 공공서비스연맹 대통합을 주도적으로 제안·실천해 나간다, 이를 위한 조직발전 사업은 최대한 종합적이고 동시적으로 추진하기로 하였다. 이어 열린 3월 30일 민철노련 제5기 정기대의원대회에서 연맹 위원장으로 김선구 서울지하철노조 위원장과 김

131) 공익노련은 1997년 4월 전문노련이 명칭변경한 연맹이다. 전문노련 내에서 산별노조 조직을 자본의 성격에 의해 구분할 것인가 노동의 성격에 의해 구분할 것인가 논의가 있었다. 퍼블릭서비스를 조직발전 전망으로 제시한 양경규가 박태주를 누르고 위원장 당선되고 공익노련으로 변경한 것이다.

연환 전지협 초대 상임의장이 입후보하여 재적 대의원 투표 50명 중 김연환 후보가 35표로 연맹위원장으로 선출되었다. 사무처장으로는 김종식 지해투의장이 선출되었다. 1998년은 보다 강력한 산업별 공동투쟁 나아가 공공 전 부문 연대투쟁이 필요한 시기이고 전 민주노조진영 및 공공 전 부문의 조직들에 연대투쟁과 산별노조 건설을 함께 해나가자는 취지로 '98연대투쟁과 공공운수사회서비스 대산별 건설제안의 건이 제안되어 원안대로 통과되었다.

민철연맹 제의로 4월 6일 각 연맹대표자(공익노련 양경규 위원장, 공공연맹(준) 김호선 공동위원장, 민철연맹 김선구 수석부위원장)들이 모임을 갖고 공공부문 노동자의 시급한 통합조직과 공동투쟁 방안에 대해 논의하였다. 공기업 민영화, 통폐합, 인원감축, 임금삭감 구조조정 공세에 각 연맹으로 대응하기에는 역부족이라는 절박함이 만들어낸 결과였다. 한편, 공공부문의 3개 연맹이 주축이 되어 민주노총 내 공공관련 연맹들(민택노련, 화물노련, 의료산별노조, 대학노련, 사무금융노련 내 공노협 등)에게 공공부문 대산별연맹으로 통합과 공동투쟁을 제의했다.

1998년 4월부터 간헐적으로 개최된 3조직 대표자, 사무처장 모임은 8월 30일, 김호선 공공연맹 위원장, 양경규 공익노련 위원장, 김연환 민철노련 위원장 등 3조직 대표자가 명동성당에서 통합과 관련한 주요 원칙을 합의함으로써 통합사업이 본 궤도에 오르게 되었다. 이후 이 원칙은 대표자 3인, 집행위원 3인, 실무위원 3인 등 총 9인으로 구성된 '민주노총 산하 공공부문 3조직 통합을 위한 9인위원회'를 거치면서 5대원칙으로 합의되었다.

≪민주노총 산하 공공부문 3조직 통합 5대 원칙≫

첫째, 통합연맹은 민주노총 가입을 전제로 하며, 이에 동의하는 공공부문 노동조합이라면 누구나 자유롭게 참여할 수 있다.
둘째, 통합연맹의 조직범위는 공공서비스부문 전체 노동조합으로 한다.
셋째, 통합연맹은 통합을 추진하는 세 조직 조합원 전체가 참여하는 민주적 절차와 과정을 원칙으로 한다.
넷째, 통합연맹에 참여하는 모든 조직은 공공부문 노동자들의 대의에 충실하며, 이를 위해 조직의 기득권을 완전히 버린다.
다섯째, 통합연맹은 여하한 어려움 속에서도 연내에는 통합을 완료하도록 한다.

합의된 5대 원칙 중 민주노총 가입을 전제로 한다는 원칙은 출발부터 민주노총 가입을 분명히 함으로써 공공부문 내 노동운동의 방향을 명시하여, 과거 공노대나 공공연맹 출범과정에서 겪었던 '제3노총론'과 같은 혼선을 미연에 방지한 것이다. 두 번째 원칙인 공공서비스(Public-Service) 부문을 대상으로 한다는 것은 공공부문을 소위 자본관계로만 파악하지 않고[132] 공공성과 사회적 서비스 기능을 지닌 모든 노동조합을 대상으로 한다는 것을 의미했다. 세 번째 원칙인 민주적 절차와 과정은 통합을 추진하면서 조합원들의 의사를 최대한 반영하고, 추진과정을 공개함으로써 밀실야합을 방지하겠다는 대표자들의 결의였다. 네 번째 원칙은 각 조직의 기득권을 완전히 버린다는 것이었다. 공공연맹은 수적으로 우월하지만 조직력에서는 공익노련이, 투쟁력에서는 민철노련이 존중되어야 한다. 따라서 각각의 장점을 최대한 고려함으로써 기득권을 넘어 동등한 권리를 부여하겠다는 의지였다. 다섯 번째 원칙인 연내 통합은 가능한 조기통합을 실현하여 1999년 투쟁과 사업을 공동으로 대처하자는 의미를 포함하고 있으며 통합연맹을 통해 단일노조 사업, 산별노조 사업,

132) 공공연맹은 주로 정부출연, 투자, 출자기관으로 이루어져 있었고, 민철연맹은 국영기업과 지방공기업으로 이루어져 있었다. 반면 공익노련은 이들 외에 상당수의 공공서비스 기관이 참여하고 있었다.

정치세력화 사업 등을 함께 전개하자는 의미였다.[133]

전국공공운수사회서비스노동조합연맹(공공연맹) 결성

민철노련, 공익노련, 공공연맹 등 공공부문 3조직은 1998년 12월 22일 오후 2시 민주노총 회의실에서 제2차 통합추진위 전체회의를 열고 통합준비위원회를 '공공대통합과 '98공동투쟁 승리를 위한 투쟁본부(공투본)'로 전환하였다. 공투본 전환은 3조직은 물론 공공부문 각 공기업에 정부의 구조조정이 본격화되며 당면투쟁 과제들을 공통적으로 묶어 강력한 연대투쟁을 전개해야 한다는 현실적 필요성과 투쟁을 통해 조직통합을 추진한다는 원칙에 의해 이뤄졌다. 공투본은 먼저 통합사업 관련, 통합대상을 3조직뿐이 아닌 공공부문의 대통합을 목표로 하기로 했고 실질적인 공동투쟁을 통해 통합력을 높여 가기로 원칙을 정립했다.

1999년 3월 13일 공공연맹, 공익노련, 민철노련 등 공공부문 3개 연맹은 해산을 결의하고, 세종대 대양홀에서 공공운수사회서비스노동조합연맹(공공연맹) 창립대의원대회를 열어 통합연맹을 건설하였다. 재적 대의원 531명 중 381명의 대의원이 참석한 이날 대회는 오후 2시 창립기념식에 이어 통합연맹의 선언과 강령, 규약·규정 제정 건, 임원선출에 건, 1999년 투쟁사업과 관련된 안건, 업종분과위원회 편제(안) 심의 결정 건 등 11개 안건을 열띤 토론을 거쳐 통해 처리하고 마무리되었다.

통합 논의 중 끝까지 진통을 겪었던 지도부 구성의 문제는 석치순(구 민철노련 위원장 직무대행), 양경규(구 공익노련 위원장), 김호선(구 공공연맹 위원장)을 공동대표로, 이승원(구 공익노련 사무처장)을 사무처장으로 하는 안에 대해 284명 중 기권 30명에 240명이 찬성(94.5%)하며 마무리되었다. 공동

133) 김종배, 「공공부문 3조직 통합을 위한 한걸음」, 『현장에서 미래를』 30호, 1998.

대표의 임기는 투쟁이 정리되는 시점을 7월로 보고, 7월 중 대의원대회를 소집해 위원장-수석부위원장-사무처장을 동시에 선출하는 런닝메이트제로 새롭게 선출하기로 하였다. 또한 조합원 1인당 투쟁기금 5천 원 모금을 만장일치로 결의하였으며, 연맹의 조직운영과 조직확대를 원활히 하기 위해 운수, 통신, 공공서비스, 연구개발, 환경에너지, 경제사회복지, 전문기술 등 7개의 업종분과위원회를 두기로 하였다. 이는 소산별 주장과 대산별 주장을 포괄할 수 있는 조직구조로 고안된 것이다.

한편, 민철노련은 1999년 3월 13일 제5기 2차 임시대의원대회를 개최하여 '전국공공연맹 가입 전제로 조건부 해산'을 대의원 만장일치로 결의했다.

3부

신자유주의 공세와 서울지하철노동조합

1. 신자유주의 구조조정 저지 투쟁
2. 노사협조노선 집행부 등장과 지하철노동자
3. 지하철 5사 공동투쟁과 구조조정 공세에 맞선 투쟁
4. 민주노총 탈퇴 시도와 복수노조

1 신자유주의 구조조정 저지 투쟁

1) 구조조정 앞에 선 제8대 집행부 출범

8대 총선거에는 위원장 후보로 김경도, 배일도, 석치순, 정연수, 최종진, 홍우철 등 6명이 나왔고 지부장 12명, 지회장 70명이 후보로 나섰다. 10월 23일 투표 결과 석치순 30.66%, 최종진 18.65%로 각각 1, 2위를 했으나 과반수 득표자가 없어 2차 투표를 진행한 결과 8,503명 중 4315표를 득표해 50.75%를 얻은 석치순이 위원장으로 당선되었다. 석치순 후보는 구조조정 분쇄와 고용안정 쟁취를 내걸고 공공부문노조 공동투쟁, 지하철 개혁 특위 구성, 시민사회 연대를 조직해 투쟁하겠다는 공약을 내놓아 조합원들로부터 선택 받을 수 있었다. 지부장으로는 승무지부 홍순영, 역무지부 박정규, 차량지부 김용진, 기술지부 오선근이 당선되었다.

출마한 위원장 후보가 많았지만 모두 구조조정 문제를 해결해야 할 핵심 문제로 제기했다. 그 방법을 크게 구분하면 두 흐름으로 나눠볼 수 있는데 배일도와 정연수 후보는 '대안'을 강조했고, 특히 배일도 후보는 3기 지하철 조기착공, 업무 다각화와 부대사업 창출을 통한 일자리 확대까지 제기했다. 반면 석치순, 최종진, 김경도 후보는 노동시간단축, 일자리 나누기를 공세적으로 제기하고 공동투쟁으로 구조조정을 돌파하겠다고 강조했다. 조합원들은 구조조정이 피할 수 없는 싸움을 예고하는 것임을 알기에 장기적 대안, 연대, 투쟁을 담보할 수 있는 후보를 지지한 것이었다.

8대 선거 과정과 노동조합 간부 구성에서 눈여겨볼 것은 다수가 위원장 후보로 나선 것에서 볼 수 있듯이 6, 7대 집행부를 거치면서 전지협 파업의 후유증에서 벗어나 조직력이 안정화되었다는 점이다. 두 번의 파업을 통해 축적된 경험과 학생운동 경험을 가진 젊은 층의 결합이 8대 집행부의 강력한 지도 집행력의 바탕이 되었다.

1998년 11월 18일 7·8대 위원장 이·취임식은 '일방적 구조조정 저지와 고용안정 쟁취를 위한 현장간부 결의대회'와 함께 열었듯이 석치순 집행부는 구조조정 저지투쟁과 함께 임기를 시작해야 했다.[134] 그러나 상황은 녹록지 않았다. 이미 현대자동차노조와 만도기계노조가 초토화되었고 노동운동진영의 전투력은 고갈되었다. 신자유주의 구조조정에 저항하는 투쟁은 피할 수 없는 것이며 단위노조 차원의 투쟁으로 막아낼 수 없는 것임을 1998년 투쟁이 알려주었다. 서울지하철노조뿐 아니라 공공부문 노동자들의 대정부 투쟁은 필연적인 것이었다. 결국 1월 7일 연초부터 파업 중인 조폐공사 옥천창에 경찰이 투입되었다는 소식이 전해졌다. 조폐공사노조는 옥천창 폐쇄에 반대하여 12월 12일 파업에 들어가 차량 백여 대로 출입문을 봉쇄하고 기계반출을 막으며 27일째 투쟁하고 있었다. 경찰병력은 지게차와 견인차를 동원해 차량을 끌어내고 농성 중인 조합원들을 해산시켰다. 조폐공사노조에 대한 정권의 탄압은 서울지하철노조에도 머지않은 현실로 다가오고 있었다. 서울지하철노조가 구조조정을 수용할 수 없다는 의지를 표명한 이상, 피할 수 없는 투쟁이라면 당당히 맞서야 했다.

134) 집행부는 부위원장 구덕회, 사무국장 임성규, 정책실장 우재현, 교육선전실장 서형석, 조사통계부장 박성국, 문화체육부장 서정근, 법규부장 장승완, 산업안전부장 박천우, 조직부장 박성일, 쟁의지도부장 김대훈, 편집부장 이원정, 총무부장 김선휘, 여성부장 허연희, 교육부장 황철우, 조직차장 김정경, 총무차장 박철미, 교육차장 김병규, 정책차장 이미정, 편집차장 이경은으로 구성되었다.

2) 구조조정 저지, 노동시간 단축 총파업

공세적 투쟁을 향한 5개월의 준비

김대중 정권은 IMF 신자유주의 프로그램 아래 자본구조 개편을 도모하면서 김영삼 정권의 뒤를 이어 노동자들이 투쟁으로 확보해 온 노동조건 침탈을 감행했다. 이는 노동력의 양적 질적 유연화, 개별화, 노동조합 무력화, 제도적 포섭, 노사협조주의 생산성향상 이데올로기 공고화 등으로 나타났다. 이 속에서 투쟁하는 노동자는 무차별적으로 공격하고, 정권의 구조조정 정책을 인정하고 보완책을 고민하는 집단은 포섭하는 분리전략을 썼다. 이런 상황에서 노동자의 생존권 투쟁이 단위노조 차원에서 해결되거나 보장될 수 있는 것이 아니었다. 이는 1998년 치열하게 싸운 투쟁을 보더라도 알 수 있다. 36일간의 전면파업과 천막농성투쟁을 전개했던 현대자동차노조는 277명의 정리해고와 1천여 명 이상의 1년 6개월 무급휴직 등 양보와 타협으로 정리되었고, '고용안정협약서'까지 체결했던 만도기계노조도 1,129명의 정리인원을 통보받고 전면파업을 전개했으나 공권력에 의해 정리되었다. 금융 민간대기업 사업장의 투쟁도 각개격파 당했다. 민주노총이 노사정위원회의 들러리였음을 깨닫고 탈퇴한 것은 이미 투쟁전선이 무너진 뒤였다.

서울지하철노조 8대 집행부는 고용안정 투쟁 사례 연구를 통해 '대안을 가진 공세적 공동투쟁'을 투쟁기조로 설정했다. 구조조정 문제는, 상황이 도래하면 대응하는 수세적 투쟁이나 노동조건 하나를 양보하면 끝나는 투쟁이 아니라, 본질적 대안을 내놓고 벌이는 투쟁이라고 보았기 때문이었다. 그리고 공사와 서울지하철노조의 싸움이 아니라 총자본과 총노동 간의 투쟁이며 구조조정이 사업장마다 다른 양상으로 나타날 수는 있지만 노동조합 차원에서 단결하고 민주노총을 중심으로 한 공동투쟁을 할 때만 승리할 수 있음을 반영하

출범과 동시에 정부의 잘못된 정책기조 바꾸기 투쟁을 벌인 8대 집행부

여 공동투쟁 기조를 설정한 것이었다. 이에 노동조합은 출범 초기부터 노동시간 단축과 지하철 개혁이라는 공세적 대안을 제시하고 투쟁을 준비했다. '고용안정과 지하철 개혁을 위한 특별위원회'를 만들어 투쟁 기조에 바탕을 둔 구체적인 대안을 만들면서 투쟁 목표를 통일해 나가는 한편, 공공부문 공동투쟁을 위해 노동시간단축 등 공동의 6대 요구를 내걸고 투쟁을 조직해 나갔다.

〈구조조정 저지투쟁 기본방침〉

1. 지하철 운영의 근본적 문제점 척결 – 건설부채 국가부담으로 재정적자 해소, 자율경영권 확보, 경영구조 민주적 혁신 등
2. 경영, 조직, 운영, 노동조건, 임금 등 부문별 혁신 대안을 내걸고 공세적 투쟁 전개 – 노동조건 저하 방지 및 개선, 이용시민 편익 증진을 위한 인적·물적 투자 확대, 사외이사제 및 노동조합과 시민의 경영참가 감시체계 구축
3. 노동시간 단축과 고용창출 – 투쟁의 성과물인 근무제도 사수 및 공공부문의 일자리 늘리기 통한 실업 흡수 역할 제기
4. 공공부문 타 노조와의 공동투쟁과 진보적 시민사회단체와의 사회적 연대투쟁 조직 – 공동투쟁 통한 투쟁력 극대화 및 대산별노조로의 조직발

전을 추진하며 시민사회단체와의 연대로 지하철의 한 주체인 이용시민 계층의 광범위한 지지 지원을 조직한다.

〈노동시간 단축을 통한 고용창출〉

(1) 주 40시간 월 164시간으로 단축

(2) 총 1,792명 신규고용 창출

가. 현 정원 11,492명에 대한 결원 390명 충원

나. 노동시간 단축에 따른 1,402명 충원

8대 집행부는 위원장을 포함한 다수가 1989년 3·16파업과 1994년 6월 전지협 파업을 중앙집행간부, 지부·지회간부, 대의원 및 현장간부로서 직·간접적으로 경험한 이들로 구성되었다. 집행부는 구조조정 저지투쟁이 중앙정부가 감행한 IMF 신자유주의 정책에 대항하는 투쟁으로 정권과의 투쟁을 전제로 함을 인식하고 있었다. 때문에 집행부는 위원장 이취임식부터 현장간부 결의대회로 시작하여 이듬해 4월 19일 파업에 돌입하는 순간까지 '정부의 잘못된 정책기조를 바꾸기' 위해 '투쟁'만을 조직했다. 조합원 1인 1교육, 현장간부 교육, 지회·지부단위 수련회, 간부 전체 수련회 등으로 조직력을 확보했다. 또한 1998년 12월 15일 4,821명의 조합원이 함께한 서울역 광장 제1차 조합원 총회를 시작으로 종묘공원, 시청역·서울역·청량리

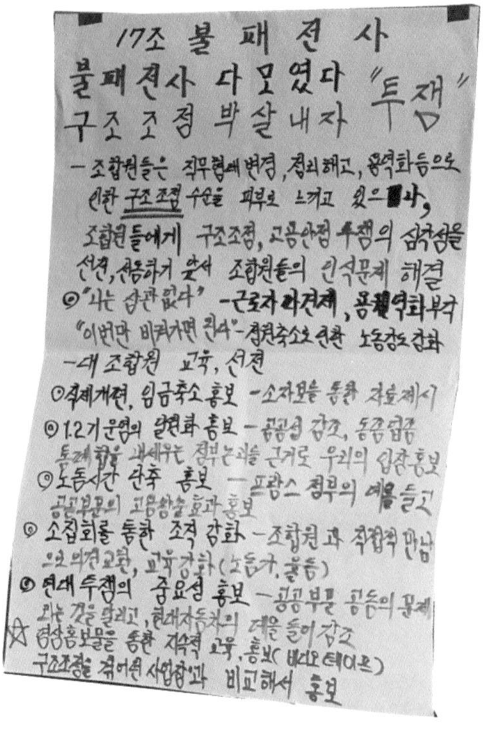

구조조정 투쟁 결의를 다지는 간부수련회 대자보

역·용산역 광장, 광화문 앞 등에서 9차에 걸친 조합원 총회와 수차례의 연대·공동집회에 함께하며 투쟁열기를 확산시켜나갔다.

한편으로는 공동투쟁과 상급단체의 지원·연대투쟁을 조직하기 위한 노력을 기울였다. 그러나 앞에서 언급했듯이 민주노총은 노사정위원회 문제에서 비롯된 내홍과 갈등이 총연맹 임원 선거를 전후하여 심화하는 등 투쟁전선의 복원이 쉽지 않은 상황이었다. 당시는 공익노련, 민철노련, (구)공공연맹을 통합하여 통합연맹을 건설하기 위한 사업도 한창 진행 중이었다. 3조직 통합연맹 건설로 가닥이 잡히기까지 서울지하철노조 내부에는 산별노조 건설 경로와 전망을 두고 논란이 있었다. 이러한 조건을 극복하고 투쟁 결의를 모아내는 일이 관건이었다.

일방적 구조조정 반대 조합원 총회(1997.12.15.)

민주노총(위원장 이갑용)은 서울지하철노조가 일정을 미루어 금속·보건 등과 함께 노동절에 맞춰 총파업에 돌입할 것을 권고했다. 그러나 서울지하철노조는 1999년 벽두부터 구조조정 압박에 체력단련비와 학자금 폐지 문제까지 발생한 상황이었고, 이를 근거로 총파업 시기를 최대한 앞당겨야 한다는 주장이 제기되고 있던 상황이었다. 집행부가 민주노총·공공연맹과 파업 시기를 조정하는 동안 '8대 집행부는 파업에 돌입하지 않을 것'이라는 소문도 떠돌고 있었는데, 6대 위원장으로서 파업 없이 임기를 마친 바 있는 석치순 집행부에게는 파업 일시를 확정하는데 어려움으로 작용하기도 했다.

8대 집행부는 4월 19일 파업에 돌입하기로 결정했다. 이는 내부 동력이 정점인 시기에 파업에 돌입해야 한다는 점과 19일이 아닌 26일로 파업날짜를 조정한다고 해서 기대 이상의 총파업 투쟁전선이 만들어지기는 어렵겠다는 판단에 따른 것이다. 집행부는 출범과 동시에 전국 투쟁전선을 복원하기 위해 직접 조직화에 나섰다. 민주노총의 투쟁기획회의에 직접 결합했고, 민주노총 위원장과의 간담회도 했다. 민주노총 산하연맹이나 지역본부의 중앙집행위원회, 대의원대회, 시민사회단체 주요 회의나 집회, 심지어는 주요 단위 사업장의 각급 회의에 이르기까지 어디든지 달려가 전국적 공동투쟁의 필요성을 직접 호소하며 서울지하철노조의 각오와 결의를 전했다. 3월 9~10일 개최된 민주노총 단위노조대표자 수련대회와 이후 3월말 4월초까지 다양한 경로로 노동조합이 직접 점검하고 확인한 결과 각 연맹의 조직 상황은 4말5초 총파업투쟁조차 사실상 실천이 불가능한 상황이라는 것이 서울지하철노조의 판단이었다.[135] 따라서 집행부는 노동조합 내 3월 조기파업 주장을 펴는 이들을 최대한 설득하고 민주노총의 노동절 투쟁과 연결하기 위한 파업 일자로 4월 19일을 결정하게 되었다.

135) 당시 민주노총 단위노조대표자 수련대회에서 나온 발언들 중에는 "정치투쟁의 당위성에는 동의하지만 4월 중순 투쟁은 어렵다. 구조조정 선도투쟁을 하되, 임단투는 5, 6월에 가능하다." "민주노총의 총력투쟁의 상이 변한 것인가? 초기 구조조정투쟁이 임단협투쟁으로, 오늘은 임단협을 중단하고 4월 총력투쟁(하자고 한다.)....교섭권 위임전술이 퇴색하고 있다." "4월 중순 따라가는 거 가랑이가 찢어진다. 시기, 요구, 투쟁방침에 공감하지만 구조조정 사업장은 소수고 민간사업장 다수다." 등이 있었다.

노동조합의 지하철 개혁 요구안과 서울시와의 교섭

한편, 노동조합과 공사는 2월 12일과 3월 2일 고용안정과 지하철개혁을 위한 특별단체교섭을 했지만 진척이 없었고 서울시는 산동회계법인을 통해 서울지하철 구조조정 계획을 발표하고 이를 강행할 의사를 밝히기 시작했다. 이에 노동조합은 3월 11일 임시대의원대회에서 '고용안정과 지하철 개혁을 위한 요구(안)'을 확정하고 이를 토대로 서울시와의 교섭을 추진했다.

지부별, 반별 총회와 여성조합원 총회, 본사 도배투쟁, 거리 선전 등으로 현장에서 투쟁을 준비하는 조합원들

서울지하철노조 고용안정·지하철개혁 요구안[136]

구분		주요 내용
요구안1) 노동시간 단축, 고용 창출		주 44시간 월 184시간을 주 40시간 월 164시간으로 축소 노동시간 단축으로 1,792명의 신규고용 창출(현정원 11,492명에 대한 결원 390명 충원, 노동시간 단축에 따른 1,402명 충원)
요구안2) 지하철의 민주적 개혁으로 공공성과 공익성 증진	운영 일원화	–수도권 대중교통 개혁차원에서 1, 2기 지하철 및 수도권 전철망 통합 –그 1단계로 1, 2기 지하철을 통합하고 2단계로 수도권 전철망을 통합 – 분리운영으로 여러 가지 문제를 파생시킨 것에 대한 책임으로 1,2기 분리 당시 정책결정에 참여했던 책임자를 밝혀 처벌
	정부 재정 투자 확대	–건설부채 중앙정부 해결 –안전·서비스시설 투자확대를 위해 운영비를 지원(교통세배분, 역세권 개발 이익 환수 등) –운영의 대부분을 운송수입(요금인상)에 의존하여 시민에게 부담을 전가하는 문제를 해결하고 최저생활 기준으로서의 시민의 교통권 실현
	안전운행 확보와 이용시설 개선	–안전운행을 위해 결원(390명) 및 적정인원 충원 –부품유용 금지, 부품 및 물품의 최저낙찰제 폐지 등 구매제도 개선 –노후(20년 이상)차량 96량 운행중지와 전동차 표준연수 20년으로 환원 –노후시설 및 설비 개선하여 안전사고 미연 방지 –18개 편성(180량)의 미정비차량 운행중지와 주공장 증설 –안전사고 대비 예비차량 확보율을 12%로 –공사(개량, 신설, 보수)의 하도급 중지와 부실공사 책임자와 감독자의 처벌 –이용환경, 서비스 질, 안전·편의시설, 장애인 이용시설 개선 및 이에 따른 투자 확대
	지배구조 개혁	–자율경영과 책임경영의 토대를 마련하여 공기업의 공적기능 수행능력을 제고하고 공기업의 목적성에 부합하는 지배구조로 개혁 –이를 위해 사장·감사추천위원회 구성, 사회이사 및 감사제도 도입, 예·결산 관련 지침제 폐지, 경영진단제도 폐지, 이사회의 의사결정 기능 강화, 노동조합·시민의 경영참가를 제도적으로 보장하고 이에 따른 법·조례·정관 정비
	조직구조 개혁	–건설업무를 통합지하철 공사로 이관 –기능별 조직구조로 본사조직과 현업조직을 일원화 –이용시민의 권리확보와 양질의 서비스 제공을 위한 고객지원서비스 전담부서 신설 –현장업무 운영의 자율성·창의성 부여 –통합지하철의 총체적인 기술개발을 연구하는 전담부서 신설 –안전지도실을 폐지하고 감사실의 기능을 축소

136) 노동시간 단축을 통한 고용창출은(현행 월 평균노동시간–월 단축시간)/단축 후 노동시간=신규 고용 창출자로 계산했다. 이 요구안은 1999년 1월 13일 임시대의원대회에서 확정된 것이다.

구조조정은 공사와 협상을 통해 정리될 성격의 문제는 아니었지만 그렇다고 집행부가 공사와의 협상을 근원적으로 거부했던 것은 아니다. 노동조합은 체력단련비와 학자금 지급 중지에 관해 공사와 교섭했지만 이조차 공사 경영진의 권한 밖의 일이라는 한계를 확인하고 서울시와의 직접 교섭을 요구했다.

제대로 형식을 갖춘 서울시와의 정식 협상은 한 차례도 이뤄지지 않았다. 다만 3월 12일 교섭권을 위임받은 연맹 지도부와 고건시장의 간담회가 서울시의 홍보·전시용으로 이뤄졌을 뿐이다. 이때 서울지하철노조 간부가 동석했다. 면담 혹은 실무협상은 수차례에 걸쳐 이뤄졌다. 3월 27일 교통관리실에서 첫 대면이 이뤄진 이후 18일까지 시와 노동조합은 십여 차례의 간담회와 실무협상이 진행됐다. 그러나 서울시는 이 과정에서 연말상여금을 미리 당겨 체력단련비로 지급하고 학자금은 퇴직금을 담보로 하여 지급하겠다는 일고의 가치도 없는 안을 내놨다. 구조조정과 관련해서는 사실상 아무런 진전이 없었다. 정무부시장이 구조조정 시기와 절차에 관하여 다소 유연한 입장을 보였으나 인력감축이 전부인 구조조정의 본질, 체력단련비 및 대학생 학자금 폐지 입장

서울지하철 개혁을 위한 공개토론회(1999.2.3.)

은 기획예산위와 행정자치부의 지침을 핑계로 고수했다.[137] 노동조합은 파업 예고 하루 전인 18일, "서울시와 노동조합 쌍방간 내놓은 안을 철회하고 운영권을 통합하는 시기에 새로운 안을 만들자"는 마지막 수정안을 제시했다. 협상은 19일 새벽까지 진행되었으나 서울시는 한발짝도 물러서지 않았다. 결국 대화를 재개할 여지가 있을 때 다시 자리를 갖기로 한 것을 끝으로 노조와 서울시의 협상은 종료됐다. 노정 간 협상은 이후에도 더는 이뤄지지 않았다. 결국 서울시는 원래의 구조조정 계획에서 후퇴할 수 있다는 여지로 비칠 수 있는 언급을 단 한 자도 담고 싶지 않았던 것이다. 노동조합 또한 노사 간 혹은 노정 간 "시기와 절차 등에 관한 논의" 정도의 내용으로 파업을 철회한다는 것은 절대 용인할 수 없었다.

4.19파업은 자신들의 권한 밖이라고 발을 뺀 채 무책임하게 구경만 한 공사, 아무런 재량권도 결정권도 없는 정무부시장에게 떠맡긴 채 정권 뒤에 숨어 뒷짐을 진 고건 시장, 기계적이고 획일적인 공기업 구조조정 정책을 폭력적으로 밀어붙인 김대중 정권의 책임이었다.

강요된 절망에 맞서는 현장

정부 산하 기관을 중심으로 추진되었던 구조조정이 1998년 11월 6일, 행정자치부의 '지방공사·공단 예산편성 보완지침'을 통해 서울지하철 등 지방공기업에 대한 구조조정으로 가시화되기 시작했다. 정원의 30%에 해당하는 3,447명의 감축과 임금삭감, 복리후생비 삭감이라는 '혁신방안'은 현장을 들끓게 했

137) "시정개혁위원회에서 구조조정을 입안하는 과정에 노사 양측의 입장을 충분히 들으라 (지시)했다. 권고안을 노사 양측이 협의해서 추진하라. 양자 대화 안 되면 3자 대화라도 하자. 다만 두 가지 원칙은 꼭 지켰으면 좋겠다. 첫째, 시민들에게 불편 불안을 줘서는 안 된다. 둘째, 하루 10억 원의 적자 어떤 식으로든지 경영개선하자.…(중략)…체력단련비와 학자금은 공기업 전체에 공통된 정부 지침이다. …(중략)…이 자리에서 시원하게 답변할 사람 없다." 4월 6일 시장과 위원장의 면담 자리에서 고건 시장이 한 말이다. 이어 교통관리실장은 "노사가 본격적으로 구조조정에 관해 논의해줬으면 좋겠다. 많은 사람들이 지하철공사 문제 있다고 한다."고 했고, 마지막으로 시장은 수도권 (전철)통합 방향은 검토 가능하나 통합 후 구조조정하자는 것은 반대 입장임을 분명히 밝혔다.

시청 항의투쟁(1999.3.5.)

다. 서울시와 공사는 경영진단 용역을 통하여 구조조정안을 계속 유포했으며 현장에 직무 분석팀을 투입하려 했고 지원부서(본사 및 현업 사무실)에 대한 자체 직무분석을 시분 단위로 수행하게 했다. 또한, 자신들의 구조조정안을 발표하기 전부터 명예퇴직을 강제 시행하고 고령자 대기발령, 사규의 일방적 시행 등 도발을 했다. 결국 서울시는 서울지하철노조 투쟁으로 두 차례 연기했던 지하철구조조정권고안을 시정개혁위원회 이름으로 1999년 2월 2일에 발표했다.[138] 권고안은 인력조정을 주요 내용으로 삼고 있다. 조직재설계, 민간위탁대상을 적극적으로 개발하고 근무제도 개악을 포함한 직무분석으로 역무 4조3교대를 3조2교대 20일 근무로 변경하고 승무는 17.3다이아를 19다이아로, 차량 및 기타 현업도 3조2교대 18일 근무에서 20일 근무로 조정해서 18.1%인 2,078명을 감축하겠다는 것이었다. 또한, 1997년 체결된 단체협약의 유효기간이 아직 남았음에도 체력단련비와 대학생 학자금을 지급하지 않는 등 선제공격을 해왔다. 현장에서는 이번에는 한번 제대로 된 투쟁을 해보자는

138) 서울시의 권고안은 6개 시 투자기관 인력의 21.4%인 4,876명을 2001년까지 단계적으로 감축하라는 내용이었다. 이에 따르면 서울지하철공사 1만1492명 중 2078명, 도시철도공사 7,944명 중 1,859명, 시설관리공단 1,675명 중 525명, 농수산물도매시장관리공사 508명 중 228명, 도시개발공사 566명 중 119명, 강남병원 615명 중 67명 등 총 4,876명이 감축된다.

쟁의행위 찬반투표 결과 및 투쟁방침 발표 기자회견(1999.3.26.)

조합원들의 의견이 제시되고 있었다.

총파업을 준비하면서 조합원들의 투쟁열기를 몸으로 느끼며 위원장과 간부들은 승리를 예감할 수 있었다. 3월 5일 집행간부들이 서울시청 항의방문 도중 연행되자 조합원들은 사복투쟁과 작업거부 투쟁에 즉각 돌입하여 집행간부들을 구출할 정도로 투쟁의 사기는 높았다. 현장에서는 현장의 현안에서 시작하여 현업사무소와 국지적 투쟁을 만들어 내는 등 총파업 투쟁을 준비해 나가고 있었다. 이러한 투쟁의지는 3월 26일 '고용안정쟁취와 지하철개혁 승리를 위한 쟁의행위(총파업 포함)' 가결에서 드러났다. 총원 9,841명 중 9,609명(97.64%) 참여와 찬성 8,308명(86.46%)의 높은 찬성으로 총파업투쟁의 결의가 하나로 모였다.

고용안정쟁취와 지하철개혁 승리를 위한 쟁의행위 찬반투표

지부	총원	기권	투표인원	투표율	무효	찬성		반대	
						찬성	찬성률	반대	반대율
역무지부	2815	68	2746	97.55	14	2548	89.51	274	9.98
승무지부	1830	52	1778	97.16	10	1440	80.99	328	18.45

기술지부	2141	31	2110	98.55	21	1754	83.13	335	15.88
차량지부	2557	52	2502	97.97	9	2288	91.34	208	8.30
본사특별지회	382	24	358	93.72	3	260	72.63	96	26.54
교육생	116	4	112	96.55	1	108	96.43	3	2.68
총계	9841	280	9609	97.64	58	8308	86.46	1243	12.94

총파업 돌입일이 다가오자 역무지부는 역사 방송 투쟁을, 승무지부는 차내 방송과 안전운행 투쟁을 전개했으며, 전동차가 멈추는 파업을 위하여 기술·차량지부는 5일간의 작업거부투쟁을 수행하면서 총파업으로 달려가고 있었다.

공공부문 노동조합들의 4.19파업 준비

공공부문 노동자들의 1998년 하반기 투쟁은 한국조폐공사노조의 완강한 구조조정 반대투쟁과 조흥시스템, 전국의보, 한국전력기술, 대한송유관, 지역난방, 산업단지 노조의 투쟁이 계속되었지만 공공부문 전체의 투쟁으로 발전하지는 못했다. 하지만 이러한 경험을 통해 공공부문 노동조합은 조직적 결집의 필요성과 공공부문의 공동투쟁의 절박함을 인식했다. 이에 공공연맹, 공익노련, 민철노련은 12월에 '공공통합과 '99공동투쟁 승리를 위한 투쟁본부(공투본)'를 결성하고 수련회와 투쟁기조 설정, 공동집회를 중심으로 투쟁을 준비했으며, 1999년 3월 13일 공공3조직은 통합 대의원대회를 개최하고 '전국공공운수사회서비스노동조합연맹'을 출범시켰다.

공투본은 "정부의 정책기조를 바꾸는 투쟁"을 목표로, ① 노동시간 단축, ② 공기업 공익성 유지와 재벌·해외매각 반대, ③ 연봉제 철회, ④ 퇴직금제도 개악·복리후생 축소 철회, ⑤ 공공부문 임금 대정부 직접 교섭, ⑥ 노동조합(노동자대표)의 경영참여를 6대 요구로 확정했다.

공투본은 애초 3월 투쟁을 계획했다가 여러 차례 조정을 거쳐 4월 8일 공공

1999년 공동투쟁 승리를 다짐하는 공공부문 노동자들(1999.2.7.)

연맹 제1차 중앙위원회에서 4월 19일을 공공연맹 총파업의 날로 확정했다. 서울지하철노조가 파업에 돌입하는 4월 19일 공공연맹이 총파업을 전개하고 4월 26일 한국통신노조의 파업을 조직해 금속연맹과 보건의료노조 투쟁으로 이어간다는 상이었다. 동시 총파업은 어렵더라도 공공연맹을 시작으로 '파도타기' 투쟁을 이어 민주노총 파업과 연결한다는 계획이었다. 이로써 서울지하철노조의 파업은 공공연맹과 민주노총 파업의 포문을 여는 투쟁이 되었다.

앉아서 죽음을 기다릴 수는 없다: 파업 출정식[139]

4월 18일 저녁 서울지하철노조는 공권력 침탈에 대비하여 조합원을 명동성당과 군자기지, 신정기지, 창동기지로 분산하여 지부별로 집결토록 했다. 이에 따라 승무지부는 오후 8시경 서울지하철 집행부, 공공연맹 집행부와 함께 명동성당으로 진입했고, 기술지부는 신정기지로, 역무지부는 창동기지, 차량

139) 이하 농성 상황은 손승권, 「8일간에 걸친 파업을 마치고」, 『현장토론자료집』; 차량지부 조합원, 「4.19투쟁과정과 문제점 및 성과 그리고 향후 과제」, 『현장토론자료집』; 공공연맹, 『공공연맹 구조조정 1년과 노동자들의 투쟁』, 1999; 역무지부 조합원 간담회(2017.2.) 인용.

지부는 군자기지로 집결했다. 6천여 명에 달하는 인원이었다. 집결과 동시에 지부 집행부는 총파업 승리를 위한 출정식을 개최하고 중앙지도부는 11시에 명동성당에서 "교섭이 결렬될 시 4월 19일 오전 4시를 기해 총파업에 돌입한다"는 기자회견을 했다.

한편, 군자기지에서 출정식을 마친 차량지부는 경찰의 공권력 침탈에 대비해 밤 10시 50분경 군자기지에서 지하철에 탑승하여 성수역에서 내려 건국대로 진입을 시도했다. 그러나 이 과정에서 군자기지부터 이동해 온 경찰에 의해 건국대 진입이 무산되었다. 석치순 위원장은 "최대한 세종대로 집결하고 여의치 못할 시는 4월 19일 오후 2시 공공연맹 집회로 집결하라"는 지침을 전달했고, 이에 따라 조합원들은 자정즈음 세종대 진입을 완료했다. 300여 명의 학생 사수대가 있었기에 가능했다. 이후 각 기지와 세종대에서 농성하던 조합원들은 19일

파업 돌입을 위한 지부별 집회와(위) 서울역 집회 후 행진(아래)

새벽 3시 30분경 공권력 침탈 움직임에 따라 대오를 해산하고 당일 공공연맹 집회에 결합하기로 했다. 경찰 침탈 위험 때문에 파업 출정식을 힘 있게 진행하지는 못했지만 이동전화로 들려오는 위원장의 간결한 파업 돌입 선포는 가슴 벅찬 것이었다. “파업에 돌입합니다!” 조합원들은 사우나, 여관방, 자취집에서 잠시 눈을 붙이고 다음날 서울역 공공연맹 총파업 선포 집회로 집결했다.

역무·기술·차량지부 서울대 농성

4월 19일 오후 2시 서울역 집회에 참석했던 역무·기술·차량지부 조합원들은 명동성당까지 행진한 후 오후 6시 25분경 서울대로 진입하기 시작했다. 그런데 경찰에 동선이 노출되었다. 애초 서울대입구역, 낙성대역, 신림역을 통해 동시에 신속하게 진입하기로 계획되어 있었으나 행진에 참여하지 않은 조합원들이 먼저 낙성대역에 내려 서울대로 가는 바람에 동선을 파악한 경찰들이 오후 6시 30분경부터 병력을 배치하기 시작한 것이다. 이에 서울대 상황실에서는 낙성대역 주변 도로에 학생 사수대를 배치하여 조합원들의 진입로를 확보했다. 경찰이 낙성대 쪽으로 이동하여 진입차단을 시도하자 사수대는 화염병을 던지며 이를 저지했고, 20여 분간의 공방 중에 학생 3명이 연행되었다. 그 사이 조합원 2,500여 명이 서울대로 진입하는 데 성공했고 이후

서울지하철 파업을 지지하며 서울대 학생들이 드립니다.

● 4월 19일 서울 지하철이 파업에 들어갑니다.

지난 4월 14일부터 서울 지하철 노조가 준법투쟁에 들어갔습니다. 그리고 15일부터 지하철의 운행이 지연되기 시작했습니다. 신문과 TV 등의 언론에서는 연일 시민들의 발을 볼모로 한 무책임한 행위라며 파업을 준비하고 있는 서울 지하철 노동자들을 '집단 이기주의'로 매도하고 있습니다. 정권은 지하철 노조의 파업을 불법으로 규정하고 파업을 벌릴 시에는 강경 대처하겠다는 의사를 밝히고 있습니다.

● 인원감축이 해결책인가?

서울시는 지하철 공사의 2조 4천 9백억원에 달하는 부채를 구실로 인원 감축과 노동강도의 강화 등을 골격으로 하는 구조조정을 추진하고 있으며 장기적으로는 민영화를 통해 효율성을 제고한다는 입장입니다. 하지만 현재 지하철 공사가 떠안고 있는 부채는 과다한 노동비용에서 발생한 것이 아니라 공사의 잘못된 운영과 지하철 건설당시의 부채로 인한 것입니다. 도시철도와 서울지하철 공사로 나누어져 있는 잘못된 체계 때문에 발생한 중복투자 등의 경영상의 잘못이 부채의 큰 부분을 차지하고 있습니다. 부채를 줄이는 것은 경영구조의 개선에서 찾아야하지 노동자들의 삶의 터전을 뺏는 정리해고를 통해 해결하려 해서는 안됩니다.

지하철 공사는 2078명의 인원을 감축하려 하고 있습니다. 하지만 지금의 지하철 운영에 인력이 남는 것이 아니라 오히려 인력이 모자라는 상황입니다. 지금까지도 부족한 인력 때문에 지하철 운영에 차질을 빚어왔고 종종 사고를 일으키기도 했습니다. 지하철 노동자의 인원감축은 지하철의 사고 위험만 높이는 결과만을 낳을 뿐이며 심각한 실업문제를 더욱 부추기게 될 것입니다.

● 지하철 노동자들의 요구- 노동시간 단축하라!!

공사에 맞서 서울 지하철 노조는 노동시간 단축을 통한 신규고용창출을 요구하고 있습니다. 단지 지하철 노조만의 요구가 아니라 실업문제를 극복할 수 있는 대안으로서 이를 요구하고 있는 것입니다. 사회 전체로 현행 주44시간인 법정근로시간을 주40시간으로 줄이면 약 80만명의 고용창출 효과가 있으며 주35시간으로 단축하면 170만명의 고용창출효과를 가져올 수 있다고 합니다. 이는 또한 생산성의 향상과 사회적 구매력의 확대로 이어져 투자유발효과도 가져올 수 있습니다. 노동시간 단축은 전사회적인 실업문제를 실질적으로 해결할 수 있는 유일한 대안입니다.

● 지하철 노동자들의 싸움은 바로 우리 모두의 싸움입니다.

서울지하철 노조의 파업은 단지 한 사업장에 국한되는 문제가 결코 아닙니다. IMF 신탁통치가 실시된 이후로 지금까지 수많은 노동자들이 일자리에서 쫓겨나 실업자로 노숙자로 거리를 헤매고 있습니다. 살아 남은 자들도 언제 짤릴지 모르는 불안감 속에 하루하루를 살아가고 있으며 점점 낮아지는 임금과 높아지는 노동강도에 힘겨워하고 있습니다. 저희들 또한 가까운 친구, 후배의 아버지가 정리해고로 실직 당했다는 소식을 들으며, 가정형편이 어려워 휴학을 하는 학우들을 보며 많이 가슴아파했습니다. 경기가 회복된다고 떠들어대지만 정작 서민들의 주머니 사정은 결코 나아지지 않고 있습니다.

김대중 정부는 경제위기 극복과 구조조정을 위해 노동자들이 고통을 참을 것을 강요하였지만 정작 요구한 것은 노동자들에 대한 정리해고 뿐이었지 재벌에 대한 개혁은 전혀 진척되지 않고 있습니다. 빅딜이라는 것도 재벌에게 부채탕감 등의 특혜까지 베풀어가며 사업을 몰아줘 독점을 강화하는데 불과했습니다. 재벌의 부채비율은 오히려 IMF 이전보다 더 늘어가고 있습니다. 경제 파국의 주범이었던 정치권과 재벌은 그 책임을 전혀 지지 않고, 죄 없는 노동자들에게 IMF의 칼바람을 몰아치고 있는 것입니다.

정부는 지하철 파업을 시민의 안전을 볼모로 한 것이라 매도하고 있지만, 언제 정부가 시민의 안전을 그렇게 걱정해 주었던 적이 있습니까? 정부와 재벌이 한통속이 되어 진행하고 있는 지금의 구조조정에 가장 큰 걸림돌이 될 지하철 노조의 파업을 탄압하기 위해 시민을 안전을 들먹이고 있을 뿐입니다.

●조그만 불편 참고 견디겠습니다.

지금의 지하철 파업은 단지 지하철 노동자들만의 싸움이 아니라 전 국민의 삶을 건 한판 싸움입니다. 그들의 싸움이 너무나 절실함을 알기 때문에, 그리고 그들의 투쟁이 우리 부모님, 우리들 자신과 무관하지 않은 싸움임을 알기 때문에 저희 학생들은 조그마한 불편을 이유로 그들을 비난하지 않습니다. 또한 지하철 노동자들을 향한 탄압은 머지않아 여러분과 우리자신을 향하게 될지도 모르기 때문입니다. 오히려 저희들은 지하철 노동자들의 싸움을 지지합니다. 지하철 노동자의 싸움 속에 IMF신탁통치 아래서 고통받는 수많은 이들의 미래가 달려 있다고 믿기 때문입니다. 불편하더라도 저희가 먼저 참겠습니다. 그리고 지하철 노동자들의 투쟁에 힘차게 함께 하겠습니다. 시민 여러분들도 지하철 노동자들의 싸움에 격려를 보내주시길 바랍니다.

서울대학생들의 파업 지지 유인물

경찰은 봉쇄를 해제함으로써 전체 조합원들이 서울대에 진입할 수 있었다.

농성대오는 총학생회의 협조로 학생회관과 몇 개의 강의실 그리고 야외음악당 주변 텐트 50동에서 숙박했다. 조합원들은 학생들에게 불편을 주지 않기 위해 매일 오전 6시 30분에 기상하여 청소를 마치고 야외음악당 주변 잔디밭에서 하루 일정을 보낸 후 저녁 10시경 다시 학생회관과 강의실로 돌아와 잠을 잤다. 이때 조합원들에게 중요한 지참물이 생겼다. 은박 깔판이다. 전날 잠자리로 사용하던 깔판을 둘둘 말아 옆구리에 끼고 다니는 모습은 장관이었다. 생존 본능은 은박지만큼이나 빛났다.

20일 아침, 바닥의 냉기와 싸우느라 잔 것인지 밤을 새운 것인지 알 수 없이 하룻밤을 지내고 모인 조합원들은 서로의 모습을 보며 놀라워 함성을 질렀다. 와~ 이렇게 많은 조합원이 함께했다니. 이날은 총회가 수시로 열렸고 총회가 거듭될수록 투쟁열기가 올라갔다. 시간이 갈수록 대오가 불어나 서울대에만 6천에 가까운 파업대오가 집결했다. 한국통신의 파업결의, 대우조선과 대우중공업 노동자들의 전면파업 소식이 전해지자 사기는 한층 고조되었다. 걱정했던 역무지부가 조직력을 회복하고 강고한 대오를 유지하며 계속 불어나고 있었다.

이날 검찰은 21일 오전 4시까지 복귀하지 않으면 전원 직권면직하겠다는 협박을 가해왔고 3일 이내에 파업을 깨겠다고 장담을 하고 있었다. 이에 흔들려 기술지부 한 지회장과 조합원이 전원 복귀한 지회가 발생하는 등 기술지부 복귀자가 눈에 띄게 늘어나고 있었다. 기술지부 전현직 간부들은 복귀자들을 파업현장으로 다시 끌어내기 위한 순회를 했다. 하지만 일부 이탈자가 발생하는 와중에도 조합원들은 흔들리지 않았다.

한편, 농성 첫째 날부터 경찰의 침탈에 대비해 학생, 공공연맹 간부, 지부장 등으로 구성된 상황실이 설치되었다. 상황실에서는 단계별 대응전술을 수립하여 각각의 단계에 맞는 조합원들의 대응지침을 전달하기도 했다. 단계별 대응이 가능하기 위해서는 병력이동을 상시로 감시해야 했기 때문에 상황실에서는 주간에는 10여 명, 야간에는 20여 명을 병력 이동로에 배치하여 20~30분 간격으로 상황을 감시했다.

저녁 도시락이 밤 10시가 넘어 도착해 그때야 배를 채우고 잠이 들었다. 그런데 새벽에 비상 상황이 발생했다. 침탈이 예상된다는 것이었다. 잠시 후 상황이 해제되었지만 조합원들은 3.16파업, 전지협 파업이 떠올라 불안해하기 시작했다. 만약 침탈된다면 산개하라는 것이 명동성당 중앙지도부의 방침이었다. 그런데 서울대에서 어디로 빠져나가 산개를 한단 말인가. 캄캄한 새벽에 관악산이라도 넘어야 하는 건가. 조합원들은 침탈 위험보다 무엇을 어찌해야할지 상을 잡지 못하고 있는 것이 더 두려웠다.[140]

오전 오후 집회 정도의 프로그램으로 하루하루를 보내야했지만 서울대 농성장은 농성하기에는 좋은 환경이었다. 따뜻한 봄 햇살, 나무 그늘, 꽃, 넓은 잔디. 명동성당에서 승무지부 조합원들이 물 부족, 공간 부족으로 제대로 씻지도 쉬지도 못하는 상황에 비하면 조합원들 말대로 '명성 지옥, 서울대 천국'이었다. 지도부는 조합원들의 피로를 줄여주기 위해 낮에는 집회를 줄이고 자유시간을 많이 줬다. 조합원들 대부분은 밤에는 잠을 이루지 못하고 따뜻한 햇볕 아래서 낮잠을 잤다. 노천극장 무대와 버들골에는 수많은 멀티탭이 설치되어 있었고 거기에는 휴대용 전화기가 빼곡하게 꽂혀있었다.

한편, 김대중 정권은 서울지하철노조의 파업이 장기화하면 1999년 최대 정책목표로 꼽고 있는 공공부문 구조조정이 무산될 수도 있다는 판단에 강경한 태도를 보였다. 검찰은 공안대책회의를 열어 석치순 위원장을 비롯한 63명에

140) 이와 관련하여 현장간부의 결의를 모아내고 침탈 시 무엇을 알 것인지 전체 조합원과 논의하는 프로그램이 필요했다는 사후 평가가 있었다. 파업기간 중 여성조합원들의 토론만이 조직적으로 이뤄졌다. 여성부는 역무소 단위별 여성조합원들이 조기 복귀자에 대한 조직적 대응을 어떻게 할 것인가에 대한 분임토론을 해 그 결과를 대자보화 했다.

서울대 농성장

대해 체포영장을 발부했고 서울시는 4월 21일 자정까지 업무에 복귀하지 않으면 전원 직권면직하기로 했다. 이날은 서울지하철노조 파업대오에 첫 번째 고비였다. 이날 민주노총은 명동성당 농성을 시작하며 파업 상황을 점검했다.

22일 파업 4일차 아침 조합원들은 "우리 모두 실업자가 되었네."라며 웃고 있었다. 직권면직 시한을 넘긴 조합원들은 자신을 대견스러워하며 분위기가 오히려 더 좋아졌다. 제대로 씻지 못하고 수염도 덥수룩해지면서 농성자임을 광고할 수준이 되었지만 이미 장기 농성 수칙은 몸에 배었다. "먹을 수 있을

고건 서울시장 면담을 요구하며 시청역에서 투쟁하는 가족대책위(1999.4.23.)

때 먹어둔다. 잠은 수시로 잔다. 얼굴은 씻지 않는다. 깔판은 꼭 챙긴다." 그러면서 한편으로는 거점농성의 답답함을 느끼기 시작했다. 휴대용 라디오를 통해 뉴스를 듣고 앞으로 전개될 상황에 관해 삼삼오오 이야기하면서 답답함과 불안함을 잠재우고 있었다. 파업 3일차 공공연맹 서울역 집회에 결합한 것 외에는 서울대를 나갈 일이 없었다. 민주노총 차원에서 매일 집회를 하고 있다는 소식을 듣기는 했으나 조합원들은 마치 서울대라는 섬에 머무는 있는 느낌이었다.

23일에는 가족의 날 행사가 있었다. 서울대 버들골은 오랜만에 만난 조합원들의 가족과 아이들로 활기가 넘쳤다. 모처럼 반가운 만남의 자리였지만 해고되면 어쩌나 걱정을 하고 돌아간 가족 때문에 한편으로는 어두운 표정이었다. 매일 악선전하는 언론, 반상회·동사무소·구청을 통해 하루에도 몇 차례 걸려오는 복귀종용 전화들은 가족들을 불안하게 만들었다. 심장이 약한 노모가 동사무소의 전화를 받고 많이 놀라셨다는 이야기, 결혼을 앞둔 어떤 조합원은 장인까지 찾아와 복귀를 권하더라는 이야기들이 한동안 조합원들 사이에 돌

서울대 농성장 야간문화제(1999.4.23.)

았다. 하지만 조합원들은 여전히 파업대오를 지키고 있었다.

그러던 중 당산역 열차 사고 소식이 전해졌다. 과로에 지친 대체인력 기관사가 당산역에서 제때 제동을 걸지 못해 차단벽을 박아 생긴 사고였다. 다행히 큰 사상사고는 아니었지만 파업의 위력이 나타난 것이었다. 공사는 시공무원, 군인, 경찰, 소방관, 유관 지역업체를 동원해 지하철 조합원의 빈자리를 대체했고 기관사요원 특채를 요청했다. 한진, 대우, 현대에 차량기지 용역을 의뢰했는데 창동기지에 투입된 대우중공업 노동자들이 "민주노총 조합원끼리 파업을 막는 행위는 못하겠다."고 철수를 통보했고 다른 사업장들도 같은 입장을 발표했다. 조합원들은 대체인력 투입을 거부한 연대에 박수를 보냈다. 노동부·법무부·재경부·행자부장관은 "7일 이상 불법파업 참가 노조원은 해고

전동차에 붙은 서울지하철노조 요구 선전문

하되 절대 복직시키지 않고 파업주동자는 반드시 법에 따라 처리하며 파업으로 발생한 손해는 반드시 책임자에게 배상받겠다."는 합동담화문을 발표했다. 무계결근 7일의 고비를 코앞에 둔 서울지하철노조 조합원들에게는 심적 부담이 아닐 수 없었다.

이런 분위기 속에 공권력의 압박이 시작되었다. 24일 오후부터 헬기가 버들골을 빙빙 낮게 돌면서 위협을 가했다. 차량지부 가족 면회가 있는 날이라 오래간만에 나들이 온 기분으로 놀고 있던 아이들은 놀라 달아났고 모래바람이 날려 도시락은 먹지 못하게 되었다. 현장 활동가들 사이에서 거점을 사수하기 위해 사수대를 꾸려 파업대오를 지키자는 주장이 제기되고 있었다. 하지만 여전히 '침탈시 산개' 정도의 지침만 있었고 거점 사수 역할은 학생들의 몫이었다. 저녁 8시경 야간 노동자 열린 음악회를 시작하려는 순간 사회자가 긴박하게 알렸다. "경찰 침탈 움직임이 보입니다. 퇴로로 집결하시기 바랍니다." 조합원들은 신속하게 버들골로 이동해 지회깃발 아래 대오를 형성했다. 잠시 후 상황이 좋아졌으니 다시 노천극장으로 오라는 지침이 떨어졌다. 하지만 노동가 한 곡 마치기도 전에 다시 사회자가 집결 지시를 내렸고 지회별 대오는 선두부터 관악산에 오르기 시작했다.

서울대 입구와 낙성대 입구 등에 전경차 80여 대가 배치되는 등 총 6,500여 명의 경찰이 무장상태를 완료하고 정문에 집결하고 있었다. 상황실은 긴급회의를 열어 침탈 시 즉시 대오를 이동할 수 있도록 대오를 갖추도록 1차 지시를 내렸다. 이렇게 이동준비와 대오 형성을 반복하다가 경찰이 교내로 진입하면서 학생들과 접전이 일어나자 상황실에서는 긴급지침으로 3개 등산로를 따라 퇴각할 것을 지시한 것이다. 곧이어 퇴각 대오 후미가 등산로 입구부터 200M 지점까지 간 상태에서 이동을 중지하고 헬기를 피해 숨어 대기할 것을 지시했다. 그런데 연주암에서 농성태세로 대기한다는 정보를 제대로 전달받지 못한 차량지부 일부대오가 과천방향으로 넘어갔다. 상황실과 통신에 혼선이 생긴 차량지부장이 산개했다가 내일 집회장소로 모이라는 지침을 내린 것이다. 길게 늘어선 산악행렬 대오에는 다시 노천극장으로 복귀하라는 명령과 계속 앞으로 나가라는 명령이 혼재해 있었다. 기술지부와 역무지부 대오는 서울대 상황실의 명령에 맞춰 산속에 대기하고 있다가 일찌감치 내려왔지만 차량지부는 결국 새벽 3시가 되어서야 대오에 합류할 수 있었다.

과천으로 산개하던 차량지부 조합원들은 대기 중이던 경찰과 충돌, 3명이 다치고 40여 명이 연행되었다. 앞선 대오에 연행자가 발생했다는 이야기를 듣고 조합원들은 오도 가도 못하고 관악산에 퍼져 잠들어 있거나 천근만근 몸을 돌려 다시 연주대로 올라가 연주암에서 마련해준 곳에서 자기도 했다. 산 아래서 관악산 구조대장이 "경찰이 철수했으니 안심하고 내려오라"는 방송을 하자 과천으로 내려간 이들도 있었다.

연행되었던 조합원들은 당일 중으로 간난한 조사를 받고 풀려났지만 이는 가장 강력한 조직력을 지녔던 차량지부가 파업대오를 유지하는 데 결정적인 어려움을 겪게 한 주요 원인 중 하나가 되었다. 나중에 파악된 일이지만 이날 낮에 1만여 명의 노동자·농민·빈민·학생들이 총파업승리 결의대회를 마치고 서울대로 이동한다고 하자 이들을 저지하기 위해 경찰이 배치된 것이고 정문 앞에서만 충돌이 있었던 것이지 서울대를 진압하려 했던 것은 아니라고 했다.

전날 밤 산행은 조합원들을 지치게 해 25일 일정 진행이 불가능할 정도였다. 기술지부 대오가 거의 보이지 않았지만 크게 문제되지는 않았다.[141] 전날 산개했던 차량지부 조합원들도 다시 모여들었다. 조합원들은 오히려 한번 더 침탈이 있으면 도망가지 말고 싸우자는 이야기를 하기 시작했고 현장활동가들 역시 옥쇄투쟁을 하자고 제기했다.

오후부터 헬기 3대가 서울대 상공을 낮게 비행하여 조합원들을 위협했다. 조합원들은 한국통신의 총회에 신경을 쓰면서 야간총회에 모였다. 저녁 10시 20분경 야간총회 도중 불도저로 서울대 정문을 부수고, 헬기로 정문 사수대를 위협하면서 정문과 후문으로 경찰 2,500여 명이 진입하기 시작했다. 이에 맞서 학생사수대가 화염병과 돌을 던지며 30분간 공방전을 벌였다. 상황실에서는 전날과 같은 퇴각전술 대신 도서관 등 학교 내 시설을 점거한다는 계획을 수립하고 있었으므로 경찰이 진입하기 시작하자 바로 조합원들을 도서관으로 이동시켜 점거농성에 돌입했다. 이후 조합원들을 대상으로 자원 사수대를 모집했는데, 차량지부, 역무지부 조합원 천여 명이 사수대에 자원했다. 어떤 지회는 너무 많은 수가 자원해 되돌려 보내야 할 정도였다. 사수대를 50여 명씩 17개 소조로 편제하고, 20명의 통신소조를 편제하는 한편, 전투 상황조까지 편제하여 신속한 대응을 위한 만반의 준비를 하였다. 조합원 사수대는 학생

141) 기술지부의 많은 대오가 복귀서명은 했으나 업무에 복귀하지는 않았다.

서울대 사수대(1999.4.18.)

선봉대의 후방을 지키며 유사시 보조 임무를 수행하기 위해 대기하고 있었다. 물량을 준비하고 아스팔트 바닥에서 서로의 체온에 기대 결전을 기다렸다. 조합원 사수대는 다음날 새벽 5시까지 단 한 명의 이탈 없이 정문과 후문 등에서 모닥불을 피우고 자리를 지켜냈다. 한편, 중앙도서관에 역무지부 가족들이 새벽 2시에 몰려오면서 작은 소동이 있었다. 울며불며 복귀하자는 가족들을 돌려보낸 역무 조합원들은 가슴에 커다란 바윗덩어리를 하나씩 지고 있었다.

무결 7일의 협박을 이렇게 뛰어넘었다. 복귀자 수보다 훨씬 많은 조합원들이 총파업 전선을 지키고 있었다. 그러나 26일 오전 한국통신 파업 불발 소식에 조합원들이 동요하기 시작했다. 중식집회도 취소되고 지도부는 기자회견까지 기다리라는 말뿐이었으니 조합원들의 동요는 더 심해졌다. 조합원들의 얼굴에 직권면직을 넘어섰던 그 자신감이 사라지고 어두운 그림자가 드리워졌다. 조직력이 살아있을 때 퇴각해야 한다는 주장이 설득력 있게 제기되고 있었다. 파업대오가 무너져가고 있는 상황에서 지도부는 명동성당에서 교섭

할 것을 요청했으나 공사는 응하지 않았다.

승무지부 명동성당 농성[142)]

승무지부는 파업지도부와 함께 명동성당에서 거점투쟁을 시작했다. 지회별로 명동성당에 텐트를 치고 조합원들을 점검했다. 대오에 합류하지 못하고 밖에서 배회하는 조합원들을 독려하고 승무사무소 현장 상황실과 수시로 연락하며 상황을 점검했다. 하루가 지나면서 파업대오가 빠르게 안정되었다. 그동안의 파업과는 다른 분위기가 느껴졌다. 조합원들은 불안해하기보다는 파업을 즐기고 있었다. 1,300명이 넘는 인원이 좁은 명동성당 시멘트바닥에서 할 수 있는 것은 제기차기, 바둑과 장기 두기, 윷놀이 정도였다. 그중에서도 윷놀이 인기는 하늘을 찔러 삽시간에 모든 텐트로 퍼졌다. '에야 디야~~ 자진방아를 돌려라~' 가락이 울리면 누군가 원하는 윷 모양이 나온 것이었다. 한쪽에서는 지회에서 운영하는 간이다방이 운영되었다. 다방에는 각종 차나 담배, 컵라면이 준비되어 있었고 배달도 되었으며 지회는 200원짜리 커피를 판 수익금으로 조합원들 야식을 돌리기도 했다. 이렇게 즐기며 공사가 협박한 복귀시한을 넘겼다.

3일이 지나자 조합원 수가 점점 늘었다. 밖에서 상황을 살피며 주춤하던 일부 조합원들이 명동성당 대오가 흐트러짐 없이 유지된다는 소식을 듣고 속속 합류하기 시작했고 적당히 눈치보다 가려던 조합원들도 분위기에 눌려 파업대오에 자리를 틀고 앉았다. 이 현상을 언론은 "명동성당에서 많은 조합원이 규찰대에 의해 갇혀 있다."고 보도했다.

승무지부 구로지회는 "99투쟁 승리하고 지회장 장가보내자"는 구호를 지회 대표 구호로 외쳤다. 수서지회는 외출 나갔다 돌아오던 조합원들을 연행하는

---

142) 명동성당 농성 상황은 심병섭, 「탄압이 아무리 거세도 우리는 쓰러지지 않는다」, 『노동전선』, 1999. 6월호 참조

명동성당 농성장

경찰에 맞서 투석전을 벌인 끝에 진압 방패를 하나 획득하여 '막강수서지회'라고 써서 전시하기도 했다. 밤이면 바닥에서 냉기가 올라와 추위에 떨어야 하는 잠자리, 그나마 자리가 좁아 칼잠을 자고 김밥으로 끼니를 때우고 화장실 이용이 어려워 얼굴이 누렇게 뜨고 씻을 수 없어 머리에 제비집을 지었어도 불평이 없었다. 그동안 느껴보지 못한 동지애, 살뜰하게 챙겨주는 지회간부들의 모습에 믿음과 승리에 대한 확신이 높아가고 있었다. 그렇게 파업 7일을 맞았다. 정부와 서울시, 공사의 협박은 물론이고 언론의 서울지하철노조 죽이기는 상상을 초월하는 것이었지만 하루만 더 버티면 한국통신의 파업으로 전선이 더 확대될 것이라는 기대로 7일을 넘겼다. 그러나 26일 새벽 그토록 기대를 걸었던 전국 투쟁의 불길은 타오르지 않았고 조합원들은 급격히 흔들리기 시작했다.

복귀 선언

서울지하철노조가 파업에 돌입하자 언론은 복귀자들이 늘어가고 있다며 악

복귀 선언(1999.4.26.)

선전을 해댔지만 4월 26일 조직적 복귀명령이 있기까지 파업 열기는 역대 최고를 기록했다. 서울대와 명동성당에 남은 대오는 4,078명이었다.

총파업 참가율 및 복귀율(1999.4.21. 단위: 명, %)

지부	총원	파업참가자	비조합원	복귀자	공사측 주장
역무	2,815	2,558	257	217(8.48)	30.3
승무	1,830	1,737	93	3(0.17)	2.67
차량	2,557	2,489	68	54(2.16)	9.8
기술	2,257	2,123	134	284(13.3)	40.73
본사	382	10	372	372(0.0)	100.0
합계	9,841	8,917	924	930(10.42)	28.3

서울대 파업대오는 저녁 6시, 차량지부장의 간략한 경과보고와 명동성당으로의 이동 명령에 따라 명동성당으로 결집했다. 명동성당은 이미 기자들을 향해 격렬히 항의하는 조합원들과 흐느끼는 여성조합원들로 무거운 분위기였다. 석치순 위원장은 "모두가 잘 싸웠지만 힘이 부족했다."며 현장 복귀를 명령했다.

조합원들이 빠져나간 명동성당, 체포영장이 발부된 간부들은 천막을 치기 시작했다. 지도부는 지회장들은 명동성당을 나가도록 했고 지부장 이상 지도부가 농성을 시작했다. 명동성당을 나간 지회장들은 도피생활을 하다가 불심검문 등으로 경찰에 연행되기도 했다. 지회장들은 보름정도 지난 후 다시 명동으로 집결하라는 지도부 지침에 따라 농성에 합류했다가 파업지도부와 함께 자진출두했다.

학생선봉대와 공공연맹의 현장지원팀

1999년 상반기 학생운동진영은 대학생 고용실업문제를 제기하며 투쟁을 만들어나가고자 했고 노동시간 단축투쟁을 매개로 노동운동진영과 연대를 모색할 수 있었다. 몇몇 학교들이 결집해 대학인 고용실업투쟁 선봉대를 구성했고 이를 중심으로 노동시간 단축, 실천적 노학연대 투쟁 구현을 위해 서울지하철노조 파업투쟁에 결합했다.

학생선봉대는 18일 서울지하철노조 조합원들이 세종대로 진입할 수 있도록 대오를 사수했고 다음날에는 낙성대역으로 달려가 지하철 조합원들의 서울대 진입을 사수했다. 이 과정에서 세 명의 학생이 경찰에 연행되었다.[143] 다음날부터는 파업투쟁 사수를 위한 강행군이 시작되었다. 학생선봉대는 저녁 6시경 서울대로 집결하여 서울지하철 파업대오의 야간 조합원총회에 결합해 투쟁결의를 한 후, 밤을 새우며 규찰을 섰으며 아침이면 각 학교로 돌아가 피곤한 몸을 이끌고 파업투쟁의 정당성을 알리고 자본의 구조조정에 대한 규탄 선전을 진행했다.

학생들이 학교에 나오지 않는 주말에 경찰이 침탈을 시도했다. 경찰은 포크레인, 소방차, 헬기와 백골단을 앞세워 정문의 바리케이드를 부수고 치고 들어왔고 학생선봉대는 이에 완강히 저항했지만 경찰을 내몰지 못한 채 후퇴했다. 조합원들은 도서관으로 들어가 농성투쟁을 시작했고 학생선봉대는 학생회관 앞에서 다시 결의를 다졌다. 경찰은 더 들어오지 않고 물러났지만, 긴장감이 감도는 가운데 26일을 맞았다. 학생선봉대는 각 학교로 돌아가 투쟁을 준비하고 저녁 6시 서울대로 집결했는데 그 시간 파업지도부의 서울대 철수명령이 내려졌다.[144] 서울지하철 노동자들이 빠져나간 서울대에 학생선봉대 200

143) 다행히 구속자는 없었다.

144) 손진우, 「서울지하철 파업 사수투쟁을 진행한 학생선봉대」, 『노동전선』 1999.6호.: 박재범 구술 인용, 참조.

여 명이 동그마니 남았다. 이들은 고개를 떨군 채 한참을 앉아 있다가 농성장 청소를 하고 짜장면 200그릇을 주문했다.

한편, 서울지하철노조가 파업에 돌입하자 공공연맹은 현장지원팀을 꾸려 서울지하철노조를 지원했다. 현장지원 1팀의 김종배, 이상훈, 김명환, 현광훈은 4월 18일부터 서울지하철 기지별 파업대오에 결합했고, 서울지하철노조 파업 기간 내내 투쟁속보를 만들어 하루 한두 번씩 배포했으며 통신을 통해 명동성당에 있는 위원장의 육성을 서울대에서 바로 들을 수 있는 체계까지 갖췄다. 파업 돌입 전부터 공공연맹 정책팀과 선전팀, 서울지하철, 한국통신 등 주요 단위노조 담당자로 언론대책팀을 구성하여 활동했다.

공공연맹의 구조조정 저지 총파업[145)]

공공연맹은 서울지하철노조를 주력대오로 하여 4월 19일 총력투쟁에 돌입했으며, 이 투쟁은 4월 26일까지 계속되었다. 서울지하철노조가 총파업에 돌입한 4월 19일 데이콤노조, 한국전력기술노조 등 공공연맹 산하 20개 노동조합 2만 5,000여 명이 연맹 지침에 따라 파업에 돌입했다. 민주노총은 서울역 광장에서 1만2천여 명이 참가한 파업집회를 열고 명동성당까지 행진했다. 이를 시작으로 연일 1만여 명 이상의 조합원들이 파업집회를 계속했으며, 4월 22일에는 연맹위원장 투쟁명령 3호를 통해 4월 28·29일 제2차 총파업 돌입이 선언되었고, 공공연맹은 전국의보노조를 비롯한 51개 노동조합이 파업에 돌입했다. 한편, 과기노조는 21일 과학의 날을 맞아 김대중 대통령이 대덕 연구단지를 방문하는 시점에 파업하고 상경투쟁을 감행함으로써 정권의 자존심을 구기게 했다. 서울지하철노조가 파업에 돌입하는 날, 1차 직권면직 시한일 등 힘든 고비를 넘길 때마다 연맹의 총파업이 배치되어 연대전선을 튼튼하게 했다.

---

145) 공공연맹, 『공공부문 구조조정 1년과 노동자들의 투쟁』, 1999.

그러나 이렇게 타오르던 부생의 불꽃은 4월 26일 한국통신노조 파업철회와 같은 날 서울지하철노조의 복귀로 1차 총파업을 마무리하게 되었다. 한국통신노조는 4월 20일 비상임시대의원대회에서 4월 26일 총파업에 돌입하기로 하고 오후 3시 용산역에서 3,000여 명의 조합원이 참가한 가운데 조합원 총회를 열었다. 이후 저녁 9시부터 경찰의 저지를 뚫고 고려대로 진입하여 10시부터 파업결의대회를 개최했지만 쟁의대책위원회에서 최종 점검 결과 파업 돌입을 위한 동원력의 문제 때문에 파업을 철회하게 되었다.

한편, 5월 1일 서울역에서 개최된 민주노총의 노동절 집회는 전체 4만여 명이 참여한 가운데 개최되었다. 공공연맹에서는 전국의보노조를 중심으로 6천여 명이 참여했으며, 서울지하철노조도 거듭되는 탄압에도 불구하고 천여 명이 참여하여 건재함을 과시했다. 민주노총은 노동절 투쟁의 열기를 모아 5월 12일부터 제2차 대정부투쟁을 전개했는데 이는 보건의료노조의 파업과 금속산업연맹의 1만 조합원 상경대오가 주도했다. 공공연맹은 전국의보노조, 데이콤노조 등 5개 노동조합 8,700여 명의 조합원들이 5.14총파업에 전면파업으로 동참했고, 과기노조 등 5개 노동조합 5,000여 명이 부분파업 후 대학로에서 개최된 민주노총 4대 요구 쟁취 결의대회에 참석했다.

공공연맹의 구조조정저지 투쟁은 결과적으로 연맹 공동위원장들이 수배되고, 서울지하철노조 간부들의 대다수가 직권면직, 구속 등을 겪어야 했다. 하지만 공공부문 구조조정의 심각성을 제기하고, 전체 공공부문 노동자들의 공동투쟁을 만들어 냈다는 점, 그 투쟁이 민주노총의 구조조정 저지투쟁 전선을 복원하는 도화선이 되었다는 점에서 매우 중요한 의미를 갖는 투쟁이었다.

현장 복귀 이후 서울지하철노조

4월 26일 오후 10시를 기해 조합원들은 현장에 복귀했다. 차량기지와 승무

공권력의 즉각 철수를 요구하는 공공연맹 노동자들

사무소에 공수부대와 경찰이 배치되어 있었다. 차량지부의 경우 경찰과 몸싸움을 벌이거나 연좌농성을 한 후 기지로 복귀할 수 있었다. 조합원들은 가슴에 비수를 품고 이제 남은 것은 반조직자들에 대한 철저한 응징이라 생각했다. 그러나 현실은 달랐다. 조기 복귀자들은 아침부터 자구책을 마련해야 한다며 대책회의를 하고 있었다. 공사와 반조직자들은 왕따 클럽, 왕따 신고소, 왕따 신고엽서 등 기상천외한 방법을 생각해냈고 검찰과 경찰은 폭언 몇 마디에도 3분 이내 출동하는 기동력을 보였다. 조합원 간 멱살을 잡은 일로 119로 신고하면 바로 경찰이 출동했다. 경찰은 진단서를 첨부해 체포영장을 발부받아 주변에 있던 조합원들을 체포했다. 째려보기만 해도 협박으로, 조금만 거칠게 항의해도 폭언·폭력으로 엮었다. "입 조심해라. 까불다 다친다." 파업에 불참한 중간 관리자들이 되레 의기양양하며 빈정댔다. 억울하고 분해 한마디 했다가 직권면직, 직위해제, 구속으로 이어지고 열심히 투쟁한 조합원이 오히려 왕따를 당하는 상황이 발생했다.

노동조합 간부들을 대상으로 39억5천만 원에 이르는 민사상 손해배상이 청구되었으며 중앙간부는 물론이고 지부, 지회간부들까지 구속·수배가 확대되어 현장 조직화에 어려움을 겪었다. 노사협조주의자들은 대의원, 간부들이 경찰조사로 빈 현장을 비집고 들어와 지도부 잘못으로 파업이 망쳐졌다며 자신들의 행위를 정당화했다. 일부 중간 관리자들은 상설협의체를 구성하여 노동조합 활동을 방해하려는 움직임을 보였다. 조합원들은 일터에서 자기 생각을 함부로 말하지 못하고 어렵게 분임토의를 하더라도 누구를 통해 자신의 발언이 보고될지 모른다는 생각에 말을 아끼게 되는 상황에 이른 것이다.

한편, 이에 대응하여 공공연맹은 5월 6일 서울지하철 군자기지 내에서 공권력 배치에 항의하는 기자회견을 열었다. 공공연맹은 이날 두 시간여에 걸쳐서 군자기지 내 3·16광장에서 규탄집회를 갖고 기지를 순회하며 공권력 철수를 요구했으며 신문광고를 통해서도 이를 강력히 촉구했다. 5월 8일에는 병원노련, 5월 10일에는 공공연맹, 5월 11일에는 사무금융노련도 덕수궁 앞에서 공권력 철수를 요구하는 집회를 개최하며 연대했다. 계속되는 투쟁과 항의에 따라 공권력은 5월 16일경 서울지하철 기지에서 완전히 철수했다.

노동조합은 예상보다 훨씬 심각한 상황을 돌파하기 위해서는 파업밖에 없다는 판단에 5월 7일, 14일을 기해 2차 파업에 돌입할 것임을 선언하고 13일 저녁 8시부터 명동성당에서 조합원 2,000여 명이 참가한 가운데 야간총회를

파업 수습을 위한 협상(1999.5.12.)

명동성당 농성지도부 경찰출두(1999.6.2.)

개최했다. 서울지하철노조는 재파업의 배수진을 친 가운데 12일 서울시와 공공연맹, 서울지하철공사, 노동조합 등 4자간 간담회를 통해 노·사 간 대화를 하기로 했다. 이러한 결정에 따라 13일 오후 2시부터 서울지하철노조(직무대행 김명희)와 서울지하철공사(사장 손장호) 간의 교섭이 열렸으나 수차의 정회 끝에 단체협약 이행과 징계·손해배상 최소화의 쟁점을 해결하지 못하고 결국 중단되었다. 하지만 현장 동력이 현저히 떨어져 있는 상태였고 구속, 수배, 징계로 현장을 조직할 간부와 활동가들이 움직이기 어려운 상황이었다. 결국 지도부는 재파업을 철회하고 석치순 위원장과 농성자들은 6월 2일 경찰에 출두했다. 그날 명동성당 들머리에 조합원들이 모여 이들을 격려했다.

4.19파업의 성과

김대중 정권은 1999년 3월 12일 대통령훈령77호로 공안대책협의회(공대협, 의장 진형구)를 설치하고 31일 노동부·경찰·기무사·서울시·국정원 등 12개 관계기관이 참여하는 첫 회의를 열었다. 이 회의에서는 4~5월 노동계 총파업 등에 대한 대응방안을 논의, 불법 집단행동 등 폭력시위자 및 배후주동자들을 추적·엄단, 불법파업 주동자나 배후조종한 노동조합의 재산 가압류, 가처분등 법적 대응조치 결정했다. 4월 9일~5월 11일 사이 공대협은 모두 7차례 회의를 갖고 지하철 파업 대책을 논의했다.[146] 서울지하철노조가 파업에 돌입하자 공수특전단, 경찰, 소방관, 시공무원 등 총 7,105명의 대체인력을 투입했고, 경찰을 기지와 역사 내에 상주시켰으며, 석치순 위원장을 비롯한 조합간부 66명에 대한 체포영장을 발부했다. 또한 직권면직 43명, 직위해제 144명, 구속 9명을 포함해 256명을 고소고발했다. 정권은 노동자들의 저항을 물리치고 구

146) 공대협은 이후 진형구의 조폐공사 파업유도 발언으로 문제가 불거져 활동을 중단하고 예산도 삭감했다고 했으나 바로 부활하여 2000년 롯데호텔노조와 사회보험노조 파업 대책, 금융노조 총파업 대책, 2001년 대우자동차 공권력 투입 등을 주도했다.

조조정을 감행하기 위해 치밀한 계획을 세워 사활을 걸고 달려들었으며 서울지하철노조의 투쟁성을 뿌리 뽑겠다고 작심이라도 한듯 보였다. 서울지하철노조는 이러한 집중 탄압에 맞서 8일 간의 투쟁을 전개했지만 결국 조건 없이 복귀했다.

그럼에도 불구하고 서울지하철노조의 파업투쟁은 신자유주의 정책에 저항한 역사적 의의를 가지는 투쟁이었다. 우선 지하철을 비롯한 공공부문 구조조정을 저지하고 공공부문 노동조합의 조직적 단결을 이뤘다는 점에서 노동운동사에 큰 발자국을 남겼다.[147] 기존의 단체협약이나 제도, 관행을 무시하고 강제적이고 일방적으로 추진되던 공공부문에 대한 구조조정은 4·19총파업을 전후하여 현저히 수그러들었다. 매주 구조조정 추진여부를 점검하던 기획예산위원회의 일방적 행태에 제동을 걸었으며, 사업장마다 직면했던 구조조정 프로그램을 연기·완화했다. 또한 공공부문 노동조합과 연맹이 4월 총파업 준비와 투쟁 속에서 조직 간 통합에서 발생할 수 있는 불협화음이나 문제점을 일소하고 '투쟁을 통한 조직건설'을 이뤄낼 수 있었다. 서울지하철노조를 중심으로 한 공공연맹 총파업은 노동법 개정투쟁 이후 붕괴하였던 민주노총 차원의 총 전선을 새롭게 정비하고 이를 계기로 여타 연맹의 투쟁을 포함하여 민주노총 총력투쟁을 견인하는 계기가 되었다.[148]

무엇보다 중요한 성과는 서울지하철노조가 투쟁의 기본방향으로 설정했던 "구조조정 정책의 흐름을 바꾸는 투쟁"을 통해 자신의 요구를 쟁취했다는 점이다. 비록 정부와 자본의 무자비한 공격에 내몰리며 투쟁의 성과를 조직적으로 모아내지 못한 결과 현장의 권력관계가 역전되는 계기가 되었지만, 코앞에

147) 1998년-1999년-2001년 대우자동차 투쟁까지 노동현장의 끈질긴 투쟁에도 불구하고 민주노총과 한국노총 소속 사업장에서 4만여 명이 정리해고 됐고 90% 넘는 사업장에서 임금동결과 삭감을 강요당했다.

148) 공공연맹, 앞의 책 인용, 참조

닥친 구조조정 저지라는 자신들의 요구를 걸고 싸워 인원감축을 막아낸 것이다. 또한 1998년 현대자동차노조 투쟁 이후 구조조정 저지투쟁에 대한 방향조차 잡지 못하고 있을 때 투쟁의 성패를 떠나 투쟁을 조직한 것 자체만으로도 역사적 의의를 가지는 일이다. 무계결근 7일을 돌파해 8일간 파업을 이어간 서울지하철노조 조합원들의 투쟁은 8일이라는 숫자가 아니라 투쟁의 기조를 지켜내고 구조조정 저지투쟁의 방향성을 설정했다는 점에서 충분한 의미를 가지는 것이었다.

4.19파업의 한계와 과제

서울지하철노조 구조조정 저지투쟁이 공동투쟁을 기조로 한다는 점에서 몇 가지 평가지점이 제기되었다. 우선 서울지하철노조가 중심이 된 투쟁이었고, 여타 노동조합은 이를 지지·지원하는 수준에서 전개되어 실질적인 공공연맹 총파업, 민주노총 총력투쟁으로 진행되지는 못했다는 점이다. 하지만 출범과 동시에 파업을 지도했던 공공연맹으로서는 공공부문 전체의 투쟁을 조직해낸 것 자체로도 의미를 가지는 것이었고 연맹의 작은 노동조합들까지 서울지하철노조 투쟁을 지지 엄호하는 투쟁을 전개했다는 점에서는 의미가 있다. 동종업종의 공동파업이 아닌 이상 위력적인 사업장이 앞서서 투쟁하면 나머지 사업장이 어떠한 수위의 투쟁을 하든 엄호 수준의 파장을 가질 수밖에 없다. 예를 들어 4월 19일 파업에 들어간 공공연맹의 여타 사업장들은 서울지하철노조 파업보다 주목을 받지 못했고, 26일 파업을 하고 집회에 조합원을 동원한 사회보험노조의 경우도 주목을 받지 못했듯이 서울지하철노조의 위력이 여타 노동조합 투쟁을 압도해버리는 것이었다. 서울지하철노조가 공동파업의 중심에 선 이상 한국통신노조 정도의 파업 외에는 자본과 정권에 위력을 발휘할 수 없는 구조였던 것이다. 이러한 이유로 공공연맹의 공동투쟁이라 하더라도 사실상 서울지하철노조의 투쟁으로 비칠 수밖에 없었으며 투쟁 동력의 핵심은 서울지하철노조가 되었다.

둘째, 한국통신의 파업 불발에 관한 평가다. 한국통신 파업 불발로 투쟁분위기가 급격히 위축되었던 점은 사실이지만 서울지하철노조가 장기 투쟁의 동력을 내부에서 만들어내지 못하고 한국통신노조의 파업에서 찾으려 했던 방식은 오히려 극복되어야할 지점이다. 서울지하철노조는 앞선 투쟁을 시작한 이상 자신의 투쟁력과 조직력을 중심에 두고 투쟁의 상을 그렸어야 했다. 역무지부와 현장평가토론에서 제기되었듯이 파업기간 동안 조합원들의 능동성을 조직하여 투쟁동력을 재생산하기 위해 노력을 기울였다면 한국통신노조 파업 불발로 대오가 급격히 흔들리지는 않았을 것이라는 점이다.

셋째, 공동투쟁이라는 성격과 관련하여 전술적으로 파업돌입 시기, 복귀 시기, 교섭 등이 평가되었다. △파업돌입 시기에 대해서는 서울지하철노조가 파업 돌입일을 4월 26일로 조정했다면 한국통신노조가 파업에 안 들어가도 5.1 투쟁으로 이어갈 수 있었다는 직무대행 집행부의 평가와 내부 동력을 봤을 때 더 늦추는 것이 불가능했고 민주노총의 파업이 큰 힘을 가지기 어렵다는 점에서 19일 돌입은 불가피한 선택이었다는 파업지도부 쪽의 평가가 있었다. 이는 공공연맹, 민주노총 공동투쟁의 한계와 관련한 문제로, 이 점과 관련해서는 공공연맹이 그러한 한계를 가지고 있음에도 여타 사업장들이 시기를 조절하여 서울지하철노조 투쟁을 엄호했다는 점, 신생 공공연맹이 지도력을 발휘한 점에 의미를 둬야할 것이다. △복귀시기 관련, 파업지도부는 힘이 있을 때 정리하자는 입장이었지만 서울대에서 조합원들과 함께했던 활동가들은 투쟁동력이 살아있을 때 현장복귀를 선언한 것은 운동의 미래 측면에서 적절하지 않았다고 평가했다. 이 투쟁이 여느 임단협 투쟁이 아닌 상황에서 무엇을 남길 것인가의 문제인데 후자는 손에 쥔 것이 없다면 명분을 남겼어야한다는 주장이다. 투쟁 기조를 지도부와 중간간부들, 조합원들이 공유하고 인식의 통일을 이뤘다면 공공부문 운동의 전진, 구조조정 정책 전체 흐름에 제동을 건 성과를 지하철노동자의 투쟁 성과로 자랑스럽게 받아들이며 투쟁을 정리할 수 있었을 것이다. △교섭전술 면에서는 투쟁 동력이 정점이었던 4월 22~23일 전에 교섭을 시도해야 했다는 직무대행 집행부의 견해와 "투쟁동력이 살아있고 한국통신이 어떻게 될지 모르는 상황에서 교섭하는 게 적절치 않았다."는 파업지도부의 견해가 있다. 이와 관련해서는 '투쟁동력이 살아있고 한국통신이 어떻게 될지 모르는 상황'이기 때문에 오히려 노동조합이 우위에서 교섭을 할 수 있는 시기로 판단했어야 한다는 아쉬움이 남는다.

넷째, 지도부의 소통에 대한 평가는 공통으로 제기되었다. 긴박한 상황을 인정한다 하더라도 명동성당 지도부와 조합원과의 소통 문제, 서울지하철노조만의 투쟁이 아니라고 했을 때 연맹 지도부와의 소통문제 등이 원활하지 않았다는 것이다. 복귀시기에 대한 판단도 조합원들의 투쟁의지를 정확히 읽었다면 혹은 조합원들과의 논의를 통해 판단했다면 복귀 이후 현장탄압에 대처하는 조합원들에게 허탈함이 아닌 조직복원력을 쥐여 줬을 것이다. 또한 능동적 파업 전술과 토론 부재는 이후 파업 프로그램에 반영해야 할 지점이다. 이후 투쟁에서는 조합원들의 결의를 모을 때 대중 집회 중심 보다는 교육과 토론을 통해 대오의 실질적 위력을 높이고 조합원을 능동적 주체로 만드는 방식이 고민되어야 할 것이다. 또한 서울대 현장지도부가 3개 지부장으로 구성되면서 이들 간의 논의 결정 구조가 확보되지 못한 점도 이후 투쟁에서 고려해야할 지점이다.

다섯째, 무엇보다 아쉬운 점은 복귀지침의 부재였다. 3.16파업, 전지협 파업 이후 경험하지 못한 상황이 발생함으로써 사후 평가로 제기된 것이지만 4.19파업의 아픈 경험이 남긴 또 하나의 교훈이었다.

마지막으로 4.19파업 이후 서울지하철노조의 투쟁평가가 대대적으로 진행된 것이 갖는 의미다. 직무대행 집행부는 6월 1일 투본회의에서 파업투쟁 평가를 위한 일정을 잡고 지부 평가를 거쳐 8월 25일 '4.19총파업투쟁 대중평가 토론회'를 열었고 이에 앞선 7월 2일에는 현장활동가 모임 '현장의 힘'이 '4.19총파업투쟁 현장평가토론회'를 개최했다. 평가 과정에서 조합민주주의 문제, 공동투쟁의 문제, 민주노총·연맹과의 관계, 현장 조직의 문제 등 다양한 지점들이 제기되었다. 이러한 평가를 제기하고 진행한 것만으로도 운동적으로 진일보한 것이며 의미 있는 일이었다. 다만 투쟁을 기획하고 집행한 주체가 토론회에 참가할 수 없는 상황에서 평가 작업이 진행되었다는 점은 아쉬움으로 남는다. 파업투쟁을 기획하고 지도한 주체가 어떤 조건 아래 판단하고 실행했는지 함께 평가하기 어렵다보니 파업 이후 민주진영 내 입장차와 갈등을 증폭시키는 결과를 낳았다. 9대 위원장 선거에서 후보단일화의 장애가 되었고 이는 조합원들에게 권력다툼으로 비쳤다. 어용·노사협조진영은 선거국면에서 4.19파업 평가 과정에 생긴 틈을 절묘하게 파고들어 "명분에 치우친 투쟁", "파업을 위한 파업"이라 왜곡하여 유포했고, 초대 위원장이었던 배일도가 12년 만에 노동조합 위원장에 당선되어 노사협조주의를 공고히 하는 결과를 낳게 되었다.

3) 직무대행 체제와 반조직자 처벌

6월 4일 열린 임시대의원대회에서 김명희 위원장 직무대행 지명자에 대한 인준투표가 진행되어 투표인원 134명 중 찬성 121명, 반대 13명으로 인준이 통과되었다. 직무대행은 민주노조를 사수하기 위한 조직 복원과 자주적인 재정 확보, 징계자 원상회복을 당면 목표로 활동을 시작했다.[149]

---

149) 직무대행 조직은 사무국장 나상필, 총무부장 김경주, 쟁의지도부장 김현상, 교육부장 김재영, 선홍부장 박홍선, 산

징계자 및 현장간부 연석회의(1999.5.28.)

임시대의원대회에서는 재정 대책 관련 "6월 1개월에 한해 조합원 1인당 5만 원씩의 특별모금"과 "7월부터 12월까지는 조합원 1인당 3만 원씩의 자동이체 방식을 통한 차용"을 결의했다. 또한 반조직자 처벌 건은 "△6월 8일까지 중앙에 명단을 제출한다. △특급 및 1급 반조직자 처리로 최소화하되 정책적 차별을 포함하여 중징계한다, 비조합원은 이에 따라 처벌한다. △2급 및 3급 반조직자는 경징계 원칙에 의거 조직적 상황을 고려하여 지회와 지부별로 처리한다. 단, 2급 및 3급 반조직자라도 특급 및 1급에 따른 행위를 한 자는 전 항에 따라 처벌한다."고 결정했다.

이에 앞서 5월 28일 약 350여 명이 참여한 가운데 교육원에서 열린 현장간부 연석회의에서 김명희 직무대행은 공사의 탄압에 따른 신분을 문제 삼지 않고 집행부, 지부 지회 지도부를 구성하겠다고 한 바 있다. 7월 12일 현재 탄압

업안전부장 경군선, 문화체육부장 이기택, 면회담당 채강보로 구성되었다. 지부는 역무지부장 김경도, 승무지부장 이상대, 기술지부장 장윤석, 차량지부장 배상조 등으로 구성해 조직정비에 나섰다.

상황은 체포영장 발부 66명, 구속 45명, 해고 86명(직권면직 65명, 파면 21명), 고소고발 270명(대의원 전원), 직위해제 109명, 정직·감봉 중징계 14명, 경징계 3,101명, 39억4천만 원 손해배상청구, 조합비 전액 가압류 등이었다.

공안탄압 분쇄, 노정교섭을 요구하며 투쟁하는 서울지하철노조

특별단체교섭과 7.16노사정합의

5월 13일 중단되었던 노사 간의 특별단체교섭이 6월 23일 다시 시작되어 파업 사후 수습과 부당노동행위 근절에 관한 논의를 시작했다. 서울지하철노조의 요구는 △파업 수습 대책: 대의원 고소고발 즉각 취하, 구속자 석방, 수배해제, 조합원 4,051명에 대한 징계 철회, 손해배상청구 취하 및 조합비 가압류 해제, 파업과 관련한 무노동무임금 철회 △부당노동행위 개선 대책: 단협 및 노사합의 미이행사항 이행, 공안기관 개입·군병력 투입·대체인력 투입 진상규명 및 책임자 처벌 △불법행위 피해신고제 시행 관련 진상규명 및 책임자 처벌: 서울시의 조례개악 음모 저지, 차량분야대리협의회 해체 및 관련자 처벌, 비리경영진과 관련자 퇴진 및 사법적 조치 등이었다.

현장에서 민주노조 사수 활동을 힘겹

게 진행하던 차에 서울지하철노조는 내부 문제를 해결해나갈 절호의 기회를 맞게 된다. 진형구 취중발언으로 조폐공사노조에 대한 파업 유도 사건이 폭로되면서 새로운 계기가 만들어진 것이다. 6월 14일부터 민주노총과 공공연맹

징계자 원상회복 투쟁위원회 발족식(1997.7.5.)과 징계자·현장간부 결의대회(1999.7.12.)

지도부의 단식농성투쟁이 전개되었고 조폐공사노조, 서울지하철노조, 부산지하철노조는 여의도 국민회의 중앙당사 점거 농성을 벌이며 '공안탄압 분쇄와 현안 해결을 위한 공동투쟁본부'를 구성했다. 공투본은 유리한 정세를 적극적으로 활용하며 투쟁을 조직했다. 서울지하철노조는 징계자 원상회복 투쟁위원회를 구성하고 시청역사에서 노숙투쟁을 7월 2일부터 16일까지 15일간 진행했으며 7월 5일에는 '서울특별시지하철공사설치조례개정(안)' 개정으로 서울시가 공사에 대한 감독권한을 더욱 강화하려는 조례개악을 저지하기 위한 투쟁을 전개했다. 이 여세를 몰아 직무대행 집행부는 "이제 열차를 세우지 못하면 안 된다. 결사항전의 자세로 기지를 지키면서 진정한 파업을 하겠다!"는 의지로 이른바 '불꽃투쟁'을 결의하게 된다. 8일간의 투쟁을 진행했지만 군병력, 비조합원 등 대체인력 투입으로 파업으로 타격을 주지 못한 데서 알 수 있듯이 지하철을 세우지 않고서는 정권의 폭압을 막을 수 없다는 판단에 따른 결정이었다.

노사정간담회(1999.8.26.)

강경대응 말고는 해결책이 보이지 않는 상황에서 7월 16일 3.16민주광장에 2,500명의 조합원이 모였다. 한축으로는 교섭을 진행하면서 밤 10시 30분 조합원들은 성수역으로 이동해 파업 돌입 태세를 갖추고 있었다. 17일 0시 20분 교섭이 순조롭게 마무리 되었다는 소식이 전해지고 얼마 지나지 않아 김명희 직무대행이 성수역에 도착했다. 직무대행은 합의문을 낭독했다. 단협과 기합의는 8월 31일까지 연기되었으며, 노동조합비 가압류가 50% 해제 되었고, 대의원들의 고소고발은 철회되었고, 징계도 파업지도부로 최소화한다는 것 등이었다. 와!~ 조합원들은 자리에서 일어나 박수를 치고 환호성을 질렀다. 만감이 교차했을 것이다. 직무대행은 "우리의 요구에 비하면 턱없이 부족하지만 노동조합의 정상적 운영은 일정 가능하게 되었다. 현장으로 많은 동지가 돌아올 수 있게 되었다. 여기 있는 조합원들이 결사투쟁을 각오했기 때문에 가능했다."며 보고를 마무리했다.

〈서울지하철 노사정합의서〉

- 단협 및 기노사합의 사항은 8월 31일까지 이행한다.
- 노동조합비에 대한 가압류는 노조의 정상적 운영을 위해 7월 19일까지 일반회계분을 해제한다.
- 4.19파업 관련 징계는 파업지도부로 최소화하며 사법기관 계류중인 자는 사법처리 종료 후 사규에 근거 형평을 맞춰 처리한다.
- 공사의 경영개선 및 지하철 개혁을 위한 구조조정은 조속한 시일내에 99 임단협을 개최하여 논의한다.

• 기타 주요 합의사항

– 대의원으로서 파업결의에 참여했다는 이유만으로 고소, 고발된 자는 대의원신분의 안정을 위하여 최단시일 내(8.14.) 종결처리 되도록 한다.

– 합의서의 노동조합 가압류 해제분은 노동조합비 50%로 한다.

– 파업이전 조합원총회 참석자에 대한 근태는 정상근무 처리한다.

– 사법처리 결과에 따라 형평을 맞춰 처리한다는 것은 예를 들면 벌금형을 선고받은 자는 경징계, 실형이나 집행유예를 선고받은 자는 중징계한다는 뜻이다.

한편, 이 합의는 서울시를 합의주체로 끌어들였기 때문에 미이행 논란의 여지가 없을 것으로 예상되었는데도 공사가 대의원들에 대한 기소유예 등 합의를 위배함에 따라 이에 대해 강력하게 항의한 후에야 문제를 해결할 수 있었다. 이렇게 파업 이후 노동진영에 유리한 정세를 활용한 투쟁으로 현장은 빠르게 복구되기 시작했다.

집행유예로 출소한 구덕회 부위원장을 비롯한 12명의 중앙간부와 승무·차량·기술지부장들이 업무에 복귀하여 본격적으로 활동에 들어감에 따라 파업이후 수습을 맡아왔던 김명희 위원장 직무대행과 중앙간부들은 합의이행 시한인 8월 31일 임무를 완수하고 현장에 복귀했다. 이후 서울지하철노조는 직무대행체계로는 '99임단투를 힘있게 조직하기 어렵다는 문제의식을 바탕으로 직무대행체계로 갈 것인가, 새로운 집행부를 구성할 것인가를 쟁점으로 논의를 진행하게 된다. 결국 석치순 위원장은 9월 28일 임시대의원대회에서 구덕회 부위원장이 대독한 서신에서 "4.19총파업 이후 구조조정은 일단 저지했지만, 지치고 조직력이 약화한 상태에서 막바지 '99임단투를 강고한 투쟁으로 승리하기 위해 새로운 집행부를 구성한다. 집행부 총사퇴 후 총단결로 힘찬 선거를 통해 강력한 9대 집행부를 구성하고 일만의 총단결로 승리하자."고 했다. 이날 대의원대회는 8대 집행부 총사퇴 결의를 받아 총선거를 한다는 총사퇴 총선 결의를 심의하여 만장일치로 가결했다.

현장 투쟁력을 안정적으로 복구하는 데 집중해야 할 시기에 서울지하철노조는 선거국면으로 급격히 빨려 들어갔다. 4.19파업의 성과는 조합원들이 자신의 것으로 채 받아들이지 못한 상황에서 선거의 핫이슈가 되어 민주진영 내의 권력다툼으로 비치거나 노사협조진영의 비판거리로 전락하게 되었다.

반조직자 처벌과 그들의 조직적 결집

4.19총파업기간 중 '반조직' 조합원 39명에 대한 제명 처분이 내려졌다. 또 37명을 무기정권에, 82명을 유기정권 1년에 처하는 등 강력한 제재를 했다. 제명된 39명 중에는 현장간부 이상 전 집행간부로서 파업에 참여하지 않았거나 다른 조합원들의 파업 이탈을 주도한 사람 이외에 왕따 관련 신고로 대의원들의 구속을 유발한 이들이 포함되었다.

파업과 관련해 이처럼 엄중한 징계를 내리게 된 것은 파업 전인 4월 9일 3차 임시대의원대회에서 만장일치로 통과된 '쟁의 기간에 반조직 행위자 처벌에 관한 건'에 따른 것으로 6월 4일 4차 임시대의원대회에서 징계원칙과 기준을 마련한 다음 투본과 중앙집행위원회, 운영위원회 회의 등을 통해 정해진 절차와 해당구성원에 통지, 징계대상자의 출석통지에 따라 진행된 것이다. 8월 31일 제12기 5차 임시대의원대회에서는 징계양정의 최소화와 신중함, 조직단결의 우선, 절차와 형평성의 문제점 등이 제기되기도 했다. 그러나 반조직자 문제를 포용하고 덮어두고 간다면 이후 조합 활동에 심각한 장애요소로 작용할 뿐만 아니라, 조직 내의 원칙과 규율이 바로서지 못할 것이라는 의견에 참석한 절대다수 대의원의 동의가 이뤄진 것이다. 한편, 차량지부의 제안에 따라 차량지부대리협의회(차대협)를 반조직단체로 규정하고, 차대협을 탈퇴하지 않거나 가입자 중 노동조합을 탈퇴한 자를 차기 운영위에서 징계처리하기로 했다. 차대협은 4.19파업이 패배했다, 실익이 없다는 것을 앞세워 노·사 간의 대화와 타협을 주장하며 노사협조를 바탕으로 한 실리주의를 주장했다.

서울지하철노조는 파업 돌입 전 반조직자 처벌에 관한 결의를 했고 파업 이후 원칙을 정했으나 지부별로 상황이 달라 문제를 일으키기도 했다. 지부별 기준이 달라 가장 견고한 파업대오였던 승무지부와 차량지부는 더 강도 높은 징계를 하게 되는 현상이 벌어지면서 형평성의 문제가 제기된 것이다.[150] 대의원대회 결정에 반발한 징계대상자들은 원상회복투쟁위원회를 구성해 파업 실패를 자신들에게 떠넘기려는 의도라고 주장하며 민주진영을 공격했다.

반조직자 처리 문제는 파업 이후 가장 예민한 문제일 수밖에 없다. 파업에 참여한 조합원들의 단결을 위해서는 반조직자 처리가 철저히 이뤄져야한다. 그런데 반조직자 처벌에 관한 결의는 투쟁의지가 최고조에 이른 시기에 이뤄지기 때문에 가장 강도 높은 수준으로 결의되고 이 결정은 유연성을 발휘하기 쉽지 않게 된다. 따라서 파업 이후 세력관계가 역전되는 변화된 상황이 발생하면 이에 대처하기 어려워 갈등을 일으키기도 하고 이를 계기로 공사와 노사협조세력이 자신의 기반을 넓히는 데 활용하기도 한다. 파업대오를 끝까지 지킨 노조 조직력을 손상하지 않는 선에서 어떻게 반조직자 처벌에 유연성을 발휘할 것인지는 여전히 과제로 남았다.

150) 9월 29일 운영위원회에서는 승무지부의 비실동(승무를 하지 않는 운영·구내기관사, 과장) 반조직자에 대한 처리로 파업 부분 참여자 7명에게는 유기정권 1월, 미참여자 131명은 유기정권 1년에, 파업에 참여하지 않고 파업 이후 조합을 탈퇴한 25명은 무기정권을 내렸다. 차량지부 차대협과 관련된 징계에서는 지부에서 올린 징계양정대로 전원 제명 처리했다. 반조직자 명단을 올리지 않은 6명의 지회장들에 대한 조직결의 위반에 대해서는 명단을 제출했으나 누락된 2전기, 철도장비, 2정보통신은 기각되었으며, 본사, 1신호, 토목지회는 경고 조치가 내려졌다. 또한 기타 안건으로 3개 지회에 대한 반조직자 명단 제출 권고안이 통과되었다. 일반 징계 대상자로 올라온 기술지부장은 만장일치로 안건 자체가 기각되었다.

2 노사협조노선 집행부 등장과 지하철노동자

1) 9대 집행부 출범과 노사협조노선의 등장

민주진영의 분열과 배일도 후보의 과반 득표

’99임단투를 앞둔 상황에서 조직력 강화를 위해 8대 집행부는 총사퇴를 결의했다. 이어 9월 28일, 12기 6차 대의원대회에서 만장일치로 총사퇴 결의에 따른 총선 실시 결의안이 통과되었고 10월부터 9대 집행부 선출을 위한 선거가 본격적으로 진행되었다.

위원장 선거에는 배일도, 이강일, 이재용 총 3명의 후보가 등록을 마쳤다. 이전부터 노사협조노선을 분명히 했던 배일도 후보는 기존 민주노조 집행부가 노동조합 내 민주주의를 붕괴시키고 조합원을 무시하며 그들만을 위한 조직싸움을 펼쳤다고 비판했다. 특히 구조조정에 대해 기존의 파업 투쟁 방식이 해결책이 될 수 없음을 주장하며 정보화 사회로의 변화 속에서 능동적 구조조정을 추구해야 함을 강조했다. 이강일 후보는 도시철도와의 임금격차 해소 등 1999년 임단협투쟁의 승리, 주 40시간 노동시간 단축을 위한 노사동수 위원회 구성 등의 구조조정 저지 투쟁, 손해배상소송 철회 등 노동조합 정상화와 민주노조강화를 공약으로 제시했다. 무엇보다 투쟁과 조직, 사람의 혁신이라는 새로운 민주노조를 건설할 것을 강조했다. 이재용 후보는 기존 근무조건 사수 및 임금삭감 없는 주 40시간 노동시간 단축 등의 고용안정과 해고자 복직·손해배상소송 철회·재정 자립 확보를 통한 노동조합 정상화, 도시철도와의 임금

격차 해소 등 실질임금 확보를 주된 공약으로 제시했다. 또한 이 후보는 차량 지부 현장간부들의 경선투표를 통해 추천되었음을 강조했다.

선거과정에서 노사협조진영은 서울시 정무부시장의 중재안이 나왔음에도 파업을 강행했다는 허위 사실에 근거하여, 4.19파업이 결국 '파업을 위한 파업'이었다며 총파업과 파업 지도부를 비방하는 흑색선전을 제기했다. 파업투쟁에 참여했던 조합원은 혼란스러울 수밖에 없었다. 민주진영의 분열, 파업 직후 진행된 공사측의 강도 높은 탄압에 따른 두려움과 높은 피로, 노사협조진영이 제시한 힘든 투쟁 없이도 실리를 얻을 수 있다는 유혹적인 주장에 따른 희망과 기대는 조합원들이 배일도 후보를 선택하는 요인으로 작용했다. 또 초대 위원장이란 이력은 그를 겪어보지 못한 젊은 세대들에게 막연한 기대를 품게 했다. 이러한 요인들과 노사협조진영의 조직적 지지 속에서 결국 과반수의 조합원은 배일도 후보를 선택하게 된다. 배일도 후보는 1차 투표에서 23.7%를 득표한 이강일 후보, 22.7%를 득표한 이재용 후보를 제치고 무려 50.7%라는 득표율로 9대 위원장으로 당선되었다. 지부별 선거와 관련해서 차량과 역무에서는 1차 투표로 각각 배상조, 장승완 후보가 지부장으로 당선되었고, 기술과 승무에서는 이근원, 김학년 후보가 2차 결선 투표 끝에 각각 지부장에 당선되었다.

9대 위원장 선거 결과

지부	조합원수	투표자	투표율	무효	배일도		이강일		이재용	
역무	2,744	2,401	87.5%	47	1,827	76.1%	431	18%	96	4%
승무	1,727	1,625	94.1%	73	593	36.5%	607	37.4%	352	21.7%
기술	2,106	1,951	92.6%	82	944	48.4%	545	27.9%	380	19.5%
차량	2,359	2,237	94.8%	43	695	31.1%	408	18.2%	1,091	48.8%
본사지회	356	315	88.5%	1	269	85.4%	32	10.2%	13	4.1%
총계	9,292	8,529	91.8%	246	4,328	50.7%	2,023	23.7%	1,932	22.7%

선거과정에서부터 기존의 민주노조운동을 깎아내렸던 배일도 위원장은 당선 직후 언론과의 인터뷰에서도 그간의 입장을 계속 고수했다. 4.19파업이 현실성이 떨어진 투쟁이었으며, 기존의 민주노조운동이 대안과 자기 계획이 없었기 때문에 정부와 자본가의 의도에 따라 유도된 파업을 선택했다며 사실상 어용적 측면이 있었다는 일방적인 평가를 했다. 나름의 대안으로 '주인된 자세로 회사를 바라보는 자세'를 갖춰 공사측의 이윤창출에 협조하여 고용을 안정시킬 것을 도모하는 노사협조주의를 강력하게 추진해야 한다는 점을 밝혔다.[151] 민주노조운동을 그 뿌리로 삼고 그 가치를 위해 노력해왔던 서울지하철노조가 혼돈과 파행 속으로 빠지게 되는 것은 시간문제였다.

독단적 운영의 시작: 취임식과 대의원대회 파행

11월 22일에 열린 9대 위원장 취임식은 서울지하철노조가 겪게 될 파행의 전조였다. 민주노조운동의 기풍을 나타내는 민중의례 대신 국민의례를 진행하여 참석자들의 불만을 가져왔던 것은 물론, 정액권을 행사 참석자 선물로 배포하여 파업 직후 노동조합의 어려운 재정현실을 인식하고 있는지 의구심을 자아냈다. 무엇보다 배 위원장은 취임사에서 노동조건을 악화시킬 가능성이 높은 지하철 연장운행을 검토하겠다는 의지를 피력하기도 했다. 조합원의 의견수렴은 없이 위원장이 일방적으로 개진한 주장이었다. 이러한 행태는 위원장의 독단적인 조합운영의 예고편이기도 했다. 이후 대의원대회에서 대의원들은 취임식에 대해 혹독한 비판을 가했다.

배 위원장의 독단적 운영은 부적격 인사의 집행부 구성을 둘러싼 문제와 중앙 사무원에 대한 일방적 해고 사태로 이어졌다. 집행부 선임에 있어 공사측에 편을 서는 등 반조직 행위를 끼친 인사들을 추천했다. 대의원들이 이를 문

151) 「4.19 지하철 파업은 노동자에 대한 기만이었다」, 『월간 말』, 1999년 12월호, p176-179.

제삼고 집행부 인준 안건을 부결시키자 배 위원장은 회의 진행이 무의미하다며 회의 유회를 선포해버렸다. 대의원들의 정당한 심의 결과에 대해 이를 수용하기보다 오히려 분파 이해관계에 따른 집행부 발목잡기로 규정하며 공개적인 비난을 가했다. 부적격 집행부 인사에 대한 인준을 둘러싼 갈등은 이후에도 몇 차례나 반복되었다.[152)]

배 위원장은 취임식 이후 26일, 노동조합 중앙에서 운영 실무를 담당하고 있었던 김병규, 박철미, 이경은에게 해고를 통보했다. 재정이 어렵고, 부과된 업무를 해내지 못했으며 뜻이 맞지 않는 것은 물론, 조합의 비밀을 지키기 어렵다는 이유였다. 당사자들은 물론, 노동조합 내에서 규약의 해석에 따라 운영위원회 논의를 거쳐야 한다는 절차를 무시한 부당해고라는 주장이 나왔다. 이에 배 위원장은 이들이 정식 고용이 된 것이 아닌 일종의 별정, 정무직으로 집행부가 바뀌면 당연 퇴직해야 된다는 논리를 내세우며 부당해고를 합리화하려 했다. 상근자들은 서울지하철상근직원노동조합을 결성하고, 부당해고에 따른 해고무효를 확인받는 법에 따른 투쟁을 진행했다. 아울러 조합원들에게 부당해고를 알리는 선전전 및 철야 및 단식 농성, 규탄대회 등을 진행했다. 조합원들과 활동가들 역시 해고사태에 부당함을 인식하며 집행부를 규탄하는 행동은 물론 그들에 대한 재정적 지원을 아끼지 않았다. 반면 위원장이 전문위원이라는 직책으로 임의로 채용해 중앙에서 근무하고 있던 김준용을 포함해 일부 9대 집행부들은 단식 농성장에 피자를 배달시키거나 맞결투를 하자며 소란을 피우는 등 비상식적인 행패를 부렸다. 나아가 학생운동권 출신으로 권력욕과 철밥통을 주장하고 있다는 비논리적인 비난을 가하기도 했다. 결국 길

152) 수차례의 인준 부결 속에 다음과 같이 집행부를 구성했지만 임기 도중 집행부 인사이동은 계속 이뤄졌다. 부위원장 김태철, 사무조직국장 정연수, 노동정책국장 이청호, 정책기획부장 김준수, 총무부장 김종식, 조직부장 임명호, 법규부장 박소현, 산업안전부장 이재완, 후생복지부장 이상열, 여성부장 조선옥, 조사통계부장 조동희, 교육부장 변홍구, 선전홍보부장 심주식, 편집부장 박성근, 대외협력부장 박주형, 문화체육부장 이희종, 교육선전국장 공석.

고긴 투쟁 끝에 민주진영의 지부장들이 나서 배 위원장과 논의하여 애초의 요구인 원직복직 대신 지부별 간사로 근무하는 것에 대한 당사자 동의를 구하는 것으로 하여 투쟁은 마무리되었다.

2) 1999년 임금·단체협약 잠정합의와 갈등의 시작

구조조정과 노동조건 후퇴를 수용한 1999년 임금·단체협약 합의

노사협조주의 노선의 9대 배일도 집행부가 초래한 갈등과 파행은 1999년 임단협 잠정합의에서부터 본격적으로 나타나기 시작했다. 12월 1일, 속개된 12기 7차 임시대의원대회에서는 임단협 요구안의 기본원칙으로 △도시철도와의 임금격차 해소와 기본급 비율 확대 △고용안정 및 노동시간단축위 구성 △노동조합 관련 피해 원상회복 등이 약간의 논란 끝에 만장일치로 결의되었다. 이어 12월 7일에는 임단협 1차 교섭이 시행되었고, 실무교섭 등이 이루어졌다.

교섭과정에서 공사측은 △임금인상을 위해 도시철도와의 유사한 근무형태로의 변경이 이루어져야 함을 주장하며, △근무형태를 3조2교대제(월 19일 근무 및 지정휴일 1일 보장, 교번자의 경우 월 18일 근무 및 지정휴일 1일 보장)로 변경하여 종전의 노동조건에서 후퇴시키는 안을 제안했다. 또한 △11,492명의 총정원을 9,871명으로 감축하고 이를 위해 타공사로의 전출 등을 유도한다는 인력감축안 역시 교섭안으로 제출했다. △대학생 자녀 학자금 지급 역시도 우선적으로 융자로 지급할 것을 안으로 제시했다.

공사측 안을 확인한 4개 지부장은 노동조건의 후퇴라며 명백한 거부와 투쟁의사를 밝혔다. 조합원들 역시도 술렁거리기 시작했다. 그러나 배일도 집행부는 공사측 안을 수용하려는 태도를 보였다. 집행부는 교섭과정에 대해 강제퇴출은 없을 것이라는 약속을 받아낸 것과 1,786여 명의 승진 확보 등을 얻어냈다는 점을 강조했다. 또 연내 임금협상이 타결되지 않으면 2000년부터 무협약 상태가 되어 공사측의 강제적인 구조조정안을 수용해야 한다는 상황이라며 조합원들의 불안감을 조장했다. 무엇보다 근무조건 후퇴에 대해 오히려 하루 일을 더하고 임금을 올릴 수 있다는 점을 강조하며 이를 수용할 수밖에 없음을 강변했다. 집행부의 이러한 태도에 대해 현장 활동가 모임 등 민주노조 활동가들은 비판의 공세를 이어나갔다.

12월 21일에는 본사 앞마당에서 단체교섭 경과보고를 위한 조합원 총회가 1,000여 명의 참석 속에 진행되었다. 위원장과의 질의 응답시간에는 노조 안은 없고 공사안만 있다는 조합원들의 문제제기가 쏟아져 나왔다. 23일에 열린 13기 임시대의원대회는 1999년 임단협의 향방을 둘러싸고 노사협조주의노선과 민주노조운동노선이 맞붙는 자리가 되었다. 애초 조합원의 의사를 직접 확인하겠다며 조합원 투표를 하겠다는 주장을 펼친 배 위원장은 지부장들의 반발에 부딪혔다. 그러자 대의원대회에서 성실히 교섭에 임해 임단협의 연내 합의 후 위원장직을 건 조합원 인준 투표 시행 등을 대안으로 제시했다. 구조조정과 노동조건 후퇴를 우려한 대의원들은 임단협 교섭 전면 무효화 결의를 하며,"인원감축 및 근로조건 저하 없는 월 24만 원 인상을 위한 투쟁본부 구성"을 결의했다. 이러한 대의원대회 결의에 대해 중앙집행부는 노조속보를 통해 비난했다.

27일 이루어진 본교섭에서 위원장은 대의원대회의 결정을 부정하며, 하루 더 일하고 임금, 승진 등 확보라는 구조조정 일부 수용 의사 밝혔다. 이에 격분한 현장 활동가들은 교섭장을 찾아가 강하게 항의했다. 결국 교섭은 무산되었다. 29일에 열린 교섭에서도 항의는 계속되었다. 배일도 위원장과 언쟁하며 민주진영 교섭위원들에게 교섭을 중단하고 퇴장할 것을 권했고 공사측 위원들의 발언에 대해 반박하며 목소리를 높였다. 배일도 집행부는 현장에서 제기된 반발에도 불구하고 임단협 체결의 의지를 버리지 않았다. 다른 교섭위원을 배제하고, 인준이 부결되어 교섭위원 자격이 없던 정연수 사무국장 내정자를 포함해 중앙실무교섭위원들은 공사측과 회동하고 노사잠정합의안을 만들어냈다. 결국, 5차 교섭에서 배 위원장은 노사잠정합의안에 수용의사를 구두로 밝히고, 다음날 직권으로 노사잠정합의안에 서명했다.[153)]

잠정합의안에는 △임금 16%인상 △6,804명 노사합의 승진 △퇴직금 300억 중간정산 △정원 1,621명 감원 △정년60세로 단축 △4조3교대 폐지 교대 교번근무자 근무일 1일 추가 △자녀학자금 융자로 전환 △강제퇴출금지협약 체결 △4.19파업 해고자 69명 복직 및 6,422명 징계기록 삭제 등의 내용이 담겼다. 위원장을 제외한 교섭위원 전체는 합의안에 반대하는 의사를 표했고, 활동가들의 반발은 계속되었다. 4개 지부장은 조합원 찬반투표를 거쳐 과반수가 반대할 경우 사퇴할 것을 요구했다.

민주진영의 대응: 조합원총투표 저지투쟁

민주진영은 교섭 합의가 이루어지자 '구조조정 저지와 민주노조 사수를 위한 4개 지부 비상대책위'를 서둘러 결성해 공동대응 체제를 꾸렸다. 김학년 승무지부장이 비대위 대표로 추대되었다. 비대위는 노사잠정합의안은 노동조건 후퇴이고 노조가 구조조정을 받아들이는 것이며 잠정합의안에 대해 교섭위원

---

153) 배일도 위원장은 감옥생활과 해고 기간 신문명정책연구원에 있으면서 '공존'에 대한 고민을 했고 노동조합관이 완전히 바뀌었다고 했다. 그의 구술 내용을 보더라도 노조에 대해 어떤 생각을 가졌는지 알 수 있다. "우리나라가 일제에 침략받았을 때 일본을 이기자는 얘기는 이론적으로는 맞을지 모르지만 당시 힘의 조건으로는 불가능에 가깝다 그럴 때 우리는 평화를 얘기할 수밖에 없다. 평화롭게 그냥 지내자. 그런 생각으로 나는 노동자의 힘이 열세라는 걸 그때도 알았다. 우리 사회가 한때는 혁명도 꿈꿨는데 그게 과연 가능한 것인지 내 자신 회의감이 들었다. IMF 때문에 지속된 일자리라는 게 과연 가능하냐, 사장도 시장도 대리인이니 결국 자신들이 어떤 대안을 찾아나가야 하는 거 아니냐. 그래서 나온 게 24시간 열차운행 이런 것들이다. 임단협 후퇴인 거 안다. 조합원들이 찬성할 수 없다는 것도 안다. 하지만 우리가 먼저 제안하지 않으면 결국 끌려간다. ... 당시 경제적 상황에서 공기업 노동자들이 자신의 노동조건을 지키는 것은 과도한 것이다." (배일도 구술, 2017.3.6.)

전체가 반대했음에도 배 위원장 혼자 수용의사를 밝혔으므로 원천무효라 주장했다. 이에 배 위원장은 현장의 말없는 다수의 목소리는 잠정합의안을 받아들일 수 있다고 생각했다며, 조합민주주의의 실천을 거론하며 조합원 총회에서 조합원에게 뜻을 물을 것이며 과반수 반대 시 사퇴하겠다는 의사를 밝혔다.

2000년 1월 4일, 잠정합의안 체결로 갈등이 상당한 가운데 배 위원장은 투쟁의 시대는 지나갔다며 대화와 타협을 통한 성실교섭을 하겠다는 무파업 선언을 전격적으로 강행했다.[154] 비대위의 표현대로 최후수단을 버리는, 사실상 자발적인 백기투항 선언과 다름 아니었다. 그 와중에 장승완 역무지부장은 지부의 반대 입장을 뒤집고 돌연 잠정합의안 지지 입장을 표명해 지회장들의 강한 반발을 불러왔다. 장승완 지부장은 한동안 잠적한 뒤 따로 지부장 사무실을 차리고 나타났고, 이원화된 역무지부 집행부는 갈등과 파행의 소용돌이에 빠지게 됐다.

13기 2차 임시대의원대회는 체결된 잠정합의안의 조합원총투표를 강행하려는 배 위원장 및 중앙집행부와 잠정합의안에 반대하는 민주진영의 대의원들 사이에서 일어난 격론으로 1월 7일부터 시작해 10일, 12일 3일간에 걸쳐 무려 30여 시간동안 진행됐다. 노조 역사상 유례없는 마라톤 회의로 기록될 정도였다. 배 위원장은 총투표를 위한 중앙선거관리위원회 위원 선출을 안건으로 제시했고, 대의원들은 회의 진행 방식부터 문제를 제기했다. 총투표에 대한 대응을 둘러싸고 비대위 및 민주진영에 뜻을 함께하는 대의원들의 의견이 단일했던 것은 아니었다. 일각에서는 총투표를 해 부결운동을 전개해 배 위원장을

154) 배 위원장은 서울지하철의 임금이 도시철도보다 상대적으로 낮은 것은 매년 꼴등하는 경영평가 때문이라 보고 직접 평가단을 만나 "지하철노조가 맨날 파업하고 그러니까 사회적 여론이 안 좋아 비계량 평가가 낮은 거 아니냐. 난 파업 안 한다."라고 이야기 하고 무쟁의선언을 했다고 한다. 그 공으로 서울지하철은 2003년 경영평가 1위를 했다고 했다. (배일도 구술, 2017.3.6.)

심판하자는 의견을 주장했다. 그러나 총투표 수용 자체가 그동안 규약을 위반한 배 위원장의 잠정합의안을 인정하는 것이라며 반대 의견 역시 존재했다. 결국, 각각 안에 56명 찬성, 90명 찬성으로 잠정합의안의 전면 무효 및 재교섭 실시안이 통과되었다. 대의원대회 결정사항에도 불구하고 배 위원장은 규약을 자의적으로 해석하여[155] 총투표를 18일부터 20일까지 강행하겠다는 의사를 밝혔다. 조합원 찬반투표를 방해할 경우, 엄중하게 법적으로 처리할 것이라며 엄포를 놓는 것도 잊지 않았다.

지해투를 비롯해 비대위 등 민주진영은 자의적이고 위법적인 총투표 강행에 대한 저지투쟁을 실시했다. 군자기지 본조 사무실에서 농성을 전개했으며, 또 투표함이 반출, 이송되는 것을 막았다. 그 와중에 양측이 물리력을 행사해 부상자가 발생하기도 했다. 점거 및 시위 등 강력한 저지에 직면한 배 위원장과 중앙집행부는 투표 연기를 발표했다. 질서유지대라는[156] 이름으로 물리력을 동원한 9대 집행부는 결국 21~25일 투표를 강행했다. 민주진영의 활동가들은 잠정합의안과 총투표가 부당한 이유를 지적하는 대자보를 붙이거나 투표소 앞에서 연좌시위 및 피케팅을 하며 참여를 거부할 것을 촉구했다. 집행부의 동원 속에서 승진 등 이해관계가 걸려있거나 단기간의 임금인상에 관심을 갖는 조합원들을 중심으로 투표가 이루어지기 시작했다. 공사가 조합원들을 투표에 동원한 정황도 나타났다. 가령 사장은 투표 독려를 촉구하는 서신을 보내고 총무이사는 투표율을 올릴 방안을 마련하라는 지시를 내리기도 했다. 관리자들이 직접 투표를 안 한 이들에게 투표를 독려하는 전화를 걸거나

155) 잠정합의와 조합원 인준투표 방식의 파행을 되풀이했던 것에 대해 배일도 위원장은 본인의 행보가 노동조합 규약 위반이라는 것을 인정했다. 독재, 아전인수 격 해석임을 알면서도 내가 생각하는 노동조합, 내가 생각하는 조합원의 이익에 대해서는 반대가 있더라도 힘을 뚫어야 된다고 생각했다고 했다. (배일도 구술, 2017.3.6.)

156) 질서유지대는 집행부 중앙 구성원뿐 아니라 정연수 당시 사무국장을 지지하던 역무지부의 지하철 청원경찰 출신 역무 조합원, 배일도 지지자로 구성되어 있었다.

차를 이용해 조합원들을 투표장으로 동원하는 경우도 나타났다. 결국 9,284명 가운데 53.65%인 4,977명이 투표에 참가해 85.78%인 4,271명이 찬성의사를 밝혀, 투표가 가결되었다.

강행된 1999년 임금·단체협약 인준투표 결과

지부	조합원수	투표자	투표율	찬성		반대		무효	
역무	2,743	1,820	66.57%	1,518	83.41%	281	15.44%	21	1.15%
승무	1,715	318	18.54%	255	80.19%	607	18.24%	5	1.57%
기술	2,127	1,569	73.77%	944	87.44%	545	11.28%	20	1.27%
차량	2,360	930	39.41%	695	85.38%	408	13.76%	8	0.86%
본사지회	344	342	99.42%	269	97.08%	32	2.92%	0	0%
총계	9,280	4,979	53.65%	4,328	85.78%	2,023	13.14%	54	1.08%

비상대책위원회는 모든 과정에 있어 규약은 물론 그 정당성이 훼손된 인준투표에 대해 법원에 투표효력정지가처분신청을 하기도 했다. 이는 이후 기각되었다. 배일도 집행부는 가결 결과를 조합원의 위대한 승리라고 자찬했지만, 역대 조합원 인준투표 중 가장 저조한 투표율로 조합원 절반가량이 외면한 사실상 반쪽짜리 투표 결과였을 뿐이었다. 또 임단협 합의안은 단기간의 임금인상은 가능케 했을지는 모르지만 그 대가로 노동조건의 후퇴를 가져왔다. 나아가 조합원의 단결을 추구해야할 노조가 단기간에 회복하기 어려운 갈등상황에 빠지게 되는 결과를 초래했다. 임단협 체결의 여진은 계속되었고 이는 승무지부의 단독파업으로 이어지게 된다.

3) 1999년 임금·단체협약 이행과 승무지부 단독파업

2000년 2월, 배 위원장은 노보를 통해 21세기에 부응하는 지하철과 노동조합을 만들기 위해서는 노동조합의 안정이 필수적이라면서 노동조합 간부들이 자신들의 주장만 고집하고 분열되어서는 노동자들의 처지를 개선시키지 못할 것이라 주장했다. 갈등의 당사자가 단결과 안정을 주장하는 웃지 못할 상황이었다. 노조는 본격적으로 2월 8일부터 1999년 임단협 합의서 이행을 위한 후속 실무협상에 돌입하게 되었다. 탄력근무제의 도입 문제와 노동시간 연장 및 근무형태, 학자금 지원 등이 주된 쟁점으로 나타났다. 비대위 등 민주진영은 실무교섭에 참가하여 위와 같은 쟁점에 적극적으로 의견을 개진했다. 배 위원장이 체결한 임단협이 가져올 노동조건의 후퇴에 대한 우려를 다시 한번 적극적으로 제기했다. 공사측 역시 순순히 노동조합에 유리한 안을 제시하려 하지 않았다. 협상이 교착상태에 빠지자 오히려 다급해진 건 배일도 집행부였다. 교섭 과정에서 임단협의 문제점이 다시 드러나고 쟁점이 되었기 때문이었다. 집행부는 공사측을 압박하기보다 비대위가 실현불가능한 요구를 제기하며 발목잡기 전술을 펼치고 있다고 책임을 돌렸다. 임단협 시행 지연으로 조합원의 피해가 가중되고 있다는 논리를 들며 3월 중 후속협상을 마무리하겠다는 의지를 밝혔다.

옥수역에서 열린 비대위 총회(2000.2.10.)

결국, 3월 25일 8차례의 교섭 끝에 1999년 노사합의서 이행을 위한 시행서가 체결되었다. 내용 중에는 주당 44시간 범위에서 특정주에 44시간을 특정일에 8시간을 초과하여 근무할 수 있다는 내용의 탄력근무제 도입과 해고자 5명 복직 및 정원을 초과하는 1,621명에 대해 단계적으로 2001년 말까지 타 공사 전출 등으로 구조조정을 하는 내용이 포함되었다. 무엇보다 근무형태 변경 내용 역시 담겼다. 차량, 기술의 경우 지정휴일 1일을 반납하고, 역무의 경우 21일 주기 3조2교대와 주 휴무 보장제, 혹은 6일 주기 3조2교대를 조합원 투표를 통해 시행하기로 했다. 훗날 역무 조합원들은 전자 안을 선택하게 된다. 승무의 경우, 근무해야할 운행이 0.7다이아가 증가했다.

집행부가 노동조건이 후퇴되고, 대안으로 실질 임금상승을 얻었다고 인정할 정도로 사실상 노동 강도가 강화된 내용일 뿐만 아니라 이전 체결된 본협약에 담기지 않은 탄력근무제 등이 도입된 것이었다. 협상 타결이 가시화되자 비대위는 이에 항의하며, 이행서의 인준투표를 요구하며 농성에 돌입했고 각 지부 역시 반발했다.

특히 승무의 경우, 인원이 부족한 상황에서의 휴무는 감소하고, 운전시간, 주행길이, 근무일수가 증가하는 상황이었다. 3월 24일부터 이에 반발하며 단식에 돌입했던 승무 집행부는 27일, 이른바 '독소 다이아'가 시행되자 현장간부 결의대회를 개최하고 운전처와 노사협력처에 항의방문을 했다. 28일부터는 보다 강력한 행동을 위해 쟁의행위 찬반투표에 돌입하게 되었다. 88.4%의 투표율 속에 무려 82.3%의 인원이 행동에 나서기로 동의했다. 31일에는 1차 준법운행 투쟁을 전개했다. 그러나 개악에 책임이 있던 공사측과 노동조합 중앙집행부는 터져나오는 불만에도 시행서를 강행했다. 결국 두 차례의 현장조합원 총회를 거쳐 4월 7일 탄력근로제 도입 반대를 요구하며 새벽 4시경부터 지부 단독 파업에 돌입하게 되었다. 그러나 지부 단독으로 강고한 파업을 진행하기 어려운 현실적 여건 속에서 승무지부 집행부는 3시간 30분이 지난 오전 8시 30분에 단독 파업을 철회한다. 집행부는 이에 책임을 지기 위해 총사퇴를 선언했다. 파업의 여파로 김학년 지부장과 이준헌 사무국장이 체포되어 수사를 받기도 했으며 특히 김 지부장은 해고를 당했다. 5월 19일 보궐선거를 통해 박창순 지부장을 필두로 새로이 집행부를 구성한 승무지부는 운전분과 노사협의회를 열어 개악된 다이아제의 문제점을 지적했고 공사측의 새로운 근태지침을 끌어내기도 했다. 그러나 중앙집행부가 이끌어낸 개악된 노동조건을 다시 회복하기에는 역부족이었다.

4) 노사협조주의의 본격적 추구

대의원대회 파행과 서울모델 추진

4월 11일, 94명의 대의원의 소집 요구로 제3차 임시대의원대회가 열렸다. 대의원들은 개악된 내용이 담긴 시행서에 대한 문제제기와 더불어 인준 투표를 받을 것을 요구했다. 그러나 배 위원장은 합의서의 실무서 개념인 시행서

임시대의원대회(2000.4.11.)

에 대한 인준투표는 불가하기에 안건 자체가 성립될 수 없다며 회의 도중 퇴장을 해버렸다. 이에 대의원들은 임시의장을 선출해 인준투표를 조속히 할 것을 결의했다. 이후 배일도 집행부는 "위원장이 회의 사회를 본다."는 규약을 위반했다며 대의원들이 불법 결의를 자행했다는 비난을 쏟아냈고 결정사항을 무시해버렸다. 회의 운영에 책임이 있는 위원장이 자신의 의견대로 회의가 진행되지 않는다며 도중에 나가버리는 무책임한 태도에 대한 사과는 일언반구도 없었다. 회의 도중의 퇴장 혹은 의결된 사안에 대한 불이행 등의 파행과 불복은 배 위원장 임기 내내 반복되었다.

신노사관계 어떻게 바라볼 것인가 공개토론회(2000.7.25.)

노동조합 내부의 파행과 갈등에도 불구하고, 배 위원장과 9대 집행부는 노사협조주의를 보다 강력하게 설파했던 것은 물론 이를 위한 구체적인 제도 역시 추진하기 시작했다. 7월 27일, 공사측과 함께 공동개최한 21세기 시민의 지하철 만들기 토론회에서 배 위원장은 인원 감축식 구조조정을 지향한다는 견해를 밝혔을 뿐만 아니라 24시간 전일제 지하철 운행, 서비스 업무 영역의 다각화 등을 통한 고용확대정책 수립을 촉구했다. 노동조건이 후퇴되고 악화하는 현실에 대한 고민은 없었다.

한편, 배일도 집행부는 노사협조를 보다 구체화할 제도로 서울특별시 노사정서울모델협의회(서울모델) 추진에 함께했다. 서울시 투자기관 노사와 서울시가 모인 서울모델은 각 사업장 노사위원과 더불어 서투노협 추천 2인, 서울시투자기관사용자협의회 추천 2인, 서울시장이 임명하는 위원장 1인으로 공익위원 5인으로 구성되는 기구였다. 또 산하에 노사협의회, 노정협의회를 두었다. 특히 노사합의가 이뤄지지 않는 사안에 대해 공익위원의 조정안을 최대한 존중하거나 따르는 것을 규정했다. 서울모델은 당시 김대중 정권이 노동운동진영에게 구조조정의 수용을 강요하기 위해 만든 노사정위원회 및 신노사문화 추진 정책과 사실상 궤를 같이하는 것이었다. 이에 민주진영은 오히려 노조의 자주적 교섭권리를 박탈할 수 있다며 큰 우려를 제기했다. 특히 11월 2일에 열린 13기 6차 임시대의원대회에서는 서울모델의 불참을 결정했다. 그러나 다른 사안과 마찬가지로 9대 집행부는 이를 승복하지 않았다. 노사협조주의 노선이 더욱 본격화되었다.

2000년 임금·단체협약 체결: 정년 단축과 개인별 성과급 수용

9월 16일부터 25일까지 진행된 차량 기지 간 인사이동 기준과 일방적 시행에 따른 차량지부의 항의농성과 26일부터 10월 14일까지 휴무선택 사용에 따른 수당격차 해결을 요구한 역무지부의 항의농성이 진행되었다. 어수선한 분위기 속에 노조는 2000년 임단협 교섭에 돌입하게 되었다. 상황은 녹록지 않았다. 임단협 교섭 전 3/4분기 노사협의회에서 공사측은 감사원과 행정자치부의 지적 사항이자 권고인 가족승차권 지급 폐지 및 개인성과급 신설 등을 요구하며 이를 수용치 않을 경우 10월 성과급을 지급하지 않겠다는 견해를 밝혔기 때문이었다. 노사협조를 추구했던 배일도 집행부가 강하게 반발할 정도였다. 결국 노조의 반발로 이후 행자부의 지침이 철회되었지만 공기업 노사의 자율 교섭을 가로막는 중앙정부의 지침 문제는 이후에도 계속되었다. 그런 가운데 노조는 10월 12일 △직급급으로 직책급을 통합하는 임금구조 개편안 △13.07% 임금인상 △교대근무자의 근무주기와 관련 법정휴일의 6일 보장 및

행자부 지침 철회를 위한 조합원 총회(2000.10.)

연 72일 보장 등의 요구안을 확정했다. 이 과정에서 법정수당을 정하는 데 있어 각 지부 간 이견과 갈등을 빚는 모습이 나타나기도 했다.[157]

1차 교섭이 11월 7일부터 시작되었고, 노조는 공사측을 압박하기 위해 정부 지침만을 따르려는 경영진을 무능경영진으로 규정하며 퇴진을 주장했다. 교섭과정은 순탄치 않았다. 작업거부를 진행했던 차량지부 간부들에 대한 징계 때문이었다. 10월 26일, 지축정비지회 조직차장이 현장간부 연석회의에 참석한 것에 대해 정비 과장이 경위서를 쓰라고 요구하자 이에 항의하는 차량지부 차원의 작업거부 투쟁이 일어났다. 공사측은 지부 간부 6명의 직위해제 및 고소, 참석 조합원에 대한 유계결근 징계조치로 대응했다. 징계를 둘러싸고 교섭은 파행 속에 진행되었다. 결국 10차례 교섭 끝에 합의에 도달했다. 12월 30

157) 요구안의 내용은 차량지부가 통상근무자와 교번근무자의 임금격차 문제를 제기하여 수정변경된 것으로 이에 대해 타 지부가 반발하기도 했다.

일 △임금을 인센티브를 포함해 총액기준 8.5%로 인상 △효도휴가비 100%인상 △월동보조비 20만 원 인상 △ 퇴직금 500억 중간정산 △개인별 성과급을 평균 기본급의 109% 범위 내 50~150%지급 △사경력 인정 △8급 890명 노사합의 승진 △4.19해고자 10명 복직 △기관성과급 260% 지급 △신규입사자 퇴직금단수제 도입 △정년 58세로 단축 등의 내용이 2000년 임단협 합의안에 담겼다.

임금인상률의 경우 공사 안 및 행자부 안을 수용한 것이었고, 임금구조 개편은 관철해내지 못했다. 무엇보다 정년 2년 단축이 이뤄져 사실상 정원에 있어 인력감축 효과를 가져왔으며 구조조정 수단으로 사용될 우려가 높았던 명예퇴직 및 조기퇴직 수당 역시 신설되었다. 또한 행자부 지침의 핵심이었던 개인별 성과급이 사실상 도입되어 현장 노동자들의 줄 세우기와 분열이 우려되었다. 조합원의 관심사였던 학자금의 융자 전환 문제는 논의조차 되지 못했다. 이러한 우려에 대해 외려 집행부는 행자부 지침 거부 주장을 토대로 정부의 대폭적 양보를 이끌어냈기에 노동조합의 승리와 다름없다는 평가를 했다. 또한 최후의 무기인 쟁의를 포기하면서 애초 요구에 미치지 못한 안을 타결한 것에 대해서 노조의 사회적 고립 예방과 정치적 영향력을 발휘하는 계기가 되었다고 주장했다.

임단협 합의안에 대해 중앙집행부 뿐만 아니라 민주진영의 4개 지부장을 포함해 집행부 교섭위원 전체가 서명했다. 배 위원장은 "교섭위원(지부장들)이 서명하면 이후 결과를 가지고 조합원들에게 인준을 묻고 그 결과에 따르되, 만약 지부장들이 서명을 거부하고 교섭장을 박차고 나가면 위원장 혼자 잠정합의안으로 체결하고 조합원의 찬반을 물어 결정하겠다."라는 말로 지부장들을 협박했다. 지부장들은 1999년 잠정합의안 인준투표를 둘러싼 분열과 혼란을 떠올리며 다시 그러한 상황을 만들어서는 안 된다는 판단과 합의서명 후

부결운동을 전개하여 집행부를 불신임하겠다는 판단을 했다.[158]

이후 4개 지부장을 포함해 민주진영은 임단협의 문제점을 지적하며 조합원들에게 인준투표 때 거부 표를 던지라고 요구하는 부결운동을 펼쳐나갔다. 배 위원장과 중앙집행부는 교섭위원으로 참여한 지부장들이 합의안에 서명했음에도 부결운동을 펼쳐 현장조합원을 교란하고 분열을 일으키는 반조직적 행위를 자행하고 있다며 비난했다. 2001년 1월 10일부터 12일까지 9,084명 중 8,515명이 참여한 인준 투표에서 4,264명 즉 50.08%가 찬성표를 던져 합의안이 가결된다.

2000년 임금·단체협약 인준투표 결과

지부	조합원수	투표자	투표율	찬성		반대		기권	
역무	2,514	2,245	89.30%	1,208	53.81%	768	35.49%	269	10.70%
승무	1,691	1,615	95.51%	573	53.81%	966	41.7%	76	4.49%
기술	2,062	1,951	94.62%	1,115	57.15%	725	37.47%	111	5.38%
차량	2,449	2,350	95.96%	1,032	43.91%	1,219	52.05%	99	4.04%
본사지회	369	354	95.93%	336	94.92%	3	1.01%	15	4.07%
총계	9,085	8,515	93.73%	4,264	50.08%	3,681	43.65%	570	6.27%

임금 인상 등 각자의 이해 속에서 조합원의 절반 정도가 아슬아슬하게 찬성한 것이었다. 민주진영의 뼈아픈 패배였다. 부결운동을 전개한 4개 지부장 및 지회장 모두가 사퇴를 선언했다. 이후 치러진 보궐선거에서 역무지부장 김영후, 승무지부장 김충례, 차량지부장 김영준, 기술지부장 김대수가 각각 당선되었다.

158) 역무지부장 나상필, 승무지부장 박창순, 기술지부장 이근원, 차량지부장 배상조 이름으로 "인준투표에 임하는 4개 지부장의 입장"을 발표했다. 역무지부는 장승완 지부장 문제로 비대위가 구성되는 등 내홍을 겪고 나상필을 지부장으로 새로 선출했다.

한편, 이 시기 4개 지부 선전편집위원회는 공동노보 준비호를 발행하여 배일도 집행부의 실체를 알리는 활동을 했다. 공동노보는 2002년 초까지 '해방역에 닿을 때까지'라는 이름으로 발행되었다.

그리고 노동자 정치세력화 실현의 한 방안으로 민주노동당 활동을 벌인 활동가들은 2000년 4월 13일 16대 총선을 맞이하여 서울 노원을에 출마한 정윤광 전 위원장 선거운동에 결합했다. 당시 민주노동당은 선거법 개정 요구와 정치개혁·고용안정·사회적 평등 실현 3대 핵심 공약을 내세우며 전국 21개 선거구에 노동자 후보를 냈으나 1석 확보를 통한 원내 교두보 확보라는 목표를 달성하지는 못했다. 정윤광은 5.94%를 득표했다.

5) 2001년 임금·단체협약 부결과 배일도 위원장 재선출

배일도 위원장의 재당선과 2001년 임금·단체협약의 추진

민주진영의 인준투표 부결운동 실패 이후, 노사협조진영은 점점 더 그 세력을 확산해나가기 시작했다. 배일도 위원장은 8월 30일, 36개 지방공기업 노동조합의 협의체인 '전국지방공기업노동조합협의회'(전공노협)을 구성하는 등 노사협조노선을 추구하고 확산하기 위해 갖가지 조직을 구성해나갔다. 그러던 가운데 9월, 제10대 위원장 선거가 치러졌다.

선거는 총 3파전으로 배일도, 정연수, 최종진[159] 후보가 나왔다. 노사협조진영에서 분열이 일어났다. 배일도 후보는 지난 2년 동안의 기간을 최소

159) 서울지하철노조 민주진영은 9월 1일 대중적 공개적으로 '단일후보 선출대회'를 열었다. 지해투 논의로 의장이 전직 위원장을 중심으로 한 8인의 논의구조를 만들고 5차례 회의를 한 결과 과거 활동을 반성하고 10대 총선에 임하는 원칙에 합의했고 전·현직 지회장 이상 동지들이 모여 단일후보를 추대하기로 최종 확정하여 선출대회를 연 것이다. 민주진영은 단일후보로도 승리를 장담키 어려운 상황에서 복수출마 시 필패할 것이라 판단한 것이다. 이 논의에서 최종진이 민주진영 단일호부로 추대되었다.

한의 것을 양보하는 대신 고질적인 저임금과 승진적체, 고용불안을 해소해 왔다고 자평하며 앞으로 평생직장 건설의 토대를 구축하기 위해 제도개선을 추진하겠다는 견해를 밝혔다. 노동시간 단축과 지하환경 개선 등을 공약으로 발표했다. 정연수 후보는 기존의 민주노조운동 한계를 극복하기 위해 9대 집행부를 함께 출범시켰으나 정작 배 위원장이 노동조합을 독단적으로 파행 운영했음을 비판했다. 조합원의 참여가 보장되는 조합운영과 조합비 인하, 상급단체의 사안별 선택적 연대활동 등을 공약으로 제시했다. 민주진영을 대표하여 단일후보로 선출된 최종진 후보는 9대 집행부가 추구한 노사상생이 공사측의 횡포와 통제를 가져왔으며 정년단축과 학자금 무상지급 폐지 등의 후퇴를 지적했다. 공약으로 임금삭감, 노동조건 개악없는 주40시간 주5일 근무제 도입과 정년 환원 등 노동조건 후퇴 원상회복 등을 약속했다. 선거과정에서는 노사협조진영 분열과 경쟁 속에서 선거자금 착복 문제에 대한 폭로, 9대 집행부의 조합비 남용, 배 위원장의 부도덕성을 질타하는 폭로들이 잇따랐다. 한편, 공사 노무처에서 노사관련 뉴스에 배 후보를 옹호하는 기사를 싣거나 인사팀장이 조합원 모임에 참석해 배 위원장을 지지하는 발언을 하는 등 공사측의 개입 역시 두드러졌다.

9,015명이 참여한 1차 투표에서 배일도 후보는 42.96%, 정연수 후보는 13.57%, 최종진 후보는 40.48%를 득표했다. 과반수 득표자가 없어 9월 26일부터 28일까지 진행된 2차 투표에서 배 후보는 49.71%의 지지를 받아 47.32%의 지지를 받은 최 후보를 꺾고 10대 위원장에 당선되었다. 215표의 차이였다. 조합원들이 노동조건의 후퇴에도 불구하고 임금인상 등의 실리를 기대했기에 가능했던 선거결과였다. 그러나 조합원들은 지부장 선거에서는 민주진영으로 나온 김영후(역무), 김영준(차량), 한용석(기술), 김명기(승무) 후보를 선택했으며 지회장도 대부분 민주 후보가 당선되었다. 조합원들은 노사협조주의 세

력에 대한 견제를 잊지 않았다. 또한 이는 민주진영을 현장 일선에서 공사측의 일상적 탄압을 막아줄 수 있는 이들로 여겼기에 가능했던 결과였다. 즉, 중앙과 지부의 상반된 집행부 선출은 실리와 현장권력의 유지를 동시에 추구하고자 한 조합원의 기대가 반영된 결과였다.

10대 위원장 결선 결과

지부	조합원수	투표자	투표율	기권	무효	배일도		최종진	
역무	2,511	2,340	93.19%	171	134	1,194	51.03%	1,012	43.25%
승무	1,832	1,795	97.98%	37	34	857	47.74%	904	50.36%
기술	2,084	2,028	97.31%	56	59	1,113	54.88%	856	42.21%
차량	2,491	2,433	97.67%	58	34	1,026	42.17%	1,373	56.43%
본사지회	425	417	98.12%	8	7	290	69.54%	120	28.78%
총계	9,343	9,013	96.47%	330	268	4,480	49.71%	4,265	47.32%

이전 9대와 같은 기조 속에 구성된[160] 10대 집행부는 이어 2001년 임단협 교섭에 돌입하게 되었다. 노조는 △총액대비 11.51% 임금인상, 교대근무자의 근무형태를 역무분야와 동일 및 교대 근무자의 법정수당 통일 △ 주40시간 및 월 168시간 주5일제 근무제 시행 △ 신규인력 충원 △해고자 복직 △대학 학자금 무상지원 △ 61세로의 정년연장 등을 요구안에 담았다. 제1차 단체교섭이 11월 30일부터 시작된 후, 수차례 이어진 본교섭과 실무교섭 자리에서 공사측은 감사원 감사 지적사항과 행자부 지침 등으로 노조의 요구를 온전히 수용할 수 없음을 밝혔다. 공사측의 태도에 대해 무파업을 선언했던 배 위원장은 행자부 지침 분쇄와 임단협 승리를 위해 파업도 불사하겠다는 발언을 했

160) 집행부는 부위원장 김대수, 사무국장 윤현식, 정책실장 조동희, 교육선전실장 김천호, 조직부장 한상훈, 총무부장 김종식, 대협부장 박주형, 문화체육부장 이성민, 쟁의부장 박용갑, 여성부장 조선옥, 법규부장 박소현, 후생복지부장 박명희, 산업안전부장 김석순, 정책기획부장 김봉배, 조사통계부장 최상영, 선전홍보부장 김태용, 편집부장 김준영, 교육부장 김상봉으로 구성되었다.

다. 이러한 배 위원장의 입장은 무파업 선언이라는 것이 현실성도 없을 뿐더러 하나의 헛된 수사와 다를 바 없다는 것을 스스로 증명해낸 것이었다. 아무튼 노조는 전공노협 투본에 적극적으로 참여하여 다른 공기업 사업장과의 공동투쟁에 참여할 것을 결의했고, 6차 교섭 때에는 교섭 중단을 선언했다. 12월 27일, 14기 2차 임시대의원대회에서는 쟁의발생 결의가 통과되었다. 그런 가운데 31일, 서울모델은 자연증가분 전액과 효도휴가비 50%를 삽입하지 않는 6%의 임금인상을 담은 조정 결정문을 발부하기도 했다.

해를 넘겨도 교섭은 진전이 없었고, 노조는 중노위에 파업을 위한 쟁의조정 신청을 했다. 간부들은 본사에서 철야농성에 들어가기도 했다. 25일, 노조는 파업 찬반투표에 돌입했고, 2월 4일 파업 일정 예정 및 전략도 수립되어갔다. 파업의 분위기가 무르익은 30일, 제7차 교섭이 진행되었다. 공사측은 6% 임금인상에 자연증가분을 포함시키지 않는 안을 제시했다. 결국 2월 3일 8차 교섭에서 △해고자 7명 복직 △ 임금 6% 인상 △ 주40시간 및 월 174시간의 주5일근무제 도입 등으로 임단협 합의안이 체결되었다. 합의안 중 퇴직금 지급이 법정 퇴직금제를 적용하는 방식으로 후퇴되는 문제가 제기되었다. 집행부는 퇴직수당을 확보했기에 손해는 전혀 없다고 주장했으나 이전 퇴직금누진제 폐지와 더불어 임금손실이 명백해졌다. 역무 분야의 조합원들 역시 6% 휴무수당이 미지급 되는 것에 대해 불만을 가졌다. 개인성과급과 연월차 휴가 12일분이 수당으로 전환되고 생일 및 신정 휴가가 축소된 휴일제도 변경 문제도 있었다. 학자금 지원 역시 무상지원이란 애초의 요구와는 달리 사내 복지기금 운영 수입으로 지원하는 것으로 합의되었다. 특히 부대약정서 5항에 담겨 있던 합의내용 중 변상책임 문제가 발생 시 노조가 문제 해결에 적극적으로 협조한다는 내용이 담겨 조합원들이 큰 우려를 하게 했다.

2001년 임금·단체협약 인준 부결과 집행부 총사퇴에 따른 재선거

현장은 부글부글 끓어올랐다. 민주진영은 부결운동을 시작했다. 다급한 공사측은 잠정합의안이 부결될 경우, 임금인상 등이 모두 무효가 된다는 협박을 하며 찬성을 독려했다. 2월 20일부터 22일까지 진행된 잠정합의안의 인준투표에서 9,042명이 참여해 4,784명, 즉 52.91%의 조합원이 반대표를 던졌다. 배 위원장을 포함해 10대 집행부의 지회장급 이상 간부들이 총사퇴를 선언했다. 투표결과가 민주진영이 조합원들을 호도해서 나타난 결과로 판단한 배 위원장은『새로 선출되는 신임집행부 무엇을 어떻게 하여야 하나?』라는 소책자를 펴내 민주진영이 자신들이 합의한 것 이상의 내용을 한번 쟁취해보라는 지극히 감정적인 분노를 표하기도 했다.

2001년 임금·단체협약 인준투표 결과

지부	조합원수	투표자	투표율	찬성		반대		기권	무효
역무	2,516	2,377	94.48%	871	36.65%	1,389	58.44%	139	117
승무	1,822	1,773	97.31%	766	43.21%	972	54.83%	49	34
기술	2,077	2,026	97.54%	926	45.71%	968	47.78%	51	132
차량	2,490	2,451	98.43%	1,057	43.13%	1,348	55%	39	46
본사지회	426	415	97.42%	303	73.02%	107	25.79%	11	5
총계	9,331	9,042	96.90%	3,923	43.39%	4,784	52.91%	289	334

몇 개월 만에 노조는 다시 선거 일정에 돌입했다. 불신임 직후 역무원으로 돌아가겠다던 배 전 위원장은 약속을 뒤집고 다시 출마했다. 배 후보와 관계가 틀어져 10대 집행부 선거 때 폭로 글을 올렸던 맹용수 후보도 등록을 마쳤다. 민주진영에서는 이상대 후보가 출사표를 던졌다.

배일도 후보는 10대 집행부가 최선을 다했던 것은 물론, 합의안 내용이 잘못 알려져 부결되었다고 주장했다. 그러면서 2000년 이전 입사자의 경우, 퇴직금의 불이익이 없다는 것과 승진소요연수 경과자 중 5,034명이 승진될 예정이라는 점 등을 집중적으로 홍보했다. 민주노조가 집행부에 들어설 경우 합의도 늦어질 것이며 또 월드컵을 볼모로 투쟁을 전개해 조합원에게 크나큰 손해를 끼칠 수 있다는 공포를 주는 것도 잊지 않았다. 반면 이상대 후보는 부결된 협약을 부활시키려는 배일도 후보 측을 강하게 비판하면서 4개 지부 전체를 아우를 수 있는 후보를 뽑아달라고 주장했다. 또한 현장 요구를 바탕으로 부결된 노사협약의 독소조항을 철저히 배격하고, 주40시간 근무제 특위를 구성해 실질 개선책을 마련하겠다는 의지를 밝혔다.

9,078명이 참여한 1차 투표에서 배일도 후보는 49.71%를 득표해 44.36%를 득표한 이상대 후보를 따돌렸고 결선에서 52.59%의 과반 표를 획득해 당선됐다.[161] 협약 부결로 배일도 집행부를 불신임했던 조합원이 다시 배일도를 선택하는 아이러니한 결과였다. 10대 총선거처럼 공사측의 개입과 조합원들이 단기적 임금인상, 승진에 대해 기대를 건 결과였다. 다만 지난 선거처럼 노사협조진영에 대한 견제로 조합원들은 지부장에 있어서 김종식(역무), 주우상(승무), 박인남(차량), 신재원(기술) 등 민주진영을 당선시켰다.

6) 2002년 임금·단체협약 인준을 둘러싼 갈등

월드컵 무파업 선언과 2001년 임금·단체협약

4월 1일, 취임[162] 일성으로 배 위원장은 월드컵 기간 무파업을 선언했다. 민

161) 이상대 후보의 지지율이 낮은 것은 승무원들이 초과근무를 많이 해서 상대적으로 임금이 높다, 퇴직금이 많다는 등 반승무 정서를 부추기는 악선전도 일정 영향을 미친 것으로 볼 수 있다.

162) 집행부 구성은 수석부위원장 구덕회, 부위원장 박주형, 사무국장 김태철, 정책실장 조동희, 교육선전실장 김천호, 조직부장 한상훈, 총무부장 김종식, 대협부장 한찬수, 문화체육부장 안명식, 쟁의부장 박용갑, 여성부장 공석, 법규부장

배일도 집행부 총사퇴 투쟁을 벌이는 4개 지부 민주 활동가들

주노총과 공공연맹의 총파업 투쟁지침에 배치되는 입장이었다. 연맹은 3개월 정권조치를 내린다.[163] 이에 배 위원장은 공공부문 노조를 모아 제3노총을 추진하겠다고 응수를 했다. 또 공공연맹에 파견된 5명의 활동가에게 철수를 지시하기도 했다. 한편, 부결된 임단협에 대해서 더이상 나은 안이 나올 수 없는 만큼 재협상이 없다는 의견을 밝혔다. 자신의 당선으로 그 문제점이 무마된 것처럼 태도를 보인 것이었다. 그런 의지대로 17일, 문제제기가 된 내용의 일부 변경을 추진한 뒤 2001년 임단협에 대해 위원장은 직권조인을 하게 된다. 내용도 문제였지만 조인 절차가 규약에 맞지 않았다. 집행부 자신들도 이를 인정할 수밖에 없었는지 조합원의 권익과 조직 안정을 위해 불가피한 조치

장승완, 후생복지부장 박명희, 산업안전부장 조경수, 정책기획부장 최상영, 조사통계부장 김삼채, 선전홍보부장 이상열, 편집부장 조선옥, 교육부장 신용석 등이다.

163) 공공연맹은 제명조치까지도 고려했으나 이에 대해 서울지하철노조 민주진영은 한 번 제명당하면 다시 가입하기 어렵다, 제명은 배일도 집행부의 바람이라는 이유로 반대 의견이었다.

라고 강변했다. 이러한 조치에 대해서도 각 지부에서 공약 사항의 이행을 전제로 위임한다는 견해를 제출하거나 임시대의원대회 소집 후 수정보완 안 마련 등의 견해 표명으로 다소 혼란스러운 태도를 보이기도 했다.

민주진영 내부에도 동요와 견해차를 드러내며 배일도 집행부의 전횡에 대한 견제가 힘을 잃어가자 현장간부 및 활동가들이 활발히 움직이며 공조를 꾀했다. 이전에는 지부장, 지회장 등 공식 직책을 맡고 있던 이들이 구심점이 되었다면 이 시기부터는 지부별 현장 활동가들이 자발적으로 모임을 꾸려 배일도 집행부의 일방독주에 맞선 공동대응을 펼쳤다. 두차례 민주단일후보 선거 패배 이후 위축된 구조조정 저지·노조 민주화 투쟁 전선을 복원하고자 하는 목적도 있었다. 현장 간부와 활동가들은 지부별 모임을 지속하며 대의원대회 대응, 현장 조직화 방안 등을 논의했고, 4개 지부 선전편집위원회, '현장회' 등은 소식지를 제작 배포하며 지부별 경계를 넘어선 대응과 실천활동을 전개했다.

위원장의 독단적 조합운영 문제는 2002년 임단협을 둘러싸고 또 반복되었다. 주5일제 시행과 그에 따른 노조의 대응 문제가 본격화되고 있는 가운데, 2002년 임단협의 첫 교섭이 6월 18일 시행되었다. 노조는 △총액 대비 8.42%의 임금인상 △피해자 전원 복직 등을 제시했다. 공사는 △조합 전임자 축소 △과장급 직원의 연봉제 시행 △무임가족 승차권 폐지 등 행자부 지침에 근거한 안을 제시했다. 공사측의 적극적 태도가 보이지 않자 교섭은 중단되었고, 7월 3일 15기 5차 임시대의원대회에서 쟁의발생 결의 건이 통과되면서 파업 등 투쟁 일정이 결정되었다. 이런 상황에서 배 위원장은 이전 대의원대회에서 서울모델 참여 건이 이미 부결되었고 또 5차 임시대의원대회에서도 논의가 이뤄지지 않은 상태에서 서울모델에 조정신청을 했다. 결정사항을 위반했다고 인정하면서도 조합원의 이익을 위해 어쩔 수 없는 선택이라 강변했다.

2002년 임금·단체협약과 민주진영의 대응

이런 상황 속에 지축정비지회는 위원장 불신임투쟁을 결의하게 된다. "이번 임단협을 잠정합의 방식으로 실시하여 인준투표를 거치지 않겠다."는 견해를 밝힌 위원장의 파행적 노조운영과 노동조건 개악 합의를 사전에 막기 위해서라는 판단이었다. 지축지회는 이어 차량지부에도 불신임투쟁에 대한 적극적 결합을 요청했으나 지부는 논의 끝에 지축정비지회 불신임투쟁에 대한 지지 성명을 제출하는 것으로 마무리되었다. 이러한 움직임에 대해 배 위원장은 내부분열만을 초래한다며 제11차 집행회의 도중 회의를 일방적으로 중단해버리는 모습을 보이기도 했다.

6%의 임금인상과 전임자 현행 인원 유지 등의 서울모델 조정안이 나왔다. 노조와 공사측의 합의 역시 임박해왔다. 지축정비지회 조합원들은 교섭장에서 "자연증가분의 임금인상 포함 및 노동조건 후퇴하는 임단협에 반대한다"는 피케팅과 구호를 외침으로써 7차 교섭을 중단시키기도 했다. 배 위원장은 잠정합의안에 대해 찬반투표를 한 뒤 부결되면 재교섭을 하겠다는 견해를 밝혔다. 지난 번처럼 부결에 따른 총사퇴를 반복하지 않겠다는 의지였다. 규약을 지키지 않겠다는 뜻을 노골적으로 내비친 것이다. 7월 29일 열린 8차 교섭에서 배 위원장과 공사측은 합의서에 서명했다. △3.13% 임금인상(2%의 인센티브 제외) △5,034명 승진 △1시간 연장운행 △해고자 복직 문제에 대한 차기 노사협의회 논의 △노조 전임자 현행 유지 등의 내용이 담겼다. 4개 지부장은 규약 위반이라며 최종합의 과정에 불참하고, 이에 항의하는 공동성명서를 발표한 뒤 4개 지부 공동투쟁본부를 구성했다.[164]

---

164) 지축지회의 불신임투쟁을 계기로 4개 지부 네트워크가 필요하다는 논의가 진행되었다. 지축지회의 투쟁은 활동가들의 반성을 가져오게 한 계기였다. 지부별 활동력 편차, 조직상황 점검을 통해 공투본을 결성하고 노사협조주의 반대, 민주노조 재건을 내걸고 투쟁하기로 했다. 공투본은 별도로 소식지를 발간하며 배일도 위원장에 대해 공동행보를 하며 조합원들을 조직했다.

노사합의에 관한 투표결과를 발표하는 위원장(2002.8.31.)

잠정합의 찬반투표를 둘러싸고 민주진영은 대응책을 두고 고심했다. 규약 위반이기에 불참을 해야된다는 뜻과 불참 시 사측의 개입과 동원 투표가 재연돼 찬성으로 귀결될 수 있기에 부결운동을 주도해야 한다는 뜻이 갈린 것이었다. 공투본 회의에서는 후자로 입장이 정리되었지만, 승진문제가 포함되어 있어 부결이 쉽지 않을 것이란 전망 아래 활동가들은 부결을 적극적으로 조직하지 않았다. 하지만 지축승무지회와 차량지부가 철야농성 및 유인물 배포 등 적극적으로 부결운동을 진행했다. 8월 5~7일 8,149명이 참여한 투표에서 49.43%인 4,024명이 찬성해 부결처리 되었다.[165]

부결에 대해 배 위원장과 11대 집행부는 총사퇴를 거부하고, 단체교섭을 다시 열었다. 21일, 대의원 소집으로 개최된 15기 6차 임시대의원대회에서 대의원들은 배일도 집행부에게 총사퇴 권고를 결의했다. 이에 집행부는 잠정합의안 총투표는 규약에 어긋나지 않았으며 찬성, 반대 모두 과반수가 넘지 않았다는 이유로 사퇴를 거부했다. 배 위원장은 의사진행 거부를 밝히며 회의를 일방적으로 종료했다.

165) 대량승진 시 선배와 후배가 동시에 진급하는 역차별 현상이 발생하는 점에 대해 고참 조합원들이 불만을 표시한 것으로 보인다.

2002년 임금·단체협약 인준투표 결과

지부	조합원수	투표자	투표율	찬성		반대		기권	무효
역무	2,467	2,067	83.78%	1,147	55.49%	820	39.67%	400	100
승무	1,816	1,637	90.14%	689	42.08%	920	56.20%	179	29
기술	2,074	1,812	87.36%	871	48.07%	842	46.47%	262	99
차량	2,495	2,255	90.38%	1,067	47.32%	1,148	50.91%	39	46
본사지회	432	369	85.41%	251	68.02%	113	30.62%	63	99
총계	9,284	8,140	87.67%	4,024	49.44%	3,843	47.21%	1,144	273

23일, 약간의 수정된 내용으로 임단협이 재체결 되었다. 재교섭 결과는 승진 시기 한 달 연기, 임금인상 0.15%, 기 합의된 퇴직금 중간정산 시기 일부 변경을 제외하고는 부결된 합의서 내용 그대로였다.

앞서 민주진영은 부결 직후 불신임 투쟁 및 물리적으로 재교섭을 저지하느냐, 재교섭 후 부결투쟁이냐를 두고 의견이 갈렸다. 공투본은 후자를 선택했다. 불신임투쟁을 주도했던 지축지회는 본사 농성 및 지회장 단식을 진행했고, 차량지부장 등 역시 노동조합 앞마당에 총사퇴 및 총선거 실시를 요구하며 철야농성에 참여했다. 그러나 29일부터 실시된 2차 투표에서는 8,739명이 참여해 55.79%인 4,875명이 찬성표를 던져 가결되었다. 이에 공투본은 불신임 서명을 추진해야 된다는 차량·승무지부의 입장과 이후 상황을 바라봐야한다는 역무·기술지부의 입장으로 나뉘어 사실상 해체되는 수순에 이르렀다. 9월 16일, 차량지부 박인남 지부장을 포함해 3명의 지회장 및 지부 사무국장이 부결운동 패배에 대한 책임을 지고 사퇴를 선언했다.[166]

---

166) 차량지부는 불신임을 선언하고 향후 상황을 지켜보면서 투쟁한다는 것은 지도부의 책임있는 모습이 아니라고 판단, 사퇴를 결정했다. 그러나 승무·역무·기술지부는 사퇴 불가 입장을 정했다.

2002년 2차 임금·단체협약 인준투표 결과

지부	조합원수	투표자	투표율	찬성		반대		기권	무효
역무	2,467	2,208	89.50%	1,353	61.28%	826	37.41%	259	29
승무	1,816	1,745	96.09%	831	47.62%	896	51.35%	71	18
기술	2,071	1,967	94.97%	1,147	58.31%	775	39.40%	104	45
차량	2,493	2,412	96.75%	1,226	50.83%	1,149	47.64%	81	37
본사지회	433	407	93.99%	318	78.13%	84	20.64%	26	5
총계	9,280	8,739	94.17%	4,875	55.79%	3,730	42.68%	541	134

7) 심야연장운행 실시와 21세기 협약 그리고 11대 집행부 총사퇴

1시간 심야연장운행 추진과 배일도 집행부의 대응

한편 이명박 시장은 전임 고건 시장과 달리 배일도 위원장을 파트너로 인정하지 않는 태도를 보였다. 이명박 특유의 안하무인격 노조 적대 정책에는 배일도 식 노사협조주의조차 들어설 자리가 없었다.

어수선한 분위기 속에서 이명박 서울시장의 공약 발표로 촉발된 1시간 연장운행의 추진이 본격화되었다. 배 위원장과 11대 집행부는 주5일제 도입, 24시간 연장운행 등의 제 개선 사항을 확보한다는 이유로 2003년 임단협을 조기에 추진하려 했다. 10월 15일 1차 교섭을 시작했지만 수차례 이뤄진 임시대의원대회에서 단체교섭안과 교섭위원 인준은 민주진영의 문제제기 속에 논의조차 되지 못했다. 민주진영 대의원들은 교섭요구원안은 사라지고 교섭을 벼랑으로 몰아 조합원을 협박하는 형태로 진행하는 배 위원장의 운영방식에 대해 문

월차를 내고 투쟁결의대회에 참여한 조합원들(2003.1.6.)

제를 제기한 것이다. 또한 충분한 검토 없이 연장운행을 주장하는 것은 이명박 시장 인기몰이 쇼에 동참하는 격이라고 비판했다.

결국 배일도 집행부는 연장운행 및 해고자 문제를 중심으로 단체교섭을 추진했다. 비상집행회의에서 노조는 11,240명으로의 정원 확대, 1인당 근무시간을 184시간(승무 172시간) 이내 및 해고자 전원 복직 등의 안을 확정했다. 교섭이 열렸지만 노사는 평행선을 달렸다. 공사가 12월 9일 연장운행 시행을 요구하며, 정원을 도리어 9,773명으로 축소하고, 역무, 차량 등에는 인력증가 없이 연장근무만을 주장했기 때문이었다. 공사는 중노위에 직권중재 조치를 노리고 조정신청을 강행하기도 했다. 노조는 도시철도노조, 철도노조, 인천지하철노조와 함께 수도권 궤도노조 공동대책위를 구성하는 것과 더불어, 전 조합원 리본 달기를 실시했다. 배 위원장은 궁극적으로는 24시간 운행 및 4조3교대제가 시행되어야 한다면서도, 시험운행 후 승객수송을 해야 한다는 의견을 주장했다.

민주진영은 연장운행 거부 투쟁을 전개했으나 그 과정에서 활동력 차이가 드러나고 지부별 골이 더 깊어지기도 했다. 연장운행의 조건은 인력과 근무형태 문제인데 사전에 이와 관련한 요구안을 만들지 못한 채 교섭에 들어가면서 지부별 견해차를 이미 내포한 것이었다. 또한 조삼모사식 인력충원 계획이긴 해도 조금이나마 인력충원이 될 수밖에 없는 지부와 그러하지 못한 지부 간에 갈등이 발생한 것이다.

12월 9일, 공사는 새벽 1시로 운행시간 연장을 비조합원과 관리직, 공익요원 등을 동원해서 강행했다. 이에 조합원은 자정 이후 근무를 거부했다. 노조는 연장운행 외 위법행위를 근거로 사장해임 요청과 가처분 신청 및 본사 앞마당의 철야농성 돌입 등 즉각적인 거부투쟁에 돌입했다. 쟁의행의를 위한 찬반투표도 78.2%의 찬성으로 마쳤다. 해를 넘겨도 노사의 이견이 좁혀지지 않자, 2003년 1월 4일, 서울모델에서는 안전관련 장비의 보완, 같은 해 3월까지 연장운행 시행, 355명 증원 내용을 담은 조정안을 제시했다. 조정안에 불구하고 노조는 부분파업을 준비했다. 7일 오전부터 조합원 절반이 이틀씩 휴가를

공사측의 노동조건 후퇴안을 받아들이는 위원장에게 항의하는 민주진영 간부들(2003.1.7.)

사용하는 방식으로, 14일에는 총파업에 들어간다는 계획이었다. 계획대로 7일에 부분파업에 돌입했다.

그러나 부분파업 15시간 만에 위원장은 공사측과 지하철 1시간 연장운행 수용에 합의했다. 합의에는 안전시설 확충, 승무요원 150여 명을 포함한 355명을 증원,[167] 4조3교대제(승무시간 172시간) 합의, 토, 일 및 공휴일 연장운행 미시행, 노사동수 개선위원회 설치, 노사합의사항 일방적 변경금지협약 체결, 해고자 7명 복직 등의 내용이 담겼다. 또 4조3교대제 도입 등 적정한 노동형태와 근무시간 확보를 위해 2000년 상반기 중에 노사가 함께 선정한 전문기관에 연구를 맡겨 그 결과를 하반기에 반영한다는 내용도 포함되었다. 충원된 인력이 충분치 못했다는 점에서 오히려 노동강도는 강화되었고, 또한 노동자 건강에 위협적인 야간노동이 더욱 연장되었다는 점에서 문제점이 많은 안이었다. 그럼에도 1월 15일 치러진 조합원 인준투표에서 8,158명 중 60.39%라는 4,926명이 찬성해 합의안이 가결되었다.

지하철 운행시간 연장 관련 잠정합의서 인준투표

지부	조합원수	투표자	투표율	찬성		반대		기권	무효
역무	2,332	1,836	78.73%	1,1,57	63.02%	543	29.58%	496	136
승무	1,963	1,760	89.66%	1,082	61.48%	638	36.25%	203	67
기술	2,044	1,885	86.0%	1,290	68.44%	1.194	52.53%	159	147
차량	2,447	2,273	92.89%	1,041	45.80%	1,194	52.53%	174	159
본사지회	442	404	91.40%	357	88.37%	44	10.89%	38	3
총계	9,228	8,158	88.40%	4,927	60.39%	2,867	35.14%	1,070	405

167) 합의문에는 마치 355명의 신규인력을 충원하는 것처럼 되어 있지만 사실상 배 위원장의 숫자놀음이다. 1999년 배 위원장과 서울지하철공사는 정원 1,621명을 줄이기로 합의했고 이 중 2002년 말까지 해소되지 않은 인원이 257명이다. 여기에 행자부는 지하철 감사가 끝난 뒤에 98명을 더 줄이라고 명령했다. 노사합의에 따라 줄여야할 인원 257명과 행자부 명령에 따른 감축인원 98명을 합하면 355명이 된다. 결국 인원은 늘지 않는 것이고 현 인원으로 한 시간 더 일하는 결과가 발생한 것이다.

21세기 협약 파동과 11대 집행부 불신임

배일도 위원장과 노사협조진영의 독주는 계속될 것처럼 보였다. 그러나 현장은 강화된 노동강도, 배 위원장의 계속된 독단과 노사협조주의 체제의 염증으로 불만이 잠재되어 있었다. 분노가 터져 나온 계기는 21세기 지하철 발전 도약을 위한 협약서 체결이었다. △8.8%의 임금인상 요구 △주5일 근무제 실시 △적정인원 확보 △정년 환원 및 학자금 지원 회복 등의 내용으로 2003년 임단협이 시작되고 교섭이 추진되는 가운데, 12월 20일, 배 위원장은 위 협약서를 단독으로 공사측과 체결한다. 협약에는 △수익증대 및 역세권 개발 △경영효율화 및 감사원 지적결과 수용에 노조가 적극적으로 협조한다는 등의 내용을 담고 있었다. 분사화와 외주확대가 우려되는 등 사실상 구조조정의 내용을 담고 있는 것은 물론, 이에 노동조합이 협조하겠다는 의지를 밝혀 문제가 되었다. 공사측과 배 위원장은 공동 기자회견을 추진하려 했으나 100여 명의 각 지부 현장간부의 기자실 점거로 무산되었다. 여파는 계속 이어졌다. 24일 진행된 13차 단체교섭에서 현장간부들이 항의를 전개했고, 4개 지부 지부장은 협약 폐기 전까지는 교섭에 나갈 수 없음을 선언했다. 26일 열린 36차 집행회의에서 협약 폐기 여부를 묻는 안건이 올라오고 49명의 참석 중 25명의 찬성으로 폐기가 결정되었다.

노사 교섭이 진행되는 동안 구호를 외치는 현장 간부들(2003.12.24.)

그러나 배 위원장은 협약서를 폐기할 수 없다는 입장을 분명히 했다. 민주진영은 이에 항의하며 협약서 폐기를 요구하는 조합원 서명운동을 하고 문제점을 알리는 홍보를 시작했다. 이어 △5%의 임금인상 △정년연장을 향후 공무원 정년연장과 연동 추진 △공존 노사관계에 따른 1인당 50만 원의 특별격려금 지급과 21세기 협약서 내용이 포함된 임단협 합의서가 12월 31일 체결되었다. 4개 지부장은 교섭 자리에 불참하는 것은 물론, 합의안에 대한 서명을 거부했다. 이 합의안은 2004년 1월 15일, 8,825명이 참여한 투표에서 50.13%인 4,424명이 찬성하여 아슬아슬하게 가결되었다.

2003년 임금·단체협약 합의안 인준투표 결과

지부	조합원수	투표자	투표율	찬성		반대		기권	무효
역무	2,313	2,145	92.74%	1,079	50.30%	964	44.94%	168	102
승무	1,939	1,821	93.91%	709	38.93%	1,0888	59.75%	118	24
기술	1,973	1,921	97.36%	1,177	61.27%	680	35.40%	52	64
차량	2,493	2,429	97.43%	1,005	41.38%	1,388	57.14%	64	36
본사지회	528	509	96.40%	454	89.19%	54	10.61%	19	1
총계	9,246	8,825	95.45%	4,424	50.13%	4,174	47.30%	421	250

하지만 여전히 협약을 둘러싼 불만이 사그라지지 않았다. 그럼에도 배 위원장은 공사측의 흑자경영전략회의에 참가하는 행보를 보였다. 현장의 불만과 반발을 아랑곳하지 않는 태도였다. 1월 30일 제4차 임시대의원대회에서는 압도적인 찬성으로 공사측 회의에 위원장이 참석하는 것을 중단할 것을 요구하는 결의가 통과되었다. 이와 함께 21세기 협약에 대한 조합원 총투표를 결정했다. 그뿐만 아니라 배일도 집행부 시기 제기된 보험가입 리베이트 의혹, 반전티 단가 의혹, 우리민족서로돕기 북한지원 의혹 등에 대한 진실규명위원회를 설치하는 것 역시 통과되었다. 이후 사법적 권한이 없는 위원회의 한계로 의혹을 명명백백하게 밝히지는 못했음에도 조사결과에 따르면 주먹구구식으로 사업이 진행되거나 지원근거가 부실한 사례들이 발견되었다. 또 영수증이

21세기협약서의 폐기를 요구하는 현장승리투쟁실천단

미비하거나 견적 금액의 사실 여부가 확실치 못한 부적절한 회계처리 역시 상당수 발견되었다.

2월 20~23일 협약서에 대한 투표를 앞두고 갈등은 고조되었다. 민주진영은 협약서가 구조조정의 전조임을 강하게 알려나갔다. 배 위원장과 11대 집행부는 협약의 반대가 외려 구조조정을 앉아서 당하자는 얘기이고, 협약을 통해 구조조정을 저지하는 안전판을 만들었다고 주장하면서 민주진영이 또다시 거짓으로 집행부를 흔들고 있다고 비난했다. 그 와중에 사장은 협약서에 반대한다는 견해는 구조조정을 강행하라는 것이냐는 견해를 밝히며, 협약서가 담고 있는 구조조정의 내용을 호도하고 또한 조합원들을 위축시키려 했다. 그러나 조합원들은 흔들리지 않았다. 7,140명의 참여에 따른 투표 결과, 72.61%라는 5,184명의 압도적 반대로 협약서 폐기가 결정되었다. 배일도 위원장과 11대 집행부에 대한 사실상의 불신임 결과였다. 노사협조진영은 총사퇴를 선언할 수밖에 없었다.

배일도 위원장 5년 동안 서울지하철노조의 단체협약은 많이 개악되었다. 물론 일정한 금액의 보상과 바꿔치기 한 것이지만 '보상은 짧고 개악단협은 오래가는' 것이었다. 무엇보다 노동조합 설립 이후 투쟁을 통해 확보한 노동조건을 후퇴시킨 것이 가장 큰 문제였다.[168)]

배일도 집행부 5년 간 변화된 임금·단체협약과 그 대가

1999년 단협 개악 내용	단협 개악의 대가
– 차량·기술지부 지정휴무 1개 폐지 – 역무 4조3교대에서 3조2교대로 변경 – 승무 17.3다이아에서 18다이아로 변경 – 정원 1,621명 축소 – 정년 단축 61세를 60세로 변경 – 대학생 학자금 무상에서 융자로 전환 – 탄력적 근로시간제 도입	– 도시철도 임금과 동일하게 조정(평균 12% 인상) – 승진소요연수 3배수경과자중 ___명 자동 승진 – 퇴직금 중간정산 300억원 2000년 실시 – 퇴직격려금 95% 지급(기관성과급 부족분) – 해고자 복직(조상호, 홍순용 외 3명)
2000년 개악 내용	
– 5년 미만 직원 퇴직금 단수제 도입 – 정년단축 60세에서 58세로 단축 – 명퇴수당 개악, 조퇴수당 신설 – 개인별 성과급제 도입(지급은 집단별 성과급) – 정원축소에 따른 조직개편	– 해고자 복직(구덕회 외 9명) – 퇴직금 중간정산 500억 원 01년에 실시 – 사경력 인정(200인 이상 사업장 70%) – 기관 성과급 260%로 지급 – 인건비 총액 3%이내 인센티브 지급
2001년 개악 내용	
– 야간근무수당 지급률 변경 0.84–>0.61 – 퇴직금누진제 폐지(최직수당 신설) – 연월차무급화 및 휴일폐지(12개) – 3급(과장) 승진 히 심사승진 50%이하 실시	– 퇴직금 중간정산 2000억 원 02년 실시
2002년 개악 내용	
– 정원추가 축소 98명 – 1시간 연장운행 합의 – 총액 3.28%인상(자연증가분을 총액임금에 포함)	– 승진소요연수 3배수 경과자 04년까지 5,600명 승진 – 징계자 호봉누락분 원상회복 – 퇴직금 중간정산 1000억 원 추가출연

168) 승무지부는 임금, 노동조건, 승진, 퇴직금, 후생복지 등 그동안의 합의가 어떠한 결과를 가져왔는지 손해인지 이익인지 따져보는 대자보를 시리즈로 작성해 붙이기도 했다. 민주진영 활동가들이 규약과 규정을 위반했다고 배일도 위원장을 아무리 비판해도 정작 본인은 미동도 하지 않으니 조합원들에게 실상을 그대로 알리는 게 필요하다고 판단한 것이었다. 아래 표는 최병윤, 「지축정비지회의 불신임투쟁과 공투본 평가」 한노정연, 『현장에서 미래를』 2002. 81호. 인용.

8) 현장에서 이어간 연대투쟁

배일도 위원장의 노사협조노선이 추구되는 시기에도 현장활동가를 중심으로 지하철 노동자들의 연대활동은 지속하였다. 한국통신 비정규직 노동자들이 한국통신의 일방적 계약해지와 도급화 공개입찰에 맞서기 위해 노동조합을 결성하고 투쟁을 전개했는데 서울지하철노조는 이에 힘을 보탰다. 그들의 투쟁이 해를 넘겨 장기화하기 시작했던 2001년, 투쟁기금 마련을 위한 채권을 샀으며 산개하여 잠수 투쟁을 전개할 때에는 군자기지 노동조합 사무실 일부를 제공했다. 국가기간산업사유화 반대투쟁에 나선 가스·발전·철도노동조합 투쟁에 연대하여 이들이 여의도 집회 후 서울대로 이동할 때 게이트를 개방하기도 했다.

서울지하철노조 내 민주진영이 쌓아온 기풍과 그 영향력이 남아있는 상황에서 배 위원장과 노사협조진영은 이를 의식할 수밖에 없었다. 그렇기에 일방적인 무파업 선언 등으로 민주노총·공공연맹과 갈등을 빚어온 배 위원장도 전국적 노동현안에 대한 대응과 연대투쟁을 마냥 외면할 수만은 없었다. 대표적인 사례는 두산중공업의 노동조합 탄압에 맞서 목숨을 끊은 배달호 열사와 관련된 투쟁과 2003년 노무현 정부의 이라크 파병 반대 투쟁이었다. 두산중공업이 자행한 손배가압류 등의 탄압에 항거해 2003년 1월 9일 배달호의 분신 이후, 서울지하철노조는 이를 초래한 두산중공업의 탄압에 항의하는 성명서를 신문지상에 발표했다. 아울러 집행간부를 중심으로 두산그룹 규탄 집회에 참석하는 것은 물론, 노동조합은 열사를 위한 모금활동을 전개해 1,370만 원을 모아 공공연맹에 전달했으며, 두산 자본을 압박하기 위한 불매운동에 참여하기도 했다. 이후 하반기 김주익, 이해남, 이용석, 곽재규 등 노동자 열사들의 분신정국에서도 지부와 지회 활동가들을 중심으로 공공연맹과 함께 투쟁을 해왔다. 한편, 배일도 집행부는 상급단체 맹비를 내지 않는 등 갈등을 유발하기도 했다.

2003년, 정부는 미국의 요청에 따라 이라크 파병을 추진하자 사회각계에서는 명분 없는 전쟁에 대해 참여를 거부하자는 반전평화의 움직임이 일어난다. 서울지하철노조 역시 이에 동조했다. 이전부터 노동조합 내에는 파병반대 운동에 적극적인 조합원을 중심으로 개별적으로 시위 및 캠페인에 참여해왔다. 점차 파병 반대 여론이 사회 곳곳에서 들끓어 오르자 3월 27일, 제3차 집행간부회의에서는 적극적인 행동을 결정했다. 파병반대의 정당성을 조합원들과 공유하는 것과 역사 내 대자보 부착, 열차 표어 부착 등은 물론, 나아가 파업 등을 포함한 총력투쟁을 결의하고 임시대의원대회 등 내부적 절차를 밟아 나가기로 한 것이었다. 이에 조선·중앙·동아일보 등 보수언론은 서울지하철노조의 파병 반대를 위한 파업 추진이 비상식적 행위라고 비난했다. 4월 10일 16기 1차 대의원대회에서는 파병철회를 위한 투쟁에 대해서 동의하나 파업 등 노동조합 차원의 대응에 대해서 반대한다는 입장들이 제기되었다. 이전부터 무파업을 선언한 배 위원장의 투쟁의지가 의심스럽다거나 정치적 의도가 있는 것이 아니냐는 불신과 의혹 때문이었다. 결국 찬성 31명, 반대 61명으로 부결되었다. 노사협조진영이 그동안 자초한 불신에 따른 결과였다. 그렇지만 서울지하철노조 현장활동가들과 해고자들은 집회 참여 등 이후 이뤄진 투쟁에 함께 했다.[169]

2003년 2월 18일, 대구지하철 1호선 중앙로역에서 방화로 인해 역사 및 전동차에 불길이 번져 192명의 사망자와 151명의 부상자가 발생하는 사고가 났다. 대구지하철참사였다. 시민들은 대규모 인명사상을 갖고 온 참사에 경악했

---

169) 배일도 위원장은 투쟁의 일환이라며 전쟁반대 티셔츠를 제작하여(단가 7,000원. 이후 터무니없는 가격이라고 비리특위에서 조사했다.) 전 조합원에게 지급했다. 4개 지부는 중집단위 공유도 없는 일방적 사업집행을 이유로 현장 배포를 고민했지만 공동행보를 하지는 못했다. 승무지부는 티셔츠를 현장배포하지 않고 전량을 택배로 중앙에 반납했다.

다. 사고의 원인과 재발방지를 위한 논의가 촉발되었다. 사고 직후, 서울지하철노조는 애도와 명복을 표한다는 성명을 발표하고 분향소 설치 등 애도기간을 설정했다. 특히 사고 직후 대응을 제대로 하지 못한 기관사 및 관련 책임자에게 책임을 지우려는 사회적 여론에 맞서, 사고예방을 담보하지 못한 운행시스템 및 전동차 문제 등 구조적 원인을 지적, 강조했다. 철도노조를 포함해 전국 5개 궤도 노조와 함께 1인 승무 폐지, 필수인력확보, 외주화 중단 등 지하철참사 방지대책을 촉구하는 기자회견을 열었다. 3월 19일에는 다른 궤도 5개 노동조합과 함께 대구지하철 참사 희생자를 위한 전국 궤도노동자 추도대회를 대구에서 열어 안전대책을 다시 강하게 촉구하기도 했다. 한편, 이 같은 대응 속에서 서울지하철노조를 포함해 서울도시철도노조, 인천지하철노조, 부산지하철노조, 대구지하철노조, 전국철도노조는 단위 사업장의 개별적 활동을 넘어 궤도노동자의 이익을 위해 공동의 대응이 필요하다는 인식 아래 전국궤도노동조합연대회의를 꾸리고 공동 사업 등을 펼쳐나간다.

3 지하철 5사 공동투쟁과 구조조정 공세에 맞선 투쟁

1) 12대 집행부 출범과 지하철 5사 공동투쟁

허섭 집행부의 출범과 과제

21세기 협약서 폐기를 요구하는 압도적인 조합원 투표 결과에 직면한 배 위원장과 11대 집행부의 사퇴에 따라 서울지하철노조는 12대 집행부 구성을 위한 총선거에 돌입했다. 김명기, 배일도, 정연수, 허섭 후보가 출마했다.

민주진영은 '노사협조주의 반대 및 고용안정·노동시간단축 실현'을 위한 단일후보 선출 및 추대 대회를 열고, 차량지부 허섭 후보를 추대했다. 단일화 과정이 순탄한 것은 아니었다. 참여 폭이 제한적일 수밖에 없는 선출대회 식 단일화가 과연 합당한가라는 문제제기와 함께 단일화에 얽매이지 말고 각자의 전망을 알려 조합원들에게 선택을 받자는 입장도 있었기 때문이다. 그러나 노사협조주의에 의해 피폐해진 노동조합을 바꿔내야 한다는 강한 열망이 현장 안팎에서 제기되었다. 무엇보다 민주진영이 승리를 위해 단일화를 해야 한다는 요구가 커졌다. 결국 김명기 후보는 대의를 위해 중도사퇴를 선언하고 허섭 선대본에 결합했다. 노사협조진영의 심주식 후보 역시 중도사퇴를 선언했다. 배일도 대 허섭의 2파전으로 선거가 재편되었다.

'서울지하철 웰빙시대 선언'이라는 슬로건을 갖고 출마한 배일도 후보는 지난 4년여간 임금인상과 승진 등을 이뤄냈음을 주장했다. 또 투쟁보다는 대안 마련을 통한 고용안정 확보, 학자금 무상지원 회복, 주택조합을 통한 주택건립, 3교대안을 통한 주5일제 실현 등을 공약으로 제시했다. 주5일제 승리를 통한 고용안정을 슬로건으로 내세운 허섭 후보의 경우, 흑자경영 구조조정의 반대와 주5일제를 맞이해 인원증원과 노동시간 단축을 통한 고용확대 추진 등 노동조합의 민주적 운영 등을 공약으로 발표했다.

3월 17~19일 치러진 선거에는 9,045명이 참여했고, 5,777명이라는 63%의 압도적 지지를 받은 허섭 후보가 34.76%를 받은 배일도 후보를 꺾고 12대 위원장에 당선되었다.[170] 4개 지부 모두 60%의 고른 득표를 얻어 조합원들의 압도적 지지를 확인할 수 있었다. 또한 지부장 선거에서도 김문영(역무), 이준헌(승무), 최동준(기술), 김현상(차량)으로 민주진영의 활동가들 모두 당선되었고 43개 지회 중 25개 지회에서 민주진영 지회장이 당선되었다. 노사협조진영에 대한 조합원들의 준엄한 심판이었다.

새롭게 출범한 허섭 위원장과 12대 집행부의 역할은 막중했다.[171] 4년 간 노사협조진영이 추구한 공사측에 투항적인 자세와 파행적인 노동조합 운영으로 인해 침체한 현장을 추스려 조합원들의 적극적 참여를 유도해내며 공사측에 맞서 당당히 투쟁하는 조합의 민주적인 기풍을 재건해야만 했다. 또한 예정된 주5일 주40시간 근무제 시행 역시 시급한 현안으로 다가왔다. 선거 때 조합원에게 약속했던 것처럼 임금저하 없이, 기존의 과도한 노동시간을 줄이고 신규고용을 확보하여 노동 강도를 줄이겠다는 것을 이제 실현해야 할 때였다. 무엇보다 그동안 민주진영이 보여줬던 한계를 극복하는 자기 혁신은 물론 조합원들에게 노동조합의 미래에 대한 구체적 전망을 보여줘야 했다. 이 같은 과

170) 배일도는 위원장은 선거 패배 이후 한나라당 비례대표로 국회의원이 된다. 노동조합 위원장 재임 후반기 "내가 만약 정당을 선택한다면 한나라당에 가야 되겠다"고 생각했다고 한다. "적대 정당으로 인식되는 곳에서 노동담당을 하고 싶었는데 마침 한나라당에서 김준용을 통해 연락이 왔다."고 했다.(배일도 구술, 2017.3.6.)

171) 집행부는 수석부위원장 양해근, 부위원장 신재원, 사무국장 김영후, 정책실장 배상조, 교육선전실장 나상필, 총무부장 최철규, 후생복지부장 김태선, 조직 대협부장 손승권, 정책기획부장 정기태, 여성부장 오기은, 선전홍보부장 이호영, 쟁의·문체부장 노기호, 교육부장 백생학, 산업안전부장 김중현, 편집부장 임헌용, 법규부장 이세형으로 구성되었다.

제들에 대한 책임이 엄중하게 부과되었지만 12내 집행부와 노동조합의 모든 역량은 눈앞에 닥친 주5일제 시행을 둘러싼 노동조건 개선 요구투쟁에 집중될 수밖에 없었다.

지하철 5사 공동투쟁

1998년 김대중 정권의 공약사항으로 추진된 주5일제 40시간 근무제는 추진의 난항을 겪다가 2003년 8월 25일에서야 관련 근로기준법 개정안이 국회를 통과할 수 있었다. 약 1년 간의 유예기간 끝에 2004년 7월부터 금융업 등을 포함한 공기업에서 그 시행을 앞두고 있었다. 서울지하철의 경우, 배일도 위원장이 합의한 2001년 임단협 안에 주40시간 근무제 내용이 포함되었다. 임금저하 없고 적정인력을 확보하는 것은 물론, 각 분야의 근무형태, 법정수당, 휴일수는 동일하게 하되 심야수당을 검토하는 내용이었다. 그러나 이후 각 지부에서의 의견 수렴이 진행되는 과정에서 배 위원장이 추진한 3교대 안이 교번폐지와 비숙박제도 실시 등의 내용을 담고 있다는 의혹이 제기되었고 그에 따라 우려와 반발이 터져 나왔다. 결국 노조 요구안을 만들지 못했던 것은 물론

서울지하철노조와 도시철도노조 중집간부 합동수련회(2004.5.13.)

궤도연대 대표자 수련회(2004.5.21.)

공사와의 구체적 협상 역시 진행하지 못한 채 본격적 시행을 맞이하게 되었다.

물론, 서울지하철뿐만 아니라 전국의 각 궤도 사업장 역시 주5일제라는 변화의 대응은 초미의 관심사일 수밖에 없었다. 이에 개별 사업장의 각각의 대처보다는 궤도노동자가 함께 머리를 맞대 고민을 모아나가야 한다는 주장들이 제기되었다. 대구지하철 참사 직후인 2003년 3월에 구성된 전국궤도노동조합연대회의(궤도연대)는 그 논의의 장이 되었다. 주5일제 투쟁을 궤도노조가 합심해서 공동으로 대응하자는 뜻이 모였다. △노동시간 단축을 통한 공공부문 일자리 창출 △노동조건 저하 없는 주5일제 시행 △구조조정 중단 및 비정규직 차별 철폐 및 정규직화 등 공동의 대정부 요구안은 손쉽게 작성할 수 있었다. 문제는 파업을 포함한 강도 높은 공동투쟁을 언제 함께 시작할 수 있는가라는 것이었다. 서울지하철노조를 제외한 지하철 4사 노동조합은 6월 투쟁을 주장할 정도로 빠르게 투쟁을 전개하기를 원했다.[172] 집행부 총선거를 막 마친 서울지하철노조가 따라가기에는 버거웠다. 무엇보다 노사협조주의 집행부 아래 몇 년의 시간을 보냈던 조합원들이 과연 강도 높은 파업투쟁에 참여하고 또 감당할 수 있을 것인가라는 고민 역시 제기되었다. 하지만 위원장들의 모임에서 공동파업 투쟁의 개시 날짜가 7월 21일로 정해지면서 시기가 너무 이르다는 주장과 파업은 무리가 아닌가라는 고민은 지하철 공동투쟁의 역사적 당위성에 점차 뒤로 밀려났다.

투쟁계획을 구체화하면서 12대 집행부는 발빠르게 움직이기 시작했다. 5월 27일 17기 정기대의원대회에서는 궤도연대 공동투쟁을 결의하고 요구안을 확정했다. △월근무시간을 167시간으로 하고 △연장근무와 휴일근무를 발생하

172) 도시철도노조는 2013년 말 파업후유증의 영향으로 파업을 피할 수 없는 상황이었고(내부는 파업이라고 하는데 외부에서는 아니라고 하고 갈래가 많던 내부 활동가 그룹에서 많은 비판이 쏟아졌음) 부산지하철노조의 경우 집행부의 파업의지가 의심받고 있던 상황이었다. 대구지하철노조는 내부 인력문제로 파업을 안 할 수 없는 상황이었고, 인천지하철노조는 서울지하철노조가 파업하면 같이 해야 한다는 정도였다.

궤도공투본 출범식(2004.6.11.)

공공연맹 총력투쟁 결의대회(2004.7.1.)

지 않도록 하고 △3조2교대제(21일 주기) 근무형태 통일을 추진하는 내용이 담겼다. 아울러 △주5일제와 노동시간 단축에 따른 충원인원을 3,043명으로 확정했다. 이외에도 △해고자 복직 △비정규직 정규직화와 정규직 채용 의무화 △10.5% 임금인상 요구 등을 포함했다.

첫 특별단체교섭이 6월 3일에 열리면서 본격적인 투쟁이 시작되었다. 공사측은 노동조합의 요구를 수용할 의지가 없었다. 흑자경영을 강조하는 것은 물론, 근무형태 개악과 193명의 정원 감축안을 제시했다. 공사측의 입장은 다른 지하철 공사 측과 동일한 것이었다. 일찍이 도시철도운영기관협의회를 구성해 대 노조 교섭전략과 구조조정안을 맞추어 놓은 것이었다. 특히 공사측의 연월차 휴가폐지 및 축소, 인원증원 없는 주5일제 시행 등은 참여정부의 '공기업·산하기관의 주40시간제 시행방안' 지침을 따르는 것이었다.[173]

---

173) 2004년 5월 4일 고건 대통령 권한대행 주재로 열린 국무회의에서 시행방안을 확정했는데 "임·단협 교섭 때 월차휴가 폐지와 연차휴가 조정, 생리휴가 무급화 등의 개정법대로 단체협약이나 취업규칙을 개정하도록"한 것이다. 또한 단체협약 유효기간이 남아 있더라도 개정 근로기준법 시행 전에 개정법 내용을 반영하도록 했고 그 결과를 경영평가에 반영하여

이에 지하철 노동자들의 공동투쟁 역시 구체적으로 이뤄지기 시작했다. 대의원대회를 열어 요구안과 투쟁계획을 결정한 각 노동조합은 6월 11일 궤도연대 공동투쟁본부(궤도공투본)를 출범시켰다. 17일에는 서울역에서 각 지하철 조합원 2,500명이 참석한 가운데 조합원 전진대회를 열어 대정부 요구안을 발표하고 대정부교섭을 촉구했다. 이어 22일에는 서울지하철노조를 포함해 지하철 5사 노동조합이 같은 날 대의원대회를 열어 공동 쟁의발생을 결의했다.

한편, 당시 이명박 시장은 대중교통체계 개편을 통해 거리비례제 도입 등 요금인상을 추진하였다. 서울지하철노조는 대중교통의 공공성을 요구하며 교통요금 인상 대신 단일요금제를 추진할 것과 주5일제에 따라 새로운 인원을 충원해 일자리를 창출해야한다는 요구를 알리기 위해 서명운동과 도보행진을 진행했다. 행진과 서명운동 곳곳에서 시민들의 격려가 쏟아졌다.

공동파업으로의 발걸음이 성큼 내딛어졌다. 7월 7일에는 지하철 5사의 쟁의행위 찬반투표 개표 및 파업 공동기자회견을 열고 문제가 해결되지 않을 시 21일 새벽 4시를 기해 총파업을 진행하겠다고 발표했다. 서울지하철의 경우

공동투쟁 승리를 위한 2차 조합원 총회(2004.6.9.)

궤도노동자 전진대회(2004.6.7.)

인센티브를 줄 방침이라고 했다. 그리고 "국·공립병원이나 지하철 등 공공부문의 주40시간제 시행으로 인한 서비스 중단은 없다"고 했다.

요금인상 반대 대시민 서명운동과(2004.6.) 요금인상 반대 시청 진격 투쟁(2004.7.10.)

조합원 중 8,562명인 92.44%가 참여해 6,1226명인 71.76%가 파업에 찬성했다.[174)]

교섭은 평행선을 달렸다. 노동조합 측이 신규채용 인원이 많다면 얼마든지 조율할 수 있다고 표명했음에도 불구하고 공사측은 비숙박 3조3교대 도입 및 인원감축 등의 기본입장에 변화가 없다는 주장을 고수했다.

공사는 끝내 현 근무형태에서 주5일제를 잠정 시행하고 적정인력 및 근무형태는 전문연구용역 기관에 의뢰하자는 최종 입장을 제시했다. 외부 용역 결과에 맡기자는 이명박 서울시장의 입장을 따른 것이었다.

서울지노위 역시도 노사합동으로 전문연구기관을 선정해 용역을 의뢰하라는 조정안을 제시했다. 현 근무형태를 유지하되 연월차 및 생리휴가는 개정

174) 다른 노동조합의 파업찬반투표 현황은 다음과 같았다.

조합명	총원	투표자	투표율	찬성인원	찬성률
도시철도	5,658	5,001	88.39%	3,045	60.89%
인천지하철	758	729	96.17%	546	74.90%
부산지하철	2,544	2,312	90.88%	1,780	76.99%
대구지하철	1,061	959	90.3%	735	76.64%

근로기준법에 따르며 시간외, 야간, 휴일근로수당의 지급률을 현행처럼 하라는 것,그리고 임금인상은 정부지침을 준수하라는 것이었다. 또 인천지하철 및 도시철도와 함께 직권중재 회부 결정을 내렸다. 노동조합으로서는 도저히 수용할 수 없는 안이었다. 최초의 지하철 5사 공동 총파업이 초읽기에 접어들었다.

현장복귀 선언과 허무하게 막을 내린 공동파업투쟁

파업을 앞두고 집행부는 조합원들의 파업 참여를 독려했다. 7월 19일 발행된 투쟁속보 9호에는 다음과 같은 글이 올라오기도 했다.

"전 조합원 이제 지체 없이 결연한 의지로 파업 배낭을 꾸려야한다. '굳이 파업까지야…'하는 마음은 안일한 생각이다. '주5일제'는 노동자에게 '구조조정'을 포장한 애드벌룬에 불과했다.…앉은 채로 밀리면 끝없는 벼랑이요, 모든 역량을 총동원하여 맞서 싸우면 안정된 고용과 미래를 보장할 수 있다.…'나만은 파업참여가 곤란하다'고 이탈할 때 승리는 그만큼 멀어지고, 동료들은 더 오래 기다려야만 된다."

파업참여를 촉구하는 글이었지만 한편으로 조합원들의 파업 의지가 충분히 올라와 있지 않는 현실을 반영하는 내용이었다.

마침내 7월 21일, 서울지하철을 포함해 5사 노동조합이 새벽 4시에 맞춰 총파업에 돌입했다. 서울지하철노조는 서울 각 지역에서 지부별 출정식을 마친 후 지축기지에 모여 파업 출정식을 열었다. 첫날 파업대오는 약 5,300여 명에 달했다.

파업에 들어가자 공사는 허섭 위원장을 포함해 전임자 24명을 고소하고, 직위해제 조치를 내렸다. 개별 조합원들에게는 일일이 22일 11시까지 복귀하라는 명령을 내리기도 했다. 정부는 파업을 일찌감치 불법파업이라 규정지으며

지축기지 파업대오

공권력 투입과 엄중한 처벌을 내리겠다는 의지를 밝혔다. 한편, 공사는 '한 달 19일 근무에 연봉 4,500만 원 받는 노동자들의 파업이 과연 옳습니까'라는 광고를 주요 일간지에 게재하기도 했다. 1박 2일로 야간 근무를 하는 노동자들의 현실을 무시한 악의적인 왜곡 광고였다. 언론 역시도 고임금노동자의 이기주의로 몰아붙이거나 명분 없는 파업이라 비난하는 기사와 사설을 내보냈다.

파업 2일차인 22일, 공사측과 정부, 보수언론의 전방위적인 피상적인 공세 속에 일부 파업대오가 이탈하기 시작했지만 4,000명 선을 유지했다. 인천지하철은 파업의 여파로 지하철 운행이 차질을 빚기 시작했다. 서울지하철에서는 대체인력으로 군 특수부대원과 공익요원을 투입했으나, 열차지연 사례가

속출하고 무정차 통과 사고가 발생하기도 했다. 파업 3일차인 23일, 인천지하철노조는 파업을 철회하고 현장 복귀 후 합의서를 체결했다. 서울지하철 조합원들은 지회별 프로그램, 문화제와 집회에 참여하며 파업대오를 유지했다. 지회별로 나눠 시내에서 열리는 집회에도 참여했다. 7월 무더위는 수천 명의 옥쇄파업 대오를 괴롭혔다. 더위와 긴장을 이기지 못한 일부 조합원들의 음주로 인해 규찰대가 곤혹을 치르기도 했다. 그럼에도 파업대오는 질서정연하게 대오를 유지하며 4,000여 명 선을 유지했다.

그러나 노사협조진영의 몇몇 지회장들은 독단적으로 현장 복귀를 추진하려 해 물의를 빚기도 했다. 22일에는 역무지부 4북지회장 황은석이 지회장직을 사퇴하고 현장으로 복귀하기도 했다. 23일에는 차량지부 군자정비 홍순용, 신정정비 신창섭, 기지구내 김천호 지회장이 현장복귀를 논의하려는 총회를 추진하려 했다가 현장 조합원들의 항의로 무산되었다. 그러나 오후에 신정정비 지회장은 5인 명의로 파업을 중단하라는 성명서를 발표하며 현장복귀명령을 내렸다. 그러나 2명은 이에 동의하지 않았다고 해명하기도 했다. 신정정비지회 조합원들은 복귀에 대한 거부의사를 명확히 밝히며 즉각 지회장 직무대행을 선임했다. 설비지회 조합원 총회자리에서도 지회장이 현장복귀 명령을 내려 물의를 빚었다. 일부 지회장들의 성명서가 발표되자마자, 기자들이 미리 알고 기다렸다는 듯 이를 보도해 그 배경에 의구심을 불러 일으켰다.

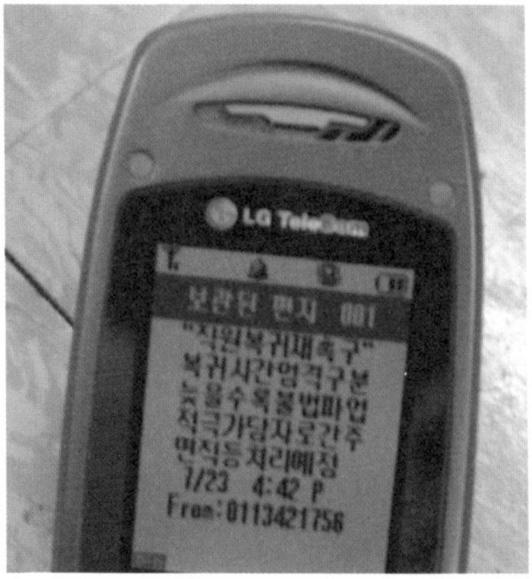

복귀 종용 공사측 문자(2004.7.23.)

오후 3시 30분에 열린 투본회의에서는 파업 상황을 점검하고 총력투쟁을 결정했다. 위원장은 서울지하철노조 조합원 총회를 단독으로 배치하는 것을 제안했다. 회의 참석자들은 파업투쟁의 진열을 정비하기 위해 총회를 진행하는 것으로 생각했다.

오후 5시, 지축공장에서 조합원 총회가 열렸다. 허섭 위원장이 연단에 올라갔다. 모두들 파업의 정당성과 강고히 파업대오를 유지하자는 연설이 나올 것을 예상하고 있었다. 그러나 위원장은 파업을 중단하고 현장에서 투쟁을 전개하자는 현장복귀 명령을 내렸다. 함께했던 집행부는 물론 이전 투본회의에 참석했던 참석자들도 예상치 못한 발언이었다. 어떤 대의원은 위원장의 발언을 농담으로 받아들일 정도였다. 허탈한 감정을 느낀 조합원들도 더러 있었다. 몇몇 흥분한 지회장과 대의원, 조합원들은 연단으로 올라가 위원장의 면전에서 항의를 표했다. 연단은 아수라장이 되었다. 조합원들의 반발 속에 위원장은 다시 마이크를 잡았다. 현장투쟁은 개인적인 판단으로 결정했는데 잘못을 인정한다며 복귀를 철회한다는 입장을 밝혔다. 그러나 엎지른 물을 다시 담을 수는 없었다.

사태수습을 위한 비상중투본 회의가 열렸다. 위원장은 책임을 지고 사퇴를 선언했다. 양해근 수석부위원장, 신재원 부위원장, 김영후 사무국장은 규약에 따라 직무대행으로 선임될 수 있었지만 모두 사태의 책임을 지고 거부의사를 밝혔다. 파업 이전에 허섭 위원장이 직무대행으로 염두에 두고 있었던 양윤모 대의원 역시 거부의사를 밝혔다. 결국 임시대의원대회에서 직무대행을 선출하기로 했다.

운동장에서 긴급 임시대의원대회가 열렸다. 양윤모 대의원과 김종식 전 역무지부장, 김현상 차량지부장이 직무대행으로 추천을 받았다. 표결결과, 김현상 후보가 50표, 김종식 후보가 49표, 양윤모 후보가 37표를 득표했다. 과반수 득표자가 없어 김현상 후보와 김종식 후보를 대상으로 2차 투표를 진행했다. 결국 73표를 얻은 김종식 후보가 직무대행으로 선출되었다.

파업 철회 후 위원장 직무대행 선거 대의원 투표(2004.7.23.)

이어, 사태를 어떻게 수습할지를 두고 지회장까지 참석하는 투본회의가 진행되었다. 격론 끝에 24일 오전 9시 현장복귀를 결정했다. 파업을 유지하기에는 이미 돌이킬 수 없는 상황이라는 판단이 모아졌던 것이다.

24일 0시 10분, 조합원들이 모인 자리에서 투본회의 결정사항을 김종식 직무대행이 밝혔다. 조합원 일부가 그 자리를 떠나지 못하고 분노를 표하며 빈 무대를 점거했다. 도시철도 조합원들도 연단에 올라가 "형님노조가 파업을 철회하면 안 된다."고 만류했다. 파업철회와 파업유지를 두고 조합원들의 발언이 쭉 이어졌다. 새벽 1시경 지부장들과 직무대행이 마이크를 잡아 파업철회가 불가피한 이유를 다시 설명했다. 역무지부와 승무지부는 별도의 총회를 개최해 다시 현장으로 복귀해 투쟁을 전개하자고 조합원을 설득했다. 도시철도노조는 오전 4시경에 집회를 가진 후 도봉산 차량기지로 이동했다. 24일 오전 9시부터 중앙간부들은 뒷마무리를 진행하기 시작했다. 파업투쟁의 막이 허무하게 내려졌다.

파업동력이 얼마만큼 유지 가능할지, 조직적 역량을 어떻게 보전해 향후 투쟁을 전개해나갈지에 대한 위원장의 고민과 그에 따른 현장복귀 판단은 일면 이해할 수는 있었다. 하지만 조직적 판단과 논의 없이 결정을 내렸다는 점, 함께 투쟁을 이어나가고 있는 다른 사업장과의 공동투쟁을 일방적으로 중단시켰다는 점,[175] 나아가 투쟁 역량을 보존하기 위한 마무리 과정 없이 일방적으로 파업을 철회했다는 점은 크나큰 비판지점이었다. 현장복귀 선언 후 투쟁본부가 아닌 대의원대회나 총회를 통해 복귀에 관한 최종 결정을 했어야 한다는 아쉬움도 남는다.

파업의 상 부재와 마무리 과정의 오류로 인해 지하철 5사 공동파업의 의의가 주목받지 못하게 된 것 또한 아쉬운 지점이다. 7.21파업은 지하철 5사 노동조합이 노동조건 개선을 공통의 요구로 정식화하고 나아가 근무형태 단일화까지 고민하며 그 출발이 될 투쟁으로 기획된 것으로 각각의 조건을 극복하고 공동파업에 돌입했다는 점에서 의의가 큰 투쟁이었음에도 말이다.

직무대행 체제와 파업 사후 수습

교섭이 재개되고 지노위에서 중재회의가 열렸을 때 노동조합은 928명의 증원을 요구하는 수정안을 제시했지만 공사측의 태도는 여전히 요지부동이었다. 결국 교섭이 결렬되고 8월 2일 직권중재 재정이 결정되었다. 노사 각 3인으로 '근무제도연구위원회(가칭)'를 구성하여 적정인원, 합리적 근무형태를 위한 전문연구기관을 선정하고 용역 결과를 바탕으로 노사합의를 시행하는 내용이었다. 또 적정인원, 근무형태 결정 시까지 현행 근무형태를 유지하되 근무시간표 정정 등으로 휴일 추가 방안을 강구하고 연장, 야간 및 휴일근로수

175) 5사 노동조합이 결의한 공동투쟁 수위는 각 단사별로 충족할만한 수준에 도달하면 합의한다는 것이었지만 사전에 어떠한 언질도 없이 결정한 것에 대한 비판이었다.

당은 현행 지급방법을 적용하는 것을 담고 있었다. 한편, 근로시간, 월차휴가, 연차휴가, 생리휴가는 개정 근로기준법을 적용하고, 임금은 자연승급분을 포함해 3%로 인상하는 내용이 포함되었다.

중재재정이 통보되자 공사는 4일 잠정근무지침을 하달했다. 노동조합과의 협의과정 없이 토요 휴무를 일방적으로 강행한다는 내용이었다. 신규인원 충원 없이 휴일만 추가하는 것은 이후 근무형태가 개악될 가능성이 높아진다는 것을 의미했다. 사장과의 면담자리에서 동석한 인력관리처장은 "주5일제는 이제 끝난 것 아닌가. 교섭은 더 이상 필요 없다."라는 막무가내식의 태도를 보였다. 집행부는 5일, 전격적으로 본사 농성에 돌입했다. 아울러 지침 거부를 요구하는 조합원 서명과 리본패용 투쟁을 전개하고, 11일, 현장간부 결의대회를 진행했다. 직권중재에 대한 재심도 신청했다. 그 와중에 공사측은 파업을 주도한 25명의 전임자에게 파면, 해임 등의 징계를 내렸다.

한편, 투본회의에서는 쇄신을 위해 집행간부의 총사퇴 및 총선거 주장이 제기되기도 했다. 하지만 주5일제 투쟁을 마무리하고 공사의 현장탄압을 대처하기 위해 직무대행 체제를 유지하기로 뜻이 모였다. 공사 앞마당에 천막을 치고

징계최소화 및 주5일제 교섭을 요구하는 본사 농성(2004.8.5.)

50~60명 이상의 간부들이 상주하며 농성을 이어갔다. 농성이 14일차를 앞두고 있을 때 공사측은 지침에 대한 강행 입장에서 한 발 물러났다. 노사실무협의회를 개최해 잠정근무지침을 검토 논의한 후 실시한다는 것이었다. 이를 두고 임시투본회의에서는 투쟁의 방향에 관한 토론을 가졌다. 몇몇은 오히려 농성투쟁을 지속하고 투쟁의 수위를 높여 잠정근무지침의 명확한 결론을 얻어내야 한다고 주장했다. 그러나 파업 이후 현장을 추스려야 한다는 고려 아래 농성투쟁을 마무리하고 교섭국면으로 전환해야 한다는 입장에 참석자 중 반수가 약간 넘는 이들이 동의했다. 농성은 18일 조합원 총회를 개최하며 마무리되었다.

2) 13대 집행부 출범과 온전한 주5일제 실현 투쟁

김종식 집행부의 출범과 주5일제 연구용역 대응 투쟁

지부별로 노사분과협의회가 열려 추가 부여된 월1일 휴일 시행 등을 합의했다. 집행부는 집행력을 확보하고 분위기를 쇄신하기 위해 집행간부 총사퇴 및 총선거 결의를 추진했다. 9월 20일에 열린 17기 3차 대의원대회에서는 이를 결의하고 통과시켰다. 그러나 실제 이행까지는 시간이 좀 걸렸는데 신정정비지회장이 사퇴 거부 입장을 고집하여 규약까지 변경하는 우여곡절을 끝에 11월 15일에서야 선거 공고가 될 수 있었다. 그 가운데 중재재정 재심 신청에 대한 기각이 결정되고, 비정규악법에 대한 민주노총의 총파업 투쟁이 이뤄지기도 했다.

위원장 선거에는 구덕회, 김경도, 김종식, 정연수 총 4명의 후보가 나왔다. 1차투표에서 과반 득표자가 없어 1, 2위를 한 김종식 후보와 정연수 후보를 상대로 결선 투표가 이뤄졌다. '전환을 주도하는 힘, 미래를 책임지는 능력'이라는 슬로건을 건 김종식 후보는 주5일제 마무리 및 고용안정 실현을 약속했다. 개혁후보단일화 모임의 경선에서 김태철, 김철관, 김대수를 꺾고 단일후보로 선출된 정연수 후보는 원칙없는 노사협조는 어용이며, 명분에 치우친 연대투쟁은 독선이라며 배일도 및 민주진영 집행부를 비판했다. 12월 10일, 8,469명이 참가한 투표 결과 4,220표로 49.86%의 지지를 얻은 김종식 후보가 47.41%를 득표한 정연수 후보를 꺾고 13대 위원장으로 당선되었다. 승무지부와 기술지부에서는 민주진영의 후보인 정병재 후보와 이재복 후보가 각각 지부장으로 당선되었다. 역무지부와 차량지부에서는 노사협조진영의 이성인 후보와 조상호 후보가 각각 당선되었다.

13대 위원장 선거 결선 결과

지부	조합원수	투표자	투표율	기권	무효	김종식		정연수	
역무	2,305	2,099	91.06%	206	30	1,001	47.69%	1,068	50.88%
승무	1,926	1,780	92.42%	146	16	1,304	73.26%	460	25.84%
기술	1,939	1,812	93.45%	127	72	793	43.76%	947	52.26%
차량	2,481	2,298	92.62%	183	110	944	41.08%	1,244	54.13&
본사지회	554	480	86.64%	74	5	178	37.08%	297	61.88%
총계	9,205	8,469	92.00%	736	233	4,220	49.83%	4,016	47.42%

김종식 집행부는 이전 허섭 집행부가 완료하지 못한 온전한 주5일제 실현과 노사협조진영에 의해 무너진 현장의 민주성과 투쟁력을 복원하기 위한 노동조합 혁신의 과제를 안고 출발했다. 그러나 주5일제 실현에 대한 대응과 부담은 집행부의 역량을 해당과제에만 몰두시킬 수밖에 없었다. 복수노조 시대 대비와 비정규직 대책 마련 등을 위한 조직발전특별위원회의 설치 외에는 노동조합 혁신을 위한 여타 과제는 후순위로 밀려나게 했다. 더군다나 평양지하철

서민과 교통약자를 위한 대중교통 만들기 기자회견(2005.3.28.)

과의 교류사업 추진을 논의 절차 없이 진행해 조합원들의 큰 비판에 직면하고 불신을 얻기도 했다.

취임식을 마친 김종식 집행부는[176] 주5일제를 온전히 쟁취하기 위한 투쟁에 본격적으로 돌입한다. 2005년 4월 11일 6차 임시노사협의에서는 △2004년 임금 유권해석과 관련해 자연증가분을 지급하고 △근무제도에 대한 전문기관 연구용역을 단체교섭을 통하여 발주하며 이를 위한 연구위원회를 조속히 개최, 운영한다는 내용 등을 담은 의결서를 체결했다. 이어 2005년 임단협의 교섭 및 투쟁 국면으로 전환을 시도했다. △임금 7.3%와 인상과 △개인성과급의 기본급화 △해고자 복직 △정년연장 및 안식년제 도입 등을 요구안으로 확정했다. 주5일근무제 투쟁을 임단협과 연동하여 진행하기로 했다. 인력충원의 문제를 핵심으로 봤기 때문이었다.

176) 13대 집행부는 수석부위원장 이성일, 부위원장 장윤석, 사무국장 김명섭, 정책실장 조병학, 교육선전실장 박덕남, 총무부장 김태선, 후생복지부장 오윤식, 대협부장 박성열, 정책기획부장 정기태, 조직부장 김기실, 쟁의부장 노기호, 선전홍보부장 이호영, 문체부장 박철민, 교육부장 최동준, 산업안전부장 한상국, 편집부장 이정엽, 법규부장 장기현으로 구성되었고 여성부장은 공석이었다.

4월 17일 1차 교섭을 시작으로 수차례 이뤄진 교섭 자리에서는 근무제도 연구용역 문제가 주된 안건이었다. 6월 1일 18기 1차 임시대의원대회에서는 연구용역의 결과가 현 노동조건보다 저하되었을 시 전면 거부 투쟁을 전개한다는 입장을 결정했다. 문제는 주5일제 투쟁의 역량이 연구용역의 발주와 대응에 주되게 투여되었다는 것이었다. 발주 이전은 물론 이후에도 이러한 경향은 계속되어 다른 투쟁을 준비하지 못했다는 한계가 노정되기도 했다.

7월 1일 6차 교섭에서 한국표준협회컨설팅에 연구용역을 발주하는 것으로 노사 합의가 이뤄졌다. 당초 공사는 용역 과업지서에 업무비효율 분야 도출 등 구조조정 의도를 담아내려고 했다. 노동조합은 강하게 반발했으며 결국 적정 근무인원과 합리적인 근무형태의 도출을 목적으로 결정했으며, 건강권, 노동강도, 안전운행 확보 고려 등의 전제 역시 포함시키기도 했다. 또 연구용역에 구조조정에 이용될 수 있는 직무분석 내용이 포함되어 많은 우려를 자아내긴 했지만 이를 제외시킬 수 없다고 판단하고, 다만 정원 관리 및 인력산정의 자료로만 사용할 수 있도록 했다. 용역기관으로 선정된 업체는 경영자 편향보다는 공익성에 비중을 두어 연구를 진행하다는 평가가 있었던 곳으로, 노동조합이 적합한 기관이라는 판단해 선정을 요구했던 곳이었다. 그러나 기대는 산산이 무너지게 된다.

노동조합은 이어 교섭과정에서 정원대비 부족인원인 326명에 대한 충원 문제를 집중적으로 거론하기 시작했다. 공사측은 계속 회피했다. 결국 위원장과 4개 지부장은 7월 27일 8차 교섭 이후 본사 농성투쟁에 돌입했다. 인력충원 요구의 근거로 약 일주일 쯤 전에 나온 근골격계 질환의 유해요인 조사 최종 보고서의 결과 역시 십분 제기했다. 2005년 1월부터 노사공동으로, 원진직업병관리재단과 함께 실시한 조사결과 수거된 7,409명의 설문지 중 62%가 한군데 이상 증상을 호소했고, 의학상담 대상자는 17.5%, 정밀검진 병원진료 대

'05임단투 승리를 위한 조합원총회(좌, 위)(2005.7.27.)

임단투 승리를 위한 3차 조합원 총회(우)(2005.8.4

상자는 371명에 달했다. 노동조합은 인력부족에 따른 노동강도 강화로 인한 결과라 주장하며 인력충원 요구를 적극 주장했다. 이후 증상이 심각하여 의학적 조치와 요양이 필요한 노동자 159명 중 108명의 노동자가 근로복지공단에 집단 요양을 신청했고, 이 중 84.3%에 달하는 91명이 승인을 받았다. 지하철의 열악한 작업환경이 입증되었던 것이다.

8월 11일 10차 단체교섭에서 총 150명 범위 내에서 다음 해 9월 중에 충원 절차를 추진하기로 합의가 이뤄졌다.[177] 한편, 용역업체와의 워크숍, 면담 자리를 통해 연구용역에 대한 노동조합의 입장을 지속적으로 전달하는 것 역시 계속 이뤄졌다. 10월, 중간보고서가 제출되는 등 연구용역 사업이 반환점을 넘어서기 시작했다. 그러나 중간보고회는 노동조합의 이의제기로 연기되기도

177) 9년 만에 신규채용을 합의한 것으로 2006 사번이 입사했다.

했다. 근무환경 조사에 대한 본보고서 포함 여부 문제와 직무별 세부업무 분류기준 문제에 대한 갈등 때문이었다. 노동조합은 근무환경 조사가 본보고서에 반드시 담겨져야 함을 주장했고, 아울러 직무별 업무 분류가 현행 업무 분류를 기준으로 삼아 확대 재편되어야 한다는 입장을 제기했다. 이를 반영한 이후에야 중간보고회가 열릴 수 있었다.

한편, 이 시기에는 평양지하철과의 교류사업을 위한 위원장의 방북이 8일부터 10일간 이뤄지기도 했다. 그러나 이는 내부에 큰 논란과 구설수를 일으켰다. 사업을 추진하는 과정에서 충분한 논의과정이 없이 진행되었던 것과 더불어 방북 일정에 공사 고위관계자가 동행하고 체류 비용을 지불했다는 점이 문제가 됐다. 위원장은 방북 교류사업의 성격상 공개리에 진행할 수 없었다고 해명했지만 조합원들의 실망과 비판을 자초했다. 10월 18일 열린 18기 3차 임시대의원대회에는 위원장 사퇴권고 안건이 올라와 표결에 부쳐져 부결처리되기도 했다. 공교롭게도 해당 대의원대회에서는 이전 배일도 집행부의 회계비리 문제 등에 대한 진실규명위원회의 결과보고와 처리방안에 대한 안건이 올라와 선 사법처리 후 내부절차 진행이 의결되었다.[178] 이후, 그에 따라 배일도 집행부 고소 조치가 이뤄졌다.

연구용역 사업 폐기투쟁과 2005년 임금·단체협약 투쟁

근무형태 및 적정인원 산출을 위한 연구용역이 진행되고 있는 가운데 노동조합은 적극적으로 요구안을 제시했다. 공사측은 3~6개 반이 하루 3교대 형식으로 비숙박을 통한 순환근무할 것을 주장했다. 노동조합은 이를 적극 반대하며, 실질휴일이 보장되는 21일 주기의 3조2교대를 주장했다. 연구용역 결과를 두고 이목이 집중되기 시작했다. 정작 12월 초순경 현장에는 이상한 소문

178) 배일도비리특위가 만들어져 가동되자 노사협조세력의 집행부에 대한 공격이 노골화되어 폭행사고가 빈번했다.

표준협회 점거 시위(2005.12.9.)

이 돌기 시작한다. 용역안이 공사안과 동일하다는 얘기가 나온 것이었다. 노동조합은 급히 근무형태 부분 연구내용을 입수했다. 소문은 사실이었다. 곧바로, 12월 3일 표준협회컨설팅과 면담이 이뤄졌다. 책임자는 "노조 요구안을 반영할 경우 공사의 이의제기로 피해를 예상했다."라며 사실상 공사 입장에 편중되었음을 시인했다.

노동조합은 곧바로 공사측의 연구용역 부당 외압에 대한 해명을 요구하며 노사교섭을 요청했다. 그러나 업체는 최종보고서를 제출했고 공사는 교섭을 거부했다. 노동조합은 연구용역 업체와 본사 항의 농성에 돌입했다. 12월 7일 14차 단체교섭이 열렸다. 노동조합은 연구용역의 결과를 폐기할 것을 요구했지만 공사측은 이를 거부했다. 노동조합은 교섭을 중단했다.

집행부 누구도 이러한 결과를 예상치 못했다. 문제는 이미 연구용역이 상당 부분 진척되어왔다는 것은 물론 무엇보다 이전 직권중재 결정을 다시 거부하기에는 어려움이 있었다. 애당초 연구용역에 집중할 것이 아니라 공사를 압박할 수 있는 투쟁을 준비했어야 한다는 문제제기 역시 강하게 나타났다. 9일부터는 위원장의 삭발 단식 농성이 본사 앞에서 전개되고 업체에는 도배투쟁이 진행되었다.

12월 13일 18기 4차 임시대의원대회가 열렸다. 사태에 대한 집행부의 책임을 묻자며 총사퇴 결의 안건이 올라왔다. 표결 끝에 찬성 66명, 반대 68명으로 아슬아슬하게 부결되었다. 집행부는 확대비상투쟁본부를 구성하고 조합원 총회를 열어 투쟁의지를 확인했다. 그 가운데 차량지부는 지부장이 사퇴하고 최종진을 직무대행으로 지명하기도 했다.

조합원 총회가 12월 16일, 27일 본사 및 서울시청에서 열렸다. 2006년 1월에는 더욱더 큰 총력투쟁이 진행되었다. 차량지부는 기지별 농성에 돌입했으며, 각 지부의 조합원 총회가 연달아 열렸다. 현장투쟁으로 전 조합원의 리본 패용과 사복투쟁이 이뤄지기도 했다. 24일에는 조합원 총회가 본사 앞마당에서 1,600명의 참여 속에 열렸고, 지부별 릴레이 농성이 이뤄졌다.

같은 날 15차 단체교섭이 45일 만에 열렸다. 노동조합은 연구용역 보고서를 전제로 하는 교섭에 임할 수 없고, 일방중재 요청으로 자율교섭 해결 원칙을 훼손하지 말아야 한다는 점을 강조했다. 공사측은 노사 간 충분히 논의해서 합의점을 찾아 자율 타결하는 것이 바람직하다는 입장을 밝혔다. 2월 2일, 16차 교섭에서 노동조합은 근무형태 전 분야 통일이라는 합의사항 존중, 대다수가 원하는 근무형태이자 동종업종의 보편적 근무형태인 21일 주기 3조2교대로 순행할 것 등을 교섭 기준으로 제시했다.

이어 노동조합은 중앙집행위원 수련회를 갖고, 고강도 현장투쟁 및 쟁의 찬반투표 등을 투쟁 기조로 세웠다. 2월 9일, 18기 6차 임시대의원대회에서는 쟁의발생 결의 및 투쟁본부 전환 안건이 통과되었다. 15~17일에 진행된 파업 찬반투표에는 총 9,031명이 참여해 67.29%인 5,543명이 찬성표를 던져 파업이 가결되었다.

3월 1일 총파업을 예정하고 공사측과의 집중 교섭이 진행되었다. 노동조합은 인원충원을 928명으로 수정하는 안을 제시하기도 했다.[179] 공사의 태도는 요지부동이었다. 그 가운데 해고자들은 시청 앞에서 농성투쟁에 돌입했다. 지노위의 조정회의도 열렸지만 공사의 태도가 변한 건 없었다. 결국 28일, 파업을 앞두고 20차 단체교섭이 열렸다. 공사측은 근무제도와 관련 2006년 6월까지 논의를 연장하자는 것과 동절기 단축근무 폐지 등 4개조항의 단협 개악안을 제시했다. 노동조합 회의와 지노위 조정회의로 교섭이 일시 중단되었다가 재개된 후, 단협 개악안을 삭제하는 등 공사측의 수정안이 나왔다. 3월 1일 새벽까지 넘어가는 교섭 끝에 총파업 2시간을 앞두고, 임단협안이 타결되었다. △주40시간근무제를 2006년 6월까지 단체교섭을 통해 논의하고 △정원 범위내 부족인원인 270여 명을 금년 5월까지 채용공고하고 △임금의 경우 2004년 총액임금대비 2%인상 하는 것과 △정년퇴직 월 조정 △정년퇴직자 위로 여행 등을 보장하는 것이었다.

집행부는 합의안과 관련해 주5일제 사안이 직권중재에 계류 중인 악조건과 조직 내의 여건을 감안해 강행저지에 초점을 두었다고 설명했다. 또 공사의 정원 축소 주장을 물리치고 부족 인원에 대한 충원 합의를 얻어내 현장의 고충을 풀 수 있었다는 것이 성과라고 주장했다. 집행부는 합의결정이 투쟁을 전개하기에는 어려운 조직적 현실 상황을 판단해 내린 결정이었음을 강조했다.[180] 그러나 당초 집행부가 내세운 주5일제 완전 쟁취라는 목표보다 미흡했던 것은 사실이었다.

179) 원안은 허섭 집행부 때 결정된 주5일제 요구안 인원 3,000여 명이었다.

180) 3월 1일 파업은 철도노조와 함께하는 낮은 수준의 시기집중 파업이었고 이어 민주노총의 비정규법 개악에 맞선 총파업이 예고된 상황이었지만 서울지하철노조 내부 조직역량과 여건은 파업을 실행하기는 현실적 어려움이 있었다. 어려운 여건 속에서 서울지하철노조는 민주노총 파업 찬반투표 참여, 국회 앞 집회 결합 등으로 투쟁에 함께했다. 한편, 철도노조는 1일부터 4일까지 나흘간 파업했다.

연구용역 파행에 이어 미완의 내용을 담은 임단협 합의안에 대한 조합원의 여론은 싸늘했다. 차량지부는 부결을 호소하는 합의내용과 집행부의 신뢰도를 비판하는 성명서를 발표하기도 했다. 3월 8일 조합원 중 88.79%인 7,994명이 참여해 43.67%가 찬성을, 55.57%가 반대 입장을 밝혀 임단협 인준투표가 부결되었고 김종식 집행부는 총사퇴했다.

2005년 임금·단체협약 인준투표 결과

지부	역무	승무	기술	차량	본사지회	총계
찬성	41.42%	64.31%	54.55%	20.31%	48.08%	43.67%
반대	57.51%	35.06%	44.68%	78.99%	51.68%	55.57%

3) 다시 등장한 노사협조주의 집행부

정연수 집행부의 출범과 노사협조주의 노선으로의 회귀

14대 집행부 선출을 위한 총선거가 실시되었다. 민주진영에서는 양윤모 후보와 김선구 후보가 출마했다. 노사협조진영에서는 정연수 후보가 다시 도전했다. 총 8,503명이 참여한 1차 투표에서는 정연수 후보가 4,406표로 47.58%, 김선구 후보가 1,670표로 19.64%, 양윤모 후보가 2,606표로 30.65%를 득표했다. 과반수 득표자가 없었기에 양윤모, 정연수 후보를 대상으로 2차 투표가 이뤄졌다. 4월 21일 8,386명이 참여한 결선투표 결과 정연수 후보가 50.85%의 지지로 47.93%의 지지를 받은 양윤모 후보를 꺾고 14대 위원장에 당선이 되었다. 지부장으로는 노사협조진영에서 역무지부 이성인, 기술지부 신현준이 당선되었고, 민주진영에서 승무지부 박창순, 차량지부 최병윤이 각각 당선되었다. 지회장의 경우 역무지부는 노사협조진영과 민주진영이 비등했고, 기술지부는 노사협조진영이, 승무지부와 차량지부는 민주진영이 우세한 상황이었다.

14대 위원장 선거 결선 결과

지부	조합원수	투표자	투표율	기권	무효	양윤모		정연수	
역무	2,246	2,028	90.29%	218	13	813	40.49%	1,205	59.42%
승무	1,862	1,757	94.36%	117	43	1,113	63.35%	621	35.34%
기술	1,877	1,818	96.86%	59	21	749	41.20%	1,048	57.65%
차량	2,448	2,331	95.22%	104	6	1,125	48.26%	1,163	49.89%
본사지회	556	452	81.29%	104	6	219	48.45%	227	50.22%
총계	8,989	8,386	93.29%	603	106	4,019	47.93%	4,264	50.85%

집행부 구성을[181] 완료한 정연수 위원장은 취임 일성으로 경제의 발목을 잡고 시민의 지탄을 받는 '양아치식 전투적 노동운동'으로는 아무것도 변화시킬 수 없음을 확인했다고 주장하며 조합원 복지 우선의 노동조합을 추구하겠다고 선언했다. 또한 노동조합 활동이 민주노총 및 공공연맹 등 상급단체의 통제와 지시 아래 있었다며, 더이상은 서울지하철노조가 대리 전투장이 될 수 없다며 정부 산하 공기업 및 공무원노조와 산별 등을 추진하겠다고 밝혔다. 구체적 목표로 △노조의 전문 능력배양을 통한 공기업 경영 발전 견인 △노동조합이 소비자인 지하철 이용 시민에 대한 서비스 전개 △시정 참여 계획적 운영 도모 △노동복지 모델 제시 등을 언급했다. 큰 틀에서는 사실상 배일도 집행부 기조의 재탕이었다.

첫 현안은 공사측의 팀제 도입, 직급명칭 변경 내용을 담은 직제규정 개정 문제였다. 행자부 경영평가 전 개정을 원한 공사는 단협에 따라 노동조합 측

181) 14대 집행부는 수석부위원장 김철관, 부위원장 김용국, 사무국장 장승완, 정책실장 조동희, 교육선전실장 김천호, 총무부장 박경명, 후생복지부장 이명규, 조직1부장 이정훈, 조직2부장 우종기, 정책기획부장 김영하, 법규부장 박홍선, 대협1부장 한찬수, 대협2부장 박주형, 산업안전부장 허철행, 선전홍보부장 심주식, 쟁의부장 박용갑, 교육부장 최광식, 문체부장 김종희, 편집부장 정해룡, 조사통계부장 이재완으로 구성되었다.

에 협의를 요청했다. 개편 문제는 행정자치부의 지침인 팀제 추진 및 BSC (Balanced Score Card)라는 새로운 경영관리 평가시스템이 내재되어있다는 게 가장 큰 고민 거리였다. 정연수 집행부는 그동안 집행부의 대응방식이 명분에 치우쳐 반대만 하여 결과 없이 끝나버렸다며, 직제규정 개정에 동의하되 노조가 적극적으로 개입해나가겠다는 입장으로 정리했다. 6월 9일 집행회의에서는 거수투표로 총 73명 중 37명의 찬성으로 가결되었다.

이에 민주진영의 대의원들은 졸속으로 처리되었다며 임시대의원대회 소집을 요구했다. 6월 23일 열린 임시대의원대회에서는 충분히 검토한 후 입장을 결정해야 한다는 입장과 팀제가 거부되어도 BSC 등이 추진되기 때문에 집행부의 입장처럼 적극 개입해야 한다는 입장이 맞부딪혔다. 장기간 논의 끝에 찬반표결이 실시되었다. 찬성과 반대가 58표 동수로 나오고 무효가 2표 나와 의결정족수 미달로 안건이 폐기되고 집행부 입장이 확정되었다. 민주진영의 견제가 실패했던 것이다. 이후 팀제 도입 및 인사발령과 차량 조합원인 도기성 씨의 업무 중 사망사고의 사안을 묶어 강경호 사장의 퇴진과 연임반대 투쟁이 차량지부 차원에서 이뤄지기도 했지만, 팀제 개편은 무리 없이 시행되었다.

8월 16~17일 19차 정기대의원대회가 열렸다. 사업계획과 더불어, 2006년 임단협 요구안이 확정되었다. △못다 이룬 주5일제 근무 요구안이 922명의 신규인원 충원 요구와 함께 포함되었고 △총액대비 5.5%의 인상 요구안과 더불어 △호봉급간 격차 확대 등의 임금구조 개편 △학자금 무상지원을 위한 사내복지기금 출연 △정년 연장 등이 그 내용이었다. 8월 30일에는 1,100여 명의 참여 속에 2006년 임단협 및 주5일제 완전쟁취를 위한 조합원 보고대회가 공사 앞마당에서 이뤄졌다. 곧이어 공사측과의 1차 교섭이 진행되었다. 공사측은 전년도와 유사하게 △노동조합 간부 전임자 축소 △무임 가족승차권 폐지 등을 제시했다. 이후 교섭에서는 △행자부 가이드라인에 따른 임금 총액 2%

인상과 △정원 감축 △연구용역안 기준으로 주5일 근무제를 추진하자는 입장을 밝혔다.

교섭이 교착상태에 있는 가운데, 정연수 집행부는 상급연맹과 각을 세우기도 했다. 공공연맹이 운수노조와 공공 서비스노조를 묶는 대산별 건설을 위한 산별전환 투표 실시를 결정하자 이를 신중히 검토해야한다는 반대 입장을 내세운 것이었다.[182] 집행부는 특히 조합원 설문조사를 빌어 조합원들은 업종중심과 사용자 중심의 소산별을 요구한다는 점을 강조했다. 이러한 집행부의 입장은 산별조직의 진로 문제에 대한 단순한 의견개진이라고 볼 수는 없었다. 이후 정연수 집행부 및 노사협조 진영은 민주노총 탈퇴 및 제3노총 추진을 시도했기 때문이었다. 한편, 정연수 집행부는 몇몇 지부의 문제제기에도 노조 체육대회를 '노사한마당 체육대회'라는 이름으로 노사협조적인 행사로 탈바꿈시켜 강행해『조선일보』등 보수언론의 관심을 받기도 했다.

2006년 임금·단체협약을 둘러싼 갈등

'노사화합의 장'이 열렸음에도 불구하고 교섭은 평행선을 달렸다. 11월 20일에는 조합원 총회가 국회 앞 전국공기업·지하철 노동자 결의대회와 함께 열려 행자부 지침 철회 및 노사관계로드맵의 부당성과 그 입법 저지 등을 요구하기도 했다. 12월 5일에는 임금인상을 2%로 하되, 근무형태를 21일 주기 3조2교대로 하는 서울모델의 조정 결과가 나왔다. 그러나 공사측은 조정안 수용을

182) 2005년 공공연맹, 화물통합노조준비위(2004.3.결성), 민주택시, 민주버스가 연맹 통합준비위원회를 출범시켜 공공운수부문 산별노조 시대를 열어 갈 것을 결의했다. 2006년, 산별노조인 공공노조와 운수노조를 건설했고 2007년 1월에는 120개 노조 15만 조합원을 아우르는 공공운수연맹을 출범시켰다. 공공운수연맹과 공공노조, 운수노조는 4년여 동안의 공동사업과 투쟁을 거쳐 2011년 6월 24일, 마침내 전국공공운수사회서비스노동조합으로 출범했다. 2014년 7월 23일 임시대의원대회에서 산별전환 조직과 전환하지 않은 조직(연맹 소속)을 하나의 산별노조로 통합하는 조직발전방안을 결의하고 통합 산별조직인 전국공공운수노동조합(공공운수노조)이 재출범했다. 공공운소노조에는 2016년 5월 현재 16만 8,100명의 조합원(정규직 약 10만 8천 명, 비정규직 약 6만 1백 명)이 가입되어 있다. 공공부문 노동자들이 이러한 조직발전 경로를 걷고 있었으나 당시 서울지하철노조 활동가들은 내부 문제에 집중할 수밖에 없는 상황이었고 그러다보니 산별노조 건설에 관한 소식을 접하고 토론할 경황이 없었다.

거부했다. 차량지부는 13일, 인원충원 없는 주5일제 반대 요구를 걸고 본사농성에 돌입했다. 14일 9차 본교섭에서 노동조합은 공사 입장이 불변인 것에 항의하며 교섭 중단을 선언했다. 지노위의 조정 신청을 하는 한편, 교섭 파행의 책임이 서울시에 있다고 보고 항의 집회 및 선전전을 열기도 했다. 아울러, 쟁의행위 찬반투표가 실시되어 7,424명의 투표인원 중 5,556명인 74.36%가 총파업에 찬성했다.

한편 28일, 공사 강경호 사장이 오세훈 시장과의 면담 후 전격 사퇴를 선언해 교섭 중단과 파행이 장기화됐다.

해가 바뀐 2007년 1월, 노동조합은 투쟁계획을 재수립하며 투쟁 채비를 꾸렸다. 다시 지노위에 조정 신청을 하고, 19일에는 서울시를 규탄하며, 31일 총파업 실시를 포함한 총력투쟁을 알리는 기자회견을 진행했다. 22일에는 김상돈 신임 사장이 내정된 사실이 알려지자 노동조합은 공사 사장실을 점거했다. 조합원 총회가 함께 열렸다. 농성 4일차에 접어든 27일, 집행부는 공사측이 관리본부장 낙하산 인사는 없다고 약속하며 교섭을 요청해오자 농성을 해제했다, 물량조절 및 휴무사수 투쟁 등 지부별 준법투쟁이 전개되는 가운데 29일 10차 단체교섭이 열렸다. 파업 전날인 30일까지 이어진 교섭 끝에 임단협이 타결되었다. △3개월 탄력근로시간제를 도입하되 전분야 21일 주기 3조2교대제 실시 △229명 증원 △2006년 임금 총액대비 3.18%인상 △동종업종과 임금격차 해소를 위한 가계안정비 기본급화 등 임금구조 개편 △가족권 현행유지 △선택적 복지제도 추진 △노동조합 전임자 11명으로 축소하되 14명분 노동조합 재정 자립자금 지원사용 등이 그 내용이었다.

이미 민주진영은 교섭 과정에서부터 합의에 반대한다는 입장을 표했다. 도시철도와의 임금격차 해소에만 초점을 두면서 합의된 인원충원이 애초 노조의 요구보다 너무나 적어 사실상의 노동강도가 강화될 것임을 지적했다. 또

전임자 축소 문제, 동절기 단축근무 폐지, 노사협의회의 위상 추소 등 기존 단협보다 후퇴하는 내용을 합의했다고 비판했다. 임금인상 역시 구체적 내용을 임금실무소위를 열어 합의를 해야 했기에 확정된 것이 없는 합의안에 무엇을 동의할 수 있냐고 비판을 했다. 승무지부와 차량지부 등은 부결을 요구하는 성명을 발표하기도 했다. 그러나 조합원들의 선택은 달랐다. 2월 7일부터 9일까지 치러진 인준투표 결과 8,576명 중 65.31%인 5,601명이 찬성 입장을 밝혀 잠정합의안이 가결되었다. 합의내용에 대해 승무지부와 역무지부의 반대 여론이 높은 편이었다. 승무지부 조합원들은 다이아 개정에 대한 불만을 표로 나타냈고, 역무지부는 이성인 지부장이 출마하면서 공약했던 사안이 합의서에 반영되지 않아 비판이 고조됐다.

임금구조 개편은 지난한 협의 끝에 4월 13일에서야 완료되었다. 정연수 집행부는 월 급여 인상액이 당초 예상치에 미치지 못한다는 비판에 대해 임금요구안 마련 과정에서 세웠던 원칙 준수에 흔들림이 없었다며, 동종업종과 임금 격차를 비로소 해소할 수 있었다고 자평했다. 이후 계속된 비판에 대해 허위 사실을 날조하고 있음을 주장하며, 자료 수집 후 특단의 대책을 마련하겠다는 엄포를 놓기도 했다.

2006년 임금·단체협약 인준투표 결과

지부	조합원수	투표자	투표율	찬성		반대		기권	무효
역무	2,254	2,073	91.97%	1,230	59.33%	838	40.42%	181	5
승무	1,848	1,776	96.10%	961	54.11%	804	45.27%	72	11
기술	1,929	1,876	97.25%	1,471	78.41%	395	21.06%	53	10
차량	2,435	2,342	96.18%	1,485	63.41%	848	36.21%	93	9
본사지회	575	509	88.52%	454	89.19%	55	10.81%	55	0
총계	9,041	8,576	94.86%	5,601	65.31%	2,940	34.28%	465	35

정 위원장과 14대 집행부는 2006년 임단협 내용이 큰 성과가 있었음을 자평했지만, 몇몇 지부에서는 끝내 불만이 해소되지 못했다. 가령 승무지부의 경우, 임단협 안에 따라 개정된 근무다이아를 작성하는데 어려움을 겪다가 공사측의 일방적인 근태지침 시행에 따라 공사 앞마당에서 5월 14일부터 6월 5일까지 총 23일간 농성을 진행하기도 했다. 7월 18일, 20기 정기대의원대회에서는 노동조건의 후퇴 부분에 대한 대책수립 및 위원장의 독단적 합의 체결에 대한 재발방지대책 및 사과 성명을 요구하는 안건이 올라왔다. 승무 분야 대의원들의 집중적 문제제기가 이뤄졌다. 쏟아지는 항의 속에 정 위원장은 합의서를 독단적으로 체결하지 않겠다는 약속을 했다.

노사협조주의노선의 추구와 공사에 대한 지부별 투쟁의 전개

이 시기는 석면문제가 주요한 화두가 된 시기이기도 했다. 2006년 11월, 노동조합 산업안전부는 방배역에서 석면사용을 발견하고 공사측에 역학조사를 할 것을 요구했다. 공사가 조사를 거부하는 입장을 내세우자 노동조합은 노동부에 이 사실을 알렸다. 노동부 산업안전보건국이 마침내 적극적으로 개입했다. 특히 군자차량사무소의 전동차 보수용 자재 퍼티에 석면 함유가 발견되자 공사측의 제거 작업에 대한 중지 명령이 내려지기도 했다. 집행부는 노사임시산업안전보건위 개최를 요구해 석면 실태조사 및 석면지도 확보 등을 요구하기도 했다. 마침내 2007년 7월에 열린 산안위원회에서 전 사업장에 대한 실태조사 및 석면지도 작성, 석면에 노출된 노동자의 특수검진 실시가 합의되었다.

한편, 정연수 집행부는 노동조합 운영에 있어 대내외적으로 자신들의 노선을 관철시켜나갔다. 대외적으로는 4월 24일 새로운 연대단위로 노사협조노선에 있어 뜻이 맞았던 도시철도노조 및 서울시공무원노조와 함께 서울시공공

지하철 석면 문제 개선을 촉구하는 기자회견(2007.1.23.)

부분노동조합협의회를 출범시키기도 했다. 그 다음 달인 5월에는 도시철도 및 타 지역의 지하철 노동조합과 함께 전국지하철노조협의회를 구성하기도 했다.[183] 민주노총 및 공공연맹의 공공대산별 건설에 동참하기 보다는 사용자 및 동종 업종 중심으로 활동이 전개되어야 한다는 의지를 더욱 구체화한 것이었다.

정연수 집행부는 노노갈등을 해소하겠다는 입장으로 배일도 위원장에 대한 고소를 취하했다. 대의원대회 결정에 따른 배일도 집행부의 회계비리 의혹에 대한 진상조사 결과에 따라 확실한 조사와 법적 책임을 묻기 위해 노동조합은 배일도 위원장을 고소한 바 있었다. 비리문제에 대해 오히려 노사협조진영은 이전 김종식 위원장이 절차 문제에 있어 비판을 받기도 한 평양 교류사업을 '평양 관광 거짓 교류사업'으로 규정짓고 진상조사 사업을 펼쳐야 한다는 주장

183) 전국지하철노조협의회에 참여한 노동조합은 서울지하철노조, 서울도시철도노조, 대구지하철노조, 인천지하철노조, 광주도시철도노조, 대전도시철도노조였다.

을 펼쳤다. 나아가 2004년 7.21 파업 당시 구매 물품에 대한 증빙 서류 부실을 이유로 들어 조합비 횡령 의혹까지 제기하고 나섰다. 나중에 터무니없는 의혹 제기로 밝혀졌지만 배일도 위원장 비리 관련 논란을 덮기 위해 물타기식 주장을 하고 있는 게 아니냐는 비판이 일었다. 정연수 집행부는 결국 7.21파업 관련 고소 고발을 중단하며, 배일도 전 위원장에 대한 고소 사건도 취하했다. 노노갈등과 조합에 대한 신뢰의 타격을 막기 위한 조치라고 주장하며 배일도 비리 진상규명을 중단시킨 것이다.

노사협조를 추구하려는 정연수 집행부의 움직임과 달리 공사와의 갈등은 점점 깊어지고 있었다. 서울시의 인사쇄신 정책과 창의시정이라는 이름 아래 점차 구조조정 및 현장탄압이 강화되면서 현장에서는 공사측과의 충돌이 계속되었다. 그러던 중 7월 25일 열차출고가 지연되는 일이 발생했다. 공사는 이를 근무태만에 의한 정비불량이라 보고, 신정차량지회 조합원 4명에게 징계를 통고했다. 지회는 발끈했다. 시스템 운영과 초동보고체계 오류가 있었기 때문이었다. 지회는 징계철회 및 재조사를 요구하며 8월 24일부터 본사 6층 사장실 앞에서 농성에 들어갔다.

9월 2일에는 역무지부가 본사 앞마당에 농성을 위한 텐트를 쳤다. 공사가 일방적으로 매표실을 축소하고, 대체 및 당직근무 폐지를 추진한 것에 대해 반대했기 때문이었다. 한편, 10월에는 지축정비지회의 후생관 조리사의 정규직화를 요구한 지회장과 지회사무국장에 대한 직위해제 조치가 이뤄지기도 했다.

10월에는 승무지부가 행동에 나섰다. 주40시간 근무 시행과 관련하여 이전 6월 5일에 승무지부는 농성 끝에 추가 비용이 발생하지 않는 범위 내에 다이아가 개악 이전 수준으로 개선될 수 있도록 재작성할 것과 추가비용이 발생하지 않는 범위 내 교번교체를 인정하는 내용 등의 합의서를 공사측과 체결한 바 있었다. 그러나 시행은 이뤄지지 않았고, 오히려 승무대기조 폐지 등이 이뤄졌다. 이에 승무지부는 △휴무 정산기준을 월7.5일로 △부대시간 원상회복 △근무시간 165시간 미만 작성 △수당 미감축 △대기조 3조2교대 근무 원칙 요구 등 6.5합의서 이행 촉구를 요구하며 투쟁에 돌입했다. 14일부터 사복투쟁에 돌입한 승무지부는 24일 준법투쟁으로 휴무사수 투쟁에 돌입했다. 이에 공사측은 승무지부장, 사무국장 외 지회장 6명을 업무방해로 고소하고 직위해제했다. 10월 30일, △월평균근무시간이 165시간을 초과하지 않도록 부대사업기간을 일부 조정하고 △주야간 근무편성 비율을 4월 1일 이전 수준으로 조정 △열차운행계획 조정과 연계한 승무원 근무표 개선 △교번근무 사항은 2007년 임금교섭에서 협의한다는 내용의 합의문을 임상문 지부장이 조인하게 된다. 내부에서는 합의 내용에 대한 반발이 있었고 결국 책임을 지고 임상문 지부장은 사퇴를 선언했다. 직무대행을 선출한 승무지부는 합의서 무효를 결의하고 투쟁에 나서게 된다.

2007년 임금·단체협약 투쟁

지부별 투쟁이 진행되고, 공사의 징계가 남발되는 가운데 2007년 임단협 투쟁이 시작되었다. 승무지부의 투쟁 및 징계가 전개되는 가운데 단체교섭을 하는 것이 맞지 않다는 이견이 제기되었지만 노조는 어렵사리 요구안을 확정하고, 교섭위원을 임시대의원대회에서 인준했다. 노동조합은 요구안으로 △총액대비 5.9%의 임금인상 △경영개선수당, 급식보조비 등의 기본급화 △정년연장, △3급까지 자동근속 승진제도 도입 △교대근무자의 야간지정휴무 1당무와 주간 지정휴무 2일을 선택 사용하는 휴일 조정 등을 포함하여 확정했다. 11월 1일 첫 교섭이 열렸고, 노동조합은 동절기 단축 근무 폐지, 상시평가제도 일방 도입, 승무 집행간부 직위해제 등 사측의 일방 조치 철회를 요구했지만 공사측은 요지부동이었다. 노동조합은 교섭 중단을 선언했다. 오히려 6일에는 동절기 단축근무 시행지침에 항의하는 간부들을 업무방해로 고소하고 직위해제 했다.

이에 노동조합은 16일, 조합원 총회를 열어 현장탄압에 대해 강력한 항의 의사를 표출했다. 26일 열린 3차 교섭에서도 공사측의 태도 변화가 감지되지 않자 교섭 결렬을 선언했다. 다음날 열린 20차 4기 임시대의원대회에서는 쟁의발생 결의 및 투본체제 전환 안건이 만장일치로 통과되었다. 12월 5일, 쟁의행위 찬반 투표에서 84%인 9,031명의 조합원이 투표에 참여, 71.02%인 5,704명의 조합원이 찬성의사를 밝혔다. 투표결과가 나온 다음날인 6일, 사장실 기습점거 및 농성이 이뤄지고, 현장간부 결의대회가 열렸다. 투쟁이 일어나고 있는 가운데 승무지부의 김문교 조합원이 근무 중 순직하는 사고가 발생하기도 했다. 이러한 사고에 대해 공사 홍보팀장이 막말을 해 물의를 빚기도 했다.

13일로 파업이 예정된 가운데 10일, 5차 단체교섭이 열렸다. 공사측은 교섭 개시 직후, 임금 0.78% 인상과 동절기 단축근무에 대한 고소고발 취하 등의 노동조합 요구에 못 미치는 합의초안을 던졌다. 또한 이전 교섭과정에서부터 계속 제기한 113명 감축, 외주용역화라는 구조조정안이 포함되었다. 노조가 받아들일 수 없는 안이었다. 그러나 교섭은 중단되지 않고, 밤을 넘기며 끈질긴 논의가 이뤄졌다. 위원장과 사장의 담판 끝에 현장탄압의 원상회복 요구가 일부 수용되었지만 해고자 복직, 승진문제 등은 여건이 조성되지 않았다는 이유로 공사측에 의해 받아들이지 못했다. 한편, 김문교 조합원 사망사고와 관련해 승무지부의 노사합동사고대책반 가동, 중앙산업안전보건위원회 개최, 재발방지대책 요구에 대해 관리본부장은 이에 적극 협조하겠다는 입장을 밝혔다. 결국 △임금 3.2%인상 △도시철도 조정수당 4% 지급 △퇴직금 중간정산 실시 △선택복지제도(110만 원) 시행 △무급휴직제 확대 △노사현안 관련 불이익 조치에 대해 노사화합 차원에서 원만히 처리한다는 내용을 담은 2007년 임단협 잠정합의서가 13일에 체결되었다. 18일까지 83.50%인 7,978명이 참여한 인준투표에서 4,663명인 58.45%가 찬성해 합의안이 가결되었다.

2007년 임금·단체협약 인준투표 결과

지부	조합원수	투표자	투표율	찬성		반대		기권	무효
역무	2,271	1,815	79.92%	1,166	64.24%	637	35.09%	456	12
승무	2,042	1,746	85.50%	817	46.79%	905	51.83%	296	24
기술	2,146	1,956	91.15%	1,264	64.62%	687	35.12%	190	5
차량	2,503	2,007	80.18%	1,128	56.20%	874	43.54%	496	5
본사지회	592	454	76.69%	288	63.44%	165	10.81%	138	1
총계	9,554	7,978	83.50%	4,663	58.45%	3,268	45.47%	1,576	47

4) 15대 집행부 출범과 창의경영 분쇄투쟁

구조조정 발표와 김영후 집행부 출범

'07임단협에 대한 사인이 채 마르기도 전에 공사측은 구조조정을 본격 발표한다. 2008년 1월 7일, 김상돈 사장은 신년사를 통해 창의혁신 프로그램을 공개했다. 오세훈 서울시장이 추진했던 창의시정이라는 구조조정을 그대로 지하철에 적용하는 안이었다. △소팀제를 대팀제로 구성 및 1직렬 다직종 체계 실시 △비숙박 근무제 실시 및 업무, 조직 재설계, △업무에 대한 단계별 아웃소싱 및 자회사 추진 △다면평가 확대 및 연봉제 전면 시행 등의 내용을 담았다. 21일에는 다시 기자회견을 열어 2010년까지 20.3%, 2,088명 감축 계획을 발표하기도 했다.

이미 구조조정을 눈치 챈 노동조합은 1월 1일 도시철도와의 연대투쟁을 위한 실무자회의를 열고 대응을 모색했다. 투쟁 계획을 수립하며 13일에는 리본 패용, 마스크와 사복 투쟁을 전개하기 시작했다. 한편, 구조조정이 발표되는 가운데 10일에는 석면노출에 대한 건강영향 평가 결과가 나왔다. 검진자 중 무려 30%에 달하는 조합원에게서 폐흉막 이상 증상이 발견되었다는 충격적인 사실이 드러났다. 각 방송사에서는 이를 심각히 보도했다. 그러나 공사측은 석면문제를 해결하려는 자세를 취하기보다 창의혁신 추진을 무력하기 위해 석면문제를 과장하고 있다는 억지주장을 펼쳤다. 14일 임시 노사협의회에서 창의혁신에 대해 사장은 논의 대상이 아니라며 대화할 의지가 없음을 분명히 했다.

각 지부별 릴레이 총회가 21일부터 진행되었다. 30일에는 본사 앞에서 창의혁신 분쇄를 위한 1차 조합원총회가 열렸다. 다음날인 31일 창의혁신 프로그램 추진을 위해 공사는 일방적으로 창의혁신 시민발전위원회를 발족하려 했다. 집행부는 이를 규탄하고 저지하기 위해 본사에 진입하려 했다. 이에 공사

사장실을 점거한 노조 간부들

측은 공익요원 100여 명을 소집해 일종의 구사대로 이용했다. 저지 과정에서 몇몇 집행간부들은 폭행을 당했다. 노동조합은 임시 중앙집행위원회를 열고 대책을 논의했다. 다음날인 2월 1일 사장 항의방문이 이뤄졌다. 항의 자리에서 사장은 본의 아니게 폭력사태가 일어난 점에 대해 사과한다는 입장을 밝히기도 했다. 항의면담 후 집행간부들은 폭력사태를 지휘했던 안승명 비상계획실장의 집기를 끌어냈다.

구조조정 프로그램이 본격화되고 있는 가운데 노동조합은 15대 집행부 선거를 맞게 되었다. 임기를 약간 단축해 선거에 돌입하기로 결정한 것이다. 공사와 협력관계를 구축해 서울시와의 관계 속에 적절한 타협을 해오던 정연수 집행부였지만 구조조정 강행 앞에선 무기력하기 짝이 없었다. 파업 투쟁등 저항이 거세지면 노사협조적 세력을 지원하여 민주진영을 무력화 시키고, 현장 투쟁력이 무뎌지면 노사 협조적 집행부 마저 용도 폐기시키는 노무관리 전략이 다시 확인되었다.[184]

위원장 선거에 민주진영은 김영후 후보를 추대했다.[185] 노사협조진영에서는 정연수가 다시 후보로 나왔다. 9,097명이 참여한 투표 결과, 김영후 후보가 4,933표인 54.23%를 득표해 3,986표로 43.82%를 득표한 정연수 후보를 10% 이상 차이로 제쳐 15대 위원장에 당선되었다. 4개 지부장 선거에서는 역무지부 이근행, 승무지부 이상현, 기술지부 최경두, 차량지부 김태균이 각각 당선되었다.

---

184) 공사의 구조조정 강행과 김영후 집행부에 가해진 탄압을 보면 정연수는 구조조정의 광풍을 피해 조기선거를 결정하고 선거운동도 적극적으로 하지 않은 것 아닌가 하는 의구심을 갖게 하는 정황이었다.

185) 민주진영은 교황선출방식으로 후보를 선출하고 집행부는 지부와 활동가 그룹이 모두 참여하는 공동집행부를 꾸리기로 했다. 그 토대는 위기감이었다. 노사협조주의 노선이 더 팽창하는 것을 막아야 했고, 밀려오는 구조조정을 막아야 한다는 절박함이었다.

15대 위원장 선거 결과

지부	조합원수	투표자	투표율	기권	무효	김영후		정연수	
역무	2,289	2,205	96.33%	84	18	1,058	47.99%	1,129	51.20%
승무	2,024	1,901	93.92%	123	40	1,264	66.49%	597	31.40%
기술	2,128	2,053	96.48%	75	73	915	44.57%	1,065	51.88%
차량	2,514	2,413	95.98%	101	44	1,385	57.40%	984	40.78%
본사지회	595	525	88.24%	70	3	311	59.24%	211	40.19%
총계	9,550	9.097	95.26%	453	178	4,933	54.23%	3,986	43.82%

김영후 집행부의[186] 당선은 구조조정의 파고를 앞두고 결연하게 공사측과 맞붙을 수 있는 진영의 후보를 조합원들이 선택한 결과였다. 새로이 당선된 김영후 집행부는 민주노조의 기틀을 바로 세우는 임무를 부여 받았지만 임기 초부터 맞닥뜨린 현실은 구조조정이 몰아치고 있는 엄중한 현실이었다. 구조조정의 칼날을 꺼낸 공사는 가시적 성과를 내고자 했고 조합원 역시 두려움과 분노 속에 집행부가 적극적으로 나서줄 것을 기대했다. 당선 직후부터 상황은 긴박하게 돌아갔고 집행부는 모든 역량을 구조조정 저지에 쏟을 수밖에 없었다.

김영후 집행부가 노동조합 업무의 인수인계를 진행하고 있던 가운데 공사측은 구조조정의 일환 중 하나인 조직개편안을 이사회에 상정하려 했다. 이사회 전날 열린 상견례 자리에서 노동조합은 안건의 삭제를 요청했다. 25일, 기어코 공사측은 처리를 강행하려 했다. 집행부는 이사회 개최 저지 투쟁을 벌였다. 저항에 막힌 공사측은 다음날인 26일 이사회를 기습적으로 다시 개최해 안건을 통과시켰다. 한편, 구조조정의 가장 큰 걸림돌인 노동조합을 무력화시

186) 집행부는 수석부위원장 양해근, 부위원장 김종철, 사무국장 박인남, 정책실장 김대훈, 교육선전실장 김재영, 총무부장 김태선, 정책기획부장 손승권, 조직1부장 이정식, 조직2부장 김재윤, 선전홍보부장 이호영, 교육부장 나명호, 편집부장 윤영록, 대외협력부장 박정규, 쟁의부장 노기호, 조사통계부장 박덕남, 후생복지부장 이정철, 법규부장 백생학, 산업안전부장 박상으로 구성되었다.

출발과 동시에 구조조정 저지투쟁에 나선 15대 집행부

키기 위해 공사측은 다양한 탄압을 전개했다. 2007년 임단협의 전임자 축소 조항을 들이밀며, 집행부 전임자들의 발령을 거부하는 등 김영후 집행부의 족쇄를 채우려 했다. 아울러, 4월 2일, 이사회 저지투쟁을 벌인 위원장 및 중앙 간부 16명을 업무방해 혐의로 고소고발하며 직위해제 조치를 내렸다. 위원장은 1일부터 단식농성에 돌입했다.

구조조정에 대한 투쟁과 공공부문과의 연대투쟁

구조조정에 대한 현장의 불안과 불만은 높아지고 있었다. 전 조합원은 리본을 패용하기 시작했다. 4월 4일 제20기 5차 임시대의원대회에서는 만장일치로 노동조합의 투쟁본부체제로의 전환이 추인되었다. 11일에는 1차 조합원 총회가 본사 앞에서 열렸다. 10일간 진행된 위원장의 단식농성도 현장순환투쟁으로 전환되었다. 이사회 의결사항이 서울시의 승인을 받아야했기에 농성장을 시청으로 이동하여 서울시를 압박하기로 했다. 18일, 조직개편안이 서울시에서 승인되자 본사 확대 점거농성이 이뤄졌다. 개악된 조직개편에 따라 인사이동이 예고되는 가운데, 22~24일에는 김상돈 사장에 대한 불신임 투표 역시 이뤄졌다. 87.6%의 참여 중 96.84%가 불신임에 찬성했다. 25일 2차 조합원 총회를 개최한 노동조합은 불신임사장의 출근저지 투쟁을 개시했다. 본사 앞마당에 공권력이 투입되는가 하면, 크고 작은 충돌 속에 이근행 역무지부장이 손가락 분쇄 골절을 당하는 등 부상자가 발생하기도 했다.

결국 5월 2일 조합의 반발에도 3,800여 명에 대한 인사발령이 이뤄졌다. 특히 조직개편안에는 퇴출을 유도하기 위한 직제인 서비스지원단 설치가 포함되었다. 300여 명의 노동자가 발령되었다. 주로 정년퇴직을 앞둔 노동자들이 대상이었고, 전직 노동조합 간부들이 포함되기도 했다. 노동조합은 발령무효를 위한

단식농성, 사장 출근 저지투쟁, 본사 점거농성 등
구조조정 저지투쟁을 벌인 조합원들

가처분소송 등 법적 대응을 진행하면서 서비스지원단 저지투쟁을 실시했다. 공사는 거점을 정해 사무실을 차리고 대상자들의 업무와 근태관리를 했는데 권역별로 지회장들이 순번을 정해 서비스지원단 업무가 정상적으로 진행되지 못하도록 저지투쟁을 전개했고 조합원들이 자진 퇴사를 결정하지 않도록 독려했다. 이후에 발령이 부당하다는 가처분신청을 받아들이는 법원의 판결이 나왔는데, 그 전에 이미 공사는 부당한 인사발령이었음을 인정하고 186명을 원직으로 복귀시키기도 했다.

노동조합은 파업을 포함해 본격적인 투쟁을 준비하기 시작했다. 공사측의 탄압에 따라 재정 부족문제가 예상되었기 때문에 투쟁기금을 조합원을 대상으로 차용하기로 결정했다. 또 당시에는 개정된 노동조합 및 노동관계 조정법에 따라 필수공익사업장에 대한 직권중재 제도가 폐지되는 대신 쟁의 시 필수유지업무제도가 신설되었던 때였다. 그

구조조정 저지와 사회공공성 강화를 위한 결의대회와 투쟁본부 수련회

렇기에 노동조합은 파업 시 지하철운행을 어느 수준으로 운행할지 등을 결정하는 필수유지업무협정을 위한 교섭에 참여했다. 이후 7월 1일, 서울지노위의 유지업무 결정에서는 평일 열차운행을 65.7%, 출근시간에는 100% 정도로 유지하게 하는 결정이 나왔다. 사실상 대체근무 도입과 더불어 파업을 무력화시키는 결정으로 노동조합에는 파업의 효과를 고민할 수밖에 없는 제약으로 작용하기도 했다.

특히 집행부는 구조조정의 문제가 지하철 단사만의 문제가 아니라 서울시는 물론 이명박 정부 차원의 공기업 사유화 전략에 일환임을 인식했다. 이에 민주노총과 공공연맹 등 전국단위의 총력투쟁 움직임과 함께했다. 이러한 움직임은 7월 5일, '국민생존권 보장과 공공성 사수를 위한 가스·발전·철도·지하철·공항 공동투쟁본부' 구성으로 이어졌다. 또 당시에는 5월부터 시작된 광우병 위험 우려가 있던 미국산 쇠고기 수입 반대 촛불시위가 활발하게 타올랐던 시기였다. 서울지하철노조는 이 움직임에도 적극적으로 동참해 공기업 사유화 문제를 알려내 시민들의 지지를 얻고자 했다. 특히 촛불집회가 점점 확산하면서 민주노총은 이에 적극적으로 결합하기로 하고 △광우병 쇠고기 전면 재협상 △공공부문 사유화 정책 폐기 △대운하 반대 등을 요구사항으로 총

미국산 쇠고기 수입 반대 촛불시위에 결합해 공공성을 알린 서울지하철 조합원들

파업을 진행하기로 했다. 서울지하철노조도 이에 적극적으로 동참하기로 하고, 쟁의찬반투표를 실시해 조합원 중 81%인 7,724명이 참여하고 5,018명인 64.9%가 찬성의사를 밝히기도 했다.

반면, 공사측과의 교섭은 계속 파행에 이르렀다. 임시노사협의회가 간간히 개최되었으나 공사측은 물리력을 행사한 것에 대해 노동조합의 사과를 요구하면서 교섭은 빈번히 무산되었다. 인사발령을 낸 공사측은 △경정비 △역 및 유실물센터 운영 △차량기지 구내운전업무 등 6개 업무 분야에 대한 분사화, 즉 외주용역화를 강행 추진하기 시작했다. 근무자의 작업 현황을 감시하는 ERP(전사 자원관리 프로그램) 역시 구축하기 시작했다. 이런 가운데, 노동조합은 2008년 임금단체교섭 앞당겨 개시해, 쟁의권을 확보하고 구조조정을 저지하려는 전략을 수립했다. 이를 위해 임투소위를 구성하여 초안을 마련해 6월 26~27일 양일간 제21기 정기대의원대회에서 2008년 임단협 요구안을 최종적으로 확정했다. 요구안의 핵심은 △일방적 구조조정 중단과 △고용안정을 위해 서비스 지원단 폐지 △조직개편 및 인사발령 원상회복 △분사화, 용역화 등 일방시행 중단 △신규사업에 따른 적정인력 증원 등의 내용이 포함되었고 △실질임금 인상을 위해 총액대비 6%인상 △공무원의 정년과 같은 정년연장 △승진적체 해소 △대학생 학자금 무상지원, △비정규직의 단체협약 상 정규직과의 차별 철폐 요구 등이 담겼다.

파업철회와 2008년 임금·단체협약 투쟁

7월 8일, 1차 교섭이 이뤄졌다. 교섭 직전에는 서비스지원단 발령을 거부하고 원직 사수 투쟁을 지속하고 있는 18명에 대한 해임 조치를 규탄하고, 2008년 임단투 승리를 요구하는 전진대회가 열렸다. 공사측은 핵심요구안인 조직개편 및 인사발령 원상회복에 대해 고유한 경영권이란 이유를 들어 교섭 불가를 주장했다. 2~3차 교섭 자리에서도 노조측의 답변을 거부하거나 정회요청을 한 후 저녁식사를 하거나 교섭 종료를 통보하며 불성실한 시간 끌기 태도를 보였다. 노동조합은 8월 19일, 중앙노동위에 조정을 신청했다. 나아가 27일 제21기 2차 임시대의원대회를 열어 쟁의발생을 결정했다. 중노위의 성실

총파업 선언 기자회견과 야간 조합원 총회(2008.9.19.)

교섭 권고에도 불구하고, 공사측의 계속된 논의 불가 주장에 교섭은 교착상태에 빠졌다. 노동조합은 9월 총력투쟁에 돌입하고, 대시민선전과 쟁의복 착용을 시행하면서 총파업 참여 동의 서명을 받기 시작했다. 시의회에서는 위법한 외주 용역화와 서비스지원단 운영 건에 대한 시의원들의 질타가 이어졌다. 9월 17~19일, 90.24%인 8,398명이 참여한 쟁의행위 찬반투표 결과, 74.39%인 6,247명이 파업에 찬성했다. 파업은 26일로 예정되었다.

파업 예정 전날인 25일, 8차 교섭이 이뤄졌다. 공사측은 조합의 요구에도 불구하고 창의경영에 대해 노동조합의 동의와 동참을 명시하고 조합활동보장 등의 단협 사항의 삭제 요구를 제시했다. 집행부로서는 받아들일 수 없는 안이었기에 더이상 협상은 무의미하다며 변화된 입장 통보 시까지 교섭 중단을 선언했다. 그러나 파업 돌입은 이뤄지지 않았다. 새로 도입된 필수유지업무제도를 둘러싸고 공사측은 온갖 불법지침을 남발하고 있고, 노동조합 역시 이에 대한 부담이 있었기 때문이었다. 집행부 출범과 함께 구조조정 저지투쟁에 전력을 다하는 과정에서 기술지부장이 사퇴하고 대다수 집행간부들이 업무방해혐의로 경찰조사를 받고 직위해제 중이었으며 많은 지회장과 현장간부들이 징계에 회부된 상황이었다. 조합원의 파업 참여 동력 역시 고민이었다. 또 애초 집행부는 노동조합이 참여한 공투본과 타 단위 사업장이 함께 투쟁에 나서주길 기대했으나 공투본 구성이 계속 확대되는 대신에 힘있는 공동투쟁에 대한 결의와 집행은 흐지부지되었다. 이 역시도 집행부에게는 부담이 될 수밖에 없었다. 결국 회의를 거쳐 파업은 잠정 유보되었다. 노동조합은 다시 회의를 열어 10월 투쟁 및 교섭 대책을 수립하며 전열을 정비했다.

조합 간부의 징계에 대해 중노위 및 지노위의 부당 판정이 잇달아 결정되는 가운데, 노동조합은 10월 10일 21기 3차 임시대의원대회를 소집해 투쟁계획을 다시 수립했다. 특히 파업을 막으려는 공사측 행위에 대한 대응책과 지회별 농성투쟁 및 시민선전전 등 투쟁계획을 다시 마련했다. 10월 20일에는 본사 앞마당에서 조합원 총회를 열어 투쟁의 목소리를 높였다. 21일, 중단된 단체교섭이 재개되었으며, 노동조합은 요구안과 더불어 10월 기관 성과급의 지급 등 현안을 본격적으로 제기했다. 28일부터는 역무지부의 단식농성을 필두로 지부별로 기지 및 시청역에서의 농성투쟁이 시행되었다. 사복, 리본-버튼 달기 투쟁도 재개되었다. 11월 12일, 서울시청 앞에서 노숙농성투쟁을 전개하고 파업 참여자와 필수근무자 명단을 통보하며 20일 파업돌입을 예정했다. 안전운행을 위한 준법투쟁 역시 진행되었다.

20일 파업을 앞두고, 18일 10차 교섭이 열렸다. 노동조합과 공사측은 각각 안을 제시하며 공방을 벌였다. 교섭은 다음날로 회차를 달리해 다시 이어졌다. 구조조정을 철회할 의사가 없던 공사측은 다음 해 만료되는 단체협약안의 갱신 체결을 거부하며 조합을 압박했다. 무단협 상태를 노려 다시 한번 현장을 뒤집어엎겠다는 속셈이었다. 또 공공부문 노동자에 대한 탄압의 일환으로 이명박 정권이 추진했던 단협 해지 및 무단협 상태를 통한 노동탄압의 움직임과 궤를 같이하는 것이었다. 한국노동연구원을 필두로, 인천지하철, 전교조

지하철 문제 해결을 위한 서울시 직접교섭 촉구 기자회견(2008.9.22.)

등이 대표적인 사례로 추후 무단협 사태를 맞이했다. 노동조합으로서는 부담스러운 상황이었다. 결국 집행부는 차선책을 선택하고 임단협 합의에 이르렀다.

합의안에는 △구조조정과 관련, 이용시민 안전과 편의증진을 위한 경영혁신에 대해 인식 함께 하고 노사협의 필요한 사항에 대해 성실한 노력 추구한다는 내용으로 △서비스지원단 운영규모 축소 △추후 민간위탁은 노사가 협의하여 추진한다는 것과 △필요 시 임금피크제 등 대안 논의를 세부사항으로 포함했다. △호봉승급분 1.18%를 포함해 총액인건비 4.18% 인상 △2007년 1월에 체결한 노사합의서에 따른 노동조합 전임자의 활동 보장 △비정규직의 무기계약 전환과 월 5만 원의 정액인상이라는 처우 개선 등의 내용이 담겼다.

집행부의 타협은 여타의 사정 끝에 파업이 한 차례 연기되면서 제대로 된 파업을 전개할 수 있는 현장의 동력이 모이지 않았다는 판단 때문이었다. 공동투쟁 역시 담보되지 않는 가운데, 무단협 상태 속에서 공사측의 탄압을 고스란히 받는 타 사업장의 사례 역시 무시할 수 없는 상황이었다. 그러나 일각에서는 애초 이미 처리된 위탁용역 중단 및 환수 요구와는 달리 향후 추진하려는 민간위탁을 협의 추진한다는 합의에 대해 공사측에 면죄부를 주는 것이며 파업 등 제대로 된 투쟁을 하지 않았다는 비판도 제기되었다.

결국, 12월 4일, 7,859명이 참여한 2008 임단협 인준투표 결과 48.39%인 3,803명밖에 찬성하지 않아 인준은 부결되었다. 김영후 집행부는 임기 1년도 넘기지 못하고 총사퇴를 선언했다.

2008년 임금·단체협약 인준투표 결과

지부	조합원수	투표자	투표율	찬성		반대		기권	무효
역무	2,015	1,624	80.60%	842	51.85%	737	45.38%	391	45
승무	1,962	1,754	89.40%	1,009	57.23%	736	41.96%	208	6
기술	2,172	1,983	91.30%	904	45.59%	1,038	52.34%	189	41
차량	2,465	2,106	85.44%	842	39.98%	1,230	58.40%	359	11
본사지회	579	392	67.70%	206	52.55%	165	47.19%	187	1
총계	9,193	7,859	85.49%	3,803	48.39%	3,926	49.95%	1,334	104

김영후 집행부는 현장조직 추천과 지부 추천을 통해 중앙간부를 다양한 인적 구성으로 꾸렸으나 내부 논의 통일이 원만치 못했던 것으로 보인다. 또한 구조조정에 맞선 투쟁이 장기화되고 노조간부에 대한 탄압이 전방위적으로 이뤄지면서 집행간부들의 피로도가 극심해지는 등 많은 어려움을 겪었다.

4 민주노총 탈퇴 시도와 복수노조

1) 제16대 집행부 출범과 민주노총 탈퇴 시도

노사화합선언과 새로운 상급연맹 추진

김영후 집행부의 총사퇴 이후, 제16대 집행부 선출을 위한 총선거가 시작되었다. 위원장 후보로는 민주진영을 대표하여 김경도 후보가 출마했으며, 노사협조진영에서는 14대 위원장이었던 정연수 후보, 정연수 집행부에서 수석부위원장을 역임한 김철관 후보가 출마를 선언했다. 2004년 파업 도중 지회장으로 현장 복귀를 선언해 물의를 일으켰던 홍순용 후보 역시 출마했다. 1차 투표에서는 정연수 후보가 4,025표로 48.05%, 김경도 후보가 3,179표로 37.95%를 득표했다. 두 후보를 대상으로 다시 2차 투표가 진행되었다. 이변은 없었다. 정연수 후보가 4,290표인 53.38%를 득표해 3,649표인 45.40%를 득표한 김경도 후보를 꺾고 16대 위원장에 당선되었다. 지부장 선거에서는 이성인(역무), 이상현(승무), 박득우(차량) 후보가 1차 선거에서 당선되었고, 기술지부는 2차 투표를 거쳐 이명규 후보가 8표 차로 당선되었다. 민주진영 지부장이 당선된 곳은 차량지부가 유일했다.

16대 위원장 선거 결과

지부	조합원수	투표자	투표율	기권	무효	김경도		정연수	
역무	1,969	1,709	86.80%	260	12	650	38.03%	1,047	61.26%

승무	1,947	1,731	88.91%	216	34	1,003	88.91%	694	40.09%
기술	2,106	2,017	95.77%	89	15	732	36.29%	1,270	62.96%
차량	2,423	2,120	87.49%	303	36	1,113	52.50%	971	45.80%
본사지회	607	460	75.78%	147	1	151	32.83%	308	66.96%
총계	9,052	8,037	88.79%	1658	98	3,649	45.40%	4,290	53.38%

다시금 집행부를 꾸린 정연수 위원장과 노사협조주의 세력의 행보는 이전 배일도 집행부의 행보와 유사했다. 배일도 위원장이 무파업을 선언한 것처럼, 당선 직후인 2009년 2월 9일에는 서울시장과 서울시 산하 공기업 및 노동조합들과 함께, 노사정 화합·평화 및 사회공헌 선언문을 발표했다. 주요한 내용으로는 △대립과 갈등의 노사문화를 청산하고 △경영효율 증진과 서비스 개선 및 일자리 창출을 통해 고용안정과 복지향상을 위한 공동 노력을 기울이고 △서울시노사정서울모델협의회를 통한 사회적 합의를 추구하겠다는 것이었다.

노사정 화합평화 및 사회공헌 선언문 발표(2009.2.9.)

노동조합 내부 논의를 거치지 않았기에 절차적 정당성이 없었던 것은 물론, 창의혁신이란 이름 아래 공사측이 자행했던 구조조정의 광풍과 그에 따른 현장의 피해가 회복되지 않은 상황에서 다시 화합을 얘기하는 꼴이었다.

하지만 공사는 정연수 집행부의 기대와 달리 구조조정의 칼날을 거두지 않았다. 3월 26일에 열린 1/4분기 노사협의회에서 공사측은 △전동차 중정비 조건부 민간위탁 또는 자회사 설립 △역 운영 조건부 민간위탁 또는 자회사 설립 △매표 무인화에 따른 정원조정 등 구조조정 안건을 꺼내들었다. 이명박 정부의 공기업 구조조정 지침[187] 및 서울시의 창의혁신 1년 조기 시행의 입장을 따른 것이었다. 김상돈 사장은 기자회견을 열고 2009년 말까지 954명의 인력을 감축하겠다는 입장을 밝혔다. 집행부는 노동조합이 노사평화를 원하고 이를 위해 변화했으나 정작 공사는 노사화합·평화선언을 위반하고 있다고 주장했다. 결국, 노사화합을 소리 높여 외쳤지만 돌아온 건 구조조정 강행이었다. 노사평화를 외쳤던 정연수 집행부 역시 행동에 나설 수밖에 없었다. 구조조정 강행 시 단체행동을 비롯해 총력 대응 저지한다는 입장을 결정하고, 5월 4일부터 대자보 투쟁, 7일부터는 분사 거부 조합원 서명운동을 전개해나갔다. 결국 화합선언이 아닌, 노동조합이 실력행사에 나가겠다는 태도를 보인 후에 공사측은 태도를 전환했다. 조건부 민간위탁 추진은 노사가 서로 성실하게 협의한다는 내용으로 정기노사협의회 의결서가 타결되었다.

한편, 정연수 집행부는 이전부터 밝힌 자신들의 노선에 따라 새로운 상급단체 추진을 본격화했다. 이전 집행부 시기에 꾸렸던 전국지하철노동조합협의

187) 효율성을 앞세운 자본의 공세는 2008년 이명박 정부의 공기업 선진화라는 이름으로 더욱 구체화했다. 그러나 2008년 상반기 거세게 타오른 촛불 정국 하에서 정부는 공기업 민영화의 시기와 수위를 조절하게 된다. 촛불이 잦아들기 시작한 7월 공기업 선진화 추진 원칙, 8월 1차 선진화 방안을 시작으로 10월 3차 선진화 방안까지 발표한다. 이어 12월 4차 선진화 방안으로 인력감축을 핵심내용으로 하는 경영효율화 방안을 발표했다. 공적자금이 투입된 회사를 포함하여 모두 319개 검토 대상 기관 중 108개 기관을 손보겠다는 것이다. 내용은 38개 민영화, 2개 경쟁 도입, 38개를 17개로 통합하고, 5개는 폐지, 20개는 기능조정, 8개를 효율화하겠다는 것이다.

회(지하철협의회)를 연맹으로 전환하겠다는 계획이었고, 부산지하철을 제외한 서울도시철도와 다른 지역의 지하철 노동조합이 함께 동조했다. 5월 28일 지하철협의회 대표자회의에서는 연맹 결성을 위한 준비위로 전환 결정을 내리고 2009년 11월을 목표로 단위노조의 총투표를 하기로 계획을 잡았다. 집행부는 민주노총 및 공공연맹이 특정 계층 및 투쟁사업장에 치중한 나머지 단위사업장 현안을 해결하지 못하고 있으니 자본의 동질성이 있고, 대정부 교섭창구 마련을 위해서라도 궤도분야의 연맹 건설이 필요하다고 주장했다.

또한, 이러한 연맹 건설은 민주노총 탈퇴를 전제로 했다. 당시 민주노총 소속 몇몇 노동조합이 이명박 정부와 뉴라이트 진영의 지원 아래 새로운 노동운동이라는 이름으로 민주노총 탈퇴를 추진하고 있었다. 민주노총 주요 간부의 성폭력 미수와 이에 대한 은폐 의혹은 이들에게 자신들의 행보에 정당성을 부여하는 하나의 호재로 작용했다. 2009년만 하더라도 NCC, 영진약품, 그랜드힐튼, 인천국제공항 노동조합 등이 민주노총을 탈퇴했다. 지하철연맹을 함께 추진하기로 한 인천지하철노조는 조합원 총투표를 진행했으며, 도시철도노조 역시 이를 준비했다.

정연수 집행부는 이러한 움직임과 함께했다. 특히, 민주노총에 대한 반발과 지하철연맹에 찬성한다는 의견이 높은 조합원 설문 결과를 통해 이를 정당화했던 것은 물론, KT노조 등 민주노총을 탈퇴한 노동조합들의 사례를 홍보하며 민주노총 대신 지하철연맹이 새로운 대안임을 선전해갔다. 정연수 집행부는 7월 2일, 제22기 정기대의원대회에서 지하철연맹 결성 추진을 2009년 사업계획에 포함시켜 제출했으나, 대의원들의 주장으로 별도 안건으로 상정해 논의했다. 17일 속개된 회의에서 95명 중 85명이라는 대의원들의 압도적 반대로 부결 처리되었다. 그러나 위원장은 이에 승복하지 않고, 조합원 여론을 근거로 총회에 민주노총 탈퇴 및 지하철연맹 결성에 대한 찬반 의사를 묻겠다는 견해를 밝혔다. 그러나 이후 도시철도노조에 민주파인 허인 집행부가 들어서고 인천지하철노조의 입장이 변해 민주노총 탈퇴 및 지하철연맹의 추진 계획이 차질을 빚자 가입을 추진하는 방향으로 계획을 수정하기도 했다.

정연수 집행부는 6월 24일, 상생과 협력의 노사관계 구축이라는 이름 아래 노사합동 워크숍을 노동조합 설립 최초로 추진했다. 또 노사합동 현장방문을 진행하는 등 노사협조의 행보를 대대적으로 펼쳤다. 이러한 행보는 선진적 노사관계란 거창한 이름으로 노사협조를 통한 구조조정을 장려하던 이명박 정부의 노동정책에 호응하는 것이었다. 이에 노동부는 서울메트로를[188] 노사문화 우수기업으로 인증하기도 했다. 절정은 9월 28일, 발표된 전국지방공기업 노사정 국민섬김 선언이었다. 당선 직후 발표한 서울 노사정 화합·평화 선언 내용과 상당히 유사한 것으로 전국단위의 공기업 노사가 참여했다는 것 외에는 다른 점이 없었다.

그동안 민주노조운동의 앞자리에 섰던 서울지하철의 상징성 덕택에 정연수

상생과 협력을 주장하는 노사합동 워크숍

노동부로부터 노사문화 우수기업으로 인증받은 서울메트로
이에 앞장선 정연수 집행부

188) 서울지하철공사는 세계 여러 도시에서 'Metro'라는 명칭을 사용하고 있다면서 2005년 9월 '서울메트로'로 공사 이름을 변경했다.

집행부의 노사협조 추구는 민주노총을 비난하던 보수세력이 선호할만한 소재였고, 이명박 정부 역시 이를 주목했다. 10월 1일, 노동부 장관에 취임한 임태희는 첫 공식 행사로 서울지하철노조를 방문해 모범적인 노사관계를 형성해가고 있다며 극찬을 했다. 10월 30일에는 서울메트로에 노사문화대상 국무총리상을 수여하기도 했다. 정부의 호응 속에 정연수 집행부는 자신감을 갖고 노사협조노선을 다시 강력하게 추진해나갔다.

2009년 임금·단체협약 추진과 민주노총 탈퇴 총투표

10월 14일에 열린 22기 1차 임시대의원대회에서는 2009년 임단협의 노동조합 요구안이 확정되었다. △자연증가분 별도로 한 총액 2.4% 임금인상안과 △승진적체 해소 △직급별 정원 재조정 △해고자 복직요구와 중정비 등의 외주용역 계획 철회 및 2008년 시행한 조건부 외주용역 업무의 계약기간 만료시 환수 △정년 연장 등의 구조조정 저지 및 고용안정 확보 요구 등이 그 내용이었다. 22일, 2009년 임단협 승리를 위한 조합원 전진대회가 본사에서 열린 후, 1차 교섭이 진행되었다. 공사측은 △임금 5% 반납 △근무형태 변경 △전동차 중정비 △역 운영 민간위탁 등을 제시했다.

임단협 교섭이 한창 이루어지는 가운데, 공사측은 소속별, 개인별 성과경쟁을 부추기는 복무관리지침을 내리며 현장에 대한 압박을 전개했다. 또 부당한 업무지시에 대해 조합원 의견공유를 위해 조합원 총회를 열었던 차량지부 분회장을 직위해제하는 등 징계를 가하기도 했다. 현장탄압에 대한 노동조합 차원의 대응도 없었고 임단협 투쟁을 점화하기 위한 집행부의 움직임도 눈에 띄지 않았다. 11월 16~20일 권역별 조합원 총회 개최, 11월 20일 조합원 총회 정도가 개최되었지만 '파업철'이라는 오명에서 벗어나야 한다고 주장하며 별다른 집단행동을 준비하지도 않았다. 느슨한 교섭이 이어지던 12월 3일, 2009

년 임단협 합의안이 체결되었다. △임금은 동결되었고 △퇴직금 중간정산 400억 실시 △직급별 정원비율 동종업종 수준으로 상향 조정 △기관성과급 197%로 상향 조정 등의 내용이 담겼다. 정연수 집행부는 공사측의 중정비 위탁 요구를 막아내 구조조정을 저지했다는 점과 노사문화대상 수상에 대한 보상으로 성과급을 상향 지급 받았다는 점을 자화자찬하고 공사측의 임금 반납에 맞서 임금동결을 확보했다는 것을 성과로 내세웠다.

정작 정연수 집행부의 관심은 임단협이 아니라 민주노총 탈퇴였다. 정연수 위원장의 새로운 상급단체건설 추진의 주목적은 민주노총 탈퇴에 방점이 있었다. 이는 새로운 노총 건설을 지원해 자신들의 노동정책에 우호적인 파트너를 구축하려던 이명박 정부의 구상과 궤를 같이 하던 것이었다. 정연수 집행부는 "전투적 노동운동으로 사회적 고립을 받는 민주노총으로는 살아남을 수 없으며 지방공기업으로서 새로운 교섭구조의 시스템이 필요하다"며 탈퇴 필요의 이유를 주장했다. 그러나 민주노총 탈퇴를 위해서는 규약 상 재적 구성원 과반수의 투표와 2/3이상의 찬성이 필요했다. 현실적으로 그만큼의 찬성표를 얻기 어렵다고 생각한 정연수 집행부는 노동부에 질의해 과반수의 찬성으로 효력을 얻을 수 있다는 유권해석을 받고 이를 대대적으로 홍보했다. 물론, 노동부의 유권해석은 무리한 법해석으로 향후 법적 갈등의 원인이 되기도 했다. 집행부는 임단협 인준 투표와 민주노총 탈퇴 조합원 총투표를 함께 진행했다.

민주진영은 특히 민주노총 탈퇴 투표의 부결을 호소했다. 민주노총의 포기는 곧 노동자들의 권리를 위해 싸워온 자주적 노동조합의 포기이자 향후 구조조정을 무기력하게 수용할 수밖에 없음을 강하게 주장했다. 차량지부는 공식 성명을 내기도 했다. 12월 15~17일 임단협 잠정합의서 찬반 및 민주노총 탈퇴 조합원 총투표가 진행되었다. 8,135명인 91%가 참여한 임단협 찬반투표에서 6,013명인 73.92%가 찬성하여 가결되었다. 문제는 민주노총 탈퇴 투표였다. 91%의 투표율에 3,691명인 45.36%가 찬성을 했고, 4,432명인 54.47%가 반대의사를 밝혔다. 정연수 집행부는 자의적인 유권해석을 얻어내 2/3이상이란 기준을 과반수로 낮추었지만 그 기준에도 찬성표를 확보해내지 못했던 것이었다. 민주노조의 기억과 민주노총의 가치에 대해 공감하던 조합원들이 상당수 있음을 다시 확인할 수 있었다. 정연수 집행부는 쓴 잔을 삼키며 새롭게 계획을 수립해야 했다.

2009년 민주노총 탈퇴 찬반투표 결과

지부	조합원수	투표자	투표율	찬성		반대		기권	무효
역무	1,900	1,706	89.79%	783	45.90%	918	53.81%	194	5
승무	1,941	1,781	91.76%	790	44.36%	987	55.42%	160	4
기술	2,156	1,930	89.52%	1003	51.97%	926	47.98%	226	1
차량	2,324	2,176	93.63%	796	36.58%	1,376	62.34%	148	4
본사지회	619	544	87.88%	319	58.64%	225	41.36%	75	9
총계	8,940	8,137	91.02%	3,691	45.36%	4,432	54.47%	803	14

뉴라이트 노총 건설 의지와 2010년 임금·단체협약

민주노총 탈퇴에 실패한 정연수 집행부는 '노동자를 섬기고 국민에게 봉사하는 새희망노동연대'라는 조직에 힘을 쏟기 시작한다. 2009년에 새희망연대 포럼이라는 이름으로, 노사상생포럼을 개최해왔던 이 조직은 비정규직 열사 투쟁을 방해한 이유로 금속노조에서 제명당한 후 어용의 길을 걸어왔던 현대중공업노조와 전국시도교육청노동조합, 전국지방공기업노조연맹 등이 참여해왔다. 특히 조직에는 KT노조위원장 출신으로 이명박 캠프에서 활동한 뒤 4

년여 동안 노동부장관 보좌관으로 재직한 이농설이 참여한 바 있어 이명박 정부가 노동운동을 재편하려 한다는 의혹을 받았다.

2010년 1월부터 본격적인 조직구성에 박차를 가한 후 3월 3~5일 워크숍을 통해 공식 출범한 새희망노동연대는 △투쟁보다는 정책 및 공익 노동조합 지향 △노동조합의 사회적 책무를 다하기 위한 사회공헌 활동 실천 등을 그 목적으로 삼았다. 5월 1일 노동절에는 전국에서 동시에 봉사활동을 해 변화하는 노동조합의 모습을 보여준다는 의지를 밝히기도 했다. 이전부터 민주노총과 한국노총에 속하지 않는 미가맹 노동조합의 수가 급속히 증가하고 있고, 이들과 함께할 것이라는 의지를 공공연하게 밝힌 이 조직은 5월 24일, 대표자회의를 '새로운 노총 건립을 위한 추진위원회'로 전환하는 것을 결정하고, 상임대표로 현대중공업노조 오종쇄 위원장과 더불어 정연수 위원장을 선출했다. 또한, 제3노총의 건설 움직임을 본격화했다.

정연수 집행부 역시 새희망노동연대의 기치를 받아 안고 갖가지 봉사활동을 추진했다. 이미 2009년부터 시작된 기조가 더욱 강화되었던 것이다. 저소득층 자녀의 장학금 지원, 노숙인 및 거동불편 노인을 대상으로 한 삼계탕 나눔 봉사활동, 무료 쌀 나눔 행사, 설날 귀성객 생수 나눠주기 등 거의 매달, 심지어는 한 달에 몇 차례씩 활동을 전개했다. 정 위원장은 노동운동의 기득권층이라 할 수 있는 대기업노동조합의 사회적 책임이 강조되기 때문에 노동조합 활동의 많은 부분을 사회공헌활동에 할애해왔음을 주장했다. 사회적으로 소외당하고 이들에 대한 봉사활동이 나쁘다고 말할 순 없다. 그러나 이들의 삶을 실제로 바꿔낼 수 있는 사회구조 변화를 위한 노동조합의 진지한 노력 대신 선심성이 깔린 다분히 보여주기식 행사에 머물렀다는 점, 나아가 비정규직 문제 등 노동운동 내 약자의 위치에 있는 이들과의 연대투쟁을 등한시 했다는 점 때문에 비판을 받을 수밖에 없었다.

정연수 집행부의 노사협조적 행보

2009년에 이어 노사협조주의 노선에 대한 정부를 포함한 대외적인 호응 역시 계속 이어졌다. 위원장은 국민과 함께하는 새로운 노동운동의 패러다임이란 주제로 소위 서울지하철이 노사협조주의 노선으로 변화한 사례를 발표하는 특강을 코레일, 행정안전부 등의 임직원 앞에서 진행하기도 했다. 또 행정안전부에서는 공무원 노사단체의 협력적 노사관계 증진이라는 목적으로 노사관계가 우수하다고 여겨지는 사업장을 방문해 노사연수를 시행하기로 했다. 행자부는 그 대상으로 서울메트로를 선정해 MOU를 체결하고, 연수를 3차례 추진하기도 했다. 12월에는 서울메트로는 '건전 노사관계 유공'이라는 이름으로 대통령 표창을 받기도 했다. 정 위원장은 '파업철'이라고 불렸던 몇 년 전에는 상상할 수 없던 일이라 자찬을 하며 이러한 노력 덕분에 행정안전부 경영평가에서 전국 지하철 중 1위를 했으며 그 결과는 조합원들의 성과급 향상으로 나타났음을 강조했다. 다시금 노사협조주의 노선의 정당성을 재확인하며 이를 강조했던 것이다.

구조조정을 추진해 연임에 성공한 후 다시 구청장 선거 출마를 위해 한 달 만에 사퇴를 한 김상돈 전 사장이 저지른 갖가지 비리 문제가 감사 및 수사결과를 통해 속속 드러나고 있는 가운데, 서울지하철은 2010년 임단협 교섭 국면에 돌입하게 되었다. 특히 이 때는 개정된 노동법에 따라 복수노조를 허용하는 내용과 더불어 노동조합 전임자의 급여 지원이 금지되고, 신설된 타임오프제(근로시간면제)가 도입됐다. 공사측과의 교섭에서 이를 어떻게 풀어나갈지가 핵심 과제가 되었다. 노동조합은 10월 20일, 23기 1차 임시대의원대회에서 요구안을 확정했다. △총액대비 3%임금 인상과 △초과근무 수당 지급 △승진적체 해소 △기간 만료 시 외주용역의 환수 △60세로의 정년 연장 △비정규직 근로조건 개선 등이 담겼다.

11월 4일, 비리관련자 처벌 촉구를 요구하며 조합원 총회가 개최된 가운데 첫 단체교섭이 개최되었다. 노동조합은 교섭 자리에서 비리 혐의자의 사퇴 요구를 내걸며 기싸움에선 우위를 잡으려 했다. 이어진 교섭에서 공사측은 노동조합 요구에 대해 현실상 어렵다고 주장하며, 오히려 임금 동결과 더불어 정원 감축을 주장했다. 또 기존 단체협약의 유효기간이 만료되었다며 협약을 해지한다는 협박을 내비치기도 했다. 명분보다 실리 위주의 교섭을 추진하겠다는 견해를 밝힌 바 있던 정연수 집행부는 비리 문제에 대한 성명서 발표 외에는 공사를 압박하기 위한 별다른 행동을 펼치지 않았다.

결국 12월 22일 제4차 단체교섭을 마지막으로 2010년 임단협 잠정합의서가 체결되었다. △단체협약 갱신 △인건비 동결 △퇴직금중간정산 500억 실시 △추석 폭우에 따른 비상근무 초과근무수당 지급 △근로시간면제제도로 연 22,000시간 도입 등을 골자로 하는 내용이었다. 임금 문제는 물론, 승진 문제도 이전에 노사협의회에서 결정한 연구용역 발주라는 결론 외에는 더 정해진 것이 없으므로 사실상 노동조합의 요구가 수용된 것이 거의 없는 임단협 안이었다. 이에 대해 집행부는 개악 없이 단협을 갱신해냈고 무엇보다 노사 신뢰의 상생문화를 쌓음으로써 승자와 패자 없이 임단협을 체결했다고 자평했다.

조합원의 95.82%인 8,346명이 참여한 인준투표 결과 82.15%인 6,856명이 찬성해 단협안이 가결되었다. 민주진영의 비판적 목소리도 힘을 잃어가던 시기였다.

한편, 민주진영은 2010년 6월 2일 지방선거를 맞아 노동자 정치세력화 운동의 일환으로 허섭 전 위원장의 시의원 출마를 권했다. 허섭은 서울 노원구 6 선거구에 진보신당 시의원 후보로 출마해 16.6%를 득표했다. 여야 양당 구도, 군소 진보정당 후보, 짧은 선거준비 기간이라는 한계 속에서도 선거비를 보전받는 의미있는 결과를 남겼다. 한편 이 선거에 민주노총에서는 광역단체장 후보 11명 등 160여 명이 노동자 후보로 출마했다.

2) 제17대 집행부 출범과 민주노총 탈퇴·뉴라이트 국민노총 추진

정연수 집행부 출범과 민주노총 탈퇴 재시도

한편, 인준투표와 더불어 제17대 집행부를 뽑는 총선거가 이뤄졌다. 임기를 마친 정연수 16대 위원장이 일찌감치 재출마를 선언했다. 민주진영은 최종진 후보를 추대했다. 2011년 1월 12~14일 1차 투표가 이뤄졌다. 투표결과, 정연수 후보에 대한 지지가 5,210표로 62.43%를 기록했으며, 최종진 후보에 대한 지지는 2,978표인 35.68%에 그쳤다. 차량지부에서만 양측의 지지가 약 1%의 차이로 비등했을 뿐 정연수 후보는 다른 지부에서 과반 득표 이상을 얻어냈고, 사실상 압승을 거두었다. 지부장 선거도 함께 치러졌고, 역무지부 이성인, 승무지부 이상현, 기술지부 염금열, 차량지부 정연경 후보가 각각 당선되었다. 지부장 구성은 물론 중앙집행위원회 구성에서 노사협조진영이 다수를 점했다.

취임한 정연수 위원장은 승진적체 해소를 위해 진행 중인 연구용역에 근속

승진제도 도입 등 조합의 요구내용이 반영되도록 한다는 것과 퇴직금 중간정산, 통신비 지원, 수도권 철도구간 직원권 이용 문제 해결을 과제로 삼는다고 밝혔다. 아울러 국민과 조합원을 섬기는 새로운 운동을 펼치겠다는 의지를 밝히며, 민주노총 탈퇴 부결 선거 결과에도 불구하고 다시금 새희망노동연대 조직을 확대하겠다는 의지를 밝혔다. 2010년 임단협 합의안에 대한 인준투표 결과 및 위원장 선거결과에서 자신감을 얻었기 때문이었다.

이러한 의지는 2월 14~15일 중앙집행위원 수련회에서 보다 구체적으로 나타난다. 복수노조시대를 맞이해 기존 민주노총과 한국노총 구도의 노동운동 틀을 깨고 새로운 노동운동 질서를 확립하고자, 새 노동운동 결사체를 구성하겠다는 의지를 밝혔다. 이를 위해 새희망노동연대 육성과 민주노총 탈퇴 총투표 의지를 과제로 설정하고, 3월 28일 열린 중앙집행위원회를 비롯한 일련의 회의에서 민주노총 탈퇴 및 새로운 상급단체 설립가맹[국민노총(가칭)] 조합원 총투표를 4월 마지막 주에 하기로 결정했다.

민주진영은 반발했다. 4월 8일, 최동준 등 71명의 대의원은 국민노총 설립 반대와 강제인사, 승진적체 해소를 위한 연구용역 대책 건을 안건으로 해 임시대의원대회 소집 요구를 했다. 그러나 4월 11일 중앙집행위원회에서는 조합원 총회가 임시대의원대회보다 상위기구이자 최고 의사결정기구이기 때문에 대의원대회 소집에 불응하고, 총투표를 통해 안건을 처리하겠다는 입장을 거듭 천명했다. 한편, 집행부는 탈퇴 투표 가결 기준에 대해 여전히 이명박 정부의 무리한 유권해석인 과반수 투표 및 과반수의 찬성으로 설정하고 이를 기정사실로 했다.

총투표 실시 방침을 알리면서 정연수 집행부는 탈퇴를 촉구하는 홍보를 대대적으로 수행했다. 작업장 방문을 통한 호소는 물론, 노동조합의 공적 매체인 노동조합소식지를 이용해 민주노총 탈퇴와 국민노총 가입에 대한 정당성을 끊임없이 선전했다. 가령 투표 2일 전인 25일에 발행된 소식지 17-6호에는 10년간 해고자 비용이 159억 원 지출되었다며, 민주노총의 굴레를 벗어나야 한다는 내용만 실렸을 정도였다. 대미는 특히 4월 15일 8차 집행회의에서 다뤄진 새로운 상급단체 설립·가맹 및 민주노총 탈퇴를 위한 지지 성명서 채택 건이었다. 성명서에는 민주노총 탈퇴와 국민노총 건설의 길에 총 매진할 것이며 이에 대한 조합원들의 전폭적인 지지를 호소한다는 내용이 포함되어 있었다. 위원장은 이를 집행간부 전원의 공식결의로 채택할 것을 종용하며 수적 우위를 빌어 강행했다. 차량지부장 등 몇몇 집행 간부들은 민주적 의사결정을 무시한 횡포라고 강하게 항의하며 퇴장했다. 남은 42명의 간부 중 35명이 찬성하고 2명이 반대, 5명이 기권을 해 성명서가 채택되었다. 이에 맞서, 차량지부에서는 지부장 및 전직 지부장들이 민주노총 탈퇴를 반대하는 성명을 발표했다. 또한 민주진영의 활동가들 역시도 견해 표명을 멈추지 않았다. 모두 21종의 유인물이 현장에 배포되었다.

민주노총 탈퇴 투표 가결 논란과 뉴라이트 국민노총 건설

4월 27~29일 투표가 이뤄졌다. 8,639명의 조합원 중 8,197명이 참여했다. 94.88%의 투표율이었다. 찬성은 4,346표로, 53.02%였고, 반대는 3,822표로 46.6%였다. 공사측의 직간접적인 투표개입도 판을 쳤다. 사무소별 투표 결과에 따라 성과급 등급이 결정된다는 소문이 나돌았다. 역무지부와 승무지부에서는 51%의 찬성표가 나왔으며 기술지부와 본사특별지회에는 62%를 넘겼다. 차량지부에서는 반대표가 약 56%가 나왔다. 과반수를 가결 기준으로 내세웠던 정연수 집행부는 서울지하철노조가 국민노총 가입을 처음으로 승인 받았다며 이를 대대적으로 선전했다.

2011년 민주노총 탈퇴 및 국민노총 설립가맹 찬반투표 결과

지부	조합원수	투표자	투표율	찬성		반대		기권	무효
역무	1,799	1,693	94.11%	877	51.80%	809	47.78%	76	7
승무	1,887	1,824	96.66%	936	51.32%	885	48.52%	63	3
기술	2,048	1,916	93.55%	1,226	63.99%	684	35.70%	132	6
차량	2,298	2,227	96.91%	969	43.51%	1,245	55.90%	71	13
본사지회	607	537	88.47%	338	62.94%	199	37.06%	75	0
총계	8,639	8,197	94.88%	4,346	53.02%	3,822	46.63%	417	29

그러나 문제는 가결 기준이었다. 가결과 부결을 두고 논의는 팽팽히 맞섰다. 정연수 집행부는 가결을 기정사실로 하며 5월 16일, 제10차 중앙집행위원회를 열고, 공식기구 결정사항 및 수임사항은 신의성실 원칙에 따라 충실히 준수한다는 내용을 결의했다. 아울러 지부별 임원회의를 개최해 민주노총 탈퇴와 새로운 상급단체 설립·가맹에 대한 조합원 전체 뜻을 승복하지 않는 집행간부는 사퇴하도록 한다는 내용을 결정했다.

대책위를 구성해 대응해온 민주진영은 결국 법정투쟁을 결정한다. 5월 27일 최종진 등 63명의 활동가가 민주노총 탈퇴 관련 조합원 총회의결 효력정지 가처분 신청을 제기하고 이후 무효확인 청구 소송까지 제기했다. 소송을 제기하는 데 필요한 소송비를 모금으로 충당하며 민주노총의 가치를 잊지 않은 조합원들의 호응을 확인할 수 있었다. 반면, 정연수 집행부는 이러한 행위가 반조직 행위이자 분열 외에는 아무런 실익도 없는 소송 행위라 비난했다. 특히 가처분 신청을 받아들인다 하더라도 53%의 조합원이 이미 민주노총에 남아있지 않겠다고 의사표현을 한 상태이기 때문에 탈퇴를 거스를 수 없다고 주장했다.

정연수 집행부는 투표 이후 국민노총 건설을 향해 발 빠르게 움직였다. 5월 30일, 임시대의원대회를 연 전국지방공기업노동조합연맹은 정연수 집행부

의 가입 신청을 승인했다. 나아가 연맹은 국민노총 설립·가맹을 결의했다. 이후, 전공노련에 가입하기 전에 지도위원직을 맡기도 한 정연수 위원장은 상임지도위원으로 위촉되었다. 새희망노동연대 역시 움직임을 본격화하기 시작했는데, 새희망노동연대 새노총추진위원회로의 전환을 결정하고 사무실 임대를 마쳤다. 정연수 집행부는 사무실 임대차 계약에 대해 지원을 하기도 했다. 7월 4일, 새로운 노동조합총연맹 준비위원회가 결성되었고, 정연수 위원장은 준비위원장에 선임되었다.

7월 29일, 총회의결 효력정지 가처분소송의 결과가 나왔다. 서울동부지방법원 민사21부는 "연합단체의 탈퇴와 새로운 연합단체의 가입을 위해서 규약변경의 경우와 같은 특별결의요건이 필요하다고 단정하기 어렵고, 또 그 연합단체의 명칭이 규약에 기재되어 있다 하더라도 그 연합단체를 탈퇴하는 결의가 규약을 위반했다고 보기 어렵기에 기각한다"고 했다. 민주진영에게는 아쉬운 판결이었다. 반면 정연수 집행부와 노사협조진영은 이를 환영하고 국민노총 건설에 박차를 가했다.

공사는 민주진영 활동가들을 강제·부당인사로 탄압했다. 이에 항의하는 차량지부 전현직 간부들(2011.9.5.)

2011년 임금·단체협약 추진과 민주노총 탈퇴 무효 판결

한편, 정연수 집행부는 9월 15일 제24기 1차 임시대의원대회를 열어 2011년 임단협 요구안을 확정했다. 요구안에는 △총액대비 6.1% 인상 △각종 수당의 기본급화 요구 △60세 정년연장 △승진과 관련해 3급 T/O를 동종업종 수준으로 확보해 3급 승진 예정인원 50%를 4급 근속 10년 이상자 중에서 우선 선발 △5급, 6급 승진 최저소요연수 6배수 경과자 중 500명 승진 등의 요구안이 포함되었다. 또한 △조건부 외주 용역 운영에 대해 계약시기를 통일하고 △종합적인 전적 추진계획을 수립해 희망 직원에게 공평한 전적 기회를 제공하라는 요구 역시 포함되었다.

9월 23일, 임단협 승리를 위한 1차 조합원 전진대회가 열린 후 1차 임단협 교섭이 시작되었다. 공사측은 전동차 중정비 및 3호선 15개역 민간위탁을 안건으로 들고나왔다. 무상급식에 대한 주민투표 논란으로 오세훈 서울시장이 사퇴함에 따라 서울시장 보궐선거를 앞둔 어수선한 상황 속에서 10월 13일, 임단협 잠정합의서가 체결된다. △총액인건비 대비 4.1%인상 △보수제도 개선을 위한 임금구조 단순화와 제수당 기본급화 합의 △승진관련 4급 이하는 전문용역 결과를 반영하고 7급 이하는 근속승진제 포함한 승진제도 개선을 검토하고 12월 중 승진 실시 △9직급 체계 변경 △2012년 신규채용 검토 등의 내용이 담겼다.

19~21일 진행된 인준투표에서는 7,504명인 87.40%의 조합원이 투표해서 5,488명이라는 73.13%의 찬성으로 가결되었다. 승진에 대한 기대로 높은 찬성이 나올 수 있었다. 그러나 이후 임금상승분 미지급, 제수당 기본급화 합의 지연, 승진 관련 2005년 이후 입사자들의 승진소요연수 증가 및 기회박탈 등 주요합의 사항의 이행이 유보되거나 개악된 것으로 나타나 조합원들의 실망과 거센 비판을 불러일으키게 되었다.

인준투표 가결로 정연수 집행부의 기쁨이 가시기 전에 민주노총 탈퇴 관련 조합원 총회의결 무효확인에 대한 본안 소송의 결과가 나왔다. 서울동부지방법원 민사12부는 노동조합 규약에 노동조합이 소속된 연합단체(상급단체)가 기재된 이상 이를 탈퇴하는 것은 규약을 실질적으로 변경하는 것에 해당하는 사유라며 민주노총에서 탈퇴한다는 노동조합의 총회 결과는 규약 변경을 위한 출석 조합원의 3분의 2 찬성 의결정족수를 채우지 못해 무효라는 판결을 내린 것이었다. 가처분 소송의 결과가 뒤집어졌고, 민주진영과 정연수 집행부의 희비가 엇갈렸다. 판결 하루 전인 25일, 새로운 노동조합총연맹 준비위원회가 11월 초 출범 계획을 밝힌 가운데, 찬물을 끼얹는 소식이었다.

또 그 다음날에는 보궐선거 결과 야권 무소속 후보인 박원순 후보가 서울시장에 당선되었다. 박원순 후보의 야권 후보 단일화와 서울시장 당선 과정에는 서울지하철노조의 해고자들이 복직 요구를 걸고, 정책협약을 맺으며 일정정도 임무를 수행하기도 했다. 이명박, 오세훈 등 우파 성향이 아닌 진보적인 야권 후보의 당선에 따라 서울시정의 변화는 불가피해졌고, 서울지하철에도 새로운 변화가 올 것이라는 기대가 조합원들 사이에서 드높아졌다.

무효판결과 야권 서울시장의 탄생이라는 정세의 변화에도 불구하고, 정연수 집행부는 국민노총의 설립과 참여를 강행했고, 정연수 위원장은 국민노총 위원장에 선출되었다. 특히 정 집행부는 판결에 대해 절치부심하면서도 애써 평가절하하려 했다. 무효라는 판결에 대해 헌법에 보장된 단결권을 침해하고 노동조합 및 노동관계조정법을 위반하는 판결이라 주장했다. 나아가 고용노동부에서 국민노총의 규약과 총회 절차에 전혀 하자가 없다고 판단해 설립신고증을 교부했기에 법원 판결은 의미가 없다는 아전인수의 주장을 펼쳤다.

판결과 관련해 최동준 등 85명의 대의원은 11월 14일, 국민노총 가입 무효 및 파견, 선출 조합간부 소환을 요구하는 임시대의원대회 소집요청서를 제출했다. 집행부의 몽니는 계속되었다. 고등법원에 항소를 제기해서 무효 판결의 효력이 발생하지 않기에 판결 확정 때까지 조합원 총회의 결과가 존중되어야 한다고 주장했던 것이다. 아울러 대의원대회에서도 총회 결의를 번복하는 결정을 내릴 수 있는지 노동부의 유권해석을 구하겠다는 견해를 밝혔다.

3) 노사협조진영의 복수노조 추진

야권 서울시장의 탄생에 따른 변화와 민주진영의 견제

민주노총 탈퇴의 무효 여부와 국민노총 가입 정당성을 두고 노동조합 내 갈등이 격화되고 있는 가운데 11월 15일, 감사원은 서울메트로 등 7개 지하철에 감사결과처분요구서를 통보했다. 경영적자에도 방만하게 운용하면서 퇴직금 누진제를 계속 유지해서 197억 원 퇴직금을 과다지급했다고 지적하는 내용이었다. 이에 노동조합은 '지하철 경영적자를 왜곡선전하는 감사원을 규탄한다'는 성명을 발표하고, 노사가 단체협약에 따라 정한 기준에 합법적으로 지급한 퇴직금에 문제를 제기하는 것이 부당하다는 견해를 밝혔다.

한편, 야권성향의 박원순 시장은 서울지하철 및 노동정책에 있어 기존 오세훈 시장과 이명박 정부와는 다른 입장을 펼칠 것을 밝혔다. 이명박 정부와 일정정도의 교감 아래 궤를 같이하면서 국민노총을 출범시킨 정연수 집행부와 노사협조진영에게는 난망한 상황이었다. 민주노총 비정규사업실장을 지낸 이가 시장 노동보좌관으로 임명된 사실에 대해 유독 불편한 반응을 보였다. 노동행정이 특정 정파의 입김에 좌우되지 않을까 우려스럽다고 밝힌 집행부의 입장은 자신들의 곤란한 처지를 드러내주는 것이었다. 취임 이래, 박원순 시장이 2012년 예산의 긴축 편성 지시와 분사 외주용역 중단 등을 밝히자 노사평화가 무너지고 있다며 강하게 반발했다. 이에 시청 앞 조합원 총회를 열어 항의시위를 벌이기도 했다.

해를 넘겨서도 정연수 집행부는 서울시에 각을 세웠다. 서울시의 일방적 지시로 인해 공사의 자율성과 독립성이 부정당하고, 아울러 현장분위기를 경직시켜 서비스 질 저하 및 안전사고를 유발한다는 주장이었다. 나아가 이전에도 지적한 노동보좌관이 민주노총 출신이기에 공정한 노동정책 추진에 한계가 있는 만큼 공정성과 객관성을 담보할 수 있는 인사로 교체시킬 것을 요구하기도 했다. 특히 정 위원장은 한국노총과 민주노총을 지원하는 만큼 국민노총에 대해서도 공평한 지원을 해달라는 요구를 밝히기도 했다. 요구에 대한 수용이 이뤄지지 않자 이전과는 다르게 적극적인 행동에 나서기도 했다. 시의 과도한 지배개입 및 편향적 노동정책에 대한 항의라는 목적 아래 6월 14일부터 출퇴근 및 중식시간에 맞춰 1인 시위를 진행했다. 야권 서울시장 당선이라는 정치 환경의 변화 속에 국민노총 및 노사협조진영에 대한 지원과 관심이 예전과 다르자 야권시장을 상대로, 투쟁을 선택했던 것이다.

한편, 노동조합 활동 관련 해고자를 경력직으로 특별 채용한다는 노사합의가 이뤄졌다. 1999년 4.19파업과 2004년 7.21파업 관련 해고자들의 복직 길이 열렸다. 3월 노사협의회의 결정으로 4월 2일, 채용 공고 후 6월 1일 마침내 14명의 해고자가 복직했다. 당시 해고자 16명 중 14명이 현장으로 돌아온 것이다.[189] 해고자 중 석치순 전 위원장은 도시철도의 상임이사로 기술본부장에 임명되기도 했다.

한편, 정연수 집행부의 국민노총 활동에 대한 내부적인 압박 역시 계속되었다. 5월 30일에 열린 제25기 정기대의원대회에서는 2012년 사업계획 승인 건

189) 복직자 명단: 김재윤, 김학년, 나상필, 박정규, 박철민, 배상조, 서형석, 양해근, 오선근, 이상춘, 임성규, 최재풍, 허섭, 황철우. 복직하지 않은 두 명은 석치순(도시철도공사 이사), 홍순영(지병)이었다.

에 대해 대의원들이 총회 효력 관련 소송이 진행 중이기 때문에 국민노총 및 전공노련 사업에 대한 삭제를 요구한 것이었다. 정 위원장은 판결이 규약변경 문제에만 국한되기 때문에 국민노총 결성 및 활동에 아무 문제가 없다는 주장을 되풀이했다. 대의원들은 동의하지 못했다. 표결 결과 의결정족수에 미달해 사업계획안이 통과되지 못했다. 정 위원장은 조합원 총회의 결의에 상반되는 대의원들의 견해를 받아들이기 어렵다는 이유로 일방적으로 회의를 종료했다.

2012년 임금·단체협약 부결과 노사협조주의 진영의 제2노조 추진

압박에 시달리던 정연수 집행부에게는 다시 비보가 전해졌다. 7월 6일 민주노총 탈퇴 및 국민노총 설립·가맹 총회의결과 관련해 서울고등법원이 집행부의 항소에 대해 기각하여 무효라는 판결을 재차 확인한 것이었다. 민주진영의 대의원들은 90명의 연서명으로 다시 대의원대회 개최를 요구했다. 임단협 관련 집행부 계획의 검토와 제안, 제3노총 사업과 조합비 남용에 대한 시정 조치를 안건으로 제시했다. 그러나 집행부는 패소 판결을 받아들일 수 없어 대법원 상고를 결정했다는 이유로 대의원대회 개최 요구를 무시했다. 10월 23일에 열린 25기 1차 임시대의원대회에서는 결국 국민노총 관련 사업 및 예산이 제외된 사업계획과 예산안이 통과되었다.

한편, 지하철 현장에서는 몇몇 간부들이 제2의 복수노조가 추진되고 있다는 흉흉한 소문이 나타나기 시작했다. 정 위원장은 이미 판결 소식에 대한 입장으로 복수노조 설립도 배제할 수 없다고 언론과 인터뷰를 통해 밝힌 바도 있었다. 민주진영은 노동자의 분열로 공사측에 유리한 상황을 만들어 줄 뿐이라며 단결을 호소했다.

어수선한 상황 속에서 노동조합은 2012년 임단협 국면에 돌입하게 된다. △인건비 총액 대비 5.7% 임금 인상 △성과급 평균임금 반영률 개선 등 보수제도 개선 △중정비 민간위탁 철회 등 고용안정 및 신규인력 충원 △60세 정년 환원 등이 주요 내용이었다. 10월 30일, 임단협 승리 및 무임수송비용 해결 촉구를 위한 조합원 총회가 서울시청 앞에서 개최된 후 첫 교섭이 시작되었다. 노동조합의 요구와 달리 공사측은 정년연장 수용불가를 밝히고 나아가 감사원 지적사항으로 거론된 퇴직금누진제 폐지를 요구했다.

교섭에 진척이 없자 집행부는 투쟁본부 체제로의 전환을 선언하고 지부별 1인 시위 진행 및 조합원 총회를 다시 개최했다. 그리고 12월 5~7일을 쟁의행위를 위한 찬반투표 기간으로 예고하며 시청역 천막농성에 돌입하기도 했다. 7,225명이 투표에 참가하여 63.45%인 4,584명이 찬성해 쟁의행위는 가결되었으나 찬성률은 그다지 높지 않았다. 그 와중에 서울시의회 행정사무 감사에서는 11년에 이뤄진 승진인사에서 일부 고위 임원들이 인사규정을 어기고 자의적으로 승진심사기준을 정한 후 승진자를 바꾸기도 했다는 것과 더불어 노동조합 집행부가 승진청탁을 했다는 의혹이 제기되었다. 집행부는 그런 사실이 없다며 강하게 반발하고, 이 사실을 제보한 이들에게 반조직 행위를 했다며 진상조사 및 징계절차를 추진하겠다는 엄포를 놓았다.

파업 예정 전날인 12월 10일, 막판 교섭 끝에 위원장은 임단협을 합의해버렸다. △총인건비 3.5% 인상 △상여금 지급률 매월 각 기본임금 20% 지급 △정년연장은 공무원과 같이 시행하되, 이와 퇴직금누진제 사항은 서울모델에서 구체적인 시행방안을 논의하고 2013년 상반기에 시행한다는 내용 등이 담겼다. 정년연장이 서울시나 대선 후보의 공약 속에서 추진되고 있는 가운데 굳이 정년환원과 퇴직금누진제를 맞교환했다는 것과, 정년연장 적용의 직원 범위가 합의시점인지 2013년인지 모호한 내용이라는 비판이 강하게 제기되었다. 특히 인사비리와 관련, 인사운영 투명성 및 공정성 제고를 위해 인사예고제 등을 실시한다는 내용 외에는 명백한 사과와 문책 내용이 담겨있지 않았기 때문에 사실상 양측이 그저 덮고 넘어갔다는 문제제기 역시 나왔다. 김익환 사장은 인사파동 등에 책임을 지고 사표를 제출했다. 12월 25~27일 인준투표가 예정되었다.

임단협 안에 대한 비판과 이를 체결한 정연수 집행부에 대한 불신 여론이 높아지고 있는 가운데 정 위원장과 일부 간부들은 12월 20일, 제50차 집행위원회의에서 제2노조 설립의 의지를 드러냈다. 민주진영은 강하게 반발하며 인준투표 가결을 발판 삼아 노동조합을 두 쪽 내려는 정연수 집행부의 계획을 인준투표 부결을 통해 막아달라고 호소했다. 12월 27일 6,284명이 참여한 인준투표 결과, 찬성률이 44.26%로 나와 부결이 확정되었고, 정연수 위원장은 불신임되었다.

그 다음날, 불신임을 당한 정연수 위원장은 제51차 집행위원회 회의를 열고, '복수노조 새로운 조직개편을 위한 사업'결의를 하고 이에 동의하지 않는 집행간부의 퇴장을 종용했다. 그리고 지부장, 지회장 등을 맡고 있던 집행간부 50명은 서울메트로지하철노동조합 설립총회를 강행했다. 정연수 집행부는 복수노조 설립이 노노갈등을 유발해 교섭력을 약화하고, 그 피해는 평조합원들에게 돌아갈 수밖에 없다는 민주진영의 호소를 저버린 것이었다. 현직 노동조합 위원장이 조합을 탈퇴하고 복수노조를 만든 초유의 사태였다.

4부

민주노조 재건

1. 복수노조 대응과 민주노조 재건
2. 공사 통합 대응과 정권의 노동정책에 맞선 투쟁
3. 서울지하철노동조합 30년의 역사적 의의와 과제

1 복수노조 대응과 민주노조 재건

1) 서울지하철노동조합 정상화 추진위원회 결성

민주진영은 복수노조반대·노조쇄신을 위한 집행간부 대의원 연석회의를 거쳐 2013년 1월 4일 서울지하철노동조합 정상화 추진위원회(노정추)를 출범시키며 복수노조 사태에 대응하기 시작했다. 노정추 위원장으로는 정연경 차량지부장이 추대되었고, 오윤식(역무), 이준헌(승무), 최동준(기술), 권기석(차량)이 지부별 대표자로 선임되었다. 정연수 위원장과 그를 추종하는 집행간부들의 발걸음도 빨라졌다. 집행간부들이 조합원들에게 노동조합 탈퇴를 강요하는 사상 초유의 사태로 노동조합은 혼돈에 빠졌다. 이탈 움직임에는 새 노동조합 추진 간부들뿐 아니라 공사측의 움직임도 개입되어 문제가 되었다. 관리자들이 조합원들에게 탈퇴서를 쓰라고 공공연히 강요했던 것이다. 노정추는 이에 항의하며 공사 측에 노조활동에 대한 지배개입을 중단하라고 촉구했다.

한편, 이 와중에 이면합의 파동이 일어났다. 1월 15일, 공사는 2012년 12월 11일자로 작성된 노사합의서를 공개하면서 단체협약의 변경을 통보했다. 합의서는 분회장 및 지회장의 조합활동보장 조항 삭제, 전임자 축소, 상집간부 급여보존 방안 조항 삭제 및 근로시간면제제도에 대한 별도합의 등이 그 내용이었는데 이는 애초 공개된 12월 10일의 노사합의서에는 전혀 없던 내용이었다. 명백한 이면합의였다. 정연수 전 위원장은 "노사협력실에서 노동부 보고용으로 추가합의서가 필요하다고 해서 형식적이고 단체협약의 변경이 없기에

철도민영화 반대 범국민대회

123주년 노동절 기념집회

사인을 해주었다."고 했다. 특히 근로시간면제한도의 별도합의는 제2노조에 전임을 넘겨주려는 의도 아니냐는 의구심을 받게 되었다.

노정추 대표자들이 이를 확인하기 위해 이무영 사장 직무대행을 만나러 갔으나 직무대행은 도피해버렸다. 노정추 대표자들은 17일 본사농성에 돌입하고, 선전홍보 활동을 본격적으로 전개했다. 같은 날 대의원 83명이 임시대의원대회 소집요구서를 전달했으나 김용국 위원장 직무대행은[190] 이를 일방적으로 취소했다. 이에 노정추는 김경도 대의원을 소집권자로 제25기 3차 임시대의원대회 소집요구서를 제출하고 29일 대의원대회를 열었다. 대의원대회에서는 정연경 노정추 위원장을 위원장 직무대행으로 선임했다. 또 송낙민(역무), 안상준(승무), 최경두(기술), 권기석(차량)을 지부장 직무대행으로 선임했다. 정연경 직무대행 집행부는 이면합의 및 노사합의서 문서위조에 대한 대응과 더불어 18대 집행부 총선거를 준비하기 시작했다.

정연경 집행부는 이면합의에 대한 국회 진상조사를 이끌어내면서, 부당노

---

190) 정연수 위원장이 복수노조 설립 후 제2노조 위원장이 되고 당시 집행부 수석부위원장이었던 김용국을 규약에 따라 위원장 직무대행으로 지명했다. 김용국을 기존 노조 대표로 두고 노조 탈퇴운동을 가속화하려 했다는 의구심을 샀다.

동행위 고소고발을 준비하는 등 대응을 계속 해나갔다. 신임 장정우 사장이 새롭게 부임했다. 정연경 집행부는 사장과의 면담을 진행하면서 이면합의 등 현안에 대한 의견을 적극적으로 개진하였다. 한편, 18대 집행부 선출을 위한 선거는 당초 2월 13~15일로 예정되어 있었으나 조합탈퇴서 결격사유가 있는 조합원들의 소명절차 확인을 위해 한 주 미뤄져 19~21일로 변경되었다. 민주진영에서는 박정규를 위원장 후보로 추대했다. 18대 위원장 선거에는 박정규 후보와 김대수 후보가 출마했다. 2월 19일부터 21일까지 사흘간 실시한 총선거에서 박정규 후보는 김대수 후보와 경합을 벌여 전체 조합원(선거권자) 4,933명 중 4,063명이 참가(투표율 82.36%)한 가운데 3,050표를 득표(75.07%)하여 당선되었다. 지부 선거에서는 오윤식(역무) 이준헌(승무) 최동준(기술) 김종탁(차량) 지부장이 각각 선출되었다.

2) 18대 집행부 출범과 민주노조 재건

민주노조 재건을 위한 노력

박정규 집행부는 당선 직후 집행부 인수인계와 함께 현장 활동을 진행하며 본격적인 활동을 시작했다. 박정규 집행부의[191] 책임은 막중했다. 우선, 정연수 집행부와 노사협조진영이 무너트린 민주노조의 기풍과 노동조합의 현장권력을 회복해야만 했다. 그동안 노사협력만을 주장했던 노사협조진영의 방관과 무책임 속에 노동조합의 힘은 약해졌고, 반대로 공사의 노동통제는 심해졌다. 봉사활동과 창의제안 등 실적 강요와 노동통제는 전방위적으로 이뤄졌고

191) 집행부는 수석부위원장 서형석, 부위원장 김종철, 사무국장 최병윤, 정책실장 이은주, 법규부장 송낙민, 정책기획부장 박덕남, 총무부장 김명섭, 조직부장 송동순, 대협부장 김재윤, 복지부장 김태선, 산업안전부장 김주석, 선전홍보부장 이호영, 문체부장 송상민, 편집부장 이정엽으로 구성되었다.

감사실의 표적 감사와 무차별적 징계가 횡행했다. 공사의 통제에 현장 노동자들은 고통을 호소했고, 노동조합이 든든한 우산으로서 제 역할을 해주길 기대했다. 무엇보다 노사협조진영의 조직적 이탈로 인한 분열 속에서 조합을 추스르고 안정화시켜야만 했다. 특히 복수노조가 현실화된 상황에서 교섭권과 쟁의권을 보장받을 수 있는 교섭대표노조의 지위를 확보하기 위해 제2노조인 서울메트로노조와의 경쟁은 불가피했다. 또한 민주노총 탈퇴 시도와 국민노총 활동 속에서 무너진 민주노총 및 공공운수노조연맹, 진보진영과의 연대를 다시 복원해야만 했다.

사상초유의 조직 위기에서 막중한 과제들이 주어졌지만 박정규 집행부가 처한 현실은 난망했다. 전임 정연수 집행부 측은 기초적인 인수인계 절차조차 밟지 않은데다, 중요 노동조합 서류와 재물을 무단 탈취해갔다. 재정 상황 역시 심각한 수준이었다. 불신임된 집행부가 새 노동조합 설립을 명분으로 막대한 조합비를 탕진했고, 회계장부는 부실과 의혹 투성이었다.

나아가 조합원들의 이탈에 따른 조합비 감소와 그에 따른 예산 부족의 문제 역시 현실화되었다. 8,000 중반에 이르렀던 조합원 수가 4,500여 명으로 줄었기 때문이었다. 또 정연수 집행부의 이면합의에 따라 전임자 축소와 지회장 근무시간 중 조합활동의 보장 삭제 역시 문제였다. 집행부의 존립과 활동기반이 급격히 줄어들 수밖에 없었다. 박정규 집행부가 노동조합 활동을 위해 가용할 수 있는 자원은 부족하기 짝이 없었다.

어려운 현실 속에서도 박정규 위원장은 현장 중심의 민주노조 건설과 사회공공적 노동운동의 추진을 공언했다. 아울러, 교섭대표노조 지위를 공고히 하기 위해 조합원 확대 사업을 최우선 목표로 삼았다. 한편으론 2000년대 이후 입사한 청년 조합원을 대상으로 한 다양한 조직사업에 전력을 기울였다. 신규 입사자 급증 등 세대교체 시기 도래를 대비한 전략적 포석이었다.

한편, 박정규 집행부 출범 이후 3월 13일에 열린 25기 4차 임시대의원대회에서는 조합비를 기본급의 1.1%에서 0.7%로 인하하는 건을 안건으로 상정했다. 박 위원장의 노동조합 운영 쇄신 공약 중의 하나이기도 했지만, 제2노조의 조합비 인하에 따른 고육책이기도 했다. 예산의 축소에 따른 걱정 속에서 인하를 유보하자는 의견이 나오기도 했지만 토론 끝에 압도적인 찬성으로 의결되었다. 빠듯한 예산 운영이 시작되었다.

중앙 및 지회장 등 집행간부들은 긴축재정 상황 속에서 활동비를 전임 집행부의 절반 수준 이하로 줄였다. 집행간부들은 자기 돈을 써가며 노동조합 정상화에 전념했다. 어려운 상황 속에 헌신과 희생의 노력을 다하겠다는 의지였다.

집행부는 이전 정연수 집행부가 법원의 판결에 불복하고 진행해온 민주노총 탈퇴 총회의결 무효 확인 소송을 취하했다. 아울러, 정연수 집행부 시절 끊어졌던 민주노총과 공공운수노조연맹 등 상급연맹과 타 연대단위와의 관계 역시 회복해갔다. 서울지하철노조가 다시 민주노조운동에 복무하겠다는 의지를 드러낸 것이다. 이를 위해 서울지역의 비정규직, 장기투쟁사업장의 지원

경영평가제도 개선을 요구하며 공동투쟁하는 서투노협(2013.9.)

등 지역 내 연대사업에 적극 참여했다. 또한 철도, 가스, 연금 문제 등 사회적 현안에 대해 지하철 역사 대시민 선전을 진행했다. 월 1회 '연대의 날'을 지정해 중앙과 지부에서 돌아가며 수도권 민주노총 소속 투쟁사업장에 연대지지 사업을 진행했고, 2013년 말~14년 초 민영화 반대 파업을 전개한 철도노조 투쟁에 적극 결합했다.[192]

정년연장 및 퇴직수당 대응과 서울모델 참여

한편, 박정규 집행부는 인사승진 문제와 정년연장 및 퇴직수당 등의 현안 문제에 대해 적극적으로 대응해갔다. 3월 12일, 개최된 첫 노사협의회에서 노동조합은 위 세 가지 사항을 중점적으로 제기했고 그 결과 5, 6급 직원 607명의 승진 시행과 장기근속자 우대책 마련을 합의했다. 승진적체 해소는 조합원의 오랜 숙원이었고, 장기근속자 우선 승진 시행은 극심한 경쟁체제의 폐해를 완화하려는 집행부의 의지가 반영된 결과였다. 한편, 정년연장 및 퇴직수당 문제의 경우 노사 간의 인식 차는 컸다. 제2노조는 노사합의로 정년연장은 해결된 것인데 서울지하철노조 집행부가 고의로 축소, 왜곡하고 있다는 주장을 펼치기도 했다. 그러나 공사측이 정년연장은 이뤄진 것이 아니고, 퇴직수당 폐지를 포함한 서울모델의 위임이 단서조항이라는 사실을 실토했다. 전 해 노사합의를 주도했던 2노조 쪽의 주장이 무색해져갔다.

정년연장 및 퇴직수당 문제를 대응하기 위한 고민 속에서 서울모델의 참여 문제가 화두가 되었다. 정연수 집행부는 상기 문제를 서울모델협의회에 위임하고 실무위를 구성·운영하자는 노사 합의를 맺었기 때문이었다. 노동조합 내에서는 의견이 분분했다. 애초 서울모델이 처음 만들어졌던 배일도 집행부 때

192) 노동조합은 철도 파업 지지 대자보와 스티커를 역사와 전동차에 부착하며 철도노조 투쟁을 엄호했고, 조합원 모금을 통해 3천7백7십만7천 원의 투쟁기금을 전달하기도 했다.

민주진영은 노동조합의 교섭권한을 포기하는 것이며 특히 구조조정의 도구로 이용될 것이라며 참여를 강하게 비판한 바 있었다. 이러한 문제의식을 이어받아 노동조합의 일방 희생을 강요당할 우려가 있는 서울모델에 참여해선 안 된다는 의견이 개진되었다. 집행부는 퇴직수당, 정년연장 문제를 서울모델에서 다루기로 노사 합의가 체결된 현실적인 조건으로 인해 참여와 개입이 불가피하다고 진단했다. 또 실질 사용자인 서울시를 교섭 테이블에 끌어들일 수 있는 방편으로 서울모델을 활용해야 한다는 주장도 제기됐다. 진보적 야권 시장의 당선에 따른 정치 환경의 변화를 감안한 것이었다. 격론 끝에 대의원대회에서는 조건부, 사안별 참여로 정리되었다.

박 위원장은 3월 25일, 서울모델협의회 제1차 본회의에 참석했다. 과거 서울모델이 노동조합을 들러리 세워 노동자의 일방 희생을 강요했다며 참여주체의 인식 전환과 자세 변화가 필요한 것은 물론 공익위의 중재, 조정에 앞서 노사 간 충분한 협의를 보장할 것과 실질적인 사용자인 서울시가 적극적으로 책임질 것을 주장했다. 이에 윤진호 서울모델 위원장 역시 서울시의 적극적인 협의와 참여를 구해 책임성을 담보해나갈 것이라 답했다. 이날 회의에서는 정년연장과 퇴직수당의 시행안 마련을 위한 실무소위를 구성 운영하는 것으로 결론을 내렸다.

추후 열린 회의에서는 정년연장에 따른 임금피크제 도입 요구, 퇴직수당의 폐지를 둘러싼 손실 보상 문제를 둘러싸고 공사측과 서울시 및 노동조합의 견해차가 확인되었다. 서울모델에서는 대안 마련을 위해 연구용역 추진을 결정하고 그 수행주체로 한국노동연구원을 선정했다. 노동조합은 고령화 사회 대책과 일자리 복지 차원에서 정년연장을 시행하되, 퇴직수당 폐지와 관련 불이익 변경이 없어야 하며, 타 공공기관의 사례를 검토해 다양한 방식의 보전책을 마련해야 한다는 주장을 펼쳤다.

또 노동조합은 퇴직수당 보전 문제를 두고 서투노협의 공동 대응을 모색하고 서울시 정무부시장과 안전행정부의 면담을 통해 정년연장 및 퇴직수당의 문제와 예산편성 기준 등의 문제 해결을 집중적으로 제기했다. 한편, 상기 문제의 연구용역 마무리 시기에 맞춰 2013 임단협 교섭 개시를 빠르게 추진하기로 했다. 노사협의 창구 단일화 절차에 따라, 8천여 명의 전체 조합원 중 5천여 명의 조합원을 확보한 서울지하철노조가 2년간 교섭대표노조 지위를 확보하게 되었다. 7월 11일, 임단협 안이 최종 확정되었고, 25일 제1차 본교섭이 열렸다.

2013년 임금·단체협약 투쟁

노동조합의 요구안 내용은 다음과 같았다. 임금의 경우 △총액 인건비 대비 4.2%인상과 △기본급 확대와 △통상임금 범위 확대 등의 요구가 포함되었다. 인사제도와 관련해서는 △4급 이하 직급별 정원 통합운영의 시행 △4급 이하 근속승진의 확대 내용이 담겼다. 고용안정 분야에서는 △업무확대분야의 정원확대 △외주용역 업무의 계약기간 만료 시 즉각 환수조치 △정규직과 같은 업무를 수행하는 계약직의 정규직 전환 △근속수당을 반영한 호봉제 도입 요구가 제출되었다. 아울러 △근무시간 중 조합활동의 보장요구 역시 포함되었다. 마지막으로 △정년연장 문제와 더불어, 도시철도 기관사의 과중한 업무 부담에 따른 자살 문제 등의 대책을 마련하기 위해 구성된 서울시최적근무위원회에서 발표한 △정신건강 증진 및 주야비휴의 4일주기 4조2교대 근무형태 고려 등 권고안의 시행방안 마련 요구 역시 포함되었다. 요구안 중 특히 통상임금 범위 확대의 경우 대법원에서 통상임금에 정기상여금을 포함해야 한다는 판결 이후, 노동조합은 전국의 지하철노동조합을 중심으로 관련 대책팀을 꾸려 대응해왔다. 이후 임단협 교섭에서도 관련 요구를 적극적으로 제기하

임단협 노사교섭(2013.7.31.)

는 한편, 8월 20일에는 조합원 4,560명이 공공운수노조 법률원을 통해 통상임금 소송을 신청했다.

1~3차 본교섭 자리에서 공사는 △2.8%의 임금인상 △퇴직수당 폐지 등을 제시하고, 노동조합의 요구에 대해서는 현실상 수용하기 어렵다는 견해를 제출하면서 양측의 인식차가 드러났다. 특히 공사는 교섭 과정에서 정원 재산정 문제를 두고, 서울시가 산하기관 경영효율화 방안을 위해 의뢰한 경영컨설팅 업체인 맥킨지의 연구용역 결과가 나오면 검토하자는 의견을 내 노동조합의 반발을 사기도 했다. 맥킨지는 이전부터 신자유주의적 구조조정을 추진해야 한다는 입장을 계속 내놓았던 업체였기 때문이었다. 한편, 8월 28일, 연구용역 결과를 참고해 서울모델에서는 △정년연장을 1955년생부터 적용하고 이를 △2013년 1월 1일부터 시행하고 △퇴직수당 폐지와 △그에 따른 1인당 손실액 기준 50% 수준의 임금보전과 더불어 △4급 미만 승진소요 연수 경과자의 적체된 승진은 조속히 시행한다는 조정서를 결정했다.

이에 대해 노조는 퇴직수당 보전수준이 미흡하고, 그 구체적 방식이 모호하다는 한계를 지녔다고 평가하면서, 연구용역 결과는 참조용일 뿐, 노사간 교섭을 통해 더 나은 안을 확보하기 위해 노력할 것이라 밝혔다.

조정서 결정 이후, 공사는 정년연장에 따른 임금피크제 도입과 퇴직수당을 안행부 지침에 따라 총액인건비 범위 내에 보전하되 복지 포인트 인상과 인건비 외 항목 조정안을 제시했다. 노동조합으로서는 받아들일 수 없는 안이었다. 결국 9월 30일, 6차 본교섭에서 노조는 교섭 중단을 통보했다. 노조는 서

2013년 임단협 쟁취 투쟁(2013.12.)

울시의 직접교섭 요청 공문을 접수하는 한편 보다 본격적으로 행동을 준비하기 시작했다. 투쟁본부로 전환을 결정하고 권역별 조합원 총회를 개최하여 협상과정을 보고하고 조합원들의 의견을 수렴했다. 10월 11일 임단투 승리를 위한 3차 조합원 총회를 시청에서 개최했다. 총회 이후 노동조합 임원들은 서울시 경영기획관을 면담하고 직접교섭을 거부하고 있는 서울시를 규탄하고 또 압박했다. 공사는 재량으로 할 수 있는 부분이 없다는 변명 속에 진전된 안을 제출하지 않았다. 결국 10월 30일, 8차 교섭에서 노조는 교섭 결렬을 선언했다. 곧바로 위원장은 본사농성에 돌입했다. 다음날 열린 26기 1차 임시대의원대회에서는 임단협 총력투쟁을 위해 쟁의발생을 결의했다. 11월 한 달 동안 거점농성 및 시장공관 앞 릴레이 시위, 지부별 연쇄 조합원 총회, 대시민 선전전 등 실천투쟁이 이뤄졌다.

12월 5일에 열린 지노위 최종 조정회의에서도 공사는 서울시 승인 문제를 거론하며 중재를 거부하였고, 결국 조정은 종료되었다. 12월 2~5일 동안 진행된 쟁의 찬반투표에는 제2노조 조합원들도 참가했다. 총 투표자는 7,552명(93.52%)이었고 6,584명인 87.18%가 찬성의사를 밝혔다. 압도적인 결과였다.

파업은 18일로 예고되었다. 10일에는 파업투쟁 승리를 위한 현장간부 결의대회가 본사에서 열리고, 도배투쟁 및 열차 선전전이 이뤄졌다. 11일에는 6차 조합원 총회로 시청 앞에서 서울시 직접교섭 촉구 총력투쟁 결의대회가 진행되었다. 아울러 철도민영화에 반대하는 철도노조 파업에 대한 연대투쟁 역시 함께 진행하였다. 총파업 개시 2일을 앞둔 16일, 공사측이 교섭 재개를 요청함에 따라 10차 단체교섭이 열렸다. 오후 4시에 개최되어 다음날 오전 7시까지 진행된 교섭에서도 퇴직수당 보전 항목 및 승진 시행 규모·시기, 정년연장 시행을 둘러싼 이견이 좁혀지지 않았다. 파업이 점차 현실화되었다.

17일 교섭이 재개되었다. 밀고 당기는 논의 끝에 결국 이견을 좁혀 2013년 임단협을 타결했다. △임금은 2.8%가 인상되었고 △통상근무자와 교대근무자의 임금격차 해소를 위해 업무지원수당이 조정되었다. △퇴직수당을 폐지하되 동종업종 보전 사례를 참고해 1호봉 가산, 교통보조비 기본급화, 복지 포인트 인상 등을 합의했다. 퇴직수당 폐지에 대한 보전책으로 대규모 승진을 통한 장기적체 해소책을 마련했다. △4급 미만 직원에 대해 3년 내 순차적 승진을 시행하고 △2014년 선발 시 장기근속자 50%를 우선 선발키로 했다. 또 △2015년부터 8~6급 사이 근속승진기간을 3년으로 조정, 시행하기로 했다. 아울러, 노조는 △정년연장의 경우, 확대 우려가 있는 임금피크제 도입 대신, 단계적 연장을 받아들이기로 했다. △계약직에 대해 가족수당 지급과 호봉제 도입을 차후 노사협의회에서 논의한다는 내용 역시 포함되었다.

12월 27~30일 동안 임단협 인준투표가 시행되었다. 83.18%의 투표율 속에 70.38%가 찬성의사를 밝혀, 2013년 임단협이 가결되었다.

3) 상왕십리 사고 대응과 2014년 임금·단체협약 투쟁

임금·단체협약 후속 조치와 6.4 지방선거 대응

2014년에 들어서자 박정규 집행부는 임단협 합의에 따라 상반기 승진 시행 등 후속조치 이행을 담은 1/4분기 노사협의회를 마무리했다. 4월 11일에 열린 제27기 1차 임시대의원대회에서는 집행부의 임기 2년차 사업계획이 승인되었다. 지하철 최적위의 권고안 실현을 통해 근무조건을 개선하는 것과 조합원 확대 등 민주단일노조의 토대 구축, 6월 4일에 예정된 지방선거 대응 및 노동정치 실현, 청년간부 육성 및 조직화 등 중장기 조직발전전략 수립, 민간위탁

99%를 위한 서울 만들기 노동자 선언

분야 환수 등 지하철 공공성 강화가 5대 사업 목표로 정해졌다.

지방선거 대응을 위해 노조는 다른 서울시투자기관노조 및 공공운수노조연맹 서울본부와 함께 지방선거 기획단을 구성했다. 구체적인 사업으로 '99%를 위한 서울'이란 슬로건으로 서울지역 노동자 릴레이 선언을 계획했다. 노조는 첫 타자로 선언에 참여했다. 4월 7일, 서울시를 지하철 중심의 대중교통 특별시로 만들 것을 제안하며 △도시철도에 대한 투자 확대 △노동자와 시민이 참여하는 민주적 거버넌스 구조로의 전환 △노동자의 처우개선 및 노동권 보장을 요구했다. 교육 문제, 안전 문제 등 노동자 서민의 삶에 밀접한 선거 의제를 알리는 지하철 역사 선전전과 더불어 사전투표 조직에도 힘을 기울였다.

특히 공공운수노조연맹은 노조 지지후보 및 협력후보의 기준을 마련하고 선대위참여 등 각종 지원방침을 마련했다. 아울러 정책요구안 및 협약안을 마련했다. 지하철의 실질적인 책임자를 뽑는 서울시장 선거에 주된 관심을 가졌던 노동조합 역시 이에 참여해서 적극적으로 의견을 개진했다. 서울시장에 출마한 후보들 중 박원순 새정치민주연합 후보는 공공운수노조연맹 서울지역본부의 정책요구를 수용하고, 후보와 서울지역본부는 정책협약까지 체결했다. 협약에는 공공부문 비정규직 정규직화와 차별 해소 추진 내용과 더불어 노동조합의 요구안이었던 도시철도 분야의 안전시스템 강화 및 기관사 공황장애 대책 및 안전운행 지원 마련, 최적근무위 권고 개선의 이행 등이 포함되었다. 박원순 후보가 서울시장에 당선되면서 노동조합의 정책 요구안의 실현이 훨씬 더 유리한 전기를 맞게 되었다.

〈서울시-공공운수노조·연맹 서울지역본부 정책협약〉

안정(安定)된 일자리! 안전(安全)한 현장! 안심(安心)하고 누리는 공공서비스! '노동이 존중되는 서울'을 위한 서울시-노동자 선언

서울시장 박원순 후보와 민주노총 공공운수노조·연맹 서울지역본부는 '노동이 존중되는 서울'이라는 가치를 바탕으로 안정된 일자리, 안전한 현장, 안심하고 누리는 공공서비스 확대를 위해 다음과 같이 상호 협력한다.

1 안정된 일자리 보호

1-1. 서울시는 공공부문부터 비정규직 정규직화와 차별 해소를 지속 추진한다.

1-2. 민간위탁 제도 개선으로 무분별한 민간위탁을 규제하고 수탁 종사자의 고용안정 및 근로조건개선을 위해 노력한다.

1-3. 저임금 노동자의 안정적 생활 보장과 적정 임금 보장 지원책 마련을 위해 노사민정 협의를 추진한다.

1-4. 서울시는 시 산하 공공기관 노사간 체결한 단체협약을 존중하고 노사간 자율교섭이 보장되도록 '모범 사용자'로서의 역할을 다한다.

1-5. 과거 노사대립으로 인한 갈등적 잔재를 해소하기 위해 노사정 대화를 통해 미래지향적이고 전향적인 방안을 마련한다.

2 안전하게 일하는 현장

2-1. 도시철도 분야 안전 시스템을 강화하고 기관사(승무원) 공황장애 대책 및 안전운행지원책을 마련한다.

2-2. '서울시 지하철 최적근무위' 권고 개선(안) 정착을 위한 사회적 대화를 지속하고 조속한 이행을 위해 지원한다.

2-3. 연간 노동시간 단축을 통해 노동자의 삶의 질을 향상시키고 교대근무제도 개선 등을 통해 건강한 노동 현장을 구현한다.

2-4. 공공 서비스 기관, 유통서비스업, 콜센터 등 감정노동자 인권보호책을 수립하고 치유기관을 설립한다.

2-5. 노동재해 없는 현장을 위해 공공 시설물 안전 종합대책을 수립하고 관리, 감독을 강화한다.

2-6. 서울시는 공공기관 소속 환경미화 노동자의 전용 휴게공간 의무적 제공과 근로환경 개선을 위해 노력하고 민간 사업장에도 개선 적용될 수 있도록 지원한다.

2-7. 대중교통 안전사고 예방을 위해 노사정 안전위원회 구성을 추진하고 노동조합의 참여를 보장한다.

2-8. 공공시설 안전 강화를 위해 전동차 등 안전 시설물 물품에 대한 최저가낙

찰제도를 개선한다.

3 안심하고 누리는 공공서비스

3-1. 서울시민이 안심하고 차별없이 누릴 수 있도록 공공사회서비스 영역을 확대, 강화한다.

[교통]

- 편하고, 빠르고, 안전한 버스를 위해 공공적인 공급, 운영 방식을 마련한다.
- 택시 전액관리제 시행 등 공적 지원을 통해 안전과 공공성을 강화한다.
- 노후 전동차 적시 교체 및 안전기준을 강화한다.
- 교통카드 제도 공공성 강화로 시민 편의 제고 및 공적 운영을 확대한다.
- 대중교통 분야 안전, 보수인력을 적정하게 보장하고 정비 관리 기준을 강화한다.
- 지하철 이용시민과 지하근무 노동자의 건강권 보장을 위해 지하 환경 및 공기질 개선을 위해 적극 노력한다.

[급식, 어린이집]

- 안전한 학교급식 제공을 위해 친환경농산물 사용비율을 확대하고 공공 급식을 강화한다.
- 국공립어린이집을 지속 확충하여 보육의 질을 높인다.

[의료]

- 서울시립 공공병원에서 공공성을 지속적으로 확대하고 의료비 부담에 대한 다양한 대책을 마련한다.
- 환자안심병원 사업의 지속성을 위해 숙련된 간호사 인력을 확보한다.

[에너지]

- 원전1기 줄이기 정책을 지속 추진하고 이의 실행을 위한 시스템을 마련한다.

[사회복지·관광]

- 민간 중심의 사회복지서비스 체계를 개선하고 공공 복지서비스를 확충한다.
- 관광 및 MICE 전문기관의 공공성을 강화하여 서울 지역 경제 활성화에 순기능을 하도록 노력한다.

[제도]

- 서울시 산하기관 운영의 공공성을 증진하고 시민과 노동자 등이 참여하는 민주적 운영방안을 마련한다. 이를 위해 (가칭)서울시 투자출연기관협의회를 설치한다.
- 시민의 공공서비스 만족도 제고를 위해 현행 경영평가제도의 폐해를 개선하고 서울형 '공공기관 경영평가제도'를 마련한다.
- 서울시 공공기관운영위원회 설치를 통해 공공부문 민관협치를 제도화하고 민

주적, 참여적 운영을 실현한다.

4 협약 이행 방안

서울시와 공공운수노조·연맹 서울지역본부는 위 협약 이행을 위하여 노정협의를 진행한다.

2014.5.26

상왕십리 사고 대응과 지하철 안전 이슈 제기

한편, 5월 2일, 2호선 신당역을 출발해 상왕십리역에 들어서던 전동차가 상왕십리역에서 발차를 기다리고 있던 전동차의 후미를 들이박는 추돌 사고가 일어났다. 사상 초유의 사고가 발생하자, 그 원인을 두고 갖가지 추측과 오보가 쏟아지며 작업자 과실에 초점이 쏠렸다. 진상조사 결과 신호기 고장과 더불어 불안정한 신호체계 혼용, 열차 노후화 등 구조적 문제점이 드러났다. 다행히도 사망자는 없었지만 388명의 부상자가 발생하였고, 차량파손 등으로 28억 원 정도의 피해가 발생하였다. 그러나 전국민을 충격과 슬픔에 빠지게 했던 세월호 참사의 여파가 남아있을 때라 이 사고에 이목이 쏠렸다. 특히 지방선거를 앞둔 상황에서 보수진영은 야권 서울시장의 재선을 막기 위한 호재로 보고, 이를 쟁점화하려 했다. 가령 KBS에서 윗선의 요구를 받은 보도국 간부들이 사건을 키워 보도하라는 지시를 내렸다는 사실이 언론노조 KBS본부에 의해 폭로되기도 했다.

임기 1년차 노사협의회에서 노사정 안전 활동의 합의서를 이끌어내고, "책임추궁(징벌주의)으로부터 원인규명으로"라는 기조 아래 안전위원회라는 특별위원회를 구성했던 노동조합은 사고에 대해 신속하게 대응했다. 비상중앙집행위원회를 연 노동조합은 수석부위원장을 필두로 지하철 사고 진상 규명과 재발방지를 위한 대책위를 구성하고, 언론 대응과 법률지원, 사고 진상조사를 실시했다. 특히 안전관리 업무가 무분별하게 외주화되는 등 구조조정의

한국사회에 안전뿐 아니라 구조적 문제를 제기한 세월호 참사.
그 진실규명 투쟁에 함께하며 지하철 안전 확보 투쟁을 전개한 서울지하철노조

상왕십리 열차사고 현장

폐해로 사고가 발생할 수밖에 없었다는 점을 적극적으로 제기했다. 기술지부는 사고 이후 내려진 특별점검 지시가 형식적인 처방에 그치고 있다며 근본적 대책 마련을 요구하는 선전전과 더불어 본사 농성투쟁을 진행하기기도 했다.

집행부는 6월 26일 개최된 임사노사협의회에서 현장의견 반영 없는 안전대책은 실효가 없다고 주장하며 안전대책 수립 및 이행 문제를 적극 제기했다. 추후 회의에서는 노사 공동안전위원회의 설치 운영을 의결하고 노동조합과 현장 의견이 반영된 안전 제도 개선 방안을 협의해 나가기로 했다.

사고의 여파 속에서 노동조합은 임단협 준비를 본격적으로 시작했다. 무엇보다 사고에 대해 경각심을 갖고 안전 문제를 화두로 삼았다. 이에 따라 지하철 안전, 노동재해 예방, 안전한 노동조건 등 안전 확보 투쟁 전개와 부실한 안전을 방치해온 경영 부조리 쇄신 투쟁을 2014년 임단협의 주요 투쟁 방향으로 설정했다. 9월 12일, 27기 2차 임시대의원대회에서는 서울시 노사정 협의

사 노조, 시의회 공동주최 지하철 안전을 위한 정책토론회

철도안전법, 도시철도법 개정안 공청회

체 참여에 대한 승인과 더불어 임단협 교섭위원 승인 및 요구안을 보고했다. 요구안에는 다음과 같은 내용이 담겼다. 임금 인상의 경우, △생활임금 쟁취를 위해 총액인건비 대비 6.1%인상과 △ 통상임금 소송에 대한 대법원 전원합의체 판결에 따라 장기근속수당, 상여금 등을 통상임금에 반영할 것과 더불어 △하위직급의 저임금 구조 개선을 위한 보완책 마련 등이 담겼다. 단체협약 요구안에는 △안전 확보를 주제로 전동차의 12년 검사체계 도입 등의 안전 제도 개선 △안전인력 확보를 위해 2008~2009년 감축 인원의 원상회복과 △차량 경정비, 구내 운전 등 외주용역에 대해 계약 종료 시 환수 및 직영 운영 등의 요구들이 포함되었다. 아울러 △서울시 최적위 권고안에 따른 4조2교대제 시행 및 교번제 개선 요구 역시 제기되었다.

강령 개정 등 조직 정비와 2014년 임금·단체협약 투쟁의 개시

9월 25일, 임단협의 첫 교섭이 열렸다. 첫 교섭부터 현안을 두고 격론이 이어졌다. 공사측은 근무제도 개악, 복지·휴가 축소, 고용보장 단협 조문 삭제 등 단체협약 개악안을 무더기로 쏟아냈다. 주요 내용은 △교대제 근무형태 개악(새벽출근–심야퇴근식 비숙박 교대제) △교대·교번자 유고비번 폐지 △자기계발 휴가와 정년퇴직자 위로휴가 폐지, 청원휴가 축소 등이었다. 이와 더불어 △고용·조합활동 보장 관련 단협 조문을 삭제하자는 안을 제시했다.

박근혜 정권의 이른바 '공기업 정상화 대책'이 공사측 안의 진원지였다. 안전행정부는 모든 지방 공기업도 예외 없이 추진하고 그 실적을 보고하라고 지시하고, 이를 경영평가 결과로 연결지어 성과급 삭감, 기관장 해임 등 처벌 조치를 내리겠다는 협박도 빼놓지 않았다. 서울시도 모든 지방 공기업을 대상으로 강행하고 있는 안행부 지침을 이행하지 않을 도리가 없다는 태도를 보였다.

또 9호선 2~3단계 운영권 획득에 따른 운영 인력 차출 문제 역시 쟁점으로 불거졌다. 당시 서울메트로는 도시철도공사와 메트로 9호선을 제치고, 9호선 2~3단계 운영권을 획득했다. 정작 이를 운영할 인력문제가 대두되었다. 공사는 기존 인력을 차출하겠다는 계획을 밝혔다. 노동조합은 인력 부족에 시달리는 상황에서 기존 인원을 또다시 차출할 경우 업무 차질 및 안전 문제가 예견

구조조정 원상회복을 요구하는 임단투집회(2014)

된다며 강하게 항의했다. 격론 끝에 공사는 2차 파견 인력 차출을 포함해 원점해서 고민하고 노동조합과 협의하겠다는 의견을 밝혔다.

10월 17일, 2차 교섭이 개최되었지만, 양측의 인식 차는 좁혀지지 않았다. 공사는 조직 개편 등의 내외 여건으로 구체적 방침을 세우지 못했다는 식으로 회피하거나 정부 지침을 들어 노동조합의 요구를 수용할 수 없다고 일관했다. 또 이 시기에는 현장과 언론 매체를 통해 서울시 지하철의 양 공사 통합설이 본격적으로 대두되기 시작했다. 집행부는 이에 비상한 관심을 가지고 교섭자리에서 통합에 대해 공사측의 입장을 물었다. 집행부는 고용·노동조건 후퇴를 동반하는 통합 불가, 통합 지하철 공사에 맞는 획기적 처우 개선 선행, 공공성과 안전 강화라는 통합 비전과 노동조합 결정권 보장 등을 통합의 전제 조건으로 제시했다.

한편, 임단협 교섭이 한창 이루어지고 있을 때 집행부는 제27기 3차 임시대의원대회를 개최해 조합의 골간을 형성하는 규약에 대한 개정 및 정비를 단행했다. 이전부터 현실에 맞지 않는 규약에 대한 개정이 요구됐으나 당면 현안 대응 때문에 불가피하게 미뤄져왔다. 변화된 시대와 상황에 조응하는 노동조합운영을 위해 더이상 이를 미룰 수 없다는 판단 아래 규약 개정을 위한 대의원대회를 개최했다. 대의원대회에서 개정이 통과된 규약 내용은 △퇴직조합원을 대상으로 한 명예조합원 제도 신설 △부서 변동 시 조합원의 권리 회복 △지회 대의원 배정 △노동조합 내 자회사 지부 설치 △중앙임원 및 부서장으로 구성된 상임집행위 설치 등이었다. 아울러 △산업안전부를 노동안전보건부로 개명 △중앙 청년부 신설 등이 포함되었다. 또 임원선출에 있어 △위원장-사무국장 동반출마제 신설 △복수의 노동조합에 이중으로 가입한 조합원에 대한 피선거권 제한 등이 포함되었다.

눈여겨볼 것은 규약 내 선언과 강령을 시대정신과 노동조합의 지향, 실천과제를 담아내기 위해 개정한 것이었다. 한국노총의 자료를 모델삼아 만들어진 노동조합의 초기 선언과 강령을 개정해 민주노조 사수투쟁과 신자유주의에 맞선 노동권 및 공공성 쟁취 투쟁을 전개하나가면서 벼려왔던 조합의 지향을 담아내고자 했다. 또 개정은 27년 서울지하철 노조운동의 정신과 지향을 담는 한편, 노사협조적 노선에 기반을 둔 제2노조와의 차별성을 선명하게 드러내기도 했다. 개정된 선언과 강령은 다음과 같다.

〈선언〉

수도권 대중교통의 중추적 역할을 담당하고 있는 우리 서울지하철노동자는 노동조합의 깃발을 움켜쥐고 노동자가 주인 되는 세상을 향해 힘찬 기적을 울린다.
서울지하철공사노동조합은 투철한 동지애로 굳게 뭉쳐 민주노동운동의 피어린 전통을 지키고 지하철노동자의 정치, 경제, 사회적 지위를 드높이기 위해 전진한다.
우리는 억압과 차별을 깨트리고 노동의 존엄이 보장되는 현장을 만들기 위해 부단히 투쟁하며, 시민의 재산인 지하철의 공공성 강화를 위해 어깨 걸고 나아간다.
자랑스런 서울지하철공사노동조합은 전국의 노동자와 일치단결하여 우애와 평화, 자유와 평등이 살아 숨 쉬는 해방세상을 건설하기 위해 힘차게 투쟁할 것을 선언한다.

〈강령〉

하나. 우리는 자주적인 민주노동운동의 역사와 전통을 계승하고 노동기본권 쟁취와 조합원의 정치, 경제, 사회적 지위 향상을 위하여 투쟁한다.
하나. 우리는 투철한 동지애와 의리로 하나 되어 노동현장의 억압과 차별을 철폐하고 노동의 존엄과 인간다운 삶의 보장을 위해 투쟁한다.
하나. 우리는 생활임금 확보, 고용안정 실현, 노동시간 단축, 노동재해 추방, 노동인권 보장, 남녀평등 실현 등 인간다운 노동과 안전한 노동조건을 쟁취한다.
하나. 우리는 민중의 기본권이 확보될 수 있도록 지하철의 안전과 공공성 확보를 위해 투쟁하고 민주노조의 사회적 사명을 다한다.
하나. 우리는 지하철, 철도 노동자와 일치단결하여 공공부문 노동자의 대단결에 앞장서고 전 세계 궤도노동자의 연대와 협력을 실현한다.
하나. 우리는 모든 민주, 진보 세력과 연대를 강화하여 노동자가 주인되는 평등세상 건설을 위해 투쟁한다.

노동조합이 민주노조운동의 전통을 지키고자 했음을 드러냈으며, 억압과 차별의 노동현장을 노동권이 보장되는 곳으로 바꿔내겠다는 의지를 드러냈다. 또 지하철의 안전과 공공성이 민중의 기본권이며, 이를 확보해내는 것이 민주노조의 사회적 사명이라 보고 이를 위해 앞장서겠다는 다짐을 드러냈다. 아울러 단위 사업장을 넘어 궤도 및 공공부문 노동자의 단결은 물론, 민주, 진보세력과 연대를 강화하고, 노동자가 주인되는 평등세상을 만들어내겠다는 의지 역시 내보였다. 특히 이를 위해 규약 내 노동조합의 사업 조항에 노동자 정치세력화 사항을 포함하기도 했다. 이러한 규약 개정은 대의원들의 압도적 찬성으로 통과되었다.

2014년 임금·단체협약 타결

10월 29일, 최적근무위와 기관사근무환경개선단의 추진현황 보고회가 열렸다. 이 자리에서 박원순 서울시장은 최적위 권고안과 경영 개선 추진 계획이 충돌하더라도 노동자의 건강과 안전을 우선순위로 놓고 노사간 논의를 진행하라는 견해를 내놓았다. 그에 따라 시행 가능한 분야에서 4조 2교대를 시행하고 분과별 협의를 지속하자는 접점에 도달하기도 했다. 차량분야 임시 노사협의회에서는 4조2교대제 4일 주기의 시범시행 합의가 이뤄졌다. 그러나 11월 24일 열린 5차 본 교섭에서, 전 분야 4조2교대 도입과 승무 근무환경 개선 요구에 대해 공사는 사측의 변형 교대제 변경안을 포함해서 검토하자는 제안을 던졌다. 지난 교섭 결과를 부정하는 것으로, 노동조합은 교섭 중단을 선언했다.

노동조합은 공사측을 압박하기 위한 행동에 나섰다. 27일, 서울시청 앞에서 임단투 승리를 위한 서울지하철노동자 총력결의대회를 개최하는 한편, 집행부를 투쟁본부체제로 전환하고 끝장투쟁에 돌입할 것을 결의했다. 12월 1일에 열린 27기 4차 임시대의원대회에서는 쟁의발생 결의가 통과되었다. 2일에는 본사 앞마당에 투본 농성장을 설치하고 집행간부 결의대회를 진행했다. 시청 및 본사 앞마당에서 지부별 투쟁이 계획되고 집행되었다. 또 서울시에 노정 협의를 요청하고, 시가 전향적인 방안을 내놓을 것을 요구하기도 했다. 노동조합의 적극적인 행동에 대해 공사는 2일 교섭 재개를 요청하며, 4조2교대 시범시행을 긍정적인 방향으로 논의하겠다는 태도를 밝혔다. 전 분야 4조2교대 도입 논의는 수용할 수 없다는 기존 태도에서 한 발 뒤로 물러난 것이었다.

단협 만료일인 9일을 앞두고, 공사측과 노동조합은 집중적인 교섭에 돌입했다. 교섭에서는 일부 합의점이 도출되기도 했으나 핵심 쟁점에 대해 입장을 좁히지 못했다. 9일 다시 교섭이 진행되고, 밤샘 협상이 진행되었다. 결국 10일 저녁 10시, 임단협에 대한 노사합의가 이뤄졌다. △임금인상의 경우 1.7%를 인상하되 △복지 포인트를 서울시 수준으로 인상할 것과 △하위직급에 대해 2015년 1월부터 9급 1호봉 기본급의 4%를 업무지원수당에 가산하는 방안 등이 합의되었다. 근무형태 개선의 경우, △2015년부터 전 분야 4조2교대를 시범시행하고 △승무 노동자의 처우 개선을 위해 교번근무자의 연 휴일을 96일로 확대하는 내용이 담겼다. 박근혜 정부의 복지 일괄 축소, 고용 관련 단협 삭제 지침에 대해서는 △강제퇴출 금지 조항은 사수하되 △복지변경의 경우 대체 보상 방안 마련과 서울시 수준에 맞춘 휴가 조정 등으로 합의가 이뤄졌다. 인력충원 문제의 경우 △육아휴직 등 장기 결원을 감안하여 인력운영계획

안전예산 확충 촉구 시의회 앞 선전전

을 수립하기로 합의되었다. 특히 지하철 통합 문제에 대해서도 합의가 이뤄졌다. 공교롭게도 임단협 합의가 이뤄진 10일, 박원순 서울시장은 양 공사 통합 추진을 기정사실로 하며, 2016년까지 이를 완료하겠다는 계획을 밝혔다. 이에 집행부는 공사측에 강력히 요구해 △강제퇴출 등 인위적 인원감축을 실시하지 않고 △고용안정을 위해 체결된 단체협약을 성실히 준수한다는 내용을 합의서에 담았다.

12월 23일부터 26일까지 인준투표가 진행되었다. 조합원 72.05%가 투표하고, 그 중 70.87%가 찬성의사를 밝혀 2014년 임단협이 인준 가결되었다.

2 공사 통합 대응과 정권의 노동정책에 맞선 투쟁

1) 19대 집행부 출범과 공사 통합 대응, 노동시장 구조개악 대응 투쟁

김현상 집행부 출범과 공사 통합 대응

서울시장의 발표로 양 공사 통합 논의가 본격화되고 조합원들의 비상한 관심이 쏠리기 시작한 가운데 노동조합은 19대 집행부 선거에 돌입하게 되었다. 앞선 27기 3차 임시대의원대회에서 개정된 선거규정에 따라 위원장-사무국장 후보조로 총 세 후보 진영이 출마 등록을 완료했다. 황철우-이재복 후보조, 김현상-한성규 후보조, 배상조-김대훈 후보조였다. 각 후보조들은 18대 집행부 평가와 서울시와의 관계를 두고 입장이 갈렸고, 지하철 통합에 대응하는 공약을 각각 제출했다. 2015년 2월 10일, 1차 선거 결과 과반 득표가 없어 황철우 후보조와 김현상 후보조에 대한 결선이 치러졌다. 13~16일 2차 투표가 이뤄졌다. 5,179명의 조합원 중 89.65%인 4,643명이 투표에 참여했다. 개표 결과 김현상 후보조는 2,448표인 52.72%를 얻어 2,139표인 46.07%를 얻은 황철우 후보조를 제치고 19대 위원장에 당선되었다.

집행부를 구성한[193] 김현상 위원장은 이정원 사장과 박태주 서울모델 위원장, 박원순 서울시장과 면담을 진행하면서 노동조건의 개선과 승진적체 문제

---

193) 집행부는 수석부위원장 김명섭, 부위원장 박득우, 사무국장 한성규, 정책실장 이은주, 교선실장 송동순, 대외협력부장 김대훈, 법규부장 송낙민, 정책기획부장 남삼우, 복지부장 권오현, 조사통계부장 박덕남, 노동안전부장 박선주, 총무부장 김재윤, 조직부장 정점기, 문화체육부장 이승준, 명예산업안전감독관 김태헌, 선전홍보부장 이호영, 편집부장 이정엽으로 구성되었다.

박원순서울시장 면담

해결을 요구했고 특히 공사 통합에 노동조합의 참여와 의견 개진이 존중되어야 한다는 점을 강조했다. 지하철 통합을 위한 지하철 혁신추진위원회가 발족하고, 노사정협의회의 추진이 예고되면서 집행부 역시 통합공사 임직급 체계 개선 방향 등 대안 마련을 위해 힘을 쏟기 시작했다. 4월 28~29일에 열린 제28기 정기대의원대회에서는 김현상 집행부의 사업계획이 승인되었다. 양공사 통합의 선제 대응으로 △3불 3가 통합 원칙(감원·노동조건 후퇴·구조조정 불가, 임직급 상향·공공성 확대·노동조합 참여 원칙)관철 △실질 임금인상 △노동조건 개선 실현 △지하철 안전 공공성 강화 등의 사업목표와 중점 추진과제가 통과되었다.

한편, 노동조합은 혁신더하기 연구소(이사장 김상곤) 측에 임금, 직급 개편 연구용역을 의뢰했다. 김윤자 한신대 교수를 연구 책임자로 한 연구소 측은 1년여의 연구조사 끝에 「서울시 지하철 통합과 통합공사의 임금·직급 체계 연구」 보고서를 발표했다.

4월 30일에는 양 공사 통합 추진 논의체계의 한 축인 1차 노사정협의회가 열렸다. 박원순 서울시장은 노동조합이 주체로 참여하는 참여형 노사관계 등을 통합의 기본원칙으로 삼겠다고 밝혔다. 협의회가 양 공사 직급·노동조건 격차 상향해소, 안전·공공성이 우선되는 통합 설계, 노동조합 참여 결정권이 보장되는 책임 있는 논의 틀이 되어야 한다고 강조한 김현상 위원장은 이어진 2차 노사정협의회에서도 고용, 노동조건의 선행 협의 없이 추진되는 일방적인 통합에 반대한다는 입장을 거듭 밝혔다. 또한 발주가 예정된 통합공사 조직·인사 설계 연구용역에 있어서 지하철 최적근무위 권고안이 비중있게 다뤄져야 한다고 강조했다. 통합 논의가 본격화되면서 노동조합 자체에서도 전략 수립을 위한 조합원 설문조사와 집행간부 워크숍을 진행하는 한편, 통합 대응 기획팀을 꾸려 대응을 준비해갔다.

통합 논의가 원활히 진행된 것은 아니었다. 가령 조직·인사 설계 연구용역 착수보고서 논란이 그 대표적인 사례였다. 박원순 시장은 과거 구조조정 방식을 지양하겠다고 공언했지만, 한국능률협회컨설팅이 진행한 착수보고서에는 재정 효율화와 더불어 조직, 인력, 인사제도 전반의 경영혁신 필요성이 언급되었다. 아울러, 최적위가 권고한 4조2교대제에 대해선 비용증가로 부담이 가중된다는 진단이 포함되었고, 성과형 임금체계가 도입되어야 한다는 내용이

지방공기업노동자 결의대회

민주노총 총파업을 앞둔 총회

노동절 집회

담겼다. 양 공사 노동조합들은 강하게 반발했다. 외부전문위원 뿐만 아니라 이원보 노사정협의회 위원장 역시 통합의 기본원칙과 다르다며 연구용역의 재검토가 필요하다는 견해를 밝힐 정도였다. 이 같은 반발에 서울시는 착수보고서의 전면 폐기를 선언하면서 연구용역은 논의 참조 성격일 뿐 노사정 상호 협의가 기본이라는 견해를 밝혔다.

노동시장 구조개악 대응 투쟁과 2015년 임금·단체협약

통합 논의로 노동조합의 대응이 분주하던 6월 17일, 박근혜 정부는 관계부처 합동회의를 통해 노동시장 구조개혁 강행 방침을 결정했다. △저성과자 해고요건 완화 △취업규칙 불이익 변경요건 완화 △직무 및 성과연봉제 도입 등 임금체계 개편 △임금피크제 의무화 등의 내용을 담고 있는 것으로 노동조건을 후퇴시키려는 개악 시도였다. 특히 박근혜 정부는 이를 실현하기 위해 소위 공공기관 2단계 정상화 정책을 통해 공공부문부터 성과연봉제, 퇴출제, 임금피크제 등의 개악을 관철하려고 했다. 사안의 심각성을 인식했던 공공부문 노동조합은 양대노총 공공기관노조 공동대책위를 꾸려 대응했다. 정부 발표 직후에는 공동투쟁본부로 전환하고, 7월 4일 양대노총 공공부문 노조 결의대회를 개최했다. 노동조합 역시 조합원 총회를 열어 집회에 적극적으로 결합했다.

통합과 공공기관 정상화에 대한 대응 속에 노동조합은 2015년 임단협 국면에 돌입했다. 8월 21일, 제28기 2차 임시대의원대회에서 임단협 요구안이 최종 확정되었다. 요구안에는 △임금인상의 경우 인건비 총액대비 5.4%인상 △통상임금 범위확대 △통상-교대, 교번근무자의 임금격차 해소 등이 담겼다. 양 공사 통합대비 선결 요구안으로 △직급격차 해소 및 인사제도 개선 등이 포함되었으며 △현장 안전인력 확대 △외주용역 업무 환수 △업무직 분야의

박근혜정부의 노동시장 구조개악에 맞선 투쟁(2015.)

임금인상 및 처우개선 안 역시 담겼다. 31일에는 첫 본교섭이 열렸다.

노동시장 구조개악을 위한 박근혜 정부의 질주는 계속되었다. 9월 7일, 행자부는 지방공기업 임금피크제 도입을 9월까지 마무리할 것을 강조하며 이를 경영평가에 반영하거나 총인건비 제한 여부까지 검토한다는 견해를 밝혔다. 같은 날 행자부는 서울메트로 인재개발원에서 지방공기업 임금피크제 설명회를 열어 이를 독려하려고 했다.

이에 김현상 집행부를 포함해 지방공기업 노동조합 간부들은 단상을 점거하고, 항의 투쟁을 전개하면서 이를 무산시켰다. 구조개악을 둘러싸고 정부와 노동운동진영이 격돌하는 가운데, 노사정위원회에 복귀한 한국노총은 14일,

내부 반발에도 불구하고 저성과자 해고, 취업규칙 불이익 변경 쟁점을 행점지침화하는 개악안에 합의를 한다. 23일, 민주노총은 노동개악에 맞선 총파업을 결의했고, 서울지하철노조 역시 비상 조합원 총회를 열며 대회에 참석했다.

행자부는 전국 도시철도공사 사장 긴급 간담회를 열고 임금피크제 연내 도입 거부 시 경영평가 감점과 성과급 제로, 임금인상률 차등 적용 등의 협박수단을 꺼내며 도입을 강요했다. 9월 24일, 임단협 2차 본교섭에서 공사는 결국 지침을 따를 수밖에 없는 현실을 주장하며 임금피크제 도입을 거론했다. 이어진 3차 본교섭에서는 △임금감액률을 총 50%로 두고 △조정기간을 2년으로 할 때 59세부터 매년 25% 감액 △3년으로 할 때 58세부터 매년 17%내외 감액을 하는 임금피크제 안을 제시했다. 노동조합은 극렬 반발하며 논의 자체를 거부했다. 한편, 지하철 통합 논의는 회차를 거듭하면서 쟁점과 이견이 드러나기 시작했다.

노사정협의회는 근로조건, 안전, 참여형 노사관계 3개 분과를 구성하고 구체적 논의를 진행했다. 임금의 경우, 통합공사 위상에 맞는 수준이 확보되도록 설계한다는 기본방향에 합의했지만 인력과 근무형태를 둘러싸고 쟁점이 노정되었다. 공사는 분야별 업무특성에 맞춘 변형교대제도 및 인력 효율화를 주장하고, 노동조합 측은 최적위 권고안을 바탕으로 한 4조2교대 및 교번제 개선, 인력충원을 요구했기 때문이었다. 한편, 10월 16일 노동조합은 도시철도노조와 공동워크숍을 열어 통합에 대한 인식차를 좁혀나가고 대책위를 구성하여 공동 대응하기로 결의를 모았다.

공사는 임금피크제 문제와 관련된 긴급 교섭을 요청했다. 행자부가 임금피크제 도입 여부와 시기에 따라 임금 삭감 등 페널티를 적용하겠다고 협박을 거듭한 데 따른 것이다. 10월 31일, 5차 본교섭이 열렸다. 노동조합은 조건 없는 제도 도입은 불가하다며 임금 손실에 상응한 보전 방안과 퇴직 후 일자리·

소득 기회 마련, 전 직원 금전적 사기진작책을 협상 전제 조건으로 제시했다. 그러나 공사는 행자부 지침의 제약으로 손실보전 방안을 짜낼 수 없다는 태도를 고수했다. 결국, 노동조합은 교섭 중단을 선언했다. 이어 집행부는 총력투쟁체제로 전환하며 투쟁을 준비했다. 11월 6일 열린 제28기 3차 임시대의원대회에서는 쟁의발생을 만장일치로 결의했다. 사복투쟁과 리본패용 투쟁을 전개한 노동조합은 20~23일에 쟁의행위 찬반투표를 진행하려 했다. 그러나 제2노조는 돌연 찬반투표와 투쟁에 동참하지 않겠다는 입장을 결정했다. 제2노조의 납득하기 어려운 투표거부 방침은 내부 혼란을 부채질하고 임단협 투쟁에 발목을 잡는 꼴이었다. 집행부는 불가피하게 투표일정을 26~30일로 연기할 수밖에 없었다.

쟁의발생을 위해 신청한 서울지노위의 조정이 무위로 끝난 이후, 공사측의 임단협 교섭 재개 요청에 따라 24일 6차 본교섭이 열렸다. 몇몇 사항에 대해 공감대가 형성되었지만 쟁점 사안에 대한 인식 차는 여전했다. 집행부는 26일에 조합원 결의대회를 열어 공사측을 압박했다. 27일에 7차 본교섭이 진행되었다. 쟁의행위 찬반투표가 진행되는 가운데 교섭은 자정을 넘겨 새벽까지 이어졌다. 승진적체 해소와 임금피크제 도입이 핵심 쟁점이었다. 임금피크제 수용과 보상책 마련이라는 결단 끝에 임단협 합의가 이뤄졌다. 체결된 임단협에는 장기 승진 적체자 736명에 대한 승진 합의, 복지 포인트 25만 원 인상, 교대, 교번근무자 대체휴일 2일 부여, 통상근무자 조정수당 3% 지급 내용이 포함되었다. 임금피크제의 경우, 정년퇴직 2년 전인, 만 59세부터 10%, 60세에는 20%를 감액하되, 정년 후 재취업 프로그램과 노하우 지원비로 2년간 매월 교육비(노하우 지원비) 20만 원 지급, 월 2일 근로시간 단축 등의 보완책을 운용하기로 했다.

다른 공공기관에 비교해 감액기간과 감액율을 최소화하고 손실 임금 보전책을 마련하는 선에서 임금피크제를 수용했다. 공공기관 공동투쟁 전선이 일찌감치 무너지면서 거의 모든 공공기관 노동조합이 임금피크제를 도입한 상황이었다. 연말까지 거부하며 버티던 집행부도 고육책을 찾지 않을 수없는 상황에 내몰렸던 것이었다.

12월 8~11일 82.56%가 참여한 임단협 인준투표 결과 66.01%의 찬성으로 가결되었다.

공사 통합 노사잠정합의서 체결과 인준투표 부결

박근혜 정부의 노동개악 관련 5대 법안의 국회 통과 저지를 위한 투쟁은 계속되었다. 이에 동참하면서도 김현상 집행부는 12월 15일, 일자리 창출을 위한 노사정 서울협약을 체결하기도 했다. 서울시와 투자기관 노사가 참여한 협약에는 △노동시간 단축을 통한 일자리 나누기 방안 마련, △직접고용 확대 등 양질의 일자리 창출 등의 내용이 담겼다. 한편, 2013년 8월에 노조가 제기한 통상임금 소송의 1심 결과가 나왔다. 11개 수당항목 중 상여수당, 장기연차수당, 단체보험료를 제외하고는 통상임금에 속한다는 판결이었다. 경영평가 성과급 항목이 포함되는 성과가 있었으나 가장 큰 비중을 차지하는 상여수당이 포함되지 못했다는 아쉬움을 가진 판결이었다. 노사 양측은 항소를 결정했다.[194)]

양 공사 통합 과정은 순탄치 않았다. 조직, 인사분야 설계용역이 대표적 사례였다. 착수보고부터 논란을 일으켜 폐기가 이뤄지기도 했던 연구용역은 중간보고에서도 노동조합의 문제제기에 따라 수정이 이어진 바 있었다. 최종보

194) 지급된 통상임금 승소액 중 일부를 조합원 동의를 받아 비정규직 연대 기금으로 지원했다. 민주노총 공공운수노조 비정규직 기금 50,048,637원, 민주노총 서울본부 비정규직 기금 37,536,506원, 노동자 나눔의 쉼터 꿀잠 건립 지원 37,536,506원 등이다. 이 외에도 노동조합은 연대 집회 참여는 물론 일제 강제 징용 노동자 상 건립, 박근혜 퇴진본부 촛불집회 지원,철도노조 징계 해고자 생계비 지원 기금 마련 등에 적극 나섰다.

양공사 통합 노사정협의회

고서가 제출되었지만 논란은 해소되지 않았다. 최종보고서에 안전과 서비스 강화라는 핵심 방향 대신 경영효율화와 비용 절감 방안만 담겼기 때문이었다. 노동조합은 연구용역은 배제하고 노사정 협의를 통해 통합 방안을 마련해야 한다는 의견을 거듭 천명했다. 이어진 논의과정 속에서도 각론에 대한 인식 차는 여전했다. 4조2교대 실시 여부 등 근무제도 문제와 호선별 통합관리체계 및 기능별 조직 형태 논의 등 조직구조 문제가 대표적이었다. 통합에 대한 법률, 행정적 절차가 착수되는 가운데 임금, 조직개편 등의 사항은 통합 추진 전 선결 합의 의제로 삼아야 한다는 노동조합의 주장에 따라 1차 노사정 합의 체결이 추진되었다. 이에 따라 김현상 집행부는 자체 요구안을 정리하는 한편, 도시철도노조와 공동 요구안을 내놓기 위해 노력했다. △양 공사 임금 항목 상향조정 △직급체계 최소화 및 근속승진제 도입 △양 공사의 현 정원에 공공성 강화와 안전 서비스 개선 인력 추가 △현 기능별 조직체계 유지 △노동이

사제 도입 및 노동조합 경영참여 제도화로 공동 요구가 모였다. 노사정협의회는 합의를 위해 실무책임자 회의를 꾸려 논의를 이어갔다.

2월 내 노사정 합의를 이끌어낸다는 입장에는 양측이 동의했지만 인력 및 근무형태, 직급체계 개편방향을 둘러싸고 서울시·공사측과 노동조합의 인식은 여전히 평행선을 달렸다. 결국 2월 내 합의는 무산되고 3월로 넘겨졌다. 수차례 실무교섭과 대표자회의를 거친 끝에 3월 15일 노사정 잠정협의서가 체결되었다. 내용은 △노동이사제 도입 및 경영협의회 운영 △정원 증가 없이 직종 분리 및 차량, 승무본부 분리 △5직급제 실시(5직급체계 1급 2급 3급 4급(기존 4급 5급 6급 통합) 5급(7급 8급 9급 통합) △4조2교대제 시범 시행 △인건비의 55%를 처우개선 투입 △지원근무폐지 △해고자 권리회복 등이었다.

아울러 △중복인원 1,029명을 5년간 단계적으로 감조정하여 14,645명을 정원으로 하되, 별도정원의 사유가 종료될 경우 강제적 구조조정 없이 정원으로 편입한다는 것 △임금피크제 도입으로 채용한 인력은 추후 제도 변경 시 정원으로 편입한다는 내용이 포함되었다. △경정비, PSD관리는 모회사에 준하는 전문 자회사로 변경하고 4년 뒤 정규직으로 전환한다[195]는 것과 △최적근무위 권고안, 기관 근무환경 개선 과제, 비정규직 종합대책 이행을 위해 노력한다는 내용 역시 포함되었다.

합의에 대해 김 위원장은 중복인력 감조정을 불가피하게 수용했다는 점을 부족한 점으로 꼽았다. 그러나 △현장인력을 유지하고 또 이를 줄이는 일이 없도록 한 점 △4급까지 근속승진 확대 등 승진적체의 해소 △경정비, PSD관리는 모회사에 따르는 전문 자회사로 변경하고 4년 뒤 정규직으로 전환 △지원근무폐지 △해고자 권리회복 △4조2교대제 시범실시 유지 등 근무형태 개

195) 공사측 양 사장이 이를 끝까지 반대해 난항을 겪다 다음날 오전 박원순 시장의 동의로 가까스로 합의를 끌어냈다. 노사정은 '4년 뒤 정규직화'에 동의하지 않으면 합의서를 무효처리하는 것으로 했다.

선방향을 이끌어냈다는 점 △노동이사제 도입 등을 성과로 내세웠다.

합의 다음날 열린 중앙집행위원회 및 집행회의에서 김 위원장은 협의서 찬반투표를 해 가결 시 후속 협의를 추진하고 부결 시 위원장 사퇴 및 잠정안의 무효, 통합 추진 중단을 밝혔다. 통합을 둘러싼 찬반 입장이 표면화되었다. 승무지부는 반대 입장을, 기술지부는 강한 우려를 표명하며 사실상 반대 입장을 내놨다. 승무지부는 승무분야의 내용을 후조정 논의로 미뤄 놓았고, 교번근무자의 임금수준 유지 불확실, 교대제 개선에 연동한 교번제 개선 미흡 등을 반대 이유로 제기했다. 기술지부는 예상되는 조직개편과 협약서의 불확실성 등에 대해 우려 견해를 표했다. 차량지부의 경우 찬성 여론이 높은 가운데 지부장이 개인 입장으로 부결을 호소하기도 했다.

현장은 잠정협약안에 대한 찬반 논란으로 가열됐다. 22일 열린 중앙집행위원회 간담회에서 일부 지부장들은 재협상을 요구하는 한편, 위원장의 (부결 시) 사퇴 입장에 대한 재고를 요구하기도 했다. 그러나 노사정 대표자들이 오랜 협의 끝에 최종 합의를 한 잠정협약서에 대해 일방이 폐기하고 재협상을 요청할 수 없는 현실이었고, “부결시 잠정안은 무효가 되고 통합 추진을 중단한다”는 것은 노사정 모두 재차 확인한 지점이었다.

집행부의 거듭된 설명에도 불구하고 노동조합 일각에서 부결 시 재협상이 진행된다는 주장이 나돌아 혼란이 가중되었다. 공사측 일부 인사들이 현업소장 회의자료를 통해 이 같은 주장을 유포한 것으로 밝혀져 논란이 일기도 했다.

25~29일, 찬반 투표가 진행되었다. 5,603명 중 5,223명이 투표한 가운데 47.37%인 2,479명이 찬성했고, 51.92%인 2,717명이 반대했다. 협의서가 부결되었다.

공사 통합에 대한 각 노동조합 찬반투표

노동조합	총원	투표인원	투표율	찬성인원	찬성률	반대인원	반대율
서울지하철노조	5,603	5,223	93.40%	2,479	47.37%	2,717	51.92%
메트로노조	2,625	2,336	88.99%	1,106	47.35%	1,230	52.65%
도시철도노조	5,303	4,793	03.38%	3,420	71.35%	1,298	27.08%

31일 열린 노사정협의회에서는 협의 종결이 공식 선언되었고, 서울시 역시도 통합 관련 논의를 중단한다는 견해를 밝혔다. 재협상 불가가 공식 확인된 것이었다.

한편, 부결 결과를 두고 집행부는 극심한 내홍에 휩싸였다. 위원장은 "규약에 연연할 일이 아니라 엄중한 사안이었던 만큼 책임지고 사퇴하는 것이 마땅"하다는 입장을 밝혔다. 내분에 종지부를 찍고 조직을 쇄신하는 것이 바람직하다는 견해였다. 그러나 집행회의에서는 집행부 총사퇴 결정에 대한 이견으로 이렇다 할 결정을 내리지 못한 채 의견이 분분하였다. 분란이 길어지자 주기준 외 51명의 대의원은 임시대의원대회 소집을 요구했다. 현장의 혼란을 막고 집행부 공백 최소화를 위해 △통합 안에 대한 조합원 재투표 안건과[196] △재투표가 부결될 경우 전원 총사퇴 및 총선거 시행 등 노동조합 조직 정상화 안건을 논의해야 한다는 것이 요구였다. 재투표 하자는 제안을 둘러싸고 격론이 오갔다. 조합원 재투표 안건은 표결 끝에 101명 중 34명의 찬성,67명의 반대로 부결되었다. 조직 정상화 안건 역시 자동 폐기되었다. 총사퇴 총선거 권고 건의 경우, 91명 중 34명의 찬성, 44명의 반대로 과반이 되지 못해 안건이 폐기되었다. 집행부 거취에 대한 논의가 정리되지 못한 채 대의원대회가 종료됐다.

196) 양 공사 통합 협의안에 대한 찬반투표가 "부결 시 재협상 추진"이라는 유언비어 등으로 인해 조합원에게 사실이 왜곡 전달되어, 투표결과가 조합원의 의사로 보기 어렵다는 주장이 제기됐다.

위원장은 '자신의 거취를 빠르게 결정하는 것만이 공백과 혼란을 최소화하고 조직 정상화를 꾀하는 길'이라고 판단하고 사퇴의사를 밝혔다. 집행부 총사퇴가 아닌 위원장과 일부 집행간부 사퇴로 일단락되어 노동조합은 보궐선거를 치르게 되었다.

2) 최병윤 보궐집행부 출범과 구의역 참사 대응

최병윤 보궐집행부 출범과 구의역 참사

5월 20~23일 치러진 보궐 선거에는 배상조-김대훈 조와 최병윤-윤석연 조가 출마해 총원 5,582명 중 투표인원 4,596명 투표율 82.34%를 보였고 이 중 58.96%인 2,710명의 지지를 받은 최병윤-윤석연 조가 당선되었다.

최병윤 집행부는[197] 양공사 통합 좌초와 그로 인한 조직 내홍을 수습하고 박근혜 정권의 노동개악 정책에 맞서 투쟁을 조직해야할 과제를 안고 출발했다. 그런데 집행부는 출범과 동시에 '지하철 최대의 위기 상황'이라고 하는 안전사고를 맞게 된다.

2016년 5월 28일 오후 5시 57분 구의역 9-4 승강장에서 스크린도어 사고가 발생했다. 은성PSD 강북지사 소속 김○○이 PSD고장 수리를 하다가 진입하는 열차에 치여 사망한 것이다. 2인 1조로 작업해야 하나 인원부족으로 홀로 작업을 하던 중 열차 진입을 확인하지 못한 것이다. 스크린도어 설치 후 2013년 성수역, 2015년 강남역에 이은 세 번째 사고였다.

사망한 김군의 가방에 컵라면이 들어있었다는 이야기가 전해지면서 비정규

197) 보궐집행부는 수석부위원장 김대훈, 부위원장 김종탁, 사무국장 윤석연, 정책실장 조병학, 총무부장 김재윤, 조직부장 유전석, 쟁의·문체부장 정점기, 법규부장 송낙민, 정책부장 남삼우, 복지부장 권오현, 조사통계부장 박덕남, 노동안전부장 박선주, 교육부장 최승의, 선전홍보부장 이호영, 편집부장 이정엽으로 구성되었다.

구의역 참사 현장 추모와 규탄 의견들

직 노동자의 처우와 청년 노동문제를 공감하는 시민들의 추모가 시작되었다. 구의역 스크린도어에 김군을 추모하는 포스트잇이 붙었고 승강장 앞에 국화꽃이 놓였다. 서울메트로는 안전을 이유로 포스트잇과 국화꽃을 치웠지만 시민들의 항의와 추모 보장 요구가 빗발쳐 구의역 대합실에 추모 공간을 따로 마련하였다. 노동자 개인의 과실과 부주의로 몰던 서울메트로는 시민들의 추모 물결과 비판여론에 직면하자 6월 1일 기자회견을 통해 총체적 책임을 통감한다며 유가족과 시민에게 사과했다.

서울메트로는 임원급 및 팀장급 이상 간부 등 총 약 180여 명이 사표를 제출한 것으로 알려졌는데 서울시는 사고 책임 여부에 따라, 또 혁신안 마련에 소극적일 경우 사표를 수리하겠다고 했다. 7일에는 박원순 시장도 기자회견을 열어 생명이나 안전과 직결된 업무에 대해서는 외주화 대신 직영화하는 방안을 추진하겠다고 발표했다. 9일에는 노동자, 시민들의 애도 속에 고 김군 장례식이 치러졌다.

한편, 구의역에서 숨진 김군의 월급은 144만 원이었지만 서울메트로 출신 전적자들은 손쉬운 일만 맡으면서도 400만 원 안팎의 고임금을 받고 있었다고 언론에 보도되면서 소위 '메피아(메트로+마피아)'에 대한 비난 여론이 크게 일었다.

2008년 구조조정이 낳은 참사

이 참사로 졸속적인 PSD 도입과정, 최저낙찰제와 부실시공, 하청업체에 대한 중간착취, 위험의 외주화 등이 뒤얽힌 총체적인 문제가 드러났다. 또한 PSD의 잦은 사고와 안전 위협은 2008년에 이미 예견된 것이었다.

2008년 김상돈 사장은 역, 유실물센터, 전동차 경정비, 모터카·철도장비 운영 등 주요 업무를 외주화했고 1,000명이 넘는 정원감축을 단행했다. 이때 스크린도어 관리 외주화도 뒤를 이었다. 사장은 이를 '혁신적인 창의경영'이라며 비능률을 줄이고 서비스 질과 생산성을 높이는 게 목표라고 했지만 결국 참사를 불렀다. 김상돈 사장을 앞세운 이명박 오세훈의 인력감축, 무분별한 외주화, 안전규제 완화, 고위 경영진의 이권놀음이 상왕십리 대형사고, 승객 사망, 기관사 자살, 외주업체 비정규직 노동자의 죽음으로 이어진 것이다.

당시 인력감축의 전 단계로 시행한 '서비스지원단' 발령과 외주화에 대한 노동조합의 저항은 처절했다. 공사는 노동조합 간부 70여 명에게 해고와 직위해제를 내리고 140여 명을 고소고발하는 등 대량 중징계와 해고로 보복했다. 노동조합의 저항과 법적 대응에 꼬리 내린 공사는 고령 직원을 원직에 복귀시키자마자 분사계획을 들이밀었다. 회사 설립을 주도한 고위간부들은 전적자를 모집했고 공사는 분사전출자에게 특별승진, 금 2냥 지급, 사장 표창 수여 등 온갖 당근책까지 제시했다. 고령직원들에게 "남아 험한 꼴 보느니 고분고분

전적하는 게 낫다"며 등을 떠밀었다. 이것이 언론에서 보도한 '메피아'의 유래다.

서울시는 편법, 탈법적 분사를 승인하는 각종 근거를 제정했고 국정감사, 시의회 감사가 시행되었지만 한나라당은 방해와 무시로 철통방어를 쳤다. 전 역사 스크린도어 설치 공사는 특혜와 비리 속에 날림공사로 일사천리에 이뤄졌다. 공사는 최저가 낙찰제로 예산절감 효과를 보았다고 자화자찬했지만 이는 잦은 고장의 요인이 되었다.

연평균 수천건에 달하는 고장으로 역무원들은 본연의 업무를 제대로 하지 못하는 경우가 많았고, 승무원들은 안전문 오작동으로 어려움을 겪는 경우가 비일비재했다.

노동조합의 대응과 안전업무직 직영운영

시민들의 추모와 함께 각계의 대응이 시작되었다. 공공운수노조 등 50여 노동 시민사회 단체는 구의역 사고 시민대책위를 결성하고 5월 31일 기자회견을 열어 △외주화된 안전업무 중단 △안전과 생명업무 직영화, 정규직화 △ 인력 충원을 가로막는 행자부 지침 변경 등을 요구했다.

노동조합은 외주화 중단, 안전인력 확충 등 지하철 안전 요구를 전면화하고 잇단 사고의 근원인 경영 적폐 청산을 기조로 세웠다. 그리고 지하철 내 비정규직 노동자와의 연대를 통한 안전업무 직고용과 정규직화, 부실한 지하철 안전 개선을 위한 인력확충, 노동조합이 참여하는 노사민정 안전 거버넌스 구성 등을 주요 과제로 삼아 활동하기로 했다. 노동조합은 도시철도노조, 궤도협의회, 공공운수노조(지하철 비정규노조 포함) 공동 대응기구를 구성하였고 구의역 사고 관련 시민대책위에 참여했다.

진상조사단은 서울시와 메트로, 유가족 간 합의에 근거한 것으로 노동조합이 민주노총 등과 함께 시민대책위에 참여하여 꾸린 것이다. 진상조사단은 꼬

본사 앞마당 천막농성

이사회 저지 투쟁

리자르기식 처벌과 현장노동자 책임전가를 반대하며 원인 규명과 재발방지책 수립, 정책 결정자 처벌 등을 제기하기로 했다.

노동조합은 도시철도노조, 서울지하철 비정규지부, 도시철도ENG노조와 공동주최로 6월 14일 '스크린도어 희생자 추모 및 안전인력 확보를 위한 간부 결의대회'를 열었고 전 조합원 근조 리본 패용, 역사 선전전, 역사 대자보 부착, 서명운동을 전개하였다. 7월 7일부터 9월 5일까지 61일간 본사 앞마당 천막농성투쟁을 전개하였고 업무직 정원 축소 변경 안 관련 이사회 저지투쟁을 벌이기도 했다.

노동조합의 투쟁이 장기화한 것은 서울시와 공사가 내놓은 대책이 미봉책이었기 때문이다. 서울시와 공사는 '외주업체 직영전환 대책'을 내놓았는데 그 내용은 △조건부 민간위탁 중 안전분야 직영 전환 △직영전환 5개 분야는 PSD유지보수, 전동차 경정비, 역, 구내운전, 모터카 및 철도장비 △안전업무 직영체제 전환을 계기로 안전업무직(무기계약직) 신설 △사업소와 센터의 유사기능 수행부서로 통합 운영 △보수설계, 채용 기본방향, 위탁용역 직영화에 따른 인력 산정(정원 610명 증원) 등이었다. 이에 대해 노동조합과 시민단체들은 전향적 조치이지만 근본적 해결에 미흡하다는 비판 입장을 내놨다. 정규직화 요구를 비껴 갔을 뿐 아니라 별도 직군을 신설하는 것은 내부 차별을 온존시키고 안전 협업체계를 저해한다는 이유였다. 고용과 노동조건의 차별은 직무에서 권한의 차별을 낳고 기존의 안전 외주화 문제점을 그대로 이어가게 되기 때문이다. 노동조합은 안전업무직 분리가 아니라 온전한 정규직 채용을 요구했다. 그뿐만 아니라 인력충원 대책이 빠진 점, 현장인력 충원 대책을 마련하지 않고 인소싱 이전까지 기존 직원을 투입한다는 것은 돌려막기식 대책이라는 비판도 가했다.

진상조사단은 8월 진상조사 결과를 발표했는데 참사 원인으로 승강장 안전문 부실공사, 안전업무의 무분별한 외주화, 원청과 용역업체의 부실 관리, 주먹구구식 안전매뉴얼, 기술·역무분야 관리 인력 부족 등을 들었다. 안전문 설치 시공 당시 서울메트로가 검수 절차를 빠뜨렸는데 당시 오세훈 시장이 완공 시점을 무리하게 앞당겼기 때문이며, 정책결정자에 대한 책임을 물어야 한다고 주장했다. 이어 12월에 진상조사단은 4개월간의 2차 조사를 통해 지하철 외주업무 실태를 중점적으로 파악하고 안전시스템 개선, 시설기술 개선, 고용인력 개선 세 영역에서 진행된 조사결과와 개선권고안을 발표하였다. 조사에 의하면 구의역 참사 이후 안전업무직을 신설, 직영하고 있지만 차별적 노동조건이 여전하다며 정규직화를 위한 구체적 로드맵이 필요하다고 지적했다. 실제 업무직 고용 전환 이후에도 임금 처우가 뚜렷이 개선되지 않고, 근무형태 등이 정규직과 달라 권고안 이행이 더디다는 비판을 끊이지 않았다.

박원순 시장은 2017년 7월 17일 '무기계약직 제로화' 선언을 통해 PSD 노동자를 비롯 시 산하기관 무기계약직 2,442명에 대한 정규직 전면 전환 계획을 발표한다.

3) 성과연봉제, 저성과자 퇴출제 저지투쟁

투쟁을 부르는 박근혜 정부의 양대 지침

19대 집행부는 공공부문 노동조합의 공동투쟁을 통해 박근혜 정부의 노동정책에 맞서겠다는 전략으로 논의를 진행해왔고 보궐집행부는 이를 이어 임단협 계획을 수립했다.

정부는 6월 10일 이미 120개 공기업, 준정부기관의 성과연봉제 도입이 완료되었다고 발표했다.[198] 그리고 14일 박근혜 대통령은 126개 주요 공공기관장과 관계부처 장관을 불러 모아 워크숍을 개최하고 성과연봉제 도입을 강하게 독촉했다. 성과연봉제를 반대하는 것은 노조의 기득권 지키기라는 비난도 빼놓지 않았다.

여기에 덧붙여 고용노동부는 공정인사지침과 취업규칙 해석 및 운영지침이라는 이름의 양대 지침을 발표했다. 공정인사지침은 업무능력 결여나 근무성적 부진을 이유로 일반해고를 또 하나의 해고제도로 제시한 것이었다. 이는 성과연봉제 도입과 맞물려 저성과자 퇴출제 혹은 쉬운 해고 지침이라는 반발을 불렀다. 또 취업규칙 변경요건 완화는 말 그대로 노동자 과반이나 노동조합의 동의 없이 사용자가 임금, 노동조건을 일방적으로 개악할 수 있는 길을 터주는 것이었다. 양대 지침 폐기는 민주노총뿐 아니라 한국노총까지도 투쟁의 대열에 나서게 하는 요구였다.

서울지하철노조 임금·단체협약과 양대 지침 폐기 공동투쟁

노동조합은 7월 26, 27일 정기대의원대회에서 2015년도 총액 대비 5%인

---

198) 이 중 60개 이상의 기관이 직원 과반의 동의 또는 노조의 동의를 거치지 않고 일방적으로 취업규칙을 변경했거나 불법적 수단을 동원하는 등 절차를 위반해 불씨를 안고 있었다.

양대지침 폐기 민주노총 총파업 결의대회(2016.7.20.)

상, 통상임금 범위 확대, 인사 복무제도 개선, 안전제도 개선, 근무환경 개선, 후생복지 개선, 업무직 처우 개선 등을 골자로 하는 임단협 요구안을 확정하고 8월 3일 공사와 단체교섭을 시작했다. 하지만 구의역 사고 여파로 사장이 공석 중이라 교섭이 정상적으로 이뤄지지 않았다. 게다가 정부의 공공기관 성과연봉제 강제 도입 지침으로 인해 임단협이 순탄치 않을 것으로 예견되었다. 역시 성과연봉제 문제는 임단협 시작부터 크나 큰 걸림돌로 작용했다. 김태호 신임 사장 부임 후에도 교섭은 한발짝도 나아가지 못하고 결렬되었다. 한편, 서울메트로, 도시철도공사, SH공사, 서울시설공단, 서울시농수산식품공사 5개 서울시 산하 공기업노조는 서울시와 집단교섭을 추진하기로 했다. 이는 지자체 첫 집단교섭이었다. 하지만 집단교섭 또한 결렬되었다.

파업이 예고된 상황에서 공사는 추석 연휴를 앞두고 4조2교대 근무제도를 폐지하고 업무량에 따른 변형교대제, 기관사 비숙박제도로 바꾸겠다는 개악

총파업 승리를 다짐하는 조합원 총회

안과 호선별 책임제 도입, 기술분야 직종통합, 역무직 다기능화, 자기계발휴가 폐지 등 구조조정 내용을 담은 '서울지하철 혁신 실행과제 검토안'을 전격 발표했다.

노동조합은 9월 8일 필수유지업무 실무 협정서 체결, 9일 임시대의원대회에서 쟁의발생 결의, 12일 투쟁본부 전환으로 총력투쟁 체제로 돌입하였다. 각 지부는 20일부로 거점별 농성, 사복투쟁, 규정정비·검수 및 규정준수 투쟁 등에 돌입했고 파업투쟁기금 조성 및 쟁의 시 임금손실 균등분담 결의를 현장의 힘으로 조직했다. 지노위, 집단교섭 조정 모두 결렬되고 19~22일 쟁의행위 찬반투표에서 총 8,663명 중 92.57%인 8,019명이 투표에 참여하여 83.05%인 6,660명이 찬성함으로써 쟁의행위를 가결하였다.[199] 22일 총파업 결의대회에는 1,500여 명의 조합원이 결집했다.

공공운수노조는 중앙 공공기관 85개 사업장 약 6만 명, 지방공기업 18개 사

199) 이 투표는 서울지하철노조, 서울메트로노조 양 노동조합 협약에 따라 공동주관 아래 진행되었고 수치는 양 노동조합 투표결과를 합산한 것이다.

업장 약 1만5천 명의 성과퇴출제 관련 교섭권을 위임받아 노정교섭 개최를 공개 제안했다.[200] 그리고 정부의 성과연봉제, 퇴출제 강행이 중단되지 않으면 9월 27일 공공부문 역대 최대 규모가 참여하는 동시파업에 돌입한다고 천명하였다.

9월 23일 한국노총 금융노조 7만5천 명이 총파업을 단행하고 상암동 월드컵경기장에서 집회를 열었고, 27일에는 민주노총 공공운수노조 6만 2천 조합원이 총파업에 들어갔다. 28일에는 민주노총 보건의료노조 1만 조합원 총파업 등 강력한 시기집중 파업이 이어졌다.

총파업과 집단교섭 노사합의

9월 27일 오전 11시 총파업 출정식이 군자차량기지 정비창에서 열렸다. 빗줄기는 점점 굵어지고 있었지만 3,700여 명의 조합원이 정비창을 가득 메웠다. 위원장은 "우리의 총파업 투쟁은 노동의 권리를 지키고 국민의 삶을 지키는 정의로운 투쟁이다. 함께 일하는 지하철, 함께 싸워 함께 승리를 일궈내자"고 총파업을 선언했다.

2004년 파업 이후 12년만의 파업이고, 철도와 지하철 공동파업은 22년 만이었다. 필수유지업무제도 아래 처음 하는 파업이었고, 파업을 경험해보지 못한 신규 조합원이 20%나 되는 상황이었다. 또한 보궐 집행부 선출과 구의역 참사 후유증으로 파업 준비 기간도 충분하지 않은 상태였다. 하지만 조합원들의 파업 참여 열기는 이런 걱정을 기우로 만들었다. 파업대오는 3일 동안 줄어들지 않았다.

출정식을 한 다음 지회별로 지하철역 대시민 선전전을 진행했고, 역무지부

200) 서울지하철노조는 7월 13일 4차 임시대의원대회에서 성과연봉제 및 저성과자 퇴출제 관련 단체교섭권을 공공운수노조에 위임하기로 결의하였다.

와 기술지부는 파업문화제로 함께 영화보기를, 승무지부는 대시민 선전전 도보행진을, 차량지부는 여의도 둔치에서 열정운동회를 하는 등 지부 프로그램이 파업기간에 이어졌다. 인력충원, 노동조건 개선을 요구하며 업무직 노동자들이 본사 앞에서 자체적으로 집회를 개최하기도 했다. 28일 공공운수노조뿐 아니라 금속·보건의료노조가 가세해 전국 18만 조합원이 참여하는 파업집회가 열렸고 대회를 마친 후 새누리당 당사, 국회 앞을 행진하며 항의시위를 전개했다. 이날 참여했던 신규 조합원들은 그 규모와 열기에 놀라며 투쟁의 정당성을 되새겼다. 이 투쟁에는 비상연락·전달체계로 카카오톡, 텔레그램, 밴드 등을 활용하였다.

총파업 투쟁의 힘은 끊겼던 집단교섭을 다시 재개하는 계기를 만들었다. 총파업 3일차인 29일 오전, 서울시 투자기관 노사는 교섭 테이블에 다시 앉았다. 노조가 반대하는 성과연봉제를 일방강행하지 않겠다는 서울시의 방침을 확인한 후였다. 이날 집단교섭에서 "노사합의 없이 성과연봉제를 도입할 수 없고 저성과자 퇴출제를 시행하지 않는다."는 합의가 이뤄졌다. 이 합의는 성과퇴출제를 백지화한 전국 첫 사례였다.

〈서울시 투자기관 성과연봉제 관련 집단교섭 노 · 사 합의안〉

서울특별시 투자기관 사용자(서울메트로, 서울특별시도시철도공사, 서울특별시시설관리공단, 서울시농수산식품공사, 서울주택도시공사)와 전국공공운수노동조합, 전국지방공기업노동조합연맹, 서울특별시투자기관노동조합(서울지하철노동조합, 5678서울도시철도노동조합, 서울특별시시설관리공단노동조합, 서울시농수산식품공사노동조합, 서울주택도시공사노동조합)은 상호 신뢰와 성실을 바탕으로 공공성과 시민안전 강화를 위하여 다음과 같이 합의한다.

1. 성과연봉제의 도입 여부는 노사합의로 결정한다.
2. 저성과자 퇴출제 등 성과와 고용을 연계하는 제도는 시행하지 않는다.
3. 지방공기업의 자율경영 확대 및 중앙정보 공공기관과의 처우 격차 해소를 위하여 노력한다.
4. 상기 항목의 이행을 위해 서울시, 노사정서울모델협의회에 적극적인 지원을 요청한다.

2016. 9. 29.

지하철 노동자들은 약속한 대로 함께 싸우고 함께 돌아왔다. 파업 3일차까지 높은 파업 참여율로 파업대오는 흔들리지 않았다. 신규 조합원의 대거 참여는 파업대오에 큰 힘으로 작용했고 필수공익사업장 파업이라 파업권이 심각하게 제한되었음에도[201] 악법의 제약을 뛰어 넘었고 집단교섭이 파업기간에 재개되었다. 단결이 가져온 승리였다.

합의타결, 파업종료 다음날 기재부, 행자부, 노동부가 나서 이례적으로 합동성명을 발표했다. 서울시투자기관 노사합의 타결을 비방하고 "성과연봉제를 공기업 개혁의 핵심으로 설정하고 열성적으로 추진했는데 상당한 타격이 불가피해졌다."는 내용이었다.

성과연봉제라는 장애물을 넘기는 했지만 불법 이사회의 일방 결의에 맞서 투쟁하는 대다수 공공부문 노동조합이 무너지면 또 어떤 강압이 들어올지 모르는 일이다. 행자부의 페널티 철회도 남은 투쟁 과제였다.

퇴출연봉제 철회를 위한 공공기관 총파업은 2주차에 접어들어 철도노조, 건강보험노조, 서울대병원분회 등이 무기한 전면파업을 지속하였고 간부파업을 이어가고 있는 노동조합 등을 합하면 공공기관 파업 규모는 4만 명에 이르

---

201) 공사와의 협정에 따르면 필수유지업무 대상인원은 평일 3,226명, 휴일 2,938명이었다. △평일, 토요일 운전분야 유지율 65.70% 적용, 운용기관사 100%(출근시간 100%), 일요일, 공휴일 유지율 50.0% 적용, 운용기관사 100% △관제업무 100% △전기시설 설비·유지 57.3% △신호시설·설비 유지·관리 40.0% △통신시설·설비 유지·관리 30.3% △차량점검·정비 57.5% △선로점검·보수 50.0% △PSD유지·관리 65.7% 등이었다. 사실상 생산에 타격을 준다는 의미에서의 파업권은 보장되지 않는 것이다.

안
전

2016년 박근혜 정부 지침 폐기를 위한 총파업

고 있었다. 노동조합은 답보상태인 임단협 국면을 타개하고 공사측의 성실교섭 촉구를 위해 10월 19일 경고파업을 단행하기로했다. 그러나 파업 당일 5호선 김포공항에서 승객이 스크린도어에 끼여 사망하는 사고가 발생하여 파업을 유보하고 총회투쟁으로 전환하였다.

박근혜 정권 퇴진 투쟁과 대통령 파면

박근혜 정권의 퇴진을 요구하는 촛불은 2014년 4월 16일 세월호 참사 이후부터 시작되어 2015년에는 한국사 교과서 국정화 반대 요구로, 2016년에는 노동정책에 항의하는 퇴진 요구로 이어졌다. 여기에 백남기 농민이 국가폭력으로 결국 9월 25일 사망하자 박근혜 정권 퇴진 요구는 더 거세졌다. 9월 20일 『한겨레신문』은 재벌들이 출연해 만들어진 미르재단과 K스포츠재단에 최순실이 관여했다고 보도했다. 그리고 10월 12일에는 문화예술계 블랙리스트 사건이 터졌다.

10월 26일부터 조직적인 촛불집회가 열리기 시작해 매주 참여인원을 경신하며 촛불은 걷잡을 수 없이 번졌다. 박근혜 하야에서 퇴진으로 탄핵으로 바뀌었고 비리를 밝히라는 요구로 시작된 촛불의 의제는 정치적 요구, 노동자 민중의 일상적 요구로 확대되었다. 자발적으로 거리로 나온 이들도 있었고 노동조합, 사회단체, 학생조직, 동문회뿐 아니라 동네 주민모임, 취미생활 동호회 등 다양한 모임으로 촛불집회에 함께했다. 이들은 주말과 성탄절, 연말연시를 광화문에서 보냈다. 이러한 힘으로 촛불은 경찰의 집회장소 제한, 행진 코스 제한을 무력화시키며 청와대로 점점 접근했다. 야당과 정치인들이 놀라 광장의 힘에 굴복했다. 12월 3일에 열린 6차 집회에는 주최측 추산 232만 명이 참가하여 대한민국 헌정사 최대 시위 기록을 경신했다. 박근혜 대통령은 국민담화문을 발표하면서 보수세력의 결집을 호소했고 태극기 집회가 열렸지만 촛불의 힘을 누르지 못했다. 마침내 12월 9일 국회에서 찬성 234표, 반대 56표, 무효 7표, 기권 1표로 탄핵안이 가결되었다. 여론조사 결과 탄핵에 찬성한다는 국민이 81% 이르렀다. 12월 31일에는 누적 인원 천만 명을 돌파하며 헌법재판소가 빠르게 탄핵심판을 인용하라고 요구했다. 촛불의 구호는 박근혜 구속, 재벌 해체로 모아졌다. 미르·K재단 기금의 대가로 재계의 요구를 관

박근혜 대통령 파면을 요구하는 촛불행진

철하기 위해 박근혜 정부가 노동개악을 밀어붙였다는 것이 밝혀지며 노동자 민중의 분노가 높아졌다. 공공부문 노동조합은 2차 총파업을 단행하였고 철도노조의 투쟁은 무려 74일간 이어졌다.[202] 서울지하철노조는 조합원 총회 등으로 박근혜 정권 퇴진 투쟁에 동참했다.

마침내 2017년 3월 10일 오전 11시 헌법재판소가 박근혜 탄핵심판 청구에 관해 재판관 8인 전원일치로 인용결정을 내렸다. “박근혜 전 대통령이 미르·K스포츠 재단 기금 모금과 관련하며 최순실(최서원) 이권을 위해 대통령의 지위와 권한을 남용했으며 이는 헌법과 법률에 위배되는 행위로 파면 사유에 해당한다.”고 했다.

한편, 서울지하철노조는 성과연봉제 저지 파업 투쟁과 박근혜 정권 퇴진 투쟁의 성과를 청년노동자 조직화로 모아갔다. 2016년 6월 5,623명이었던 조합원이 12월 6,338명으로 늘어나면서 퇴직을 앞둔 선배조합원, 신규 청년조합원 대상 조직프로그램 개발이 노동조합의 주요 과제로 제기되었다. 노동조합은 한일노동자 교류를 통해 퇴직조합원 조직화 사례를 연구하고 방안 모색을 하는 한편, 청년 조합원과 함께하는 역사기행, ‘첫 파업 어땠어?’라는 청년조

202) 지하철 노동자들은 철도노조 파업 지원 모금을 해 4,900여만 원을 10월 23일 철도노조에 전달하였다. 한 조합원이 파업으로 임금이 삭감되었다는 이야기를 하자 아내가 “그럼 지금도 싸우고 있는 철도 조합원들은 어떻겠어?”라며 파업을 지지했다고 한다.

합원 파업참가자 후속모임 지부별 진행과 파업참가 소감문 응모, 한일 청년노동자 국제 교류회 등 사업을 진행했다.

4) 서울메트로, 도시철도공사 통합과 서울지하철노조

통합 관련 합의

통합안 부결로 중단되었던 양 공사 통합 논의가 다시 수면 위로 떠올랐다. 9월 말 통합논의에 참여했던 시민단체와 서울시의회(민생실천위원회)는 구의역 사고로 제기된 지하철 안전에 대한 근본적 대책이 필요하다며, 서울시와 노사에게 중단된 통합 논의를 재개할 것을 요청했다. 구의역 사고 시민대책위도 진상조사와 권고안 발표를 통해 양공사 통합이 이뤄져야 한다는 견해를 발표했다. 이에 공사는 효율과 경쟁체제를 강화하는 강도 높은 경영혁신안을 꺼내들고 있었다.

안팎으로 경영쇄신 요구가 가열되는 가운데 노동조합은 "사회적 요구에 응답하고 공공적 개혁을 추진하겠다"며 통합 논의 테이블에 참여하겠다는 뜻을 밝혔다. 노동조합은 협상 재개의 전제조건으로 △양공사의 일방적 경영혁신안 폐기 △작업자와 시민 안전을 위한 통합 △부결된 잠정합의안의 수정, 보완을 내걸었다.

통합 논의가 재개되었지만 예상대로 순탄치는 않았다. 우선 양 공사 경영혁신안을 폐기하고, 상반기 잠정합의안을 근간으로 수정, 보완한다는 기본 전제를 확인하였지만 핵심 쟁점을 둘러싼 견해차는 좀처럼 좁혀지지 않았다. 서울시는 상반기 잠정합의안을 논의 출발점으로 삼는 것에 대해 상황논리를 들어 난색을 보이기도 했고, 세부 쟁점에서는 양 공사와 노동조합 간의 견해차가 불거지기도 했다. 수차례 노사정대표자회의 끝에 11월 8일 교섭에서는 임금, 직급, 인력, 조직설계 등 핵심 의제에 대한 합의문을 잠정 도출하였고 9일에는 후속 보완조치를 담기 위해 교섭이 열렸다. 노사정 합의안은 노동조합 내부 동의 절차를 전제로 최종 서명 없이 잠정안으로 도출된 상황이었고 집행부는 전체 간부회의를 통해 잠정안을 승인하고 조합원의 의사를 묻기로 했다.

통합 관련 노사정 잠정협약서 주요 내용은 다음과 같다. △합의정신: 시민안전과 공공서비스 확보를 최우선으로 통합을 추진하되, 강제 구조조정 불가 △참여형 노사관계: 근로자이사제, 경영협의회 도입 △조직설계: 안전성과 전문성 강화를 위해 기능별 조직을 중심으로 직종 분리, 현업조직은 노사합의로 설계 △직급체계: 종전 1,2,3,4,5급→1,2,3,4,5급, 6·7급→6급, 8·9급→7급, [근속승진 소요연수] 7→6급은 5년, 6→5급은 6년, 5→4급은 7년으로 하여 4급까지 근속승진제 확정 △근무형태: 4조2교대를 시범운영하되 근무형태 변경은 노사합의로 하고 지원근무폐지 방안 마련 △임금: 통합 시 절감된 인건비 55% 이상을 처우개선에 투입(연 평균 210여만 원 인상) △인력: 통합 시 양공사 현 정원에서 본사 중복인력 포함 1,029명 4년간 단계적 감조정, 정원 외 임금피크제 채용 인력 738명은 사유 종료 시 정원으로 확대하고, 기존 현장 인력은 유지 △직영 및 자회사: 시민안전과 직결되는 안전 핵심업무 직영화 추진, 업무직, 자회사 직원의 처우를 정규직 수준으로 개선, △근무환경: 권역별 별관신축 및 지하침실 지상 이전 등이다. 인사는 통합 후 4년간 별도로 운영하며 이 기간 중 일방 교차발령은 금지토록 했다.

한편, 임단협을 통해서는 △ 1990년대 입사자 중 6급 승진소 최저연수를 경과한 직원 통합 전 승진 △ 구의역 사고 진상규명위, 진상조사단 권고안 실행 방안 마련 △노동조합 의견 반영한 안전 매뉴얼 제·개정 △용역 위탁업무 직영화 지속 추진 △근무시간외 문자 등을 이용한 업무지시 금지 △여성 모성보호 조항 추가, 여직원 근무환경 개선 △2017년 1분기 퇴직금 중간정산 100억 시행 △업무직 처우개선 등을 끌어냈다.

노사정 잠정합의안이 11월 23일 서울지하철노조 68.23%, 메트로노조 74.36%, 도시철도노조 81.43%로 가결되었다. 2기 지하철을 분리운영하기로 결정한지 22년만이었고 2014년 지하철 통합 추진 선언 후 2년이 걸렸다. 사명은 공모를 통해 서울교통공사(Seoul Metro)로 결정되었다. 양공사 통합의 세부적인 내용은 통합시점까지 합의해 나아가야 할 사항으로 남았다.

하지만 2016년 말 시의회에서는 '통합의 타당성에 대한 검증 부족'을 이유로 조례가 통과되지 않았다. 시의회 일각에서는 노동조합에 '퍼주기식' 합의를 했다는 트집을 잡아 불만을 제기했다. 보수언론도 분할 민영화, 경쟁체제 도입 추세에 역행하는 정책이라고 몰아갔다. 시의회의 통합 조례안 처리가 지연되면서 3월로 예정되었던 통합공사 출범 일정은 불가피하게 미뤄졌다.[203)]

2017년 1월, 통합 후속조치 마무리 등 과제를 앞두고 20대 집행부 총선거를 하게 되었다. 위원장 후보로는 최병윤-박덕남 조와 최동준-이성완 조가 출마하였다. 1월 20~23일 치러진 총선거에는 총원 6,280명 중 5,758명이 투표에 참여(투표율 91.69%)하여 2,996표(52.03%)를 획득한 최병윤 박덕남 조가 2,653표(46.08%)를 얻은 최동준 이성완 조를 누르고 당선됐다.

통합공사 출범을 앞두고 선출된 20대 집행부는 노사정 합의 후속작업과 더불어 양 공사 노동조합 통합을 완수해야 하는 중차대한 과제를 안고 임기를 시작했다.

203) 2017년 2월 9일 서울지하철 통합 시민공청회 3월 9일 서울교통공사 설립 및 운영에 관한 조례제정 3월 13일 설립준비위, 설립준비단 구성을 거쳐 5월 31일 서울교통공사가 출범했다.

서울지하철노동조합 · 5678서울도시철도노동조합 · 서울메트로노동조합

노동조합 통합 추진 선언문

민주노총 서울지하철노동조합, 민주노총 5678서울도시철도노동조합, 한국노총 서울메트로노동조합은 서울교통공사 출범에 즈음하여 통합공사의 안전·공공성 확대를 위해 함께 투쟁하고, 지하철 노동자의 권익 증진과 단결을 선도하기 위해 노동조합 통합을 추진하며 다음과 같이 선언한다.

1. 3개 노조(서울지하철노동조합, 서울도시철도노동조합, 서울메트로노동조합)는 노동조합 통합을 적극 추진한다.

2. 통합 추진에 참여하는 노동조합은 내부 의결을 거쳐 노동조합 통합 공동추진위원회를 구성한다.

3. 3개 노조는 2017년 임단협 공동 준비위원회를 구성하고 공동 투쟁한다.

2017년 5월 22일

서울지하철노동조합	5678서울도시철도노동조합	서울메트로노동조합
위원장 최병윤	위원장 명순필	위원장 김철관

〈통합공사 출범 노동조합 성명서〉

안전과 공공성 확대, 노동존중의 공기업으로 환골탈태하는 서울교통공사가 되길 기대한다.

5월 31일 서울교통공사가 새롭게 출범한다. 수도권 대중교통의 동맥으로 비약적인 성장을 거듭해온 43년, 서울메트로(서울지하철공사)는 서울도시철도공사와의 통합으로 새 옷을 갈아입고 다시 새 출발선에 선다.
'시민의 발'로 영욕과 애환의 역사를 함께 해온 서울지하철노동조합은, 통합공사 출범이 시민에게 사랑받는 지하철로 거듭나는 새로운 전기가 되길 기대한다.

양대 지하철 통합에 이르기까지 우여곡절과 많은 진통을 겪었다. 노·사·서울시는'시민안전과 공공서비스 확보를 최우선으로 안전운행과 작업자 안전, 새로운 교통체계 마련'을 통합의 대원칙으로 합의하고 2년여에 걸쳐 협의를 진행해 왔다. 어렵게 합의를 이룬 부분도 많지만 시민의 기대와 노동자의 바람에 부응하기에는 부족하고 아쉬운 점이 많은 것 또한 사실이다.
통합은 부실 안전과 낡은 경영관행을 혁신하기 위한 방안이지 그 자체가 목적일 수는 없다. 노동조합은 서울교통공사 출범에 즈음하여, 서울시와 경영진이 구두선에 그치지 않는 변화와 쇄신 의지를 보여줄 것을 촉구한다.

첫째로는 지하철 안전에 대한 보다 적극적인 정책적 지원이 필요하다.
통합 그 자체만으로 지하철 안전과 이용편의가 하루아침에 바뀌지는 않을 것이다. 안전과 시민편의 개선에는 막대한 비용이 수반된다. 양 공사 모두 당장 노후 시설·전동차 교체 시기가 도래했고 막대한 안전관리 비용을 감당하고 있다. 요금인상과 비용절감에만 기대어 시민과 노동자에게 부담을 전가하는 악순환은 그쳐야 한다. 무임수송과 환승할인 등 공익 서비스 비용에 대해 서울시뿐 아니라 정부 차원의 보조와 지원이 절실하다. 양 공사가 통합을 통해 재정구조 개선 등 자구노력을 기울이고 있는 만큼, 중앙과 지방정부도 예산투자와 지원 노력을 뒷받침해야 한다. 안전은 비용이 아니라 투자라는 인식과 과감한 정책 전환이 필요하다.
둘째, 지하철 경영에 대한 전면적인 쇄신이 필요하다.
효율화와 비용절감에 눈먼 경영철학, 전시행정과 복지부동이 팽배한 경영문화 전반에 대한 일대 쇄신이 요구된다. 통합공사 출범이 새로운 출발이 되려면 낡은 경영관행과의 작별이 필요하다. 그간 부실 안전의 근원을 거슬러 가보면 경영진의 무책임한 탁상행정이 똬리를 틀고 있다는 지적이 매번 제기됐다.

통합공사 사장·임원 임명과 대대적인 고위직 인사발령이 이뤄졌지만 새로운 변화의 싹은 잘 보이지 않는다. 상명하복을 강요하는 서울시의 권위적 통제 또한 여전하다. 박원순 시장의 시정철학과 시 관료·경영진의 행정 사이의 괴리가 크다는 지적은 어제오늘의 일이 아니다.

양 공사 통합이 서울 대중교통 정책 전반의 변화를 꾀하는 것이라면 생산자(노동)와 소비자(시민)의 목소리가 반영되는 협치의 경영문화를 정착시키는 것이 경영쇄신의 지름길이 될 수 있다.

셋째, 노동이 존중되는 직장문화 실현이다.

지하철 통합이 추진되었던 배경에는 구의역 김 군의 비극에 대한 참회와 근본적 혁신 요구가 있었다는 점을 잊어서는 안 된다.

일하는 사람의 권리가 보장되고 노동이 존중되는 일터야 말로 안전한 지하철을 만드는 지름길이다. 노사정이 외주화된 안전업무에 대한 직영화를 확대키로 합의하는 등 성과를 만들기도 했지만 아직 갈 길은 멀다. 서울교통공사 내 비정규직에 대한 차별 처우를 개선하고 정규직화를 이루는 것도 더는 미뤄서는 안 된다.

뿐만 아니다. 노동의 가치와 안전에 초점을 두겠다는 다짐을 말이 아닌 실행에 옮겨야 한다. 현장 부족 인력 대책, 안전과 직종 전문성이 보장되는 기술조직 편제, 교대·교번제도 개선 등 해묵은 노사현안에 대해서도 전향적인 개선책을 마련해 가야 할 때다.

서울교통공사 출범은 단순 기관 통합을 넘어 수도권 대중교통체제 혁신의 첫걸음이 되어야 한다. 교통복지와 시민 편익을 증진시켜 공공서비스의 질적 확대로 나아가야 할 것이다.

서울지하철노동조합은 새로운 각오로 노동자가 행복한 일터, 시민이 안전한 지하철을 만드는 데에 매진할 것이다.

2017년 5월 31일 서울지하철노동조합

촛불은 아직 꺼지지 않았다

6월 16일 기획재정부가 개최한 공공기관운영위에서 성과연봉제가 마침내 폐기됐다. 기재부는 △성과연봉제 도입은 노사 자율결정에 맡기기로 하고 △미도입 공공기관에 적용할 예정이던 페널티 폐지 △경영평가 시 성과연봉제 관련 항목 제외 등을 결정해 성과연봉제 정책을 사실상 폐지했다. 지방공기업을 관할하는 행정자치부도 이날, 같은 내용의 '성과연봉제 관련 후속조치 방안'을 의결했다. 이로써 (구)서울메트로, 도시철도공사 등 성과연봉제 미도입 기관에 부여하기로 했던 임금동결, 경영평가 감점은 모두 무효화됐다.

이는 2016년 총파업과 박근혜 정권 퇴진 투쟁에 이르기까지 함께 단결하고 투쟁한 조합원이 만들어낸 승리였다. '쉬운 해고, 취업규칙 일방 개악, 비정규직 양산'의 노동개악 정책도 폐기 처분해야 한다. 공공성을 훼손하고 노동권을 박탈하는 공공기관 경영평가, 총정원제·총인건비제도 등도 수술대에 올려야 한다. 적폐 청산은 이제 시작이다. 광장의 촛불은 아직 꺼지지 않았다.

3 서울지하철노동조합 30년의 역사적 의의와 과제

1) 서울지하철노동조합 30년

서울지하철노동조합의 30년 흐름은 정권과 노동조합의 대립지점, 노동조합의 핵심 활동 방향에 따라 네 시기로 구분할 수 있다. 노조 설립과 차별 철폐를 위한 투쟁의 시기, 민주노조의 기틀을 마련하고 연대의 틀을 확장한 시기, 신자유주의 구조조정에 맞서 내외부적으로 힘겨운 투쟁을 이어간 시기, 민주노조 재건과 재도약의 시기로 나눌 수 있다. 이 흐름은 정권 교체, 노동정책의 흐름과 궤를 같이하고 있다. 지하철노조의 투쟁을 '5년 주기 투쟁'이라 했는데 이는 그저 햇수를 말하는 게 아니었다. 새로운 정권이 등장하고 자본과 노동의 관계 파악을 일정 마무리한 후 정권과 노동이 격돌하게 되고 그 여파로 노조가 조직을 정비한 후 다시 투쟁을 진행하던 싸이클을 일컬었던 것이다. 지하철노조의 활동과 투쟁이 정권과의 맞장을 피할 수 없음을 의미하는 것이다.

1987년 6월항쟁으로 바뀐 정치 사회적 변화를 노동자들은 자신의 계급적 지위를 변화시키는 계기로 만들었다. 울산에서부터 시작된 투쟁은 들불처럼 전국으로 옮겨 붙었고 투쟁이 투쟁을 낳으며 그곳에 민주노조 깃발이 세워졌다. 서울지하철노조도 8월 12일 노동조합을 설립하고 군자기지, 지축기지, 창동기지를 노동자들의 함성과 요구로 가득 메웠다. 노동조합 결성과 동시에 터져나온 요구의 핵심은 '기능동물'을 끝내자는 차별철폐와 인간으로서의 권리 회복이었다.

한편 1987년 거세게 치고 나오는 노동자들의 기세에 밀려 자본과 정권은 미처 대책을 세우지 못한 채 노동계급의 등장을 바라보고 있었다. 1988년에도 그 진군은 계속되었다. 노동자 투쟁에 대한 국민들의 호응도 좋았다. 6월항쟁으로 변화를 기대했으나 노태우가 대통령에 당선되는 상황에 분노하던 차, 노동자들이 줄기차게 투쟁하는 모습은 박수를 보낼만한 일이었다. 경제는 좋아지는데 분배는 제대로 이뤄지지 않았고 주택문제, 전월세 문제 등이 심각해지면서 노동자들의 투쟁은 더 지지를 받을 수 있었다. 하지만 1989년 들어 자본과 정권은 자신의 자리를 찾아가기 시작했다. 노동자의 전국조직 전노협에 대항하여 보수진영을 재편해 민자당을 창당하였고 흩어져 있는 자본의 통일을 위해 경단협을 창설했다. 87년 이후 역전되었던 계급관계를 되돌리기 위한 자본의 움직임이 시작되었다. 지하철노조의 3.16투쟁은 이러한 자본과 노동의 최전선이었다.

서울지하철노조는 설립 한 달 만에 4,800명이 넘는 조합원이 가입하며 공공부문의 선두 노조로 자리매김했고 이후 3년 동안 차별철폐를 위한 직제개편 투쟁을 줄기차게 진행했다. 한편으로는 양심과 정의로 시작한 지도부가 자본과 정권의 전방위적 공세와 부딪히면서 그 한계를 드러냈고 조합원들의 분출하는 요구와 분노를 담아내지 못한 채 교체되기도 했다.

서울지하철노조는 결국 1989년 3월 16일 자본과 정권에 맞선 투쟁을 전개했다. 이 투쟁은 서울지하철노조 조합원과 공사의 투쟁이 아니라 노동자와 자본과 정권의 전선이었다. 노태우 정권은 서울지하철노조의 투쟁에 무자비한 탄압으로 응했다. 하지만 조합원들은 탄압에 굴하지 않았다. 2,346명이 연행되고 위원장을 비롯한 수많은 이들이 감옥에 갔지만 7일간 조합원들이 이어간 자발적 투쟁은 자본과 정권의 간담을 서늘하게 했다.

전노협의 투쟁에 영향을 받아 대공장들이 민주화되기 시작하자 이를 깨기 위한 안기부의 공작은 노골적이었으며 지하철노조도 예외가 아니었다. 서울지하철 노동자들이 공사의 대표권 시비에 맞서 직무대행체제를 유지하며 민주노조를 사수한 것은 '감옥에 있는 위원장에 대한 의리'를 지킨 것을 넘어 정권에 맞서 끈질긴 투쟁을 전개한 것이었다. 대공장노조의 민주성을 제거하기 위해 정권은 지도부에 직접 압력을 넣거나 노노갈등을 조장하는 방법을 동원했다. 이로 인해 많은 사업장에 내부 분란이 일고 사측 입맛에 맞는 지도부가 들어서기 시작했다. 여기에 현실 사회주의 몰락으로 많은 사업장에서 영향력을 행사하던 '운동권'들이 대거 이탈하거나 이들에 대한 불신이 퍼져갔고 노조활동에서 '운동성'이 배제되기 시작했다. '운동성' 대신 '합리성', '정책대안'이라는 자본의 대안이 노동자들에게 설득력을 가지기 시작했다. 1990년부터 민간대기업을 시작으로 자본의 신경영전략이 서서히 성과를 거둔 결과였다. 이는 민간자본에 그치지 않고 공공부문으로, 대기업과 중소기업을 가리지 않고 업종을 넘어 전국적으로 확산되었다. 이런 상황에서 서울지하철노조 강진도 집행부의 탄생은 자본과 정권의 노동운동에 대한 정책의 결과이기도 했고 한편으로는 전투성을 중시하는 조합원을 기만하며 자신을 가장 급진적인 후보로 포장한 강진도의 선거전략이 효과를 발휘한 것이기도 했다. 결국 강진도 집행부는 비리 문제로 퇴장한다. 노동자들에게 비리문제는 운동조직의 생명을 끊어놓는 중요한 기준이었다고 해도 과언이 아니다. 법제도와 물리력을 동원할 수 있는 자본과 정권에 대항하는 이들에게 노동자들이 바라는 첫 덕목은 '헌신'이며, '도덕성'이었다. 이를 저버린 지도부를 대중은 과감히 버렸다.

서울지하철노조의 5대 집행부는 이런 '비리'를 딛고 선 집행부였기에 가장 중요한 것은 내부 정비였다. 노조를 노조답게 만드는 일을 위해 노조설립 이후 처음으로 대대적인 규약규정 정비를 했으며 한편으로는 3.16투쟁 이후 미완의 과제를 수행하기 위한 투쟁을 준비했다. 3.16투쟁의 경험을 발판삼아 임금가이드라인을 연대투쟁으로 돌파하겠다는 계획을 세운 집행부는 전지협을 건설해 투쟁을 준비했다. "위원장 명령 없이 복귀 없다", "노동자는 한 번 한 약속을 지킨다"는 결의로 1994년 6월 23일 전기협 농성장에 경찰병력이 투입되자 서울지하철노조는 24일 파업하고 곧이어 부산지하철노조가 파업했다. 조합원들은 산개해 현장을 비웠으며 고려대 경희대 동덕여대로 이동하며 경찰병력을 조롱했고 명동성당에서 무더위와 싸우며 파업대오를 유지했다. 복귀하는 순간까지도 연대의 의지를 꺾지 않았다. 자본과 정권은 수많은 해고자, 51억 손배가압류로 보복을 가했다. 6~7대 집행부는 이에 맞서 현장 조직력을 회복하기 위해 고군분투했다. 어려운 재정을 조합원과 민주노조진영의 연대로 극복해가며 현장은 서서히 회복되고 있었다.

김영삼 정권은 1993년과 1994년 노경총 임금합의로 노동을 통제하려 하였지만 전지협 투쟁 등 현장의 강한 반발에 뒤로 한 발 물러설 수밖에 없었고 한국노총은 지지기반을 잃었다. 한국노총에서 탈퇴한 많은 노조들이 민주노총 대열에 합류하면서 민주노총을 빼고 노사관계를 논하기 어려운 상황이 되었다. 1996년 김영삼 정권은 민주노총을 논의 파트너로 끌어들여 법 개정 논의를 진행했지만 결국 노동의 유연화를 꾀하는 자본의 입장을 대변하는 정권임을 드러내며 노사관계개혁위원회는 파탄났다. 12월 26일 새벽 신한국당 국회의원들은 몰래 국회를 열고 노동법과 안기부법 등을 처리했다. 민주노총은 즉각 총파업에 돌입했고 이 투쟁은 해를 넘겨 계속되었다. 서울지하철노조는 민주노총 지침에 따라 파업하고 명동성당 농성에 합류했고 1월에는 공공부문 노동조합 파업대오에 함께하며 두 번의 파업을 단행했다. 민주주의에 역행하는 정권에 대한 분노가 노동자들의 투쟁에 대한 지지로 이어지고 전 계급의 참여로 투쟁 전선이 확장되고 있었다. 그러나 민주노총은 조합원들의 피로도, 국가경제 문제 등을 이유로 '투쟁의 완급조절'을 시작했다. 거리에서의 노개투

전선은 사그라졌고 노동법 개정 문제는 국회 논의로 넘어가 자본의 요구가 관철되는 법 개정으로 마무리되고 말았다. 한편 투쟁에 참여했던 노동자들의 가슴에는 추위와 싸우며 명동과 을지로를 누볐던 노개투의 기억이 크게 남았다. 서울지하철노조도 3.16파업, 전지협 파업에 이어 노개투 파업을 통해 조합원의 정치적 의식을 확장했고 선진적인 현장 활동가들을 다수 배출했다. 그 힘이 IMF금융위기를 맞은 자본의 구조조정에 맞선 투쟁을 가능하게 했다.

자본은 신자유주의를 관철하기 위해 노동시장의 유연화를 법제도적으로 확보하고자 했고 김대중 정권은 민주노총을 파트너로 삼아 노사정합의를 통해 관철시켰다. 하지만 민주노총 조합원들은 이를 인정하지 않았고 오히려 합의한 지도부를 끌어내렸다. 상층 지도부를 자본과 정권의 편으로 끌어들인다고 해도 현장의 투쟁을 막을 수 없다는 것을 보여주는 데 서울지하철노조가 선두에 섰다.

신자유주의에 맞선 투쟁은 여기에 그치지 않았다. 민간 사업장 구조조정을 마무리한 자본은 공공부문 구조조정을 본격적으로 시작했고 서울지하철노조는 이에 맞서 8일간의 투쟁을 전개했다. 조합원들은 명동성당에서, 서울대에서 공사의 해고 협박에도 굴하지 않고 파업대오를 유지했다. 공공연맹은 지하철노조의 투쟁을 중심으로 공공부문 총파업을 이끌어냈다. 하지만 투쟁은 더 이상 확산되지 못한 채 마무리되었다. 위원장의 복귀명령에 따라 현장으로 간 조합원들은 곳곳에 배치된 경찰병력, 파업파괴자들의 역공에 속수무책이었다. 노사협조세력의 득세와 노노갈등 그리고 이를 이용한 관리자들의 현장탄압은 상상을 초월한 것이었다. 이러한 상황에서 뚜렷한 대안을 제시하지 못한 민주세력은 9대 위원장 선거에서 결국 조합원의 선택을 받지 못했다.

노사협조주의 노선을 표방한 집행부의 출연으로 서울지하철노조는 파행을 겪었고 현장 조합원들은 관리자들의 통제에 방치되었다. 어렵게 만들어 유지

해온 노조의 민주적 운영원리는 부정되었고 규약과 규정은 휴지조각이 되었다. 힘의 우위에 선 공사에 노동조건을 하나씩 내주는 상황에서 민주진영 활동가들이 조합원들의 분노를 투쟁으로 조직하기 위해 고군분투했지만 쉽지 않았다. 무파업 선언, 연장운행, 정년축소 등 많은 것을 빼앗기고 난 뒤에야 조합원들은 더이상 밀릴 수 없다는 판단에 민주진영 후보를 위원장으로 선출한다.

12대 집행부는 주5일제 쟁취투쟁을 궤도 노동조합 공동투쟁으로 전개하지만 파업을 철회하여 조합원들에게 실망을 안겼고 13대 집행부 또한 혼란스런 조직을 추스르지 못하였다. 노사협조진영과 민주진영의 집행부가 번갈아가며 들어서는 동안 공사는 슬금슬금 구조조정 프로그램을 실행했고 조합원들은 체념과 패배로 힘겨운 시간을 보내야했다. 노사협조주의 집행부는 민주노총 탈퇴를 시도하고 뉴라이트 국민노총 설립을 추진하는 등 노골적인 행보를 했다. 하지만 민주노조의 기풍을 중요하게 여겨왔고 자본과 정권에 맞선 투쟁을 했던 경험이 있는 서울지하철노조 조합원들은 노사협조진영의 계획에 응하지 않았다. 여기에 진보성향 서울시장 당선으로 정세가 변화하면서 현직 위원장이 복수노조를 만들어 나가는 초유의 사태가 벌어지게 된다.

민주진영 활동가들은 노조정상화추진위원회를 구성해 민주노조 재건에 나섰다. 노사협조주의 팽배 속에서도 민주성을 지켜온 결과 복수노조 사태에 빠르게 대응할 수 있는 힘을 가질 수 있었던 것이다. 18대 집행부는 창립 시 만든 선언과 강령을 민주노조의 이념에 맞게 손보고 무너진 현장을 재건하며 연대를 복구하기 위한 노력을 기울였다. 그 결과 복수노조 설립으로 혼란스럽던 현장은 안정을 찾았고 서울지하철노조 조합원 수는 점점 늘었으며 민주노조로서의 면모를 회복해 갔다.

19대 집행부는 서울지하철공사와 도시철도공사의 통합에 대응하는 과정에 조합원들의 의견을 하나로 모아내지 못하고 위원장이 사퇴하고 보궐집행부가 꾸려졌다. 보궐집행부는 출범과 동시에 구의역 참사 대응, 박근혜 정권의 성과연봉제 반대 파업을 조직했으며 통합 논의를 마무리했다. 이로써 서울지하철노조는 노조 설립 30년 만에 서울지하철노조와 도시철도노조의 통합 노조 설립을 추진해야 할 과제를 안게 되었다.

2) 서울지하철노동조합 30년의 역사적 의의와 과제

계급성

지하철 노동자들은 계급의 이해를 대변하는 투쟁을 전개해왔다. 이는 수도권 교통을 담당하는 노동, 공공부문 노동이라는 특성 때문이었고 자신의 요구를 쟁취하는 데 정권과의 정면충돌을 마다하지 않았기 때문이었다. 1989년 3.16파업은 평등과 차별금지 쟁취를 내걸고 모두가 하나되어 벌인 투쟁이었으며 자신의 투쟁이 공사와의 싸움이 아니라 자본과 정권과의 싸움임을 인식하며 지하철 노동자들은 계급적 노동자가 되었다.

1994년 전지협 파업은 민주노총 건설을 앞두고 민주노조진영의 방향성을 설정해준 투쟁으로 당시 노동운동진영의 당면 과제를 실천으로 받아안은 투쟁이었다. 전지협은 파업투쟁 조직 이후 지하철 노동조합 간 연대의 틀, 철도노조민주화 지원 틀로 활동하였고 운수노동자의 단결의 구심으로 공공부문 연대투쟁, 조직발전논의를 추동하는 역할을 하였다.

1999년의 4.19파업은 지하철 노동자의 고용을 지키기 위한 투쟁임과 동시에 신자유주의 구조조정에 맞선 대정부 투쟁이었다. 노동의 유연화를 제도화하려는 자본에 민주노총 지도부가 굴복하고, 노동자들의 심리적 저지선이었던 현대자동차노조의 정리해고 저지 투쟁이 패배로 끝나며 무너져버린 전선을 되살리기 위한 투쟁이었다. 개별 사업장의 투쟁이나 몇몇 사업장의 연대투쟁으로 세계를 휩쓰는 신자유주의를 등에 업는 자본을 막아내기는 역부족이었지만 노동자의 저항을 보여줌으로써 공공부문의 구조조정을 한 발 뒤로 물러서게 하였다. 이렇게 지하철 노동자들은 1990년대 원하든 원치 않든 계급의 이해를 받아안는 투쟁을 전개했다.

2000년대 들어 자본에 의한 분할로 노동자 계급이 양극화되고 그동안 노동운동의 주체였던 정규직 노동자는 계급대표성을 상실하고 있다. 자본의 공세는 계급을 양분하고 정규직과 비정규직의 차별을 강화해 단결을 가로막고, 정규직 노동자의 투쟁을 향한 이데올로기 공격을 강화함으로써 정규직 노동자는 점점 고립되고 있다. 이러한 상황은 대기업 정규직 노동자에게 실리적 선택을 강요하였고 활동가들의 조합주의 강화로 귀결되었다. 지하철 노동자들의 실리적 경향 강화와 그에 조응하는 노조의 조합주의적 성격 강화도 이를 반영한 것이다.

이를 깰 수 있는 것은 노동조합의 존립 이유를 다시 한 번 강조하는 의식적 활동과 이를 통한 선진노동자 형성이다. 선진노동자는 "조합원 속에서 자본의 통제와 횡포에 맞서 일상적으로 투쟁하며, 조합원의 상태와 의식의 변화, 자본의 운동과 전략의 변화, 그리고 노동조합의 대응 방향을 연구하고 대응방안을 모색하는 주체다. 노동자 내부의 차이를 극복하고 조합원의 개별 요구를 전체 요구로, 당면 과제를 중장기적 과제로 결합시켜낼 수 있는 주체"이다.

이러한 역량은 계급적 실천을 통해 확보된다. 그동안 서울지하철노조의 투쟁은 선진노동자를 낳고 길러왔다. 3.16파업으로 '양심적인' 노동자가 '의식적인' 노동자로 거듭났고 전지협 파업으로 그 폭과 깊이가 확장되었다. 특히 전지협 파업은 지하철 노동자뿐 아니라 노학연대를 통해 학생을 계급적 노동자로 재탄생시키는 계기이기도 했다. 96-97노개투를 통해 노동자 전체의 이익을 위한 투쟁을 경험하며 시야가 넓어졌고 구조조정 저지투쟁 과정에서 자본과 노동의 대립의 본질을 인식하며 선진노동자가 성장했다.

하지만 이렇게 형성된 선진노동자가 자신의 전망을 가지고 활동할 수 있는 체계적 교육을 진행하지 못한 것은 지하철노조가 반성할 지점이다. 1998년 이후 노동강도·현장통제 강화와 고용 불안, 피로 누적 등으로 고통받는 조합원의 상태를 반영하여 선진노동자도 현장 기반 상실, 노사협조주의와의 대립, 조합주의 한계, 전망의 부재에 놓여있다. 어렵게 형성된 역량이 유실되거나 재생산되지 못하는 상황이다. 노동조합이 나서 노동의 전망을 고민하고 노동자에게 가해지는 경쟁의 원리를 연대의 원리로 대체할 방안을 마련해야 할 것이다.

서울지하철노조가 제시할 수 있는 계급적 전망을 담는 구체적 투쟁과제는 노동법개정 투쟁, 공공성 강화를 위한 투쟁을 들 수 있다. 노동자의 단결과 의식적 성장을 위한 투쟁을 제약하는 법 제도적 장치들을 철폐하기 위한 투쟁이 다시 전개되어야 한다. 또한 서울지하철노조는 민영화와 구조조정을 막기 위한 투쟁뿐 아니라 공공부문을 확대하기 위한 투쟁, 자본이 주장하는 공익의 한계를 폭로하고 노동의 공익 가치를 확산하며, 이윤논리가 공공부문으로 침투하는 것을 막아야 한다. 동시에 공공부문 구체적으로는 지하철 안전, 평등수혜에 대한 노동자적 통제체제 수립을 위해 투쟁해야할 것이다.

민주성

서울지하철노조는 대중조직 체계 존중 기풍과 규약과 규정에 기반한 민주적 절차를 실현하는 조직운영을 해왔다. 한때 노사협조주의 집행부는 규약을 위반한 집행으로 문제를 야기했지만 민주노조 재건으로 다시 조직운영의 민주적 원리를 회복했다. 그 과정에 민주진영 활동가와 간부들이 고군분투했기에 가능했다.

노동조합의 민주성을 지키는 일은 조합원들의 신뢰를 확보하는 일이며 연대성을 발휘하기 위한 기반이기도 하다. 비민주적인 집행부에 대항한 민주 활동가들의 문제제기와 충돌이 조합원들에게는 노조에 대한 무관심을 확산시켰고, 내부 민주주의 문제에 집중하면서 다른 사업장 투쟁, 사회적 문제를 제기하는 투쟁에 결합할 여력도 없었다. 연대활동의 제약은 조합원뿐 아니라 활동가들의 시야도 좁아지게 만들었다. 민주노조 재건으로 조합운영의 민주성이 회복됨과 동시에 연대활동의 깊이와 폭도 넓어져야할 것이다.

민주성 관련 경계해야할 것은 새로운 세대를 유입하지 못하고 대중의 활력에 근거하지 못한 채 형식적 민주 요소만 강조하거나 반면 맹목적 직접민주주의 따르는 오류다. 지하철노조같이 대기업 노조의 경우 대규모 조합원 통솔을 위해 위원장의 권위가 매우 높은 구조를 가질 수밖에 없는데 이 잘 짜여진 구조를 토론문화 활성화에 활용한다면 군대같은 하향식 사업, 조합원 소외와 수동화 문제를 막을 수 있을 것이다.

조합원들의 무관심과 수동성은 자본이 만든 개인주의, 경쟁주의의 산물이지만 한편으로는 노동운동 지도부와 활동가에 대한 실망에서 오는 것이기도 하다. 조합원의 의사를 묻지 않거나 납득할 만한 이유가 없는 결정, 현장에서 벌어지는 관리자의 지배 개입을 노동자 개인에게 맡기는 현장 간부의 모습, 조합원을 사업의 주체가 아닌 대상으로 만드는 조합활동 등은 노조와 조합원간의 벽을 더욱 두껍게 만들고 있다.

노동자의 삶과 노동조건을 스스로 결정해 나간다는 자주성, 경쟁이 아닌 평등 공동체 원리, 아래로부터의 민주적 대중적 의사결정 원리를 실현할 것이 요구된다.

연대성

서울지하철 노동자는 연대투쟁에 앞장서 왔다. 서울지역에서 벌어진 투쟁 사업장이 있으면 달려갔고 노래패로 풍물패로 연대하는 동지들도 있었다. 맥스테크 노동자 투쟁에 연대하면서 서노협 건설을 주도했고 사수대가 되어 전노협 창립대회를 보위하기도 했다. 모토로라 투쟁에 참여해 부상당한 조합원도 있었고 청구성심병원노조 투쟁에 연대해 용역깡패에 맞서 싸우다가 머리가 터진 조합원도 있었다. 동종업종 노동자들의 연대조직인 전지협 건설과 투쟁, 공공부문 단결은 더 자연스러운 것이었다. 이에 철도노조 민주화에 적극 결합하였고 궤도 노동자 단결을 위한 모임에는 열일 제쳐놓고 함께하며 중심에 섰다.

왜 그래야 하냐는 물음을 던지지 않고 같은 노동자니까 당연히 연대해야 한다는 생각이 자연스럽게 몸에 배어있었다. 반면 노사협조주의 집행부는 "해준게 뭐냐"며 상급단체 의무금을 내지 않던 때도 있었고 심지어 민주노조의 전국 조직인 민주노총 탈퇴를 시도하기도 했다. 물론 서울지하철 노동자는 민주노조를 지켜냈지만 적지 않은 기간의 경험은 조합원들의 연대의식을 약화시키는 데 영향을 미쳤다.

2000년대 이후 요구되는 연대는 정규직과 비정규직의 연대다. 정규직 비정규직 분할 통제로 자본은 노동자의 저항력을 약화시키는 데 성공을 거두고 있다. 또한 노동강도 강화, 현장 통제로 노동자가 사태의 본질조차 인식할 수 없는 상황을 만들어가고 있다. 정규직 노동자들은 비정규직을 자신의 고용안전판으로 여기고, 비정규직 노동자들은 비정규직 차별이 정규직 때문이며 청년실업이 고령노동자 때문이라는 자본이 설정하고 퍼뜨린 '음모론'에 사로잡혀 있다.

이를 방치한다면 결국 정규직 노동자에게 부메랑이 될 것이다. 노동조건 확보를 위한 정규직 노동자의 파업을 가로막는 것이 악법이 아니라 자본의 이데올로기 공세에 포획당한 비정규직 노동자일 수 있다.

70-80년대 노동조합은 정권의 정당성을 문제제기하며 투쟁했지만 1987년 이후 정당한 분배 투쟁이 중심이 되었다. 한때는 분배투쟁이 자본과의 접점이 되면서 계급을 대변하고 지지를 받았지만 이는 한계에 봉착했다. 임금투쟁만으로 노동자의 삶이 나아지는 게 없으며 사회적 이슈에 연대해 이를 확보함으로써 더 풍요로운 삶을 누릴 수 있음을 확인하였다. 예를 들어 반값 등록금, 대중교통 지원, 연금, 안전 문제 등을 확보한다면 임금인상투쟁과는 비교되지 않는 성과이다. 자본이 개인의 과제로 떠넘기려 했던 문제들이 노동자의 문제임을, 연대를 통해 해결해야할 문제임을 인식하고 실천해야할 것이다. 이를 실현하기 위한 방안 또한 다양하게 고안되어야 하며 노동조합운동을 넘어서는 정치운동과 노동자 정치세력화 실천을 다시 조직해야할 것이다.

연대성과 관련 경계해야할 것 중 하나는 대공장 중심주의다. 뭐든 우리 힘만으로도 충분히 감당할 수 있다는 생각은 연대의 장애물이 될 수 있다. 서울지하철노조 투쟁은 많은 노조의 연대와 노학연대를 통해 엄호되었고 일상활동은 문화활동가들의 결합을 통해 풍부해졌음을 잊어서는 안 될 것이다.

부록

서울지하철노동조합 연보

서울지하철노동조합 역대 집행부 명단

서울지하철노동조합 역대 대의원 명단

| 서울지하철노동조합 연보 |

1987년

08.12 노동조합 설립(발기인 57명, 초대 위원장 배일도)

08.13 노동조합 결성 1차 보고대회(군자기지, 300여 명 참여)

08.14 노동조합 결성 2차 보고대회(지축기지, 1,500여 명 참여)

08.16 노조회보 1호 발행

08.17 노동조합 결성 3차 보고대회(창동기지, 1,500여 명 참여)

08.21 서울지하철노동조합 설립신고서 교부

09.30 초대 대의원과 지회장 선거

11.14 첫 조합원총회: 총파업 예고

11.18 최초의 임금·단체협약 및 양해각서 체결

1988년

01.25 1988년 임금 및 단체협약 체결

02.10 직제개편추진위원회 발족

02.26 제1기 정기대의원대회

05.29 서울지역노동조합협의회 결성(배일도 위원장, 서노협 의장으로 선출), 한국노총 탈퇴

06.11 직제개편 쟁취 전진대회(군자차량기지 앞 용답축구장)와 평화대행진

06.17 지하철 최초 파업(3시간), 양해각서 이행을 위한 합의각서 체결

08.03 주택조합 사기 연루 의혹으로 배일도 집행부 총사퇴

08.18 제2대 집행부 출범(위원장 김명희)

08.24 이·취임식 후 열린 임시대의원대회에서 9월 4일 파업 돌입 결의

09.04 파업을 올림픽 이후로 연기하기로 결정

10.05 직제개편 합의각서 체결

11.19 전 노조간부 5명에 대한 인사조치에 반발해 부당인사 철회를 요구하며 차량지부 파업

1989년

02.03 제3대 집행부 출범(위원장 정윤광)

02.20 불법 연행 동지 구출을 위한 전 조합원 구의역사 투쟁

03.06 직제개편 및 근무형태 변경 합의서 이행 태업 투쟁(무임승차 투쟁, 4일간)

03.16 7일간의 파업과 농성투쟁(조합원 2,345명 연행, 위원장 등 30명 구속)

04.17 제2상무집행위위원회 체제

08.01 위원장 직무대행 체제(서창호)

08.26 위원장 직무대행 체제(최낙용)

08.23 중앙노동위 직권중재(직제개편 및 근무형태 변경)

11.04 합의각서(1989 임금협약) 체결

12.01 근무형태 변경 실시(24시간 교대제→3조2교대, 4조3교대, 교번제)

12.22 제2기 정기대의원대회

1990년

01.22 전국노동조합협의회 결성

02.09 구속동지 석방 결의대회 및 원직복직투쟁본부 발대식

02.15 노동부의 업무조사 거부

02.23 제3기 정기대의원대회

03.09 위원장 직무대행 체제(조상호)

04.21 부당교육 저지 철야농성 투쟁(~26)

04.27 서울시투자기관노동조합협의회 결성 가입

05.01 메이데이 태업 투쟁(무임승차 투쟁, 9시간)

05.08 노동교실(노동자의 철학, 역사, 정치·경제, 운동사, 과제 등) 1주 간격 8회 진행(~26)

05.29 위원장 직무대행 체제(홍순영)

07.23 선전홍보, 조합원 조직화, 한진희 사장 퇴진 투쟁 등 7주차 투쟁(~7주간)

11.22 정윤광 위원장 만기출소(11.28. 석방환영대회)

12.10 대의원대회에서 연내 파업 결의

12.26. 대의원대회에서 파업 유보 결정, 위원장은 봄 파업 결의를 밝히고 신임투표와 연계하겠다고 함

1991년

01.29 12월 파업유보와 91년 봄 투쟁에 관한 조합원 지지여부 투표 결과 44.9%의 찬성률(~31)

02.10 대기업노조연대회의 간부 수련회 후 정윤광 위원장 등 조합 간부 7명 연행됨. 정윤광 구속

02.26 제4기 정기대의원대회

03.30 제4대 집행부 출범(위원장 강진도)

06.19 1991년 임단협 체결

07.11 1991년 임단협 체결안 조합원 찬반투표 부결(7.1~3)관련 상집 개편 방침 결정

1992년

01.20 신설동역 선로보수작업 중 조합원 사망사고 관련 조합원 비상총회. 노동현장 안전문제 제기

03.13 제5기 정기대의원대회

06.17 1992년 임금협약 체결(위원장과 사장 단독 대좌)

07.03 강진도 위원장 퇴진을 위한 범지부 대책위원회 결성

07.08 집행부 총사퇴 총선 요구 조합원 서명(75.4%)

07.14 1992년 임금협약안 찬반투표. 찬성률 25.5%로 부결

08.11 강진도 위원장 불신임 투표를 위한 임시총회 소집 요구 서명, 임시대의원대회 소집 요구. 집행부는 이를 받아들이지 않음

09.02 범지부 대책위, 강진도 퇴진 촉구 조합원총회 후 노조 사무실 점거 무기한 농성 돌입

12.15 임시대의원대회 노조 비상대책위 결성

1993년

01.18 비대위, 강진도 위원장 불신임 조합원 총투표(~20) 불신임 찬성 93.2%

03.22 비대위 5대 총선거 공고

03.29 강진도 집행부, 노동부 총회소집권자 지명 대응을 위해 자체 불신임투표를 실시하나 투표율 16% 수준

04.03 노동부, 김명희 전 위원장을 총회소집권자로 지명(소집권자 지명 요구 6개월 만에)

04.30 강진도 위원장 불신임 조합원 총투표 96.5%로 불신임 가결.

05.27 제5대 집행부 출범(위원장 김연환)

06.25 제6기 정기대의원대회

09.14 1993년 임단협 체결

11.19 선전학교(~20)

11.23 2기 지하철 운영권 분리음모 규탄대회(서울역 광장)

1994년

02.04 제7기 정기대의원대회

03.16 전국지하철노동조합협의회 결성(상임의장 김연환)

06.02 전지협 공동투쟁 결의대회(종묘공원)

06.04 전지협 공동투쟁 결의대회(부전역 광장)

09.23 경찰, 새벽에 전국의 전기협 14개 농성장에 병력 투입, 641명 연행, 전기협 총파업 선언. 서울지하철노조 준법운행 돌입 및 교섭 결렬 시 총파업 결정

06.24 서울지하철노조 총파업 돌입(부산지하철노조 25일 총파업) 29일까지 거점투쟁(경찰병력 투입)과 산개투쟁을 전개하며 파업, 29일 명동성당 조합원총회

06.30 파업철회, 위원장 및 파업 지도부 명동성당 농성 돌입

07.12 위원장 직무대행 체제(석치순)

09.12 파업 지도부 구속, 농성 중단(75일차) 자진 출두

11.04 공공부문노동조합대표자회의 결성, 가입

11.09 서울지하철 해직자 원상회복 투쟁위원회 결성식

1995년

01.20 제6대 집행부 출범(위원장 석치순)

02.10 제8기 정기대의원대회

05.09 손해배상청구소송 공동대책위원회 주최 토론회로 손배 문제 사회적 제기

08.04 1995년 임단협 체결

10.14 지하철 노사문제 해결을 위한 10만인 서명운동

11.11 민주노총 출범 및 가입

1996년

01. 직제개편추진위원회 활동

02.06 제9기 정기대의원대회

06.02 공노대 조합원총회(보래매공원, 서울지하철노조 조합원 2천여 명 참여)

06.20 1996년 임단협 체결(6.24 파업관련 해고자 15명 복직)

07.20　노동법개정투쟁 선동대 수련회(~21)

07.27　노동법개정투쟁소위 구성과 1차 회의

08.23　지하철노동조합 정치위원회 구성과 1차 회의

09.20　노동법개정투쟁 승리를 위한 강사진 구성과 현장 순회 교육 시작

11.08　제7대 집행부 출범(위원장 김선구)

11.10　제5회 전태일 노동상 수상

12.28　노동법 개악 반대 1차 총파업(2일간)

1997년

01.15　노동법 개악 반대 2차 총파업(2일간)

03.28　제10기 정기대의원대회

06.07　전국민주철도·지하철노동조합연맹 결성

06.30　97임단투 조합원 손해배상 연대책임 서명

07.09　1997년 임단협 체결(파업 10시간)

10.13　서울지하철노조 창립 10주년 기념 여성교양강좌를 시작으로 기념토론회(15일), 대동제(17일~), 소리물결 공연(18일) 진행

11.09　서울지하철노조 정치실천단 발대식

1998년

02.09　2월 6일 잠정합의한 노사정협약 승인 관련 민주노총 대의원대회, 서울지하철노조 등 현장의 반발로 부결, 민주노총 지도부 총사퇴와 비대위 구성

02.11　공사측 손해배상 청구소송 철회, 서울지하철노조 파업 철회

03.10　제11기 정기대의원대회

06.11　1998년 임투 총파업(10시간) 임금협약 체결, 해고자 7명 복직

07.23　민주노총 연대파업(10시간)

09.　노동아카데미 개최 및 교육기관지 발간

10.30 제8대 집행부 출범(위원장 석치순)

12.15 고용안정 쟁취와 지하철 개혁을 위한 1차 조합원총회(서울역, 4,821명). 이후 파업까지 종묘공원, 시청역·서울역·청량리역·용산역 광장, 광화문 앞 등에서 9차례 진행

1999년

02.10 제12기 정기대의원대회

03.13 전국공공운수사회서비스노동조합연맹(공공연맹) 결성

03.15 '99투쟁 승리를 위한 실천 투쟁(~16)

04.19 구조조정 저지, 노동시간 단축, 일자리 나누기 쟁취 총파업(8일간). 명동성당과 서울대 거점투쟁

04.27 파업 철회, 현장복귀 위원장 및 지도부 명동성당 농성 돌입
위원장 직무대행 체제(김명희)

07.16 노사정(서울시, 공사, 노조) 합의서 체결

09.02 위원장 직무대행 체제(구덕회)

10.15 제9대 집행부 출범(위원장 배일도)

12.30 '99임단협 잠정합의(정원 1,621명 감원, 정년단축, 4조3교대 폐지 등)

12.30 구조조정 저지와 민주노조 사수를 위한 4개 지부 비상대책위 결성

2000년

01.04 위원장 단독 노사평화선언

01.25 1999년 임단협 잠정합의서 찬반투표 변칙 강행

03.17 제13기 정기대의원대회

03.25 1999년 노사합의서 이행을 위한 시행서 체결

03.27 근무형태 변경 시행(역무 4조3교대→3조2교대)

04.07 승무지부 단독파업(탄력근로제 도입 반대 3시간 30분)

10.31　행자부지침 철회를 위한 조합원 총회

12.30　2000년 임단협 잠정합의서 체결

2001년

05.25　제14기 정기대의원대회

08.30　전국지방공기업노동조합협의회 창립(위원장 배일도)

09.28　제10대 집행부 출범(위원장 배일도)

2002년

02.03　2001년 임단협 잠정합의서 체결

02.22　임단협 인준투표 부결(집행부 총사퇴)

03.29　제11대 집행부 출범(위원장 배일도)

04.01　배일도 위원장 무파업 선언

04.17　2001년 임단협 노사합의 체결

07.29　2002년 임단협 잠정합의서 체결

08.07　2002년 임단협 잠정합의서 찬반투표 부결

08.21　임시대의원대회 개최 배일도 집행부 총사퇴 권고 결의

08.23　2002년 임단협 잠정합의서 재체결(이후 인준투표 가결)

08.26　집행부 총사퇴 총선과 노동조합 정상화를 위한 4개 지부 공투본 결성

10.22　제15기 정기대의원대회

12.09　1시간 심야 연장운행 시행

2003년

01.07　지하철 1시간 연장운행 수용 잠정합의서 체결

01.16　지하철 1시간 연장운행 수용 잠정합의에 관한 조합원 인준투표(찬성 60.39%)

05.22 제16기 정기대의원대회

12.20 21세기 지하철 발전도약을 위한 협약서 사장-위원장 단독 체결

12.31 2003년 임단협 잠정합의서 체결

2004년

02.20 '21세기 협약서' 찬반투표 부결로 폐기(반대 72.65%)

03.19 제12대 집행부 출범(위원장 허섭)

05.27 제17기 정기대의원대회

06.11 궤도연대 공동투쟁본부 출범

07.21 궤도연대 지하철 5사 노조 총파업. 주5일제 도입, 노동시간 단축 요구

07.23 파업 철회, 임시대의원대회 열어 위원장 직무대행 선출(김종식)

08.02 서울지노위 직권중재 재정(2004년 임단협)

12.10 제13대 집행부 출범(위원장 김종식)

2005년

05.12 제18기 정기대의원대회

07.01 근무제도 연구용역 노사합의 발주

08.11 부족인원 충원 농성투쟁(150명 충원 합의)

12.01 비정규 권리보장입법 쟁취 총력투쟁 결의를 위한 조합원총회

12.06 연구용역 파행 및 중단

12.09 연구용역 파행 및 중단에 항의하는 규탄 농성

2006년

01.12 낙하산 인사 출근 저지 투쟁(~16, 본사)

03.01 2005년 임단협 체결(43.67% 찬성으로 부결, 집행부 총사퇴)

04.21 제14대 집행부 출범(위원장 정연수)

07.21 강원 평창 수해복구 활동

08.16 제19기 정기대의원대회

10.21 노사한마음 체육대회

2007년

01.30 2006년 임단협 잠정합의서 체결

07.18 제20기 정기대의원대회

11.10 지하철 이용 시민을 위한 건강마라톤 대회

12.11. 2007년 임단협 잠정합의서 체결

2008년

03.18 제15대 집행부 출범(위원장 김영후)

03.25 조직개편 관련 이사회 저지 투쟁, 김상돈 사장 불신임 투표

04.21 김상돈 사장 출근 저지투쟁(점거농성 16일간)

06.05 서비스지원단 무력화 투쟁

06.26 제21기 정기대의원대회

06. 미친소 수입반대 지하철 안전과 공공성 확보 선전전 및 집회 참석

07.14 창의 아카데미교육 저지투쟁

11.20 2008년 임단협 체결(찬성 48.39%로 부결, 집행부 총사퇴)

2009년

01.30 제16대 집행부 출범(위원장 정연수)

02.09 노·사·정 평화 선언(오세훈, 김상돈, 정연수)

02.18 노숙자 배식 자원봉사(서울역)

04.16 노사 공동 고객만족 관련 보신각 타종행사

07.02 제22기 정기대의원대회

12.04 2009년 임단협 잠정합의서 체결
12.17 민주노총 탈퇴 조합원 총투표 부결(반대 54.6%)

2010년

02. 노조 상집간부, 안전사고 방지를 위한 승강장 안내 활동
04.03 장애인 등 100명을 위한 봉사활동
05.07 어버이날 기념 꽃 달아주기 및 국회의원 일일 명예역장 체험행사(연례화)
06.24 제23기 정기대의원대회
06. 노사공동 질서 캠페인(7월에도 지속)
09.01 노사합동 '효' 실천 사회봉사활동
12.22 2010년 임단협 잠정합의서 체결

2011년

01.14 제17대 집행부 출범(위원장 정연수)
04.29 민주노총 탈퇴, 국민노총 가맹 규약변경 조합원 총투표(53.02%로 3분의 2이상 득표가 안 돼 부결, 그러나 집행부는 노동부 유권해석을 근거로 가결 선언
04.30 113주년 노동절 기념 홀몸어르신 팔구순 잔치(노동절 효 행사 연례화)
07.15 제24기 정기대의원대회
10.13 2011년 임단협 잠정합의서 체결

2012년

01.20 설 연휴 지하철 이용 시민 생수 나눠주기 행사
05.29 제25기 정기대의원대회
07.06 서울고법, 서울지하철노조 총회의결(민주노총 탈퇴, 국민노총 가입) 무효판결

12.10 2012년 임단협 합의서 체결

12.27 임단협 인준투표 부결(정연수 위원장 불신임)

12.28 불신임 집행간부 일부 노조 이탈, 제2노조(서울메트로노조) 설립총회

12.29 서울지하철노조 정상화 추진위원회 결성

2013년

02.21 제18대 집행부 출범(위원장 박정규)

03.13 제25기 4차 임시대의원대회 조합비 0.7% 인하 등 의결

06.25 제26기 정기대의원대회

08.28 서울모델「정년연장, 퇴직수당」조정서 제출

12.05 임단투 파업 찬반투표 가결 찬성 93.52%

12.16 2013년 임단협 합의서 체결(인준투표 찬성 70.38%)

2014년

03.24 제27기 정기대의원대회

04.07 99%를 위한 서울노동자 선언운동

05.07 열차 추돌사고 진상규명과 재발방지를 위한 대책위 구성

05.26 공공운수연맹·노조 서울지역본부, 박원순 서울시장 후보 정책협약

10.21 대의원대회에서 선언과 강령 개정, 위원장–사무국장 동반출마제 신설 등 규약 개정

12.10 2014년 임단협 체결(4조2교대 시범시행 등)

12.10 서울시 양 공사 통합 추진 결정

2015년

01. 서울 지하철 통합 효과와 통합공사의 임금·직급체계 연구 용역

02.16 제19대 집행부 선출(위원장 김현상, 사무국장 한성규)

04.03 지하철 노사정 협의회 시작

04.28 제28기 정기대의원대회

06.29 지하철 통합 현황과 전망 현장 공청회 시작(~08.)

11.28 2015년 임단협 및 임금피크제 도입 합의

12.08 2015년 임단협 합의서 인준투표(~11)

2016년

03.15 노사정 대표자, 지하철 통합 관련 잠정협약서 체결

03.25 지하철 통합 관련 노사정 잠정협약서 찬반투표(~29일/51.92% 반대로 부결)

05.23 제19대 보궐집행부 출범(위원장 최병윤, 사무국장 윤석연)

05.28 구의역PSD 은성용역 직원 사망사고 발생

06.03 기술지부 시청 농성투쟁 돌입을 시작으로 구의역 사고 재발방지 및 서울매트로 안전 대책 요구 투쟁

07.26 제29기 정기대의원대회

09.27 박근혜 정부 성과연봉제, 퇴출제 강행 저지 총파업(3일간)

10.~ 박근혜 퇴진 촛불 행진 참여

11.10 임단협 및 「양공사 통합 관련 보충 협약」 잠정합의

11.23 양공사 통합 관련 보충 협약 가결(서울지하철노조 68.23%, 메트로노조 74.36%, 도시철도노조 81.43%)

2017년

02.21 제20대 집행부 출범(위원장 최병윤 사무국장 박덕남)

05.22 서울지하철노조, 메트로노조, 도시철도노조 노동조합 통합 추진 선언

05.23 제30기 정기대의원대회

05.31 서울교통공사 출범

| 서울지하철노동조합 역대 집행부 명단 |

초대 집행부

위원장 배일도 수석부위원장 김치재 사무장 이청호 총무부장 정영재
조직부장 박노선 쟁의부장 김학용 법규부장 정연수 교육부장 문영섭
조사부장 김태욱 선전홍보부장 정윤광 편집부장 최원석
청년부장 김인홍 후생복리부장 강청진 여성부장 정숙이

역무부위원장 황규엽 김현태 역무1지회장 김성우 역무2지회장 이우홍
역무3지회장 박병복 역무4지회장 오인하 역무5지회장 서상대

승무부위원장 김명희 종로승무지회장 이후식 창동승무지회장 홍우철
지축승무지회장 유남열 구로승무지회장 김재범 사령 김석희

시설부위원장 윤종석 1신호지회장 김연환 2신호지회장 조용필
1전기지회장 이장진 2전기지회장 황현철 1통신지회장 임양택
2통신지회장 신현준 AFC지회장 조동안

설비부위원장 권영현 1보선지회장 김광섭
2보선지회장 이병철 영선지회장 이경주 설비지회장 김선영

차량부위원장 김치재 군자공작창지회장 정용운
군자검수지회장 강진도 지축공작창지회장 성기승
지축검수지회장 조상호 창동지회장 김종래 군자지회장 이현래

본사부위원장 맹용수

2대 집행부

위원장 김명희	수석부위원장 박명복	부위원장 김인덕
사무국장 김인홍	총무부장 임성규	조직부장 김준호
법규부장 정연수	교육부장 정윤광	선전홍보부장 유제현
조사통계부장 김연환	쟁의지도부장 윤종석	대외협력부장 유남열
편집부장 박대윤	문화체육부장 석치순	후생복지부장 송승호
부대사업부장 권내섭	여성부장 정숙이	

역무1지부장 서창호

1지부1지회장 김강	1지부2지회장 한영철	1지부3지회장 김종식
1지부4지회장 권혁래	1지부5지회장 한창호	1지부6지회장 동세은

역무2지부장 주길현

2지부1지회장 최영석	2지부2지회장 나영섭	2지부3지회장 성용준
2지부4지회장 조종찬		

승무지부장 최낙용

종로승무지회장 곽정호	성수승무지회장 오영명	구로승무지회장 한용희
옥수승무지회장 지철승	상계승무지회장 이장호	본사사령지회장 이상오

시설지부장 김광섭

1보선지회장박종우	2보선지회장 신상철	영선지회장 이중호

설비지부장 신현준

설비지회장 김선구	1전기지회장 정재웅	2전기지회장 황현철
2신호지회장 이성일	2신호지회장 최종대	1통신지회장 임양택

2통신지회장 박경명　　AFC지회장 장윤석

차량지부장 조상호
군자공작창지회장 정용운　군자검차소지회장 이재용　지축공작창지회장 김상희
지축검차소지회장 이재철　창동차량지회장 최종진

3대 집행부

위원장 정윤광　수석부위원장 서창호　부위원장 홍순용
감사 김성수 윤현식 이길동　총무부장 임성규　조직부장 김유복
법규부장 유방식　교육부장 윤제운　선전홍보부장 조홍연
조사통계부장 김연환　쟁의지도부장 이광열　대외협력부장 박노선
편집부장 엄재성　문화체육부장 석치순　후생복지부장 양윤모
부대사업부장 임동헌　여성부장 정숙이

역무1지부장 김성우 윤제훈　1지부1지회장 김기형　1지부2지회장 박정규
1지부3지회장 신동걸　1지부4지회장 장무길　1지부5지회장 박승일
1지부6지회장 조성태

역무2지회장 강청진 구덕회　2지부1지회장 송찬길　2지부2지회장 김경도
2지부3지회장 최정남　2지부4지회장 주길연

승무지부장 최낙용 이상대　종로승무지회장 최경진　성수승무지회장 장영길
구로승무지회장 임관동　옥수승무지회장 김명기　상계승무지회장 홍우철
서울승무지회장 김문수(대)

설비지부장 한용석 김연환	1전기지회장 정재웅	2전기지회장 류용한
3전기지회장 강송구	1통신지회장 김유복	2통신지회장 신현준
AFC지회장 김종철(대)	설비지회장 강성석	

시설지부장 김광섭 박재진	1보선지회장 박주형	2보선지회장 구자형
영선지회장 임홍재		

차량지부장 최원석	군자공작창지회장 이웅근	군자검차소지회장 김진평
지축공작창지회장 민병욱	지축검차소지회장 이재철	창동차량지회장 최종진

본사지부장 맹용수	본사1지회장 신현남	본사2지회장 홍기섭
본사3지회장 강성길		

3.16파업 비상체제

■ 제2 집행부 체제

의장 문영섭	제1부의장 이상대 박병복	제2부의장 장윤석 최낙용
사무국장 최원석	총무부장 이훈 임동헌	법규부장 주길연 연원선
선전홍보부장 유제현	쟁의부장 조태형 김용진	편집부장 박종우
조직부장 홍순영	교육부장 김학년	조사통계부장 송준엽 강충모
대외협력부장 이훈	문화체육부장 오창식	

■ 서창호 직무대행 체제

총무부장 직대 임동헌	교육부장 윤재운	법규부장 엄재성
쟁의부장 직대 김용진	조사통계부장 김연환	선전홍보부장 직대 유제현

편집부장 박종우 후생복지부장 강충모 대외협력부장 홍순영
부대사업부장 남기상

■ 최낙용 직무대행 체제

수석부위원장 최낙용(위원장직무대행)
부위원장(직대) 최원석 부위원장 홍순용
사무국장 주길연 총무부장 임성규 임동헌
조직부장 박노선 김학년 법규부장 박재동
교육부장 엄재성 박노선 선전홍보부장 유제현
조사통계부장 김연환 쟁의지도부장 김용진(직대) 이광열
대외협력부장 김유복 양윤모 편집부장 박종우
문화체육부장 석치순 강충모 후생복지부장 양윤모 박명학
부대사업부장 박명학 김인홍 여성부장 강충모(직대) 이장주

■ 조상호 직무대행 체제(*신임)

사무국장 김명희 조직부장 김강 교육부장 김선구
쟁의지도부장 김용진

■ 홍순영 직무대행 체제

부위원장 홍순용 사무국장 박병복 김명희 총무부장 임동헌
조직부장 이훈 쟁의지도부장 김용진 법규부장 김명희 박명학
조사통계부장 박경명 교육부장 서정근 선전홍보부장 김영후
편집부장 김선구 문화체육부장 김학년 대외협력부장 양윤모
부대사업부장 김인홍 후생복지부장 강충모 여성부장 송미영

■ 정윤광 위원장 출소 후

수석부위원장 김선구	부위원장 김강	사무국장 석치순
총무부장 임동헌	조직부장 채강보	쟁의부장 김용진
조사통계부장 이신용	교육부장 장윤석	법규부장 김부창
선전홍보부장 조홍연	편집부장 김충례	대외협력부장 양윤모
부대사업부장 김근황	후생복지부장 정희일	여성부장 송미영

4대 집행부

위원장 강진도	수석부위원장 하원준	부위원장 주길연
사무국장 안병대 민병욱	총무부장 이왕우	조직부장 임민영
쟁의부장 맹용수	교육부장 김만화 성성일	선전홍보부장 유제현
편집부장 이희종 신동걸	조사통계부장 김만화 성성일	
법규부장 권동호 박재동	문화체육부장 정용운 구자형	후생복리부장 이명호
부대사업부장 설명석	대외협력부장 구자형 맹용수	
여성부장 이경애 김진선	회계감사 송준엽 박경명 김용진	

역무1지부장 조성태	1지부1지회장 김기형	1지부2지회장 윤제훈
1지부3지회장 변영	1지부4지회장 장무길	1지부5지회장 정판개
1지부6지회장 심주식		

역무2지부장 송관순	2지부1지회장 송찬길	2지부2지회장 김경도
2지부3지회장 윤범진	2지부4지회장 이남수	

승무지부장 홍우철	종로승무지회장 문승안	성수승무지회장 이경수
구로승무지회장 임관동	옥수승무지회장 유남열	상계승무지회장 서형석
서울승무지회장 김문수		

설비지부장 정희일 1전기지회장 정재웅 2전기지회장 오선근
1신호지회장 강송구 2신호지회장 최종대 1통신지회장 김유복
2통신지회장 신현준 우재현 AFC지회장 김종철 설비지회장 강성석 박영호

시설지부장 이중호 1보선지회장 이근원 2보선지회장 한정식
영선지회장 임봉수

본사지부장 강성길 총무지회장 한록영 민경선
운영지회장 장인기 기술지회장 임태홍

차량지부장 김진평 군자공작창지회장 이웅근 군자검차소지회장 오창식
창동차량지회장 최종진 지축공작창지회장 김정용 지축검차소지회장 이재철

5대 집행부

위원장 김연환 부위원장 양윤모 사무국장 이경수
사무차장 임성규 총무부장 김종철 조직1부장 장윤석
조직2부장 고철호 김명한 최홍락 법규부장 김종식
교육부장 박희석 선전홍보부장 김영후 김명한
조사통계부장 최홍락 김영후 쟁의지도부장 박정규
대외협력부장 이상대 편집부장 박종우 문화체육부장 채강보
후생복지부장 박성열 부대사업부장 김문수 여성부장 김진선

역무1지부장 심주식 1지부1지회장 이양환 나영섭 1지부2지회장 조규완
1지부3지회장 최경진 1지부4지회장 김지태 1지부5지회장 권연구
1지부6지회장 김춘호

역무2지부장 김경도 2지부1지회장 송찬길 2지부2지회장 김대훈
2지부3지회장 권혁래 2지부4지회장 박동기 2지부5지회장 전종삼

승무지부장 서형석 종로승무지회장 최경진 성수승무지회장 김명섭
구로승무지회장 박창순 옥수승무지회장 조태형 상계승무지회장 이원국
서울승무지회장 박성국 신정승무지회장 박정수 수서승무지회장 송준엽

기술1지부장 정재웅 1전기지회장 이승재 2전기지회장 오선근
1신호지회장 강송구 2신호지회장 배기룡 2통신지회장 유재현
AFC지회장 임석규 설비지회장 한원상

기술2지부장 송승호 1보선지회장 이재근 2보선지회장 한승관 김병현
영선지회장 박근호

차량지회장 최종진 군자공작창지회장 신현배 군자검차소지회장 김영준
지축공작창지회장 김정용 지축검차소지회장 김용진
창동차량지회장 허섭 신정검차소지회장 유재욱 신정공작창지회장 이강일

6대 집행부

위원장 석치순 수석부위원장 홍순영 부위원장 구덕회
사무국장 김충례 정책실장 허섭 정책부장 이은주
총무부장 (공석) 총무차장 김종철 조직1부장 박정규
조직2부장 최철규 법규부장 이강일 법규차장 김종식
교육부장 김경주 조사통계부장 조병학 쟁의지도부장 김선휘
대외협력부장 김대훈 편집실장 서형석 편집1부장 김창훈

편집2부장 이원정 문화체육부장 문종호 복지부장 전종삼
산업안전부장 이근원 여성부장 박은경

역무지부장 윤제훈 역무사무국장 전종삼 나상필 역무1지회장 김선배 최재풍
역무2지회장 최경진 역무3지회장 최종남 역무4지회장 신동걸 박덕남
역무5지회장 허철행 역무6지회장 김원호 김대훈 역무7지회장 이명환
역무8지회장 이상춘 역무9지회장 권오현 역무10지회장 안치문 송을구
역무11지회장 김문영 역무12지회장 권상범

승무지부장 김명기 승무사무국장 김명섭
종로승무지회장 김동두 이병찬 성수승무지회장 이원호
구로승무지회장 유기한 김영천 신정승무지회장 박정수 이병채
옥수승무지회장 조흥연 김학년 수서승무지회장 송준엽
상계승무지회장 이원국 서울승무지회장 박성국

기술지부장 김근황 기술사무국장 이석진 1전기지회장 한용석
2전기지회장 신현홍 1신호지회장 신재원 2신호지회장 김석호
1통신지회장 양동원 2통신지회장 이무훈 김영배
AFC지회장 이종도 장철순 설비지회장 강성석
1보선지회장 임홍모 2보선지회장 구자형
기계보선지회장 차재천 전축지회장 이상돈
토목지회장 정진영

차량지부장 이재용 차량사무국장 유재욱 배상조
군자공작창지회장 박재은 송완섭 군자검차소지회장 정선식
지축공작창지회장 김정용 최병윤 지축검차소지회장 이명원

창동차량지회장 금찬원
신정김치소지회장 김태균
신정공작창지회장 박인남
구내지회장 안홍기(직)

본사특별지회장 맹용수

7대 집행부

위원장 김선구
수석부위원장 이원국
부위원장 이원국 김강
사무국장 금찬원 이재용
정책실장 박창순 김충례
교육선전실장 김학년 정연경
총무부장 박근호
조직부장 박종화 김영준
법규부장 장승완 정책부장 조병화
대외협력부장 김태균 허철행
조사통계부장 김재영
교육부장 김경주 박종화 김경주
선전홍보부장 안치문
편집부장 한성규 허연희
쟁의지도부장 김기실 김선휘 강승구
문화체육부장 이기택
복지부장 최경진
산업안전부장 이근원 박중환
여성부장 김진선

역무지부장 나상필
역무사무국장 이상춘 김영후
1호선지회장 최재풍
2호선중부지회장 박홍선
2호선동부지회장 정재성
2호선남부지회장 박덕남 송낙민(직)
2호선서부지회장 이건성
2호선북부지회장 김대훈
3호선북부지회장 임명호
3호선중부지회장 권석준
3호선남부지회장 한상훈
4호선북부지회장 송을구
4호선중부지회장 김문영
4호선남부지회장 김재성

승무지부장 김명섭 김학년
승무사무국장 박성국 송준엽

종로승무지회장 정병재 김신한
성수승무지회장 위기열 주우상
구로승무지회장 김영천 명준영
신정승무지회장 박정수 박임규
옥수승무지회장 심병섭 정양기
수서승무지회장 윤형웅 안상준
상계승무지회장 양해근
서울승무지회장 이준헌

기술지부장 장윤석
기술사무국장 신재원
1전기지회장 한용석 김상봉
2전기지회장 이석진
1정보통신지회장
2정보통신지회장 차용길
AFC지회장 장철순
설비지회장 최동준
1신호지회장 한상국
2신호지회장 이갑권
1철도토목지회장 선수웅
2철도토목지회장 박천우
철도장비지회장 권영구
건축지회장 김동원
토목지회장 정진영 민경선(직)

차량지부장 허섭
차량사무국장 최철규
군자정비지회장 송완섭 연경무(직)
군자검수지회장 김재헌
지축정비지회장 최병윤
지축검수지회장 이명원
창동차량지회장 배상조
신정검수지회장 박정락 김정인
신정정비지회장 이규남
기지구내지회장 김삼수 김년수 김삼수

본사특별지회장 맹용수

8대 집행부

위원장 석치순
부위원장 구덕회
사무국장 임성규
정책실장 우재현
교육선전실장 서형석
총무부장 김선휘
조직부장 박성열
조직차장 김정겸
법규부장 장승완
조사통계부장 박성국
조사통계차장 김천호
교육부장 황철우

편집부장 이완정 쟁의지도부상 김대훈 문화체육부장 서정근
문화체육차장 김현주 이성범 산업안전부장 박천우 산업안전차장 한상국
복지차장 박종학 여성부장 허연희

역무지부장 박정규 역무사무국장 송을구 1호선지회장 최재풍 2호선중부지회장 박홍선 2호선동부지회장 권오현 2호선남부지회장 송낙민
2호선서부지회장 박정태 2호선북부지회장 황영석 3호선북부지회장 박진철
3호선중부지회장 박병도 3호선남부지회장 한상훈 4호선북부지회장 손병도
4호선중부지회장 용인철 4호선남부지회장 이원재

승무지부장 홍순영 승무사무국장 한성규 종로승무지회장 이병찬
성수승무지회장 김학균 구로승무지회장 김영천 신정승무지회장 이득현
옥수승무지회장 강승구 상계승무지회장 윤영록 서울승무지회장 유상열
수서승무지회장 안상준

기술지부장 오선근 기술사무국장 신재원 1철도토목지회장 김성우
2철도토목지회장 이상권 철도장비지회장 조규갑 건축지회장 이승용
1전기지회장 김상봉 2전기지회장 이석진 설비지회장 이대수
1신호지회장 임규현 2신호지회장 이갑권 1통신지회장 김영철
2통신지회장 이영래 AFC지회장 김종철 토목지회장 민경선

차량지부장 김용진 차량사무국장 박인남 군자정비지회장 김오중
군자검수지회장 김재헌 지축정비지회장 조병학 지축검수지회장 이정훈
창동차량지회장 조기현 신정검수지회장 이병해 신정정비지회장 김호열
수서차량지회장 최종균 기지구내지회장 김삼수

본사특별지회장 맹용수

9대 집행부

위원장 배일도

부위원장 김태철 신현준 이청호

사무국장 정연수 박주형 이청호

정책실장 이청호 조동희

교육선전실장 이희종 심주식 이상열

정책기획부장 김준수

총무부장 김종식

조직부장 임명호 김준영 김용국

법규부장 박소현

산업안전부장 이재완 양재현

후생복지부장 한상훈 이상열 변홍구 양재현

여성부장 조선옥

조사통계부장 조동희

교육부장 안명식 김준수

선전홍보부장 이상열 심주식

편집부장 박성근

대외협력부장 이성민 박주형

문화체육부장 오기현 김용국 안명식

역무지부장 장승완 나상필 김영후

역무지부사무국장 이상춘 김영후

1호선지회장 오경석 김대훈

2호선중부지회장 김인성 장준원

2호선동부지회장 이병렬 이찬조

2호선남부지회장 박덕남 최봉락

2호선서부지회장 황정규 박군만

2호선북부지회장 황영석 김태남

3호선북부지회장 오윤식

3호선중부지회장 김형남 이재웅

3호선남부지회장 김시열 이성인

4호선북부지회장 김영철 황은석

4호선중부지회장 이홍덕 김원영

4호선남부지회장 김재성 최병각

승무지부장 김학년 박창순 김충례

승무지부사무국장 이준원 이상현

지축승무지회장 박찬용 문철호 변수봉

종로승무지회장 이기만 윤현식 김갑종

동작승무지회장 박성만 이규삼

상계승무지회장 윤영록 양해근

수승무지회장 이상현 김상봉

구로승무지회장 박대길 백생학

수서승무지회장 서정문 정영민

신정승무지회장 김용국 나명호

기술지부장 이근원 김대수

기술지부사무국장 최동준

1철도토목지회장 이성부 2철도토목지회장 임만택
철도장비지회장 조규갑 건축지회장 이상돈 1전기지회장 정기태
2전기지회장 이재복 설비지회장 김대수 전춘식 1신호지회장 임규현
2신호지회장 이갑권 엄종철 1통신지회장 김영철 2통신지회장 이영래
AFC지회장 김종철 토목지회장 민경선

차량지부장 배상조 김영준 차량지부사무국장 최병윤
군자정비지회장 전홍표 신현배 군자검수지회장 허철호
지축정비지회장 이용우 박정익 지축검수지회장 남희복 김정인
창동차량지회장 김재영 이경열 신정검수지회장 김현상 김태균
신정정비지회장 문종호 김태용 수서차량지회장 안중일
기지구내지회장 김삼수 김천호

본사특별지회장 맹용수

10대 집행부

위원장 배일도 부위원장 김대수 사무국장 윤현식
정책실장 조동희 교육선전실장 김천호 조직부장 한상훈
총무부장 김종식 대외협력부장 박주형 문화체육부장 이성민
쟁의부장 박용갑 여성부장 조선옥 법규부장 박소현
후생복지부장 박명희 산업안전부장 김석순 정책기획부장 김봉배
조사통계부장 최상영 선전홍보부장 김태용 편집부장 김준영
교육부장 김상봉

역무지부장 김영후 역무지부사무국장 박홍선 1호선역무지회장 김대훈

2호선중부지회장 장준원 2호선동부지회장 이찬조 2호선남부지회장 이근행
2호선서부지회장 박군만 2호선북부지회장 박정태 3호선북부지회장 오윤식
3호선중부지회장 이재웅 3호선남부지회장 이성인 4호선북부지회장 임철민
4호선중부지회장 박덕남 4호선남부지회장 황영석

승무지부장 김명기 승무지부사무국장 정병재 지축승무지회장 강승구
종로승무지회장 김갑종 서울승무지회장 조원현 상계승무지회장 류성진
성수승무지회장 명형기 구로승무지회장 정병렬 수서승무지회장 김춘식
신정승무지회장 김용국

기술지부장 한용석 기술지부사무국장 최동준 1철도토목지회장 염금원
2철도토목지회장 임만택 철도장비지회장 조규갑 건축지회장 이상돈
설비지회장 전춘식 1전기지회장 최경두 2전기지회장 이재복
1신호지회장 임규현 2신호지회장 전균섭 1정보통신지회장 이춘기
2정보통신지회장 이영래 토목지회장 송충현 AFC지회장 김종철

차량지부장 김영준 차량지부사무국장 정선식 군자정비지회장 신현배
군자검수지회장 한찬수 지축정비지회장 안광인 지축검수지회장 김정인
창동차량지회장 이경열 신정검수지회장 최철규 신정정비지회장 이철호
수서차량지회장 윤길상 기지구내지회장 신상돈 본사특별지회장 김준수

11대 집행부

위원장 배일도 수석부위원장 구덕회 김태철
부위원장 박주형 사무국장 김태철 구덕회
정책실장 조동희 교육선전실장 김천호

조직부장 한상훈 박용갑
대외협력부장 한찬수 한상훈
쟁의부장 박용갑
법규부장 장승완
산업안전부장 조경수 김대일
조사통계부장 김삼채 박명희
편집부장 조선옥
총무부장 김종식
문화체육부장 안명식 박소현
여성부장 황미자
후생복지부장 박명희 박종문
정책기획부장 최상영 김형남
선전홍보부장 이상열 김정환
교육부장 곽재성 박홍선

역무지부장 김종식
역무사무국장 오윤식
1호선지회장 우종기
2호선중부지회장 장준원
2호선동부지회장 최성삼
2호선남부지회장 이근행
2호선서부지회장 최춘락
2호선북부지회장 박정태
3호선북부지회장 이상인
3호선중부지회장 노기호
3호선남부지회장 이성인
4호선북부지회장 황은석
4호선중부지회장 박덕남
4호선남부지회장 황영석

승무지부장 양해근 주우상
지축승무지회장 박찬용 송재국
서울승무지회장 박상 조원현
성수승무지회장 이세형 명형기
구로승무지회장 백생학 정병렬
승무사무국장 남궁열 양해근
종로승무지회장 황병하 남궁열
상계승무지회장 한성규 류성진
수서승무지회장 손부근 김춘식
신정승무지회장 이여철 김용국

기술지부장 신재원
기술사무국장 정기태
1철도토목지회장 김남수
2철도토목지회장 김재기
철도장비지회장 양성수
건축지회장 이상돈
설비지회장 김태선
1전기지회장 최경두
2전기지회장 이재복
1신호지회장 임규현
2신호지회장 전균섭
1통신지회장 이춘기
2통신지회장 이영래
AFC지회장 김종철
토목지회장 김병수

차량지부장 김태균 박인남 차량사무국장 전광철 이정훈 김현상
군자정비지회장 홍순용 군자검수지회장 권기석
지축정비지회장 김병현 조병학 지축검수지회장 이명원 유승민
창동차량지회장 오준호 백청원 신정검수지회장 이종민 임윤화
신정정비지회장 이철호 수서차량지회장 윤길상 기지구내지회장 신상돈

본사특별지회장 곽재성 김준수

12대 집행부

위원장 허섭 수석부위원장 양해근 부위원장 신재원
사무국장 김영후 정책실장 배상조 교육선전실장 나상필
총무부장 최철규 정책기획부장 정기태 교육부장 백생학
선전홍보부장 이호영 편집부장 임헌용 조직/대협부장 손승권
쟁의/문화체육부장 노기호 후생복지부장 김태선 산업안전부장 김중현
법규부장 이세형 여성부장 오기은

역무지부장 김문영 역무사무국장 김재성 1호선지회장 우종기
2호선중부지회장 장준원 2호선동부지회장 최성삼 2호선서부지회장 이성원
2호선남부지회장 이부영 2호선북부지회장 최종락 3호선북부지회장 유대열
3호선중부지회장 류신 3호선남부지회장 이성인 4호선북부지회장 황은석
4호선중부지회장 임철민 4호선남부지회장 황영석

승무지부장 이준헌 승무사무국장 김춘식 종로승무지회장 송우진
성수승무지회장 유전석 구로승무지회장 정병렬 신정승무지회장 강기현
지축승무지회장 이창수 수서승무지회장 김동년 상계승무지회장 한성규

서울승무지회장 박종환

기술지부장 최동준
기술사무국장 정순복
1철도토목지회장 김남수
2철도토목지회장 이종근
철도장비지회장 조규갑
건축지회장 이상돈
1전기지회장 최경두
2전기지회장 이재복
설비지회장 김대수
1신호지회장 임규현
2신호지회장 정종구
1통신지회장 이춘기
2통신지회장 송동순
AFC지회장 김종철
토목지회장 김병수

차량지부장 김현상
차량사무국장 이성일
군자정비지회장 홍순용
군자검수지회장 김수창
지축정비지회장 최병윤
지축검수지회장 전광철
신정검수지회장 신창섭
신정정비지회장 이종민
수서차량지회장 이민호
창동차량지회장 한상영
기지구내지회장 김천호

본사특별지회장 곽재성
지해투 의장 홍순영

13대 집행부

위원장 김종식
수석부위원장 이성일
부위원장 장윤석
사무국장 김명섭
정책실장 조병학
교육선전실장 박덕남
총무부장 김태선
정책기획부장 정기태
선전홍보부장 이호영
교육부장 최동준
편집부장 이정엽
조직부장 김기실
쟁의부장 노기호
문화체육부장 박철민
대외협력부장 박성열
산업안전부장 한상국
법규부장 장기현
후생복지부장 오윤식

역무지부장 이성인
역무사무국장 장승완 심주식
1호선지회장 우종기
2호선중부지회장 장준원

2호선동부지회장 최성삼 2호선서부지회장 이성원
2호선남부지회장 이부영 2호선북부지회장 최봉락
3호선북부지회장 유대열 3호선중부지회장 류신
3호선남부지회장 한상운 4호선북부지회장 황은석 송을구
4호선중부지회장 송순창 4호선남부지회장 황영석

승무지부장 정병재 승무사무국장 김춘식 유전석 종로승무지회장 송우진
성수승무지회장 이상현 구로승무지회장 김진 신정승무지회장 이종용
지축승무지회장 임상문 수서승무지회장 손부근 상계승무지회장 윤영록
서울승무지회장 박종환

차량지부장 조상호 최종진 차량사무국장 임정근 최광식 권기석
군자정비지회장 홍순용 권혁민 군자검수지회장 한찬수 김철관
지축정비지회장 황수선 최병윤 지축검수지회장 이정훈 전광철
신정검수지회장 신창섭 신정정비지회장 이병해 최승의
수서차량지회장 박주용 배봉준 창동차량지회장 김창훈 전순기
기지구내지회장 김천호 권순철

기술지부장 이재복 기술사무국장 이종근 1철도토목지회장 염금열
2철도토목지회장 백동현 철도장비지회장 조규갑 건축지회장 이상돈
1전기지회장 정재웅 2전기지회장 김정윤 설비지회장 김대수
1신호지회장 임규현 2신호지회장 정종구 1통신지회장 이춘기
2통신지회장 송동순 이영래 AFC지회장 김종철 토목지회장 김병수

본사특별지회장 곽재성 지해투 의장 양해근

14대 집행부

위원장 정연수 부위원장 김용국 수석부위원장 김철관
사무국장 장승완 정책실장 조동희 교육선전실장 김천호
총무부장 박경명 정책기획부장 김영하 조직1부장 이정훈
조직2부장 우종기 선전홍보부장 심주식 교육부장 최광식
편집부장 정해룡 대협1부장 한찬수 대협2부장 박주형
쟁의부장 박용갑 문화체육부장 김종희 조사통계부장 이재완
후생복지부장 이명규 법규부장 박홍선 산업안전부장 허철행

역무지부장 이성인 역무사무국장 이병렬 1호선지회장 이상인
2호선중부지회장 장준원 2호선동부지회장 최성삼 2호선남부지회장 이부영
2호선서부지회장 송낙민 2호선북부지회장 최봉락/조택춘
3호선북부지회장 유대열 3호선중부지회장 이희덕 3호선남부지회장 김기환
4호선북부지회장 이근행 4호선중부지회장 임철민 4호선남부지회장 김경도

승무지부장 박창순 승무사무국장 이병찬 종로승무지회장 이용원
성수승무지회장 김찬식 구로승무지회장 정병렬 신정승무지회장 이종용
지축승무지회장 차동석 수서승무지회장 조요선 상계승무지회장 김태철
서울승무지회장 박상/박용선

기술지부장 신현준 기술사무국장 이장진 이재완
1철도토목지회장 염금열 이성부 2철도토목지회장 백동현
철도장비지회장 김용 건축지회장 이상돈 1전기지회장 정재웅
2전기지회장 이정식 설비지회장 오기현 1신호지회장 임규현
2신호지회장 윤석연 1정보통신지회장 이춘기 2정보통신지회장 김영배
AFC지회장 윤영태 토목지회장 김병수

차량지부장 최병윤
차량사무국장 최승의/백청원
군자정비지회장 윤상진
군자검수지회장 김종탁
지축검수지회장 장승철/이명원
지축정비지회장 허태윤/임헌용
신정정비지회장 주기준
신정검수지회장 정점기/문병렬
창동차량지회장 전순기/김재영
수서차량지회장 정호영
기지구내지회장 권순철

본사특별지회장 곽재성

15대 집행부

위원장 김영후
수석부위원장 양해근
부위원장 김종철
사무국장 박인남
정책실장 김대훈
교육선전실장 김재영
총무부장 김태선
정책기획부장 손승권
조직1부장 이정식
조직2부장 김재윤
선전홍보부장 이호영
교육부장 나명호
편집부장 윤영록
대외협력부장 박정규
쟁의부장 노기호
문화체육부장 (공석)
조사통계부장 박덕남
후생복지부장 이정철
법규부장 백생학
산업안전부장 박 상

역무지부장 이근행
역무사무국장 오윤식
1호선지회장 이상인
2호선중부지회장 장준원
2호선동부지회장 최성삼
2호선남부지회장 이부영
2호선서부지회장 송낙민
2호선북부지회장 조택춘
3호선북부지회장 유대열
3호선중부지회장 김광배
3호선남부지회장 김기환
4호선북부지회장 이은주
4호선중부지회장 임철민
4호선남부지회장 김경도

승무지부장 이상현
승무사무국장 김중현
종로승무지회장 이상범

성수승무지회장 이성완 대림승무지회장 정병렬 신성승무지회장 박종락
지축승무지회장 박찬용 수서승무지회장 안상준 상계승무지회장 윤선중
서울승무지회장 박용선

기술지부장 최경두 이재복 기술사무국장 정순복 1철도토목지회장 이성부
2철도토목지회장 민동헌 철도장비지회장 김종철 건축지회장 이상돈
1전기지회장 정재웅 2전기지회장 이재복 이석진
설비지회장 김대수 최동준 1신호지회장 임규현 2신호지회장 윤석연
1정보통신지회장 이춘기 2정보통신지회장 김영배 AFC지회장 김덕현

차량지부장 김태균 차량사무국장 권기석 군자정비지회장 권혁민
군자검수지회장 박용수 지축검수지회장 이명원 지축정비지회장 임헌용
신정정비지회장 박득우 신정검수지회장 최승의 창동차량지회장 이경열
수서차량지회장 강재호 기지구내지회장 권순철

본사특별지회장 곽재성

16대 집행부

위원장 정연수 수석부위원장 신현준 부위원장 김용국
사무국장 장승완 정책실장 조동희 교육선전실장 심주식
총무부장 김종희 정책기획부장 박흥선 조직1부장 임석섭
선전홍보부장 이상열 교육부장 양승수 편집부장 정해룡
대외협력부장 박용수 쟁의부장 박용갑 김현걸
문화체육부장 안희용(비전임) 조사통계부장 원관섭 법규부장 장성배
산업안전부장 허철행 후생복지부장 박충배

역무지부장 이성인 역무사무국장 이병렬 1호선지회장 이상인
2호선중부지회장 장준원 2호선동부지회장 최성삼 2호선남부지회장 이부영
2호선서부지회장 최봉락 2호선북부지회장 조택춘 3호선북부지회장 유대열
3호선중부지회장 김광배 3호선남부지회장 김기환 4호선북부지회장 이은주
4호선중부지회장 노기호/임철민 4호선남부지회장 황영석

승무지부장 이상현 승무사무국장 김중현
종로승무지회장→신답승무지회장 이상범/박용갑 성수승무지회장 이성완
대림승무지회장 김진 신정승무지회장 박종락 지축승무지회장 이창수
수서승무지회장 조요선 상계승무지회장 김태철
서울승무지회장→동작승무지회장 박용선/최정호

기술지부장 이명규 기술사무국장 김 용 1철도토목지회장 이성부
2철도토목지회장 민동헌 철도장비지회장 조규갑 건축지회장 이상돈
1전기지회장 김종국 2전기지회장 이석진 설비지회장 김대수
1신호지회장 김규현 2신호지회장 한창운 1정보통신지회장 이춘기
2정보통신지회장 고형래 AFC지회장 김덕현 토목지회장 정관희
기지신호지회장 권순철

차량지부장 박득우 차량사무국장 남삼우 군자정비지회장 권혁민
군자검수지회장 김석순/김철관 지축검수지회장 이명원
지축정비지회장 김찬우 신정정비지회장 김태용 신정검수지회장 이동희
창동차량지회장 한상영 수서차량지회장 박선주 기지구내지회장 권순철
본사특별지회장 오기현

17대 집행부

위원장 정연수 / 수석부위원장 신현준 / 부위원장 김용국
사무국장 장승완 / 정책실장 조동희 / 교육선전실장 이상열
총무부장 김종희 / 정책기획부장 박용수 / 조직부장 박용갑
교육부장 이명규 / 선전홍보부장 김판규 / 편집부장 권혁민
대외협력부장 박주형 / 문화체육부장 심규호 / 쟁의부장 최춘락
법규부장 박흥선 / 산업안전부장 서승권 / 복지부장 박충배
여성부장 우종기

역무지부장 이성인 / 역무사무국장 이병렬 / 1호선지회장 이상인
2호선중부지회장 장준원 / 2호선동부지회장 윤성환 / 2호선남부지회장 김시열
2호선서부지회장 최봉락 / 2호선북부지회장 조택춘 / 3호선북부지회장 김태남
3호선중부지회장 김광배 / 3호선남부지회장 김명희 / 4호선북부지회장 이은주
4호선중부지회장 임철민 / 4호선남부지회장 황영석

승무지부장 이상현 / 승무사무국장 이종용 / 신답승무지회장 정수오
동대문승무지회장 이성완 / 대림승무지회장 명준영 / 신정승무지회장 박종락
지축승무지회장 안정태 / 수서승무지회장 안상준 / 상계승무지회장 김병록
동작승무지회장 최정호

기술지부장 염금열 / 기술사무국장 이석진 / 1철도토목지회장 이성부
2철도토목지회장 조범주 / 철도장비지회장 조규갑 / 건축지회장 이상돈
1전기지회장 김종국 / 2전기지회장 정시백 / 설비지회장 김태선
1신호지회장 임규현 / 2신호지회장 권오현 / 1정보통신지회장 이춘기
2정보통신지회장 고형래 / AFC지회장 김덕현 / 토목지회장 정관희
기지신호지회장 권순철

차량지부장 정연경
차량사무국장 권기석
군자정비지회장 장복용
군자검수지회장 김철관
지축검수지회장 이명원
지축정비지회장 안광인
신정정비지회장 정해룡
신정검수지회장 양승수
창동차량지회장 권상욱
수서차량지회장 윤길상

본사특별지회장 이기옥

18대 집행부

위원장 박정규
수석부위원장 서형석
부위원장 김종철
사무국장 최병윤
정책실장 이은주
총무부장 김명섭
정책기획부장 박덕남
조직부장 송동순
선전홍보부장 이호영
편집부장 이정엽
대외협력부장 김재윤
문화체육부장 송상민
법규부장 송낙민
산업안전부장 김주석
복지부장 김태선

역무지부장 오윤식
역무사무국장 임철민
1호선지회장 김진선
2호선중부지회장 박병오
2호선동부지회장 연영모
2호선남부지회장 김시열
2호선서부지회장 이상춘
2호선북부지회장 이성원
3호선북부지회장 김태남
3호선중부지회장 김광배
3호선남부지회장 박희범
4호선북부지회장 류정열
4호선중부지회장 이제필
4호선남부지회장 김경도

승무사무국장 박상
승무지부장 이준헌
신답승무지회장 정수오
동대문승무지회장 이성완
대림승무지회장 이성현
신정승무지회장 장기현
지축승무지회장 박찬용
수서승무지회장 김춘식
상계승무지회장 한성규
동작승무지회장 최정호

기술지부장 최동준
기술사무국장 이재복
1철도토목지회장 김경연
2철도토목지회장 성재호
철도장비지회장 김 용
건축지회장 이승용
1전기지회장 정재웅
2전기지회장 김정윤
기계지회장 정재복
1신호지회장 윤종현
2신호지회장 권오현
1정보통신지회장 서병욱
2정보통신지회장 이무훈
AFC지회장 김덕현
토목지회장 서승운

차량지부장 김종탁
차량사무국장 남삼우
군자정비지회장 전흥표
군자검수지회장 조승희
지축검수지회장 이길호
지축정비지회장 김병현
신정정비지회장 김선휘
신정검수지회장 정선식
창동차량지회장 김명한
수서차량지회장 윤길상
본사특별지회장 송현송

19대 집행부

위원장 김현상
수석부위원장 김명섭
부위원장 박득우
사무국장 한성규
정책실장 이은주
교육선전실장 송동순
총무부장 김재윤
조직부장 정점기
문화체육부장 이승준
대외협력부장 김대훈
법규부장 송낙민
정책기획부장 남삼우
복지부장 권오현
조사통계부장 박덕남
노동안전부장 박선주
명예산업안전감독관 김태헌
선전홍보부장 이호영
편집부장 이정엽

역무지부장 오윤식
역무사무국장 박덕남
1호선지회장 나상필
2호선중부지회장 박병오
2호선동부지회장 연영모
2호선남부지회장 김시열
2호선서부지회장 구 현
2호선북부지회장 김찬기
3호선북부지회장 김태남
3호선중부지회장 김광배
3호선남부지회장 황영석
4호선북부지회장 김대환
4호선중부지회장 이제필
4호선남부지회장 김경도

승무지부장 장기현
승무사무국장 이성완
신답승무지회장 정수오
동대문승무지회장 유영재
대림승무지회장 김 진
신정승무지회장 박두원
지축승무지회장 이창수
수서승무지회장 김동년
상계승무지회장 김태원
동작승무지회장 최정호

기술지부장 최동준
기술사무국장 이재복
1철도토목지회장 성순동
2철도토목지회장 성재호
철도장비지회장 김 용
건축지회장 이승용
1전기지회장 최경두
2전기지회장 박종진
기계지회장 정재복
1신호지회장 윤종현
2신호지회장 심홍섭
1정보통신지회장 서병욱
2정보통신지회장 김재열
AFC지회장 윤영태
토목지회장 서승운

차량지부장 임헌용
차량사무국장 이명원
군자정비지회장 윤상진
군자검수지회장 조승희
지축검수지회장 전광철
지축정비지회장 김찬우
신정정비지회장 박인남
신정검수지회장 최승의
창동차량지회장 오준호
수서차량지회장 천형일

본사특별지회장 권희진

19대 집행부 (보궐)

위원장 최병윤
수석부위원장 김대훈
부위원장 김종탁
사무국장 윤석연
정책실장 조병학
총무부장 김재윤
조직부장 유전석
쟁의/문체부장 정점기
법규부장 송낙민
정책기획부장 남삼우
복지부장 권오현
조사통계부장 박덕남
노동안전부장 박선주
명예산업안전감독관 김태헌
선전홍보부장 이호영
편집부장 이정엽

역무지부장 오윤식 승무지부장 장기현 기술지부장 최동준
차량지부장 임헌용

● 교체지회

4호선중부지회장 김준영 수서승무지회장 양환서 지축검수지회장 권순석
지축정비지회장 주범중 신정검수지회장 이종민 창동차량지회장 조기현

20대 집행부

위원장 최병윤 수석부위원장 송동순 부위원장 김종탁
사무국장 박덕남 정책실장 한성규 교육선전실장 이호영
총무부장 김재윤 조직부장 유전석 쟁의문체부장 전양규
대외협력부장 최승의 법규차장 송낙민 정책기획부장 남삼우
복지부장 권오현 노동안전부장 한창운 명예산업안전감독관 김태헌
명예환경감독관 이승준 교육부장 김선휘 편집위원 김영준

역무지부장 김대훈 역무사무국장 김시열 1호선지회장(직대) 윤제훈
2호선중부지회장 박병오 2호선동부지회장 연영모 2호선남부지회장 김유신
2호선서부지회장 구 현 2호선북부지회장 김찬기 3호선북부지회장 박진철
3호선중부지회장 김광배 4호선북부지회장 김용구 4호선중부지회장 전조은
4호선남부지회장(직대) 김진섭

승무지부장 안상준 승무사무국장 김정태 신답승무지회장 이성헌
동대문승무지회장(직대) 김학균 대림승무지회장(직대) 송상민
신정승무지회장 이필교 지축승무지회장 이형석 수서승무지회장 양환서
상계승무지회장 김태홍 대림승무지회장(직대) 박 상

기술지부장 이재복 기술사무국장 정재복 1철도토목지회장 성순동
2철도토목지회장 성재호 철도장비지회장(직대) 신민호 건축지회장 안용성
1전기지회장 최경두 2전기지회장 박종진 기계지회장 김정배
1신호지회장(직대) 장영준 2신호지회장 심홍섭 1정보통신지회장 서병욱
2정보통신지회장 김재열 AFC지회장 윤영태 토목지회장 서승운

차량지부장 김정용 차량사무국장 김태용 군자정비지회장 윤상진
군자검수지회장 조승희 지축정비지회장 이은철 지축검수지회장 김정인
신정정비지회장 박인남 신정검수지회장 임윤화 창동차량지회장 한상영
수서차량지회장 정태성

본사특별지회장 권희진

| 서울지하철노조 역대 대의원 명단 |

초대 대의원

강기원 고영현 곽노창 구유택 권기섭 권기율 김 린 김근황 김기두 김병이 김성수 김성환 김영백 김영섭 김영철 김유복 김인덕 김장동 김종만 김종순 김종식 김종환 김창선 김창수 김충례 김치덕 김홍갑 나상호 문철현 민경삼 민수철 박성숙 박재동 박찬성 박항순 박해동 박희석 배만섭 서운하 서정근 석치순 설명석 소병운 신석구 신형률 안성호 안창우 양동원 양윤모 엄기수 여인욱 오병량 유수환 유승종 유연동 유영식 유자령 유재하 유태봉 윤경하 윤병운 윤제훈 이경호 이길동 이여철 이영준 이왕우 이운용 이응태 이장호 이재용 이창원 이희동 임동헌 임종빈 전윤근 전윤식 정경식 정성용 정재성 정재원 조상호 조성주 조용필 조홍연 지관수 지철승 채기선 채성병 최낙용 최영용 최영일 최왕성 현기용 홍순영 홍종명 황대용 황장규

2기 대의원

고유호 구자형 권기수 권종진 김 강 김경도 김경진 김근황 김기형 김대수 김병현 김성수 김순억 김승안 김영국 김영우 김영태 김원영 김장식 김종두 김종철 김진국 김진규 김진평 김진화 김치덕 김평수 김학규 김학년 남칠우 노상진 류용한 맹기련 문만식 문영섭 문형두 박동기 박명희 박순재 박영호 박유신 박재동 박찬성 박창순 박철주 박화준 배명기 백종오 변희관 서수원 서정근 성성일 손윤섭 송준엽 송찬길 신완균 안규본 안상덕 엄기수 엄재성 오광국 오선근 오창식 오창호 윤상돈 윤종석 이기만 이명호 이명환 이상복 이왕우 이우홍 이원국 이재근 이재완 이재철 이준봉 이해경 이헌철 이 훈 이희종 임관동 임석규 임성규 임세빈 장성태 장순태 장영길 전복안 전우성 정해두 정화섭 정희일 조진승 조현천 조황현 주윤식 최순익 최원석 한승관 한정남 함기선

3기 대의원

강진도 고재동 강송구 강충모 고철호 곽경산 구자형 권대섭 권연구 권영구 김　강
김경주 김광목 김기룡 김기석 김기형 김남호 김명섭 김병현 김성기 김성웅 김성환
김연환 김영태 김영후 김용진 김종철 김진규 김진평 김춘호 김충례 김평수 남기상
노진일 노춘희 맹기련 박명학 박상준 박순재 박유신 박임규 박재동 박종관 박종우
박창순 박철주 변희원 부흥선 서병욱 서수원 서운하 서창호 송승호 송찬길 신봉학
신현홍 안규본 엄재성 오선근 오창식 오창호 유남열 유동철 유영태 유제현 유태봉
윤상돈 윤종석 윤범진 이　훈 이강민 이강열 이경석 이경수 이명환 이석우 이석종
이성범 이성옥 이신옥 이왕우 이우홍 이웅근 이원국 이장진 이재근 이재철 이준봉
이진배 이청호 이해경 이해출 임관동 임동헌 임민영 임석규 임성규 임세빈 임종대
장무길 장영길 정영민 장성태 장순태 정영화 정형호 조규완 조진승 조태형 조흥연
차동기 천덕현 최기열 한승관 함기선 홍성남 홍순영 홍우철 황준식 홍익표

4기 대의원

강대압 강명석 강원국 강진도 강청진 곽경산 권석준 권연구 권혁래 권혁민 김　훈
김근황 김기룡 김대수 김만화 김문수 김법민 김병현 김상희 김성환 김언희 김영균
김용남 김용진 김원호 김유복 김윤기 김재웅 김정모 김종래 김종철 김진규 김진평
김창호 김철관 김충례 김태용 김형선 나영봉 류용한 문영섭 민　기 민병욱 박경명
박근호 박노선 박성국 박영훈 박임규 박재동 박정수 박창순 배명기 봉종태 서운하
서정민 서정식 서형석 선수용 설명석 성성일 송관순 송준엽 송찬길 송창섭 송현채
신만우 안병대 안성진 안중대 엄기수 오윤식 유기한 유태봉 윤상돈 윤은중 윤종석
이　훈 이경수 이계욱 이광열 이근원 이병철 이상철 이석진 이성규 이성범 이성옥
이성일 이순석 이승재 이신용 이우홍 이웅근 이원국 이재성 이재철 이찬오 이청호
이현중 이형섭 임민영 임봉수 임석규 임원레 임재호 임대홍 임호일 장무길 장순태
장영길 장윤석 전종삼 정재웅 정재원 정화섭 정희일 조상호 조준호 조흥연 차동기
최경진 최경진 최　용 최도중 최병배 최봉락 최영식 최종진 최춘락 최홍락 한록영

한용석 한정식 허　섭 홍성남 홍성일 홍순영 황순종 황일상 황현철

5기 대의원

강대압 강범모 강성석 강원구 강청진 고영환 공윤식 곽정호 권석준 권영진 길성진 김남호 김대훈 김명섭 김명한 김봉배 김성우 김성환 김연환 김영빈 김영준 김영후 김오현 김용기 김용진 김용진 김용태 김유석 김윤기 김정용 김진호 김진화 김창수 김철관 김충례 김태용 김평수 김학년 김현수 나종술 나종일 남칠우 맹기련 맹용수 민경덕 민경선 민대기 민병욱 박근호 박명학 박성국 박세안 박종우 박창순 변수봉 부홍선 서병욱 서운하 서육록 서정민 서정완 선수용 송관순 송준엽 신동걸 신혁재 신현홍 심병섭 안광수 안병대 안성진 양윤모 양천식 양해근 엄종철 오　택 오림근 오병두 오창식 우재현 우종기 원충연 유기한 유방식 윤명현 윤종석 이　훈 이강일 이광승 이기호 이병철 이석진 이성옥 이승재 이웅근 이원국 이원호 이재성 이재용 이재철 이종구 이종근 이종도 이홍래 임경채 임만택 임민영 임석규 임세빈 임재한 임재호 임태홍 장무길 장영길 장윤기 장윤석 장인기 장해수 전강남 정달완 정연수 정용운 정재웅 정주성 정태구 정판개 정평덕 정호영 정화섭 정희일 조규완 조만신 조태형 주하일 채강보 최경진 최낙용 최영로 최영식 최우몽 최정길 한용석 한정식 허　섭 홍성남 홍순길 홍순영 황일상

6기 대의원

강성석 경군선 고재륜 고중환 공윤식 구덕회 권오현 김갑회 김노중 김대훈 김동두 김명섭 김명한 김문영 김상열 김상태 김석호 김석환 김선규 김선용 김성식 김성환 김영수 김영준 김영태 김오현 김용진 김원근 김제성 김진범 김창용 김창훈 김춘호 김태균 김태철 김현수 나상필 맹기련 문철호 민광만 박경명 박광준 박명학 박성열 박승일 박원준 박은석 박인남 박재은 박종갑 박종락 박창순 박창용 배상조 백남식 백남팔 백승구 변희원 서운하 서정민 서정완 서형석 선종철 송진석 신종규 신현홍 심병섭 양선록 양영석 양윤모 양해근 엄종철 오선근 오세천 유재민 유재욱 윤종석

이　훈 이규삼 이근원 이병두 이병철 이병호 이봉호 이상대 이상돈 이상인 이상춘 이순원 이승재 이원호 이재근 이재봉 이종도 이종용 이학규 임관동 임규현 임만택 임석규 장영길 장웅식 장윤기 장윤석 전강남 정경구 정연수 정운식 정판개 조경수 조기현 조연묵 조우연 조진원 조태형 주정철 지영석 채강보 채양석 천철홍 최경진 최낙용 최문식 최승구 최영식 최영재 최완용 최용각 최원선 최종균 최춘락 한용석 한원상 허　섭 홍재문 황경문 황일상

7기 대의원

강성석 강훈구 경군선 공윤식 권석로 권연구 금찬원 김경연 김노중 김대수 권동호 권상범 권혁래 김대훈 김만복 김명기 김문영 김봉학 김상만 김상술 김석호 김선규 김선배 김선우 김성우 김성환 김승안 김승호 김영서 김영섭 김영천 김영태 김영후 김용진 김용진 김용택 김우진 김종렬 김창용 김창훈 김춘호 김태균 김현도 김현우 김흥섭 김흥주 나상필 나영섭 노문희 맹기련 명준영 문방식 문종호 문철호 민광만 박동기 박명학 박은석 박인남 박점열 박종훈 박진수 박창순 박태봉 박형상 배상조 백남식 백남팔 부홍선 서동규 서정근 선수용 손영덕 송진석 송진호 송찬길 신만우 신재원 신종규 신현홍 심상호 심재학 심정만 심주식 안영호 양해근 엄재성 엄종철 연경모 연영모 오문환 오세천 왕연식 우종기 유재민 유재욱 윤기원 윤범진 윤제훈 윤호동 이강호 이근원 이동문 이명원 이명환 이병두 이병철 이봉호 이상돈 이상요 이석진 이승재 이원호 이철기 이학규 이형용 이　훈 장영익 전종삼 정운식 조용구 주정철 최경진 최명호 홍순상 박초복 이종도 이훈기 임현식 임홍모 장경태 장영길 장윤기 장윤석 장응식 전광전 정동탁 정선식 정연수 정홍세 조경수 조규근 조기현 조병학 조연묵 조영환 조현정 주원석 주정철 지영석 천철홍 최낙용 최문식 최운종 최원선 최철규 한성규 한원상 한주현 허윤봉 허철행 홍도식 홍재문

8기 대의원

강성석 강송구 강연홍 경군선 고재륜 권상범 권석준 권오현 권혁래 금찬원 김경연

김경주 김덕제 김동원 김봉학 김석호 김선구 김선규 김선배 김성호 김성환 김승호 김신한 김영균 김영완 김영준 김영천 김우진 김원호 김윤수 김은수 김익수 김인환 김재옥 김진호 김창용 김충례 김태선 김학년 김현우 나병집 명준영 문종호 박덕수 박동기 박병도 박상덕 박성국 박성열 박승일 박승호 박은석 박인남 박재은 박재진 박정태 박종관 박종락 박종학 박천우 박초복 배광일 배상조 백승구 서병욱 송순종 송완섭 송을구 송준엽 송진석 신교수 신성식 신현홍 심정만 안중일 안치문 양해근 연경모 염금열 오문환 오병대 오선근 오호균 위기열 유기한 유동철 유승민 유의상 유재민 윤광주 윤상돈 윤제훈 윤종석 이갑권 이강욱 이득현 이만호 이명식 이명원 이명환 이미경 이병두 이병채 이상식 이상현 이석진 이석진 이성범 이성일 이승재 이영석 이용우 이원국 이원정 이원호 이은주 이인수 이청림 이충열 이호종 이화봉 임동열 임종태 임진욱 임홍모 장교영 장영길 장완순 장웅기 장철순 장호승 장희순 전경성 전종삼 정기욱 정동탁 정병재 정상권 정선식 정순복 정완수 정용호 정재웅 조기현 지희철 진종혁 차용선 천철홍 최갑철 최병윤 최은성 최익창 최재풍 최종남 최철규 한상영 한원상 한정남 현남호 홍재문 황도식 황한수

9기 대의원

강신원 고태형 구경근 권동호 권석준 권오양 김대훈 김병학 김상봉 김성환 김신한 김영완 김오중 김윤철 김은호 김재성 김재영 김정인 김정태 김정호 김진섭 김천수 김태용 김학균 김형중 남궁열 남승우 남희복 노두환 노승국 류용한 명준영 문종흔 민광만 박 상 박기락 박기홍 박보영 박영남 박재진 박재혁 박정태 박종락 박종진 박종환 박주형 박준배 박천우 박태배 박홍선 박희열 방일문 방창배 배봉준 배상조 선수용 손부근 송승섭 송의교 송재국 송진석 송현길 심정만 안상준 안정태 안중일 안치문 양모현 양승호 양용진 양해근 엄재성 염금열 오문환 오병대 오인창 오흥범 위기열 유기한 유동철 유제평 윤도영 윤상돈 윤성철 윤영록 윤재운 이갑권 이건성 이경석 이기준 이동환 이명환 이병동 이병렬 이병채 이병해 이상권 이상식 이상철 이상현 이성우 이성일 이세형 이순원 이영규 이용우 이재덕 이정훈 이종관 이종근

이준헌 이청림 이행근 임규헌 임동열 장승완 전균섭 전종대 정기욱 정대원 정동탁
정병재 정상순 정순복 정운식 정재동 정재복 정재성 정재웅 조기현 조동혁 조성용
조인환 조재형 조진원 조창현 조태영 주기준 주영찬 주창현 차용길 천철홍 최기봉
최동준 최인석 최재풍 최정호 최종남 최종진 최홍락 한상국 한원상 한정남 허연희
허철행 현남호 홍운선

10기 대의원

강석광 강송구 강승구 고재륜 구덕회 구성우 권오현 김　강 김광석 김광현 김규동
김기량 김길중 김대수 김대훈 김병학 김상환 김선휘 김성우 김승호 김시열 김신한
김영완 김영준 김영철 김영후 김용건 김윤철 김일온 김재영 김정인 김정태 김창훈
김태선 김학균 김현상 김형준 나병집 남희복 노기환 노철우 명준영 문조호 문종흔
민창기 박　상 박경원 박기락 박병도 박승일 박운환 박은경 박인남 박정용 박종락
박주형 박진석 박진택 박창배 박창순 백승구 백운영 백청원 사성환 서대권 손병도
손승섭 송낙민 송찬길 신광호 신재곤 신현배 심정만 안상준 안중일 양계열 양용준
양주영 염금열 오영교 오인창 오인희 용인철 우재현 유경선 유승민 유창현 윤상범
윤영록 윤재조 이강일 이경기 이경재 이규봉 이근행 이기열 이기용 이기준 이기택
이동환 이명환 이병찬 이병채 이병해 이상대 이상돈 이상현 이성복 이성완 이세형
이수락 이순원 이영규 이용기 이운영 이원정 이재웅 이정훈 이현원 이호종 이홍덕
인해진 임상윤 임종호 장경태 장성호 장영준 전경성 전균섭 전종욱 전형태 정기욱
정순복 정영민 정영섭 정운식 정재복 조기현 조병설 조성기 조성용 조요선 조인환
조진원 조희길 주우상 차승기 차용길 채강보 채창욱 천철홍 최시영 최용재 최재표
최정민 최종남 한기준 한상구 한상영 한정남 허승기 허철행 홍순우 황승하 황준하
황　희

11기 대의원

강송구 강주억 강　준 곽금하 구경근 구성우 권성진 권오현 권외옥 김갑종 김건환

김광석 김광흠 김규동 김기량 김기수 김남수 김대수 김대훈 김명수 김삼수 김상봉
김석순 김석호 김성우 김성환 김시열 김영철 김영철 김용갑 김용건 김용수 김윤철
김일온 김장옥 김재윤 김정인 김종철 김종현 김진섭 김창조 김천호 김춘식 김태균
김태선 김태원 김학균 김형남 김홍태 김환성 나병집 남정기 남희복 노영조 맹용수
명형기 민동헌 박경원 박기효 박대길 박덕남 박승호 박용선 박정규 박정태 박진석
박진철 백청원 서정문 성기범 손병도 손상수 송승섭 송재국 신광호 신영철 신현홍
심상문 심재상 안광인 안충걸 안치문 양계열 양광열 양재용 연경모 염금열 오선근
오인창 오인희 용인철 우재현 유상열 유승국 유선종 유정열 유제실 윤상돈 이건성
이귀승 이규봉 이규호 이근행 이기열 이동환 이동환 이만호 이명원 이병찬 이병해
이병훈 이상돈 이상춘 이세형 이승기 이승용 이승재 이영규 이영래 이용우 이원재
이원정 이정엽 이정훈 이종관 이주열 이택진 이현우 이현원 이형용 이호영 이호종
이홍락 이희덕 임상문 임석규 장성호 장영주 장영준 장은경 장희순 전균섭 전성환
전순기 전홍표 정기욱 정기태 정선식 정승환 정영섭 정재동 정재성 정호형 조기현
조덕호 조병학 조성완 조성용 조성태 조요선 진종대 차승기 채창욱 최도길 최동준
최시행 최종구 최종진 최종균 최종남 한상영 황영석 황철우 황　희

12기 대의원

강복동 강주억 고광국 구성우 권상범 김갑종 김　강 김광흠 김경도 김광석 김광수
김근황 김기선 김길중 김남수 김덕현 김명한 김문수 김문영 김병학 김부연 김상봉
김석순 김성환 김시열 김영대 김영덕 김영수 김영준 김영철 김용갑 김이중 김　일
김재성 김재영 김재윤 김정식 김정호 길종만 김종백 김종식 김진섭 김진우 김창조
김창훈 김천호 김　철 김태남 김태선 김태철 김태홍 김현상 김형남 김호영 김　훈
나상필 나재동 나종우 나효운 남궁열 남중현 남희복 노변호 맹용수 명준영 명형기
문병화 민동헌 민창기 박경원 박군만 박근호 박기락 박대길 박명희 박수중 박승호
박용갑 박종진 박종학 박주형 박진철 박찬용 박창순 박충관 배상조 배일도 백생학
백승구 백청원 사공덕 성순동 송미영 송승섭 송완섭 송찬길 송현송 신광태 신영철

신재원 신현준 신현홍 심상문 안상준 양광열 양윤모 양종삼 양천식 염동규 오경석 오남석 유선종 유영규 유정열 윤상돈 윤상범 윤제훈 이규남 이근행 이금희 이기택 이동환 이명원 이범준 이병두 이상돈 이상진 이석전 이설권 이성부 이성완 이승재 이완재 이우창 이원국 이원우 이원주 이인종 이재용 이재웅 이정백 이정엽 이종관 이준헌 이진수 이필교 이해경 이현원 이형석 이호영 이호종 임만택 임철민 장영주 장윤석 장재욱 장찬우 전경세 전균섭 전봉균 전영준 전흥표 정기태 정민교 정병관 정시백 정영섭 정재성 정호형 조덕호 조성용 조영호 조요선 조태형 주우상 최경진 최동준 최병윤 최봉락 최인규 최정민 최종남 최종진 최철규 한용석 허철행 허철호 현남호 황승하

13기 대의원

강용묵 고광철 고두승 고명운 곽동욱 구인회 권기석 권오현 권외옥 권태완 김　강 김경도 김경섭 김광석 김기선 김기진 김대훈 김대훈 김동두 김동원 김문영 김삼수 김삼채 김상만 김선휘 김영대 김용남 김유노 김일은 김재기 김재현 김정식 김정인 김준수 김　진 김진우 김창훈 김천호 김　철 김춘환 김충례 김태균 김태근 김태남 김태정 김현걸 김호열 김홍수 나명호 나종우 남권희 남진만 명형기 문병화 문철호 민병원 민승기 민원규 박광현 박균만 박근호 박기락 박선주 박승호 박은경 박인남 박정길 박종학 박주형 박준식 박진석 박창순 박천우 박충관 백생학 백승구 백운영 변홍구 서문석 서정문 성기범 손승권 송낙민 송을구 송현송 신승국 신현홍 심상문 안광인 안명선 안상준 안충걸 양계열 양권규 양승호 양윤모 양재현 양종삼 양해근 연영모 오기현 오선근 오창록 유상열 유승국 유승민 유홍수 윤상범 이강일 이경열 이근행 이기택 이명원 이부영 이상열 이석준 이성완 이성일 이승재 이완재 이우창 이은주 이장진 이재웅 이정민 이정식 이종묵 이준헌 이철상 이청호 이충근 이택수 이필교 이해경 이현원 이호영 이호종 이희덕 임석규 임윤화 임인수 임헌용 임현식 장영주 장윤석 장은경 전경세 전균섭 전용한 정병관 조기현 조남인 조병학 조영호 조원현 조진원 주우상 채병주 최경두 최동준 최병각 최인규 최재규 최정민 최종진

최철규 최춘락 한상영 한용석 한윤식 한정남 한찬수 황철우

14기 대의원

강상용 강성채 강승구 고경곤 곽성일 곽재성 권외옥 김경섭 김남호 김문영 김민곤 김병록 김병현 김삼수 김삼수 김삼열 김삼채 김선구 김순봉 김신윤 김영관 김영대 김영태 김오중 김용진 김원영 김유노 김인홍 김일온 김재기 김재현 김정식 김정인 김종식 김지태 김춘식 김춘환 김태선 김태정 김태철 김학균 김현상 나상필 나종술 나종우 노기호 노변호 명준영 문병열 민승기 박광수 박근호 박덕남 박덕수 박득우 박명희 박상갑 박승호 박승호 박원중 박은경 박은수 박인남 박정익 박진철 박천우 박호규 배상조 백운영 백청원 부홍선 사공덕 서삼만 서승권 서충환 성기범 손부근 손승권 송교갑 송낙민 송동순 송순창 송승섭 신승기 신현홍 심상문 안치문 양윤모 우재현 우종기 유대열 유영규 유전석 윤영태 윤종석 윤주현 윤태종 윤홍배 이기만 이기탁 이동문 이동희 이부영 이상인 이석진 이석호 이성규 이성민 이성일 이승규 이승재 이승진 이여철 이영민 이우창 이은주 이정식 이정우 이정환 이종묵 이종수 이준헌 이중희 이철상 이철호 이청호 이충근 이충선 이택수 이해경 이형석 이희종 임국택 임규현 임석규 임윤화 임진환 임희성 장재욱 장희순 전균섭 전순기 전인수 전춘식 전흥표 정낙광 정병렬 정재범 정재웅 정 훈 정희정 조기현 조남인 조병은 조영호 조현정 조희길 진종대 최경두 최광호 최동준 최봉락 최성삼 최영식 최영효 최재영 최정민 최춘락 최학수 한상훈 한용석 한윤식 한정남 한찬수 허 섭 허철행 홍성중 홍순영 홍태영 황대호 황철우

15기 대의원

강상용 강승구 강훈구 고광철 곽영식 곽재성 곽태호 권순석 권혁래 권혁민 김건환 김경도 김광석 김광수 김기수 김기수 김기재 김대수 김대일 김대훈 김동년 김동진 김문영 김민겸 김삼기 김삼수 김성진 김수창 김시열 김신윤 김영길 김영진 김영후 김유노 김윤배 김은수 김인성 김정묵 김정윤 김준영 김 진 김진우 김춘노 김춘환

김치영 김태남 김태홍 김태훈 김학균 김학년 김현오 김흥수 나명호 나병집 나상필
나택민 남삼우 남성룡 노상희 노승호 노진일 류태길 문철수 민동헌 박균만 박대식
박덕남 박명희 박병규 박상갑 박성열 박성조 박승우 박승호 박용수 박원수 박은경
박재혁 박정길 박정익 박정환 박종렬 박종문 박종옥 박종환 박진철 박천우 백생학
변홍구 빈진욱 서삼만 서승권 소병철 손병도 손승권 송기연 송낙민 송동순 송우진
송을구신명철 신현홍 심상문 안형주 양기영 양동원 양윤모 양진승 여인찬 오기은
유대열 유전석 윤상진 윤영태 윤홍배 이건성 이근행 이기탁 이범준 이병해 이석준
이석진 이성민 이성원 이성일 이승구 이승규 이승용 이여철 이연우 이영민 이용현
이우천 이제필 이종민 이종수 이준헌 이찬조 이창수 이철상 이청호 이충근 이충선
이택진 이해경 임규현 임명호 임철민 임헌용 장기현 장무길 장은경 전경세 전광철
전순기 전춘식 정기석 정기태 정재웅 정하식 조경호 조기현 조병은 조용태 조택춘
조현정 차관봉 차동석 최동준 최병각 최봉락 최성배 최운종 최인준 한성규 한정남
허철행 허태윤 현남호 홍상우 홍상현 황덕진 황병하 황철우 황현익

16기 대의원

강성일 강시현 고광철 고철우 곽태호 권혁래 길　일 김건환 김경도 김광배 김광정
김균식 김기수 김기재 김남호 김대수 김대훈 김동학 김명철 김문영 김병록 김삼기
김삼수 김석호 김송태 김수년 김수창 김수한 김승일 김시열 김신한 김영균 김영수
김영진 김영후 김용화 김유노 김인성 김일중 김정묵 김정윤 김정인 김정환 김종철
김주현 김중현 김　진 김찬우 김창훈 김춘식 김태남 김학년 김현걸 김현상 나명호
나병집 나상필 남상우 남성룡 류　신 류태길 문구열 민동헌 박광현 박노옥 박덕남
박명희 박병규 박선주 박성조 박성준 박소현 박승우 박연남 박용선 박용신 박원수
박인남 박정섭 박정수 박정환 박종렬 박종문 박종진 박종학 박종환 박찬원 박천우
반민규 배상조 백생학 빈진욱 서승권 서원구 성기범 손부근 손승권 송낙규 송승섭
송영석 송을구 송준엽 송현송 신종갑 심상문 심상윤 심주식 연영모 용인철 유대열
유상열 유왕식 유전석 윤상진 윤석기 윤영태 윤영현 윤홍배 이근원 이대원 이문재

이상대 이상호 이석진 이성원 이성일 이승구 이승용 이용현 이우천 이정식 이제필 이찬조 이창수 이철상 이현상 이현행 이형석 이형용 임윤화 임헌용 장윤석 장윤석 장희순 전봉균 전순기 전형재 전홍표 정기석 정대규 정승용 정양선 정유교 정재복 정재웅 정점기 조요선 조인환 주기준 주범중 주재영 주창현 차동석 채강보 최동준 최병각 최병윤 최상영 최성배 최순기 최정호 최철규 한상영 한성규 한창운 허철행 허철호 홍경수 홍상우 홍성필 황병하 황영석 황철우 황현익

17기 대의원

강승구 강 준 구환서 권상범 권혁민 김경도 김경섭 김경필 김광배 김기실 김기재 김기환 김남호 김대훈 김덕현 김동준 김상섭 김수년 김수한 김승일 김시열 김 용 김용건 김용배 김용화 김의현 김정석 김정식 김정윤 김정환 김종균 김종식 김진섭 김진우 김찬기 김찬식 김찬우 김천호 김철관 김춘환 김태남 김태정 김현오 김형남 나명호 남성용 남정기 노변호 노정열 류기동 류 신 류재민 마현주 마호천 명형기 문구열 문병열 문철수 민동헌 박군만 박덕남 박부근 박선주 박용신 박원식 박인남 박정길 박종렬 박종학 박창순 박천우 박형중 박홍재 백청원 성기범 성병우 성순동 손부근 송낙민 송재국 송준엽 송현송 신국승 신현배 심상문 심현섭 안병윤 안제성 양덕영 양승일 양윤모 양재용 오수환 오인창 오태석 위영오 유성경 유영규 유영호 유재식 윤대환 윤석기 윤선중 윤영록 윤영태 윤장근 윤종석 이건식 이규삼 이규현 이근복 이기옥 이대원 이병국 이상용 이상인 이상일 이상현 이상호 이석진 이성헌 이승용 이영표 이용현 이원재 이은주 이재용 이재환 이정훈 이정훈 이종용 이찬조 이철호 이청호 이춘기 이충열 이현석 이형석 이홍덕 임도형 임석규 임성원 임윤화 임장혁 장기현 장복용 장찬우 전균섭 전봉균 전재홍 전춘식 정경구 정기욱 정남균 정순복 정영구 정태성 조병학 조영훈 조인환 조택춘 주기준 주재영 채병주 채양석 천용준 최규율 최병각 최상영 최승의 최용재 최정호 한동수 한창운 허철행 홍성필 홍영진 황수선

18기 대의원

강성채 강승구 강진석 고광철 권성호 권순철 권오수 권혁민 김경섭 김경필 김광수 김구연 김남수 김남영 김남호 김대훈 김대훈 김덕현 김동년 김동원 김동준 김민현 김병군 김병수 김삼기 김삼수 김성훈 김수년 김승일 김영수 김영태 김오중 김 용 김용건 김용배 김용화 김유신 김장식 김종경 김종균 김준영 김찬기 김찬식 김찬우 김철관 김춘노 김춘호 김춘환 김태균 김태남 김태정 김택주 김학균 김현상 나명호 나병집 남상규 노재영 노정열 명준영 박군만 박기락 박달서 박석남 박용선 박용수 박인남 박정길 박정익 박종렬 박준식 박찬원 박천우 박철현 박형중 배상조 백생학 백청원 서성훈 송승섭 송현송 신영민 신용권 신용석 심상윤 심주식 심현섭 안병윤 안상준 양승일 양영석 엄구용 오기현 오선근 오수환 오인창 우종기 원용권 원종수 위영오 유승구 유일남 유전석 윤대환 윤석연 이건석 이경규 이경기 이광천 이근행 이기옥 이길호 이명권 이민호 이범준 이복근 이상권 이상범 이상일 이석진 이성범 이영래 이용기 이용우 이우창 이우천 이원재 이재형 이재환 이정철 이정훈 이제필 이종민 이주훈 이찬조 이창영 이형석 이호종 임규현 임철민 임헌용 장웅기 장윤석 장찬우 전균섭 전순기 전재홍 전춘식 정경구 정계영 정순복 정재복 정점기 정태훈 조동희 조영훈 조요선 조원현 조택춘 주기준 천용준 최경두 최광식 최병윤 최상재 최순기 최승의 최정민 최정호 최춘락 최학수 한동수 한상근 한상진 한성규 한창운 허태윤 홍성필 홍용덕

19기 대의원

고광철 권기석 권순철 권혁민 김갑회 김 강 김광수 김광현 김구연 김균식 김기수 김남수 김남영 김대수 김덕현 김동일 김동학 김문영 김민규 김민현 김병록 김병현 김수창 김영준 김영태 김영팔 김용운 김용화 김 일 김장식 김정윤 김종철 김종필 김찬우 김창석 김창우 김창훈 김태남 김태홍 김학균 김현상 김희율 나병집 남승우 노기호 류태길 마현주 문병렬 박남수 박득우 박병설 박병일 박상덕 박시영 박용선 박정태 박종경 박종문 박종부 박종환 박주형 박준식 박진철 박찬용 박찬원 박천우

박태필 박흥원 배경수 배상조 백생학 변항식 사공덕 서성훈 성광석 소생영 손병대 손부근 손승권 손영길 송순창 송의교 신용석 심규호 심현섭 안상준 안정태 양환서 연영모 오윤식 오인창 오인희 위영오 유승구 유재민 윤대환 윤석기 윤선중 윤찬호 이경규 이경수 이관호 이기식 이기옥 이남일 이명규 이명원 이민형 이민호 이병채 이병철 이상권 이상범 이상재 이상현 이성규 이여철 이영규 이영민 이장진 이재복 이재완 이재철 이정배 이제필 이종근 이종철 이주훈 이찬조 이철상 이춘기 임규현 임윤화 임희성 장기현 장복용 장성호 장영길 장윤석 재해승 전경성 전상래 전재홍 정영구 정월호 정유교 정재복 정종구 정태훈 조규갑 조문수 조원현 조진원 조택춘 주기형 주범중 지영복 차동기 천용준 최경두 최규율 최동준 최정호 한상진 한찬수 한창운 홍선표 홍성필 홍용덕 황영석 황은석

20기 대의원

가우현 강광석 강성채 고경용 구　현 권순철 권혁민 김　진 김　호 김경필 김광배 김광현 김구연 김기수 김기수 김남수 김남영 김대수 김대훈 김대훈 김덕현 김동년 김동일 김동진 김만곤 김맹호 김문영 김병규 김병록 김병준 김석호 김영빈 김영태 김영후 김용운 김용화 김원호 김일배 김종우 김종철 김주현 김태균 김태남 김흥태 나병집 나상필 남복근 남승우 노기호 류태길 리충열 마승룡 명준영 명형기 문철수 민승기 박규섭 박기수 박동식 박보형 박상기 박선주 박세종 박수현 박양우 박영호 박용선 박용수 박인남 박재영 박종경 박종락 박종부 박진철 박찬용 박천우 박충배 배경수 배상조 백승욱 변은석 서성훈 선의영 성업섭 소생영 손성록 손수영 손승권 손영길 송재국 송점영 신영민 신용석 심현섭 안상준 안정태 안중만 안희용 양환서 오경석 오병대 오윤식 오인창 오호균 오흥범 유광열 유동선 유동헌 유승구 유제실 윤경한 윤주현 윤찬호 이기옥 이남일 이동환 이명규 이상권 이상대 이상일 이성범 이성헌 이세형 이은주 이재복 이재완 이재천 이정엽 이준헌 이창수 이현선 이형석 임만택 임상문 임석규 임성욱 임성원 임욱순 임창섭 장기현 장복용 장영길 장진영 전광철 전상래 전재홍 정경구 정기석 정기욱 정영구 정점기 정종구 정해찬 정홍석

조동수 조택춘 조혀닝 조형훈 주범중 주춘봉 지영복 차동기 채창욱 천형일 최경두 최동준 최명임 최순기 최영효 최정호 최종진 최철규 최춘락 한기환 한동수 한상근 한성국 한승철 홍성필 홍순길 황영석 황용석 황철우

21기 대의원

강논희 강상균 강성채 고경용 고광철 고형래 구태훈 권상범 권순철 권오현 김광현 김구연 김기량 김기실 김남수 김대훈 김동년 김동일 김문영 김병규 김석순 김승희 김영팔 김오중 김용운 김원호 김일중 김정식 김정윤 김종식 김종우 김종필 김종현 김　진 김찬식 김창만 김천호 김철관 김춘식 김태원 김태형 김학균 김현상 김현오 김　호 김호준 김희율 나상필 나영봉 남상규 류광열 류정열 마현주 명준영 명형기 문병렬 박경우 박규섭 박동식 박문학 박상욱 박수현 박영규 박영길 박영호 박제풍 박주형 박진석 박진철 박천우 박충배 박현수 배경수 백승욱 소생영 손부근 손영길 송동순 송승섭 송영석 송우진 송재국 송진호 송현송 신동걸 신용석 신우선 심규호 안광인 안용성 안정태 안치문 양성수 양종삼 엄구용 염금열 오기현 오영복 오홍범 용복중 유동헌 유상열 유왕식 유제실 윤현수 윤형웅 이관수 이기옥 이기탁 이남일 이동환 이만식 이명규 이범각 이범준 이상권 이상일 이석진 이성규 이성원 이성현 이세형 이승진 이승호 이용우 이재천 이제필 이종근 이종민 이종수 이종현 이찬조 이창수 이화봉 임규현 임욱순 임정훈 임호성 장기현 장복용 장윤석 장찬우 전광철 전순기 전영주 정기석 정기태 정수오 정연경 정영구 정월호 정종구 정홍석 조범주 조영호 조용구 조홍국 차동석 채강보 채홍삼 천형일 최동준 최명임 최병각 최봉락 최순기 최정호 최종남 최춘락 한승철 한재연 한찬수 한창운 한태동 홍선표 홍성필 황수선 황영석 황준하

22기 대의원

강병욱 강상규 강상균 강상용 고경용 곽재성 구　현 권기석 권순철 권오현 김갑수 김경도 김광현 김구연 김귀영 김균식 김남수 김대환 김대훈 김대훈 김동년 김병군

김병록 김병수 김병현 김삼수 김상익 김선휘 김영래 김영태 김영팔 김용관 김용화 김정훈 김종민 김종식 김종철 김종현 김주현 김찬식 김철관 김춘노 김춘식 김춘환 김태남 김태선 김판규 김학균 김 훈 나상필 남복근 노재상 류광열 류정열 명준영 모상태 문철수 박군만 박규섭 박동식 박병설 박 상 박상준 박용갑 박용수 박용식 박원식 박정길 박제풍 박종문 박주형 박지성 박진석 박찬용 박천우 박충배 방점일 배경수 백생학 백청원 손부근 송길호 송재국 송현송 신석정 신용석 심규호 안상준 안윤기 안정태 안형주 양성수 양승일 염금열 오수환 오영복 오홍범 용복중 우상헌 유승구 유승기 유승민 유왕식 유재광 유재식 윤상진 윤찬호 윤현수 이관수 이기탁 이남일 이대용 이동근 이병기 이상권 이상일 이성태 이세형 이승수 이은철 이재복 이재천 이정식 이종민 이종수 이진탁 이찬조 이평우 이현식 이홍희 이화봉 임경훈 임만택 임석규 임성원 임정훈 임철민 임헌용 장기현 장윤석 장찬우 전봉균 전세환 전영주 전재홍 정광희 정기석 정기태 정동원 정수오 정연경 정영구 정월호 정재웅 정한준 정홍석 조범주 조상호 조영자 조영호 조준곤 주범중 지관수 차동석 천형일 최광진 최동준 최병각 최병윤 최승의 최영효 최정호 최종남 최태화 최현성 한민수 한승철 허태윤 홍성표 홍용덕

23기 대의원

강광석 강상규 강상균 고경용 곽재성 구 현 권기석 권순철 권오현 김경도 김광현 김남영 김남호 김명희 김병군 김병규 김병록 김병수 김삼수 김상익 김수한 김시열 김영준 김영팔 김용화 김우섭 김정윤 김정훈 김종철 김종철 김종탁 김주현 김준삼 김찬식 김찬우 김천수 김철관 김춘식 김태균 김태남 김태선 김학균 김 호 김 훈 김 훈 명준영 모상태 문철수 민승기 박군만 박규섭 박병설 박 상 박상기 박상준 박성열 박성조 박옥기 박용식 박월성 박인남 박제풍 박주형 박지성 박진석 박진수 박찬용 박충배 박홍원 방석배 방점일 배경수 백생학 백승욱 백현종 사공덕 서요철 손부근 송길호 송을구 송현송 신광태 신동환 신영민 신현홍 심규호 심상윤 안광인 안명식 안사현 안상준 안윤기 안정태 안제성 안희용 연영모 염금열 오영복 오창록

오홍범 원관섭 위기열 유승구 유승기 유승민 유　신 유재광 유재식 윤길상 윤상진 윤석연 윤종석 윤찬호 윤현수 이규삼 이기옥 이동식 이명승 이상권 이상일 이영규 이영래 이영표 이장혁 이재복 이재천 이종수 이종용 이진영 이평우 이현식 이홍희 임경훈 임명철 임정훈 임헌용 장근영 장복용 장윤석 전광철 전영주 전재홍 전흥표 정병렬 정영구 정태성 조광희 조준곤 조범주 조상호 조영호 조익래 조진원 주기준 주범중 주한재 최광진 최경진 최규율 최동준 최병윤 최순기 최용재 최일회 최정호 최종남 최종진 최지훈 최춘락 최태화 최학수 하석진 한성규 한승철 허철호

24기 대의원

강상균 강재호 고경용 곽재성 곽근호 구　현 권성호 김경도 김광배 김기량 김길중 김남영 김남호 김대수 김동년 김민곤 김병현 김삼수 김상익 김성동 김성종 김영래 김영준 김영준 김우섭 김인봉 김재근 김재영 김재홍 김정묵 김정윤 김정인 김정태 김종신 김종윤 김종철 김종탁 김주석 김준삼 김찬우 김천수 김춘노 김춘식 김태균 김택용 김현상 김현진 김　호 남복근 노진식 류정열 모상태 문병렬 문재영 문철수 박광현 박규섭 박기락 박덕수 박병오 박상기 박상욱 박선주 박성열 박성일 박성조 박옥기 박우범 박월성 박인남 박종렬 박종환 박찬용 박천우 박홍원 방석배 배경수 백현종 사공덕 성재호 손부근 송낙규 송낙민 송상민 송을구 송현송 신동환 심상윤 안용성 안윤기 양성수 오경묵 오성준 오창록 우상헌 원관섭 원용권 유대열 유승구 유영재 유재광 유충식 윤병권 윤상진 윤석연 윤석진 윤현수 이경태 이근행 이명규 이명승 이병렬 이병채 이부영 이상구 이성태 이승호 이영래 이은철 이재복 이재천 이제필 이종민 이종수 이진선 이진영 이창수 이현식 이형석 이호준 임경훈 임만택 임석규 임정훈 임창용 임철민 임헌용 장영준 장지연 장찬우 전광철 전영주 전재홍 정기욱 정영구 정완표 정월호 정재복 조광희 조상호 조영호 주기준 주범중 주한재 최동준 최명호 최병윤 최용재 최일회 최정호 최종남 최종선 최종혁 최지훈 최춘락 한상진 한성규 한승철 한찬수 한창운 황규찬

25기 대의원

강상균 강영진 강재호 고경용 곽근호 곽재성 권성호 권순석 김건환 김경도 김남호 김대수 김대원 김대환 김대훈 김대훈 김동년 김동일 김민곤 김선휘 김성종 김재근 김재홍 김정용 김종신 김종철 김주석 김준삼 김중현 김 진 김찬기 김춘노 김춘식 김태균 김태남 김태철 김현상 김형중 김 호 나명호 나상필 나택민 노주환 류화근 모상태 문재영 박광현 박병오 박상기 박상옥 박선주 박성일 박성조 박용재 박원규 박월성 박인남 박재혁 박종환 박찬용 박천우 박홍원 박희범 방석배 배경수 배상조 백종남 성재호 손부근 송낙민 송상민 송승섭 송현송 신동환 신승훈 안용성 안윤기 안종화 안희용 양성수 오대중 우상헌 원관섭 유대열 유승구 유승기 유 신 유영재 유재광 유충식 윤상진 윤석진 윤제훈 윤주현 윤현수 이경수 이경열 이기식 이동식 이명규 이명승 이문재 이범준 이병렬 이병채 이성원 이성태 이순규 이영규 이영래 이인호 이장혁 이재복 이재천 이재필 이종수 이종필 이진선 이창수 이필교 이현식 이호영 임경훈 임성욱

임성원 임헌용 장기현 장재성 전재홍 정명철 정선식 정영구 정월호 정재복 정재웅 정태성 정홍석 조광희 조영호 진희탁 최경두 최광진 최동준 최명호 최병각 최병윤 최순기 최승의 최영태 최용재 최종선 최종진 최종혁 최지훈 최철규 한상근 한상진 한성규 한승철 한찬수 한창운 함상구 홍용덕

26기 대의원

강 준 고명운 곽재성 구 현 권성호 김기환 김대수 김대훈 김병준 김성연 김유신 김이중 김일중 김재윤 김정규 김정배 김정용 김 진 김찬기 김창훈 김태균 김태선 김태홍 김항만 김현상 노주환 류화근 명준영 민동헌 박상기 박상욱 박수현 박영길 박원규 박원식 박월성 박인남 박재호 박제풍 박준식 박천우 박태규 방석배 배봉준 배상조 배 철 백승욱 서상훈 손부근 손영덕 송상민 송치호 신재곤 안명식 안상준 안정태 양승일 양용진 연영모 유상열 유영규 유영재 유영호 유왕식 유훈하 윤길상 윤영민 윤영태 윤제훈 윤주현 윤찬호 윤현수 이경재 이기식 이명승 이명원 이명환

이범각 이성규 이성기 이세형 이승호 이영래 이원재 이인호 이장혁 이재증 이재천 이정엽 이정훈 이진수 이현석 이현식 이형석 이호종 장대영 장윤석 정우인 정월호 조광희 조영호 천형일 최득봉 최병각 최병무 최선태 최순기 최영태 최영효 최종진 한창운 허태윤 홍성필 황수선 황승현 황철우

27기 대의원

강　준 고광철 고기영 고명운 곽재성 구　현 권석준 권성호 권순석 김기재 김기환 김대환 김동혁 김문영 김민규 김부홍 김원호 김유신 김재열 김재혁 김정규 김정배 김지환 김　진 김찬식 김춘환 김학년 김현상 나병집 남진근 노재영 노주환 류화근 문병열 박기락 박기수 박동식 박득우 박상연 박수현 박왕석 박원규 박원식 박재호 박정익 박종렬 박준식 박천우 박태규 방석배 백승욱 서상훈 소생영 손민우 손부근 송상민 신영민 신우선 신재곤 신재우 안정태 양종삼 양환서 오흥범 유상열 유영재 유영호 유홍식 유훈하 윤영민 윤영태 윤정환 윤주현 윤찬호 이경재 이덕원 이명환 이범각 이범준 이병두 이병해 이순기 이승규 이승용 이승원 이승준 이승호 이원재 이은철 이인호 이장혁 이재천 이재중 이정엽 이정훈 이제필 이찬조 이평우 이현석 이현식 이형석 이호종 이화봉 임영준 임정태 임헌용 장대영 장승철 장윤석 정기석 정승조 정우인 정의정 정재순 정홍석 조영경 조영호 진병철 천형일 최경두 최병각 최병무 최선태 최영태 최영효 한상국 한준규 한준상 한창운 황철우

28기 대의원

강상균 강상용 강성진 강　준 고명운 고재륜 곽재성 권기석 권상범 권석준 권성호 권오현 권희진 김경필 김기재 김기환 김남수 김대훈 김대희 김동혁 김문영 김병준 김부홍 김승희 김유신 김재영 김재혁 김정윤 김종윤 김주석 김찬식 김학균 김희준 노주환 노진식 류정열 류태길 류화근 박경만 박병준 박서용 박석남 박성열 박성조 박승일 박영권 박왕석 박원규 박재호 박제풍 박준식 박진철 박태규 박희범 방석배 배상조 백상만 변은석 손광석 손민우 손부근 송상민 송재국 송현송 신재곤 신재우

신천균 안용석 양환서 오용태 유홍식 윤석연 윤선중 윤영민 윤정환 윤주현 윤찬호 윤현수 이경재 이관수 이기식 이동근 이동희 이명환 이범준 이병두 이병해 이석준 이승용 이승호 이영주 이우준 이인호 이재중 이재천 이재훈 이제필 이종현 이창수 이태식 이평우 이호종 임석규 임철민 장윤성 정경구 정순복 정승조 정재순 정하식 정홍석 조광희 조영호 주기준 주범중 진병철 최규율 최명임 최병준 최선태 최영태 최영효 최윤기 최윤석 최익창 한준규 한준상 허태윤 황인슬

29기 대의원

강병수 강상용 강성진 강준 고광철 고명운 고재륜 곽재성 권기석 권석준 권성호 권순석 권희진 김기재 김기환 김대훈 김명수 김민규 김병준 김병철 김영기 김영래 김용구 김유신 김재영 김재혁 김정식 김종윤 김종철 김종학 김종현 김진석 김진호 김찬식 김찬우 김춘식 김학균 김학훈 김현우 김희준 노변호 노주환 류태길 류화근 문종원 박병준 박 상 박상욱 박서용 박석남 박성열 박성조 박승일 박원규 박재호 방성완 배상조 백상만 변은석 사공덕 손민우 손부근 송재국 신민호 신연태 신인철 신재곤 신재우 안용석 양승일 양환서 오용태 우성훈 유홍식 윤석연 윤선중 윤영민 윤정환 윤주현 윤찬호 윤현수 이경재 이관수 이광형 이규남 이근창 이기식 이덕원 이동일 이명승 이병해 이상일 이상춘 이성규 이성현 이승운 이승현 이연우 이영래 이원재 이재증 이재천 이재훈 이정훈 이종민 이종현 이창수 이태식 임영준 임철민 장윤성 전양규 전용주 전조은 정경구 정기태 정남철 정동오 정순복 정재웅 정태성 정홍석 조광희 조영호 주기준 주범중 최규율 최명임 최병각 최영태 최영효 최윤기 최윤석 최재혁 홍석준

30기 대의원

강병수 강필원 고광철 고재륜 고형관 곽재성 권기석 권석준 권성호 김규철 김기현 김대환 김덕현 김병준 김수호 김시진 김영기 김영래 김재혁 김종경 김종윤 김종학 김주성 김지유 김진영 김진호 김찬식 김춘식 김태남 김학균 김한승 김현곤 김희준

노기호 류태길 류화근 문종원 박　상 박공래 박래곤 박병준 박상범 박상욱 박서용 박선주 박승일 박영길 박용선 박원규 박제풍 박종화 박창수 방성완 배상조 배현수 백상만 백승욱 백승윤 변은석 사공덕 손부근 손형준 송기철 송상민 송현송 신성균 신연태 신영민 신인철 신재우 신준수 심현진 안용석 안정태 오병욱 유성권 유승민 유영재 유홍식 윤강재 윤동환 윤영록 윤영민 윤종현 윤주현 윤찬호 이경재 이광형 이규남 이덕기 이덕원 이동일 이명승 이범주 이병해 이상춘 이성규 이승수 이승현 이영래 이우종 이재중 이재천 이재형 이재훈 이정훈 이종현 이준영 이준형 이태식 이형택 이홍희 인성준 임명철 임선재 임성원 임철민 임희성 장근영 장기현 장복용 장용호 장은호 장진성 장태익 전경세 전순기 정남철 정당당 정의용 정재헌 정하인 조도연 조승희 조용태 조해진 주성훈 진홍기 채강보 최동준 최명임 최영태 최인수 최재혁 최정규 한상우 한상필 함규호 함상구 허승 홍석준 황영석 황철우

■ 참고자료

• 고동우, 「4.19 지하철 파업은 노동자에 대한 기만이었다」, 『월간 말』, 1999년 12월호
• 공공연맹, 『공공부문 구조조정 1년과 노동자들의 투쟁』, 1999
• 공공연맹, 『공공연맹 구조조정 저지 총파업』, 1999
• 김연환, 『잘생긴 노동자 행복한 위원장』, 1996
• 김예찬, 『날치기 국회史』, 루아크, 2016
• 김종배, 「공공부문 3조직 통합을 위한 한걸음」, 『현장에서 미래를』 30호, 1998
• 노동자뉴스제작단, 서울지하철노조 주요 사건 영상 촬영본 및 스캐닝 자료
• 노동자문예교육협회, 『창조와 보급』, 1997
• 노동자역사 한내 엮음, 『서울지하철노동조합 30년사 기초자료집』 1~101권, 2016
• 민주노총, 『개정 노동관계법』, 1997
• 박정규, 「멍청한 역무원 오늘이 있기까지」, 1997 (미발간 글)
• 사회사진연구소, 『노동자—강철과 눈물의 빛』, 동광, 1989
• 서울메트로, 『시민의 발 시민의 길:서울메트로 30년사』
• 서울지하철노동조합, 대의원대회 회의자료
• 서울지하철노동조합, 『뒤로 본 10년 앞으로 본 10년』, 1997
• 서울지하철노동조합, 『사업보고』 각 연도
• 서울지하철노동조합, 『사진으로 보는 지하철 20년사』, 2007
• 서울지하철노동조합, 『어둠을 뚫고 신새벽에』
• 서울지하철노동조합, 『임투자료집』 각 연도
• 서울지하철노동조합, 『지하철노보』
• 서울지하철노동조합, 『흐름』
• 서울지하철노동조합, 정윤광 동지 정년퇴임 기념자료집 『해방역에 닿을 때까지』, 2005

- 서울지하철노동조합, 주요 사건 영상 촬영본
- 서울지하철노동조합 기술지부, 『천둥소리』
- 서울지하철노동조합 승무지부, 『새벽열차』
- 서울지하철노동조합 역무지부, 『새벽을 여는 곳』
- 서울지하철노동조합 차량지부, 『철의기지』
- 서울지하철노동조합 해고자복직투쟁위원회, 『해방역에 닿을 때까지』
- 손승권, 「8일간에 걸친 파업을 마치고」, 『현장토론자료집』, 1999
- 손정목, 『서울 도시계획 이야기3』, 한울, 2005
- 손정목, 『한국도시 60년의 이야기2』, 한울, 2003
- 손진우, 「서울지하철 파업 사수투쟁을 진행한 학생선봉대」, 『노동전선』 1999.6월호
- 심병섭, 「탄압이 아무리 거세도 우리는 쓰러지지 않는다」, 『노동전선』, 1999.6월호
- 전노협백서발간위원회, 『전노협백서』, 책동무논장, 2003
- 차량지부 조합원, 「4.19투쟁 과정과 문제점 및 성과 그리고 향후 과제」, 『현장토론자료집』
- 최병윤, 「지축정비지회의 불신임투쟁과 공투본 평가」, 한노정연, 『현장에서 미래를』 2002.81호
- 최종진, 「지하철 노동자가 되어」, 2000 (미발간 글)

■ 사진

- 서울지하철노동조합, 사회사진연구소, 이영호, 이정민

■ 구술

- 역대 위원장: 배일도 김명희 정윤광 김연환 석치순 김선구 허섭 김종식 정연수 김영후 박정규 김현상 최병윤
- 역대 집행부: 김진선 손승권 송낙민(서면) 송동순 임성규 이호영 채강보 한성규
- 기술지부: 강송구 김근황 김종철 박종우 오선근 우재현 임석규 최동준
- 승무지부: 김명섭 김충례 안상준 이상대
- 차량지부: 금찬원 김정용 박희석 배상조 정용운 최종진
- 역무지부: 김대훈 박정규 손병도 이명환 이성범 윤제훈 최광복 최재풍
- 발기인: 맹용수 윤현식 채기선
- 간사: 나상윤 신경준 이경은 이상훈(서면)
- 가족대책위: 김윤희 양순옥 정명순 조복순 조을기 황보인숙
- 부산지하철노조: 강한규 김광희 김태진 안삼열 윤택근 오영환
- 상급단체·연대조직: 권영길 단병호 양경규 이철의 박재범(서면)